Web开发典藏大系

web design server admin consulting marketing mobile apps domains hosting outsourcing

COMPANY INFORMATION lorem ipsum dolor sit amet
SERVICES & SOLUTIONS lorem ipsum dolor sit amet
DAILY NEWSLETTER lorem ipsum dolor sit amet
WORLDWIDE PARTNERS lorem ipsum dolor sit amet
CUSTOMER SUPPORT lorem ipsum dolor sit amet

JavaScript 网页特效实例大全

吕 琨 等编著

清华大学出版社
北 京

内容简介

本书全面介绍了 500 余个 JavaScript 网页特效实例，涉及 JavaScript 的基本知识、高级技巧和核心原理，基本涵盖了 JavaScript 开发的所有重要知识和特效实例，而且还介绍了 jQuery 特效实例、JavaScript 和 CSS 结合特效实例及 Active 技术应用等。本书实例典型，实用性强，可以作为每个网页开发人员的案头必备手册。另外，本书免费赠送大量的网页制作与开发专题教学视频库、实例资源库及案例资源库，需要的读者可按本书封底的提示自行下载。

本书共 20 章，分为 3 篇。第 1 篇介绍 JavaScript 网页特效实例，涵盖 421 个实例，包括页面类特效、按钮特效、按键屏幕特效、验证码特效、鼠标特效、类淘宝特效、各类网站特效、焦点图特效、图片特效、文字特效、链接特效、文本框特效、时间特效、数字特效、控件特效、密码特效；第 2 篇介绍 jQuery 特效实例，涵盖 74 个实例，包括 JavaScript 与 CSS 结合特效、jQuery 特效；第 3 篇介绍 Active 技术应用，涵盖 12 个实例，内容包括 JavaScript 与 ActiveX 技术、JavaScript 操作数据库等。

本书适合所有想全面学习 JavaScript 开发的人员阅读，尤其适合用 JavaScript 进行网页特效开发的人员。对于经常使用 JavaScript 进行网页编程的人员，本书更是一本不可多得的案头必备参考手册。

图书在版编目（CIP）数据

JavaScript 网页特效实例大全 / 吕琨等编著. —北京：清华大学出版社，2013(2016.12 重印)
（Web 开发典藏大系）
ISBN 978-7-302-31735-7

Ⅰ. ①J…　Ⅱ. ①吕…　Ⅲ. ①JAVA 语言－程序设计　Ⅳ. ①TP312

中国版本图书馆 CIP 数据核字（2013）第 051291 号

责任编辑：夏兆彦
封面设计：欧振旭
责任校对：徐俊伟
责任印制：宋　林

出版发行：清华大学出版社
网　　址：http://www.tup.com.cn，http://www.wqbook.com
地　　址：北京清华大学学研大厦 A 座　　邮　　编：100084
社 总 机：010-62770175　　邮　　购：010-62786544
投稿与读者服务：010-62776969，c-service@tup.tsinghua.edu.cn
质 量 反 馈：010-62772015，zhiliang@tup.tsinghua.edu.cn
印 刷 者：清华大学印刷厂
装 订 者：三河市新茂装订有限公司
经　　销：全国新华书店
开　　本：185mm×260mm　　**印　张**：41.5　　**字　　数**：1036 千字
版　　次：2013 年 11 月第 1 版　　**印　　次**：2016 年 12 月第4 次印刷
印　　数：7001～8200
定　　价：79.80 元

产品编号：052039-01

前　　言

随着网络的不断发展，网络将不再仅是获取信息的平台，它正逐步地向个性化发展。网站的美观与否，以及信息量的多少决定了它的客流量。因此，对一个网站或者一个网页来说，外观是相当重要的。

JavaScript 是目前网页设计中最简单易学并且易用的语言，它能让你的网页更加生动活泼。利用 JavaScript 做出的网页特效，能大大提高网页的可观性，增加收藏和点击率。

JavaScript 语言的前身是 1992 年一家叫做 Nombas 的公司开发的 C-minus-minus 语言，它是一种嵌入式脚本语言。这种简称为 Cmm 的脚本语言，理念很简单：既强大到可以替代宏操作，又能保持与 C 和 C++的相似性，以便开发人员能很快学会。Cmm 捆绑在一个叫做 CEnvi 的共享软件中，向开发人员展示其威力。最终，Nombas 把 Cmm 的改成了 ScriptEase。当 Netscape Navigator 崭露头角时，Nombas 开发了一个可以嵌入网页中的 CEnvi 版本。当时正处于技术革新最前沿的 Netscape，开始认真考虑开发一种客户端脚本语言来解决简单的处理问题。时任 Netscape 员工的 Brendan Eich 开发了称为 LiveScript 的脚本语言，目的是在浏览器和服务器端使用它。就在 Netscape Navigator 2.0 即将正式发布前，Netscape 将其更名为 JavaScript，JavaScript 从此变成了因特网的必备组件。

JavaScript 的标准最终由 ECMA 组织发展和维护，这样制定出来的 JavaScript 标准就是 ECMA-262。ECMA-262 的开发始于 1996 年；1997 年 7 月，ECMA 会员大会采纳了它的首个版本；到了 1998 年，该标准成为了国际 ISO 标准（ISO/IEC 16262）；目前它仍然处于发展之中。

笔者结合自己多年的 JavaScript 开发经验和心得体会，花费了近一年的时间编写了此书。希望各位读者能在本书的引领下跨入 JavaScript 开发之门，并成为开发高手。本书结合大量网页源代码，全面、系统、深入地介绍了 JavaScript 网页开发技术，用大量实例贯穿全书，详细地讲解了 JavaScript 的全面应用方法，书中还介绍了 JQuery、ActiveX、Ajax 等时下流行的网页技术，保证读者在学习完本书之后，可以具备独立进行网页开发的能力和思维。

本书编写特色

1．内容全面、系统、深入

本书内容涉及 JavaScript 的基本知识、高级技巧和核心原理，基本涵盖了 JavaScript 开发的所有重要知识和特效实例，而且还介绍了 jQuery 特效实例、JavaScript 和 CSS 结合特效实例及 Active 技术应用等。

2. 贯穿500余个典型实例进行讲解

本书从始至终贯穿了大量实例进行讲解，这些实例都来自于实际的网页开发实践，实用性非常强，读者通过研读这些实例，可以系统地掌握 JavaScript 开发技术。

3. 提供大量网页源代码，有很强的实用性

作者专门编写了大量的配套网页特效源代码，使得读者能够更加轻松、直观地学习本书内容。读者只需稍加修改这些代码，便可直接用于自己的学习和工作当中，可以大大提高开发效率。

4. 讲解深入浅出，循序渐进，适合各个层次的读者阅读

本书内容安排从基本知识到高级技巧，再到核心原理及实际应用，从易到难，层层深入，讲解时循序渐进，由浅入深，适合各个层次的读者阅读。

5. 贯穿大量的开发技巧，迅速提升开发水平

本书在讲解实例时贯穿了大量的网页开发技巧，通过对这些技巧的掌握，可以让读者体验实际编程的捷径，从而迅速提高开发水平。

6. 提供技术支持，答疑解惑

阅读本书时若有任何疑问都可以发电子邮件到 bookservice2008@163.com 与我们联系，我们会及时对你的问题给予答复。

7. 免费赠送大量的学习资源

本书免费赠送网页制作与开发专题教学视频库、实例资源库及案例资源库，涉及 HTML、CSS、DIV、JavaScript、jQuery、HTML 5、CSS3 等技术，需要的读者请自行下载。

本书涵盖的内容

第1篇　JavaScript网页实例（第1～16章）

本篇涵盖 421 个网页特效实例，主要内容包括页面类特效、按钮特效、按键屏幕特效、验证码特效、鼠标特效、类淘宝特效、各类网站特效、焦点图特效、图片特效、文字特效、链接特效、文本框特效、时间特效、数字特效、控件特效、密码特效。通过对本篇内容的学习，读者基本可以掌握 JavaScript 的各种语法及其实际网页开发中各种特效的编写方法。

第2篇　jQuery特效实例（第17、18章）

本篇涵盖 74 个网页特效实例，主要内容包括 JavaScript 与 CSS 结合特效、jQuery 特效。通过对本篇内容的学习，读者可以掌握 jQuery 的语法及核心思想，以及 jQuery 在实际网页开发中的应用。

第3篇　Active技术应用（第19、20章）

本篇涵盖 12 个实例，主要内容包括 ActiveX 组件基础、ActiveX 组件与 JavaScript 关系、JavaScript 脚本调用 ActiveX 控件实例，以及 JavaScript 操作数据库基础、JavaScript 与 ASP 合并使用操作数据库等。通过对本篇内容的学习，读者可以了解 JavaScript 与 ActiveX 技术的关系与应用，还可以学习 JavaScript 操作数据库的一些知识。

本书读者对象

- ❑ JavaScript 初学者；
- ❑ 想全面学习 JavaScript 开发技术的人员；
- ❑ JavaScript 专业开发人员；
- ❑ 利用 JavaScript 做网页开发的编程人员；
- ❑ 利用 JavaScript 做出的网页搭建网站的建站人员；
- ❑ JavaScript 开发爱好者；
- ❑ 大中专院校的学生；
- ❑ 社会培训班学员；
- ❑ 需要一本案头必备手册的 JavaScript 程序员。

本书作者

本书由吕琨主笔编写。其他参与编写、资料整理和程序调试的人员有陈世琼、陈欣、陈智敏、董加强、范礼、郭秋滟、郝红英、蒋春蕾、黎华、刘建准、刘霄、刘亚军、刘仲义、柳刚、罗永峰、马奎林、马味、欧阳昉、蒲军、齐凤莲、王海涛、魏来科、伍生全、谢平、徐学英、杨艳、余月、岳富军、张健和张娜。在此一并表示感谢！

编者

目　录

第1篇　JavaScript网页实例

第 2 篇　jQuery 特效实例

第 3 篇 Active 技术的应用

第 1 篇　JavaScript 网页实例

⏭ 第 1 章　页面类特效

⏭ 第 2 章　按钮特效

⏭ 第 3 章　按键屏蔽特效

⏭ 第 4 章　验证码特效

⏭ 第 5 章　鼠标特效

⏭ 第 6 章　类淘宝特效

⏭ 第 7 章　各类网站特效

⏭ 第 8 章　焦点图特效

⏭ 第 9 章　图片特效

⏭ 第 10 章　文字特效

⏭ 第 11 章　链接特效

⏭ 第 12 章　文本框特效

⏭ 第 13 章　时间特效

⏭ 第 14 章　数字特效

⏭ 第 15 章　控件特效

⏭ 第 16 章　密码特效

第 1 章　页面类特效

本章主要讲解页面类特效，内容是网页中关于页面类特效的实际应用。这类特效多用于改变网页的背景、菜单、加载条、链接、状态栏、动画特效和整体效果等，这些影响网页整个框架级效果的特效，将会对网页的亲和力产生积极的影响，最大程度地活跃网页气氛。丰富多彩的网页特效，会为网页增加良好的效果。

1.1　背景颜色在线改变

本实例使用 JavaScript 制作一个能根据用户选择改变背景颜色的网页，本实例中用到了 HTML 5 标签、函数、条件语句等。本节主要涉及的 JavaScript 语法如下。

1. document.bgColor属性

document.bgColor 用以设置网页页面背景颜色，document 的一些同类属性还包括 document.bgColor 、 document.fgColor 、 document.linkColor 、 document.alinkColor 和 document.vlinkColor。

bgColor 用来设置背景的颜色，FgColor 属性用来设置文字的颜色，使用 Bgcolor 和 FgColor 属性，就能够在网页上的任何位置改变字体颜色和背景颜色。linkColor、alinkColor 和 vlinkColor 则被用在链接元素<A HREF>中，用以标记链接其他文件时显示其他文件时显示的颜色，这种颜色也叫做链接色。linkColor 属性用来设置链接色，alinkColor 属性设置的是链接正在被单击时的颜色，vlinkColor 属性则是设置单击后的超链接颜色。

这里我们要请各位读者注意，JavaScript 是严格区分大小写的，应该写作 bgColor 的，C 就必须大写，而不能擅自改为小写。

2. <canvas>标签

<canvas>标签定义图形，如图表和其他图像。<canvas>标签只是图形容器，必须使用脚本来绘制图形。本实例主要代码如下：

```
<script language="JavaScript">
   function change(form) {
      /*未输入颜色编码，弹出提示框*/
      if (form.text.value == "")
         alert("你喜欢的颜色是?");
      /*按输入颜色编码，修改背景颜色*/
      else {

         document.bgColor = ("" + form.text.value + " ");
```

```
        }
    }
</script>
…
<canvas id="myCanvas" width="1024" height="768" color="red" />
    /*对比颜色块*/
/*设置对比颜色块的颜色*/
<script type="text/javascript">
    var c = document.getElementById("myCanvas");
    var cxt = c.getContext("2d");
    cxt.fillStyle = "#FF0000";
    cxt.fillRect(0, 0, 150, 75);
</script>
```

网页效果如图 1.1 和图 1.2 所示。

图 1.1　背景颜色在线改变

图 1.2　背景颜色在线改变

1.2　舞台效果

本实例使用 JavaScript 实现一种三维舞台效果，舞台上的演员可用鼠标移动，舞台效果活灵活现。本实例代码分为 3 个部分，包含网页代码和引用的两段 JavaScript 脚本函数，运用到 HTML 文件对于 JS 文件的引用手法。本节主要涉及的 JavaScript 语法如下。

1．window.onload方法

window.onload 方法用于定义 HTML 中的 onload 方法：

```
window.onload=function()
{
var a = document.getElementById("loading");
a.parentNode.removeChild(a);
}
```

这样就可以代替<body>标签的 onload 方法，如果<body>标签原来已经定义了 onload 方法，则可以通过以下方法追加避免冲突。

```
if(window.onload==null)
{
window.onload=function(){dvwait1.style.display = "none";}
}
else
```

```
{
eval("wtempfunction="+window.onload.toString());
window.onload=function(){wtempfunction();dvwait1.style.display = "none";}
}
```

这段代码要放在<body>标签前面，否则放在其后就没有作用了。JavaScript 的 window.onload 事件，只在第一次加载的时候执行，之后刷新是没有作用的。

2．document.getElementById()方法

在 window.onload 事件的使用中，我们常常看到 document.getElementById()方法，该方法常用于获取元素，其最初被定义为 HTML DOM 接口的成员，之后在 2 级 DOM 中移入 XML DOM 接口。document.getElementById 属于 host 对象，是一个方法。一般用法是：

```
var x = document.getElementById('li');
```

3．document. getElementsByTagName()方法

在 window.onload 事件的使用中，常常使用 document.getElementsByTagName()方法，传回指定名称的元素集合，其用法与 document.getElementById 类似。

```
var y = document.getElementsByTagName("input");
```

4．object.setCapture()是区域外事件捕捉方法

object.setCapture()方法不支持键盘事件，只能捕获 onmousedown、onmouseup、onmousemove、onclick、ondblclick、onmouseover 和 onmouseout 鼠标事件。

object.setCapture()方法是当一个 object 被 setCapture 后，它的方法将会被继承到整个文档进行捕获。当不需要把方法继承到整个文档捕获时，要用 object.releaseCapture()方法来释放。

类似的还有 window.captureEvents(Event.eventType) 和 window.releaseEvents(Event.eventType)方法。

本实例主要代码如下。

（1）main.js 代码：

```
/*窗体加载事件*/
window.onload=function ()
{
    /*根据元素 ID 获取元素*/
    var oUl=document.getElementById('ul_container');
    var aLi=oUl.getElementsByTagName('li');
…
};
```

（2）prefectDrag.js 代码：

```
…
    if(this.oElement.setCapture)
    {
        /*区域外事件捕捉*/
        this.oElement.setCapture();
```

```
        this.oElement.onmouseup=this.fnOnMouseUp;
        this.oElement.onmousemove=this.fnOnMouseMove;
    }
    else
    {
        document.addEventListener("mouseup", this.fnOnMouseUp, true);
        document.addEventListener("mousemove", this.fnOnMouseMove, true);
        /*窗体事件捕捉*/
        window.captureEvents(Event.MOUSEMOVE | Event.MOUSEUP);
    }
};
MiaovPerfectDrag.prototype.stopDrag=function (oEvent)
{
    if(this.oElement.releaseCapture)
    {
        /*释放已捕获事件*/
        this.oElement.releaseCapture();
        this.oElement.onmouseup=null;
        this.oElement.onmousemove=null;
    }
    else
    {
        document.removeEventListener("mouseup", this.fnOnMouseUp, true);
        document.removeEventListener("mousemove",this.fnOnMouseMove,true);
        /*窗体事件释放*/
        window.releaseEvents(Event.MOUSE_MOVE | Event.MOUSE_UP);
    }
...
```

网页效果如图 1.3 和图 1.4 所示。

图 1.3　三维舞台效果

图 1.4　鼠标移动后的效果

1.3　下雨的页面效果

本实例使用 JavaScript 制作一个下雨的网页，其效果可以与任何相同效果的 Flash 比拟，本实例中用到了函数、条件语句和循环语句等。本节主要涉及的 JavaScript 语法如下。

1．document.all

document.all 是一个表示当前文档的所有对象的数组，不仅包括页面上可见的实体对象，还包括一些不可见的对象，如 HTML 注释等。在 document.all 数组里，元素不分层次，是按照其在文档中出现的先后顺序，平行罗列的，所以可以用数字索引来引用到任何一个元素。但比较常用的是用对象 id 来引用一个特定的对象，如 document.all["element"]。

2．document.layers

document.layers 是一个代表所有由诸如<div><layer>等定位了的元素数组。通常也是用<div>或<layer>对象的 id 属性来引用的，但是这里不包含除此以外的其他元素。

3．document.body.clientWidth

document.body.clientWidth 是网页可见区域宽度值。

4．document.body.clientHeight

document.body.clientHeight 是网页可见区域高度值。

5．document.write()方法

document.write()方法可以用在两个方面，即页面载入过程中用实时脚本创建页面内容，

以及用延时脚本创建本窗口或新窗口的内容。该方法需要一个字符串参数，它是写到窗口或框架中的 HTML 内容。这些字符串参数可以是变量或值为字符串的表达式，写入的内容常常包括 HTML 标记语言。

切记在载入页面后，浏览器输出流自动关闭。在此之后，任何一个对当前页面进行操作的 document.write()方法将打开一个新的输出流，它将清除当前页面内容（包括源文档的任何变量或值）。因此，假如希望用脚本生成的 HTML 替换当前页面，就必须把 HTML 内容连接起来赋给一个变量，使用一个 document.write()方法完成写操作。不必清除文档并打开一个新数据流，一个 document.write()方法调用就可完成所有的操作。

关于 document.write()方法还有一点要说明的是它的相关方法 document.close()。脚本向窗口（不管是本窗口或其他窗口）写完内容后，必须关闭输出流。在延时脚本的最后一个 document.write()方法后面，必须确保含有 document.close()方法，不这样做就不能显示图像和表单。并且，任何后面调用的 document.write()方法只会把内容追加到页面后，而不会清除现有内容来写入新值。

6. Math对象

Math 对象提供数学计算的函数与常量。Math 对象没有构造函数，是一个固有的对象，这是它与 Date 和 String 对象的区别。Math 对象的函数很多，可以没有参数，也可以有多个参数，具体请查阅附录。

本实例主要代码如下：

```
<script language="JavaScript">
var no = 50;
var speed = 1;
/*定义元素数组*/
var ns4up = (document.layers) ? 1 : 0;
var ie4up = (document.all) ? 1 : 0;
…
if (ie4up)
{
    /*定义网页可见区域的大小*/
    doc_width = document.body.clientWidth;
    doc_height = document.body.clientHeight;
}
…
if (i == 0)
{
    /*网页加载时创建页面内容*/
    document.write("<layer name=\"dot"+ i +"\" left=\"1\" ");
    document.write("top=\"1\" visibility=\"show\"><font color=\"#999999\">");
    document.write(",</font></layer>");
}
…
function initRain() {
a = 6;
r[i] = 1;
/* Math 对象提供数学计算的函数与常量*/
sn = Math.sin(a);
cs = Math.cos(a);
…
</script>
```

网页效果如图 1.5 所示。

图 1.5　下雨的页面效果

1.4　QQ 式页面导航栏

本实例使用 JavaScript 制作一个类似 QQ 界面的网页导航栏，在网站或者 B/S 软件中增加这种效果的导航栏，对于增加页面的友好性是很有好处的。本实例中用到 JavaScript 的一些固有对象及其属性，大家可以从中看到具体用法。本节主要涉及的 JavaScript 语法如下：

1．document.all.item

document.all.item 通过控件的名字定位控件，item()中是控件的名字。

2．document.all.itemsLayer

document.all.itemsLayer 用于设置所有空间层的高度、宽度等各种属性。

3．document.write()方法

关于 document.write()方法在 1.3 节中已经有详细说明，这里不再赘述。

本实例主要代码如下：

```
<script language="JavaScript">
   var layerTop = 40;                /*菜单顶边距*/
   var layerLeft = 50;               /*菜单左边距*/
   var layerWidth = 160;             /*菜单总宽*/
   var titleHeight = 30;             /*标题栏高度*/
   var contentHeight = 300;          /*内容区高度*/
   /*移动步数，数值越大移动越慢*/
   var stepNo = 10;
   var itemNo = 0;
```

```
    runtimes = 0;
    /*网页加载时创建页面内容*/
    document.write('<span id=itemsLayer style="position:absolute;overflow:
    hidden;border:1px solid #008800;left:' + layerLeft + ';top:' + layerTop
    + ';width:' + layerWidth + ';">');
...
    document.write('</span>');
    /*设置所有空间层的各种属性*/
    document.all.itemsLayer.style.height = itemNo * titleHeight + content
    Height;
...
    function moveUp() {
        for (i = onItemIndex + 1; i <= toItemIndex; i++)
        /*通过控件的名字定位控件*/
        eval('document.all.item' + i + '.style.top=parseInt(document.all.
        item' + i + '.style.top)-contentHeight/stepNo;');
    }
    ...
</script>
```

网页效果如图 1.6 所示。

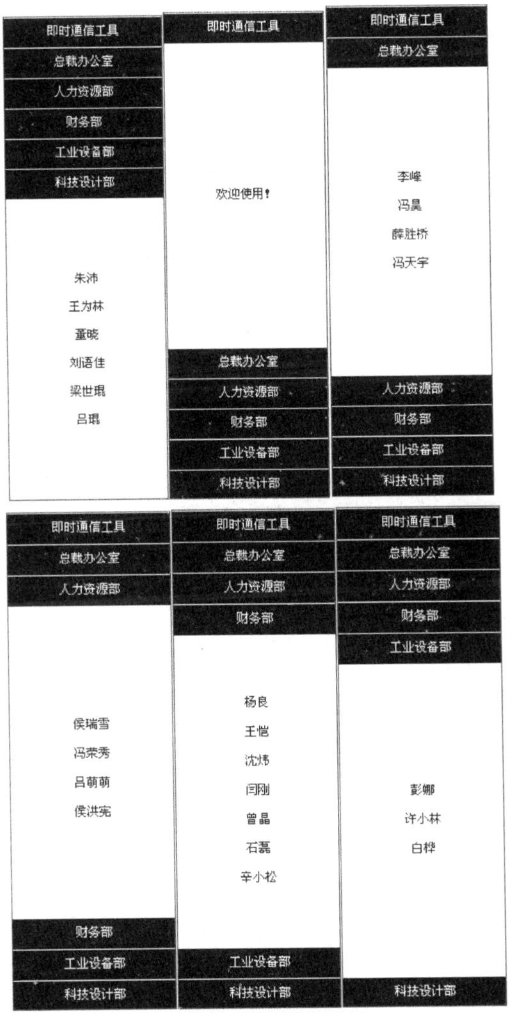

图 1.6　QQ 式页面导航栏

1.5　拉 幕 效 果

本实例使用 JavaScript 制作一个拉幕效果的网页。本节主要涉及的 JavaScript 语法如下。

1．document.all

document.all 已在 1.3 节介绍过，不再复述。

2．document.layers

document.layers 是 Netscape 的专有属性，是一个代表所有由诸如<div><layer>等定位了的元素的数组。通常也是用<div>或<layer>对象的 id 属性来引用的，但是这里面不包含除此以外的其他元素。

本实例主要代码如下：

```
<script language="JavaScript">
    /*数组赋值函数*/
    function assignArray(text, delay)
    {
       this.text = text this.delay = delay
    }
    /*数组创建函数*/
    function createArray()
    {
       /*修改下面的渐变颜色代码，可以得到不同的效果*/
       /*显示的颜色*/
       fadecolor = new Array("#000000", "#333333", "#666666", "#999999",
       "#CCCCCC", "#FFFFFF")
       /*修改显示的文字*/
       msg = new Array() msg[0] = new assignArray("中国共产党万岁", 1000)
       msg[1] = new assignArray("为人民服务", 1000)
       msg[2] = new assignArray("感恩的心", 1000)
       msg[3] = new assignArray("难忘今宵", 1000)
       /*在指定时间后执行代码*/
       setTimeout("typeIt()", 1000)
    }
    var msgNo = 0                          /*数组元素个数*/
    var character = 1                      /*字符数*/
    var colorNo = 0                        /*颜色数量*/
    var fixColor = 1                       /*修正颜色数量*/
    var colorCheck = 0                     /*检验颜色数量*/
    /*拼写词汇的函数*/
    function typeIt()
    {
       var insertHTML = ""
       /*对数组元素进行循环*/
       if (msgNo <= msg.length - 1)
       {
          if (character <= msg[msgNo].text.length || colorCheck < msg
          [msgNo].text.length) {
             colorCheck = 0
```

```
            for (var charCheck = 0; charCheck < character; charCheck++,
            colorNo--, fixColor--) {
                if (fixColor > 5) colorNo = 5
                if (colorNo == 5) colorCheck += 1 insertHTML += '<SPAN style=
                "font-family:Arial Black; font-size:50pt; color:' +
                fadecolor[colorNo] + '">' + msg[msgNo].text.substring
                (charCheck, charCheck + 1) + '</SPAN>'
            }
            if (document.layers) {
                document.typeWriter.document.write(insertHTML)
                document.typeWriter.document.close()
            } else if (document.all) {
                document.all.typeWriter.innerHTML = insertHTML
            }
            /*在指定时间后执行代码*/
            setTimeout("typeIt()", 50)
            character++
            colorNo = character - 1
            fixColor = character
        }
        /*到达预设值结束循环*/
        else
        {
            character=1
            colorNo = character - 1
            fixColor = character
            /*在指定时间后执行代码*/
            setTimeout("typeIt()", msg[msgNo].delay)
            msgNo++
        }
    }
}
</script>
```

网页效果如图 1.7 所示。

为人民服务

图 1.7　拉幕效果

1.6　使用调色板更换页面背景

本实例使用 JavaScript 在网页上放置一些调色板，通过单击鼠标，就能实现对于当前网页背景颜色的修改。本节主要涉及的 JavaScript 语法如下。

document.write()是一个输出流，执行的时候，会自动调用对象的 toString()方法，该方法执行以后，会在页面输入参数定义的内容。

本实例主要代码如下：

```
<script language="JavaScript">
```

```
  /*定义含有 6 个元素的非抖动元素符数组*/
  var hex = new Array(6)
  hex[0] = "FF"
  hex[1] = "CC"
  hex[2] = "99"
  hex[3] = "66"
  hex[4] = "33"
  hex[5] = "00"
  /*弹出背景颜色提示框*/
  function display(triplet)
  {
     document.bgColor = '#' + triplet alert('现在的背景色是 #' +triplet)
  }
  /*画格子*/
  function drawCell(red, green, blue)
  {
     document.write('<TD BGCOLOR="#' + red + green + blue + '">')
     document.write('<A HREF="javascript:display(\'' + red + green + blue)
     + '\')">')
     document.write('<IMG SRC="place.gif" BORDER=0 HEIGHT=12 WIDTH=12>')
     document.write('</A>') document.write('</TD>')
  }
  /*画调色板中的行*/
  function drawRow(red, blue) {
     document.write('<TR>') for (var i = 0; i < 6; ++i) {
        drawCell(red, hex[i], blue)
     }
     document.write('</TR>')
  }
  /*画某个调色板*/
  function drawTable(blue) {
     document.write('<TABLE CELLPADDING=0 CELLSPACING=0 BORDER=0>')
     for (var i = 0; i < 6; ++i)
     {
        drawRow(hex[i], blue)
     }
     document.write('</TABLE>')
  }
  /*画调色板阵列*/
  function drawCube()
  {
     document.write('<TABLE CELLPADDING=5 CELLSPACING=0 BORDER=1><TR>')
     for (var i = 0; i < 6; ++i)
     {
        document.write('<TD BGCOLOR="#FFFFFF">')
        drawTable(hex[i]) document.write('</TD>')
     }
     document.write('</TR></TABLE>')
  }
  /*调用画调色板阵列函数*/
  drawCube()
</script>
```

网页效果如图 1.8 和图 1.9 所示。

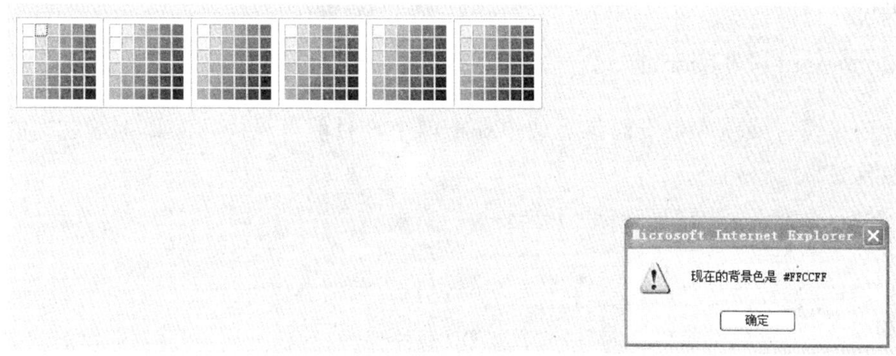

图 1.8　使用调色板更换页面背景

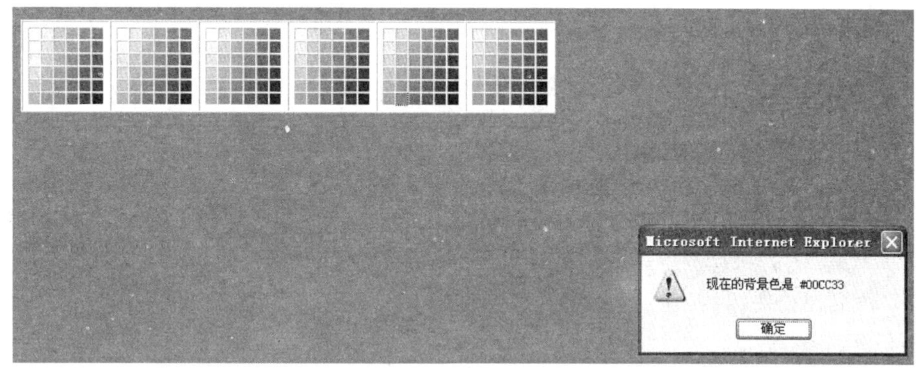

图 1.9　使用调色板更换页面背景

1.7　飞舞的星星

本实例使用 JavaScript 在网页上放置一些飞舞的星星，效果堪比 Flash。本节主要涉及的 JavaScript 语法如下。

1．document.body.offsetWidth

offsetWidth 是页面中所有对象都有的属性，表示对象的实际宽度。有时在页面的 style 中所设置的宽度是百分比或 auto，此时要想呈现一个对象的实际宽度，就需要用到 offsetWidth。

2．document.body.scrollLeft

scrollLeft 设置或获取位于对象左边界和窗口中，目前可见内容的最左端之间的距离。

3．document.body.offsetHeight

offsetHeight 也是页面中所有对象都有的属性，表示对象的实际高度。有时在页面的

style 中所设置的宽度是百分比或 auto，此时要想呈现一个对象的实际高度，就需要用到 offsetHeight。

4．document.body.scrollTop

scrollLeft 设置或获取位于对象上边界和窗口中，目前可见内容的最上端之间的距离。本实例主要代码如下：

```
<SCRIPT LANGUAGE="JavaScript1.2">
   /*定义变量*/
   var ns = (document.layers);
   var ie = (document.all);
   var w3 = (document.getElementById && self.innerWidth && (window
   .pageXOffset > -1));
   var allDivs = new Array(10);
   var documentWidth, documentHeight;
   /*初始化变量*/
   function initAll()
   {
      if (!ns && !ie && !w3) return;
      for (dNum = 0; dNum < 10; ++dNum) {
         if (ie) allDivs[dNum] = eval('document.all.sDiv' + dNum +
         '.style');
         else if (ns) allDivs[dNum] = eval('document.layers["sDiv' + dNum
         + '"]');
         else if (w3) allDivs[dNum] = eval('document.getElementById
          ("sDiv' + dNum + '").style');
         moveTo(dNum, 0, 0);
      }
   }
   /*移动到指定位置*/
   function moveTo(I, tempx, tempy)
   {
      /*根据不同浏览器进行不同赋值，实现同样的效果*/
      if (ie)
      {
         documentWidth = document.body.offsetWidth + document.body.
         scrollLeft - 20;
         randomy = Math.floor(Math.random() * document.body.offsetHeight)
         + document.body.scrollTop - 20;
      }
      else if (ns)
      {
         documentWidth = window.innerWidth + window.pageXOffset - 20;
         randomy = Math.floor(Math.random() * window.innerHeight) + window.
         pageYOffset - 20;
      }
      else if (w3)
      {
         documentWidth = self.innerWidth + window.pageXOffset - 20;
         randomy = Math.floor(Math.random() * self.innerHeight) + window.
         pageYOffset - 20;
      }
      if (tempx > -50)
      {
         tempx -= 45;
         allDivs[I].left = tempx;
         allDivs[I].top = tempy;
```

```
            setTimeout("moveTo(" + I + "," + tempx + "," + tempy + ")", 40)
        } else setTimeout("moveTo(" + I + ",documentWidth-10,randomy)", 2000
        / I + 40);
    }
    window.onload = initAll
</script>
```

网页效果如图 1.10 所示。

图 1.10　飞舞的星星

1.8　选择进入页面的效果

本实例使用 JavaScript 实现选择进入页面的效果。本节主要涉及的 JavaScript 语法如下。

meta 是 HTML 语言 head 区的一个辅助性标签。几乎所有的网页里，我们都会用到，很多人认为 meta 可有可无，其实如果你能够用好 meta 标签，会达到意想不到的效果。在 meta 标签中加入关键字会自动被大型搜索网站自动搜集，还可以设定页面格式及刷新等。

meta 标签共有两个属性，它们分别是 http-equiv 属性和 name 属性，不同的属性又有不同的参数值，这些不同的参数值就实现了不同的网页功能。

本实例主要代码如下：

```
<meta http-equiv="Page-Enter" content="revealTrans(duration=5,
transition=23)">          /*辅助性标签<meta>*/
```

网页效果如图 1.11 所示。

图 1.11　选择进入页面的效果

1.9　网页加载效果

本实例使用 JavaScript 在网页上实现加载时的进度条效果。本节主要涉及的 JavaScript

语法如下。document.loading.chart 就是网页加载时的进度条。

本实例主要代码如下：

```
<script>
    var bar = 0
    var line = "||"
    var amount = "||"count() function count()
    {
        bar = bar + 2
        amount = amount + line
        /*网页加载进度条*/
        document.loading.chart.value = amount
        document.loading.percent.value = bar + "%"
        if (bar < 99)
        {
            setTimeout("count()", 100);
        }
        else
        {
            window.location = "http://www.baidu.com/";
        }
    }
</script>
```

网页效果如图 1.12 所示。

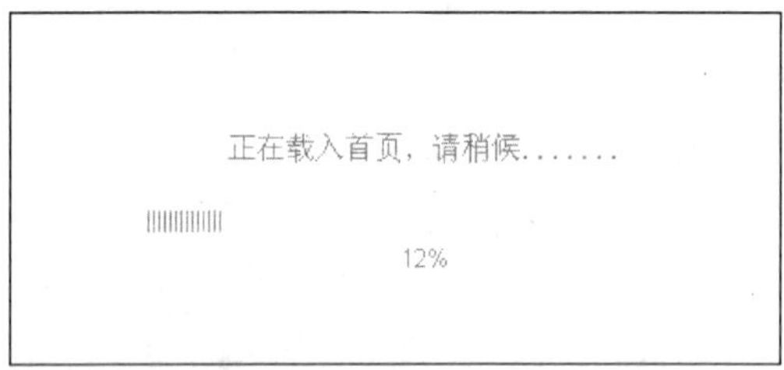

图 1.12　网页加载效果

1.10　自动滚屏页面

本实例使用 JavaScript 在网页上实现内容的自动滚屏。本节主要涉及的 JavaScript 语法如下。

parent.scroll(x,y)中的参数 x，y 的具体含义是横纵向滚动，x 表示横向滚动，y 表示纵向滚动，x 和 y 中的一个参数通常被设置成一个固定的数值，另外一个参数通过循环增长实现滚屏。

```
function scrollre ()
{
for (var i=0,i<500,i++)
{
parent.scroll(1,i)
}
}
```

本实例主要代码如下：

```
<script language="JavaScript">
    /*滚屏函数 1*/
    function scrollit()
    {
        for (I = 1; I <= 750; I++)
        {
            parent.scroll(1, I)
        }
    }
    /*滚屏函数 2*/
    function scrollit1()
    {
        for (I = 750; I > 1; I = I - 1)
        {
            parent.scroll(1, I)
        }
    }
</script>
```

网页效果如图 1.13 所示。

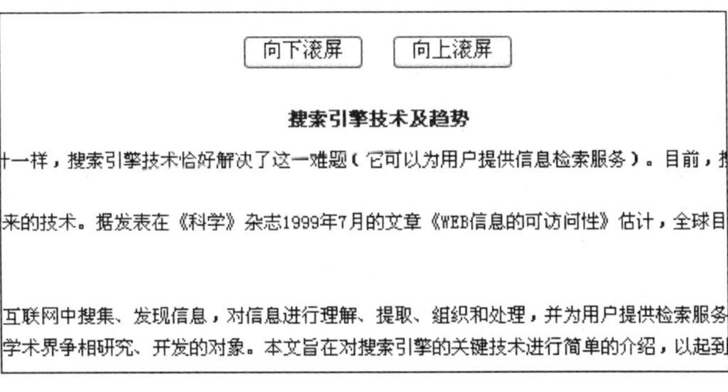

图 1.13　自动滚屏页面

1.11　QQ 客服随屏页面效果

本实例使用 JavaScript 实现网站经常用到的 QQ 客服随屏效果。本节主要涉及的 JavaScript 语法如下。

1．document.getElementById()方法

在 window.onload 事件的使用中，我们常常看到 document.getElementById()方法，该方法常用于获取元素，其最初被定义为 HTML DOM 接口的成员，之后在二级 DOM 中移入 XML DOM 接口。document.getElementById 属于 host 对象，是一个方法。

2．document.write()方法

document.write()方法已在 1.3 节介绍过，这里不再复述。

本实例主要代码如下：

```
<script language=javascript>
    function picsize(obj, MaxWidth)
    {
        /*新建一个 Image 对象，用这个对象的 width 就不会出现 width 为 0 的现象*/
        img = new Image();
        img.src = obj.src;
        if (img.width > MaxWidth)
        {
            return MaxWidth;
        }
        else
        {
            return img.width;
        }
    }
</script>
<script>
    /*定义数组*/
    var online = new Array();
    if (!document.layers)
        document.write('<div id="divStayTopLeft" style="position
        :absolute">')
</script>
<script>
    /*生成在线咨询部分*/
    if (online[0] == 0) document.write("<img src=1.12.jpg border=0 align=
    middle><a class='qqb' target=blank href='http://wpa.qq.com/msgrd?V=
    1&Uin=12345&Site=在线咨询&Menu=no' title='客服不在线，请留言'>12345</a>");
    else document.write("<img src=1.12.jpg border=0 align=middle><a
    class='qqa' target=blank href='http://wpa.qq.com/msgrd?V=1&Uin=
    12345&Site=在线咨询&Menu=no' title='在线即时交谈'>12345</a>");
    if (online[1] == 0) document.write("<img src=1.12.jpg border=0 align=
    middle><a class='qqb' target=blank href='http://wpa.qq.com/msgrd?
    V=1&Uin=23456&Site=在线咨询&Menu=no' title='客服不在线，请留言'>
    23456</a>");
    else document.write("<img src=1.12.jpg border=0 align=middle><a
    class='qqa' target=blank href='http://wpa.qq.com/msgrd?V=1&Uin=
    23456Site=在线咨询&Menu=no' title='在线即时交谈'>23456</a>"); < /script >
<script type = "text/javascript " >
        /*输入"frombottom "或"fromtop"信息*/
        var verticalpos = "frombottom "
        if (!document.layers) document.write('</div>') function
        JSFX_FloatTopDiv()
        {
            var startX = 6,
            startY = 150;
            var ns = (navigator.appName.indexOf("Netscape ") != -1);
            var d = document;
            function ml(id) {
                var el = d.getElementById ? d.getElementById(id) : d.all ?
                d.all[id] : d.layers[id];
                if (d.layers) el.style = el;
                el.sP = function(x, y)
                {
                    this.style.left = x;
                    this.style.top = y;
                };
                el.x = startX;
                if (verticalpos == "fromtop ") el.y = startY;
```

```
            else
            {
                el.y = ns ? pageYOffset + innerHeight: document.
                body.scrollTop + document.body.clientHeight;
                el.y -= startY;
            }
            return el;
        }
        /*页面左上端起始位置*/
        window.stayTopLeft = function()
        {
            if (verticalpos == "fromtop ")
            {
                var pY = ns ? pageYOffset: document.body.scrollTop;
                ftlObj.y += (pY + startY - ftlObj.y) / 8;
            }
            else
            {
                var pY = ns ? pageYOffset + innerHeight: document.
                body.scrollTop + document.body.clientHeight;
                ftlObj.y += (pY - startY - ftlObj.y) / 8;
            }
            ftlObj.sP(ftlObj.x, ftlObj.y);
            setTimeout("stayTopLeft()",10);
        }
        ftlObj = ml("divStayTopLeft ");
        stayTopLeft();
    }
    JSFX_FloatTopDiv();
</script>
```

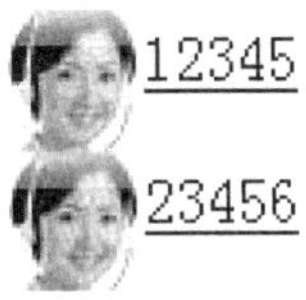

12345

23456

图 1.14　QQ 客服随屏页面效果

网页效果如图 1.14 所示。

1.12　雪花纷飞的页面

本实例使用 JavaScript 在网页上放置一些调色板，通过单击鼠标，就能实现对当前网页背景颜色的修改。本节主要涉及的 JavaScript 语法如下。

setTimeout 有两种形式，即 setTimeout(code,interval)和 setTimeout(func,interval,args)，其中 code 是一个字符串，func()是一个函数；interval 表示时间，可以是延迟时间或者交互时间，以毫米为单位。延迟时间，是在载入后延迟指定时间后，去执行一次表达式，仅执行一次；交互时间，是从载入后，每隔指定的时间就执行一次表达式。

本实例主要代码如下：

```
<script type="text/javascript">
    N = 100;                                        /*雪花的个数*/
    Y = new Array();                                /*雪花的纵坐标*/
    X = new Array();                                /*雪花的横坐标*/
    S = new Array();                                /*雪花的移动范围*/
    A = new Array();                                /*雪花的纵坐标*/
    B = new Array();                                /*雪花的纵坐标*/
    M = new Array();                                /*雪花的大小*/
    V = (document.all) ? 0 : 1;                     /*当前窗口的层数*/
```

```
iH = window.document.body.clientHeight;      /*获得当前窗口的高度*/
iW = window.document.body.clientWidth;       /*获得当前窗口的宽度*/
for (i = 0; i < N; i++)
{
    Y[i] = Math.round(Math.random() * iH);   /*生成每个雪花的初始纵坐标*/
    /*生成每个雪花的初始横坐标*/
    X[i] = Math.round(Math.random() * iW);
    S[i] = Math.round(Math.random() * 5 + 2);
    A[i] = 0;
    B[i] = Math.random() * 0.01 + 0.1;
    M[i] = Math.round(Math.random() * 1 + 1);
}
if (V)
{
    /*N 个雪花循环初始化*/
    for (i = 0; i < N; i++)
    {
        document.write("<layer name='sn" + i + "' left=0 top=0
        bgcolor='#000000' cuip='0,0," + M[i] + "," + M[i] + "'></layer>");
    }
} else {
    document.write('<div style="position:absolute;top:0px;left:0px">');
    document.write('<div style="position:relative">');
    for (i = 0; i < N; i++)                          /*N 个雪花循环初始化*/
    {
        /*定义雪花为黑色*/
        document.write('<div id="si" style="position:absolute;top:0;
        left:0;width:' + M[i] + ';height:' + M[i] + ';background:
        #FFFFCC;font-size:' + M[i] + '"></div>');
    }
    document.write('</div></div>');
}
function snow()
{
    var H = window.document.body.clientHeight;   /*获得当前窗口的高度*/
    var W = window.document.body.clientWidth;    /*获得当前窗口的宽度*/
    var T = document.body.scrollTop;             /*获得当前窗口的纵坐标*/
    var L = document.body.scrollLeft;            /*获得当前窗口的横坐标*/
    for (i = 0; i < N; i++)
    {
        sy = S[i] * Math.sin(90 * Math.PI / 180);     /*生成 y 方向的步长*/
        sx = S[i] * Math.cos(A[i]);                   /*生成 x 方向的步长*/
        Y[i] += sy;                                   /*更新纵坐标*/
        X[i] += sx;                                   /*更新横坐标*/
        /*如果雪花超出了屏幕*/
        if (Y[i] > H)
        {
            Y[i] = -10;                               /*赋值给雪花纵坐标*/
            X[i] = Math.round(Math.random() * W);/*重新赋值给雪花的纵坐标*/
            M[i] = Math.round(Math.random() * 1 + 1);/*定义雪花的大小*/
            S[i] = Math.round(Math.random()* 5+ 2);/*定义雪花飘动的幅度*/
        }
        if (V) {
            /*重新显示每个雪花*/
            document.all['sn' + i].left = X[i];
            document.layers['sn' + i].top = Y[i] + T
```

```
        } else {
            /*重新显示每个雪花*/
            si[i].style.pixelLeft = X[i];
            si[i].style.pixelTop = Y[i] + T
        }
        A[i] += B[i];
    }
    setTimeout('snow()', 10);              /*每 0.01 秒更新一次画面*/
  }
</script>
```

网页效果如图 1.15 所示。

图 1.15　雪花纷飞的页面

1.13　MSN 消息提示效果

本实例使用 JavaScript 在网页上实现 MSN 消息提示效果。本节主要涉及的 JavaScript 语法如下。

window.createPopup：Popup 窗口是 IE 5.5 及以后版本提供的一个新特性，Popup 窗口在用户单击它自身之外的任何地方，或另一个 Popup 打开时会自动关闭。Popup 在显示的时候不能获得焦点，所以用户已获得焦点的操作将继续在其父窗口中执行，组成 Popup 的 DHTML 可以存储在其父 document 或其他的 document 元素中。Popup 窗口中不支持文本框一类的编辑框 element，不能选中 Popup 窗口中的元素，不能在 Popup 窗口中 navigate。单击 Popup 中的链接是无法让更新出来的内容显示到这个 Popup 中的，Popup 窗口一旦显示就不能移动和改变大小。

本实例主要代码如下：

```
<SCRIPT>
  var oPopup = window.createPopup();        /*创建弹出框*/
  var popTop = 50;
  /*弹出类似 MSN 的消息框*/
  function popmsg(msgstr)
  {
    var winstr = "<table style=\"border: 1 solid  #FFA6CA\"  width=\
    "241\" height=\"172\" border=\"0\" cellpadding=\"0\" cellspacing=
    \"0\"  background=\"http://www.smallrain.net/images/login_bg
    .gif\" >";
    winstr += "<tr><td height=\"30\"> </td></tr><tr><td align=\
    "center\"><table width=\"90%\" height=\"110\" border-\"0\"
```

```
        cellpadding=\"0\" cellspacing=\"0\">";
        winstr += "<tr><td valign=\"top\" style=\"font-size:12px; color: red;
        face: Tahoma\">" + msgstr + "</td></tr></table></td></tr></table>";
        oPopup.document.body.innerHTML = winstr;
        popshow();                                    /*调用显示消息框函数*/
    }
    /*显示消息框函数*/
    function popshow()
    {
        window.status = popTop;
        if (popTop > 1720)
        {
            clearTimeout(mytime);
            oPopup.hide();
            return;
        } else if (popTop > 1520 && popTop < 1720) {
            oPopup.show(screen.width - 250, screen.height, 241, 1720 -
            popTop);
        } else if (popTop > 1500 && popTop < 1520) {
            oPopup.show(screen.width - 250, screen.height + (popTop - 1720),
            241, 172);
        } else if (popTop < 180) {
            oPopup.show(screen.width - 250, screen.height, 241, popTop);
        } else if (popTop < 220) {
            oPopup.show(screen.width - 250, screen.height - popTop, 241, 172);
        }
        popTop += 10;
        var mytime = setTimeout("popshow();", 50);
    }
    popmsg(" Javascript 实例欢迎你！");              /*调用弹出类似 MSN 的消息框函数*/
</SCRIPT>
```

网页效果如图 1.16 所示。

图 1.16　MSN 消息提示效果

1.14　自动最大化页面

本实例使用 JavaScript 实现页面自动最大化。本节主要涉及的 JavaScript 语法如下。

- self.moveTo(x,y)中的参数为屏幕横纵坐标，控制窗体在屏幕上的位置。
- self.resizeTo(x,y)中的参数同样是屏幕横纵坐标，控制网页窗口的大小。

本实例主要代码如下：

```
<script language="javascript">
    self.moveTo(0, 0);                                          /*定位左上角*/
```

```
    self.resizeTo(screen.availWidth, screen.availHeight);  /*调整屏幕*/
</script>
```

网页效果如图 1.17 所示。

图 1.17　自动最大化页面

1.15　自动刷新页面

本实例使用 JavaScript 实现网页的自动刷新。本节主要涉及的 JavaScript 语法如下。

setTimeout()函数的用法：setTimeout(表达式,延时时间)、setTimeout(表达式,交互时间)中的延时时间/交互时间是以 ms 为单位的（1000ms=1s）。setTimeout 在执行时，是在载入后延迟指定时间后，去执行一次表达式且仅执行一次。setTimeout 在执行时，从载入后，每隔指定的时间就执行一次该表达式。

本实例主要代码如下：

```
<script  language= "javascript ">
    setTimeout( "self.location.reload(); ",10000);/*定时重复执行指定表达式*/
</script>
```

1.16　页面的前进与后退

本实例使用 JavaScript 实现网页的前进与后退功能。本节主要涉及的 JavaScript 语法如下。

（1）window.history.back()用以实现网页的后退功能，back()中的参数是阿拉伯数字，代表网页后退的次数。

（2）window.history.forward()用以实现网页的前进功能，forward()中的参数是阿拉伯数字，代表网页前进的次数。

本实例主要代码如下：

```
<script>
    function pagebackward()                /*页面前进*/
    {
        window.history.back();
    }
    function pageforward()                 /*页面后退*/
    {
        window.history.forward();
    }
</script>
```

1.17　保护页面内容不被复制

本实例使用 JavaScript 保护页面内容不被复制。本节主要涉及的 JavaScript 语法如下。

1．event.button

event 是事件的意思，脚本都是事件来触发的，如单击事件，双击事件，而触发的对象就是 button 也就是按钮。常见的 event.button 事件对于不同的浏览器使用方法是不一样的：

- 对于 IE，没有按键动作的时候 window.event.button = 0；左键是 window.event.button = 1；中键是 window.event.button = 4；右键是 window.event.button = 2。
- 对于 Firefox，没有按键动作的时候 event.button = 0；左键是 event.button = 0；中键是 event.button = 1；右键是 event.button = 2。

2．event.ctrlKey

event.ctrlKey 用以检测事件发生时 Ctrl 键是否被按下，该属性取值为 true 或 false。该属性为 true 时表示事件发生时 Ctrl 键被按住了；为 false 时则说明 Ctrl 键没有按下。ctrlKey 属性可结合鼠标或键盘使用，多用于制作一些快捷操作方式。

本实例主要代码如下：

```
<script>
    /*鼠标单击事件 1*/
    function click()
    {
        alert('禁止你的左键复制！')
    }
    /*鼠标单击事件 2*/
    function click1()
    {
        if (event.button == 2)
        {
            alert('禁止右键单击~！')
        }
    }
    /*按下 Ctrl 键事件*/
    function CtrlKeyDown()
    {
        if (event.ctrlKey)
        {
            alert('不当的复制将损害您的系统！')
        }
    }
    document.onkeydown = CtrlKeyDown;
    document.onselectstart = click;
    document.onmousedown = click1;
</script>
```

网页效果如图 1.18 所示。

图 1.18　保护页面内容不被复制

1.18　保护页面源代码不被复制

本实例使用 JavaScript 保护页面源代码不被复制。本节主要涉及的 JavaScript 语法如下。

- ❑ document.oncontextmenu 定义的是鼠标右键事件。
- ❑ event.returnvalue=false 的含义就是对 event 事件的 returnvalue 属性赋予 false。当然，event 还有其他属性来屏蔽键盘鼠标上的键。

本实例主要代码如下：

```
<script language=javascript>
    /*鼠标单击事件*/
    function Click()
    {
        alert('版权所有，请勿复制！');
        window.event.returnValue = false;
    }
    document.oncontextmenu = Click;
</script>
```

网页效果如图 1.19 所示。

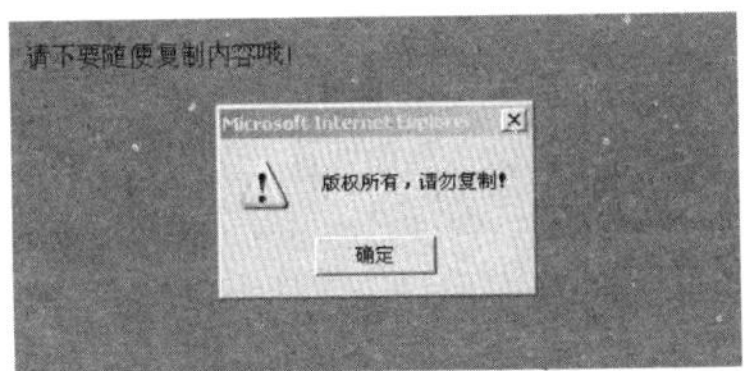

图 1.19　保护页面源代码不被复制

1.19　保护页面不被其他网站使用框架加载

本实例使用 JavaScript 实现页面不被其他网站使用框架加载。本节主要涉及的 JavaScript 语法如下。

- ❑ top.location：表示最外层的页面地址。
- ❑ self.location：表示当前窗体对象的页面地址。

本实例主要代码如下：

```
<script language=javascript>
    /*保护页面不被其他网站使用框架加载*/
    if (self != top)
    {
        top.location = self.location;
    }
</script>
```

1.20　在页面中调用其他网页

本实例使用 JavaScript 实现在当前网页中调用其他网页的功能。本节主要涉及的 JavaScript 语法如下。window.open(url).focus()的意思就是根据参数 url 地址打开网页，然后获取焦点。

本实例主要代码如下：

```
<script language=javascript>
    var theHelloStr = "Hello all.";
    /*Hello 事件 1*/
    function sayHello()
    {
        alert("hello, method");
    }
    /*页面跳转*/
    function openBtnClicked()
    {
        var newwin = window.open('1.19  保护页面内容不被复制.html', "test",
        "toolbar=no,location=no,top=100,left=100,directories=no,status=
        yes,menubar=no,scrollbars=yes,location =no,resizable=yes,width=
        300,height=200");
        newwin.focus();
    }
    /*Hello 事件 2*/
    function sayHello2()
    {
        window.sayHello();
    }
</script>
```

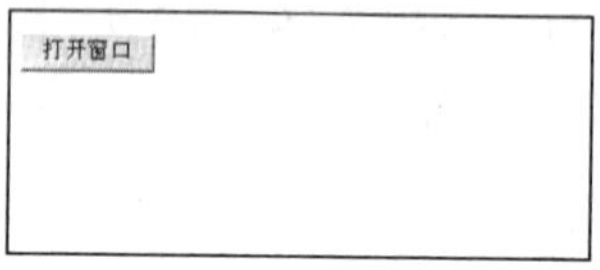

打开窗口

图 1.20　在当前页面中调用其他网页

网页效果如图 1.20 所示。

1.21　倒　计　时

本实例使用 JavaScript 在网页上显示当前时间距离 2015 年还有多长时间的倒计时。本节主要涉及的 JavaScript 语法如下。

Date 对象：Date 对象用于处理日期和时间相关的各类应用。

Date()方法：Date()方法返回当日的日期和时间。

本实例主要代码如下：

```
<script language="javascript">
  startclock()
  var timerID = null;
  var timerRunning = false;
  /*显示时间*/
  function showtime()
  {
     /*定义时间相关变量*/
     Today = new Date();
     var NowHour = Today.getHours();
     var NowMinute = Today.getMinutes();
     var NowMonth = Today.getMonth();
     var NowDate = Today.getDate();
     var NowYear = Today.getYear();
     var NowSecond = Today.getSeconds();
     /*定义时间相关变量*/
     if (NowYear < 2000)
        NowYear = 1900 + NowYear;
     Today = null;
     Hourleft = 23 - NowHour
     Minuteleft = 59 - NowMinute
     Secondleft = 59 - NowSecond
     Yearleft = 2014 - NowYear
     Monthleft = 12 - NowMonth - 1
     Dateleft = 31 - NowDate
     if (Secondleft < 0)
     {
        Secondleft = 60 + Secondleft;
        Minuteleft = Minuteleft - 1;
     }
     if (Minuteleft < 0)
     {
        Minuteleft = 60 + Minuteleft;
        Hourleft = Hourleft - 1;
     }
     if (Hourleft < 0)
     {
        Hourleft = 24 + Hourleft;
        Dateleft = Dateleft - 1;
     }
     if (Dateleft < 0)
     {
        Dateleft = 31 + Dateleft;
        Monthleft = Monthleft - 1;
     }
     if (Monthleft < 0)
     {
        Monthleft = 12 + Monthleft;
        Yearleft = Yearleft - 1;
     }
     Temp = Yearleft + '年, ' + Monthleft + '月, ' + Dateleft + '天, ' +
     Hourleft + '小时, ' + Minuteleft + '分, ' + Secondleft + '秒
     'document.form1.left.value = Temp;
     timerID = setTimeout("showtime()", 1000);
     timerRunning = true;
  }
  var timerID = null;
  var timerRunning = false;
  /*时钟停止*/
  function stopclock()
```

```
    {
        if (timerRunning) clearTimeout(timerID);
        timerRunning = false;
    }
    /*时钟启动*/
    function startclock()
    {
        stopclock();
        showtime();
    }
</script>
```

网页效果如图 1.21 所示。

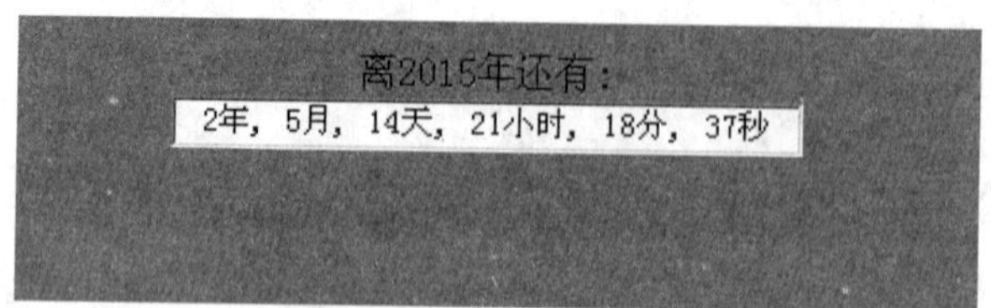

图 1.21　倒计时

1.22　载入页面时显示滚动条

本实例使用 JavaScript 实现在载入页面时显示滚动条。本节主要涉及的 JavaScript 语法如下。

document.getElementById()得到的是一个对象，用 alert 显示得到的是对象，而不是具体的值，该对象具有 value 和 length 等属性，用.value 才能得到该对象的值。

本实例主要代码如下：

```
<script type="text/javascript">
    window.onload = function()
    {
   var nScrollHight = document.getElementById("divContent").offsetHeight;
    /*滚动距离总长(注意不是滚动条的长度)*/
        var nScrollTop = 0;            /*滚动到的当前位置*/
        /*divContainer 的高度*/
        var nDivHight = document.getElementById("divContainer").offset
        Height;
        document.getElementById("divContainer").onscroll = function() {
            /*0~250*/
            nScrollTop = this.scrollTop;
            /*750,1000*/
            nScrollHight = this.scrollHeight;
            if (nScrollTop + nDivHight >= nScrollHight)
            {
                document.getElementById("divContent").style.height = 1000;
                alert("Scroll to Bottom, ScrollTop is:" + nScrollTop);
            }
        }
    }
</script>
```

网页效果如图 1.22 所示。

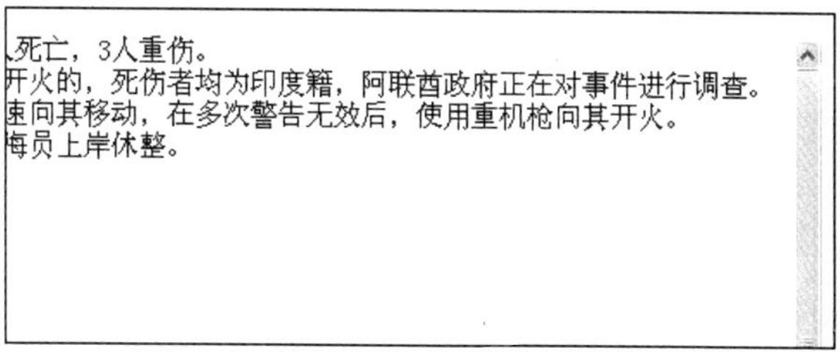

图 1.22　载入页面时显示滚动条

1.23　禁用页面另存功能

本实例使用 JavaScript 禁止网页被另存。本节主要涉及的 JavaScript 语法如下。

1．noscript元素

noscript 元素用来定义在脚本未被执行时的替代内容（文本）。此标签可被用于识别 <script> 标签但无法支持其中的脚本的浏览器。

2．window.onerror

```
window.onerror = function(sMessage,sUrl,sLine){};
```

onerror()函数的 3 个参数用于确定错误的确切信息，代表的意思依次为错误信息；发生错误的文件；发生错误的行号。

本实例主要代码如下：

```
<noscript>
   <iframe src="*.htm">
   </iframe>
</noscript>
/*"禁示另存为"开始*/
<noscript>
   <iframe src="*.htm">
   </iframe>
</noscript>
/*"禁示另存为"结束*/
<script language="javascript">
   /*设定脚本出错能继续运行*/
   function KillError()
   {
      return false;
   }
   window.onerror = KillError;
</script>
```

网页效果如图 1.23 所示。

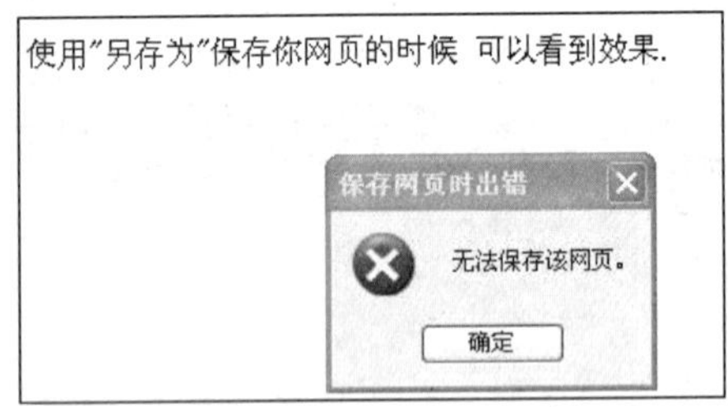

图 1.23 禁用页面另存功能

1.24 禁用页面被加载到缓存中

本实例的目的是避免网页加载到缓存中。本节主要涉及的 JavaScript 语法如下。

```
<META HTTP-EQUIV="Pragma" CONTENT="no-cache">
```

本实例主要代码如下：

```
<META HTTP-EQUIV="Pragma" CONTENT="no-cache">          /*禁止浏览器从本地机的缓
存中调阅页面内容*/
```

1.25 打开页面时弹出对话框

本实例使用 JavaScript 实现打开页面时弹出对话框的效果。本节主要涉及的 JavaScript 语法如下。

Alert：弹出消息对话框（对话框中有一个 OK 按钮）。Alert()函数用法是 alert(str)。

本实例主要代码如下：

```
<script type="text/javascript">
   /*欢迎函数*/
   function welcome()
   {
      alert("欢迎");
   }
</script>
```

网页效果如图 1.24 所示。

图 1.24 打开页面时弹出对话框

1.26　自动收藏当前页面

本实例使用 JavaScript 实现自动收藏当前页面的效果。本节主要涉及的 JavaScript 语法如下。

1．window.external.addFavorite

该函数支持 IE 浏览器，根据预设名称将预设链接添加到搜藏夹，具体写法是：

```
window.external.AddFavorite(URL, title)
```

2．window.sidebar.addPanel

该函数支持火狐浏览器，根据预设名称将预设链接添加到搜藏夹，具体写法是：

```
window.sidebar.addPanel(sTitle, sURL, "")
```

本实例主要代码如下：

```
<script type="text/javascript">
   /*收藏函数*/
   function addFav()
   {
       /*加入收藏夹*/
       if (document.all)
       {
          window.external.addFavorite(window.location.href, document.
          title);
       }
       else if (window.sidebar)
       {
          window.sidebar.addPanel(document.title, window.location.href, "");
       }
   }
</script>
```

网页效果如图 1.25 所示。

图 1.25　自动收藏当前页面

1.27　自动设定当前页面为默认加载页面

本实例使用 JavaScript 实现自动设定当前页面为默认加载页面。本节主要涉及的

JavaScript 语法如下。

document.body.setHomePage(url)，这里传入的参数就是将要设置为默认加载页面的链接。

本实例主要代码如下：

```
<script type="text/javascript">
    /*设置默认加载页面*/
    function setHomepage()
    {
        /*设置首页*/
        if (document.all)
        {
            document.body.style.behavior = 'url(#default#homepage)';
            document.body.setHomePage(window.location.href);
        }
        else if (window.sidebar)
        {
            if (window.netscape)
            {
                try
                {
                    netscape.security.PrivilegeManager.enablePrivilege
                    ("UniversalXPConnect");
                }
                catch(e)
                {
                    alert("该操作被浏览器拒绝，如果想启用该功能，请在地址栏内输入
                    about:config,然后将项 signed.applets.codebase_principal_
                    support 值改为 true");
                }
            }
            var prefs = Components.classes['@mozilla.org/preferences-
            service;1'].getService(Components.interfaces.nsIPrefBranch);
            prefs.setCharPref('browser.startup.homepage', window.location.
            href);
        }
    }
</script>
```

1.28　冻 结 窗 口

本实例使用 JavaScript 实现冻结窗口。本节主要涉及的 JavaScript 语法如下。

window.history.back()：能实现返回上一个浏览的网页的功能，相当于 onclick="history.go(-1)。

本实例主要代码如下：

```
<script>
    /*冻结函数*/
    function freeze()
    {
        alert('从现在开始本窗口不再响应!!!');
        while (true)
```

```
    {
            window.history.back(-1)
        }
    }
</script>
```

网页效果如图 1.26 所示。

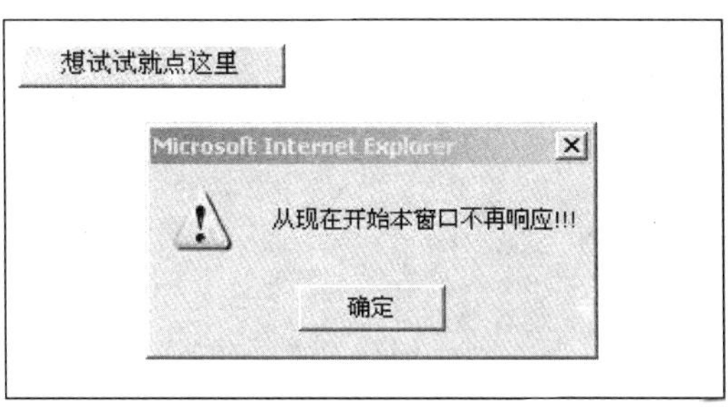

图 1.26　冻结窗口

1.29　禁用页面中的脚本

本实例实现禁用页面中的脚本功能。本节主要涉及的 JavaScript 语法是 document.all，已在 1.3 节介绍过，这里不再复述。

本实例主要代码如下：

```
<script type="text/javascript">
    /*禁用脚本*/
    function kill(obj)
    {
        var a = document.all
        for (var k in a) if (a[k].tagName == "INPUT " || a[k].tagName == "SPAN ")
        {
            a[k].disabled = true;
            a[k].onclick = function() {return false;}
        }
    }
}</script>
```

1.30　随机修改页面标题

本实例使用 JavaScript 实现随机修改页面标题。本节主要涉及的 JavaScript 语法如下。

- window.document.title：该参数用于重置当前页面的标题栏。
- parent.window.document.title：该参数用于重置当前页面父页面的标题栏。

本实例主要代码如下：

```
<script language="JavaScript">
    var tx = new Array("您好呀，欢迎您的光临^_^", "知道吗？我就是标题栏", "呵呵，
    现在我也～会闪啦", "看啊，我闪～我闪……", "快快把你的眉眼抛过来呀！嘻嘻……");
```

```
    /*设置好你的页面标题栏中要闪烁的 5 句文本（具体内容自己据需而定吧）*/
    var txcount = 5;
    /*数字"5"对应于上边设定的文本数*/
    var i = 1;
    var wo = 0;
    var ud = 1;
    /*定义 i、wo、ud 三者的初值*/
    function animatetitle()
    {
        window.document.title = tx[wo].substr(0, i) + "_";
        if (ud == 0) i--;
        if (ud == 1) i++;
        if (i == -1)
        {
            ud = 1;
            i = 0;
            wo++;
            wo = wo % txcount;
        }
        if (i == tx[wo].length + 10)
        {
            ud = 0;
            i = tx[wo].length;
        }
        if (window.document.title.length < 20 ) window.document.title=
        window.document.title+"-";
        if (window.document.title.length == 20 ) window.document.title=
        window.document.title+"]";
        if (window.document.title.length == 21 ) setTimeout("window.
        document.title='Animierte Seitentitel '; ",1000);
        parent.window.document.title = tx[wo].substr(0, i) + "_";
        /*数字"100"指每一字符闪烁速度为 100ms，其改大（小）就闪的慢（快），可自行设置
        数值*/
        setTimeout("animatetitle()", 100);
    }
    /*以上几行是对标题栏（title）的 function 为 animatetitle 的控制过程*/
    /*标题栏（title）中运行 animatetitle*/
    animatetitle();
</script>
```

网页效果如图 1.27 所示。

图 1.27　随机修改页面标题

1.31　页面中的播放器

本实例使用 JavaScript 实现嵌入页面的播放器。本节主要涉及的 JavaScript 语法如下。

<object>标签用于包含对象，如图像、音频、视频、Java applets、ActiveX、PDF 及 Flash。浏览器的对象支持有赖于对象类型。不幸的是，主流浏览器都使用不同的代码来加载相同

的对象类型。而幸运的是，object 对象提供了解决方案。如果未显示 object 元素，就会执行位于<object>和</object>之间的代码。通过这种方式，我们能够嵌套多个 object 元素（每个对应一个浏览器）。

本实例主要代码如下：

```
/*<object>标签*/
<OBJECT ID="play" WIDTH=450 HEIGHT=150
                  CLASSID="CLSID:6BF52A52-394A-11D3-B153-00C04F79FAA6">
```

网页效果如图 1.28 所示。

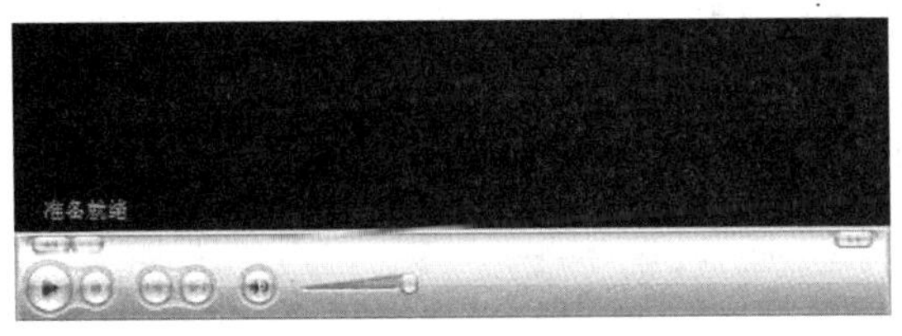

图 1.28　页面中的播放器

1.32　页面信息的传递

本实例使用 JavaScript 实现页面信息的传递。本节主要涉及的 JavaScript 语法如下。

split()方法用于把一个字符串分割成字符串数组，该方法的参数可以有两个，分别是 separator 和 howmany，其中 separator 是必需的，可以是字符串或者正则表达式，通过 split()方法可以根据该参数从指定的地方分割 string 对象；另外一个参数 howmany 是可选，该参数可指定返回的数组的最大长度，如果设置了该参数，返回的子串不会多于这个参数指定的数组，如果没有设置该参数，整个字符串都会被分割，不考虑它的长度。

本实例主要代码如下：

```
<script>
    /*从链接中获得参数*/
    function GetArgsFromHref(sHref, sArgName)
    {
        var args = sHref.split("?");
        var retval = "";
        if (args[0] == sHref)
        /*参数为空*/
        {
            return retval;
        }
        var str = args[1];
        args = str.split("&");
        for (var i = 0; i < args.length; i++)
        {   str = args[i];
            var arg = str.split("=");
            if (arg.length <= 1) continue;
            if (arg[0] == sArgName) retval = arg[1];
        }
```

```
        return retval;
    }
</script>
```

1.33　批量访问页面元素

本实例使用 JavaScript 实现对于网页中元素的批量访问。本节主要涉及的 JavaScript 语法如下。

getElementsByTagName(x)用于获取某元素“x”下的所有子元素，使用该函数能获取到该节点下的所有节点元素，然后可以使用 DOM 的操作对所获得的所有节点元素进行操作，使用 getElementsByTagName 可以灵活地定位节点。

本实例主要代码如下：

```
<script type="text/javascript">
    /*从链接中获得参数*/
    function visit()
    {
        var testUL = document.getElementById("testUL");
        var listItems = testUL.getElementsByTagName("LI");
        for (var i = 0; i < listItems.length; i++)
        {
        /*鼠标移入*/
            listItems[i].onmouseover = function()
            {
                this.className = "important";
            }
            /*鼠标移出*/
            listItems[i].onmouseout = function()
            {
                this.className = "";
            }
        }
    }
</script>
```

- HTML写内容
- CSS控制外观
- JavaScript控制行为

[给所有的li元素添加鼠标事件]

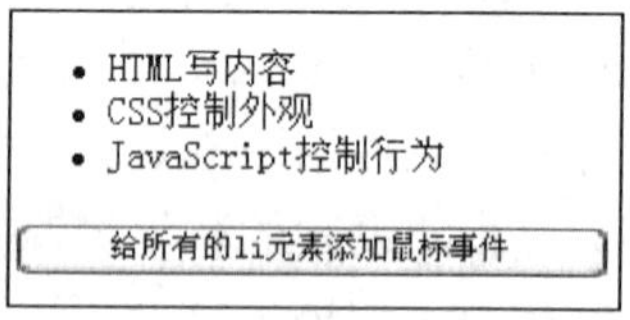

图 1.29　批量访问页面元素

网页效果如图 1.29 所示。

1.34　改变页面元素位置

本实例使用 JavaScript 改变网页中元素的位置。本节主要涉及的 JavaScript 语法如下。

document.getElementById()方法：在 window.onload 事件的使用中，我们常常看到 document.getElementById()方法，该方法常用于获取元素，其最初被定义为 HTML DOM 接口的成员，之后在 2 级 DOM 中移入 XML DOM 接口。document.getElementById()属于 host 对象，是一个方法。

本实例主要代码如下：

```
<script type="text/javascript">
```

```
    /*改变页面元素位置*/
    function change()
    {
        var testDiv = document.getElementById("testDiv");
        testDiv.style.top = "50px";
        testDiv.style.left = "50px";
    }
</script>
```

网页效果如图 1.30 所示。

我是测试div，单击下面的按钮就可以改变我的位置。

改变测试div的位置

图 1.30　改变页面元素位置

1.35　页 面 动 画

本实例使用 JavaScript 在网页中实现动画效果。本节主要涉及的 JavaScript 语法如下。

param 元素用以传递对象所需要的参数，它是 object、applet 和 embed 的子元素，只能放置于 object、applet 和 embed 元素的标签内容中。

本实例主要代码如下：

```
<script type="text/javascript">
    /*播放动画*/
    function playswf(sFile, sWidth, sHeight)
    {
        document.write('<object classid="clsid:D27CDB6E-AE6D-11cf-96B8
        -444553540000"
        codebase="http://download.macromedia.com/pub/shockwave/cabs/
        flash/swflash.cab#version=6,0,29,0" width="' + sWidth + '" height="'
        + sHeight + '"> ');
        document.write(' <param name="movie" value="' + sFile + '"> ');
        document.write(' <param name="quality" value="high"> ');
        document.write(' <param name="wmode" value="transparent"> ');
        document.write(' <embed src="' + sFile + '" wmode="transparent"
        quality="high"
        pluginspage="http://www.macromedia.com/go/getflashplayer"
        type="application/x-shockwave-flash"
        width="' + sWidth + '" height="' + sHeight + '"></embed> ');
        document.write('</object> ');
    }
</script>
```

网页效果如图 1.31 所示。

图 1.31　页面动画

1.36　页面元素拖曳

本实例使用 JavaScript 使得网页中的元素能够被拖曳。本节主要涉及的 JavaScript 语法如下。

1．window.event.target

window.event.target 是事件源对象，是火狐浏览器支持的对象，在 IE 浏览器中实现同等的功能需要使用 window.event.srcElement。

2．getAttribute()方法

getAttribute()方法是一个函数，它只有一个参数，就是要查询的属性名称，其语法是 object.getAttribute(attribute)。要特别注意的是，getAttribute()方法不能通过 document 对象调用，只能通过一个元素结点对象调用它。

3．document.createElement

document.createElement()是在对象中创建一个对象，要与 appendChild()或 insertBefore()方法联合使用。其中，appendChild()方法在结点的子结点列表末添加新的子结点。insertBefore()方法在结点的子结点列表任意位置插入新的结点。

4．document.onmousemove、document.onmousedown与document.onmouseup

将 mouseMove 函数赋值于 document.onmousemove，就能让 mouseMove 获取鼠标移动事件，同样地，将 mouseDown 和 mouseUp 函数赋值于 document.onmousedown 和 document.onmouseup，也就能让 mouseDown 和 mouseUp 获取鼠标按下和松开的事件。

本实例主要代码如下：

```
<script>
   …
   Number.prototype.NaN0 = function()
   {
      return isNaN(this) ? 0 : this;
   }
   /*创建拖曳容器*/
   function CreateDragContainer()
   {
      var cDrag = DragDrops.length;
      DragDrops[cDrag] = [];
      for (var i = 0; i < arguments.length; i++)
      {
         var cObj = arguments[i];
         DragDrops[cDrag].push(cObj);
         cObj.setAttribute('DropObj', cDrag);
         for (var j = 0; j < cObj.childNodes.length; j++)
         {
            if (cObj.childNodes[j].nodeName == '#text') continue;
            cObj.childNodes[j].setAttribute('DragObj', cDrag);
         }
      }
   }
   /*鼠标坐标*/
   function mouseCoords(ev)
   {
      if (ev.pageX || ev.pageY)
      {
         return {
            x: ev.pageX,
            y: ev.pageY
         };
      }
      return
      {
         x: ev.clientX + document.body.scrollLeft - document.body.client
         Left,
         y: ev.clientY + document.body.scrollTop - document.body.client
         Top
      };
   }
   /*获取鼠标位置*/
   function getMouseOffset(target, ev) {
      ev = ev || window.event;
      var docPos = getPosition(target);
      var mousePos = mouseCoords(ev);
      return {
         x: mousePos.x - docPos.x,
         y: mousePos.y - docPos.y
      };
   }
   /*获取位置*/
   function getPosition(e)
   {
      var left = 0;
      var top = 0;
      while (e.offsetParent) {
         left += e.offsetLeft + (e.currentStyle ? (parseInt(e.currentStyle.
         borderLeftWidth)).NaN0() : 0);
         top += e.offsetTop + (e.currentStyle ? (parseInt(e.currentStyle.
```

```
            borderTopWidth)).NaN0() : 0);
            e = e.offsetParent;
        }
        left += e.offsetLeft + (e.currentStyle ? (parseInt(e.currentStyle.
        borderLeftWidth)).NaN0() : 0);
        top += e.offsetTop + (e.currentStyle ? (parseInt(e.currentStyle.
        borderTopWidth)).NaN0() : 0);
        return {
            x: left,
            y: top
        };
    }
    function mouseMove(ev)
    {
        ev = ev || window.event;
        /*事件源对象*/
        var target = ev.target || ev.srcElement;
        var mousePos = mouseCoords(ev);
        if (lastTarget && (target !== lastTarget))
        {
            var origClass = lastTarget.getAttribute('origClass');
            ...... ......
            document.onmousemove = mouseMove;          /*鼠标移动事件*/
            document.onmousedown = mouseDown;          /*鼠标按下事件*/
            /*鼠标松开事件*/
            document.onmouseup = mouseUp;
            window.onload = function()
            {
                dragHelper = document.createElement('DIV');
                dragHelper.style.cssText = 'position:absolute;
                display:none;';
                CreateDragContainer(document.getElementById
                 ('DragContainer1'), document.getElementById('Drag
                Container2'), document.getElementById('DragContainer3'));
                document.body.appendChild(dragHelper);
            }
</script>
```

网页效果如图 1.32 所示。

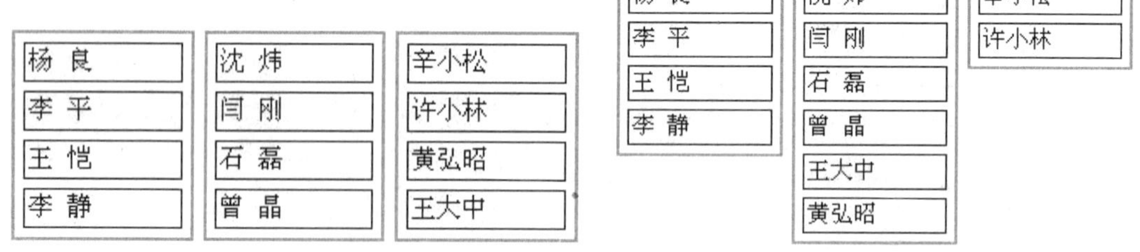

图 1.32　页面元素拖曳

1.37　页面颜色渐变

本实例使用 JavaScript 实现页面颜色渐变效果。本节主要涉及的 JavaScript 语法如下。

- setTimeout()简单的说就是过多少秒后调用某函数。
- clearTimeout()方法可清除由 setTimeout()方法设置的清除定时器。
- attachEvent 方法，为某一事件附加其他的处理事件，不支持 Mozilla 系列；addEventListener 方法则专门用于 Mozilla 系列。

本实例主要代码如下：

```
<script type="text/javascript">
var $ = function (id) {
   return "string" == typeof id ? document.getElementById(id) : id;
};

var Class = {
  create: function() {
    return function() {
      this.initialize.apply(this, arguments);
    }
  }
}

Object.extend = function(destination, source) {
    for (var property in source) {
        destination[property] = source[property];
    }
    return destination;
}

function addEventHandler(oTarget, sEventType, fnHandler) {
    if (oTarget.addEventListener) {
        oTarget.addEventListener(sEventType, fnHandler, false);
    } else if (oTarget.attachEvent) {
        oTarget.attachEvent("on" + sEventType, fnHandler);
    } else {
        oTarget["on" + sEventType] = fnHandler;
    }
};

var ColorFade = Class.create();
ColorFade.prototype = {
  initialize: function(Obj, options) {
    this._obj = $(Obj);
    this._timer = null;

    this.SetOptions(options);
    this.Step = Math.abs(this.options.Step);
    this.Speed = Math.abs(this.options.Speed);
    this.StartColor = this._color = this.GetColors(this.options.
    StartColor);
    this.EndColor = this.GetColors(this.options.EndColor);
    this._arrStep = [this.GetStep(this.StartColor[0], this.EndColor[0]),
    this.GetStep(this.StartColor[1], this.EndColor[1]), this.GetStep(this.
    StartColor[2], this.EndColor[2])];
    this._set = !this.options.Background ? function(color){ this._obj.style
    .color = color; } : function(color){ this._obj.style.backgroundColor =
    color; };

    this._set(this.options.StartColor);

    var oThis = this;
    addEventHandler(this._obj, "mouseover", function(){ oThis.Fade(oThis.
```

```
    EndColor); });
    addEventHandler(this._obj, "mouseout", function(){ oThis.Fade(oThis.
    StartColor); });
  },
  SetOptions: function(options)                    /*设置默认属性*/
  {
    this.options =                                 /*默认值*/
    {
      StartColor:    "#000",                       /*定义原来的颜色*/
      EndColor:      "#DDC",                       /*定义要渐变的颜色*/
      Background:    false,                        /*是否背景变色（默认文字） */
      Step:          20,                           /*渐变级数*/
      Speed:         10                            /*渐变速度*/
    };
    Object.extend(this.options, options || {});
  },
  /*获取颜色数据*/
  GetColors: function(sColor) {
    sColor = sColor.replace("#", "");
    var r, g, b;
    if (sColor.length > 3) {
        r = Mid(sColor, 0, 2); g = Mid(sColor, 2, 2); b = Mid(sColor, 4, 2);
    } else {
        r = Mid(sColor, 0, 1); g = Mid(sColor, 1, 1); b = Mid(sColor, 2, 1);
        r += r; g += g; b += b;
    }
    return [parseInt(r, 16), parseInt(g, 16), parseInt(b, 16)];
  },
  /*获取渐变颜色数据*/
  GetColor: function(c, ec, iStep)
  {
    if (c == ec) { return c; }
    if (c < ec) { c += iStep; return (c > ec ? ec : c); }
    else { c -= iStep; return (c < ec ? ec : c); }
  },
  /*获取渐变级数*/
  GetStep: function(start, end) {
    var iStep = Math.abs((end - start) / this.Step);
    if(iStep > 0 && iStep < 1) iStep = 1;
    return parseInt(iStep);
  },
  /*颜色渐变*/
  Fade: function(rColor) {
    clearTimeout(this._timer);
    var er = rColor[0], eg = rColor[1], eb = rColor[2], r = this.GetColor
     (this._color[0], er, this._arrStep[0]), g = this.GetColor(this._
    color[1], eg, this._arrStep[1]), b = this.GetColor(this._color[2], eb,
    this._arrStep[2]);
    this._set("#" + Hex(r) + Hex(g) + Hex(b));
    this._color = [r, g, b];
    if(r != er || g != eg || b != eb){ var oThis = this; this._timer =
    setTimeout(function(){ oThis.Fade(rColor); }, this.Speed); }
  }
};
/*返回 16 进制数*/
function Hex(i) {
    if (i < 0) return "00";
    else if (i > 255) return "ff";
    else { var str = "0" + i.toString(16); return str.substring(str.length
```

```
    - 2); }
}
/*仿 asp 的 mid 截字*/
function Mid(string, start, length) {
    if (length) return string.substring(start, start + length);
    else return string.substring(start);
}
</script>
```

网页效果如图 1.33 所示。

图 1.33　页面颜色渐变

1.38　基于浏览器类型的重定向

本实例使用 JavaScript 实现基于浏览器类型的重定向。本节主要涉及的 JavaScript 语法是 navigator.userAgent.indexOf，用来判断浏览器类型。

本实例主要代码如下：

```
<SCRIPT LANGUAGE="JavaScript">
    /*浏览器重定向*/
    function redirectClient(ieurl, nsurl)
    {
        if (navigator.userAgent.indexOf("MSIE") != -1)
        {
            window.location = ieurl;
        } else {
            window.location = nsurl;
        }
    }
</SCRIPT>
```

网页效果如图 1.34 所示。

单击这里进行重新定位here

图 1.34　基于浏览器类型的重定向

1.39　页面加载后自动播放声音

本实例使用 JavaScript 实现页面加载后自动播放声音。本节主要涉及的 JavaScript 语法如下。

<embed>标签：embed 可以用来插入各种多媒体，格式可以是 Midi、Wav、AIFF、AU 和 MP3 等，Netscape 及新版的 IE 都支持。url 为音频或视频文件及其路径，可以是相对路径或绝对路径。

本实例主要代码如下：

```
<embed src="apple tree.mp3" hidden=true autostart=true loop=true>
    /*<embed>标签*/
```

1.40　显示页面最后修改时间

本实例使用 JavaScript 实现对于页面最后修改时间的显示。本节主要涉及的 JavaScript 语法是 document.lastModified，用于记录物理网页的最后修改时间。

本实例主要代码如下：

```
<script language=JavaScript>
    /*显示页面最后修改时间*/
    document.write("最后更新时间: " + document.lastModified + "")
</script>
```

网页效果如图 1.35 所示。

最后更新时间: 07/16/2012 01:21:04

图 1.35　显示页面最后修改时间

1.41　页面状态栏实时显示当前时间

本实例使用 JavaScript 实现在页面状态栏实时显示当前时间。本节主要涉及的 JavaScript 语法是 setTimeout()方法，用于在指定的毫秒数后调用函数或计算表达式。

本实例主要代码如下：

```
<script>
    /*页面状态栏实时显示当前时间*/
    function see()
    {
        window.setTimeout("see()", 1000);
        today = new Date();
        self.status = today.toString();
    }
</script>
```

网页效果如图 1.36 所示。

Wed Jul 18 14:28:05 UTC+0800 2012

图 1.36　页面状态栏实时显示当前时间

1.42　页面的前进、后退与刷新

本实例使用 JavaScript 实现页面的前进、后退与刷新。本节主要涉及的 JavaScript 语法如下。

- history.go(i)将当前网页导向指定的某页。
- history.back()将当前网页导向之前浏览过的一个网页。

本实例主要代码如下：

```
<script type="text/javascript">
    /*打开链接*/
    function opener(url)
    {
        location.href = url;
    }
    /*重新打开*/
    function newopen()
    {
        window.open("biaodan.html", "_self", "height = 400px,width =
        400px,meneubar = no");
    }
    /*后退*/
    function goback()
    {
        history.back();
    }
    /*前进几步*/
    function gonum(num)
    {
        history.go(num);
    }
    /*刷新*/
    function refresh()
    {
        history.go( - 0)
    }
    /*鼠标右击*/
    document.oncontextmenu = function()
    {
        return false;
    }
    /*鼠标松开*/
    document.onmouseup = function()
    {
        var cmenu = document.getElementByIdx_x_x("menudiv");
        if (event.button == 2)
        {
            cmenu.style.left = event.x + "px";
            cmenu.style.top = event.y + "px";
            cmenu.style.display = "block";
        }
        else
        {
            cmenu.style.display = "none";
        }
```

```
    }
</script>
```

网页效果如图 1.37 所示。

去百度	在本页中打开一个新网页	返回上一页	去倒数第二页	洗刷刷

图 1.37　页面的前进、后退与刷新

1.43　页面定时弹出窗口

本实例使用 JavaScript 实现页面定时弹出窗口。本节主要提及的 JavaScript 语法如下。

setInterval()方法可按照以毫秒计算的指定周期来调用函数或计算表达式。setInterval()方法会不停地调用函数，直到 clearInterval()被调用或窗口被关闭。

本实例主要代码如下：

```
<SCRIPT language="JavaScript">
   /*打开窗口*/
   function openwindow()
   {
      window.open("1.44  页面的前进、后退与刷新.html", "广告窗口",
      "toolbars=0,scrollbars=0,location=0,statusbars=0,menubars=0,
      resizable=0,width=700,heigth=250");
   }
</SCRIPT>
```

1.44　将页面上过长的字符串按长度要求超出部分显示省略号

本实例使用 JavaScript 将页面上过长的字符串，按长度要求超出部分显示省略号。本节主要涉及的 JavaScript 语法是 stringObject.substring。substring 的语法为 substring(a, b)，该方法从 string 对象中截取从位置 a 到位置 b 的字符串。

本实例主要代码如下：

```
<SCRIPT LANGUAGE="JavaScript ">
   /*将页面上过长的字符串按长度要求超出部分显示省略号*/
   function gai()
   {
      if (new1.innerText.length > 10)
      {
         var s = new1.innerText.substring(0, 10);
         new1.innerText = s + "... ";
      }
   }
</SCRIPT>
```

网页效果如图 1.38 所示。

我是为什么哈哈哈哈哈...

图 1.38　将页面上过长的字符串按长度要求超出部分显示省略号

1.45　页面树形菜单

本实例使用 JavaScript 在网页中实现一个树形菜单。本节主要涉及的 JavaScript 语法是 document.all.tags(a)，功能为可获得页面所有 a 类对象。

本实例主要代码如下：

```
<script language="JavaScript">
    /*判断浏览器的变量*/
    NS4 = (document.layers) ? 1 : 0;
    IE4 = (document.all) ? 1 : 0;
    ver4 = (NS4 || IE4) ? 1 : 0;
    /*定义各个层的位置及显示状态*/
    if (ver4)
    {
        with(document) {
            write("<STYLE TYPE='text/css'>");
            if (NS4) {
                write(".parent {position:absolute;visibility:visible}");
                write(".child {position:absolute;visibility:visible}");
                write(".regular {position:absolute;visibility:visible}")
            } else {
                write(".child {display:none}")
            }
            write("</STYLE>");
        }
    }
    /*当菜单打开时，页面上菜单以下的东西位置顺序往下推，菜单合起时，菜单以下的东西自
    动上移*/
    function arrange() {
        nextY = document.layers[firstInd].pageY + document.layers[firstInd]
        .document.height;
        for (i = firstInd + 1; i < document.layers.length; i++) {
            whichele = document.layers[i];
            if (whichele.visibility != "hide") {
                whichele.pageY = nextY;
                nextY += whichele.document.height;
            }
        }
    }
    /*初始化菜单*/
    function initIt() {
        if (!ver4) return;
        if (NS4) {
            for (i = 0; i < document.layers.length; i++) {
                whichele = document.layers[i];
                if (whichele.id.indexOf("Child") != -1) whichele.visibility
                = "hide";
            }
            arrange();
```

```
        } else {
            divColl = document.all.tags("DIV");
            for (i = 0; i < divColl.length; i++) {
                whichele = divColl(i);
                if (whichele.className == "child") whichele.style.display =
                "none";
            }
        }
    }
    /*展开菜单的方法*/
    function expandIt(ele) {
        if (!ver4) return;
        if (IE4) {
            whichele = eval(ele + "Child");
            if (whichele.style.display == "none") {
                whichele.style.display = "block";
            } else {
                whichele.style.display = "none";
            }
        } else {
            whichele = eval("document." + ele + "Child");
            if (whichele.visibility == "hide") {
                whichele.visibility = "show";
            } else {
                whichele.visibility = "hide";
            }
            arrange();
        }
    }
    onload = initIt;
</script>
```

网页效果如图 1.39 所示。

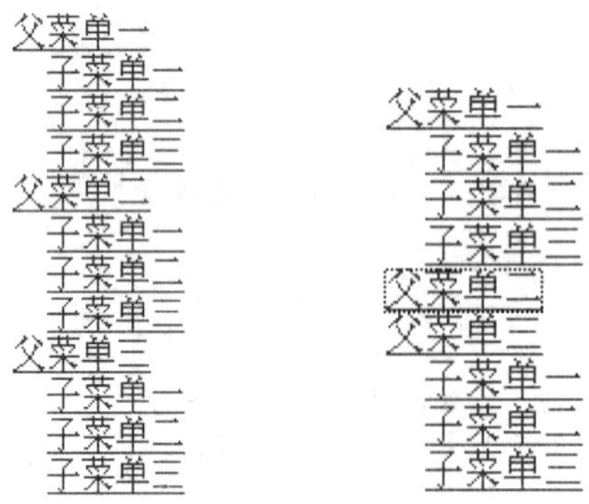

图 1.39　页面树形菜单

第 2 章　按 钮 特 效

按钮的设置是网页必不可少的，通过设置按钮可以使平淡无奇的页面变得更有活力。按钮虽小，作用巨大，按钮的样式、风格、事件等，对网页的整体效果能起到画龙点睛的作用。可以说，小按钮大世界，能不能设置好按钮，是不是恰当，是考察一个 JavaScript 程序员，乃至网页设计师的必要条件。本章主要讲解按钮类特效，内容是网页中关于按钮类特效的实际应用。

2.1　改变页面某列表框控件的内容时，显示不同的按钮

本实例使用 JavaScript 制作一个实例，该实例能通过用户在页面上选择不同的列表框内容，来显示不同的按钮。本节主要涉及的 JavaScript 语法如下。

document.getElementById()方法：在 window.onload 事件的使用中，我们常常看到 document.getElementById()方法，该方法常用于获取元素，其最初被定义为 HTML DOM 接口的成员，之后在 2 级 DOM 中移入 XML DOM 接口。document.getElementById 属于 host 对象，是一个方法。

本实例主要代码如下：

```
<script>
    function butSelect()
    {
        var selVal = document.getElementById("sel").value;
        if (selVal == "1")
        {
            document.getElementById("td").innerHTML = '<input type="button"
            value="按钮 1" onclick="btnc1();">';
        }
        else if (selVal == "2")
        {
            document.getElementById("td").innerHTML = '<input type="button"
            value="按钮 2" onclick="btnc2();">';
        }
        else if (selVal == "3")
        {
            document.getElementById("td").innerHTML = '<input type="button"
            value="按钮 3" onclick="btnc3();">';
        }
        else
        {
            document.getElementById("td").innerHTML = '';
```

```
        }
    }
    function btnc1()
    {
        alert("单击了按钮 1");
    }
    function btnc2()
    {
        alert("单击了按钮 2");
    }
    function btnc3()
    {
        alert("单击了按钮 3");
    }
</script>
```

网页效果如图 2.1 所示。

图 2.1　改变页面某列表框控件的内容时，显示不同的按钮

2.2　按 钮 热 键

本实例使用 JavaScript 实现按钮热键的功能。本章主要涉及的 JavaScript 语法如下。

AccessKey 属性：熟悉 Windows 应用程序的人都知道，很多按钮不需要用鼠标单击，只需要按 Alt+字母就能直接访问，其实这在网页当中一样能实现。要实现这样的功能，就需要用到 AccessKey 属性来将该按钮的值设置为我们所要定义的键盘热键。例如：

```
<input type=submit name=submit1 AccessKey=o value="确定[o]">
```

在网页中加入这样的代码以后，用户打开网页以后就可以直接按键盘上的 Alt+O 来提交了。但是要注意，我们定义的热键不能与 IE 的热键冲突，包括（F、E、V、A、T、H）。

本实例主要代码如下：

```
<input 才 accessKey="O" value="提交(Alt+O)">/ *定义按钮热键*/
```

网页效果如图 2.2 所示。

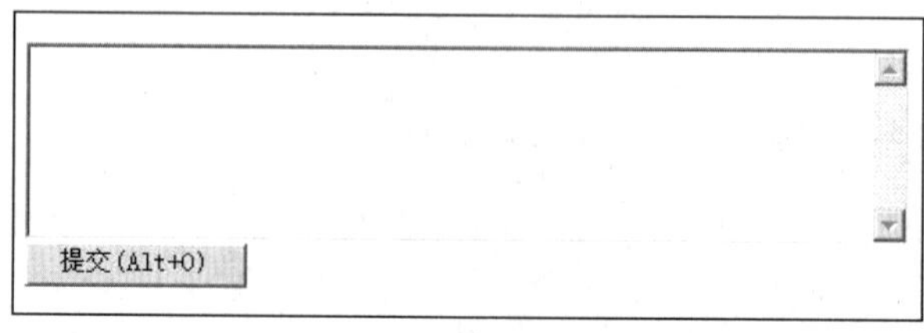

图 2.2　按钮热键

2.3　确认某个动作前的提示按钮

本实例使用 JavaScript 展示两种不同的提示按钮。本节主要涉及的 JavaScript 语法如下。

1. Confirm()方法

confirm()弹出的是确认框（确定、取消），用户可以选择单击“确定”按钮或者单击“取消”按钮。Confirm()方法的返回值为 true 或 false。该消息框与 alert()的提示框相同，也是模式对话框，用户必须在关闭该对话框后，才能进行后续操作。

2. Alert()方法

alert()方法弹出的是提示框（确定），该提示框提供了一个“确定”按钮让用户关闭该消息框，并且该消息框是模式对话框，也就是说，用户必须先关闭该消息框然后才能继续进行操作。Alert()方法有一个参数，即希望对用户显示的文本字符串。

本实例主要代码如下：

```
<script language='javascript' type='text/javascript'>
   /*弹出确认框和提示框*/
   function a()
   {
      if (confirm('您确定要在此文本框内输入东西吗！'))
      {
         alert('后果十分严重！');
      }
   }
</script>
```

网页效果如图 2.3 所示。

图 2.3　确认某个动作前的提示按钮

2.4　图 形 按 钮

本实例使用 JavaScript 制作一个图形按钮。本节主要涉及的 JavaScript 语法是：

<img>标签与<a>标签的嵌套使用

在网页中通过<img>标签放置一个图片元素，将该元素嵌套在页面的<a>标签中，通过<a>的设置，就能使得该图片具备按钮的单击功能。

本实例主要代码如下：

```
<script language=JavaScript>
    function goTo()
    {
var myindex=document.myform.mailBox.selectedIndex;
                                    /*获取下拉列表框中的选择索引*/
       location=document.myform.mailBox.options[myindex].value;
                                    /*获取下拉框的选择值*/
}
</script>
…
<a href="javascript: goTo()" onMouseOver="self.status='';
return true" onMouseOut="self.status='';return true">
<img src="按钮 1.gif" border=0 align="middle" style="width:
73px; height: 40px" /></a>
…
```

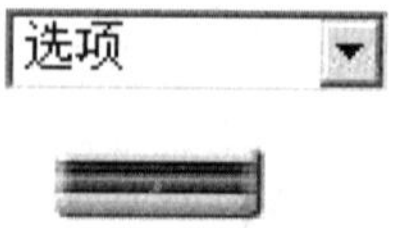

选项

图 2.4　图形按钮

网页效果如图 2.4 所示。

2.5　平面按钮

本实例使用 JavaScript 制作一个平面按钮，能实现与普通网页按钮相同的功能。本节主要涉及的 JavaScript 语法如下。

1. button

当 input 对象的 type 属性被赋予 button 时，input 对象被定义为可单击的按钮，但没有任何行为。button 类型常用于在用户单击按钮时启动 JavaScript 程序。

2. submit

当 input 对象的 type 属性被赋予 submit 时，input 对象被定义为提交按钮。提交按钮用于向服务器发送表单数据。数据会发送到表单的 action 属性中指定的页面。

本实例主要代码如下：

```
<body bgcolor="#FF3333">
   /*提交按钮*/
<input type=submit value=修改 style="border:1px ;solid:#666666; height:35px;
width:50px; font-size:15pt;
      background-color : #E8E8FF; color:#666666" name="submit">
   /*可单击按钮*/
   <input id="Button1" type="button" value="修改" style="height:35px; width:
   50px; font-size:15pt"/>
</body>
```

网页效果如图 2.5 所示。

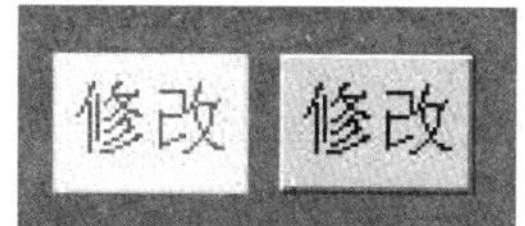

图 2.5　平面按钮

2.6　嵌 入 按 钮

本实例使用 JavaScript 实现嵌入按钮效果。本节主要涉及的 JavaScript 语法如下。

- onMouseOver：鼠标移入事件。
- onMouseOut：鼠标移出事件。
- onMouseDown：鼠标按下事件。
- onMouseUp：鼠标松开事件。
- onClick：鼠标单击事件。

本实例主要代码如下：

```
/*鼠标移入、移出、按下、松开和单击事件*/
<input type="Button" onMouseOver="this.className='over';" onMouseOut=
"this.className='';"
      onMouseDown="this.className='down';" onMouseUp="this.className=
      'over';"
      value="嵌入按钮" onClick="this.value='嵌入成功！'" name="Button">
```

网页效果如图 2.6 所示。

图 2.6　嵌入按钮

2.7　通过按钮刷新页面

本实例使用 JavaScript 实现通过按钮刷新网页。本节主要涉及的 JavaScript 语法是 window.location.reload()，该方法强迫浏览器刷新当前页面。

本实例主要代码如下：

```
<script language='javascript' type='text/javascript'>
   /*页面刷新事件*/
   function a()
   {
      window.location.reload();
   }
}
</script>
```

网页效果如图 2.7 所示。

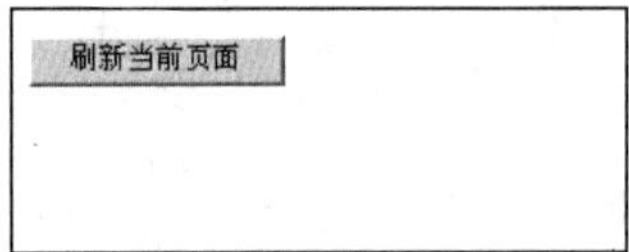

图 2.7　通过按钮刷新页面

2.8　禁止按钮连击

本实例使用 JavaScript 禁用按钮连击事件，其中包括双击。本节主要涉及的 JavaScript 语法如下。

window.document.readyState：根据 window.document.readyState 的值就能判断文档是否加载完成。firefox 火狐浏览器不支持该属性。另外，该属性是只读的，传回值有可能是：

- UNINITIALIZED：XML 对象被产生，但没有任何文件被加载。
- LOADING：加载程序进行中，但文件尚未开始解析。
- LOADED：部分的文件已经加载且进行解析，但对象模型尚未生效。
- INTERACTIVE：仅对已加载的部分文件有效，在此情况下，对象模型是有效但只读的。
- COMPLETED：文件已完全加载，代表加载成功。

本实例主要代码如下：

```
<script LANGUAGE="JavaScript">
    function doubleCheck()
    {
        /*判断页面是否执行完毕*/
        if (window.document.readyState != null && window.document.ready
        State != 'complete')
        {
            alert("程序正在处理中，请稍候！");
            return false;                /*未执行完毕，返回 false*/
    }
    else
    {
            return true;                 /*执行完毕，返回 true*/
        }
    }
</script>
```

网页效果如图 2.8 所示。

图 2.8　禁止按钮连击

2.9　底部显示文字的按钮

本实例使用 JavaScript 在一个按钮的底部显示文字。本节主要涉及的 JavaScript 语法是<button>标签，<button>和<input type="button" ... >的区别在于，<button>具有<input type="button" ... >相同的作用，但是在可操控性方面更加强大。<button>和<input type="button" ... >都可以被用作表单按钮，但<button>比<input>支持更丰富的表现功能。

本实例主要代码如下：

```
/*button 标签*/
<button  style="color:  #FF3333;  width:100px;
height:
100px;padding-top:80px;">
   北京欢迎您!
</button>
```

图 2.9　底部显示文字的按钮

网页效果如图 2.9 所示。

2.10　动态创建按钮

本实例使用 JavaScript 在网页上动态创建按钮。本节主要涉及的 JavaScript 语法如下。

- document.createElement()是在对象中创建一个对象的方法。
- document.body.appendChild()方法在结点的子结点列表末添加新的子结点。

本实例主要代码如下：

```
<script language="javascript">
  var i = 1;
  function addInput()
  {
  var o = document.createElement("input");          /*使用 DOM 创建元素方法*/
      o.type = "button";                             /*设置元素的类型*/

      o.value = "第" + (i++) + "个按钮";              /*设置元素的值*/
      o.attachEvent("onclick", addInput);            /*为控件添加事件*/
      document.body.appendChild(o);                  /*添加控件到窗体中*/
      o = null;                                      /*释放对象*/
   }
</script>
```

网页效果如图 2.10 所示。

图 2.10　动态创建按钮

2.11　通过按钮改变状态栏

本实例使用 JavaScript 在网页上放置按钮，通过单击该按钮，就能改变状态栏的信息。本节主要涉及的 JavaScript 语法是 self.status，对 self.status 赋值以改变状态栏。

本实例主要代码如下：

```
<input type="button" value="单击修改状态栏" onClick="self.status='欢迎光临我们的站点!';"> /*通过按钮改变状态栏*/
```

网页效果如图 2.11 所示。

单击修改状态栏　欢迎光临我们的站点!

图 2.11　通过按钮改变状态栏

2.12　通过按钮控制文本产生渐变效果

本实例使用 JavaScript 在网页上通过按钮控制文本产生渐变效果。本节主要涉及的 JavaScript 语法如下。

navigator.appName 返回浏览器的名称，该属性是一个只读的字符串。在 Netscape 浏览器中，该属性的值为"Netscape"，而在 IE 中，这个属性的值是"Microsoft Internet Explorer"。其他浏览器可以通过正确地表示自己或者伪装成其他的浏览器以达到兼容性。

本实例主要代码如下：

```
<SCRIPT LANGUAGE="JavaScript">
    var x=9;
    var change="on"
    /*如果浏览器是 netscape*/
    if (navigator.appName == "Netscape")
    {
        visShow="'show'";                       /*显示层所需参数*/
        visHide="'hide'";                       /*隐藏层所需参数*/
        /*设置样式*/
        docStyle="document.";
        styleDoc="";
    }
    else
    {
        visHide="'hidden'";
        visShow="'visible'";
        docStyle="";
        styleDoc=".style";
    }
    /*隐藏第 1 个 div*/
    function hide1()
    {
```

```
        eval(docStyle+ 'object1' + styleDoc + '.visibility=' + visHide);
    }
    /*隐藏第 2 个 div，后面依次类推*/
    function hide2()
    {
        eval(docStyle+ 'object2' + styleDoc + '.visibility=' + visHide);
    }
    function hide3()
    {
        eval(docStyle+ 'object3' + styleDoc + '.visibility=' + visHide);
    }
…
    function hide10()
    {
        eval(docStyle+ 'object10' + styleDoc + '.visibility=' + visHide);
    }
    /*显示第 1 个 div*/
    function show1()
    {
        eval(docStyle+ 'object1' + styleDoc + '.visibility=' + visShow);
        hide2(),hide3();
    }
    /*显示第 2 个 div，后面依次类推*/
    function show2()
    {
        eval(docStyle+ 'object2' + styleDoc + '.visibility=' + visShow);
        hide1(),hide3();
    }
    function show3()
    {
        eval(docStyle+ 'object3' + styleDoc + '.visibility=' + visShow);
        hide2(),hide4();
    }
…
    function show9()
    {
        eval(docStyle+ 'object9' + styleDoc + '.visibility=' + visShow);
        hide8(),hide10();
    }
    function show10()
    {
        eval(docStyle+ 'object10' + styleDoc + '.visibility=' + visShow);
        hide9();
    }
    function change1()
    {
        x+=1;
        /*逐个显示 div*/
        eval("show" + x + "()");
        if (x<10)
            setTimeout("change1()", 75);
        else if (change=="on")
            change2();
    }
    function change2()
    {
        x-=1;
        eval("show" + x + "()");
        if (x>1)
            setTimeout("change2()", 75);
```

```
        else
            change1();
    }
    /*启动渐变效果*/
    function changeOn()
    {
        x=9;
        change="on";
        change1();
    }
    /*停止渐变效果*/
    function changeOff()
    {
        change="off";
    }
</SCRIPT>
```

网页效果如图 2.12 所示。

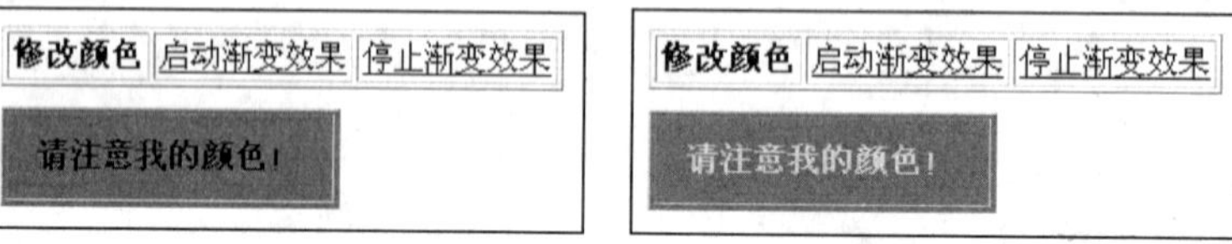

图 2.12　通过按钮控制文本产生渐变效果

2.13　按钮获取焦点

本实例使用 JavaScript 实现按钮获取焦点的功能。本节主要涉及的 JavaScript 语法是 window.event.keycode，用于获取按下的键盘值，例如，window.event.keycode=9 表示的就是 Tab 键。

本实例主要代码如下：

```
/*按钮获取焦点*/
<script language='javascript' type='text/javascript'>
    function enterKeySubmit(evnt)
    {
        var witch_key = (navigator.appname == "Netscape") ? evnt.which:
        evnt.keyCode;
        if (witch_key == 13)            /*Enter 键默认是 13*/
        {
            document.getElementById('imgbutton')
            .focus();
            submitForm();
        }
    }
        function submitForm()
        {
        document.myform.action = "http://www.baidu.com";
    }
</script>
```

网页效果如图 2.13 所示。

图 2.13　按钮获取焦点

第 3 章　按键屏蔽特效

键盘是电脑必不可少的组成部分，在触摸屏发明以前，没有人能想像出离开键盘的电脑世界会是什么样子。当然，对于网页而言，按键产生的相关特效也是网页制作中必不可少的组成部分，在按键的相关特效中，更多用到的是按键的屏蔽特效，主要目的是保护网页内容等。本章主要讲解按键屏蔽特效，内容是网页中关于按键屏蔽类特效的实际应用。

3.1　屏蔽键盘所有键

本实例使用 JavaScript 屏蔽键盘所有键，可以让你的键盘在瞬间失灵，请大家慎用。本节主要涉及的 JavaScript 语法如下。

event.returnvalue：使用 event.returnvalue=false，就取消了事件的处理，而在函数中使用 return false 是无法达到同样效果的。

特别提示： JavaScript 屏蔽键盘的所有键，让你的键盘从此失灵，属专用代码，或程序执行到某一步需要此功能的时候。一般情况下不建议在你的网页中加入此段代码，会给用户造成很多不便。

本实例主要代码如下：

```
<script language="javascript">
    /*屏蔽键盘所有键*/
    function document.onkeydown()
    {
        event.keyCode = 0;
        event.returnvalue = false;
    }
</script>
```

3.2　屏蔽鼠标右键

本实例使用 JavaScript 在网页上屏蔽鼠标右键。本节主要涉及的 JavaScript 语法是 document.oncontextmenu()函数，是页面右键菜单功能函数。

本实例主要代码如下：

```
<script language="javascript">
    /*屏蔽鼠标右键*/
    function document.oncontextmenu()
```

```
    {
        return false;
    }
</script>
```

3.3　屏蔽 F5 键刷新页面

本实例使用 JavaScript 屏蔽键盘上的 F5 键，从而屏蔽刷新网页的功能。本节主要涉及的 JavaScript 语法如下。

- document.onkeydown()用于对用户敲击键盘事件进行监听。
- 通过向 event.cancelBubble 赋值 true，就能够取消事件冒泡。在 IE 的事件机制中，触发事件会从子元素向父元素逐级上传，一旦子元素触发了某个事件，也会引发父元素的这个事件。

本实例主要代码如下：

```
<script language="javascript">
    /*屏蔽 F5 键*/
    function document.onkeydown()
    {
        /*数字 116 代表 F5 键*/
        if (event.keyCode == 116)
        {
            event.keyCode = 0;
            event.cancelBubble = true;
            return false;
        }
    }
</script>
```

3.4　屏蔽浏览器右上角“最小化”、“最大化”和“关闭”按钮

本实例使用 JavaScript 屏蔽浏览器右上角“最小化”、“最大化”和“关闭”按钮。本节主要涉及的 JavaScript 语法如下。

window.onbeforeunload()在页面刷新或关闭时调用，window.onbeforeunload()是正要去服务器读取新的页面时调用，此时还没开始读取；window.onunload()是从服务器上读到需要加载的新页面，在即将替换当前页面时调用。我们更多地用到 window.onbeforeunload()，是因为 window.onbeforeunload()可以阻止页面的更新和关闭，而 window.onunload()则无法做到。

本实例主要代码如下：

```
<script language="javascript">
    /*屏蔽浏览器右上角“最小化”“最大化”“关闭”按钮*/
    function window.onbeforeunload()
    {
        if (event.clientX > document.body.clientWidth && event.clientY < 0
```

```
        || event.altKey)
        {
            window.event.returnvalue = "";
        }
    }
</script>
```

3.5　屏蔽退格键

本实例使用 JavaScript 屏蔽浏览器上的退格键。本节主要涉及的 JavaScript 语法是使用 event.returnvalue=false，可取消事件的处理，而在函数中使用 return false 是无法达到同样效果的。

本实例主要代码如下：

```
<script language="javascript">
    /*屏蔽退格键*/
    function document.onkeydown()
    {
        if (event.keyCode == 8)
        {
            event.returnValue = false;
        }
    }
</script>
```

3.6　屏蔽 IE 后退按钮

本实例使用 JavaScript 屏蔽 IE 后退按钮。本节主要涉及的 JavaScript 语法如下。

window.history.forward(1)用于防止由下一个页面返回。例如，初始页面 A，在页面 A 中加入 window.history.forward(1)，当从 A 导航到页面 B 时，由页面 B 返回页面 A 将被禁止。

本实例主要代码如下：

```
<script language="javascript">
    /*屏蔽 IE 后退按钮*/
    obj.onclick = function()
    {
        window.history.forward(1);
    }
</script>
```

3.7　屏蔽主窗口滚动条

本实例使用 JavaScript 屏蔽主窗口滚动条。本节主要涉及的 JavaScript 语法如下。

<body>标签：<body style="overflow-x:hidden; overflow-y:hidden;">表示的是同时隐藏水平和垂直滚动条。

本实例主要代码如下：

```
<body style="overflow-y:hiddeni">                /*屏蔽主窗口滚动条*/
```

3.8　抓屏并不断地清空剪贴板

本实例使用 JavaScript 进行抓屏，并不断地清空剪贴板的内容。本节主要涉及的 JavaScript 语法如下。

clipboardData.setData：clipboardData.setData('string',A)，是把 A 的内容复制到剪贴板；clipboardData.getData('string')则是从剪贴板读出当前内容。

本实例主要代码如下：

```
<body  onload="setInterval('clipboardData.setData(\'Text\',\'\')',100)">
                         /*抓屏并不断地清空剪贴板*/
```

3.9　屏蔽网站的打印功能

本实例使用 JavaScript 屏蔽网站的打印功能。本节主要涉及的 JavaScript 语法是：

```
@media print{*{ display: none }}
```

@media print{*{ display: none }}能够使得当前页面无法打印。

本实例主要代码如下：

```
/*屏蔽网站的打印功能*/
<style>
   @media print { * { display: none } }
</style>
```

3.10　屏蔽 IE 浏览器中图片上自动出现的保存图标

本实例使用 JavaScript 屏蔽 IE 浏览器中图片上自动出现的保存图标。本节主要涉及的 JavaScript 语法是：

```
<meta>标签
```

meta 是 HTML 语言 head 区的一个辅助性标签。几乎所有的网页里，我们都会用到，很多人认为 meta 可有可无，其实如果你能够用好 meta 标签，会达到意想不到的效果。在 meta 标签中加入关键字，会自动被大型搜索网站自动搜集，还可以设定页面格式及刷新等。

meta 标签共有两个属性，它们分别是 http-equiv 属性和 name 属性，不同的属性又有不同的参数值，这些不同的参数值就实现了不同的网页功能。

本实例主要代码如下：

```
<META HTTP-EQUIV="imagetoolbar" CONTENT="no">
                          /*屏蔽 IE 浏览器中图片上自动出现的保存图标*/
```

3.11　屏蔽网页中所有的脚本

本实例使用 JavaScript 在网页上屏蔽网页中所有的脚本。本节主要涉及的 JavaScript 语法是：

```
<noscript>
```

<noscript>元素用来定义在脚本未被执行时的替代内容。此标签可被用于识别<script>标签但无法支持其中脚本的浏览器。

本实例主要代码如下：

```
<noscript/>              /*屏蔽网页中所有的脚本*/
```

第 4 章　验证码特效

验证码能够有效防止恶意注册和暴力破解，人工注册再快，也需要一项一项输入资料，速度很慢，对服务器基本没有影响。如果没有验证码，就可以使用软件注册，同时运行成千上万个线程去注册成千上万个用户，让服务器的数据库很快变得臃肿不堪，运行效率下降。这种方法被无聊的人或竞争对手使用就很容易造成瘫痪。本章主要讲解网页编写过程中与验证码有关的一些特效，自从验证码出现以来，得到了广泛应用，更是成为了门户、邮件等网站必不可少的组成成份。

4.1　限 制 长 度

本实例使用 JavaScript 制作一个实例，该实例的文本框中输入的文字长度会受到限制，如果超出范围，将无法提交。本节主要涉及的 JavaScript 语法是 document.a.b.value.length。

在本实例中，a 代表网页中的 form 对象，b 代表 form 中的 textarea 对象，document.a.b.value.length 表示该 textarea 中输入内容的长度。

本实例主要代码如下：

```
/*限定长度*/
<script>
    function test()
    {
        if (document.a.b.value.length > 60)
        {
            alert("不能超过 60 个字符！");
            document.a.b.focus();
            return false;
        }
    }
</script>
```

网页效果如图 4.1 所示。

图 4.1　限制长度

4.2 限定汉字

本实例使用 JavaScript 制作一个实例，该实例中限制文本框中只能输入汉字。本节主要涉及的 JavaScript 语法是<input>标签。

input 对象的 onkeyup 方法，设置该 input 对象的键盘按键松开事件；input 对象的 onbeforepaste 方法，是在用户执行粘贴动作之前进行的事件。

本实例主要代码如下：

```
/*在用户执行粘贴动作之前进行的事件*/
<inputonkeyup="value=value.replace(/[^\u4E00-\u9FA5]/g,'')
"onbeforepaste="clipboardData.setData('text',clipboardData.getData('tex
t').replace(/[^\u4E00-\u9FA5]/g,''))">
```

网页效果如图 4.2 所示。

这里只能输入汉字：

图 4.2　限定汉字

4.3 限定英文

本实例使用 JavaScript 制作一个实例，该实例中限制文本框中只能输入英文。本节主要涉及的 JavaScript 语法如下。

1. <input>标签

input 对象的 onkeydown 方法，设置该 input 对象的键盘按键按下事件。

2. window.event.keyCode

window.event.keycode 用于获取按下的键盘值，如 window.event.keycode=9 表示的就是 Tab 键。

本实例主要代码如下：

```
/*window.event.keycode 的取值在 65～90 之间表示是英文*/
<script language=javascript>
    function onlyEng()
    {
        if (! (event.keyCode >= 65 && event.keyCode <= 90))
        {
            alert("请输入英文！");
            event.returnValue = false;
        }
    }
</script>
```

网页效果如图 4.3 所示。

图 4.3　限定英文

4.4　限 定 数 字

本实例使用 JavaScript 制作一个实例，该实例中限制文本框中只能输入数字。本节主要涉及的 JavaScript 语法是 event.returnvalue。使用 event.returnvalue=false，就取消了事件的处理，而在函数中使用 return false 是无法达到同样效果的。

本实例主要代码如下：

```
/*window.event.keycode 的取值在 48～57 间及 96～105 间表示是数字*/
<script language=javascript>
   function onlyNum()
   {
      if (! ((event.keyCode >= 48 && event.keyCode
      <= 57) || (event.keyCode>= 96 && event.keyCode
      <= 105)))
      {
         alert("请输入数字！");
         event.returnValue = false;
      }
   }
</script>
```

图 4.4　限定数字

网页效果如图 4.4 所示。

4.5　限定英文和数字

本实例使用 JavaScript 制作一个实例，该实例中限制文本框中只能输入英文和数字。本节主要涉及的 JavaScript 语法如下。

1. <input>标签

input 对象的 onkeydown 方法，设置该 input 对象的键盘按键按下事件。

2. window.event.keyCode

window.event.keycode 用于获取按下的键盘值，如 window.event.keycode=9 表示的就是 Tab 键。

本实例主要代码如下：

```
/*window.event.keycode 的取值在 48～57 间、96～105 间、65～90 之间表示是数字和
    英文字符*/
<script language=javascript>
   function onlyEng()
   {
      if (! ((event.keyCode >= 65 && event.keyCode <= 90) || (event.keyCode
      >= 48 && event.keyCode <= 57) || (event.keyCode >= 96 && event.keyCode
      <= 105)))
      {
         alert("请输入英文和数字！");
         event.returnValue = false;
      }
   }
</script>
```

网页效果如图 4.5 所示。

图 4.5　限定英文和数字

4.6　验证邮箱格式

本实例使用 JavaScript 制作一个实例，该实例中限制文本框中只能输入邮箱格式，否则无法提交。本节主要涉及的 JavaScript 语法是<input>标签，input 对象的 onblur 方法，该事件会在对象失去焦点时发生。

本实例主要代码如下：

```
/*验证邮箱格式*/
<script language="javascript" type="text/javascript">
   function emailCheck(obj, labelName)
   {
      var objName = eval("document.all." + obj);
      var pattern = /^([\.a-zA-Z0-9_-])+@([a-zA-Z0-9_-])+(\.[a-zA-Z0-
      9_-])+/;68

      if (!pattern.test(objName.value))
      {
         alert("请输入正确的邮箱地址。");
         objName.focus();
```

```
                return false;
            }
return true;
    }
</script>
/*对象失去焦点时发生的事件*/
<input type="text" id="email" name="email" maxlength="30" onblur="return 
emailCheck('email', 'email')"
        style="text-align: left; width:300px;" />
```

网页效果如图 4.6 所示。

图 4.6　验证邮箱格式

4.7　屏蔽关键字

本实例使用 JavaScript 制作一个实例，该实例中限制文本框中不能输入某些关键字。本节主要涉及的 JavaScript 语法是 String.indexOf。String.indexOf(a)方法将从头到尾地检索字符串 stringObject，看它是否含有子串 a，开始检索的位置是字符串的开头，如果返回 0 则表示包含该字符串。

本实例主要代码如下：

```
/*屏蔽关键字*/
<script language="javascript1.2">
    function test()
    {
        /*从头到尾地检索字符串*/
        if ((a.b.value.indexOf("###") == 0) || (a.b.value.indexOf("#####") 
        == 0))
        {
            alert("请勿输入“###”和“#####”！");
            a.b.focus();
            return false;
        }
    }
</script>
```

网页效果如图 4.7 所示。

图 4.7　屏蔽关键字

4.8　验证两次输入的密码是否相同

本实例使用 JavaScript 验证两个文本框中输入的密码是否相同，在各个网站的用户注册过程中应用广泛。本节主要涉及的 JavaScript 语法是<form>标签。

<form>的基本语法是<form action="" method="">，其中提交方法可取值"get"或"post"。get 方式会在 url 里显示表单提交的 name 和值，post 则不会在 url 里直接显示，而是交给程序处理，返回的结果直接显示在页面，用户无法得知提交的值。使用 get 方式传送客户端发送的信息，可传送的数据量很小，但效率高。使用 post 方式传送客户端发送的信息，可传送较大的数据量，但效率较低。get 方法的优先权大于 post 方法。

本实例主要代码如下：

```
/*验证两次输入的密码是否相同*/
/*form 元素提交方法*/
<form method=post action="">
   <input type="password" id="input1">
   <input type="password" id="input2">
   <input type="button" value="提交" onclick="check()">
</form>
<script>
   function check()
   {
      with(document.all)
      {
         if (input1.value != input2.value)
         {
            alert("请重新输入密码，当前两次输入密码不同！") input1.value = "";
                                                            /*弹出提示框*/
            input2.value = "";
         }
         else document.forms[0].submit();
      }
   }
</script>
```

网页效果如图 4.8 所示。

图 4.8　验证两次输入的密码是否相同

4.9　验证表单项不为空

本实例使用 JavaScript 制作一个实例，该实例中表单项的录入值不能为空。本节主要涉及的 JavaScript 语法是正则表达式。

正则表达式是一种可以用于模式匹配和替换的强有力工具。其作用是测试字符串的某个模式。例如，可以对一个输入字符串进行测试，看该字符串是否存在一个电话号码模式或一个信用卡号码模式，这称为数据有效性验证。正则表达式的形式为/mengmeng/，其中位于“/”定界符之间的部分就是将要在目标对象中进行匹配的模式。

用户只要把希望查找匹配对象的模式内容放入“/”定界符之间即可。为了能够使用户更加灵活地定制模式内容，正则表达式提供了专门的“元字符”。所谓元字符就是指那些在正则表达式中具有特殊意义的专用字符，可以用来规定其前导字符（即位于元字符前面的字符）在目标对象中的出现模式。较为常用的元字符包括“+”、“*”和“?”。“+”元字符规定其前导字符必须在目标对象中连续出现一次或多次。“*”元字符规定其前导字符必须在目标对象中出现 0 次或连续多次。“?”元字符规定其前导对象必须在目标对象中连续出现 0 次或 1 次。

本实例主要代码如下：

```
/*通过正则表达式验证表单项不为空*/
<SCRIPT LANGUAGE=Javascript>
   function isNull(str)
   {
      var patrn = /^[\w-]+(\.[\w-]+)*@[\w-]+(\.[\w-]+)+$/;
      if (str == "")
      {
         alert("请输入内容！");
         return false;
      }
      else return false;
   }
</SCRIPT>
```

网页效果如图 4.9 所示。

图 4.9　验证表单项不为空

4.10　比较两个表单项的值是否相同

本实例中使用 JavaScript 制作的实例，能够比较两个表单项的值是否相同。本节主要涉及的 JavaScript 语法是<form>标签，该标签的具体用法 4.8 节已讲过，这里不再复述。

本实例主要代码如下：

```
<script>
    /*验证函数*/
    function check()
    {
        with(document.all)
        {
            /*比较两个表单项的值是否相同*/
            if (input1.value != input2.value)
            {
                alert("您两次输入的内容不同！请重新输入。");
                input1.value = "";
                input2.value = "";
            }
            else document.forms[0].submit();
        }
    }
</script>
```

网页效果如图 4.10 所示。

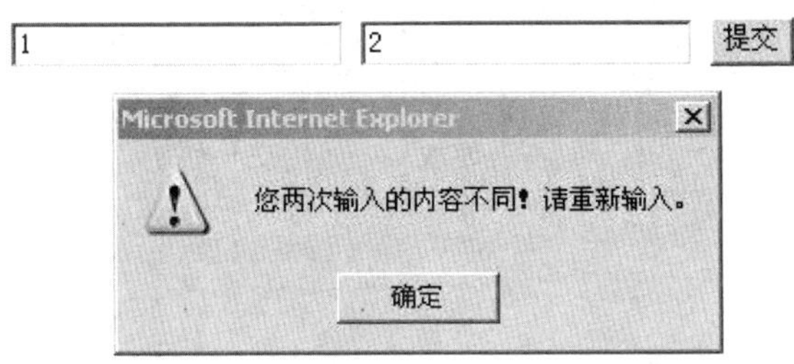

图 4.10　比较两个表单项的值是否相同

4.11　验证表单项只能为数字和下划线

本实例使用 JavaScript 制作一个实例，在该页面提交前验证表单项是否为数字和下划线，如不是则给出提示，如符合则进行跳转。本节主要涉及的 JavaScript 语法是 string.charAt()方法。

string.charAt()方法的语法是 string.charAt(position)，charAt 方法返回字符串处于 position 位置的字符。如果 position 为负值或超出字符串长度，则返回空字符串。

本实例主要代码如下：

```
<script language="javascript">
    /*验证是否为数字*/
    function isNumber(String)
    {
        var Letters = "1234567890-";
        var i;
        var c;
        /*调用用于返回字符串处于指定位置的字符函数*/
        if (String.charAt(0) == '-')
            return false;
        if (String.charAt(String.length - 1) == '-')
            return false;
        for (i = 0; i < String.length; i++)
        {
            c = String.charAt(i);
            if (Letters.indexOf(c) < 0)
                return false;
        }
        return true;
    }
    /*验证表单*/
    function CheckForm()
    {
        with(document.all)
        {
            /*调用验证是否为数字的函数进行验证*/
            if (!isNumber(TEL.value))
            {
                alert("您的号码不符合要求，请重新录入！");
                TEL.value = '';
                TEL.focus();
                return false;
            }
            else
            {
                alert("您的号码符合要求，开始提交！");
                return true;
            }
        }
    }
</script>
```

网页效果如图 4.11 所示。

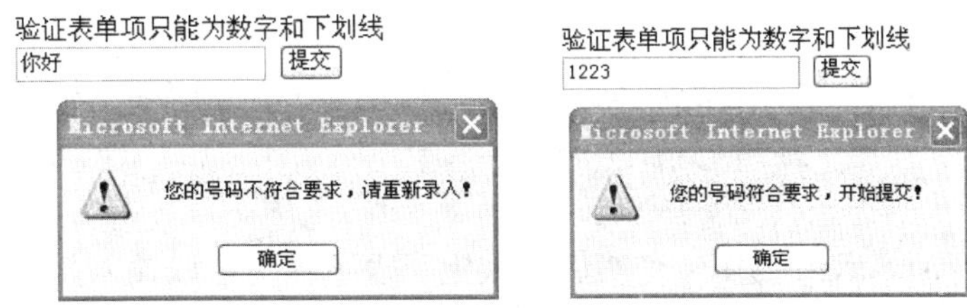

图 4.11　验证表单项只能为数字和下划线

4.12　限定表单项输入值或长度

本实例使用 JavaScript 制作一个实例，该网页限定表单项输入值的内容或者长度。本节主要涉及的 JavaScript 语法是 string.length 属性。

string.length 属性是一个只读整数，它声明了指定字符串 string 中的字符数。对于任何一个字符串 a，它最后一个字符的下标都是 a.length-1。

本实例主要代码如下：

```
<script language="javascript">
    /*计算字符串长度函数*/
    function count(str)
    {
        if (str.length < 5)
        {
            alert("输入文字长度应大于 5!");
            return false;
        }
        return true;
    }
    /*计算输入数字大小的函数*/
    function CO(vl)
    {
        if (vl > 100)
        {
            alert("输入数值不能大于 100!");
            return false;
        }
        return true;
    }
</script>
```

网页效果如图 4.12 所示。

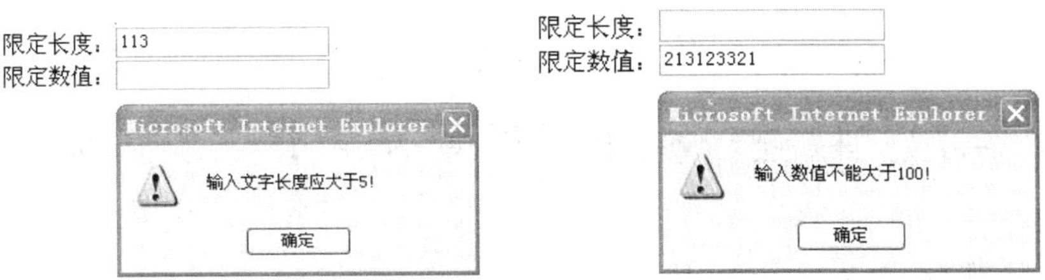

图 4.12　限定表单项输入值或长度

4.13　限定表单项不能输入的字符

本实例使用 JavaScript 制作一个实例，限定了表单项中可以输入的字符。本节主要涉及的 JavaScript 语法是 string.indexOf 方法。

string.indexOf 方法的语法是 string.indexOf(char)，用于查找字串中指定的字符或字串首次出现的位置，并返回索引值。

本实例主要代码如下：

```
<script language="javascript">
    /*验证一个字符串是否包含另一个字符串*/
    function contain(str, charset)
    {
        var i;
        for (i = 0; i < charset.length; i++)
        if (str.indexOf(charset.charAt(i)) >= 0)
            return true;
        return false;
    }
    /*验证表单*/
    function CheckForm() {
        if ((contain(a.b.value, "%\(\)><")) || (contain(a.c.value, "%\(\)>
        <"))) {
            alert("输入了非法字符");
            return false;
        }
        return true;
    }
</script>
```

网页效果如图 4.13 所示。

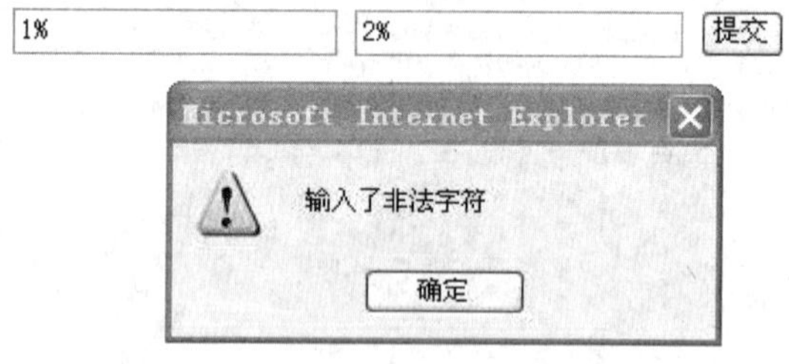

图 4.13　限定表单项不能输入的字符

4.14　检查一段字符串是否全由数字组成

本实例使用 JavaScript 检查一段字符串是否全由数字组成。本节主要涉及的 JavaScript 语法如下。

1．parseInt()函数

parseInt()函数的语法是 parseInt(number,type)，number 为要转换的字符串，type 表示进制类型，如果不指定 type，则 type 值以 0x 开头时，为十六进制；以 0 开头且第二位不为 x 时，则认为是八进制。

2．isNaN()方法

isNaN()的语法是 isNaN(numValue)。如果传入的参数 numValue 不是数字，则返回 true；如传入的参数是数字则返回 false。

本实例主要代码如下：

```
<script language="javascript">
    /*验证字符串函数*/
    function count(str)
    {
        /*验证输入字符串是否为数字*/
        if (isNaN(parseInt(str, 10)))
        {
            alert("该字符串完全由数字组成!");
            return false;
        }
        else
        {
            alert("该字符串不完全由字符组成!");
            return true;
        }
    }
</script>
```

网页效果如图 4.14 所示。

图 4.14　检查一段字符串是否全由数字组成

4.15　判断是否是字符

本实例使用 JavaScript 制作一个实例，该实例能检验输入的是不是字符。本节主要涉及的 JavaScript 语法是 parseInt()函数和 isNaN()方法，这两个语法在 4.14 节中已介绍，这里不再复述。

本实例主要代码如下：

```
<script language="javascript">
    /*验证字符串函数*/
    function count(str)
    {
        /*验证输入字符串是否为数字*/
        if (isNaN(parseInt(str, 10)))
        {
            alert("该字符串由字符组成!");
            return false;
        }
        else
        {
            alert("该字符串中没有字符!");
            return true;
        }
    }
</script>
```

网页效果如图 4.15 所示。

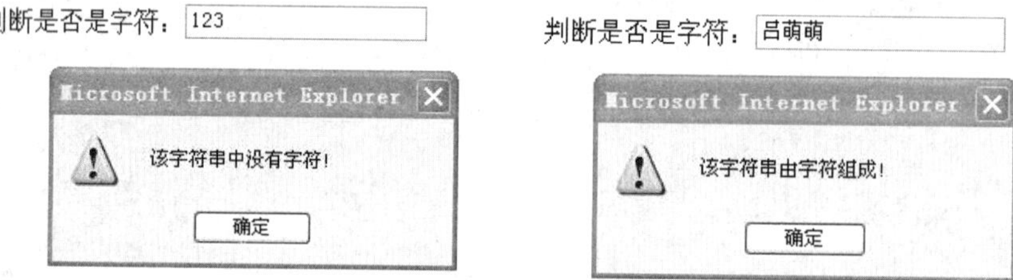

图 4.15　判断是否是字符

4.16　验证电话号码格式

本实例使用 JavaScript 制作一个实例，该实例能通过用户输入的内容验证电话号码格式是否正确。本节主要涉及的 JavaScript 语法如下。

正则表达式

本实例检验电话号码的正则表达式是：“/(^[0-9]{3,4}\-[0-9]{7,8}$)|(^[0-9]{7,8}$)|(^\([0-9]{3,4}\)[0-9]{3,8}$)|(^0{0,1}13[0-9]{9}$)/”。

本实例主要代码如下：

```
<script language=javascript>
    /*验证电话号码合理性函数*/
    function phonecheck(s)
    {
        var str = s;
        var reg = /(^[0-9]{3,4}\-[0-9]{7,8}$)|(^[0-9]{7,8}$)|(^\([0-9]{3,
        4}\)[0-9]{3,8}$)|(^0{0,1}13[0-9]{9}$)/;
        if (reg.test(str) == false)
        {
            alert("您的输入电话号码不对，请重新输入，格式参考：010-65432100");
            return false;
```

```
        }
        else
        {
            alert("输入的电话号码符合要求！");
            return false;
        }
    }
</script>
```

网页效果如图 4.16 所示。

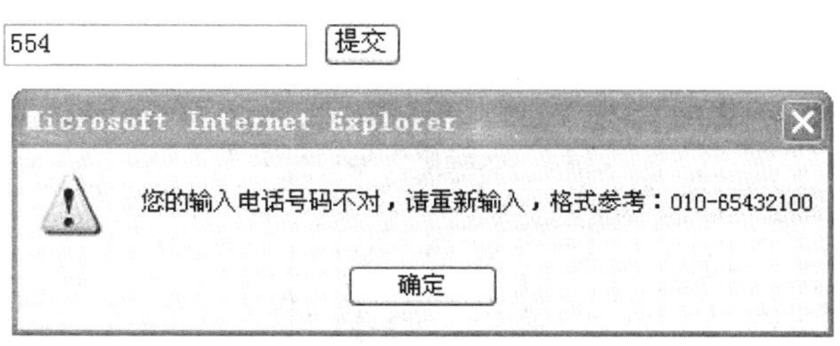

图 4.16　验证电话号码格式

4.17　判断输入是否为中文

本实例使用 JavaScript 制作一个实例，该实例能判断输入的字符串是否为中文。本节主要涉及的 JavaScript 语法如下。

```
document.getElementsByName
```

document.getElementsByName()方法的语法是 document.getElementsByName(string)，该方法与 getElementById()方法类似，它查询的是元素的 name 属性，而不是 id 属性。但一个页面中的 name 属性可能不唯一（如 HTML 表单中的单选按钮通常具有相同的 name 属性），所以 document.getElementsByName(string)方法返回的是元素的数组，而不是一个元素。如果一个页面中有两个以上相同的 name 标签，那么 getElementsByName()方法就可以取得一个包含这些元素的数组。

本实例主要代码如下：

```
<script language="javascript">
    /*判断输入是否为中文函数*/
    function isNotChinese()
    {
        /*调用根据名称查询页面元素的函数*/
        str = document.getElementsByName("uname")[0].value;
        var reg = /[^\u4E00-\u9FA5]/g;
        if (reg.test(str))
        {
            alert('该栏只能输入中文，请改正！');
            return false;
        }
        return true;
    }
```

```
</script>
```

网页效果如图 4.17 所示。

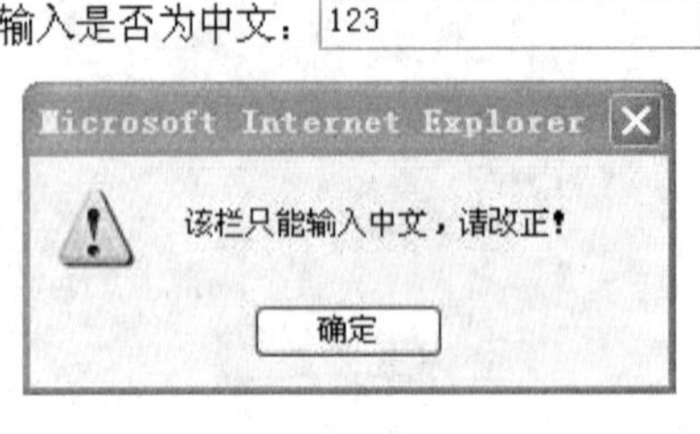

图 4.17　判断输入是否为中文

4.18　判断用户名是否为数字、字母、下划线

本实例使用 JavaScript 判断用户输入的用户名是否为数字、字母、下划线。本节主要涉及的 JavaScript 语法是 window.event.keyCode。window.event.keycode 用于获取按下的键盘值，例如 window.event.keycode=9 表示的就是 Tab 键。

本实例主要代码如下：

```
<script language=javascript>
    /*判断是否为英文*/
    function onlyEng()
    {
        /*判断按下的键盘值*/
        if (! ((event.keyCode >= 65 && event.keyCode <= 90) || (event.keyCode
        >= 48 && event.keyCode <= 57) || (event.keyCode >= 97 && event.keyCode
        <= 122) || (event.keyCode == 97)))
        {
            alert("请输入字母、数字或者下划线！");
            b.a.value = '';
            b.a.focus();
            event.returnValue = false;
        }
    }
</script>
```

网页效果如图 4.18 所示。

图 4.18　判断用户名是否为数字、字母、下划线

第 5 章　鼠 标 特 效

鼠标是电脑必不可少的组成部分，没有鼠标的电脑是无法使用的，当然，对于网页而言，鼠标特效不仅限于类似按键特效式的屏蔽应用，更多的是绚丽缤纷的点缀效果。本章主要讲解网页编写过程中大量应用的各种鼠标特效，在我们制作网页的过程中，更多地应用这些特效，就能让网页更加华丽。

5.1　鼠标单击图片后切换为其他图片

本实例使用 JavaScript 制作一个实例，该实例中的图片，在被鼠标单击以后，能够切换成其他图片。本节主要涉及的 JavaScript 语法是<img>标签。

<img>标签在网页显示的图片用<img src="picture">来实现，这里的 picture 为图片在本地计算机上的具体文件信息，或者以 url 存储在网络上的文件位置。

本实例主要代码如下：

```
<script>
   /*更换页面元素背景图片*/
   function show(id1)
   {
      document.getElementById(id1).src = "5102.jpg";
   }
</script>
```

网页效果如图 5.1 所示。

图 5.1　鼠标单击图片后切换为其他图片

5.2　鼠标单击小图无刷新放大图片

本实例使用 JavaScript 制作一个实例，单击该实例中的小图片，将在不刷新网页的情况下，对该图片进行放大显示。本节主要涉及的 JavaScript 语法如下。

<img>标签定义的是网页中显示的图片，用<img style="display: none">可以控制该<img>元素在页面中是否可见。经常遇到的<img style="display: none">是将图片转换为块级对象。

本实例主要代码如下：

```
<p>
    /*控制元素可见*/
    <a href="#" onclick="document.getElementById('light').style.display=
    'block';document.getElementById('fade').style.display='block'">
        <img src="5201.jpg" width="100" height="100" border="0" />
    </a>
</p>
<div id="light" class="white_content">
    <img src="5202.jpg" />
    /*控制元素不可见*/
    <a href="javascript:void(0)" onclick="document.getElementById('light')
    .style.display='none';document.getElementById('fade').style.display=
    'none'">
        关闭
    </a>
</div>
```

网页效果如图 5.2 所示。

图 5.2　鼠标单击小图无刷新放大图片

5.3　鼠标放到图片上会滑出提示文字

本实例使用 JavaScript 制作一个实例，该实例中的图片当鼠标移入时，会在图片底部出现文字。本节主要涉及的 JavaScript 语法如下。

1. getElementById()方法

getElementById()方法的语法如下。getElementById(id)，可以访问 document 中某一设置了 id 的特殊元素。

2．getElementsByTagName()方法

getElementsByTagName()方法的语法是 getElementsByTagName (tagname)，通过 tagname（标签名称）来获得元素，一个 document 中当然会有相同的标签，所以这个方法也是获取一个数组。

本实例主要代码如下：

```
<script>
    /*主函数*/
    function go()
    {
        var t, tt;
        var _div = document.getElementById("show"); /*通过 id 获取元素*/
        var obj = _div.getElementsByTagName('h2')[0]/*通过标签名称获取元素*/
        obj.style.bottom = "-50px";
        var change = function()                           /*变更函数*/
        {
            var obj_h = parseInt(obj.style.bottom);
            if (obj_h < 0)
            {
                obj.style.bottom = (obj_h + Math.floor((0 - obj_h) * 0.1)) + "px"
            }
            else
            {
                clearInterval(t)
            }
        }
        var back = function()                             /*返回函数*/
        {
            var obj_hh = parseInt(obj.style.bottom);
            if (obj_hh > -50)
            {
                obj.style.bottom = (obj_hh + Math.floor(( - 50 - obj_hh) * 0.1))
                + "px"
            }
            else
            {
                clearInterval(tt)
            }
        }
        _div.onmouseover = function()                     /*鼠标移入函数*/
        {
            clearInterval(tt);
            t = setInterval(change, 10);
        }
        _div.onmouseout = function()                      /*鼠标移出函数*/
        {
            clearInterval(t);
            tt = setInterval(back, 10)
        }
    }
    window.onload = function()                            /*页面加载时调用的函数*/
    {
        go();
    }
</script>
```

网页效果如图 5.3 所示。

图 5.3　鼠标放到图片上会滑出提示文字

5.4　鼠标放上图片错位效果

本实例使用 JavaScript 制作一个实例，该实例中的图片当鼠标移入时会发生错位。本节主要涉及的 JavaScript 语法如下。

- onmouseover：鼠标移动到对象上时响应事件。
- onmousedown：鼠标键按下时响应事件。
- onmouseup：鼠标键按下并松开时响应事件。
- onmouseout：鼠标从对象上移出时响应事件。

本实例主要代码如下：

```
/*通过鼠标移入移出和按下松开来让图片错位*/
<img src="5401.jpg" width="90" height="90" border="0" class="mouseBeOffMe"
onmouseover="this.className='mouseBeOnMe'"
onmousedown="this.className='mouseBeDown'"
onmouseup="this.className='mouseBeUp'"
onmouseout="this.className='mouseBeOffMe'" />
```

网页效果如图 5.4 所示。

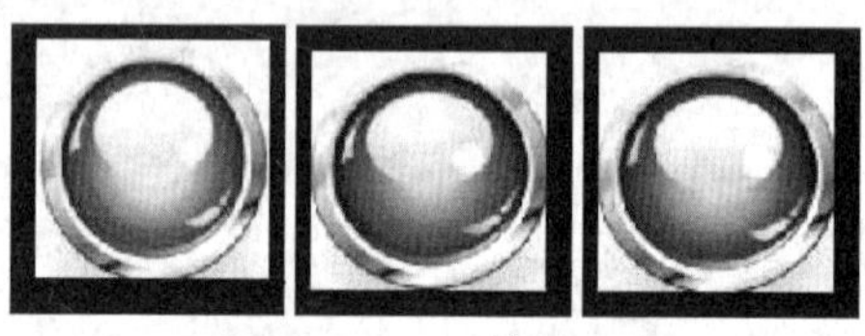

图 5.4　鼠标放上图片错位效果

5.5　鼠标经过时产生浮动层放大图像

本实例使用 JavaScript 制作一个实例，该实例能在鼠标经过时放大图像，产生浮动层放大效果。本节主要涉及的 JavaScript 语法如下。

style.visibility 是控制页面控件是否显示的一个属性，style.visibility = "hidden"表示不显示该控件，style.visibility = "visible"表示显示该控件，当我们看到 style.visibility = ""时，等

同于使用 style.visibility = "visible"。

本实例主要代码如下：

```
<script type="text/javascript">
    function picshow()                    /*图片显示函数*/
    {
        var a = document.getElementById("m") a.style.visibility =
       'visible'a.style.top = event.clientY a.style.left = event.clientX
    }
    function picmove()                    /*图片移动函数*/
    {
        var b = document.getElementById("m") b.style.top = event.clientY
        b.style.left = event.clientX
    }
    function pichide()                    /*图片隐藏函数*/
    {
        var c = document.getElementById("m") c.style.visibility = 'hidden'
    }
    /*主函数*/
    function trfunc()
    {
        var d = document.getElementsByTagName("tr") var len = d.length;
        d[1].attachEvent("onmouseover", picshow);
        d[1].attachEvent("onmousemove", picmove);
        d[1].attachEvent("onmouseout", pichide);
    }
</script>
```

网页效果如图 5.5 所示。

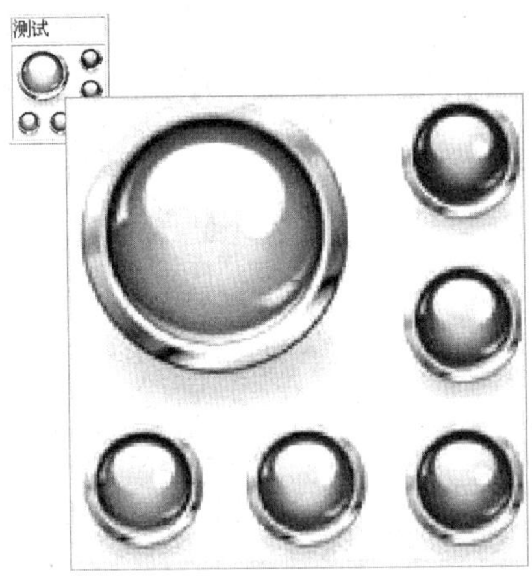

图 5.5　鼠标经过放大图像，浮动层放大图像

5.6　鼠标经过图片放大效果

本实例使用 JavaScript 制作一个实例，该实例中的图片在鼠标经过时会放大。本节主要涉及的 JavaScript 语法如下。

- window.event.clientX 所获取的坐标是相对于窗口左上角而言。

- window.event.clientY 所获取的坐标是同样也相对于窗口左上角而言。

本实例主要代码如下：

```
<script type="text/javascript">
    /*鼠标移入显示大图片*/
    function in (t)
    {
        var ei = document.getElementById("big_image");
        ei.style.display = "block";
        ei.innerHTML='<img src="'+ t.src + '" width="180px" height="180px" />';
        ei.style.top = document.body.scrollTop + window.event.clientY + 10
        + "px";
        ei.style.left = window.event.clientX + 10 + "px";
    }
    /*鼠标移出隐藏大图片*/
    function out()
    {
        var ei = document.getElementById("big_image");
        ei.innerHTML = "";
        ei.style.display = "none";
    }
</script>
```

网页效果如图 5.6 所示。

图 5.6　鼠标经过图片放大效果

5.7　鼠标经过图片更换图片

本实例使用 JavaScript 制作一个实例，该实例中的图片在鼠标经过时会自动更换为其他候选图片。本节主要涉及的 JavaScript 语法如下。

<img>标签在网页显示的图片，用<img src="picture">来实现，这里的 picture 为图片在本地计算机上的具体文件信息，或者以 url 存储在网络上的文件位置。

本实例主要代码如下：

```
<script type="text/javascript">
    /*鼠标经过*/
    function mouseOver()
```

```
    {
        document.b1.src = "5701.jpg"
    }
    /*鼠标离开*/
    function mouseOut()
    {
        document.b1.src = "5702.jpg"
    }
</script>
```

网页效果如图 5.7 所示。

图 5.7　鼠标经过图片更换图片

5.8　鼠标经过图片时，下方出现注释

本实例使用 JavaScript 制作一个实例，该实例中的图片在鼠标经过时，会在图片下方出现对于该图片的注释。本节主要涉及的 JavaScript 语法如下。

<span>标签被用来组合文档中的行内元素，使用<span>标签，就能更好地通过样式来格式化它们，<span> 标签没有固定的格式表现，只有对它应用样式时，它才会产生视觉上的效果。

本实例主要代码如下：

```
/*<span>标签被用来组合文档中的行内元素*/
<span>
    按钮多变幻!
</span>
```

网页效果如图 5.8 所示。

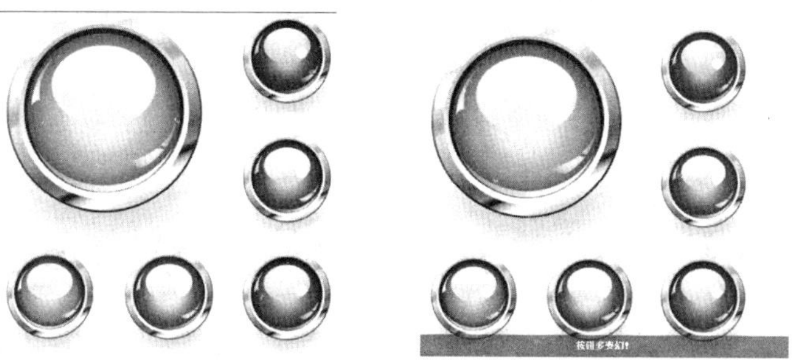

图 5.8　鼠标经过图片时，下方出现注释

5.9　鼠标经过时，图片由灰色变彩色

本实例使用 JavaScript 制作一个实例，该实例中的图片在鼠标经过时会由灰色变为彩色。本节主要涉及的 JavaScript 语法是 this.className。

this.className 指的是页面中某个元素的样式，本实例中 this.className = 'frmsearch-active'的作用是改变图片的样式为'frmsearch-active'。

本实例主要代码如下：

```
<script type="text/javascript">
    /*鼠标经过时，图片由灰色变彩色*/
    (function()
    {
        var D = document,
        frm = D.getElementById('frmsearch');
        if (!frm)
        {
            return false;
        }
        /*鼠标移入*/
        frm.onmouseover = function()、
        {
            this.className = 'frmsearch-active';
        };
        /*鼠标移出*/
        frm.onmouseout = function()
        {
            this.className = 'frmsearch-normal';
        };
    })();
</script>
```

网页效果如图 5.9 所示。

图 5.9　鼠标经过时，图片由灰色变彩色

5.10　图片在鼠标的控制下横向滚动

本实例使用 JavaScript 制作一个鼠标控制的横向滚动实例。本节主要涉及的 JavaScript 语法如下。

1. window.setInterval()函数

window.setInterval()的语法是 setInterval(code,millisec)，该函数按照指定的周期来调用函数或计算表达式，单位是毫秒。

2. window.clearInterval()方法

window.clearInterval()将取消由 setInterval()方法设置的定时器。setInterval()方法会不停地调用函数，直到用 clearInterval()方法终止定时或窗口被关闭。

本实例主要代码如下：

```
<script>
    var dir = 1;                /*步长*/
    var speed = 10;             /*循环周期*/
    var MyMar = null;
    /*正常移动*/
    function Marquee() {
        var demo = document.getElementById("demo");
        var demo2 = document.getElementById("demo2");
        if (dir > 0 && (demo2.offsetWidth - demo.scrollLeft) <= 0) {
            demo.scrollLeft = 0;
        }
        if (dir < 0 && (demo.scrollLeft <= 0)) {
            demo.scrollLeft = demo2.offsetWidth;
        }
        demo.scrollLeft += dir;
    }
    /*暂停移动*/
    function onmouseoverMy() {
        window.clearInterval(MyMar);
    }
    /*继续移动*/
    function onmouseoutMy() {
        MyMar = setInterval(Marquee, speed);
    }
    /*换向左移*/
    function r_left() {
        if (dir == -1) dir = 1;
    }
    /*换向右移*/
    function r_right() {
        if (dir == 1) dir = -1;
    }
    /*判断是否 IE 浏览器*/
    function IsIE() {
        var browser = navigator.appName
        if ((browser == "Netscape")) {
            return false;
        } else if (browser == "Microsoft Internet Explorer") {
            return true;
        } else {
            return null;
        }
    }
    var _IsIE = IsIE();
    var _MousePX = 0;
```

```
var _MousePY = 0;
var _DivLeft = 0;
var _DivRight = 0;
var _AllDivWidth = 0;
var _AllDivHeight = 0;
function MoveDiv(e)
{
    var obj = document.getElementById("demo");
    _MousePX = _IsIE ? (document.body.scrollLeft + event.clientX) :
    e.pageX;
    _MousePY = _IsIE ? (document.body.scrollTop + event.clientY) :
     e.pageY;
    /*Opera 浏览器支持 ''window.event''和''e.pageX''方法*/
    var obj1 = null;
    if (obj.getBoundingClientRect)
    {
        /*IE 浏览器*/
        obj1 = document.getElementById("demo").getBoundingClientRect();
        _DivLeft = obj1.left;
        _DivRight = obj1.right;
        _AllDivWidth = _DivRight - _DivLeft;
    }
    else if (document.getBoxObjectFor)
    {
        /*FireFox 浏览器*/
        obj1 = document.getBoxObjectFor(obj);
        var borderwidth = (obj.style.borderLeftWidth != null &&
        obj.style.borderLeftWidth != "") ? parseInt(obj.style.borderLeft
        Width) : 0;
        _DivLeft = parseInt(obj1.x) - parseInt(borderwidth);
        _AllDivWidth = Cut_Px(obj.style.width);
        _DivRight = _DivLeft + _AllDivWidth;
    }
    else
    {
        /*其他浏览器（如 Opera）*/
        _DivLeft = obj.offsetLeft;
        _AllDivWidth = Cut_Px(obj.style.width);
        var parent = obj.offsetParent;
        if (parent != obj)
        {
            while (parent)
            {
                _DivLeft += parent.offsetLeft;
                parent = parent.offsetParent;
            }
        }
        _DivRight = _DivLeft + _AllDivWidth;
    }
    var pos1, pos2;
    pos1 = parseInt(_AllDivWidth * 0.4) + _DivLeft;
    pos2 = parseInt(_AllDivWidth * 0.6) + _DivLeft;
    if (_MousePX > _DivLeft && _MousePX < _DivRight)
    {
        /*左移*/
        if (_MousePX > _DivLeft && _MousePX < pos1)
        {
            r_left();
        }
        /*右移*/
```

```
            else if (_MousePX < _DivRight && _MousePX > pos2)
            {
                r_right();
            }
            /*停止*/
            if (_MousePX > pos1 && _MousePX < pos2)
            {
                onmouseoverMy();
                MyMar = null;
            }
            else if (_MousePX < pos1 || _MousePX > pos2)
            {
                if (MyMar == null)
                {
                    MyMar = setInterval(Marquee, speed);
                }
            }
        }
    }
    /*切割像素*/
    function Cut_Px(cswidth)
    {
        cswidth = cswidth.toLowerCase();
        if (cswidth.indexOf("px") != -1) {
            cswidth.replace("px", "");
            cswidth = parseInt(cswidth);
        }
        return cswidth;
    }
    /*移出图层*/
    function MoveOutDiv()
    {
        if (MyMar == null)
        {
            MyMar = setInterval(Marquee, speed);
        }
    }
</script>
```

网页效果如图 5.10 所示。

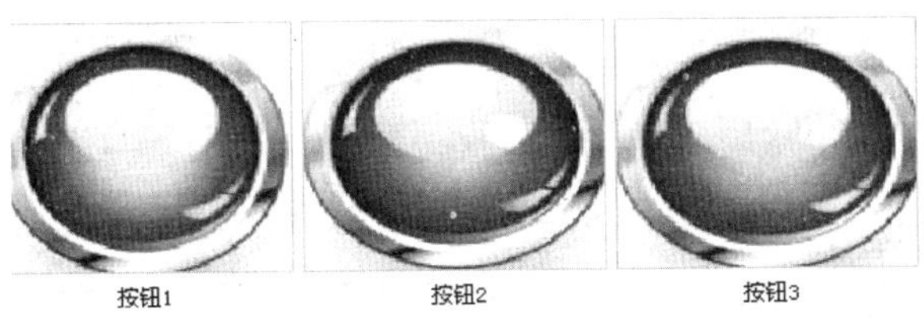

图 5.10　图片在鼠标的控制下横向滚动

5.11　鼠标拖动图片

本实例使用 JavaScript 制作一个实例，该实例中的图片能够用鼠标进行拖动。本节主要涉及的 JavaScript 语法如下。

1. 函数重写

函数重写也就是将原函数覆盖为我们想要执行的函数，我们只要在脚本中编写相同名称的函数，就可以将原函数覆盖，在调用的时候，就已经是我们重写的函数了。

2. window.document.ondragstart()方法

window.document.ondragstart()就是在页面上单击鼠标并开始拖动时触发的事件。

本实例主要代码如下：

```
<SCRIPT language=JavaScript>
    drag = 0
    move = 0
    /*初始化*/
    function init()
    {
        window.document.onmousemove = mouseMove
        window.document.onmousedown = mouseDown
        window.document.onmouseup = mouseUp
        window.document.ondragstart = mouseStop
    }
    /*鼠标按下*/
    function mouseDown()
    {
        if (drag) {
            clickleft = window.event.x - parseInt(dragObj.style.left)
            clicktop = window.event.y - parseInt(dragObj.style.top) dragObj.
            style.zIndex += 1 move = 1
        }
    }
    /*鼠标停止*/
    function mouseStop()
    {
        window.event.returnValue = false
    }
    /*鼠标移动*/
    function mouseMove()
    {
        if (move) {
            dragObj.style.left = window.event.x - clickleft dragObj.
            style.top = window.event.y - clicktop
        }
    }
    /*鼠标松开*/
    function mouseUp()
    {
        move = 0
    }
</SCRIPT>
```

网页效果如图 5.11 所示。

图 5.11　鼠标拖动图片

5.12　鼠标拖动时图片自由变化大小

本实例使用 JavaScript 制作一个实例，该实例中的图片可以在鼠标的拖动下自动变大、变小。本节主要涉及的 JavaScript 语法如下。

<img>标签定义的是网页中显示的图片，用<img width="" height="">可以控制该<img>元素在页面中的宽度和长度。

本实例主要代码如下：

```
<SCRIPT LANGUAGE="JavaScript">
    /*重置图片大小函数*/
    function resizeImage(evt, name)
    {
        newX = evt.x newY = evt.y eval("document." + name + ".width=newX")
        eval("document." + name + ".height=newY")
    }
</script>
```

网页效果如图 5.12 所示。

请用鼠标将图片放大或者缩小！

图 5.12　鼠标拖动时图片自由变化大小

5.13　鼠标移出图片抖动

本实例使用 JavaScript 制作一个实例，该实例的图片在鼠标移出时会不停地抖动。本节主要涉及的 JavaScript 语法如下。

document.getElementById()方法：在 window.onload 事件的使用中，我们常常看到 document.getElementById()方法，该方法常用于获取元素，其最初被定义为 HTML DOM 接口的成员，之后在 2 级 DOM 中移入 XML DOM 接口。document.getElementById 属于 host 对象，是一个方法。

本实例主要代码如下：

```
<script language="JavaScript1.2">
    var rector = 3
    var stopit = 0
    var a = 1
    /*初始化函数*/
    function init(which)
    {
        stopit = 0 shake = which shake.style.left = 0 shake.style.top = 0
    }
    /*图像抖动函数*/
    function rattleimage()
    {
        if ((!document.all && !document.getElementById) || stopit == 1)
        return if (a == 1)
        {
            shake.style.top = parseInt(shake.style.top) + rector
        }
        else if (a == 2)
        {
            shake.style.left = parseInt(shake.style.left) + rector
        }
        else if (a == 3)
        {
            shake.style.top = parseInt(shake.style.top) - rector
        }
        else
        {
            shake.style.left = parseInt(shake.style.left) - rector
        }
        if (a < 4)
            a++
        else
            a = 1
        setTimeout("rattleimage()", 50)
    }
    /*图像停止抖动*/
    function stoprattle(which)
    {
        stopit = 1 which.style.left = 0 which.style.top = 0
    }
</script>
```

网页效果如图 5.13 所示。

图 5.13　鼠标移出图片抖动

5.14　图片透明度随着鼠标移入移出而改变

本实例使用 JavaScript 制作一个实例，该实例中图片透明度会随着鼠标移入移出而改变。本节主要涉及的 JavaScript 语法如下。

window.onload 是网页加载时发生的事件，该事件在页面加载完成后立即发生，可通过将函数赋值给 window.onload 事件，来达到在页面加载完成后立即执行相关函数的目的。

本实例主要代码如下：

```
<script>
    /*页面加载函数*/
    window.onload = function() {
        var oLi = document.getElementsByTagName("li");
        for (var i = 0; i < oLi.length; i++)
        {
            oLi[i].onmouseover = function()
            {
                this.className = "current"
            };
            oLi[i].onmouseout = function()
            {
                this.className = ""
            }
        }
    }
</script>
```

网页效果如图 5.14 所示。

图 5.14　图片透明度随着鼠标移入移出而改变

5.15　鼠标移入缩略图显示出大图

本实例使用 JavaScript 制作一个实例，在该实例中，当鼠标移入缩略图时，能显示该缩略图对应的大图。本节主要涉及的 JavaScript 语法如下。

- document.createElement：document.createElement()是在对象中创建一个对象的方法。
- document.body.appendChild：document.body.appendChild()方法在节点的子节点列表末添加新的子节点。

本实例主要代码如下：

```
<script language="javascript" type="text/javascript">
    var $ = function(thisId)
    {
        return document.getElementById(thisId)
    };
    var $$ = function(othisId, thoseTag)
    {
        return othisId.getElementsByTagName(thoseTag)
    };
    /*增加加载事件*/
    function addLoadEvent(func)
    {
        var oldonload = window.onload;
        if (typeof window.onload != 'function')
        {
            window.onload = func;
        }
        else
        {
            window.onload = function() {
                oldonload();
                func();
            }
        }
    }
    /*准备图片函数*/
    function preparePhoto()
    {
        if (!$)
        {
            return false
        };
        if (!$$)
        {
            return false
        };
        var links = $$($("linkBox"), "a");
        for (i = 0; i < links.length; i++)
        {
            links[i].onclick = function()
            {
                return showPic(this);
            }
```

```
        links[i].onmousemove = function()
        {
            return showPic(this);
        }
    }
}
/*显示图片*/
function showPic(url)
{
    if (!$("photoHandler"))
    {
        var photoHandler = document.createElement("div");/*创建 DIV 容器*/
        photoHandler.id = "photoHandler";                /*设置 ID*/
        var textBox = document.createElement("p");       /*创建一个段落*/
        var textContent = document.createTextNode("hello,here is come the
        text");                                          /*设置文本*/
        textBox.appendChild(textContent);              /*把文本附加到段落*/
        textBox.id = "textBox";                        /*设置段落的 ID*/
        var imgBox = document.createElement("img");   /*创建一个图片容器*/
        imgBox.id = "imgBox";                          /*设置图片的 ID*/
        photoHandler.appendChild(imgBox);     /*把图片容器附加到 DIV 容器*/
        $("container").appendChild(photoHandler);/*把 DIV 附加到文档中*/
        $("container").insertBefore(textBox, $("linkBox"))
                                          /*把创建的那个段落插到义档中*/
        /*总的思路就是先创建好树，在 appendChild/insertBefore 文档中*/
    }
    var scoure = url.getAttribute("href");
    var decripPhoto = url.getAttribute("title");
    $("imgBox").setAttribute("src", scoure);
    $("textBox").firstChild.nodeValue = decripPhoto;
    return false;
}
addLoadEvent(preparePhoto);
</script>
```

网页效果如图 5.15 所示。

图 5.15　鼠标移上图片，变换出大图片

5.16　图片在鼠标移入时变清晰

本实例使用 JavaScript 制作一个实例，该实例中的图片在鼠标移入时会变得清晰。本节主要涉及的 JavaScript 语法如下。

- jQuery fadeTo 事件：fadeTo()方法将被选元素的不透明度逐渐地改变为指定的值。
- jQuery hover 事件：hover(over,out)是一个模仿悬停事件，也就是鼠标移动到一个对象上及移出这个对象的方法。这是一个自定义的方法，它为频繁使用的任务提供了一种“保持在其中”的状态。

本实例主要代码如下：

```
<script type="text/javascript">
    $(document).ready(function()
    {
        $(".rollover").css
        ({
            'opacity': '0'
        });
        /*模仿悬停事件 */
        $('.img_list a').hover(function()
        {
            /*将被选元素的不透明度逐渐地改变为指定的值*/
            $(this).find('.rollover').stop().fadeTo(500, 1);
        },
        function()
        {
            $(this).find('.rollover').stop().fadeTo(500, 0);
        })
    });
</script>
```

网页效果如图 5.16 所示。

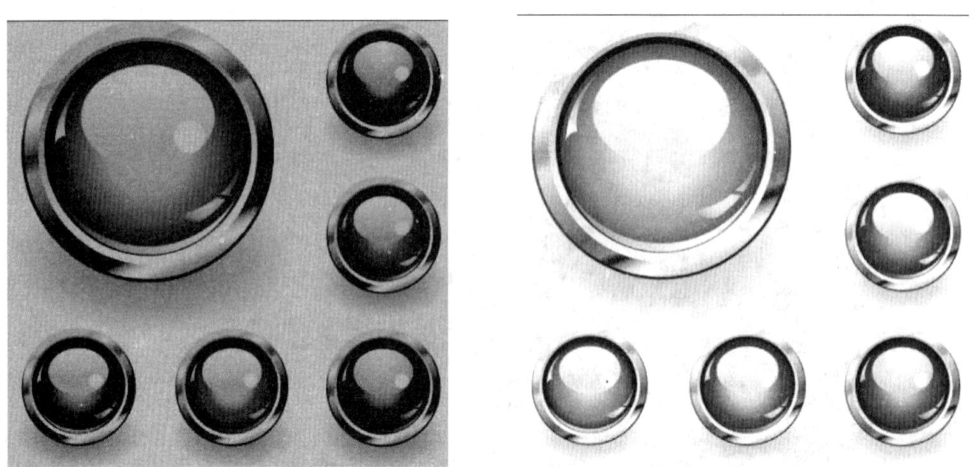

图 5.16　图片在鼠标移入时变清晰

5.17　图片边框在鼠标经过时变色

本实例使用 JavaScript 制作一个实例，该实例中的图片边框在鼠标经过时会变成灰色。本节主要涉及的 JavaScript 语法是 jQuery hover 事件，该事件的说明 5.16 节已讲过，这里不再复述。

本实例主要代码如下：

```
<style>
   *{margin:0;padding:0;list-style:none;font-size:14px} h1{margin:10px;}
   img{border:1px solid #ccc} .info li { padding:8px;width:140px;
   float:left}
   .info li .img { padding:8px; border:1px solid #CBCBCB;display:
   block;} .info
   li .img:link,.info li .img:visited {border:1px solid #CBCBCB;} .info li
   .img:hover{border:1px solid #CBCBCB;background:#f0f0f0;}
   /*模仿悬停事件*/
</style>
```

网页效果如图 5.17 所示。

图 5.17　图片边框在鼠标经过时变色

5.18　在网页上单击鼠标的地方显示图片

本实例使用 JavaScript 制作一个实例，在网页上单击鼠标的地方显示图片。本节主要涉及的 JavaScript 语法如下。

<img>标签：<img>标签定义的是网页中显示的图片，用<img style="visibility:hidden ">可以控制该<img>元素在页面中是否可见。

本实例主要代码如下：

```
<script language="javascript">
   /*显示图片事件*/
   function show()
   {
       pic.style.left = event.x;
       pic.style.top = event.y;
       pic.style.visibility = "visible";
   }
   document.onclick = show;
</script>
```

网页效果如图 5.18 所示。

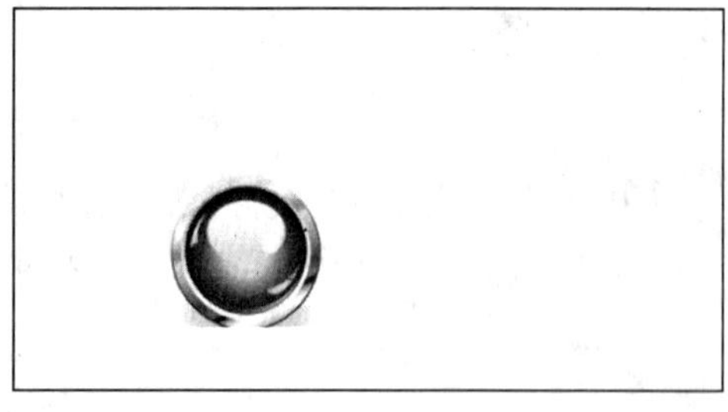
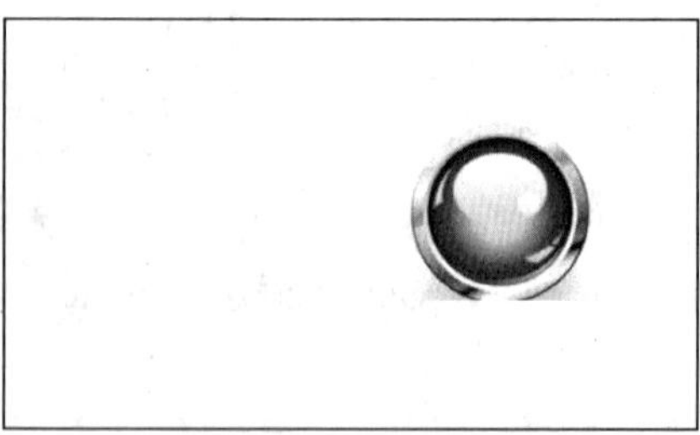

图 5.18　在网页上单击鼠标的地方显示图片

5.19　鼠标滑入时图片变清晰，鼠标划出时图片变模糊

本实例使用 JavaScript 制作一个实例，鼠标滑入时图片变清晰，鼠标划出时图片变模糊。本节主要涉及的 JavaScript 语法如下。

obj.filters.alpha.opacity：该属性用于单独设置某个滤镜。

本实例主要代码如下：

```
<script language="JavaScript">
    /*使图片可见函数*/
    function makevisible(cur, which)
    {
        if (which == 0)
            cur.filters.alpha.opacity = 100      /* obj.filters.alpha.
            opacity 属性用于单独设置某个滤镜*/
        else
            cur.filters.alpha.opacity = 20
    }
    var min = 10;
    var max = 100;
    var number = 1;
    /*鼠标移入事件*/
    function OnMouseOver(obj)
    {
        if (obj.changing) clearInterval(obj.changing);
        obj.changing = setInterval("add(" + obj.id + ")", 10);
    }
    /*鼠标移出事件*/
    function OnMouseOut(obj)
    {
        if (obj.changing) clearInterval(obj.changing);
        obj.changing = setInterval("sub(" + obj.id + ")", 10);
    }
    /*设置滤镜值最大*/
    function add(obj)
    {
        if (obj.filters.Alpha.Opacity > max)
        {
            clearInterval(obj.changing);
```

```
            obj.changing = false;
            obj.filters.Alpha.Opacity = max;
        }
        else
            obj.filters.Alpha.Opacity += number;
        test1.innerText = "图片一: " + img1.filters.Alpha.Opacity;
        test2.innerText = "图片二: " + img2.filters.Alpha.Opacity;
    }
    /*设置滤镜值最小*/
    function sub(obj)
    {
        if (obj.filters.Alpha.Opacity < min)
        {
            clearInterval(obj.changing);
            obj.changing = false;
            obj.filters.Alpha.Opacity = min;
        }
        else
            obj.filters.Alpha.Opacity += -number;
        test1.innerText = "图片一: " + img1.filters.Alpha.Opacity;
        test2.innerText = "图片二: " + img2.filters.Alpha.Opacity;
    }
</script>
```

网页效果如图 5.19 所示。

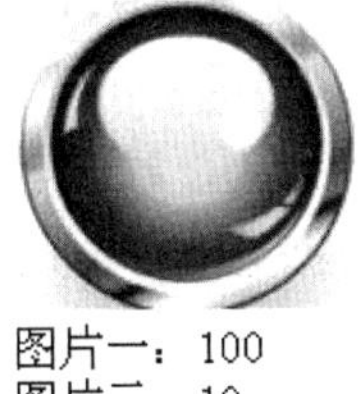

图片一：100
图片二：10

图片一：10
图片二：100

图 5.19 鼠标滑入时图片变清晰，鼠标划出时图片变模糊

5.20 图片响应鼠标特效

本实例使用 JavaScript 制作一个实例，该实例实现图片响应鼠标特效。本节主要涉及的 JavaScript 语法如下。

obj.filters.alpha.opacity：obj.filters.alpha.opacity 属性用于单独设置某个滤镜。

本实例主要代码如下：

```
<script language="JavaScript1.2">
    /*设置图片可见度*/
    function makevisible(cur, which)
    {
        if (which == 0)
            cur.filters.alpha.opacity = 100
        else
            cur.filters.alpha.opacity = 20
    }
```

```
</script>
```

网页效果如图 5.20 所示。

图 5.20　图片响应鼠标特效

5.21　鼠标滑入动画加载大图

本实例使用 JavaScript 制作一个实例，该实例展现的是鼠标滑入动画加载大图的效果。本节主要涉及的 JavaScript 语法如下。

document.compatMode：该属性用来判断当前浏览器采用的渲染方式，该属性对我们开发兼容的网页很有帮助。由于 IE 对盒模型的渲染在 Standards Mode 和 Quirks Mode 两种模式下有很大差别，在 Standards Mode 下对于盒模型的解释和其他的标准浏览器是一样的，但在 Quirks Mode 模式下则有很大差别。不声明 Doctype 的时候，IE 默认是 Quirks Mode。只要需要考虑兼容性，我们就要获取当前的文档渲染方式。根据 document.compatMode 的值也能得出文档是否加了标准声明。

本实例主要代码如下：

```
<script language="javascript">
    /*获取视窗高度*/
    function getViewportHeight()
    {
        if (window.innerHeight != window.undefined)
            return window.innerHeight;
        if (document.compatMode == 'CSS1Compat')
            return document.documentElement.clientHeight;
        if (document.body)
            return document.body.clientHeight;
        return window.undefined;
    }
    /*获取视窗宽度*/
    function getViewportWidth()
    {
        if (window.innerWidth != window.undefined)
            return window.innerWidth;
        if (document.compatMode == 'CSS1Compat')
            return document.documentElement.clientWidth;
        if (document.body)
            return document.body.clientWidth;
        return window.undefined;
    }
    /*获取滚动条顶端位置*/
```

```
function getScrollTop()
{
    if (self.pageYOffset)
    {
        return self.pageYOffset;
    }
    else if (document.documentElement && document.documentElement.
    scrollTop)
    {
        return document.documentElement.scrollTop;
    }
    else if(document.body)
    {
        return document.body.scrollTop;
    }
}
/*获取滚动条左边位置*/
function getScrollLeft() {
    if (self.pageXOffset) {
        return self.pageXOffset;
    } else if (document.documentElement && document.documentElement.s
    crollLeft) {
        return document.documentElement.scrollLeft;
    } else if (document.body) {
        return document.body.scrollLeft;
    }
}
var rT = true;                  /*允许图像过渡*/
var bT = true;                  /*允许图像淡入淡出*/
var tw = 150;                   /*提示框宽度*/
/*结束动画*/
var endaction = false;
var ns4 = document.layers;
var ns6 = document.getElementById && !document.all;
var ie4 = document.all;
offsetX = 10;
offsetY = 20;
var toolTipSTYLE = "";
function initToolTips()
{
    tempDiv = document.createElement("div");
    tempDiv.id = "toolTipLayer";
    tempDiv.style.position = "absolute";
    tempDiv.style.display = "none";
    document.body.appendChild(tempDiv);
    if (ns4 || ns6 || ie4)
    {
        /*如果是网景浏览器 4.0*/
        if (ns4)
            toolTipSTYLE = document.toolTipLayer;
        /*如果是网景浏览器 6.0*/
        else if(ns6)
            toolTipSTYLE = document.getElementById("toolTipLayer")
            .style;
        /*如果是网景浏览器 4.0*/
        else if(ie4)
            toolTipSTYLE = document.all.toolTipLayer.style;
        if (ns4)
            document.captureEvents(Event.MOUSEMOVE);
```

```
        else
        {
            toolTipSTYLE.visibility = "visible";
            toolTipSTYLE.display = "none";
        }
        document.onmousemove = moveToMouseLoc;
    }
}
/*工具条函数*/
function toolTip(msg, fg, bg)
{
    try
    {
        /*隐藏*/
        if (toolTip.arguments.length < 1)
        {
            if (ns4)
            {
                toolTipSTYLE.visibility = "hidden";
            }
            else
            {
                if (!endaction)
                {
                    toolTipSTYLE.display = "none";
                }
                if (rT) document.all("msg1").filters[1].Apply();
                if (bT) document.all("msg1").filters[2].Apply();
                document.all("msg1").filters[0].opacity = 0;
                if (rT) document.all("msg1").filters[1].Play();
                if (bT) document.all("msg1").filters[2].Play();
                if (rT)
                {
                    if (document.all("msg1").filters[1].status == 1 ||
                    document.all("msg1").filters[1].status == 0)
                    {
                        toolTipSTYLE.display = "none";
                    }
                }
                if (bT)
                {
                    if (document.all("msg1").filters[2].status == 1 ||
                    document.all("msg1").filters[2].status == 0)
                    {
                        toolTipSTYLE.display = "none";
                    }
                }
                if (!rT && !bT) toolTipSTYLE.display = "none";
            }
        }
        else
        {
            if (!fg) fg = "#777777";
            if (!bg) bg = "#eeeeee";
            var content = '<table id="msg1" name="msg1" border="0"
            cellspacing="0" cellpadding="1" bgcolor="' + fg + '" class=
            "trans_msg"><td>' + '<table border="1" cellspacing="2"
            cellpadding="3" bgcolor="' + bg + '"><td><font face="Arial"
            color="' + fg + '" size="-2">' + msg + '</font></td></table>
            </td></table>';
            if (ns4)
```

```
            {
                toolTipSTYLE.document.write(content);
                toolTipSTYLE.document.close();
                toolTipSTYLE.visibility = "visible";
            }
            if (ns6)
            {
                document.getElementById("toolTipLayer").innerHTML = content;
                toolTipSTYLE.display = 'block'
            }
            if (ie4)
            {
                document.all("toolTipLayer").innerHTML = content;
                toolTipSTYLE.display = 'block'
                /*图像过渡，淡入处理*/
                var cssopaction = document.all("msg1").filters[0].opacity
                document.all("msg1").filters[0].opacity = 0;
                if (rT) document.all("msg1").filters[1].Apply();
                if (bT) document.all("msg1").filters[2].Apply();
                document.all("msg1").filters[0].opacity = cssopaction;
                if (rT) document.all("msg1").filters[1].Play();
                if (bT) document.all("msg1").filters[2].Play();
            }
        }
    }
    catch(e) {}
}
/*移动到鼠标位置的函数*/
function moveToMouseLoc(e)
{
    var scrollTop = getScrollTop();
    var scrollLeft = getScrollLeft();
    if (ns4 || ns6)
    {
        x = e.pageX + scrollLeft;
        y = e.pageY - scrollTop;
    }
    else
    {
        x = event.clientX + scrollLeft;
        y = event.clientY;
    }
    if (x - scrollLeft > getViewportWidth() / 2)
    {
        x = x - document.getElementById("toolTipLayer").offsetWidth - 2
        * offsetX;
    }
    if((y + document.getElementById("toolTipLayer").offsetHeight +
    offsetY) > getViewportHeight())
    {
        y = getViewportHeight() - document.getElementById("toolTip
        Layer").offsetHeight - offsetY;
    }
    toolTipSTYLE.left = (x + offsetX) + 'px';
    toolTipSTYLE.top = (y + offsetY + scrollTop) + 'px';
    return true;
}
/*初始化工具条*/
initToolTips();
</script>
```

网页效果如图 5.21 所示。

图 5.21　鼠标滑入动画加载大图

5.22　鼠标滑过图片出现边框

本实例使用 JavaScript 制作一个实例，展现鼠标滑过图片出现边框。本节主要涉及的 JavaScript 语法是 style.borderColor，用于设置网页中某个元素的边框颜色。

本实例主要代码如下：

```
<script language="JavaScript">
    /*显示边框的函数*/
    function borderit(which, color)
    {
        if (document.all || document.getElementById)
        {
            which.style.borderColor = color  /*设置网页中某个元素的边框颜色*/
        }
    }
</script>
```

网页效果如图 5.22 所示。

图 5.22　鼠标滑过图片出现边框

5.23　鼠标滑入图片改变透明度

本实例使用 JavaScript 制作一个实例，该实例能通过鼠标滑入图片改变透明度。本节主要涉及的 JavaScript 语法如下。

obj.filters.alpha.opacity：该属性用于单独去设置某个滤镜。

本实例主要代码如下：

```
<script language="JavaScript">
    /*使对象变亮的函数*/
    function high(which2)
    {
        theobject = which2 highlighting = setInterval("highlightit
        (theobject)", 100)
    }
    /*使对象变暗的函数*/
    function low(which2)
    {
        clearInterval(highlighting) which2.filters.alpha.opacity = 30
    }
    /*使对象高亮的函数*/
    function highlightit(cur2)
    {
        if (cur2.filters.alpha.opacity < 200) cur2.filters.alpha.opacity += 20
        else if (window.highlighting) clearInterval(highlighting)
    }
</script>
```

网页效果如图 5.23 所示。

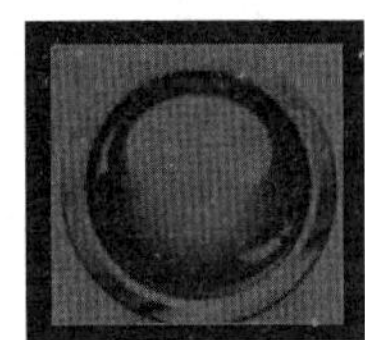

图 5.23　鼠标滑入图片改变透明度

5.24　缩略图响应鼠标滑入图片切换

本实例使用 JavaScript 制作一个实例，该实例能通过鼠标滑入缩略图实现大图切换。本节主要涉及的 JavaScript 语法是 Math.ceil(x)函数，返回值为最接近的较大整数。

本实例主要代码如下：

```
<script type="text/javascript">
    function $(id)
    {
        return document.getElementById(id);
    }
    /*增加加载函数*/
    function addLoadEvent(func)
    {
        var oldonload = window.onload;
        if (typeof window.onload != 'function')
        {
            window.onload = func;
        }
        else
```

```
    {
        window.onload = function()
        {
            oldonload();
            func();
        }
    }
}
/*移动事件*/
function moveElement(elementID, final_x, final_y, interval)
{
    if (!document.getElementById)
        return false;
    if (!document.getElementById(elementID))
        return false;
    var elem = document.getElementById(elementID);
    if (elem.movement)
    {
        clearTimeout(elem.movement);
    }
    if (!elem.style.left)
    {
        elem.style.left = "0px";
    }
    if (!elem.style.top)
    {
        elem.style.top = "0px";
    }
    var xpos = parseInt(elem.style.left);
    var ypos = parseInt(elem.style.top);
    if (xpos == final_x && ypos == final_y) {
        return true;
    }
    if (xpos < final_x) {
        var dist = Math.ceil((final_x - xpos) / 10);
        xpos = xpos + dist;
    }
    if (xpos > final_x) {
        var dist = Math.ceil((xpos - final_x) / 10);
        xpos = xpos - dist;
    }
    if (ypos < final_y) {
        var dist = Math.ceil((final_y - ypos) / 10);
        ypos = ypos + dist;
    }
    if (ypos > final_y) {
        var dist = Math.ceil((ypos - final_y) / 10);
        ypos = ypos - dist;
    }
    elem.style.left = xpos + "px";
    elem.style.top = ypos + "px";
    var repeat = "moveElement('" + elementID + "'," + final_x + "," +
    final_y + "," + interval + ")";
    elem.movement = setTimeout(repeat, interval);
}
/*正常分类*/
function classNormal(iFocusBtnID, iFocusTxID)
{
    var iFocusBtns = $(iFocusBtnID).getElementsByTagName('li');
    var iFocusTxs = $(iFocusTxID).getElementsByTagName('li');
    for (var i = 0; i < iFocusBtns.length; i++) {
```

```
        iFocusBtns[i].className = 'normal';
        iFocusTxs[i].className = 'normal';
    }
}
/*当前分类*/
function classCurrent(iFocusBtnID, iFocusTxID, n)
{
    var iFocusBtns = $(iFocusBtnID).getElementsByTagName('li');
    var iFocusTxs = $(iFocusTxID).getElementsByTagName('li');
    iFocusBtns[n].className = 'current';
    iFocusTxs[n].className = 'current';
}
/*变焦事件*/
function iFocusChange()
{
    if (!$('ifocus')) return false;
    $('ifocus').onmouseover = function() {
        atuokey = true
    };
    $('ifocus').onmouseout = function() {
        atuokey = false
    };
    var iFocusBtns = $('ifocus_btn').getElementsByTagName('li');
    var listLength = iFocusBtns.length;
    iFocusBtns[0].onmouseover = function() {
        moveElement('ifocus_piclist', 0, 0, 5);
        classNormal('ifocus_btn', 'ifocus_tx');
        classCurrent('ifocus_btn', 'ifocus_tx', 0);
    }
    if (listLength >= 2) {
        iFocusBtns[1].onmouseover = function() {
            moveElement('ifocus_piclist', 0, -225, 5);
            classNormal('ifocus_btn', 'ifocus_tx');
            classCurrent('ifocus_btn', 'ifocus_tx', 1);
        }
    }
    if (listLength >= 3) {
        iFocusBtns[2].onmouseover = function() {
            moveElement('ifocus_piclist', 0, -450, 5);
            classNormal('ifocus_btn', 'ifocus_tx');
            classCurrent('ifocus_btn', 'ifocus_tx', 2);
        }
    }
    if (listLength >= 4) {
        iFocusBtns[3].onmouseover = function() {
            moveElement('ifocus_piclist', 0, -675, 5);
            classNormal('ifocus_btn', 'ifocus_tx');
            classCurrent('ifocus_btn', 'ifocus_tx', 3);
        }
    }
}
setInterval('autoiFocus()', 3500);
var atuokey = false;
/*自动聚焦*/
function autoiFocus()
{
    if (!$('ifocus')) return false;
    if (atuokey) return false;
    var focusBtnList = $('ifocus_btn').getElementsByTagName('li');
    var listLength = focusBtnList.length;
    for (var i = 0; i < listLength; i++) {
```

```
            if (focusBtnList[i].className == 'current') var currentNum = i;
        }
        if (currentNum == 0 && listLength != 1) {
            moveElement('ifocus_piclist', 0, -225, 5);
            classNormal('ifocus_btn', 'ifocus_tx');
            classCurrent('ifocus_btn', 'ifocus_tx', 1);
        }
        if (currentNum == 1 && listLength != 2) {
            moveElement('ifocus_piclist', 0, -450, 5);
            classNormal('ifocus_btn', 'ifocus_tx');
            classCurrent('ifocus_btn', 'ifocus_tx', 2);
        }
        if (currentNum == 2 && listLength != 3) {
            moveElement('ifocus_piclist', 0, -675, 5);
            classNormal('ifocus_btn', 'ifocus_tx');
            classCurrent('ifocus_btn', 'ifocus_tx', 3);
        }
        if (currentNum == 3) {
            moveElement('ifocus_piclist', 0, 0, 5);
            classNormal('ifocus_btn', 'ifocus_tx');
            classCurrent('ifocus_btn', 'ifocus_tx', 0);
        }
        if (currentNum == 1 && listLength == 2) {
            moveElement('ifocus_piclist', 0, 0, 5);
            classNormal('ifocus_btn', 'ifocus_tx');
            classCurrent('ifocus_btn', 'ifocus_tx', 0);
        }
        if (currentNum == 2 && listLength == 3) {
            moveElement('ifocus_piclist', 0, 0, 5);
            classNormal('ifocus_btn', 'ifocus_tx');
            classCurrent('ifocus_btn', 'ifocus_tx', 0);
        }
    }
    /*加载变焦事件*/
    addLoadEvent(iFocusChange);
</script>
```

网页效果如图5.24所示。

图5.24　缩略图响应鼠标滑入图片切换

5.25　鼠标滑入后悬停，图片交换

本实例使用JavaScript制作一个实例，该实例能在鼠标滑入后悬停，并进行图片交换。本节主要涉及的JavaScript语法是document.images，其能获取到当前网页的所有image。

本实例主要代码如下：

```
<script language="javascript">
    var circleoff;
    var circleon;
    /*判断控件类型*/
    if (document.images)
    {
        circleoff = new Image(120, 120);
        circleoff.src = "5701.jpg";
        circleon = new Image(120, 120);
        circleon.src = "5702.jpg";
    }
    /*鼠标在图片上悬停*/
    function On(name)
    {
        if (document.images)
        {
            document.images['img' + name].src = circleon.src;
        }
    }
    /*鼠标移出图片*/
    function Off(name)
    {
        if (document.images)
        {
            document.images['img' + name].src = circleoff.src;
        }
    }
</script>
```

网页效果如图 5.25 所示。

图 5.25　鼠标滑入后悬停，图片交换

5.26　鼠标滑入小图，跟随鼠标移动展示大图

本实例使用 JavaScript 制作一个实例，鼠标滑入小图，跟随鼠标移动展示大图。本节主要涉及的 JavaScript 语法是 removeChild(node)方法，该方法可从子节点列表中删除某个节点。如删除成功，该方法可返回被删除的节点，如失败，则返回 null。

本实例主要代码如下：

```
<script type="text/javascript">
    /*页面加载*/
    window.onload = function()
```

```
    {
        var aLi = document.getElementsByTagName("li");
        var oBig = document.getElementById("big");
        var oLoading = oBig.getElementsByTagName("div")[0];
        var i = 0;
        for (i = 0; i < aLi.length; i++)
        {
            aLi[i].index = i;
            /*鼠标滑入小图，跟随鼠标移动展示大图*/
            aLi[i].onmouseover = function()
            {
                var oImg = document.createElement("img");
                /*图片预加载*/
                var img = new Image();
                img.src = oImg.src = aLi[this.index].getElementsByTagName
                ("img")[0].src.replace(".jpg", "_big.jpg");
                oBig.appendChild(oImg);                    /*插入大图片*/
                this.className = "active";                 /*鼠标移过样式*/
                oBig.style.display = oLoading.style.display = "block";
                                                           /*显示 big*/
                /*判断大图是否加载成功*/
                img.complete ? oLoading.style.display = "none": (oImg.onload
                = function()
                {
                    oLoading.style.display = "none";
                })
            };
            /*鼠标移动，大图容器跟随鼠标移动*/
            aLi[i].onmousemove = function(event)
            {
                var event = event || window.event;
                var iWidth = document.documentElement.offsetWidth - event.
                clientX;
                oBig.style.top = event.clientY + 20 + "px";/*设置 big 的 top 值*/
                /*设置 big 的 left 值，如果右侧显示区域不够，大图将在鼠标左侧显示*/
                oBig.style.left = (iWidth < oBig.offsetWidth + 10 ?
                event.clientX - oBig.offsetWidth - 10 : event.clientX + 10)
                +"px";
            };
            /*鼠标离开，删除大图并隐藏大图容器*/
            aLi[i].onmouseout = function()
            {
                this.className = "";
                oBig.style.display = "none";
                oBig.removeChild(oBig.lastChild)           /*移除大图片*/
            }
        }
    };
</script>
```

网页效果如图 5.26 所示。

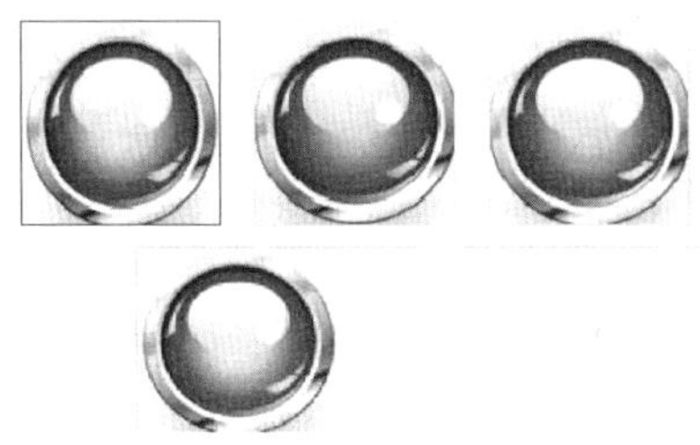

图 5.26　鼠标滑入小图，跟随鼠标移动展示大图

5.27　带图片的鼠标悬停提示

本实例使用 JavaScript 制作一个实例，该实例能实现带图片的鼠标悬停提示。本节主要涉及的 JavaScript 语法是<img>标签，该标签定义的是网页中显示的图片，用<img style=" ">可以控制该<img>元素在页面中的样式。

本实例主要代码如下：

```
<script language="javascript">
    /*根据地址显示图片*/
    function showPic(sUrl)
    {
        var x, y;
        x = event.clientX;
        y = event.clientY;
        document.getElementById("Layer1").style.left = x;
        document.getElementById("Layer1").style.top = y;
        document.getElementById("Layer1").innerHTML = "<img src=\"" + sUrl
        + "\">";
        document.getElementById("Layer1").style.display = "block";
    }
    /*隐藏图片*/
    function hiddenPic()
    {
        document.getElementById("Layer1").innerHTML = "";
        document.getElementById("Layer1").style.display = "none";
    }
</script>
```

网页效果如图 5.27 所示。

图 5.27　带图片的鼠标悬停提示

5.28　响应鼠标变化的绚丽图片特效

本实例使用 JavaScript 制作一个实例，展示响应鼠标变化的绚丽图片特效。本节主要涉及的 JavaScript 语法如下。

- ❑ Math.min：Math.min()返回最小值。
- ❑ Math.max：Math.max()返回最小值。

本实例主要代码如下：

```
<script type="text/javascript">
    var xm = 0;
    var ym = 0;
    sP = {cx:0,cy:0,N:0,R:[],I:[],C:[],L:[],Id:0,
        /*初始化函数*/
        init: function() {
            this.scr = document.getElementById('screen');
            this.pan = document.getElementById('pan');
            this.div = this.pan.getElementsByTagName('div');
            this.scr.onselectstart = function() {
                return false;
            }
            this.scr.ondrag = function() {
                return false;
            }
            for (var i = 0,
            o; o = this.div[i]; i++) {
                if (o.className == 'frame') {
                    o.l = document.createElement('div');
                    o.l.className = 'legend';
                    o.appendChild(o.l);
                    o.r = document.createElement('div');
                    o.r.className = 'slider';
                    o.appendChild(o.r);
                    o.r.x = 0;
                    o.r.l = o.l;
                    o.r.p = 0;
                    o.r.s = 2;
                    o.r.m = false;
                    o.img = o.r.img = o.getElementsByTagName('img')[0];
                    o.r.c = Math.random() * 100;
                    o.r.o = o;
                    sP.R[sP.N] = o.r;
                    sP.I[sP.N] = o.img.src;
                    sP.L[sP.N] = o.title;
                    o.title = "";
                    sP.N++;
                    o.r.onmouseover = function() {
                        if (!this.m && this.img.complete) {
                            if (sP.O != this && !this.n) {
                                this.x = this.o.offsetWidth;
                                this.l.innerHTML = sP.L[sP.Id];
                                this.img.src = sP.I[sP.Id];
                                this.resize();
                                this.n = true;
                                if (++sP.Id >= sP.N) {
```

```
                        sP.Id = 0;
                        for (var i = 0,
                        o; o = sP.R[i]; i++) o.n = false;
                    }
                }
                if (sP.O) {
                    sP.O.s = 2;
                    sP.C.push(sP.O);
                }
                this.m = true;
                sP.O = this;
                sP.Or = this;
            }
        }
        o.r.resize = function() {
            var i = new Image();
            i.src = this.img.src;
            this.img.style.width = (i.width < this.offsetWidth) ?
            Math.round(this.offsetWidth * 1.25) + 'px': Math.round
            (i.width) + 'px';
            this.img.style.height = (i.height < this.offset
            Height) ? Math.round(this.offsetHeight * 1.25) + 'px':
            Math.round(i.height) + 'px';
            this.w=(this.img.offsetWidth - this.offsetWidth) * .5;
            this.h=(this.img.offsetHeight-this.offsetHeight)* .5;
            this.img.style.visibility = 'visible';
        }
    }
}
sP.resize();
sP.run();
},
/*重置图片大小的函数*/
resize: function()
{
    var o = sP.scr;
    sP.nw = o.offsetWidth;
    sP.nh = o.offsetHeight;
    sP.iw = sP.pan.offsetWidth;
    sP.ih = sP.pan.offsetHeight;
    for (sP.nx = 0, sP.ny = 0; o != null; o = o.offsetParent) {
        sP.nx += o.offsetLeft;
        sP.ny += o.offsetTop;
    }
    for (var i = 0,
    o; o = sP.R[i]; i++) o.resize();
},
/*运行函数*/
run: function()
{
    sP.cx += (((Math.max( - sP.nw, Math.min(0, (sP.nw * .5 - (xm - sP.nx)
    * 2))) * (sP.iw - sP.nw)) / sP.nw) - sP.cx) * .1;
    sP.cy += (((Math.max( - sP.nh, Math.min(0, (sP.nh * .5 - (ym - sP.ny)
    * 2))) * (sP.ih - sP.nh)) / sP.nh) - sP.cy) * .1;
    sP.pan.style.left = Math.round(sP.cx) + 'px';
    sP.pan.style.top = Math.round(sP.cy) + 'px';
    if (sP.O) {
        sP.O.c += .015;
        sP.O.img.style.left = Math.round( - sP.O.w + sP.O.w * Math.sin
       (sP.O.c * 1.1)) + 'px';
```

```
            sP.O.img.style.top = Math.round( - sP.O.h + sP.O.h * Math.sin
            (sP.O.c)) + 'px';
            sP.O.l.style.left = Math.round(sP.O.x--) + 'px';
        }
        if (sP.Or) {
            sP.Or.p -= sP.Or.s;
            sP.Or.s *= 1.1;
            if (sP.Or.p < -sP.Or.offsetHeight) {
                sP.Or.p = -sP.Or.offsetHeight;
                sP.Or.s = 2;
                sP.Or.m = false;
                sP.Or = false;
            }
            sP.O.style.top = Math.round(sP.O.p) + 'px';
        }
        for (var i = 0,
        c; c = sP.C[i]; i++) {
            if (c != sP.Or) {
                c.p += c.s;
                c.s *= 1.2;
                if (c.p >= 0) {
                    c.p = 0;
                    c.s = 2;
                    c.m = false;
                    sP.C.splice(i, 1);
                }
                c.style.top = Math.round(c.p) + 'px';
            } else {
                c.s = 2;
                c.m = false;
                sP.C.splice(i, 1);
            }
        }
        setTimeout(sP.run, 16);
    }
  }
  /*鼠标移入*/
  document.onmousemove = function(e)
  {
     if (window.event) e = window.event;
     xm = e.clientX;
     ym = e.clientY;
     return false;
  }
</script>
<script type="text/javascript">
  sP.init();
  onresize = sP.resize;
</script>
```

网页效果如图 5.28 所示。

图 5.28　响应鼠标变化的绚丽图片特效

5.29　感应鼠标的图片遮罩动画效果

本实例使用 JavaScript 制作一个实例，其中的图片能感应图标并产生遮罩动画效果。本节主要涉及的 JavaScript 语法是 jQuery 的 animate(params, [duration], [easing], [callback]) 函数，是用于创建自定义动画的函数。这个函数的关键在于指定动画形式及结果样式属性对象。

本实例主要代码如下：

```
<script type="text/javascript">
    $(document).ready(function()
    {
        $('.banner div').css('opacity', 0.4);
        /*模仿悬停事件 */
        $('.banner').hover(function()
        {
            var el = $(this);
            el.find('div').stop().animate(
            {
                width: 200,
                height: 200
            },
            'slow',
            function()
            {
                /*调用渐现事件 */
                el.find('p').fadeIn('fast');
            });
        },
        function()
        {
            var el = $(this);
            el.find('p').stop(true, true).hide();
            /*创建自定义动画的函数*/
            el.find('div').stop().animate(
            {
                width: 60,
                height: 60
            },
            'fast');
        }).click(function()
        {
            window.open($(this).find('a').attr('href'));
        });
    });
</script>
```

网页效果如图 5.29 所示。

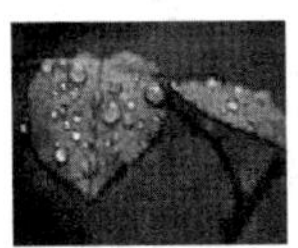  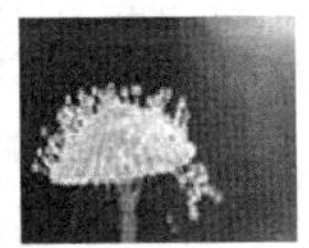 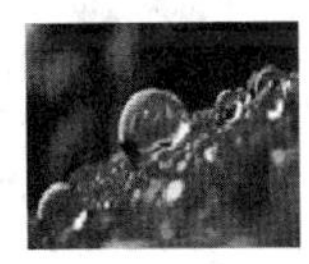 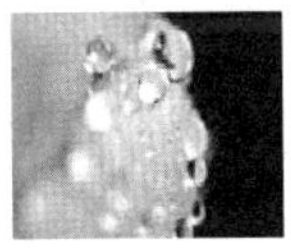

图 5.29　感应鼠标的图片遮罩动画效果

5.30　鼠标滑入变换内容

本实例使用 JavaScript 制作一个实例，该实例展示鼠标滑入变换内容的效果。本节主要涉及的 JavaScript 语法是 hide()函数，是 jQuery 的隐藏函数。

本实例主要代码如下：

```
<script type="text/javascript">
    $(document).ready(function()
    {
        $('.banner div').css('opacity', 0.4);
        /*模仿悬停事件 */
        $('.banner').hover(function()
        {
            var el = $(this);
            el.find('div').stop().animate(
            {
                width: 200,
                height: 200
            },
            'slow',
            function()
            {
                /*调用渐现事件 */
                el.find('p').fadeIn('fast');
            });
        },
        function()
        {
            var el = $(this);
            /*隐藏函数 */
            el.find('p').stop(true, true).hide();
            el.find('div').stop().animate(
            {
                width: 60,
                height: 60
            },
            'fast');
        }).click(function()
        {
            window.open($(this).find('a').attr('href'));
        });
    });
</script>
```

网页效果如图 5.30 所示。

图 5.30　鼠标滑入变换内容

5.31　跟随鼠标旋转的星星

本实例使用 JavaScript 制作一个实例，展现跟随鼠标旋转的星星。本节主要涉及的 JavaScript 语法是 Math.floor(x)函数，用于传回小于或等于指定数字 x 的最大整数。

本实例主要代码如下：

```
<script>
    var x, y
    var step = 5
    var flag = 1
    var pause
    var timersmall
    var timerbig
    var isbigcircle = 1
    var pause = 50
    var bigradius
    var smallradius = 50
    var startwinkel = 1
    var imgnumber = 12
    var imgsrc = "xingxing.jpg"
    var xcenter
    var xcenter
    var pi = Math.PI
    function onresizer() {
        clearTimeout(timerbig) clearTimeout(timersmall) initiate()
    }
    /*初始化函数 1*/
    function initiate()
    {
        var initiatetimer = setTimeout("initiate2()", 2000)
    }
    /*初始化函数 2*/
    function initiate2()
    {
        if (document.layers)
        {
            xcenter = Math.floor(screen.width / 2) ycenter = Math.floor
            (window.innerHeight / 2)
        }
        if (document.all)
        {
            xcenter = Math.floor(document.body.clientWidth / 2) ycenter =
            Math.floor(document.body.clientHeight / 2)
        }
        bigradius = ycenter bigcircle()
    }
    function handlerMM(e)
    {
        x = (document.layers) ? e.pageX: event.clientX y = (document.layers) ?
        e.pageY: event.clientY flag = 1
    }
    /*大循环*/
    function bigcircle() {
        if (isbigcircle == 1) {
            if (document.all) {
```

```
            for (i = 1; i <= imgnumber; i++) {
                var thisspan = eval("document.all.span" + (i) + ".style")
                thisspan.posLeft = ((xcenter - 20) * Math.cos(startwinkel
                * (pi / 180))) + xcenter thisspan.posTop = ((ycenter - 20)
                * Math.sin(startwinkel * (pi / 180))) + ycenter startwinkel
                = startwinkel + 30
            }
        }
        if (document.layers) {
            for (i = 1; i <= imgnumber; i++) {
                var thisspan = eval("document.span" + i) thisspan.left =
                ((xcenter - 150) * Math.cos(startwinkel * (pi / 180))) +
                (xcenter - 145) thisspan.top = ((ycenter - 20) * Math.sin
                (startwinkel * (pi / 180))) + ycenter startwinkel =
                startwinkel + 30
            }
        }
        step = step + 5 startwinkel = step timerbig = setTimeout
        ("bigcircle()", pause)
    } else {
        isbigcircle = 0 clearTimeout(timerbig)
    }
}
/*调用小循环*/
function presmallcircle() {
    isbigcircle = 0 clearTimeout(timerbig) smallcircle()
}

function prebigcircle() {
    isbigcircle = 1 clearTimeout(timersmall) bigcircle()
}
/*小循环*/
function smallcircle()
{
    if (isbigcircle == 0)
    {
        if (document.all)
        {
            for (i = 1; i <= imgnumber; i++)
            {
                var thisspan = eval("document.all.span" + (i) + ".style")
                thisspan.posLeft = (smallradius * Math.cos(startwinkel *
                (pi / 180))) + x thisspan.posTop = (smallradius *
                Math.sin(startwinkel * (pi / 180))) + y startwinkel =
                startwinkel + 30
            }
        }
        if (document.layers)
        {
            for (i = 1; i <= imgnumber; i++)
            {
                var thisspan = eval("document.span" + i) thisspan.left =
                (smallradius * Math.cos(startwinkel * (pi / 180))) + x
                thisspan.top = (smallradius * Math.sin(startwinkel * (pi
                / 180))) + y startwinkel = startwinkel + 30
            }
        }
        step = step + 5 startwinkel = step timersmall = setTimeout
        ("smallcircle()", pause)
    }
```

```
        else
        {
            isbigcircle = 0 clearTimeout(timersmall)
        }
    }
    window.onoad = initiate()                    /*调用初始化函数*/
</script>
```

网页效果如图 5.31 所示。

图 5.31　跟随鼠标旋转的星星

5.32　鼠标滑入图片渐变高亮

本实例使用 JavaScript 制作一个实例，该实例中鼠标滑入时，图片会渐渐变为高亮。本节主要涉及的 JavaScript 语法是 obj.filters.alpha.opacity 属性，用于单独设置某个滤镜。

本实例主要代码如下：

```
<script language="JavaScript1.2">
    /*高亮显示*/
    function high(image)
    {
        theobject = image highlighting = setInterval("highlightit
        (theobject)", 50)
    }
    /*模糊显示*/
    function low(image)
    {
        clearInterval(highlighting) image.filters.alpha.opacity = 20
    }
    /*改变图像光照效果*/
    function highlightit(cur2)
    {
        if (cur2.filters.alpha.opacity < 100) cur2.filters.alpha.opacity += 5
        else if (window.highlighting) clearInterval(highlighting)
    }
</script>
```

网页效果如图 5.32 所示。

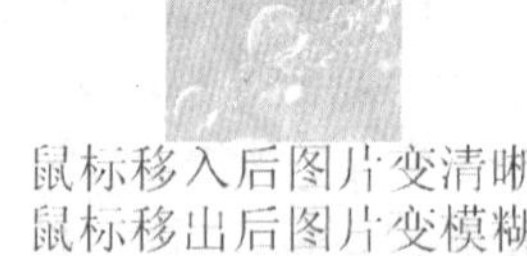

图 5.32　渐变的图像，鼠标滑入图片高亮

5.33　图片感应鼠标的虚实效果

本实例使用 JavaScript 制作一个实例，实现图片感应鼠标的虚实效果。本节主要涉及的 JavaScript 语法是 obj.filters.alpha.opacity 属性，用于单独设置某个滤镜。

本实例主要代码如下：

```
<script language="javascript">
    /*设置可见度函数*/
    function makevisible(cur, which)
    {
        if (which == 0)
            cur.filters.alpha.opacity = 100
        else
            cur.filters.alpha.opacity = 20
    }
</script>
```

网页效果如图 5.33 所示。

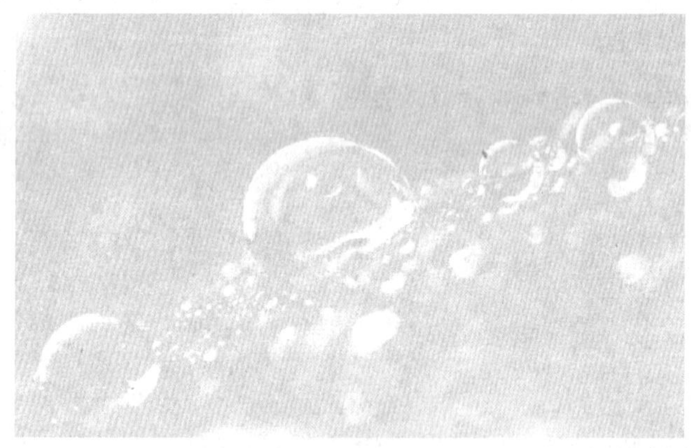

图 5.33　图片感应鼠标的虚实效果

5.34　鼠标单击控制图片左右滚动

本实例使用 JavaScript 制作一个实例，该实例能通过鼠标单击控制图片左右滚动。本节主要涉及的 JavaScript 语法如下。

- setInterval：setInterval()方法，该方法的说明 1.43 节已介绍过，不再复述。
- setTimeout：setTimeout 有两种形式，即 setTimeout(code,interval)和 setTimeout (func,interval, args)，其中 code 是一个字符串，func()是一个函数；interval 表示时间，可以是延迟时间或者交互时间，以豪秒为单位。延迟时间是在载入后延迟指定时间之后去执行一次表达式，仅执行一次；交互时间是从载入后，每隔指定的时间就执行一次表达式。

本实例主要代码如下：

```
<script language="javascript" type="text/javascript">
    /*图片滚动列表*/
    var Speed = 1;              /*速度（单位为毫秒）*/
    var Space = 5;              /*每次移动像素*/
    var PageWidth = 528;        /*翻页宽度*/
    /*整体移位*/
    var fill = 0;
    var MoveLock = false;
    var MoveTimeObj;
    var Comp = 0;
    var AutoPlayObj = null;
    GetObj("List2").innerHTML = GetObj("List1").innerHTML;
    GetObj('ISL_Cont').scrollLeft = fill;
    GetObj("ISL_Cont").onmouseover = function()
    {
        clearInterval(AutoPlayObj);
    }
    GetObj("ISL_Cont").onmouseout = function()
    {
        AutoPlay();
    }
    AutoPlay();
    /*获取对象*/
    function GetObj(objName)
    {
        if (document.getElementById)
        {
            return eval('document.getElementById("' + objName + '")')
        }
        else
        {
            return eval('document.all.' + objName)
        }
    }
    function AutoPlay()             /*自动滚动*/
    {
        clearInterval(AutoPlayObj);
        AutoPlayObj = setInterval('ISL_GoDown();ISL_StopDown();', 3000);
     /*间隔时间*/
    }
    /*上翻开始*/
    function ISL_GoUp()
    {
        if (MoveLock) return;
        clearInterval(AutoPlayObj);
        MoveLock = true;
        MoveTimeObj = setInterval('ISL_ScrUp();', Speed);
    }
    /*上翻停止*/
```

```
function ISL_StopUp()
{
    clearInterval(MoveTimeObj);
    if (GetObj('ISL_Cont').scrollLeft % PageWidth - fill != 0)
    {
        Comp = fill - (GetObj('ISL_Cont').scrollLeft % PageWidth);
        CompScr();
    }
    else
    {
        MoveLock = false;
    }
    AutoPlay();
}
/*上翻动作*/
function ISL_ScrUp()
{
    if (GetObj('ISL_Cont').scrollLeft <= 0)
    {
        GetObj('ISL_Cont').scrollLeft = GetObj('ISL_Cont').scrollLeft +
        GetObj('List1').offsetWidth
    }
    GetObj('ISL_Cont').scrollLeft -= Space;
}
/*下翻*/
function ISL_GoDown()
{
    clearInterval(MoveTimeObj);
    if (MoveLock) return;
    clearInterval(AutoPlayObj);
    MoveLock = true;
    ISL_ScrDown();
    MoveTimeObj = setInterval('ISL_ScrDown()', Speed);
}
/*下翻停止*/
function ISL_StopDown()
{
    clearInterval(MoveTimeObj);
    if (GetObj('ISL_Cont').scrollLeft % PageWidth - fill != 0)
    {
        Comp = PageWidth - GetObj('ISL_Cont').scrollLeft % PageWidth +
        fill;
        CompScr();
    }
    else
    {
        MoveLock = false;
    }
    AutoPlay();
}
/*下翻动作*/
function ISL_ScrDown()
{
    if (GetObj('ISL_Cont').scrollLeft >= GetObj('List1').scrollWidth)
    {
        GetObj('ISL_Cont').scrollLeft = GetObj('ISL_Cont').scrollLeft -
        GetObj('List1').scrollWidth;
    }
    GetObj('ISL_Cont').scrollLeft += Space;
}
```

```
    /*比较屏幕*/
    function CompScr()
    {
        var num;
        if (Comp == 0)
        {
            MoveLock = false;
            return;
        }
        /*上翻*/
        if (Comp < 0)
        {
            if (Comp < -Space)
            {
                Comp += Space;
                num = Space;
            }
            else
            {
                num = -Comp;
                Comp = 0;
            }
            GetObj('ISL_Cont').scrollLeft -= num;
            setTimeout('CompScr()', Speed);
        }
        /*下翻*/
        else
        {
            if (Comp > Space) {
                Comp -= Space;
                num = Space;
            } else {
                num = Comp;
                Comp = 0;
            }
            GetObj('ISL_Cont').scrollLeft += num;
            setTimeout('CompScr()', Speed);
        }
    }
    //--><!]]>
</script>
```

网页效果如图 5.34 所示。

图 5.34　鼠标单击控制图片左右滚动

5.35　全面禁用鼠标右键

本实例使用 JavaScript 制作一个实例，该实例全面禁用网页中的鼠标右键功能。本节主要涉及的 JavaScript 语法如下。

- window.event.ctrlKey：判断是否按下 Ctrl 按键。
- window.event.shiftKey：判断是否按下 Shift 按键。

本实例主要代码如下：

```
<script>
    /*键盘按键函数*/
    function onKeyDown()
    {
        if ((event.keyCode == 116)|| (window.event.ctrlKey)||(window.
        event.shiftKey)||(event.keyCode == 122))
        {
            event.keyCode = 0;
            event.returnValue = false;
        }
    }
</script>
```

网页效果如图 5.35 所示。

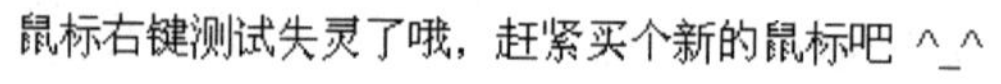

鼠标右键测试失灵了哦，赶紧买个新的鼠标吧 ^_^

图 5.35　全面禁用鼠标右键

5.36　全面禁用鼠标滚轮

本实例使用 JavaScript 制作一个实例，该实例全面禁用网页中的鼠标滚轮。本节主要涉及的 JavaScript 语法是 document.onmousewheel()函数，该函数是网页中的鼠标滚轮事件。

本实例主要代码如下：

```
<script language="javascript">
    /*重新定义滚轮事件*/
    function document.onmousewheel()
    {
        /*返回 false 表示什么都不操作*/
        return false;
    }
</script>
```

网页效果如图 5.36 所示。

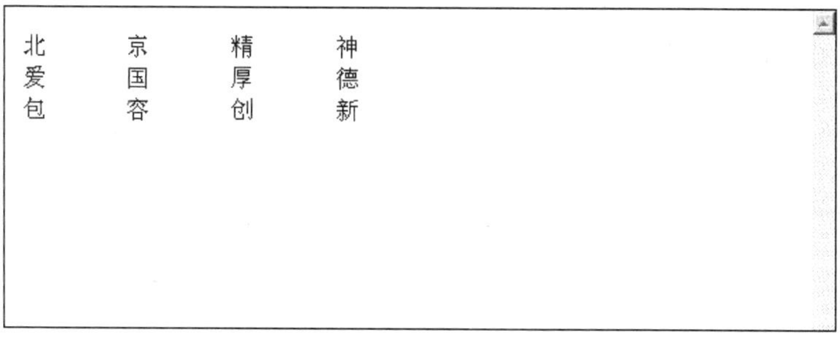

北　京　精　神
爱　国　厚　德
包　容　创　新

图 5.36　全面禁用鼠标滚轮

5.37　全面禁用鼠标右键复制粘贴

本实例使用 JavaScript 制作一个实例，该实例能全面禁用鼠标右键拷贝和复制。本节主要涉及的 JavaScript 语法如下。

- document.oncontextmenu：document.oncontextmenu()就是网页中的鼠标右键菜单事件。
- document.onpaste：document.onpaste()就是网页中的鼠标右键粘贴事件。
- document.oncopy：document.oncopy()就是网页中的鼠标右键复制事件。
- document.oncut：document.oncut()就是网页中的鼠标右键剪切事件。
- document.onselectstart：document.onselectstart()就是网页中的鼠标右键选择事件。

本实例主要代码如下：

```
<script language="javascript" type="text/javascript">
   document.oncontextmenu = function()              /*屏蔽右键菜单*/
   {
      return false;
   }
   document.onpaste = function()                    /*屏蔽粘贴*/
   {
      return false;
   }
   document.oncopy = function()                     /*屏蔽复制*/
   {
      return false;
   }
   document.oncut = function()                      /*屏蔽剪切*/
   {
      return false;
   }
   document.onselectstart = function()              /*屏蔽选择*/
   {
      return false;
   }
</script>
```

网页效果如图 5.37 所示。

该网页内容只能查看，无法选择、复制、粘贴且右键功能已被禁用

图 5.37 全面禁用鼠标右键复制粘贴

5.38 跟踪鼠标显示坐标

本实例使用 JavaScript 制作一个实例，该实例中，在网页上能跟踪鼠标显示坐标。本节主要涉及的 JavaScript 语法是 document.captureEvents(x)函数，用于捕捉指定参数 x 的所有事件。由于能够捕获那些由本地程序自己处理的事件，所以程序员可以随意定义函数来处理事件。

本实例主要代码如下：

```
<script language="JavaScript1.2">
    /*如果浏览器是 Netscape*/
    if (navigator.appName == 'Netscape')
    {
        document.captureEvents(Event.MOUSEMOVE);          /*捕获鼠标移动事件*/
        document.onmousemove = netscapeMouseMove;/*交由 netscapeMouseMove 处理*/
    }
    function netscapeMouseMove(e)
    {

     if (e.screenX != document.test.x.value && e.screenY != document.
    test.y.value)                                          /*如果鼠标位置有改变*/
        {
            document.test.x.value = e.screenX;             /*刷新横坐标显示*/
            document.test.y.value = e.screenY;             /*刷新纵坐标显示*/
        }
    }
    function ieMouseMove()                                 /*IE 鼠标移动事件*/
    {
        if (window.event.x != document.test.x.value && window.event.y !=
        document.test.y.value) /*如果鼠标位置有改变*/
        {
            document.test.x.value = window.event.x;       /*刷新横坐标显示*/
            document.test.y.value = window.event.y;       /*刷新纵坐标显示*/
        }
    }
</script>
```

网页效果如图 5.38 所示。

图 5.38 跟踪鼠标显示坐标

5.39　围绕鼠标跳跃的文字

本实例使用 JavaScript 制作一个实例，在网页中出现围绕鼠标跳跃的文字。本节主要涉及的 JavaScript 语法是 document.onmousemove()事件，在鼠标滑过或者鼠标放上去不动时被触发。

本实例主要代码如下：

```
<script language="JavaScript1.2">
    var cx = 0;
    var cy = 0;
    var val = 0;
    /*定位*/
    function locate()
    {
        cx = window.event.x;
        cy = window.event.y;
    }
    document.onmousemove = locate;
    /*跟踪*/
    function follow(i)
    {
        var x;
        if (i < 4) x = cx - 50 + i * 10;
        else x = cx - 25 + i * 10;
        var y = cy - 20 + Math.floor(Math.random() * 40);
        w = eval("word" + i);
        with(w.style) {
            left = x.toString() + "px";
            top = y.toString() + "px";
        }
    }
    /*显示*/
    function show(i)
    {
        var w = eval("word" + i);
        with(w.style)
        {
            visibility = "visible";
            s = parseInt(fontSize);
            if (s >= 200) s -= 100;
            else if (s > 90 && s <= 100)
            {
                s -= 85;
                clearInterval(val);
                if (i < 5) val = setInterval("show(" + (i + 1) + ")", 20);
            }
            fontSize = s;
        }
    }
    /*开始*/
    function start()
    {
        for (i = 1; i <= 5; i++)
        {
```

```
            val = setInterval("show(1)", 20);
            setInterval("follow(" + i + ")", 100);
        }
    }
    var word = new Array(5);
    word[1] = "北";
    word[2] = "京";
    word[3] = "欢";
    word[4] = "迎";
    word[5] = "你";
    for (i = 1; i <= 5; i++) document.write("<div id='word" + i + "'
    style='width:20px;height:20px;position:absolute;font-size:1000;
    visibility:hidden'><font face='Forte' color='#FF0000'>" + word[i] +
    "</font></div>");
    start();
</script>
```

网页效果如图 5.39 所示。

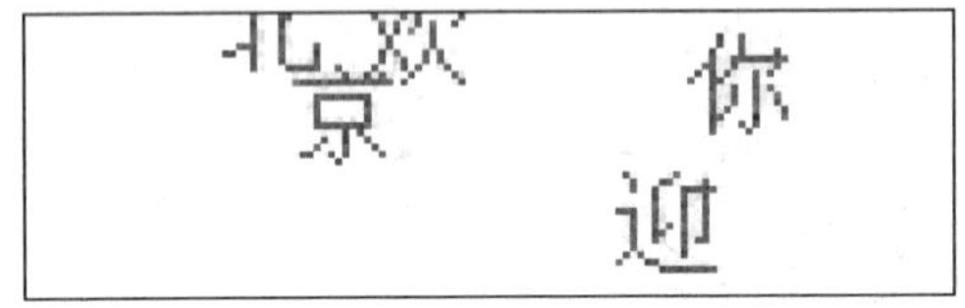

图 5.39　围绕鼠标跳跃的文字

5.40　鼠标移入移出某个区域时改变颜色

本实例使用 JavaScript 制作一个实例，该实例中的某个区域在鼠标移入移出时会改变颜色。本节主要涉及的 JavaScript 语法是 style.color，就是某个控件的颜色属性。

本实例主要代码如下：

```
/*调用鼠标移入移出事件*/
<input type="submit" value="请把鼠标移入移出这个区域" name="btn1"
onMouseOut=this.style.color="green" onMouseOver=this.style.color="red">
```

网页效果如图 5.40 所示。

请把鼠标移入移出这个区域　　请把鼠标移入移出这个区域

图 5.40　鼠标移入移出某个区域时改变颜色

5.41　鼠标移入移出时控件特效

本实例使用 JavaScript 制作一个实例，该实例是网页中的控件在鼠标移入移出时会产生特效。本节主要涉及的 JavaScript 语法是 document.getElementById()方法，已在 5.13 节介绍过，不再复述。

本实例主要代码如下：

```
<script language="javascript">
    var node;
    var inited = false;
    var init = function()                          /*初始化方法*/
    {
        node = document.getElementById("chk1"); /*找到页面中的checkbox控件*/
        inited = true;
    }
    var check_over = function()                    /*鼠标移入事件绑定的方法*/
    {
        if (!inited) return;
        node.style.borderStyle = "solid";          /*设置边框*/
        node.style.borderColor = "#FFCC00";        /*设置边框颜色*/
        node.style.backgroundColor = "#EEEEEE"; /*设置背景色*/
    }
    var check_out = function()                     /*鼠标移入事件绑定的方法*/
    {
        node.style.borderStyle = "none";           /*设置边框*/
        node.style.borderColor = "#FFFFFF";        /*设置边框颜色-白色*/
        node.style.backgroundColor = "#FFFFFF"; /*设置背景色*/
    }
</script>
```

网页效果如图 5.41 所示。

☑请点击选择框，看看有什么不同

图 5.41　鼠标移入移出时控件特效

5.42　跟随鼠标的汉字

本实例使用 JavaScript 制作一个实例，该实例的网页中会出现跟随鼠标的汉字。本节主要涉及的 JavaScript 语法是 document.captureEvents(x)函数，用于捕捉指定参数 x 的所有事件。由于能够捕获那些由本地程序自己处理的事件，所以程序员可以随意定义函数来处理事件。

本实例主要代码如下：

```
<script language="javascript">
    var x, y;
    var step = 30;
    var flag = 0;
    var message = "粘在鼠标上。";
    /*将文本切割成数组*/
    message = message.split("");
```

```
var xpos = new Array();
for (i = 0; i <= message.length - 1; i++)
{
    xpos[i] = -50;
}
var ypos = new Array();
for (i = 0; i <= message.length - 1; i++)
{
    ypos[i] = -50;
}
function handlerMM(e)
{
    /*判断浏览器类型并获取鼠标的坐标*/
    x = (document.layers) ? e.pageX: document.body.scrollLeft +
    event.clientX;
    y = (document.layers) ? e.pageY: document.body.scrollTop +
    event.clientY;
    flag = 1;
}
function makesnake()
{
    if (flag == 1 && document.all)
    {
        for (i = message.length - 1; i >= 1; i--) {
            xpos[i] = xpos[i - 1] + step;
            ypos[i] = ypos[i - 1];
        }
        xpos[0] = x + step;              /*文本的 x 坐标距离鼠标 x 坐标的距离*/
        ypos[0] = y;                     /*文本和鼠标的 y 坐标相同*/
        /*设置包装文本的 span 控件的位置*/
        for (i = 0; i < message.length - 1; i++)
        {
            var thisspan = eval("span" + (i) + ".style");
            thisspan.posLeft = xpos[i];
            thisspan.posTop = ypos[i];
        }
    }
    else if (flag == 1 && document.layers)
    {
        for (i = message.length - 1; i >= 1; i--)
        {
            xpos[i] = xpos[i - 1] + step;
            ypos[i] = ypos[i - 1];
        }
        xpos[0] = x + step;
        ypos[0] = y;
        for (i = 0; i < message.length - 1; i++)
        {
            var thisspan = eval("document.span" + i);
            thisspan.left = xpos[i];
            thisspan.top = ypos[i]
        };
    }
    var timer = setTimeout("makesnake()", 30);
}
/*显示文本的重点*/
for (i = 0; i <= message.length - 1; i++)
{
    document.write("<span id='span" + i + "'class='spanstyle'>");
    document.write(message[i]);
```

```
        document.write("</span>");
    }
    /*针对 navigater 浏览器时的情况*/
    if (document.layers) {
        document.captureEvents(Event.MOUSEMOVE);
    }
    document.onmousemove = handlerMM;         /*将方法绑定到鼠标的移动事件*/
</script>
```

网页效果如图 5.42 所示。

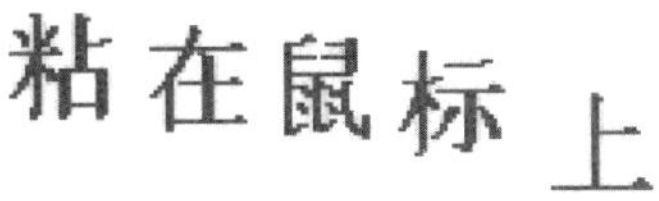

粘在鼠标上

图 5.42　跟随鼠标的汉字

5.43　跟随鼠标的小点点

本实例使用 JavaScript 制作一个实例，该实例中的网页上显示跟随鼠标的小点点。本节主要涉及的 JavaScript 语法是 clearInterval，clearInterval 事件的作用是清除对 setInterval() 函数的调用，它的语法格式是 clearInterval(intervalid)，intervalid 是调用 setInterval()函数后返回的对象。

本实例主要代码如下：

```
<script language="JavaScript1.2">
    /*高亮显示*/
    function high(image)
    {
        theobject = image highlighting = setInterval("highlightit
        (theobject)", 50)
    }
    /*模糊显示*/
    function low(image)
    {
        clearInterval(highlighting) image.filters.alpha.opacity = 20
    }
    /*改变图像光照效果*/
    function highlightit(cur2)
    {
        if (cur2.filters.alpha.opacity < 100) cur2.filters.alpha.opacity += 5
        else if (window.highlighting) clearInterval(highlighting)
    }
</script>
```

网页效果如图 5.43 所示。

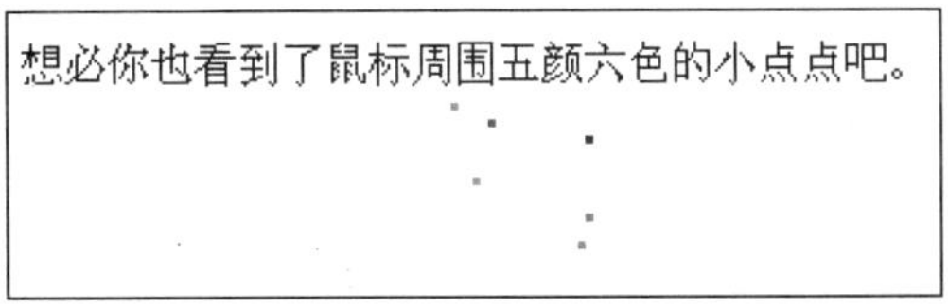

想必你也看到了鼠标周围五颜六色的小点点吧。

图 5.43　跟随鼠标的小点点

5.44　跟随鼠标漂移的文字

本实例使用 JavaScript 制作一个实例，该实例的网页中出现跟随鼠标漂移的文字。本节主要涉及的 JavaScript 语法如下。

document.layers：document.layers 是一个代表所有由诸如<div><layer>等定位了的元素数组。通常也是用<div>或<layer>对象的 id 属性来引用的，但是这里面不包含除此以外的其他元素。

本实例主要代码如下：

```
<script language="javascript">
   function Div_Layer(divleft, divtop, divfnx, divfny, mydiv, divbilder,
divloop, divto, divcnt, divstep) {
       if ((document.layers) || (document.all))
       {
          with(Math)
          {
             yynextx = eval(divfnx)
          }
          with(Math)
          {
             yynexty = eval(divfny)
          }
          divcnt = (divloop && divcnt >= divstep * divbilder) ? 0 : divcnt
          + divstep;
          /*网景浏览器下设置横坐标和纵坐标*/
          if (document.layers)
          {
             eval(mydiv + ".top=" + (yynexty + divtop)) eval(mydiv +
             ".left=" + (yynextx + divleft))
          }
          if (document.all)
          {
             eval("mydiv=mydiv.replace(/.layers/gi, '.all')");
             eval(mydiv + ".style.pixelTop=" + (yynexty + divtop));
                                                 /*设置 div 的横坐标*/
             eval(mydiv + ".style.pixelLeft=" + (yynextx + divleft));
                                                 /*设置 div 的纵坐标*/
          }
          argStr = 'Div_Layer(' + divleft + ',' + divtop + ',"' + divfnx
          + '","' + divfny + '","' + mydiv + '",' + divbilder + ',' + divloop
          + ',' + divto + ',' + divcnt + ',' + divstep + ')';
          if (divcnt <= divstep * divbilder)
          {
             eval(mydiv + ".divto=setTimeout(argStr,divto)");
                                             /*设置定时器-实现星星的闪烁效果*/
          }
       }
   }
   function YY_Mousetrace(evnt)                   /*设置鼠标移动的事件*/
   {
       /*网景浏览器的情况*/
```

```
        if (yyns4)
        {
            if (evnt.pageX)
            {
                yy_ml = evnt.pageX;
                yy_mt = evnt.pageY;
            }
        }
        else
        {
            yy_ml = (event.clientX + document.body.scrollLeft);/*横坐标位置*/
            yy_mt = (event.clientY + document.body.scrollTop);/*纵坐标位置*/
        }
        /*转换为数值型变量*/
        if (yy_tracescript)
            eval(yy_tracescript)
    }
</script>
```

网页效果如图 5.44 所示。

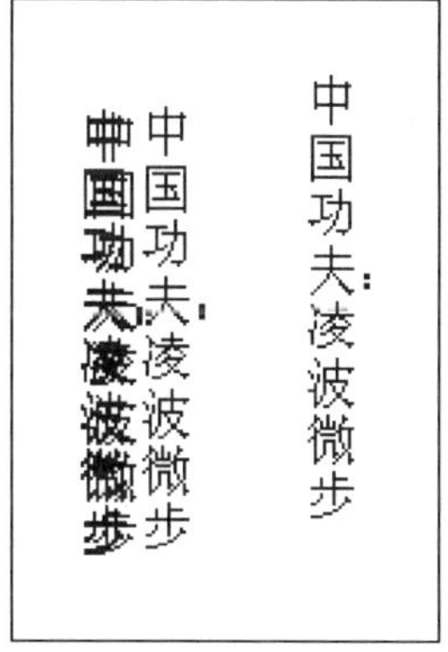

图 5.44　跟随鼠标漂移的文字

5.45　鼠标燃放烟花

本实例使用 JavaScript 制作一个实例，在网页上用鼠标控制燃放烟花。本节主要涉及的 JavaScript 语法是 addEventListener，addEventListener 事件监听会自动传递一个事件对象参数给处理函数，可是不能传递其他参数。

本实例主要代码如下：

```
<script type="text/javascript">
    var fgm =
    {
        /*事件监听*/
        on: function(element, type, handler) {
            return element.addEventListener ? element.addEventListener(type,
            handler, false) : element.attachEvent("on" + type, handler)
        },
        /*取消监听*/
```

```
    un: function(element, type, handler) {
        return element.removeEventListener ? element.removeEvent
        Listener(type, handler, false) : element.detachEvent("on" + type,
        handler)
    },
    /*绑定*/
    bind: function(object, handler) {
        return function() {
            return handler.apply(object, arguments)
        }
    },
    randomRange: function(lower, upper)          /*随机范围*/
    {
        return Math.floor(Math.random() * (upper - lower + 1) + lower)
    },
    getRanColor: function()                      /*获取颜色*/
    {
        var str = this.randomRange(0, 0xFFFFFF).toString(16);
        while (str.length < 6) str = "0" + str;
        return "#" + str
    }
};
function FireWorks()                             /*初始化对象*/
{
    this.type = 0;
    this.timer = null;
    this.fnManual = fgm.bind(this, this.manual)
}
FireWorks.prototype =                            /*初始化函数原型*/
{
    initialize: function()                       /*初始化函数*/
    {
        clearTimeout(this.timer);
        fgm.un(document, "click", this.fnManual);
        switch (this.type)
        {
            case 1:
                fgm.on(document, "click", this.fnManual);
                break;
            case 2:
                this.auto();
                break;
        };
    },
    /*手动*/
    manual: function(event)
    {
        event = event || window.event;
        this.__create__({
            x: event.clientX,
            y: event.clientY
        });
    },
    /*自动*/
    auto: function()
    {
        var that = this;
        that.timer = setTimeout(function() {
```

```
            that.__create__({
                x: fgm.randomRange(50, document.documentElement.client
                Width - 50),
                y: fgm.randomRange(50, document.documentElement.client
                Height - 150)
            }) that.auto();
        },
        fgm.randomRange(900, 1100))
    },
    /*创建*/
    __create__: function(param) {
        var that = this;
        var oEntity = null;
        var oChip = null;
        var aChip = [];
        var timer = null;
        var oFrag = document.createDocumentFragment();
        oEntity = document.createElement("div");
        with(oEntity.style) {
            position = "absolute";
            top = document.documentElement.clientHeight + "px";
            left = param.x + "px";
            width = "4px";
            height = "30px";
            borderRadius = "4px";
            background = fgm.getRanColor();
        };
        document.body.appendChild(oEntity);
        oEntity.timer = setInterval(function() {
            oEntity.style.top = oEntity.offsetTop - 20 + "px";
            if (oEntity.offsetTop <= param.y) {
                clearInterval(oEntity.timer);
                document.body.removeChild(oEntity); (function()
                {
/*在 50～100 之间随机生成碎片，由于 IE 浏览器处理效率低，随机范围缩小至 20～30，
自动放烟花时，随机范围缩小至 20-3*/
                    var len = (/msie/i.test(navigator.userAgent) ||
                    that.type == 2) ? fgm.randomRange(20, 30) : fgm.random
                    Range(50, 100) for (i = 0; i < len; i++) {
                        oChip = document.createElement("div");
                        with(oChip.style) {
                            position = "absolute";
                            top = param.y + "px";
                            left = param.x + "px";
                            width = "4px";
                            height = "4px";
                            overflow = "hidden";
                            borderRadius = "4px";
                            background = fgm.getRanColor();
                        };
                        oChip.speedX = fgm.randomRange( - 20, 20);
                        oChip.speedY = fgm.randomRange( - 20, 20);
                        oFrag.appendChild(oChip);
                        aChip[i] = oChip
                    };
                    document.body.appendChild(oFrag);
                    timer = setInterval(function() {
                        for (i = 0; i < aChip.length; i++) {
                            var obj = aChip[i];
                            with(obj.style) {
                                top = obj.offsetTop + obj.speedY + "px";
```

```
                        left = obj.offsetLeft + obj.speedX + "px";
                    };
                    obj.speedY++; (obj.offsetTop < 0 || obj.offset
                    Left < 0 || obj.offsetTop > document.document
                    Element.clientHeight || obj.offsetLeft >
                    document.documentElement.clientWidth) &&
                    (document.body.removeChild(obj), aChip.
                    splice(i, 1))
                }; ! aChip[0] && clearInterval(timer);
            },
            30)
        })()
        }
    },
    30)
  }
};
/*重写 load()函数*/
fgm.on(window, "load", function()
{
    var oTips = document.getElementById("tips");
    var aBtn = oTips.getElementsByTagName("a");
    var oFireWorks = new FireWorks();
    fgm.on(oTips, "click",
    function(event) {
        var oEvent = event || window.event;
        var oTarget = oEvent.target || oEvent.srcElement;
        var i = 0;
        if (oTarget.tagName.toUpperCase() == "A")
        {
            for (i = 0; i < aBtn.length; i++) aBtn[i].className = "";
            switch (oTarget.id) {
            case "manual":
                oFireWorks.type = 1;
                break;
            case "auto":
                oFireWorks.type = 2;
                break;
            case "stop":
                oFireWorks.type = 0;
                break;
            }
            oFireWorks.initialize();
            oTarget.className = "active";
            oEvent.stopPropagation ? oEvent.stopPropagation() : oEvent.
            cancelBubble = true
        }
    });
});
/*重写 contextmenu()函数*/
fgm.on(document, "contextmenu", function(event)
{
    var oEvent = event || window.event;
    oEvent.preventDefault ? oEvent.preventDefault() : oEvent.return
    Value = false
});
</script>
```

网页效果如图 5.45 所示。

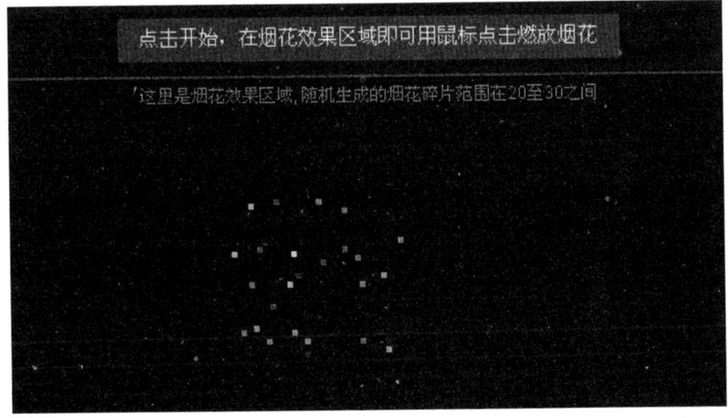

图 5.45　鼠标燃放烟花

5.46　带时钟的鼠标

本实例使用 JavaScript 制作一个实例，该实例网页里的鼠标旁边会带有时钟。本节主要涉及的 JavaScript 语法如下。

window.pageYOffset：Netscape 属性，指滚动条顶部到网页顶部的距离。

本实例主要代码如下：

```
<script language="JavaScript1.2">
    /*初始化变量*/
    dCol = '000000';
    fCol = '000000';
    sCol = '000000';
    mCol = '000000';
    hCol = '000000';
    ClockHeight = 40;
    ClockWidth = 40;
    ClockFromMouseY = 0;
    ClockFromMouseX = 100;
    d = new Array("SUNDAY", "MONDAY", "TUESDAY", "WEDNESDAY", "THURSDAY",
    "FRIDAY", "SATURDAY");
    m = new Array("JANUARY", "FEBRUARY", "MARCH", "APRIL", "MAY", "JUNE",
   "JULY", "AUGUST", "SEPTEMBER", "OCTOBER", "NOVEMBER", "DECEMBER");
    date = new Date();
    day = date.getDate();
    year = date.getYear();
    if (year < 2000) year = year + 1900;
    TodaysDate = " " + d[date.getDay()] + " " + day + " " + m[date.getMonth()]
    + " " + year;
    D = TodaysDate.split('');
    H = '...';
    H = H.split('');
    M = '....';
    M = M.split('');
    S = '.....';
    S = S.split('');
    Face = '1 2 3 4 5 6 7 8 9 10 11 12';
    font = 'Arial';
    size = 1;
    speed = 0.6;
```

```
ns = (document.layers);
ie = (document.all);
Face = Face.split(' ');
n = Face.length;
a = size * 10;
ymouse = 0;
xmouse = 0;
scrll = 0;
props = "<font face=" + font + " size=" + size + " color=" + fCol + "><B>";
props2 = "<font face=" + font + " size=" + size + " color=" + dCol + "><B>";
Split = 360 / n;
Dsplit = 360 / D.length;
HandHeight = ClockHeight / 4.5 HandWidth = ClockWidth / 4.5 HandY = -7;
HandX = -2.5;
scrll = 0;
step = 0.06;
currStep = 0;
/*定义数组*/
y = new Array();
x = new Array();
Y = new Array();
X = new Array();
for (i = 0; i < n; i++)
{
    y[i] = 0;
    x[i] = 0;
    Y[i] = 0;
    X[i] = 0
}
/*定义数组*/
Dy = new Array();
Dx = new Array();
DY = new Array();
DX = new Array();
/*初始化数组*/
for (i = 0; i < D.length; i++)
{
    Dy[i] = 0;
    Dx[i] = 0;
    DY[i] = 0;
    DX[i] = 0
}
/*网景浏览器*/
if (ns)
{
    for (i = 0; i < D.length; i++) document.write('<layer name="nsDate'
    + i + '" top=0 left=0 height=' + a + ' width=' + a + '><center>' +
    props2 + D[i] + '</font></center></layer>');
    for (i = 0; i < n; i++) document.write('<layer name="nsFace' + i +
    '" top=0 left=0 height=' + a + ' width=' + a + '><center>' + props
    + Face[i] + '</font></center></layer>');
    for (i = 0; i < S.length; i++) document.write('<layer name=nsSeconds'
    + i + ' top=0 left=0 width=15 height=15><font face=Arial size=3 color='
    + sCol + '><center><b>' + S[i] + '</b></center></font></layer>');
    for (i = 0; i < M.length; i++) document.write('<layer name=nsMinutes'
    + i + ' top=0 left=0 width=15 height=15><font face=Arial size=3 color='
    + mCol + '><center><b>' + M[i] + '</b></center></font></layer>');
    for (i = 0; i < H.length; i++) document.write('<layer name=nsHours'
    + i + ' top=0 left=0 width=15 height=15><font face=Arial size=3 color='
    + hCol + '><center><b>' + H[i] + '</b></center></font></layer>');
```

```
}
/*IE 浏览器*/
if (ie)
{
    document.write('<div id="Od" style="position:absolute;top:0px;
    left:0px"><div style="position:relative">');
    for (i = 0; i < D.length; i++) document.write('<div id="ieDate"
    style="position:absolute;top:0px;left:0;height:' + a + ';width:' +
    a + ';text-align:center">' + props2 + D[i] + '</B></font></div>');
    document.write('</div></div>');
    document.write('<div id="Of" style="position:absolute;top:0px;
    left:0px"><div style="position:relative">');
    for (i = 0; i < n; i++) document.write('<div id="ieFace" style=
    "position:absolute;top:0px;left:0;height:' + a + ';width:' + a + ';
    text-align:center">' + props + Face[i] + '</B></font></div>');
    document.write('</div></div>');
    document.write('<div id="Oh" style="position:absolute;top:0px;
    left:0px"><div style="position:relative">');
    for (i = 0; i < H.length; i++) document.write('<div id="ieHours"
    style="position:absolute;width:16px;height:16px;font-family:Arial;
    font-size:16px;color:' + hCol + ';text-align:center;font-weight:
    bold">' + H[i] + '</div>');
    document.write('</div></div>');
    document.write('<div id="Om" style="position:absolute;top:0px;
    left:0px"><div style="position:relative">');
    for (i = 0; i < M.length; i++) document.write('<div id="ieMinutes"
    style="position:absolute;width:16px;height:16px;font-family:Arial;
    font-size:16px;color:' + mCol + ';text align:center;font-weight:
    bold">' + M[i] + '</div>');
    document.write('</div></div>') document.write('<div id="Os"
    style="position:absolute;top:0px;left:0px"><div style="position:
    relative">');
    for (i = 0; i < S.length; i++) document.write('<div id="ieSeconds"
    style="position:absolute;width:16px;height:16px;font-family:Arial;
    font-size:16px;color:' + sCol + ';text-align:center;font-weight:
    bold">' + S[i] + '</div>');
    document.write('</div></div>')
} (ns) ? window.captureEvents(Event.MOUSEMOVE) : 0;
function Mouse(evnt) {
    ymouse = (ns) ? evnt.pageY + ClockFromMouseY - (window.pageYOffset) :
    event.y + ClockFromMouseY;
    xmouse = (ns) ? evnt.pageX + ClockFromMouseX: event.x + ClockFromMouseX;
} (ns) ? window.onMouseMove = Mouse: document.onmousemove = Mouse;
/*计时分发*/
function ClockAndAssign()
{
    time = new Date();
    secs = time.getSeconds();
    sec = -1.57 + Math.PI * secs / 30;
    mins = time.getMinutes();
    min = -1.57 + Math.PI * mins / 30;
    hr = time.getHours();
    hrs = -1.575 + Math.PI * hr / 6 + Math.PI * parseInt(time.getMinutes())
    / 360;
    if (ie) {
        Od.style.top = window.document.body.scrollTop;
        Of.style.top = window.document.body.scrollTop;
        Oh.style.top = window.document.body.scrollTop;
        Om.style.top = window.document.body.scrollTop;
        Os.style.top = window.document.body.scrollTop;
    }
```

```
        for (i = 0; i < n; i++) {
            var F = (ns) ? document.layers['nsFace' + i] : ieFace[i].style;
            F.top = y[i] + ClockHeight * Math.sin( - 1.0471 + i * Split * Math.PI
            / 180) + scrll;
            F.left = x[i] + ClockWidth * Math.cos( - 1.0471 + i * Split * Math.PI
            / 180);
        }
        for (i = 0; i < H.length; i++) {
            var HL = (ns) ? document.layers['nsHours' + i] : ieHours[i].style;
            HL.top = y[i] + HandY + (i * HandHeight) * Math.sin(hrs) + scrll;
            HL.left = x[i] + HandX + (i * HandWidth) * Math.cos(hrs);
        }
        for (i = 0; i < M.length; i++) {
            var ML = (ns) ? document.layers['nsMinutes' + i] : ieMinutes[i].
            style;
            ML.top = y[i] + HandY + (i * HandHeight) * Math.sin(min) + scrll;
            ML.left = x[i] + HandX + (i * HandWidth) * Math.cos(min);
        }
        for (i = 0; i < S.length; i++) {
            var SL = (ns) ? document.layers['nsSeconds' + i] : ieSeconds
            [i].style;
            SL.top = y[i] + HandY + (i * HandHeight) * Math.sin(sec) + scrll;
            SL.left = x[i] + HandX + (i * HandWidth) * Math.cos(sec);
        }
        for (i = 0; i < D.length; i++) {
            var DL = (ns) ? document.layers['nsDate' + i] : ieDate[i].style;
            DL.top = Dy[i] + ClockHeight * 1.5 * Math.sin(currStep + i * Dsplit
            * Math.PI / 180) + scrll;
            DL.left = Dx[i] + ClockWidth * 1.5 * Math.cos(currStep + i * Dsplit
            * Math.PI / 180);
        }
        currStep -= step;
    }
    /*延迟*/
    function Delay()
    {
        scrll = (ns) ? window.pageYOffset: 0;
        Dy[0] = Math.round(DY[0] += ((ymouse) - DY[0]) * speed);
        Dx[0] = Math.round(DX[0] += ((xmouse) - DX[0]) * speed);
        for (i = 1; i < D.length; i++) {
            Dy[i] = Math.round(DY[i] += (Dy[i - 1] - DY[i]) * speed);
            Dx[i] = Math.round(DX[i] += (Dx[i - 1] - DX[i]) * speed);
        }
        y[0] = Math.round(Y[0] += ((ymouse) - Y[0]) * speed);
        x[0] = Math.round(X[0] += ((xmouse) - X[0]) * speed);
        for (i = 1; i < n; i++) {
            y[i] = Math.round(Y[i] += (y[i - 1] - Y[i]) * speed);
            x[i] = Math.round(X[i] += (x[i - 1] - X[i]) * speed);
        }
        ClockAndAssign();
        setTimeout('Delay()', 20);
    }
    /*页面加载*/
    if (ns || ie)
        window.onload = Delay;
</script>
```

网页效果如图 5.46 所示。

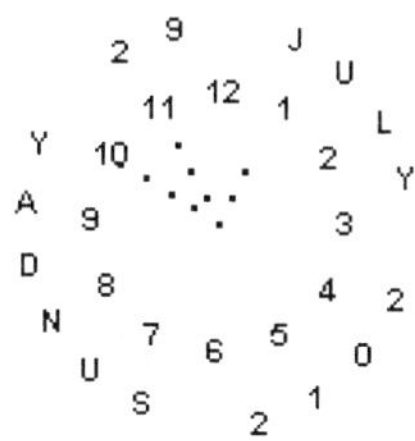

图 5.46 带时钟的鼠标

5.47 吐泡泡的鼠标

本实例使用 JavaScript 制作一个实例，展示网页上吐泡泡的鼠标。本节主要涉及的 JavaScript 语法如下。

Math.random()函数：该函数返回值是一个大于等于 0 且小于 1 的随机数，如 0.0105901374530933 或 0.872525005541986。

本实例主要代码如下：

```
<script language="JavaScript1.2">
    Image0 = new Image();
    Image0.src = "wbb.gif";
    Amount = 20;
    Ymouse = -50;
    Xmouse = -50;
    Ypos = new Array();
    Xpos = new Array();
    Speed = new Array();
    rate = new Array();
    grow = new Array();
    Step = new Array();
    Cstep = new Array();
    Size = new Array();
    /*鼠标事件*/
    function Mouse(evnt)
    {
        Ymouse = event.y - 20;
        Xmouse = event.x;
    }
    /*鼠标事件*/
    document.onmousemove = Mouse;
    for (i = 0; i < Amount; i++)
    {
        Ypos[i] = Ymouse;
        Xpos[i] = Xmouse;
        Speed[i] = Math.random() * 4 + 1;
        Cstep[i] = 0;
        Step[i] = Math.random() * 0.1 + 0.05;
        grow[i] = 8;
        rate[i] = Math.random() * 0.5 + 0.1;
    }
```

```
    {
        for (i = 0; i < Amount; i++)
        {
            document.write('<img id="si" src="' + Image0.src + '"
            style="position:absolute;top:0px;left:0px;filter:alpha
            (opacity=90)">');
        }
    }
    /*主函数*/
    function MouseBubbles()
    {
        /*定义冒泡范围*/
        var hscrll = document.body.scrollTop;
        var wscrll = document.body.scrollLeft;
        for (i = 0; i < Amount; i++)
        {
            sy = Speed[i] * Math.sin(270 * Math.PI / 180);
            sx = Speed[i] * Math.cos(Cstep[i] * 4);
            Ypos[i] += sy;
            Xpos[i] += sx;
            if (Ypos[i] < -40)
            {
                Ypos[i] = Ymouse;
                Xpos[i] = Xmouse;
                Speed[i] = Math.random() * 6 + 4;
                grow[i] = 8;
                Size[i] = Math.random() * 15 + 5;
            }
            {
                si[i].style.pixelLeft = Xpos[i] + wscrll;
                si[i].style.pixelTop = Ypos[i] + hscrll;
                si[i].style.width = grow[i];
                si[i].style.height = grow[i];
            }
            grow[i] += rate[i];
            Cstep[i] += Step[i];
            if (grow[i] > 24) grow[i] = 25;
        }
        setTimeout('MouseBubbles()', 10);
    }
    MouseBubbles();                    /*执行冒泡函数*/
</script>
```

网页效果如图 5.47 所示。

图 5.47　吐泡泡的鼠标

5.48　会变化的鼠标指针

本实例使用 JavaScript 制作一个实例，该实例中的鼠标指针是会变化的。本节主要涉及的 JavaScript 语法是 document.body.style.cursor，用于给网页定义鼠标样式。

本实例主要代码如下：

```
<SCRIPT LANGUAGE="JavaScript">
   var x, y, xold, yold, xdiff, ydiff;
   var dir = Array();
   dir[0] = "n-resize";dir[1] = "ne-resize";dir[2] = "e-resize";dir[3] =
   "se-resize";dir[4] = "s-resize";dir[5] = "sw-resize";dir[6] = "w-resize";
   dir[7] = "nw-resize";document.onmousemove = FindXY;
   function display(direction)                                   /*显示函数*/
   {
      document.body.style.cursor = dir[direction];              /*定义鼠标样式*/
   }
   /*查询横纵坐标*/
   function FindXY(loc)
   {
      x = (document.layers) ? loc.pageX: event.clientX;
      y = (document.layers) ? loc.pageY: event.clientY;
      xdiff = x - xold;
      ydiff = y - yold
      if ((xdiff < 2) && (ydiff < -2)) display(0);
      if ((xdiff < 2) && (ydiff > 2)) display(4);
      if ((xdiff > 2) && (ydiff < 2)) display(2);
      if ((xdiff < -2) && (ydiff < 2)) display(6);
      if ((xdiff > 2) && (ydiff > 2)) display(3);
      if ((xdiff > 2) && (ydiff < -2)) display(1);
      if ((xdiff < -2) && (ydiff > 2)) display(5);
      if ((xdiff < -2) && (ydiff < -2)) display(7);
      xold = x;
      yold = y;
   }
</script>
```

5.49　跟踪鼠标的雪花

本实例使用 JavaScript 制作一个实例，在鼠标周围有雪花跟随。本节主要涉及的 JavaScript 语法是 document.layers 数组，已在 5.44 节介绍过，这里不再复述。

本实例主要代码如下：

```
<script language="javascript">
   /*定义和初始化变量*/
   var images = '551.jpg';
   var amount = 7;
   var cnter = 70;
```

```
var step;
var currStep = 0;
var Xpos = 0;
var Ypos = 0;
/*document.all 是 IE 浏览器所具有的对象集合，一般用 if(document.all)来判断是
否是 IE 浏览器，这个集合代表 document 对象下所有元素*/
if (document.all)
{
    document.write('<div id="ieDiv" style="position:absolute;top:0px;
    left:0px">')
    document.write('<div id="c" style="position:relative">');
    for (n = 0; n < amount; n++)
        document.write('<img src="' + images + '" style="position:
        absolute;top:0px;left:0px">')
    document.write('</div>') document.write('</div>') function Msie
    MouseFollow()
    {
        Xpos = document.body.scrollLeft + event.x - 5;
        Ypos = document.body.scrollTop + event.y - 5;
    }
    document.onmousemove = MsieMouseFollow;
}
/* document.layers 是网景 Netscape 浏览器所具有的对象集合，这个集合代表 document
对象下所有的 layer*/
else if (document.layers)
{
    window.captureEvents(Event.MOUSEMOVE);
    for (ns = 0; ns < amount; ns++)
        document.write("<layer name='n" + ns + "' left='0' top='0'><img
        src='" + images + "'></layer>");
    function NsMouseFollow(evnt)
    {
        Xpos = evnt.pageX - 5;
        Ypos = evnt.pageY - 5;
    }
    window.onMouseMove = NsMouseFollow;
}
/*旋转函数*/
function Swirl()
{
    if (currStep < 0.0550) step = 0.001;
    if (document.all)
    {
        for (i = 0; i < ieDiv.all.c.all.length; i++) {
            ieDiv.all.c.all[i].style.top = Ypos + cnter * Math.cos
            ((currStep + i * 4.5) / 5) * Math.sin((currStep) * 150);
            ieDiv.all.c.all[i].style.left = Xpos + cnter * Math.sin
            ((currStep + i * 4.5) / 5) * Math.sin((currStep) * 150);
        }
    }
    else if (document.layers)
    {
        for (i = 0; i < ns; i++) {
            var temp = "n" + i document.layers[temp].top = Ypos + cnter
            * Math.cos((currStep + i * 4.5) / 5) * Math.sin((currStep) *
            150);
            document.layers[temp].left = Xpos + cnter * Math.sin((currStep
            + i * 4.5) / 5) * Math.sin((currStep) * 150);
```

```
            }
        }
        currStep += step;
        setTimeout("Swirl()", 10);
        if (currStep > 0.0540)
        {
            step += 0.002;
            if (document.layers)
            {
                for (i = 0; i < ns; i++)
                {
                    var temp = "n" + i document.layers[temp].top = Ypos + cnter
                    * Math.cos((currStep + i * 4.5) / 5) document.layers
                    [temp].left = Xpos + cnter * Math.sin((currStep+i*4.5)/5)
                }
            }
            else if (document.all)
            {
                for (i = 0; i < ieDiv.all.c.all.length; i++)
                {
                    ieDiv.all.c.all[i].style.top = Ypos + cnter * Math.cos
                    ((currStep + i * 4.5) / 5) ieDiv.all.c.all[i].style.left
                    = Xpos + cnter * Math.sin((currStep + i * 4.5) / 5)
                }
            }
        }
        if (step > 0.5)
        {
            step = 0.5;
            cnter -= 8;
        }
        if (document.layers) _y = -window.innerWidth;
        else if (document.all) _y = -document.body.clientWidth;
        if (cnter <= _y)
        {
            currStep = 0;
            step = 0.001;
            cnter = 70;
        }
    }
    /*调用旋转函数*/
    Swirl();
</script>
```

网页效果如图 5.48 所示。

图 5.48　跟踪鼠标的雪花

第 6 章　类淘宝特效

淘宝网是国内最早进入 C2C 市场的，也是中国 C2C 市场的霸主，它拥有数字庞大且忠诚度良好的用户群，淘宝潜移默化地确立了中国 C2C 市场的一些规范制度，其他 C2C 其实都是潜意识地模仿了淘宝，霸主的地位让淘宝品牌深入人心。淘宝网的网页布局、样式、图片、文字等效果都在影响着整个网页设计行业，本章主要讲解类似淘宝网页的特效，内容是网页中这类特效的实际应用。

6.1　类淘宝图片切换，类似相册播放效果

本实例使用 JavaScript 制作一个实例，该实例展示的是类淘宝图片切换，类似相册播放效果。本节主要涉及的 JavaScript 语法如下。

1．getElementById

getElementById 方法的语法是：getElementById(id)，可以访问 document 中某一设置了 id 的特殊元素。

2．getElementsByTagName()

getElementsByTagName() 方法的语法是 getElementsByTagName (tagname)，通过 tagname（标签名称）来获得元素，一个 document 中当然会有相同的标签，所以这个方法也是获取一个数组。

3．clearTimeout

clearTimeout()方法可清除由 setTimeout()方法设置的清除定时器。

4．Math.ceil

Math.ceil(x)，返回值为最接近的较大整数。

5．cloneNode

通常通过 HTML DOM 的方式，用 JavaScript 动态生成很多相同的结点及其子结点。大部分时候我们都会用 for 来生成多个结构相同的结点结构，这样我们就会用到 createElement、setAttribute 和 appendChild 等方法。当然，我们有个更简单的方法，就是在一个 HTML 模板的基础上，用 cloneNode 方法对已有的结点及其子结点进行复制。

本实例主要代码如下：

```
<script type="text/javascript">
    /*相册函数*/
    function photoAlbumn(photoObj, btnObj, numObj)
    {
        var moveNum = 1,
        _void = true,
        cloneObj, nums, voidClone = false,
        d = document,
        elem = d.getElementById(photoObj),
        btnObj = d.getElementById(btnObj),
        numObj = d.getElementById(numObj);
        if (!elem) return false;
        if (!btnObj) return false;
        var elemObj = elem.getElementsByTagName("li"),
        autoWidth = elemObj[0].offsetWidth,
        btns = btnObj.getElementsByTagName("span"),
        max = elemObj.length;
        elem.style.width = (max + 1) * autoWidth + "px";
        /*定义数组元素*/
        var numElement = function()
        {
            if (numObj)
            {
                nums = numObj.getElementsByTagName("em");
                nums[1].innerHTML = max;
                nums[0].innerHTML = moveNum;
            }
        }
        /*移动元素*/
        var moveElement = function(final_x, final_y, interval)
        {
            _void = false;
            var step = function()
            {
                /*清除由 setTimeout()方法设置的清除定时器*/
                if (elem.movement) clearTimeout(elem.movement);
                if (!elem.style.left) elem.style.left = "0px";
                if (!elem.style.top) elem.style.top = "0px";
                var xpos = parseInt(elem.style.left);
                var ypos = parseInt(elem.style.top);
                alert(xpos)
                if (xpos == final_x && ypos == final_y) {
                    _void = true;
                    if (voidClone) {
                        elem.style.left = (moveNum > 2) ? ( - (max - 1)
                        * autoWidth + "px") : "0px";
                        elem.removeChild(cloneObj);
                        voidClone = false;
                    }
                    return true;
                }
                if (xpos < final_x) {
                    var dist = Math.ceil((final_x - xpos) / 10);
                    xpos = xpos + dist;
                }
                if (xpos > final_x) {
                    var dist = Math.ceil((xpos - final_x) / 10);
                    xpos = xpos - dist;
                }
                if (ypos < final_y) {
```

```
            var dist = Math.ceil((final_y - ypos) / 10);
            ypos = ypos + dist;
        }
        if (ypos > final_y) {
            var dist = Math.ceil((ypos - final_y) / 10);
            ypos = ypos - dist;
        }
        elem.style.left = xpos + "px";
        elem.style.top = ypos + "px";
        elem.movement = setTimeout(function() {
            step()
        },
        interval);
    }
    /*元素移动*/
    elem.movement = setTimeout(function()
    {
        step()
    },
    interval);
};
/*移动自动展示*/
var moveAutoShow = function()
{
    moveNum++;
    if (moveNum > max)
    {
        cloneObj = elemObj[0].cloneNode(true);
        elem.appendChild(cloneObj);
        voidClone = true;
    }
    moveElement( - autoWidth * (moveNum - 1), 0, 5);
    if (moveNum > max) moveNum = 1;
    numElement();
};
/*准备阴影展示*/
var prepareSlideshow = function()
{
    var moveAuto = setInterval(function()
    {
        moveAutoShow()
    },5000);
    btns[0].onmousedown = function()
    {
        if (!_void) return false;
        clearInterval(moveAuto);
        moveNum--;
        if (moveNum < 1)
        {
            /*复制元素*/
            cloneObj = elemObj[(max - 1)].cloneNode(true);
            cloneObj.style.cssText = ";position:absolute;left:-"
            + autoWidth + "px";
            elem.insertBefore(cloneObj, elemObj[0]);
            voidClone = true;
        }
...
</script>
```

网页效果如图 6.1 所示。

图 6.1　类淘宝图片切换，类似相册播放效果

6.2　淘宝网宝贝图片预览效果

本实例使用 JavaScript 实现类似淘宝网宝贝图片的预览效果。本章主要涉及的 JavaScript 语法如下。

1．getAttribute()方法

getAttribute()方法是一个函数，它只有一个参数，就是要查询的属性名称，其语法是 object.getAttribute(attribute)。要特别注意的是，getAttribute()方法不能通过 document 对象调用，只能通过一个元素结点对象调用它。

2．setInterval()方法

setInterval()方法已在 1.43 节介绍过，这里不再复述。

3．offsetTop

假设 obj 是网页上的一个控件，obj.offsetTop 就是指 obj 相对于版面，或由 offsetParent 属性指定的父坐标计算上侧位置，返回值为整数表示的单位像素。

4．offsetLeft

假设 obj 是网页上的一个控件，obj.offsetLeft 就是指 obj 相对于版面，或由 offsetParent 属性指定的父坐标计算左侧位置，返回值为整数表示的单位像素。

本实例主要代码如下：

```
<script language="javascript" type="text/javascript">
/*定义大小*/
var maxWidth=250;
var maxHeight=250;
/*获取位置信息*/
function getPosXY(a,offset) {
    var p=offset?offset.slice(0):[0,0],tn;
    while(a) {
```

```
        tn=a.tagName.toUpperCase();
        if(tn=='IMG') {
           a=a.offsetParent;continue;
        }
       p[0]+=a.offsetLeft-(tn=="DIV"&&a.scrollLeft?a.scrollLeft:0);
       p[1]+=a.offsetTop-(tn=="DIV"&&a.scrollTop?a.scrollTop:0);
       if(tn=="BODY")
           break;
       a=a.offsetParent;
    }
    return p;
}
/*完整性检验*/
function checkComplete() {
    if(checkComplete.__img&&checkComplete.__img.complete)
         checkComplete.__onload();
}
/*加载完整性检验*/
checkComplete.__onload=function()
{
       clearInterval(checkComplete.__timeId);
       var w=checkComplete.__img.width;
       var h=checkComplete.__img.height;
       if(w>=h&&w>maxWidth) {
           previewImage.style.width=maxWidth+'px';
       }
      else if(h>=w&&h>maxHeight) {
           previewImage.style.height=maxHeight+'px';
      }
      else {
           previewImage.style.width=previewImage.style.height='';
      }
      /*设置前置图片背景*/
      previewImage.src=checkComplete.__img.src;
      previewUrl.href=checkComplete.href;checkComplete.__img=null;
}
/*显示前置图片背景*/
function showPreview(e)
{
       hidePreview (e);
       previewFrom=e.target||e.srcElement;
       previewImage.src=loadingImg;
       previewImage.style.width=previewImage.style.height='';
       previewTimeoutId=setTimeout('_showPreview()',500);
       checkComplete.__img=null;
}
/*隐藏前置图片背景*/
function hidePreview(e)
{
      if(e) {
         var toElement=e.relatedTarget||e.toElement;
         while(toElement) {
                if(toElement.id=='PreviewBox')
                    return;
              toElement=toElement.parentNode;
         }
      }
      try {
         clearInterval(checkComplete.__timeId);
```

```
        checkComplete.__img=null;
        previewImage.src=null;
    }
    catch(e) {}
    clearTimeout(previewTimeoutId);
    previewBox.style.display='none';
}
/*显示前置*/
function _showPreview()
{
      checkComplete.__img=new Image();
      if(previewFrom.tagName.toUpperCase()=='A')
           previewFrom=previewFrom.getElementsByTagName('img')[0];
                  /*查询属性名称*/
      var largeSrc=previewFrom.getAttribute("large-src");
      var picLink=previewFrom.getAttribute("pic-link");
      if(!largeSrc)
          return;
      else
      {
          checkComplete.__img.src=largeSrc;
          checkComplete.href=picLink;
          checkComplete.__timeId=setInterval("checkComplete()",20);
          var pos=getPosXY(previewFrom,[106,26]);
          previewBox.style.left=pos[0]+'px';
          previewBox.style.top=pos[1]+'px';
          previewBox.style.display='block';
      }
}
</script>
```

网页效果如图 6.2 所示。

图 6.2　淘宝网宝贝图片预览效果

6.3　淘宝网广告图片幻灯效果

本实例使用 JavaScript 实现类似淘宝网的广告图片幻灯效果。本节主要涉及的 JavaScript 语法是 document.body.appendChild。

document.body.appendChild()方法在结点的子结点列表末添加新的子结点。本实例主要代码如下：

```
<script>
   function runImg() {}
   runImg.prototype =
{
...
      info: function(id) {
         this.count = this.count <= 5 ? this.count: 5;
         this.bigbox = this.$(id);
         for (var i = 0; i < 2; i++) {
            var ul = this.$("ul");
            for (var j = 1; j <= this.count; j++) {
               var li = this.$("li");
               li.innerHTML = i == 0 ? this.imgurl[j - 1] : j;
               ul.appendChild(li);
            }
            this.bigbox.appendChild(ul);
         }
         /*定义变量*/
         this.boxul = this.bigbox.getElementsByTagName("ul");
         this.boxul[0].className = "imgList";
         this.boxul[1].className = "countNum";
         this.imglist = this.boxul[0].getElementsByTagName("li");
         this.numlist = this.boxul[1].getElementsByTagName("li");
         this.numlist[0].className = "current";
      },
      action: function(id) {
         this.autoplay();
         this.mouseoverout(this.bigbox, this.numlist);
      },
        ...
        /*自动播放*/
      autoplay: function()
      {
         var $this = this;
         this.play = setInterval(function()
         {
            $this.index++;
            if ($this.index > $this.imglist.length - 1) {
               $this.index = 0
            };
            $this.imgshow($this.index, $this.numlist, $this.imglist);
         },
         2000)
      },
      mouseoverout: function(box, numlist)                /*鼠标移入移出*/
      {
         var $this = this;
         box.onmouseover = function()                     /*鼠标移入*/
         {
            clearInterval($this.play);
         }
         box.onmouseout = function()                      /*鼠标移出*/
         {
            $this.autoplay($this.index);
         }
         for (var i = 0; i < numlist.length; i++) {
            numlist[i].index = i;
```

```
                numlist[i].onmouseover = function() {
                    $this.imgshow(this.index, $this.numlist, $this.imglist);
                }
            }
        }
    }
/*窗体加载*/
window.onload = function()
{
        var runimg = new runImg();
        runimg.count = 5;
        runimg.imgurl = ["<img src=\"51501.jpg\"/>",
        "<img src=\"51502.jpg\"/>", "<img src=\"51503.jpg\"/>",
        "<img src=\"51504.jpg\"/>", "<img src=\"51505.jpg\"/>"];
        runimg.info("#box");
        runimg.action("#box");
    }
</script>
```

网页效果如图 6.3 所示。

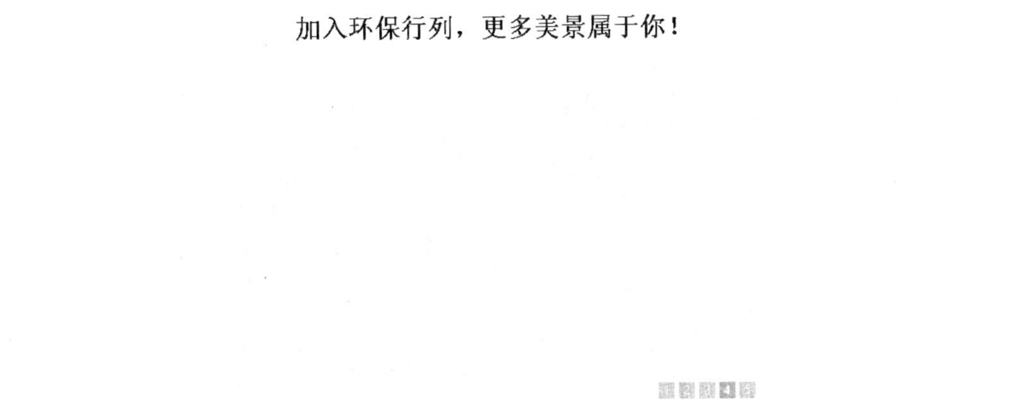

加入环保行列，更多美景属于你！

图 6.3　淘宝网广告图片幻灯效果

6.4　淘宝网图片幻灯片上下滚动切换效果

本实例使用 JavaScript 制作一个类似淘宝网的图片幻灯片上下滚动切换效果。本节主要涉及的 JavaScript 语法如下。

1．getElementById()方法

getElementById()方法的语法是 getElementById(id)，可以访问 document 中某一设置了 id 的特殊元素。

2．getElementsByTagName()方法

getElementsByTagName()方法的语法是 getElementsByTagName (tagname)，通过 tagname（标签名称）来获得元素，一个 document 中当然会有相同的标签，所以这个方法

也是获取一个数组。

3．Math.floor()函数

Math.floor(x)传回小于或等于指定数字 x 的最大整数。

本实例主要代码如下：

```
<script type="text/javascript">
    /*页面加载*/
    window.onload = function()
{
    /*定义变量*/
      var oPlay = document.getElementById('play');
      var oOl = oPlay.getElementsByTagName('ol')[0];
      var aLi1 = oOl.getElementsByTagName('li');
      var oUl = oPlay.getElementsByTagName('ul')[0];
      var aLi2 = oUl.getElementsByTagName('li');
      var i = iNum = direction = 0;
      var times = null;
      var play = null;
      for (i = 0; i < aLi1.length; i++)
      {
         aLi1[i].index = i;
         aLi1[i].onclick = function()
         {
            iNum = this.index;
            show();
         };
      }
               /*显示*/
      function show()
      {
         for (i = 0; i < aLi1.length; i++)
         {
            aLi1[i].className = '';
         }
         aLi1[iNum].className = 'active';
         startMove( - (iNum * 414));
      }
                  /*自动播放*/
      function autoPlay()
      {
         if (iNum >= aLi1.length - 1)
         {
            direction = 1;
         }
         else if (iNum <= 0)
         {
            direction = 0;
         }
         if (direction == 0)
         {
            iNum++;
         }
         else if (direction == 1)
         {
            iNum--;
         }
         show();
```

```
    }
    play = setInterval(autoPlay, 3000);
    oPlay.onmouseover = function()                          /*鼠标移入*/
    {
        clearInterval(play);
    };
    oPlay.onmouseout = function()                           /*鼠标移出*/
    {
        play = setInterval(autoPlay, 3000);
    };
              /*开始移动*/
    function startMove(iTarget) {
        clearInterval(times);
        times = setInterval(function() {
            doMove(iTarget);
        },
        30);
    }
              /*移动目标*/
    function doMove(iTarget)
    {
        var iSpeed = (iTarget - oUl.offsetTop) / 10;
        iSpeed = iSpeed > 0 ? Math.ceil(iSpeed) : Math.floor(iSpeed);
        if (oUl.offsetTop == iTarget)
        {
            clearInterval(times)
        }
        else
        {
            oUl.style.top = oUl.offsetTop + iSpeed + 'px';
        }
    }
  };
</script>
```

网页效果如图 6.4 所示。

图 6.4　淘宝网图片幻灯片上下滚动切换效果

6.5　淘宝式导航条

本实例使用 JavaScript 制作一个类似淘宝网的导航条。本节主要涉及的 JavaScript 语法如下。

1．jQuery removeClass事件

removeClass()方法从被选元素移除一个或多个类。

2．jQuery hover事件

hover(over,out)是一个模仿悬停事件，也就是鼠标移动到一个对象上及移出这个对象的方法。这是一个自定义的方法，它为频繁使用的任务提供了一种“保持在其中”的状态。

本实例主要代码如下：

```
<script type="text/javascript">
$(document).ready(function()
{
       $(".content").hide();
       /*模仿悬停事件*/
       $('#sidebar li').hover(function() {
          $(this).addClass("cli");
          $("#post" + ($(this).index() + 1)).show();
      },
      function()
      {
          /*从被选元素移除一个类*/
          $(this).removeClass("cli");
          $("#post" + ($(this).index() + 1)).hide();
      });
   })
</script>
```

网页效果如图 6.5 所示。

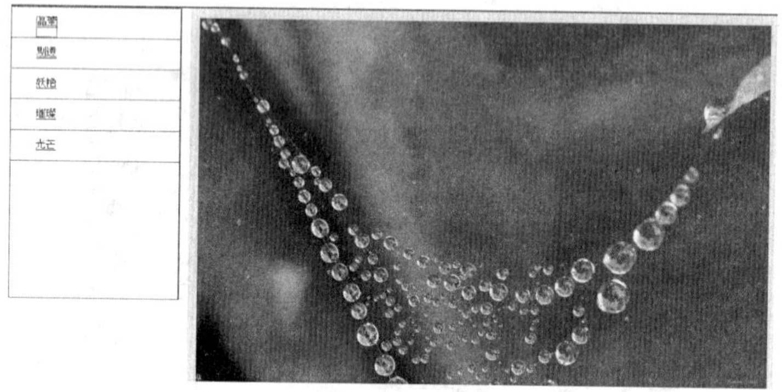

图 6.5　淘宝式导航条

6.6　淘宝式选择菜单

本实例使用 JavaScript 实现类似淘宝网的选择菜单。本节主要涉及的 JavaScript 语法如下。

1. fromCharCode()方法

fromCharCode()方法可接受一个指定的 Unicode 值，然后返回一个字符串。该方法是 String 的静态方法，字符串中的每个字符都由单独的数字 Unicode 编码指定。

2. event.srcElement

event.srcElement 用于设置或获取触发事件的对象。引用对象以后，该对象的任何属性都可以使用。

本实例主要代码如下：

```
<script language="javascript" type="text/javascript" id="commonjs">
    /*定义原型数组*/
   Array.prototype.S = String.fromCharCode(2);
   Array.prototype.in_array = function(e)
   {
      var re = new RegExp(this.S + e + this.S);
      return re.test(this.S + this.join(this.S) + this.S);
   }
function DataContent()
{
      /*父标签*/
      this.Parent;
       this.ParentID;
      /*子标签*/
      this.Children;
      this.ChildrenID;
}
function DataServer()                              /*数据集合*/
{
   this.mList = new Array();
      this.ListCount = function()                  /*数据清单数量*/
      {
         return this.mList.length;
      }
      this.GetListObj = function(n)                /*获取清单对象*/
      {
      if (n < this.ListCount()) return this.mList[n];
      return null;
      }
      /*为清单增加对象*/
      this.Add = function(sParent, sParentID, sChildren, sChildrenID)
      {
         obj = new DataContent();
         obj.Parent = sParent;
         obj.ParentID = sParentID;
         obj.Children = sChildren;
         obj.ChildrenID = sChildrenID;
         this.mList[this.ListCount()] = obj;
      }
      }
function getTriggerNode(e)                     /*获取触发结点*/
      {
      return (document.all) ? event.srcElement: e.target;
      }
function getObject(objID)                      /*获取对象*/
```

```
{
        return document.getElementById(objID);
}
function CreateList(objName, objData, objSelected)     /*创建菜单
*/
{
        /*定义变量*/
        var listBox = getObject(objName[0]);
        if (!listBox) return;
        var strOutput = "";
        var liClass = "";
        var id = 0;
        var op_txt = new Array();
        var op_val = new Array();
        var sub_val = new Array();
        if (objSelected[0])
        {
            for (i = 0; i < objData.ListCount(); i++) if (objData.
            GetListObj(i).ParentID == objSelected[0])
            {
                id = i;
                break;
            }
            if (i == objData.ListCount())
            {
                listBox.innerHTML = "";
                listBox.className = "Blank";
                return false;
            }
        }
        if (objName[1])
            for (i = 0; i < objName[1].ListCount();sub_val.push(objName[1]
            GetListObj(i++).ParentID));
        tmpobj = objData.GetListObj(id);
        if (tmpobj.Children.length == 0) {
                for (i = 0; i < objData.ListCount();
         op_txt.push(objData.GetListObj(i).Parent), op_val.push(objData.
         GetListObj(i++).ParentID));
        } else {
            op_txt = tmpobj.Children;
            op_val = tmpobj.ChildrenID;
        }
        for (i = 0; i < op_txt.length; i++) {
            if (sub_val.in_array(op_val[i])) liClass = "IsParent";
            if (op_val[i] == objSelected[1]) {
                liClass += " Selected";
            }
            strOutput += '<li id="' + objName[0] + '__' + op_val[i] +
         '" class="' + liClass + '">' + op_txt[i] + '</li>';
            liClass = '';
        }
        listBox.innerHTML = strOutput;
        strOutput = "";
        listBox.className = "";
    }
/*变更菜单样式*/
function changeCategoryStyle(ulID, liCurr)
{
        if (lastSelectItem[ulID])
        {
            lastSelectItem[ulID].className = lastSelectItem[ulID].className
```

```
          .replace("Selected", "").replace
        (/\s+$/, "");
        }
        liCurr.className += " Selected";
        lastSelectItem[ulID] = liCurr;
}
/*变更菜单*/
function changeCategory(evnt)
{
        var obj = getTriggerNode(evnt);
        var obj2 = obj;
        if (obj2.nodeName == "DIV") return (0);
        if (obj.nodeName != "LI") obj = obj.parentNode;
        while (obj2.nodeName != "UL") obj2 = obj2.parentNode;
       if (obj.nodeName != "LI") return;
/*调用变更菜单样式函数*/
        changeCategoryStyle(obj2.id, obj);
        var parentID = (obj.id).split("__")[1];
        switch (obj2.id) {
        case itemtype:
            break;
        case gametype:
            CreateList([gamearea, gameserverData], gameareaData, [parentID,
            0]);
            break;
        case gamearea:
            CreateList([gameserver, ], gameserverData, [parentID, 0]);
            break;
        }
    }
...
</script>
```

网页效果如图 6.6 所示。

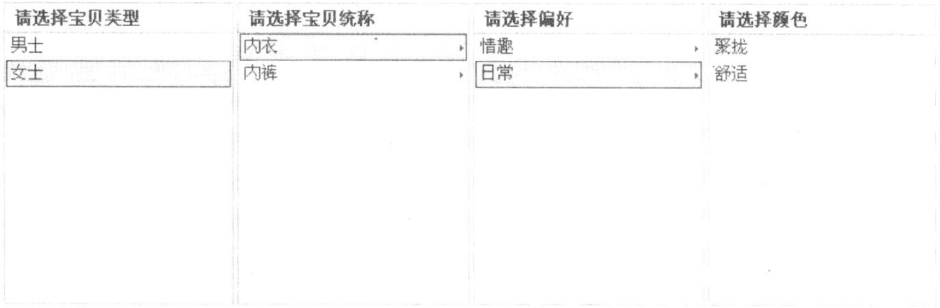

图 6.6　淘宝式选择菜单

6.7　淘宝产品列表的显示与隐藏

本实例使用 JavaScript 实现淘宝产品列表的显示与隐藏。本节主要涉及的 JavaScript 语法是 innerHTML。

对于 innerHTML 属性，几乎所有的元素都有 innerHTML 属性，它是一个字符串，用来设置或获取位于对象起始和结束标签内的 HTML。很多人都可能遇到过这种情况，即设置 innerHTML 的时候，插入的 HTML 代码中包含脚本，但这些脚本却不生效，或者在 IE 上生效在其他浏览器上就不生效。

原因很简单：不同浏览器对插入 innerHTML 中的脚本有不同的处理方法。经过实践，对于 IE，首先 script 标签必须带 defer 属性，其次在插入时，innerHTML 的所属结点必须在 DOM 树中；对于 Firefox 和 Opera，在插入时刻，innerHTML 的所属节点不可以在 DOM 树中。

本实例主要代码如下：

```
<script type="text/javascript">
window.onload = function()                          /*页面加载*/
{
var box_3 = document.getElementById("box3");
var box_4 = document.getElementById("box4").getElementsByTagName
("span")[0];
box_4.onclick = function()                          /*鼠标单击*/
{
box_3.className = (box_3.className == "box3") ? "boxt": "box3";
this.innerHTML = (this.innerHTML == "显示") ? "隐藏": "显示";
    }
}
</script>
```

网页效果如图 6.7 所示。

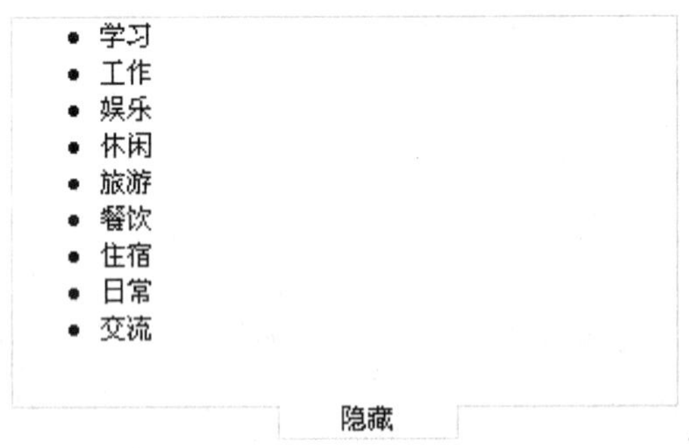

图 6.7　淘宝产品列表的显示与隐藏

6.8　淘宝网纵向分类菜单

本实例使用 JavaScript 实现类似淘宝网的纵向分类菜单。本节主要涉及的 JavaScript 语法是 getElementsByClassName。

DOM 中有 3 种获取元素的方法，分别是 getElementById、getElementsByName 和 getElementsByTagName，但是没有根据样式类名取元素的方法，getElementsByClassName()；DOM1/2 没有提供这种方法，不过在 DOM3 中提供了 getElementsByClassName 的支持。在 firefox、opera、chrome 等浏览器都已经支持了该方法，但是 IE 不支持，只能通过重写该方法来实现。

本实例主要代码如下：

```
<script type="text/javascript">
/*主函数*/
function $()
{
      var elements = new Array();
      for (var i = 0; i < arguments.length; i++)
      {
         var element = arguments[i];
         if (typeof element == 'string') element
         = document.getElementById(element);
         if (arguments.length == 1) return element;
         elements.push(element);
      }
      return elements;
   }
   /*根据类名获取元素*/
   function getElementsByClassName(className, tagName)
   {
      var ele = [],
      all = document.getElementsByTagName(tagName || '*');
      for (var i = 0; i < all.length; i++)
      {
         if (all[i].className == className)
         {
            ele[ele.length] = all[i];
         }
      }
      return ele;
   }
   /*定义菜单相关变量*/
   var category = $('J_category'),
   popCategory = $('J_popCategory'),
   cateLi = category.getElementsByTagName('li'),
   subItems = getElementsByClassName('sub-item', 'div');
   category.onmouseover = function()                /*鼠标移入*/
   {
      popCategory.style.display = 'block';
   };
   category.onmouseout = function()                 /*鼠标移出*/
   {
      popCategory.style.display = 'none';
   };
   /*循环菜单内容*/
   for (var i = 0; i < cateLi.length; i++)
   {
      cateLi[i].index = i;
      cateLi[i].onmouseover = function()
      {
         for (var j = 0; j < subItems.length; j++)
         {
            subItems[j].style.display = 'none';
         }
         subItems[this.index].style.display = 'block';
      };
   }
</script>
```

网页效果如图 6.8 所示。

图 6.8　淘宝网纵向分类菜单

6.9　淘宝的地区选择菜单

本实例使用 JavaScript 在网页中构造一个类似淘宝的地区选择菜单。本节主要涉及的 JavaScript 语法是 innerHTML。关于该属性，已于 6.7 节介绍过，这里不再复述。

本实例主要代码如下：

```
<script type="text/javascript">
    /*显示地区*/
    function showarea()
    {
      var con = document.getElementById("t_area");
      var arealist = con.getElementsByTagName("li");
      var g=document.getElementById("t_con") con.style.display="block";
      for (var i = 0; i < arealist.length; i++)
      {
         arealist[i].onmouseover = function()               /*鼠标移入*/
         {
            this.style.backgroundColor = "#9CC2DA"
         }
         arealist[i].onmouseout = function()                /*鼠标移出*/
         {
            this.style.backgroundColor = "#F1F9FC"
         }
         arealist[i].onclick = function()                   /*鼠标单击*/
         {
            g.innerHTML = this.innerHTML;
            con.style.display = "none";
         }
      }
   }
   /*隐藏地区*/
   function offarea()
   {
      var con = document.getElementById("t_area");
```

```
        con.style.display = "none";
    }
    var timer;
</script>
```

网页效果如图 6.9 所示。

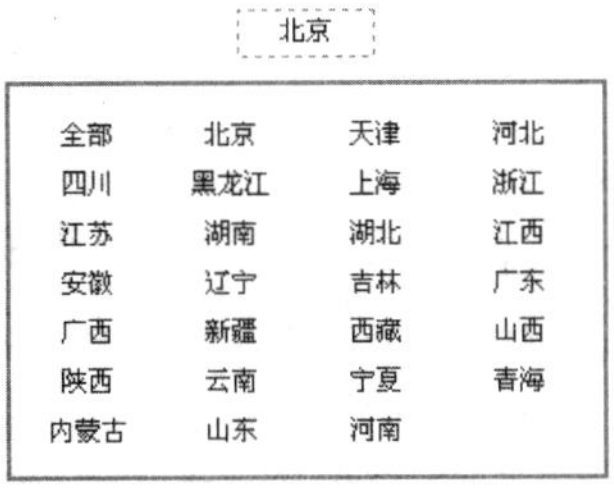

图 6.9　淘宝的地区选择菜单

第 7 章　各类网站特效

第 6 章我们讲到了中国 C2C 市场的霸主——淘宝网的网页设计对于整个网页设计行业的影响，本章我们将重点介绍其他各类优秀行业网站的网页设计中的一些亮点，我们不可能穷举所有优秀实例，这里涉及的是作者认为会经常使用且简单可行的特效，就像音乐没有国界一样，网页设计也不分行业，可以通用。本章主要讲解类似各类网站的网页特效，内容是网页中这类特效的实际应用。

7.1　广告图片上下滚动替换

本实例使用 JavaScript 制作一个实例，该实例展示广告图片上下滚动替换的效果。本节主要涉及的 JavaScript 语法如下。

1．innerHTML属性

几乎所有的元素都有 innerHTML 属性，它是一个字符串，用来设置或获取位于对象起始和结束标签内的 HTML。关于 innerHTML 属性的详细介绍，可参见 6.7 节，这里不再复述。

2．scrollTop

scrollLeft 设置或获取位于对象上边界和窗口中目前可见内容的最上端之间的距离。

本实例主要代码如下：

```
<script language=JavaScript>
    /*定义和初始化变量*/
    marqueesHeight = 416;
    stopscroll = false;
    /*连接*/
    with(makewing) {
        style.width = 0;
        style.height = marqueesHeight;
        style.overflowX = "visible";
        style.overflowY = "hidden";
        noWrap = true;
        onmouseover = new Function("stopscroll=true");
        onmouseout = new Function("stopscroll=false");
    }
    preTop = 0;
    currentTop = marqueesHeight;
    stoptime = 0;
    /*innerHTML 属性用来设置或获取位于对象起始和结束标签内的 HTML*/
```

```
    makewing.innerHTML += makewing.innerHTML;
    function init_srolltext() {                    /*初始化滚动文字*/
    /*设置或获取位于对象上边界和窗口中目前可见内容的最上端之间的距离*/
        makewing.scrollTop = 0;
        setInterval("scrollUp()", 1);
    }
    init_srolltext();                              /*调用初始化滚动文字*/
    /*向上滚动*/
    function scrollUp() {
        if (stopscroll == true) return;
        currentTop += 1;
        if (currentTop == marqueesHeight + 1) {
            stoptime += 1;
            currentTop -= 1;
            if (stoptime == 300) {
                currentTop = 0;
                stoptime = 0;
            }
        } else {
            preTop = makewing.scrollTop;
            makewing.scrollTop += 1;
            if (preTop == makewing.scrollTop) {
                makewing.scrollTop = marqueesHeight;
                makewing.scrollTop += 1;
            }
        }
}
    init_srolltext();                          /*调用初始化滚动文字*/
</script>
```

网页效果如图 7.1 所示。

图 7.1　广告图片上下滚动替换

7.2　仿 Flash 广告图片左右滚动替换的效果

本实例使用 JavaScript 实现类似 Flash 广告图片左右滚动的替换效果。本章主要涉及的 JavaScript 语法如下。

1．getElementById()方法

getElementById()方法的语法是 getElementById(id)，可以访问 document 中的某一设置了 id 的特殊元素

2．getElementsByTagName()方法

getElementsByTagName() 方法的语法是 getElementsByTagName (tagname)，通过 tagname（标签名称）来获得元素，一个 document 中当然会有相同的标签，所以这个方法也是获取一个数组。

3．setInterval()方法

setInterval()方法已在 1.43 节介绍过，这里不再复述。

4．clearInterval()方法

window.clearInterval()将取消由 setInterval()方法设置的定时器。setInterval()方法会不停地调用函数，直到用 clearInterval()方法终止定时或窗口被关闭。

本实例主要代码如下：

```
<script type="text/javascript">
…
window.onload = function() {                        /*页面加载*/
      var i = 0;                                    /*定义和初始化变量*/
      oDiv = document.getElementById('playimages');    /*访问 document 中某
                                                    一设置了 id 的特殊元素*/
      /*通过标签名称来获得元素*/
      oUlContent = oDiv.getElementsByTagName('ul')[0];
      oUlBtn = oDiv.getElementsByTagName('ul')[1];
      oBtnPrev = oDiv.getElementsByTagName('div')[0];
      oBtnNext = oDiv.getElementsByTagName('div')[1];
      oTxtInfo = oDiv.getElementsByTagName('div')[2];
      oTxtLength = oDiv.getElementsByTagName('div')[3];
      oMarkPrev = oDiv.getElementsByTagName('a')[0];
      oMarkNext = oDiv.getElementsByTagName('a')[1];
      aLiImg = oUlContent.getElementsByTagName('li');
      aLiBtn = oUlBtn.getElementsByTagName('li');
      oTxtInfo.innerHTML = g_aImgInfo[0].info;
      oTxtLength.innerHTML = '1/' + aLiImg.length;
      oMarkPrev.href = g_aImgInfo[0].href;
      oMarkNext.href = g_aImgInfo[0].href;
      oBtnPrev.miaovOpacity = 0;
      oBtnNext.miaovOpacity = 0;
      oBtnPrev.miaovTime = 0;
      oBtnNext.miaovTime = 0;
      oUlBtn.style.width = aLiBtn[0].offsetWidth * aLiBtn.length + 'px';
      /*显示前一张图片*/
      function showPrev() {
         showBtn(oBtnPrev);
         hideBtn(oBtnNext);
         stopAutoPlay();
      }
      /*显示后一张图片*/
      function showNext() {
```

```
        hideBtn(oBtnPrev);
        showBtn(oBtnNext);
        stopAutoPlay();
    }
    /*隐藏所有图片*/
    function hideAll() {
        hideBtn(oBtnPrev);
        hideBtn(oBtnNext);
        startAutoPlay();
    }
...
    for (i = 0; i < aLiBtn.length; i++) {
        aLiBtn[i].miaovIndex = i;
        aLiBtn[i].onmouseover = function() {
            if (g_iNowImg != this.miaovIndex) {
                showLiBtn(this.miaovIndex);
            }
        };
        aLiBtn[i].onmouseout = function() {
            if (g_iNowImg != this.miaovIndex) {
                hideLiBtn(this.miaovIndex);
            }
        };
        aLiBtn[i].onmousedown = function() {
            gotoImg(this.miaovIndex);
        };
        g_aTimerBtn[i] = null;
        g_aLiBtnAlpha[i] = 60;
    }
    g_aLiBtnAlpha[0] = 100;
    startAutoPlay();
};
/*显示按钮*/
function showBtn(oBtn) {
    if (oBtn.miaovTimer) {
        clearInterval(oBtn.miaovTimer);
    }
    oBtn.miaovTimer = setInterval(function() {
        if (oBtn.miaovOpacity < 100) {
            oBtn.miaovOpacity += 10;
            oBtn.style.display = 'block';
            oBtn.style.filter = "alpha(opacity:" + oBtn.miaovOpacity
             + ")";
            oBtn.style.opacity = oBtn.miaovOpacity / 100;
        } else {
            oBtn.style.filter = "";
            oBtn.style.opacity = "";
            clearInterval(oBtn.miaovTimer);
            oBtn.miaovTimer = 0;
        }
    },
    30);
}
...
/*开始自动播放*/
function startAutoPlay() {
    if (g_oTimerAutoPlay) {
            clearInterval(g_oTimerAutoPlay);
    }
    g_oTimerAutoPlay = setInterval(gotoNext, 3000);
```

```
    }
    /*停止自动播放*/
    function stopAutoPlay() {
        if (g_oTimerAutoPlay) {
                clearInterval(g_oTimerAutoPlay);
                g_oTimerAutoPlay = null;
        }
    }
</script>
```

网页效果如图 7.2 所示。

图 7.2　仿 FLASH 广告图片左右滚动替换的效果

7.3　广告图片渐变翻页效果

本实例使用 JavaScript 展示广告图片的渐变翻页效果。本节主要涉及的 JavaScript 语法是 style.backgroundColor。style.backgroundColor 用以设定某元素样式的背景颜色。

本实例主要代码如下：

```
<script type="text/javascript">
    /*主函数*/
    function wori(value) {
        plays(value);
        plays1(value);
        plays2(value);
    }
    /*渐变函数 1*/
    function plays(value) {
        with(wo) {
            filters[0].Apply();
            for (i = 0; i < 3; i++) i == value ? children[i].style.disp
            lay = "block": children[i].style.display = "none";
            filters[0].play();
        }

    /*渐变函数 2*/
    function plays1(value) {
        for (i = 0; i < 3; i++) {
            document.getElementById('Li' + i).style.display = 'none';
        }
        document.getElementById('Li' + value).style.display = 'block';
    }
    /*渐变函数 3*/
    function plays2(value) {
     for (i = 0; i < 3; i++) {
    /* style.backgroundColor 用以设定某元素样式的背景颜色*/
```

```
        document.getElementById('d' + i).style.backgroundColor = '';
         }

        /*style.backgroundColor 用以设定某元素样式的背景颜色*/
        document.getElementById('d' + value).style.backgroundColor =
       '#40e1ff';
     }
</script>
```

网页效果如图 7.3 所示。

图 7.3　广告图片渐变翻页效果

7.4　照片分享网站的图片预览效果

本实例使用 JavaScript 制作类似照片分享网站的图片预览效果。本节主要涉及的 JavaScript 语法如下。

1. jQuery animate事件

animate()方法执行 CSS 属性集的自定义动画。该方法通过 CSS 样式将元素从一个状态改变为另一个状态。CSS 属性值是逐渐改变的，这样就可以创建动画效果，只有数字值可创建动画（如"margin:50px"）。字符串值无法创建动画（如"background-color:red"）。

2. jQuery hover事件

hover(over,out)是一个模仿悬停事件，也就是鼠标移动到一个对象上面及移出这个对象的方法。这是一个自定义的方法，它为频繁使用的任务提供了一种“保持在其中”的状态。

本实例主要代码如下：

```
<script type="text/javascript" src="jquery1.3.2.js"/>
<script type="text/javascript">
     $(function() {
      /*模仿悬停事件*/
          $('#container img').hover(function() {
          var $this = $(this);
          /*执行 CSS 属性集的自定义动画*/
          $this.stop().animate({
              'opacity': '1.0',
              'height': '200px',
              'top': '0px',
              'left': '0px'
          });
```

```
            },
            function() {
            var $this = $(this);
            /*执行 CSS 属性集的自定义动画*/
            $this.stop().animate({
                'opacity': '0.5',
                'height': '500px',
                'top': '-66.5px',
                'left': '-150px'
            });
        });
    });
</script>
```

网页效果如图 7.4 所示。

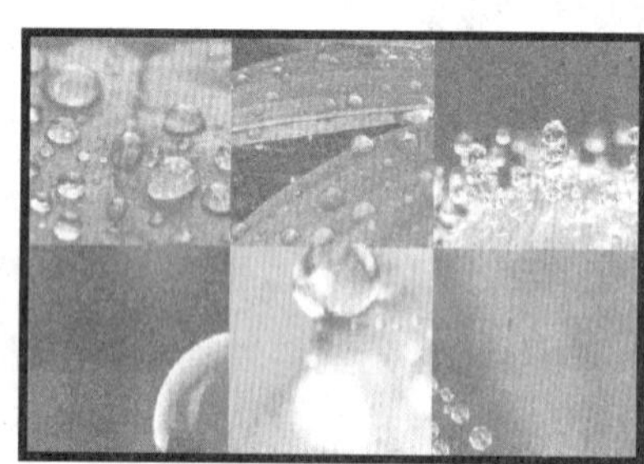

图 7.4　照片分享网站的图片预览效果

7.5　图片滑动放大效果

本实例使用 JavaScript 实现图片滑动放大效果。本节主要涉及的 JavaScript 语法是 relatedTarget、fromElement 和 toElement 方法。

DOM 通过 event 对象的 relatedTarget 属性提供了相关元素的信息。这个属性只对于 mouseover 和 mouseout 事件才包含值；对于其他事件，这个属性的值是 null。IE 不支持 realtedTarget 属性，但提供了保存着同样信息的不同属性。在 mouseover 事件触发时，IE 的 fromElement 属性中保存了相关元素；在 mouseout 事件触发时，IE 的 toElement 属性中保存着相关元素。可以把下面这个跨浏览器取得相关元素的方法添加到 EventUtil 对象中。

本实例主要代码如下：

```
<script type="text/javascript">
    var $ = function(id) {
        return "string" == typeof id ? document.getElementById(id) : id;
    };
    /*事件函数*/
    function Event(e) {
        var oEvent = document.all ? window.event: e;
        if (document.all) {
            if (oEvent.type == "mouseout") {
                oEvent.relatedTarget = oEvent.toElement;
    /*relatedTarget 属性提供了相关元素的信息*/
```

```
        } else if (oEvent.type == "mouseover") {
/*在 mouseover 事件触发时，IE 的 fromElement 属性中保存了相关元素*/
            oEvent.relatedTarget = oEvent.fromElement;
            }
    }
    return oEvent;
    }
    /*增加事件句柄*/
    function addEventHandler(oTarget, sEventType, fnHandler) {
    if (oTarget.addEventListener) {
      oTarget.addEventListener(sEventType, fnHandler, false);
    } else if (oTarget.attachEvent) {
      oTarget.attachEvent("on" + sEventType, fnHandler);
    } else {
      oTarget["on" + sEventType] = fnHandler;
     }
};
var Class = {
/*创建*/
    create: function() {
      return function() {
          this.initialize.apply(this, arguments);
      }
    }
}
/*对象扩展*/
     Object.extend = function(destination, source) {
     for (var property in source) {
     destination[property] = source[property];
    }
    return destination;
}
var GlideView = Class.create();
GlideView.prototype = {
…
)
…
     SetOptions: function(options) {              /*设置选项*/
…
     },
     Set: function(index) {                       /*设置*/
…
     },
     Move: function() {                           /*移动*/
…
     },
     /*获取步长*/
     GetStep: function(iTarget, iNow) {
        var iStep = (iTarget - iNow) / this.Step;
        if (iStep == 0) return 0;
        if (Math.abs(iStep) < 1) return (iStep > 0 ? 1 : -1);
        return iStep;
     },
     /*共同*/
     Each: function(fun) {
        for (var i = 0; i < this._count; i++) fun.call(this, this._list[i],
        (this.Showtext ? this._text[i] : null), i);
     }
```

```
    };
    /*页面加载*/
    window.onload = function() {
        new GlideView("idGlideView", 1000, "div", 500, {
            TextTag: "a",
            TextHeight: 50
        });
    }
</script>
```

网页效果如图 7.5 所示。

图 7.5　图片滑动放大效果

7.6　Google 牛顿纪念日苹果下落特效 Logo

本实例使用 JavaScript 实现谷歌首页在牛顿纪念日所摆放的苹果下落特效 Logo。本节主要涉及的 JavaScript 语法如下。

1．setInterval()方法

setInterval()方法已在 1.43 节介绍过，这里不再复述。

2．clearInterval()方法

window.clearInterval()将取消由 setInterval()方法设置的定时器。setInterval()方法会不停地调用函数，直到用 clearInterval()方法终止定时或窗口被关闭。

3．parseInt()方法

parseInt()方法的语法是：parseInt(number,type)，number 为要转换的字符串，type 表示进制类型，如果不指定 type，type 值以 0x 开头时，为十六进制；以 0 开头且第二位不为 x，则认为是八进制。

本实例主要代码如下：

```
<img src=newton09-tree.jpg width=384 height=138 border=0 alt="艾萨克牛顿"
id=logo
onload="window.lol&&lol();
setTimeout(function(){
var h=0,v=1,f=document.getElementById('fall'),
/*按照以毫秒计算的指定周期来调用函数或计算表达式*/
i=setInterval(function(){
if(f){
var r=parseInt(f.style.right)+h,                          /*转换为整数*/
b=parseInt(f.style.bottom)-v;                             /*转换为整数*/
f.style.right=r+'px';
```

```
f.style.bottom=b+'px';
if(b>-210){v+=2}
else{h=(v>9)?v*0.1:0;v*=(v>9)?-0.3:0}
}
/*取消由 setInterval()方法设置的定时器*/
if(v==0){clearInterval(i);h=0;v=1;}
},25);
},2000);" />
```

网页效果如图 7.6 所示。

图 7.6　Google 牛顿纪念日苹果下落特效 Logo

7.7　运用 marquee 标签的图片滚动特效

本实例运用 marquee 标签，实现图片滚动特效。本节主要涉及的 JavaScript 语法是。

<marquee>标签并不是 HTML 3.2 的一部分，该标签仅支持 MSIE 3 以后内核，使用非 IE 内核浏览器可能无法看到其实现的效果。<marquee>标签是一个容器标签，在该标签中，经常用到两个事件，它们就是 onMouseOut="this.start()"用来设置鼠标移出该区域时继续滚动；onMouseOver="this.stop()" 用来设置鼠标移入该区域时停止滚动。

本实例主要代码如下：

```
/*<marquee>标签是一个容器标签*/
<marquee direction=up height=160 scrollamount=2 scrolldelay=90
 width="100%">
<img border=0 src="51502s.jpg">
</marquee>
```

网页效果如图 7.7 所示。

图 7.7　运用 marquee 标签的图片滚动特效

7.8　仿 NBA 网站图片切换

本实例使用 JavaScript 模仿 NBA 网站，实现网站图片的切换。本节主要涉及的 JavaScript 语法如下。

1．createDocumentFragment

document.createDocumentFragment 能节约使用 DOM。每次 JavaScript 对 DOM 的操作都会改变页面并重新刷新整个页面，从而浪费大量的时间。为解决这个问题，可以创建一个文档碎片，把所有的新节点附加其上，然后把文档碎片的内容一次性添加到 document 中。

2．createElement

document.createElement()是在对象中创建一个对象，要与 appendChild()或 insertBefore()方法联合使用，其中，appendChild()方法在节点的子节点列表末添加新的子节点。insertBefore()方法在节点的子节点列表任意位置插入新的节点。

本实例主要代码如下：

```
<script type="text/javascript">
…
    /*图片隐藏*/
    function imgs_s_dis() {
        var imgs = document.getElementById("imgs");
        /*创建一个文档碎片，把所有的新节点附加其上，然后把文档碎片的内容一次性添加
        到 document 中*/
        var fr = document.createDocumentFragment();
        for (var i = 0; i < imgs_s.length; i++) {
            /*在对象中创建一个对象*/
            var li = document.createElement("li");
            li.innerHTML = "<img src='" + imgs_s[i] + "' alt='' />";
            lis.push(li);
            fr.appendChild(li);
        }
        imgs.appendChild(fr);
    }
    /*图片滚动*/
    function img_scroll(num) {
        cur_img.src = imgs_m[num];
        img_title.innerHTML = imgs_title[num];
    }
…
    /*图片播放*/
    function img_play() {
        r++;
        if (r > lis.length - 1) r = 0;
        mb_li = lis[r].offsetTop;
        if (tt) clearTimeout(tt);
        tt = setInterval("f_mask_mov()", 25);
        cur_li = lis[r];
        img_scroll(r);
    }
```

```
    /*获取焦点*/
    function _focus() {
        imgs_s_dis();
        cur_li = lis[0];
        f_img_roll = document.getElementById("f_img_roll");
        cur_img = f_img_roll.getElementsByTagName("img")[0];
        img_title = document.getElementById("f_title");
        f_mask = document.getElementById("f_mask");
        for (var i = 0; i < lis.length; i++) {
            lis[i].onmouseover = function() {
                this.style.border = "1px solid #cc0000";
            }
            lis[i].onmouseout = function() {
                this.style.border = "1px solid #0066cc";
            }
            lis[i].num = i;
            lis[i].onclick = function() {
                if (cur_li != this) {
                    if (tt) clearTimeout(tt);
                    clearTimeout(ttt);
                    r = this.num;
                    mb_li = this.offsetTop;
                    tt = setInterval("f_mask_mov()", 40);
                    cur_li = this;
                    img_scroll(this.num);
                }
            }
        }
        ttt = setTimeout("img_play()", 3000);
    }
    /*遮罩移动*/
    function f_mask_mov() {
        if (m > mb_li) {
            m -= (m - mb_li) * 0.2;
            if ((m - 1) < mb_li) {
                clearTimeout(tt);
                f_mask.style.top = mb_li + "px";
                f_mask_top = mb_li;
                m = mb_li;
                ttt = setTimeout("img_play()", 3000);
                return;
            } else {
                f_mask.style.top = m + "px";
            }
        } else {
            m += (mb_li + 5 - m) * 0.2;
            if (m > mb_li) {
                clearTimeout(tt);
                f_mask.style.top = mb_li + "px";
                m = f_mask_top = f_mask.offsetTop;
                ttt = setTimeout("img_play()", 3000);
                return;
            } else {
                f_mask.style.top = m + "px";
            }
        }
    }
    /*页面加载*/
    window.onload = _focus;
</script>
```

网页效果如图 7.8 所示。

图 7.8　仿 NBA 网站图片切换

7.9　仿 nVida 网站图片滑动切换

本实例使用 JavaScript 模仿 nVida 网站，实现网站图片的滑动切换。本节主要涉及的 JavaScript 语法如下。

getElementById()方法的语法是：getElementById(id)，可以访问 document 中某一设置了 id 的特殊元素。

本实例主要代码如下：

```
<script type="text/javascript">
   var tt;
   function move(){              /*移动函数 1*/
   /*访问 document 中的某一设置了 id 的特殊元素*/
      document.getElementById('links').style.display = "none";
      document.getElementById('links').style.display = "block";
   }
   /*移动函数 2*/
      function move2(){
         document.getElementById('links').style.display = "block";
         document.getElementById('links').style.display = "none";
   }
  /*按钮点击 1*/
      function button1click(){
         clearInterval(tt);
         tt = setInterval('move()',1);
     document.getElementById("indexButton").style.display = "none";
     document.getElementById("schoolButton").style.display = "block";
   }
  /*按钮点击 2*/
      function button2click(){
         clearInterval(tt);
         tt=setInterval('move2()',1);
     document.getElementById("indexButton").style.display = "block";
     document.getElementById("schoolButton").style.display = "none";
   }
```

```
</script>
```

网页效果如图 7.9 所示。

图 7.9　仿 nVida 网站图片滑动切换

7.10　盯着你看的眼睛 Logo

本实例使用 JavaScript 在网页上制作出盯着你看的眼睛 Logo。本节主要涉及的 JavaScript 语法如下。

1．documentElement属性

documentElement 属性可返回文档的根节点。

2．attachEvent() 和addEventListener()方法

attachEvent()方法，为某一事件附加其他的处理事件，不支持 Mozilla 系列；addEventListener()方法则专门用于 Mozilla 系列。

本实例主要代码如下：

```
<script type="text/javascript">
      if ((document.getElementById) && window.addEventListener || window
          .attachEvent) { (function() {
       /*定义和初始化变量*/
          var e_img = new Image();
          e_img.src = "eye01.gif";
          var p_img = new Image();
          p_img.src = "eye02.gif";
          var d = document;
          var pix = "px";
          var idx = document.images.length;
          if (document.getElementById("cont" + idx)) idx++;
          var eyeballs = "";
          var pupil1 = "";
          var pupil2 = "";
```

```
        d.write('<div id="cont' + idx + '" class="eyestyle" style="height:
        34px;width:69px">' + '<div id="eyblls' + idx + '"style=
        "position:relative;
        width:69px;height:34px"><img src="' + e_img.src + '" alt=""/>'
         + '<img id="
        ppl1' + idx + '" src="' + p_img.src + '" alt="" style=
        "position:absolute;top:10px;left:11px;width:13px;height:13px"
        />' + '<img
        id="ppl2' + idx + '" src="' + p_img.src + '" alt="" style="
        position:absolute;
        top:10px;left:46px;width:13px;height:13px"/>' + '<\/div><\/
        div>');
        function watchTheMouse(y, x) {
…
        }
        /*鼠标事件*/
        function mouse(e) {
           var y, x;
           if (!e) e = window.event;
           if (typeof e.pageY == 'number') {
              y = e.pageY;
              x = e.pageX;
           } else {
              var ref = document.documentElement || document.body;
              y = e.clientY + ref.scrollTop;
              x = e.clientX + ref.scrollLeft;
           }
           watchTheMouse(y, x);
        }
        /*初始化*/
        function init() {
           eyeballs = d.getElementById("eyblls" + idx);
           pupil1 = d.getElementById("ppl1" + idx).style;
           pupil2 = d.getElementById("ppl2" + idx).style;
        }
        /*为某一事件附加其他的处理事件*/
        if (window.addEventListener) {
           window.addEventListener("load", init, false);
           document.addEventListener("mousemove", mouse, false);
        }
        /*为某一事件附加其他的处理事件*/
        else if (window.attachEvent) {
           window.attachEvent("onload", init);
           document.attachEvent("onmousemove", mouse);
        }
     })();
  } //End.
</script>
```

网页效果如图 7.10 所示。

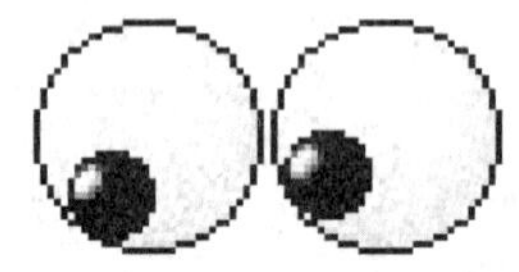

图 7.10　盯着你看的眼睛 Logo

7.11　仿 FLASH 图片光照特效

本实例使用 JavaScript 在网页上实现类似 FLASH 的图片光照特效。本节主要涉及的 JavaScript 语法如下。

使用 wave 滤镜可使对象产生波纹变形，其语法是选择器 filter：wave(add=数,freq=数,lightstrength=数,phase=数,strength=数)，其中，add 值用于设定是否显示对象，0 值表示不显示，非 0 表示显示；freq 值用来设定波动个数；lightstrength 用于设置波纹效果光照强度，取值为 0～100，0 表示最弱；phase 值用于设定波纹的起始相角，取值为 0～100，25 为 90°，50 为 180°。

本实例主要代码如下：

```
<SCRIPT LANGUAGE="JavaScript">
i = 0;
    /*光照特效*/
    function f_wave() {
        i = i - 4;
        /*使用 wave 滤镜可使对象产生波纹变形*/
        ShowCool.style.filter = "Wave(Freq=1,LightStrength=20,Phase="
         + i + ")";
        setTimeout("f_wave()", 100);
    }
    window.onload = f_wave;
</SCRIPT>
```

网页效果如图 7.11 所示。

图 7.11　仿 FLASH 图片光照特效

7.12　心形屏保效果

本实例使用 JavaScript 在网页上制作出移动的心形屏保。本节主要涉及的 JavaScript 语法如下。

1．progid:DXImageTransform.Microsoft.AlphaImageLoader滤镜

很多大型网站上都使用到了这个滤镜，它是 IE 滤镜的一种，其主要作用就是对图片进

行透明处理。虽然 FireFox 和 IE 7 以上的 IE 浏览器已经支持透明的 PNG 图片，但是在 IE5、IE6 上还是有一定的作为。该滤镜的语法如下。

filter:progid:DXImageTransform.Microsoft.AlphaImageLoader(enabled=bEnabled,sizingMethod=sSize,src=sURL)，其中，enabled 是可选项，为布尔值，用以设定或检索滤镜是否激活；sizingMethod 也是可选项，为字符串，用以设定或检索滤镜作用的对象图片在对象容器边界内的显示方式。src 也是必选项，为字符串，使用绝对或相对 url 地址指定背景图像，假如忽略此参数，滤镜将不会作用。

2．execCommand()方法

execCommand()方法是执行一个对当前文档，当前选择或者给出范围的命令。处理 HTML 数据时常用 document.execCommand(sCommand[,交互方式, 动态参数]) 这种格式，其中 sCommand 为指令参数，交互方式参数如果是 true 的话将显示对话框，如果为 false 的话，则不显示对话框，动态参数一般为一可用值或属性值。

本实例主要代码如下：

```
<script>
    + function() {
        var _VER_ = navigator.userAgent;
        var _FF_ = /Firefox/.test(_VER_);
        var _IE6_ = /IE 6/.test(_VER_);
        var W3C = !!window.addEventListener;
        try {
            /*执行一个对当前文档，当前选择或者给出范围的命令*/
            document.execCommand("BackgroundImageCache", false, true)
        } catch(e) {}
...
        /*初始化*/
        function Init()
        {
        if (W3C) document.addEventListener("resize", handleResize, false);
        else window.attachEvent("onresize", handleResize);
        handleResize();
        Timer(render, 17);
        }
        /*计时器*/
        function Timer(call, time) {
            var last = +new Date;
            var delay = 0;
            return setInterval(function() {
                var cur = +new Date;
                delay += (cur - last);
                last = cur;
                if (delay >= time) {
                    call();
                    delay %= time;
                }
            },1);
        }
        /*循环修改*/
        function render() {
            var i, objBub;
            for (i = 0, n = arrBubs.length; i < n; i++) {
                objBub = arrBubs[i];
```

```
            objBub.update();
        }
    }
    /*处理尺寸重置*/
    function handleResize() {
        iRight = document.documentElement.clientWidth - 2 * R;
        iBottom = document.documentElement.clientHeight - 2 * R;
    }
    /*创建气泡*/
    window.CreateBubble = function() {
        var obj = new Bubble();
        obj.shot(START_X_MIN + rnd()* (START_X_MAX - START_X_MIN) ,
        START_Y_MIN + rnd() * (START_Y_MAX - START_Y_MIN));
        arrBubs.push(obj);
    };
    var T = 0;
    /*冒泡*/
    function Bubble() {
…
        /*初始化*/
        function Init() {
            var oBox = document.createElement("div");
            styBox = oBox.style;
            document.body.appendChild(oBox);
            styBox.position = "absolute";
            styBox.width = R * 2 + "px";
            styBox.hcight - R * 2 + "px";
            for (var i = 0; i < 4; i++) {
                var div = document.createElement("div");
                var sty = div.style;
                sty.position = "absolute";
                sty.width = "222px";
                sty.height = "222px";
                oBox.appendChild(div);
                if (i == 3) {
                    if (_IE6_) sty.filter =
                    /*该滤镜的主要作用就是对图片进行透明处理*/
                   "progid:DXImageTransform.Microsoft.AlphaImageLoader
                    (src=heart3.png)";
                    else sty.backgroundImage = "url(heart3.png)";
                    break;
                }
                kOpa[i] = 3 * rnd();
                kStp[i] = 0.02 * rnd();
                if (W3C) {
                    sty.backgroundImage = "url(712" + i + ".png)";
                    arrFlt[i] = sty;
                } else {
                    sty.filter = "alpha progid:DXImageTransform.
                    Microsoft.AlphaImageLoader(src=712" + i + ".png)";
                    arrFlt[i] = div.filters.alpha;
                }
            }
        }
…
</script>
```

网页效果如图 7.12 所示。

图 7.12　心形屏保效果

7.13　仿天极网首页幻灯图片切换特效

本实例使用 JavaScript 模仿天极网首页，制作出幻灯图片切换特效。本节主要涉及的 JavaScript 语法如下。

```
filter:alpha(opacity=opcity,finishopacity=finishopacity,style=style,sta
rtX=startX,startY=startY,finish=finishX,finishY=finishY)
```

参数 opacity 代表透明度等级，可选值从 0～100，0 代表完全透明，100 代表完全不透明；style 参数指定了透明区域的形状特征。其中 0 代表统一形状；1 代表线形；2 代表放射状；3 代表长方形；finishopacity 是一个可选项，用来设置结束时的透明度，从而达到一种渐变效果，它的值也是从 0～100；startX 和 startY 代表渐变透明效果的开始坐标；finishX 和 finishY 代表渐变透明效果的结束坐标。

本实例主要代码如下：

```
<script>
...
    /*更换图片函数 1*/
    function change_img() {
        if (key == 0) {
            key = 1;
        } else if (document.all) {
            document.getElementById("pic").filters[0].Apply();
            document.getElementById("pic").filters[0].Play(duration = 2);
        }
        eval('document.getElementById("pic").src=img' + nn + '.src');
        eval('document.getElementById("url").href=url' + nn + '.src');
        for (var i = 1; i <= counts; i++) {
            document.getElementById("xxjdjj" + i).className = 'axx';
        }
        document.getElementById("xxjdjj" + nn).className = 'bxx';
        nn++;
        if (nn > counts) {
```

```
            nn = 1;
        }
        tt = setTimeout('change_img()', 4000);
    }
    /*更换图片函数 2*/
    function changeimg(n) {
        nn = n;
        window.clearInterval(tt);
        change_img();
    }
    /*页面输出*/
    document.write('<style>');
    document.write('.axx{padding:1px7px;border-left:#cccccc1pxsolid;} ');
    document.write('a.axx:link,a.axx:visited{text-decoration:none;color:
    #fff;line-height:12px;font:9px sans-serif; background-color:#666;}');
    document.write('a.axx:active,a.axx:hover{text-decoration:none;color:
    #fff;line-height:12px;font:9px sans-serif;background-color:#999;}');
    document.write('.bxx{padding:1px 7px;border-left:#cccccc 1px solid;}');
    document.write('a.bxx:link,a.bxx:visited{text-decoration:none;color:
    #fff;line-height:12px;font:9px sans-serif;background-color:#D34600;}
    ');
    document.write('a.bxx:active,a.bxx:hover{text-decoration:none;color
    :#fff;line-height:12px;font:9px sans-serif;background-color:#D34600
    ;}');
    document.write('</style>');
    document.write('<div style="width:' + widths +'px;height:' + heights +
    'px;overflow:hidden;text-overflow:clip;">');
    document.write('<div><a id="url"><imgid="pic"style="border:0px;fil
    ter:progid:dximagetransform.microsoft.wipe(gradientsize=1.0,wipesty
    le=4, motion=forward)" width=' + widths + ' height=' + heights + '
    /></a></div>');
    document.write('<divstyle="filter:alpha(style=1,opacity=10,finishO
    pacity=80);background:#888888;width:100%-2px;text-align:right;top:
    -12px;position:relative;margin:1px;height:12px;padding:0px;margin:
    0px;border:0px;">');
    for (var i = 1; i < counts + 1; i++) {
         document.write('<a href="javascript:changeimg(' + i + ');"
         id="xxjdjj'   + i + '" class="axx" target="_self">' + i + '</a>');
    }
    document.write('</div></div>');
    /*调用更换图片函数 1*/
    change_img();
</script>
```

网页效果如图 7.13 所示。

图 7.13　仿天极网首页幻灯图片切换特效

7.14　百度图片切换特效

本实例使用 JavaScript 实现类似百度的图片切换特效。本节主要涉及的 JavaScript 语法是 style.MozOpacity 属性，是提供给火狐浏览器的 css 属性，用来控制透明度，其取值精度为 0.1。

本实例主要代码如下：

```
<script>
…
var delay = (document.all) ? 400 : 700;
    /*设置滤镜*/
    function SetAlpha() {
        if (document.all) {
            if (oi.filters && oi.filters.Alpha) oi.filters.Alpha.opacity
            = opacity;
        } else {
            oi.style.MozOpacity = ((opacity >= 100) ? 99 : opacity) / 100;
            /*控制图片透明度*/
        }
    }
    /*图片切换*/
    function ImgSwitch(id, p) {
        if (p) {
            pause = true;
            opacity = 100;
            SetAlpha();
        }
        oi.src = imgs[id].src;
        document.getElementById("dlink").href = links[id];
        document.getElementById("it" + lastid).className = "off";
        document.getElementById("it" + id).className = "on";
        document.getElementById("titnv").innerHTML = "<b>" + tits[id]
         + "</b>";
        curid = lastid = id;
    }
    /*滚动图片*/
    function ScrollImg() {
        if (pause && opacity >= 100) return;
        if (sw == 0) {
            opacity += 2;
            if (opacity > delay) {
                opacity = 100;
                sw = 1;
            }
        }
        if (sw == 1) {
            opacity -= 3;
            if (opacity < 10) {
                opacity = 10;
                sw = 3;
            }
        }
        SetAlpha();
        if (sw != 3) return;
```

```
        sw = 0;
        curid++;
        if (curid > 4) curid = 1;
        ImgSwitch(curid, false);
    }
    function Pause(s) {                          /*暂停*/
        pause = s;
    }
    function StartScroll() {                     /*开始滚动*/
        setInterval(ScrollImg, speed);
    }
    /*检验加载*/
    function CheckLoad() {
        if (imgs[1].complete == true && imgs[2].complete == true) {
            clearInterval(checkid);
            setTimeout(StartScroll, 2000);
        }
    }
    var checkid = setInterval(CheckLoad, 10);
</script>
```

网页效果如图 7.14 所示。

图 7.14　百度图片切换特效

7.15　腾讯图片滑动切换特效

本实例使用 JavaScript 实现类似腾讯网的图片滑动切换特效。本节主要涉及的 JavaScript 语法是 document.defaultView.getComputedStyle()方法，用于获取元素样式信息，并返回样式表对象，它是 W3C 的标准方法。

本实例主要代码如下：

```
<SCRIPT language=javascript>
    if (typeof(pgvMain) == 'function') pgvMain();
    var gtopTab = "one";
    function $id(id) {
        return document.getElementById(id);
    }
    /*变更选项卡*/
    function changesTab(tab_id) {
        if (tab_id == gtopTab) {
            return;
        } else {
            $id(gtopTab).className = "unselect";
            $id(tab_id).className = "select";
            $id("tab_" + gtopTab).style.display = "none";
            $id("tab_" + tab_id).style.display = "block";
            gtopTab = tab_id;
```

```
        }
    }
    var $ = function(id) {
        return "string" == typeof id ? document.getElementById(id) : id;
    };
    /*扩展*/
    var Extend = function(destination, source) {
        for (var property in source) {
            destination[property] = source[property];
        }
        return destination;
    }
    /*当前样式*/
    var CurrentStyle = function(element) {
        return element.currentStyle||document.defaultView.getComputedSt
        yle(element, null);
    }
    /*绑定*/
    var Bind = function(object, fun) {
        var args = Array.prototype.slice.call(arguments).slice(2);
        return function() {
            return fun.apply(object, args.concat(Array.prototype.slice.call
            (arguments)));
        }
    }
    var Tween = {
        Quart: {
            easeOut: function(t, b, c, d) {
                return - c * ((t = t / d - 1) * t * t * t - 1) + b;
            }
        },
        /*返回*/
        Back: {
            easeOut: function(t, b, c, d, s) {
                if (s == undefined) s = 1.70158;
                return c * ((t = t / d - 1) * t * ((s + 1) * t + s) + 1) + b;
            }
        },
        /*反弹*/
        Bounce: {
            easeOut: function(t, b, c, d) {
                if ((t /= d) < (1 / 2.75)) {
                    return c * (7.5625 * t * t) + b;
                } else if (t < (2 / 2.75)) {
                    return c * (7.5625 * (t -= (1.5 / 2.75)) * t + .75) + b;
                } else if (t < (2.5 / 2.75)) {
                    return c * (7.5625 * (t -= (2.25 / 2.75)) * +.9375) + b;
                } else {
                    return c*7.5625*(t -=(2.625/2.75))*t+ .984375+b;

                }
            }
        }
    }
...
        /*定义和初始化变量*/
        var p = CurrentStyle(this._container).position;
        p == "relative" || p == "absolute" || (this._container.style.position
```

```
    = "relative");
  this._container.style.overflow = "hidden";
  this._slider.style.position = "absolute";
  this.Change = this.options.Change ? this.options.Change: this._
  slider[bVertical ? "offsetHeight": "offsetWidth"] / this._count;};
  SlideTrans.prototype = {                      /*幻灯原型*/
     SetOptions: function(options) {            /*设置默认属性*/
     this.options = {
...
     };
     Extend(this.options, options || {});       /*扩展*/
  },
  Run: function(index) {                        /*运行*/
...
  },
  /*移动*/
  Movc: function() {
     clearTimeout(this._timer);
     if (this._c && this._t < this.Duration) {
        this.MoveTo(Math.round(this.Tween(this._t++,
         this._b, this._c, this.Duration)));
        this._timer = setTimeout(Bind(this, this.Move), this.Time);
     } else {
        this.MoveTo(this._target);
        this.Auto && (this._timer = setTimeout(Bind(this, this.Next)
        , this.Pause));
     }
  },
  /*移动到*/
  MoveTo: function(i) {
     this._slider.style[this._css] = i + "px";
  },
  /*下一个*/
  Next: function() {
     this.Run(++this.Index);
  },
  /*上一个*/
  Previous: function() {
     this.Run(--this.Index);
  },
  /*停止*/
  Stop: function() {
     clearTimeout(this._timer);
     this.MoveTo(this._target);
  }
};
var forEach = function(array, callback, thisObject) {
   if (array.forEach) {
      array.forEach(callback, thisObject);
   } else {
      for (var i = 0,
      len = array.length; i < len; i++) {
         callback.call(thisObject, array[i], i, array);
      }
   }
}
var st = new SlideTrans("idContainer2", "idSlider2", 5, {
   Vertical: false
```

```
    });
    var nums = [];
    for (var i = 0,
    n = st._count - 1; i <= n;) { (nums[i] = $("idNum").appendChild
   (document.createElement("li"))).innerHTML = ++i;
    }
    forEach(nums,
    function(o, i) {
        o.onmouseover = function() {
            o.className = "on";
            st.Auto = false;
            st.Run(i);
        }
        o.onmouseout = function() {
            o.className = "";
            st.Auto = true;
            st.Run();
        }
    })
    /*开始*/
    st.onStart = function() {
        forEach(nums,
        function(o, i) {
            o.className = st.Index == i ? "on": "";
        })
    }
    st.Run();                    /*运行*/
</SCRIPT>
```

网页效果如图 7.15 所示。

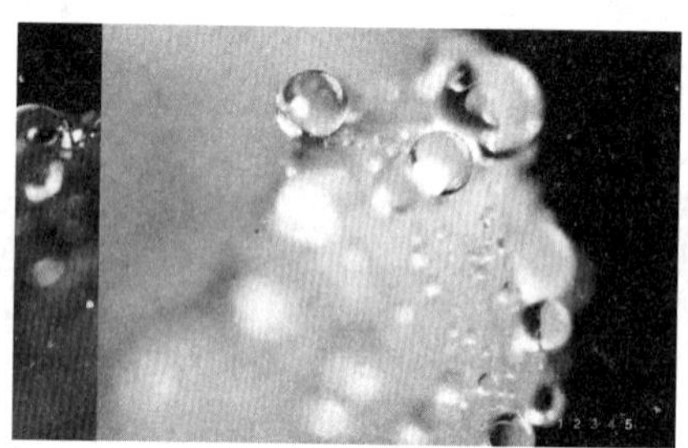

图 7.15　腾讯图片滑动切换特效

7.16　仿新浪焦点图变换自动切换大图效果

本实例使用 JavaScript 模仿新浪网，焦点图变换自动切换大图的特效。本节主要涉及的 JavaScript 语法是 param 元素，用以传递对象所需要的参数，它仅能是 object、applet 和 embed 的子元素，只能放置于 object、applet 和 embed 元素的标签内容中。

本实例主要代码如下：

```
<script language="javascript">
    /*定义和初始化变量*/
    var bigPic0 = "51501.jpg";
    var bigPic1 = "51502.jpg";
```

```
    var bigPic2 = "51503.jpg";
    var bigPic3 = "51504.jpg";
    var smallPic0 = "51501s.jpg";
    var smallPic1 = "51502s.jpg";
    var smallPic2 = "51503s.jpg";
    var smallPic3 = "51504s.jpg";
    var PicURL0 = "http://www.baidu.com";
    var PicURL1 = "http://www.qq.com";
    var PicURL2 = "http://www.163.com";
    var PicURL3 = "http://www.sina.com";
    var t0 = "绚丽";
    var t1 = "璀璨";
    var t2 = "妖艳";
    var t3 = "光芒";
    var describe0 = "多么绚丽";
    var describe1 = "十分璀璨";
    var describe2 = "多么妖艳";
    var describe3 = "充满光芒";
    var t = t0 + "[|]" + t1 + "[|]" + t2 + "[|]" + t3;
    var bigPicURL= bigPic0
    + "[|]" + bigPic1 + "[|]" + bigPic2 + "[|]" + bigPic3;
    var smallPicURL = smallPic0 + "[|]" + smallPic1 + "[|]" + smallPic2 +
     "[|]" + smallPic3;
    var PicURL = PicURL0 + "[|]" + PicURL1 + "[|]" + PicURL2 + "[|]" + PicURL3;
    var describe = describe0 + "[|]" + describe1 + "[|]" + describe2 + "[|]"
    + describe3;
    /*页面输出*/
    document.write("<objectclassid='clsid:d27cdb6e-ae6d-11cf-96b8-44455
    3540000'codebase='http://fpdownload.macromedia.com/pub/shockwave/
    cabs/flash/swflash.cab#version=7,0,0,0' width='535' height='356'
    ID='FSCommand'NAME='focus_one'align='middle'><paramname='allowScript
    Accessvalue='sameDomain'>
    /*<param>标签*/
    <param name='movie' value='bnfocus.swf'><param name='FlashVars'
value='bigPicURL=" + bigPicURL + "&smallPicURL=" + smallPicURL + "&t=" +
t + "&PicURL=" + PicURL + "&describe=" + describe + "'><param name='quality'
value='high'><param name='bgcolor' value='#ffffff'><embed src='/jscss/
demoimg/201007/bnfocus.swf' FlashVars='bigPicURL=" + bigPicURL + "&sma
llPicURL=" + smallPicURL + "&t=" + t + "&PicURL=" + PicURL + "&describe="
+ describe + "' quality='high' bgcolor='#ffffff' width='535' height='356'
name='focus' swLiveConnect='true' align='middle'allowScriptAccess=
'sameDomain' type='application/x-shockwave-flash' pluginspage='http:
//www.macromedia.com/go/getflashplayer'></object>");
</script>
```

网页效果如图 7.16 所示。

图 7.16　仿新浪焦点图变换自动切换大图效果

7.17　搜狐女人频道首页的图片切换效果

本实例使用 JavaScript 实现类似搜狐女人频道首页的图片切换效果。本节主要涉及的 JavaScript 语法如下。

1．style.zIndex

style.zIndex 用以动态改变层的前后排列顺序。

2．parseInt()函数

parseInt()函数的语法是 parseInt(number,type)，number 为要转换的字符串，type 表示进制类型，如果不指定 type，type 值以 0x 开头时，为十六进制；以 0 开头且第二位不为 x，则认为是八进制。

本实例主要代码如下：

```
<script type="text/javascript">
    <![CDATA[/*><!--*/
    /*定义和初始化变量*/
    var js_F = document.getElementById("js_F");
    var imgList = ["51501.jpg","51502.jpg","51503.jpg","51504.jpg","51505
    .jpg","51506.jpg",];
    var imgTemp = new Array();
    for (i = 0; i < imgList.length; i++) {
        imgTemp[i] = new Image();
        imgTemp[i].src = imgList[i];
    }
    var imgs = new Array();
    var imgID = 0,
    nextImgID, proveImgID;
    var tf = true;
    var speed1 = 10;
    speed2 = 3000;
    /*图片初始化*/
    function imgInit() {
        var content = '';
        for (i = 0; i < imgList.length; i++) {
            content += '<img src="' + imgList[i] + '" style="left:0;" />\n';
        }
        js_F.innerHTML = content;
        imgs = js_F.getElementsByTagName('img');
        /* style.zIndex 用以动态改变层的前后排列顺序*/
        imgs[0].style.zIndex = 20;
        imgs[1].style.zIndex = 15;
    }
    /*图片变换*/
    function imgChange() {
        if ((imgID + 1) < imgList.length) {
            nextImgID = imgID + 1;
        } else if (imgID < imgList.length) {
            nextImgID = 0;
        } else {
```

```
        imgID = 0;
        nextImgID = imgID + 1;
    }
    imgs[imgID].style.zIndex = 20;
    imgs[nextImgID].style.zIndex = 15;
    setTimeout('imgShow()', speed2);
  }
 /*图片展示*/
 function imgShow() {
    if (tf) {
        if (parseInt(imgs[imgID].style.left) > -180) {
            /*将字符串转换为整数*/
            imgs[imgID].style.left = (parseInt(imgs[imgID].style.left)
                - 10) + 'px';
            imgs[nextImgID].style.left
              = (parseInt(imgs[nextImgID].style.left) + 5) + 'px';
            setTimeout('imgShow()', speed1);
        } else {
            tf = !tf;
            imgs[imgID].style.zIndex = 15;
            imgs[nextImgID].style.zIndex = 20;
            setTimeout('imgShow()', speed1);
        }
    } else {
        if (parseInt(imgs[imgID].style.left) < 0) {
            imgs[imgID].style.left = (parseInt(imgs[imgID].style.left) +
            10) + 'px';
            imgs[nextImgID].style.left= (parseInt(imgs[nextImgID].sty
            le.left) - 5) + 'px';
            setTimeout('imgShow()', speed1);
        } else {
            imgs[imgID].style.zIndex = 10;
            tf = !tf;
            imgID++;
            imgChange();
        }
    }
 }
 imgInit();                        /*调用图片初始化*/
 imgChange();                 /*调用图片变换*/
 /*]]>*/
</script>
```

网页效果如图 7.17 所示。

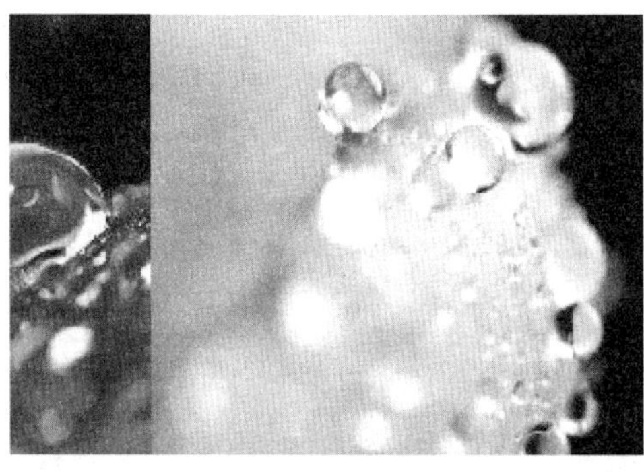

图 7.17　搜狐女人频道首页的图片切换效果

7.18　腾讯商品图片滚动效果

本实例使用 JavaScript 实现模仿腾讯商品页面的图片滚动效果。本节主要涉及的 JavaScript 语法如下。

1．setInterval()方法

setInterval()方法已在 1.43 节介绍过，这里不再复述。

2．clearInterval()方法

window.clearInterval()方法已在 1.43 节介绍过，不再复述。

本实例主要代码如下：

```
<SCRIPT language=javascript>
    function $(v) {
        return document.getElementById(v);
    }
    var speed = 30;
    demo2.innerHTML = demo1.innerHTML;
    /*向左滚动*/
    function MarqueeL() {
        if (demo2.offsetWidth - demo.scrollLeft <= 0) demo.scrollLeft-= demo1
        .offsetWidth;
        else demo.scrollLeft++;
    }
        /*向右滚动*/
        function MarqueeR() {
            if (demo2.offsetWidth - demo.scrollLeft >= 255) demo.scroll
            Left+= demo1.offsetWidth;
            else demo.scrollLeft--;
    }
    var flag = 0;
    var MyMar;
    /*按照以毫秒计算的指定周期来调用函数或计算表达式*/
    var MyMar=setInterval(MarqueeL,speed);
    /*鼠标移入*/
    demo.onmouseover = function() {
        if (MyMar) {
            clearInterval(MyMar)
        }
    }
    demo.onmouseout=function() {MyMar=setInterval(MarqueeR,speed)}
    /*鼠标移出*/
    function moveout(way) {
        if (MyMar) {
            clearInterval(MyMar);
        }
    }
    /*移动到这里*/
    function moveThis(way) {
        if (way == 'right') {
            flag = 1;
            if (MyMar) {
```

```
                /*取消由 setInterval()方法设置的定时器*/
                clearInterval(MyMar);
            }
            MyMar = setInterval(MarqueeR, speed);
        } else {
            flag = 0;
            if (MyMar) {
                clearInterval(MyMar);
            }
            MyMar = setInterval(MarqueeL, speed);
        }
        if (flag) demo.onmouseout = function() {
            MyMar = setInterval(MarqueeR, speed)
        } else demo.onmouseout = function() {
            MyMar = setInterval(MarqueeL, speed)
        }
    }
</SCRIPT>
```

网页效果如图 7.18 所示。

图 7.18　腾讯商品图片滚动效果

7.19　腾讯网站的图片切换效果

本实例使用 JavaScript 实现模仿腾讯网站的图片切换特效。本节主要涉及的 JavaScript 语法如下。

1. style.zIndex

style.zIndex 用以动态改变层的前后排列顺序。

2. parseInt()函数

parseInt()函数已在 7.17 节介绍过，不再复述。

3. jQuery animate事件

animate()方法已在 7.4 节介绍过，不再复述。

4. jQuery hover事件

jQuery hover 事件已在 7.4 节介绍过，不再复述。

本实例主要代码如下：

```
<script type="text/javascript" src="jquery-min.js">
</script>
```

```
<script type="text/javascript" src="jQueryTimer.js">
</script>
<script type="text/javascript">
    $(document).ready(function() {                              /*准备*/
      $("div[id*='listbox']").hover(function() {               /*模仿悬停事件*/
          /*执行 CSS 属性集的自定义动画*/
          $(this).animate({
             "margin-top": "-10px"
          },
          200)
      },
      function() {
          $(this).animate({
             "margin-top": "0px"
          },
          200);
      });
      var tmp= $("div[id*='listbox']").eq(0).children("img").attr("src");
      /*单击事件*/
      $("div[id*='listbox']").click(function() {
          if (parseInt($(this).css("z-index")) <= 3) {
             var curZindex = parseInt($(this).css("z-index"));
             var fntimes = 4 - curZindex;
             $(document).everyTime(300,
             function() {
                 $("div[id*='listbox']").each(function() {
                     /*将字符串转换为整数*/
                     if (parseInt($(this).css("z-index")) == 4) {
                        $(this).css("z-index", "1");
                     } else {
                        /* style.zIndex 用以动态改变层的前后排列顺序*/
                        $(this).css("z-index", ""+ (parseInt($(this)
                       .css("z-index")) + 1) + "");
                     }
                     $(this).css("margin-top", "0px");
                     $(this).animate({
                        "margin-left": ((4- parseInt($(this).css
                       ("z-index"))) * 29) + "px"
                     },
                     300);
                 });
             },
             fntimes);
          }
      });
      setInterval(function() {
          $("div[id*='listbox']").each(function() {
             if (parseInt($(this).css("z-index")) == 4) {
                 $(this).css("z-index", "1");
             } else {
                 $(this).css("z-index", "" +cparseIntc$(this).
              .css("z-index")) + 1) + "");
             }
             $(this).animate({+ (parseInt($(this)
                 "margin-left": ((4-parseInt($(this).css("z-index")))*
                  29)+"px"

             },
             300);
```

```
        });
    },
    3000);
})
</script>
```

网页效果如图 7.19 所示。

图 7.19　腾讯网站的图片切换效果

7.20　天极网图片切换效果

本实例使用 JavaScript 实现类似天极网的图片切换特效。本节主要涉及的 JavaScript 语法如下。

1．clearTimeout()方法

clearTimeout()方法可清除由 setTimeout()方法设置的清除定时器。

2．setTimeout

setTimeout 有两种形式，分别是 setTimeout(code,interval)和 setTimeout(func,interval,args)，其中，code 是一个字符串，func()是一个函数；interval 表示时间，可以是延迟时间或者交互时间，以毫秒为单位。延迟时间，是在载入后延迟指定时间后去执行一次表达式，仅执行一次；交互时间，是从载入后，每隔指定的时间就执行一次表达式。

本实例主要代码如下：

```
<script type="text/javascript">
    /*定义和初始化变量*/
    var obj = document.getElementById;
    var currentAd = 0;
    var adTimer;
    var baseurl = "";
    var maxinfo = 18;
    var adDelay = 3000;
    var controlItemId = "controlitem";
    var mapcolor = "#003366";
    var imglink = new Array();
    imglink[0]=newArray("51501s.jpg","#","","") imglink[1] = newArray("
    51502s.jpg", "#", "", "") imglink[2] = new Array("51503s.jpg","#", "",
    "") imglink[3] = new Array("51504s.jpg", "#", "", "")imglink[4]= new
    Array("51505s.jpg","#","","")imglink[5] = newArray("51506s.jpg","#",
```

```
        "", "") for (i = 0; i < imglink.length; i++) {
        if (imglink[i][2].length < maxinfo) imglink[i][3] = imglink[i][2];
        else imglink[i][3] = imglink[i][2].substring(0, maxinfo - 3) + "...";
    }
</script>
<script type="text/javascript">
    for (i = 0; i < imglink.length; i++) {
        var itemBox = document.createElement();
        itemBox.innerHTML = "<div id=\'" + controlItemId + i + "\'>" + (i
        + 1) + "</div>";
        control.appendChild(itemBox);
    }
    var controlItem = obj("control").getElementsByTagName("div");
    /*变更图片*/
    function changeImg() {
        obj("show").filters[0].apply();
        obj("show").src = baseurl + imglink[currentAd][0];
        obj("show").filters[0].play();
        obj("info").innerHTML = "<a href=\'" + imglink[currentAd][1] + "\'
        title=\'" + imglink[currentAd][2] + "\'>" + imglink[currentAd][3]
        + "</a>";
        for (i = 0; i < controlItem.length; i++) {
            controlItem[i].style.backgroundColor = (i == currentAd)
        ? mapcolor: "#666666";
        }
        currentAd++;
        currentAd = (currentAd == imglink.length) ? 0 : currentAd;
        adTimer = setTimeout("changeImg()", adDelay);
    }
    /*调用变更图片*/
    changeImg();
    for (i = 0; i < controlItem.length; i++) {
        controlItem[i].onclick = function() {
            clearTimeout(adTimer);
            currentAd = parseInt(this.id.substring(this.id.length -
        1, this.id.length));
            changeImg();
        };
    }
    obj("info").onmouseover = function() {                 /*鼠标移入*/
        clearTimeout(adTimer)    /*清除由 setTimeout()方法设置的清除定时器*/
    };
    obj("info").onmouseout = function() {                  /*鼠标移出*/
        adTimer = setTimeout("changeImg()", adDelay)       /*每隔指定的时间就执
        行一次表达式*/
    };
</script>
```

网页效果如图 7.20 所示。

图 7.20　天极网图片切换效果

第 8 章　焦点图特效

网页上的焦点图是指公司在媒体宣传过程中的一种推广方式，在一些网络门户网站的首页，添加自己企业的 Logo 和宣传内容的形式，因为是通过图片的形式发布，所以带有一定的吸引性，容易引起点击转化，业内又叫网站焦点图。就像淘宝首页各种商品的小图，就是突出的例子，就会引起消费者关注并形成焦点，最终目的是为了转化成客户。本章主要讲解类似各类网站中的焦点图特效，内容是网页中这类特效的实际应用。

8.1　焦点图片切换过程自动变更切换效果

本实例使用 JavaScript 制作一个实例，该实例展示的广告图片上下滚动替换。本节主要涉及的 JavaScript 语法如下。

1．clearTimeout()方法

clearTimeout()方法可清除由 setTimeout()方法设置的清除定时器。

2．setTimeout

setTimeout 有两种形式，分别是 setTimeout(code,interval)和 setTimeout(func,interval,args)，其中 code 是一个字符串，func()是一个函数；interval 表示时间，可以是延迟时间或者交互时间，以毫秒为单位。延迟时间，是在载入后延迟指定时间后，去执行一次表达式，仅执行一次；交互时间，是从载入后，每隔指定的时间就执行一次表达式。

本实例主要代码如下：

```
<SCRIPT language=JavaScript>
    var E_strIFaderTransType = 'reveal';          /*属性设置*/
    var Filter_number = 23;                       /*滤镜种数*/
    var change_time = 1.000;                      /*滤镜转换过程为 3.0s 延迟*/
    var wait_time = 3000;                         /*两种滤镜之间为 5s 延迟*/
    var obj_Timer;
    var count_temp = 0;                           /*记录当前是第几幅图片*/
    /*图片数组*/
    var Img_arry = new Array();
    var E_ie4 = document.all ? true: false;
    var E_nn4 = document.layers ? true: false;
    /*设置滤镜*/
    function Filt_set()
    {
        if (!E_ie4 && !E_nn4) return;
```

```
    if (E_ie4) {
        var theImg = document.all['idImgFading'];
        if (theImg == null) return;
        with(document.all['idImgFading']) {
            style.filter = (E_strIFaderTransType == 'reveal') ? 'reveal
            Trans': 'blendTrans';
            style.filter.duration = change_time;
            style.filter.transition = Filter_number;
        }
    }
    obj_Timer = window.setInterval('use_Filter()', wait_time);
}
/*滤镜的启动*/
function use_Filter()
{
    if (E_ie4) {
        with(document.all['idImgFading']) {
            if (E_strIFaderTransType == 'reveal') {
                filters(0).transition = Filter_number;
            }
            if (count_temp == (Img_arry.length - 1)) {
                count_temp = -1;
            }
            count_temp++;
            title = Img_arry[count_temp].sAlt;
            filters(0).apply();
            src = Img_arry[count_temp].sImgUrl;
            filters(0).play();
        }
    } else if (E_nn4) {
        if (count_temp == (Img_arry.length - 1)) {
            count_temp = -1;
        }
        count_temp++;
        document.images['idImgFading'].src = Img_arry[count_temp].
         sImgUrl;
    }
}
function obj_ClearTime()
{
    window.clearInterval(obj_Timer);
}
/*取消计时器，释放系统资源*/
window.onunload = obj_ClearTime;
function Img_obj(sImgUrl, command, sAlt, sTarget)
{
    this.sImgUrl = (sImgUrl == null) ? '': sImgUrl;
    this.command = (command == null || command == '') ? 'http://www.
    china.com': command;
    this.sAlt = (sAlt == null) ? '': sAlt;
    this.sTarget = (sTarget == null || sTarget == '') ? '_self': sTarget;
}
/*定义图像来源*/
Img_arry[0] = new Img_obj('51501.jpg', '#', '\n', '_self');
Img_arry[1] = new Img_obj('51502.jpg', '#', '\n', '_self');
Img_arry[2] = new Img_obj('51503.jpg', '#', '\n', '_self');
</SCRIPT>
```

网页效果如图 8.1 所示。

图 8.1　焦点图片切换过程自动变更切换效果

8.2　单击小图弹出大图

本实例使用 JavaScript 制作一个实例，该实例展示的广告图片上下滚动替换。本节主要涉及的 JavaScript 语法是 attachEvent()和 addEventListener()方法。

attachEvent()方法，为某一事件附加其他的处理事件，不支持 Mozilla 系列；addEventListener()方法则专门用于 Mozilla 系列。

本实例主要代码如下：

```
<script type="text/javascript">
    ldh = {
        $: function(o) {
            return typeof o == "string" ? document.getElementById(o) : o
        },
        $$: function(o, p) {
            return(p==undefined?document:this.$(p)).getElementsByTagName
           (o)
        },
        /*附加处理事件*/
        on: function(o, type, fn) {
            o.attachEvent ? o.attachEvent('on' + type,
            function() {
                fn.call(o)
            }) : o.addEventListener(type, fn, false);
            return this
        },
        css: function(who, key) {
            if (who.style[key] != '') return who.style[key];
            if ( !! window.ActiveXObject) return who.currentStyle[key];
            return document.defaultView.getComputedStyle(who, "").get
            PropertyValue (key.replace(/([A-Z])/g, "-$1").toLowerCase());
        },
        /*位置函数*/
        pos: function(who) {
            var p = ldh.$(who),
            x = 0,
            y = 0;
            while (p && !(/html|body/i.test(p.tagName))) {
                x += p.offsetLeft;
                y += p.offsetTop;
                p = p.offsetParent;
```

```
        };
        return {
            'x': x,
            'y': y
        };
    },
    /*移动函数*/
    move: function(who, attr, val, s, fn) {
        who = this.$(who);
        var isbg = /backgroundPosition/i.test(attr),
        fm = parseInt(this.css(who, attr)) || 0,
        by = isbg ? ((who.getAttribute('bg_y') || 0) + 'px') : '';
        if (this.css(who, attr) == undefined && isbg) fm = 200;
        var iFx = this.fx(fm, val, s);
        clearInterval(who['timer_' + attr]);
        who['timer_' + attr] = setInterval(function() {
            var v = iFx();
            who.style[attr] = v + 'px ' + by;
            if (v == val) {
                fn && fn();
                clearInterval(who['timer_' + attr]);
            };
        },
        18);
        return this;
    },
    fx: function(form, to, s) {
        var m = Math[form < to ? 'ceil': 'floor'];
        return function() {
            return form += m((to - form) * (s || 0.4))
        };
    }
};
/*页面加载函数*/
ldh.on(window, 'load', function() {
    var fxImg = document.createElement('IMG');
    fxImg.className = 'fxImg';
    document.body.appendChild(fxImg);
    var pos = ldh.pos('preview');
    var links = ldh.$$('A', ldh.$('menuPic'));
    for (var i = 0; i < links.length; ++i) {
        var $ = links[i],
        $p = ldh.$$('IMG', $)[0],
        mypos = ldh.pos($p),
        url = $.href,
        attr = {
            href: 'javascript:void(0);',
            imgsrc: $p.src,
            x: mypos.x,
            y: mypos.y,
            'url': url
        };
        for (var Id in attr) {
            $[Id] = attr[Id]
        }
        ldh.on($, 'click',
        function() {
            fxImg.src = this.imgsrc;
            var $$ = fxImg.style,
            This = this;
            $$.left = this.x + 'px';
```

```
            $$.top = this.y + 'px';
            $$.display = 'block';
            $$.height = '140px';
            fxImg.onclick = function() {
                location = This.url
            };
            ldh.move(fxImg, 'left', pos.x).move(fxImg, 'top', pos.y, 0.4,
            function() {
                ldh.move(fxImg, 'height', 400)
            });
        });
    }
  })
</script>
```

网页效果如图 8.2 所示。

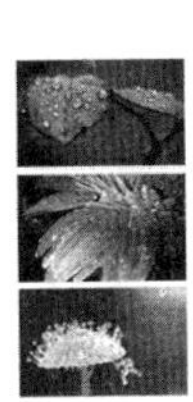

8.2　单击小图弹出大图

8.3　动感图片标题的焦点图切换

本实例使用 JavaScript 制作一个实例，该实例展示的广告图片上下滚动替换。本节主要涉及的 JavaScript 语法如下。

1. jQuery animate事件

animate()方法执行 CSS 属性集的自定义动画。该方法通过 CSS 样式将元素从一个状态改变为另一个状态。CSS 属性值是逐渐改变的，这样就可以创建动画效果。只有数字值可创建动画（如"margin:50px"），字符串值无法创建动画（如"background-color:red"）。

2. jQuery hover事件

hover(over,out)是一个模仿悬停事件，也就是鼠标移动到一个对象上及移出这个对象的方法。这是一个自定义的方法，它为频繁使用的任务提供了一种“保持在其中”的状态。

3. jQuery fadeTo事件

fadeTo()方法将被选元素的不透明度逐渐地改变为指定的值。

本实例主要代码如下：

```
<script type="text/javascript" src="https://ajax.googleapis.
 com/ajax/libs/jquery/1.6.2/jquery.min.js">
```

```
</script>
<script type="text/javascript">
$(function() {
    /*初始化变量*/
        var len = $(".focus ul li").length;
        var width = 600;
        var indent = 50;
        var index = 0;
        var picTimer;
        var btn = "<div class='btn'>";
        for (var i = 0; i < len; i++) {
            btn += "<span></span>";
        }
        btn += "</div>";
    $(".focus").append(btn);
        /*鼠标滑入*/
        $(".focus .btn span").mouseenter(function() {
            index = $(".focus .btn span").index($(this));
            play(index);
        }).eq(0).trigger("mouseenter");
        /*模仿悬停事件*/
        $(".focus").hover(function() {
            clearInterval(picTimer);
        },
        function() {
            picTimer = setInterval(function() {
                play(index);
                index++;
                if (index == len) {
                    index = 0;
                }
            },
            5000);
        }).trigger("mouseleave");
        /*运行函数*/
        function play(index) {
            var $now = $(".focus ul li.on");
            if ($now.length > 0) {
                $now.find("h5").stop(true, true).animate({
                    left: "-" + (width - indent) + "px"
                },
                400,
                function() {
                    $(this).animate({
                        left: "-" + (2 * width) + "px"
                    },
                    400);
                });
                /*将被选元素的不透明度逐渐地改变为指定的值*/
                $now.find("a.button").stop(true, true).fadeTo(400, 0);
                var hideDelay = setTimeout(function() {
                    $now.find("p").stop(true, true).animate({
                        left: "-" + (width - indent) + "px"
                    },
                    400,
                    function() {
                    /* animate()方法执行 CSS 属性集的自定义动画*/
                        $(this).animate({
                            left: "-" + (2 * width) + "px"
                        },
```

```
                400);
                $now.find("div.imgBox").stop(true, true).animate({
                    left: "-" + (2 * width) + "px"
                },
                400);
            });
        },
        200);
        var showDelayA = setTimeout(function() {
            show(index);
        },
        700);
    } else {
        show(index);
    }
}
/*展示函数*/
function show(index) {
    var $next = $(".focus ul li").eq(index);
    $next.find("h5").css({
        left: "0px"
    });
    $next.find("p").css({
        left: "0px"
    });
    $next.find("a.button").css({
        left: "0px"
    });
    $next.find("div.imgBox").css({
        left: "0px"
    });
    $next.find("h5").stop(true, true).animate({
        left: "-" + width + "px"
    },
    400);
    var showDelayB = setTimeout(function() {
        $next.find("div.imgBox").stop(true, true).animate({
            left: "-" + width + "px"
        },
        300);
        $next.find("p").stop(true, true).animate({
            left: "-" + width + "px"
        },
        300,
        function() {
            $next.find("a.button").stop(true, true).animate({
                left: "-" + width + "px"
            },
            300,
            function() {
                $(this).fadeTo(400, 1);
            });
        });
    },
    300);
    $(".focus .btn span").removeClass("on").eq(index).addClass
    ("on");
    $(".focus ul li").removeClass("on").eq(index).addClass("on");
  }
 });
</script>
```

网页效果如图 8.3 所示。

图 8.3　动感图片标题的焦点图切换

8.4　带加载过程的焦点图片切换效果

本实例使用 JavaScript 制作一个实例，该实例展示的广告图片上下滚动替换。本节主要涉及的 JavaScript 语法如下。

removeChild(node)方法可从子节点列表中删除某个节点。如删除成功，此方法可返回被删除的节点，如失败，则返回 null。

本实例主要代码如下：

```
<script type="text/javascript">
    /*主函数*/
    function setFocus(ID, t) {
        function $(id) {
            return document.getElementById(id);
        }
        function $$(tag, obj) {
            return (typeof obj == 'object' ? obj: $(obj)).getElements
            ByTagName(tag);
        }
        /*标记*/
        var n = '';
        function showPics(num) {
            if (n === num) return true;
            if (n === '') n = 0;
            else n = num;
            var pics = $$('ul', ID)[0];
            var tit = $$('div', pics)[num];
            if (!pics.style.left) {
                pics.style.left = 0 + 'px';
            }
            if (!tit.style.bottom || parseInt(tit.style.bottom) > -34) {
                tit.style.bottom = -34 + 'px';
            }
            var endX = -num * $$('div', ID)[0].clientWidth;
            var goimg = function() {
                X = parseInt(pics.style.left);
                if (pics.movement) {
                        clearTimeout(pics.movement);
                }
                if (parseInt(pics.style.left) == endX) return true;
                if ((endX - X) > 0) X += Math.ceil((endX - X) / 10);
                else X += Math.floor((endX - X) / 10);
                pics.style.left = X + 'px';
```

```
            pics.movement = setTimeout(goimg, 5);
        }
        var gotit = function() {
            var y = parseInt(tit.style.bottom);
            if (tit.movement) {
                clearTimeout(tit.movement);
            }
            if (y == 0) return true;
            y += Math.ceil((0 - y) / 10);
            if (parseInt(pics.style.left) == endX) tit.style.bottom =y +
           'px';
            if (y < 0) tit.movement = setTimeout(gotit, 16);
        }
        goimg();
        gotit();
    }
    /*数字标签样式清除*/
    function classNormal() {
        var focusBtnList = $$('li', $$('ul', ID)[1]);
        for (var i = 0; i < focusBtnList.length; i++) {
            focusBtnList[i].className = '';
        }
    }
    /*交互切换*/
    function focusChange() {
        var focusBtnList = $$('li', $$('ul', ID)[1]);
        for (var i = 0; i < focusBtnList.length; i++) {
            focusBtnList[i].I = i;
            focusBtnList[i].onmouseover = function() {
                showPics(this.I);
                classNormal();
                focusBtnList[this.I].className = 'current';
            }
        }
    }
    /*自动运行*/
    var autoFocusChange = function() {
        if (atuokey) return;
        var focusBtnList = $$('li', $$('ul', ID)[1]);
        for (var i = 0; i < focusBtnList.length; i++) {
            if (focusBtnList[i].className == 'current') {
                var currentNum = i;
            }
        }
        if (currentNum < focusBtnList.length - 1) {
            showPics(currentNum + 1);
            classNormal();
            focusBtnList[currentNum + 1].className = 'current';
        } else if (currentNum == focusBtnList.length - 1) {
            showPics(0);
            classNormal();
            focusBtnList[0].className = 'current';
        }
    }
    var atuokey = '';
    /*初始化*/
    function init() {
        var li = $$('li', $$('ul', ID)[0]);
        for (var i = 0; i < li.length; i++) {
            var a = li[i].getElementsByTagName('a')[0];
```

```
            var img = li[i].getElementsByTagName('img')[0];
            li[i].innerHTML = li[i].innerHTML + '<div><span></span><a
             href="' + a + '">' + img.alt + '</a></div>';
        }
        var s = '<div class="mybtn"><ul>';
        for (var i = 0; i < $$('li', $$('ul', ID)[0]).length; i++) {
            s += '<li></li>'
        }
        s += '</ul></div>';
        $(ID).innerHTML += s;
        $(ID).removeChild($('myloading'));
        showPics(0);
        classNormal();
        $$('li', $$('ul', ID)[1])[0].className = 'current';
        $(ID).onmouseover = function() {
            atuokey = true;
            clearInterval(auto);
        }
        $(ID).onmouseout = function() {
            atuokey = false;
            auto = setInterval(autoFocusChange, T);
        }
    }
    /*每帧图片停留的时间，1000=1s*/
    var T = t * 1000;
    var auto = '';
    init();
    focusChange();
    auto = setInterval(autoFocusChange, T);
};
window.onload = function() {
    setFocus('myfocus', 4);
}
</script>
```

网页效果如图 8.4 所示。

图 8.4　带加载过程的焦点图片切换效果

8.5　简洁的鼠标滑入焦点图切换效果

本实例使用 JavaScript 制作一个实例，该实例展示的广告图片上下滚动替换。本节主要涉及的 JavaScript 语法是 document.getElementById()方法。

在 window.onload 事件的使用中，我们常常看到 document.getElementById()方法，该方法常用于获取元素，其最初被定义为 HTML DOM 接口的成员，之后在 2 级 DOM 中移入 XML DOM 接口。document.getElementById 属于 host 对象，是一个方法。

本实例主要代码如下：

```
<script type="text/javascript">
    (function() {
        var imgbox = document.getElementById("imgbox");
        var pic_list = document.getElementById("pic_list");
        var pics = pic_list.getElementsByTagName("li");
        var button = document.getElementById("button")
       .getElementsByTagName("li");
        var p;
        var start;
        function autoplay(start) {                    /*设置起始值为 start 参数*/
            for (i = start; i < button.length; i++) { (function() {
                    var p = i;                         /*为 p 赋值 i.i 等于 0,1,2,3
                    ,4*/
                    button[i].onmouseover = function change() {  /*button[0],
                     button[1],button[2],button[3],button[4]  onmouseover 可
                    以触发函数;*/
/*以当前触发事件元素为起点的父节点的所有子节点的 length 值为最高值，开始遍历*/
                        for (j = 0; j < this.parentNode.childNodes.length; j++)
                        {
                         /*以当前触发事件元素为起点的父节点的所有子节点的类名置空。危险
                          慎用*/
                          this.parentNode.childNodes[j].className = "";

                        }
/*this. 即当前触发 onmouseover 的元素的 className 为"current"*/
                        this.className = "current";
                        for (m = 0; m < pics.length; m++) {     /*以 pics.
                        length 为最高值进行遍历，遍历 pics*/
                            pics[m].className = "";        /*清空所有 pics 数组中所
                            有元素的 className*/
                            if (m == p) {                  /*当 m==p (p==i) 所以
                      m=i 时，触发下列函数*/
/*pics 的第 m 个元素的 className 值为 show; m 在这里等于 i;*/
                                pics[m].className = "show";
                            }
                        }
                    }
                })();
            }
        }
        autoplay(0);
    })();
</script>
```

网页效果如图 8.5 所示。

图 8.5　简洁的鼠标滑入焦点图切换效果

第9章　图 片 特 效

图片对于网页的重要性不言而喻，无论是门户网站，还是产品网站，好的图片特效都会对所要推广的内容产生积极的影响。以产品网站为例，对于网店设计师来说如何才能设计出满足网店需要的图片，这对于设计师的经验要求较高，当然在设计中我们可以参考一些国外的购物网站产品图片，学习与归纳经验对于今后的设计可以起到事半功倍的作用。本章主要讲解图片特效，内容是网页中这类特效的实际应用。

9.1　图片的渐显效果

本实例使用 JavaScript 制作一个实例，该实例展示的图片渐显效果。本节主要涉及的 JavaScript 语法如下。

1．clearInterval()方法

window.clearInterval()方法将取消由 setInterval()方法设置的定时器。setInterval()方法会不停地调用函数，直到用 clearInterval()终止定时或窗口被关闭。

2．setInterval()方法

setInterval()方法已在 1.43 节介绍过，这里不再复述。

本实例主要代码如下：

```
<script type="text/javascript">
    /*预加载图片*/
    function MM_preloadImages() {
        var d = document;
        if (d.images) {
            if (!d.MM_p) d.MM_p = new Array();
            var i, j = d.MM_p.length,
            a = MM_preloadImages.arguments;
            for (i = 0; i < a.length; i++) if (a[i].indexOf("#") != 0) {
                d.MM_p[j] = new Image;
                d.MM_p[j++].src = a[i];
            }
        }
    }
    var n = 0;                              /*定义和初始化变量*/
    var max = 7;
    function Mea(value) {                   /*调用展现效果函数*/
        n = value;
        plays(value);
    }
    /*展现效果*/
```

```
function plays(value) {
    with(fc) {
        filters[0].Apply();
        for (i = 0; i < max; i++) {
            i == value ? children[i].style.display =" block": children[i].
          style.display = "none";
        }
        filters[0].play();
    }
}
function clearAuto() {                    /*自动清除*/
    clearInterval(autoStart)
}
function setAuto() {                      /*设定自动*/
    autoStart = setInterval("auto(n)", 5000)
}
/*自动*/
function auto() {
    n++;
    if (n > max - 1) n = 0;
    Mea(n);
}
/*子函数*/
function sub() {
    n--;
    if (n < 0) n = max - 1;
    Mea(n);
}
setAuto();                                /*调用设定制动函数*/
</script>
```

网页效果如图 9.1 所示。

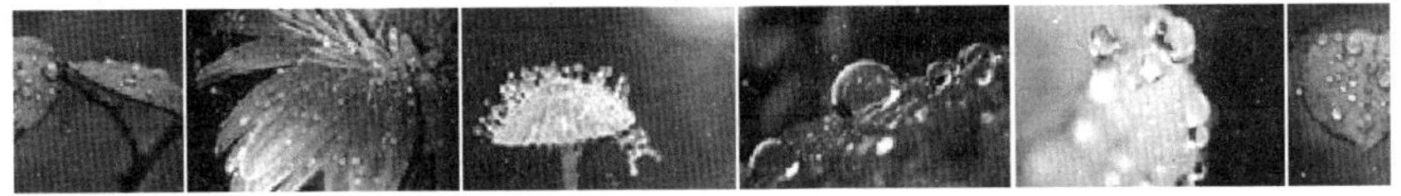

图 9.1　图片的渐显效果

9.2　图片放大查看特效

本实例使用 JavaScript 实现图片放大查看特效。本章主要涉及的 JavaScript 语法如下。

<span>标签被用来组合文档中的行内元素，使用<span>标签，就能更好地通过样式来格式化它们，<span>标签没有固定的格式表现，只有对它应用样式时，它才会产生视觉上的效果。

本实例主要代码如下：

```
/*<span>标签被用来组合文档中的行内元素*/
<span>
    <img src="51505.jpg" border="0">
    <br>
    妖艳
</span>
```

网页效果如图 9.2 所示。

图 9.2　图片放大查看特效

9.3　图片滚动展示

本实例使用 JavaScript 实现图片滚动展示效果。本节主要涉及的 JavaScript 语法如下：

```
InnerHTML
```

几乎所有的元素都有 innerHTML 属性，它是一个字符串，用来设置或获取位于对象起始和结束标签内的 HTML。关于 innerHTML 属性的详细介绍，可参见 6.7 节，这里不再复述。

本实例主要代码如下：

```
<script type="text/javascript">
    var speed = 10
    /*innerHTML 属性是一个字符串，用来设置或获取位于对象起始和结束标签内的 HTML*/
    demon2.innerHTML = demon1.innerHTML
    /*滚动函数*/
   function Marquee() {
      if (demon.scrollLeft >= demon1.scrollWidth) {
         demon.scrollLeft = 0
      } else {
         demon.scrollLeft++
      }
   }
   /*鼠标移入*/
   var MyMar = setInterval(Marquee, speed) demon.onmouseover =
   function() {
      clearInterval(MyMar)
   }
   /*鼠标移出*/
   demon.onmouseout = function() {
      MyMar = setInterval(Marquee, speed)
   }
</script>
```

网页效果如图 9.3 所示。

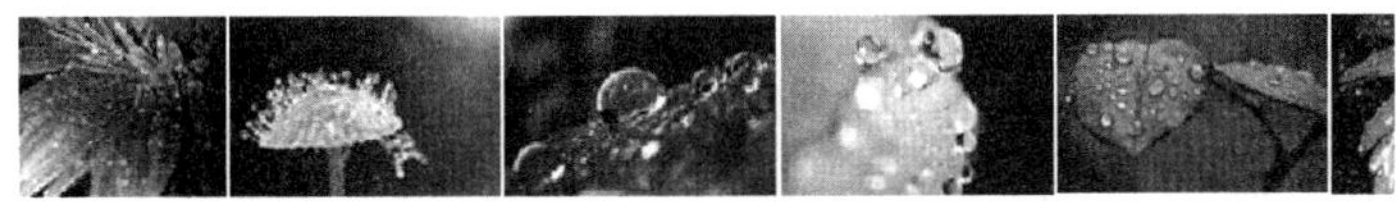

图 9.3　图片滚动展示

9.4　图片滚动酷炫效果

本实例使用 JavaScript 制作一个图形按钮。本节主要涉及的 JavaScript 语法是 scrollpic 插件。scrollpic.js 是一个很好用的图文滚动插件，它不但可以左右控制无缝连续滚动，还可以兼容各种浏览器，十分难得。对于许多没有 JavaScript 基础的网页编写者，用起来也不是很难，可以大胆使用。

本实例主要代码如下：

```
<script language=javascript type=text/javascript>
  <!--//--><![CDATA[//><!-
  /*调用图文滚动插件*/
  var scrollPic_02 = new ScrollPic();
  scrollPic_02.scrollContId   = "ISL_Cont_1";
  scrollPic_02.arrLeftId      = "LeftArr";
  scrollPic_02.arrRightId     = "RightArr";
  scrollPic_02.frameWidth     = 908;
  scrollPic_02.pageWidth      = 152;
  scrollPic_02.speed         = 10;
  scrollPic_02.space         = 10;
  scrollPic_02.autoPlay       = true;
  scrollPic_02.autoPlayTime   = 3;
  scrollPic_02.initialize();
  //--><!]]>
</script>
```

网页效果如图 9.4 所示。

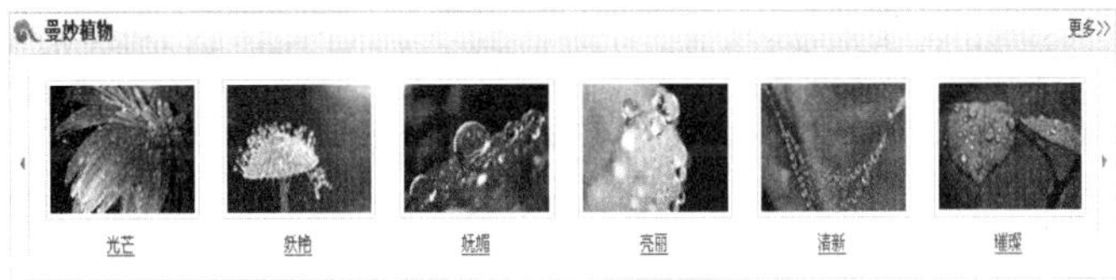

图 9.4　图片滚动酷炫效果

9.5　图片垂直和水平翻转效果

本实例使用 JavaScript 制作一个平面按钮，能实现与普通网页按钮相同的功能。本节主要涉及的 JavaScript 语法是 flip 属性。flip 是 CSS 滤镜的翻转属性，fliph 代表水平翻转，flipV 代表垂直翻转。其语法是 filter:fliph、filter:flipV。

本实例主要代码如下：

```
<script language="javascript">
    /*水平翻转*/
    function Hturn() {
        image1.style.filter = image1.style.filter == "fliph" ? "":
         "fliph";
    }
    /*垂直翻转*/
    function Vturn() {
        image2.style.filter = image2.style.filter == "flipV" ? "":
        "flipV";
    }
</script>
```

网页效果如图 9.5 所示。

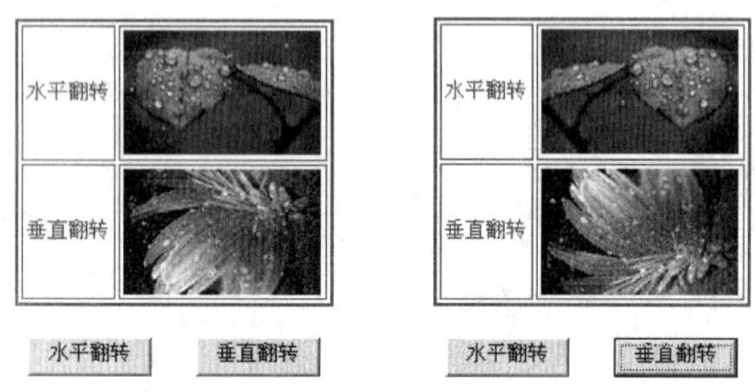

图 9.5　图片垂直和水平翻转效果

9.6　图片放大效果

本实例使用 JavaScript 实现图片放大效果。本节主要涉及的 JavaScript 语法如下。

1．getEventObject()方法

getEventObject()方法的语法是 getEventObject(e)，其中 e 是一个事件 event，所以 getEventObject 就是一个用于取得事件 e 的函数。

2．removeIframe()方法

removeIframe()方法直接移除 iframe，用于把 iframe 从 body 移除。

本实例主要代码如下：

```
<script type="text/javascript">
    /*取得事件的函数*/
    function getEventObject(W3CEvent) {
        return W3CEvent || window.event;
    }
    /*取得点位置*/
    function getPointerPosition(e) {
        e = e || getEventObject(e);
        var x = e.pageX || (e.clientX + (document.documentElement
         .scrollLeft || document.body.scrollLeft));
```

```
    var y = e.pageY || (e.clientY + (document.documentElement
    .scrollTop || document.body.scrollTop));
    return {
        'x': x,
        'y': y
    };
}
/*设置透明度*/
function setOpacity(elem, level) {
    if (elem.filters) {
        elem.style.filter = 'alpha(opacity=' + level * 100 + ')';
    } else {
        elem.style.opacity = level;
    }
}
/*设置 css 效果*/
function css(elem, prop) {
    for (var i in prop) {
        if (i == 'opacity') {
            setOpacity(elem, prop[i]);
        } else {
            elem.style[i] = prop[i];
        }
    }
    return elem;
}
/*放大*/
var magnifier = {
    m: null,
    /*初始化*/
    init: function(magni) {
        var m = this.m = magni || {
            cont: null,
            img: null,
            mag: null,
            scale: 15
        }
        css(m.img, {
            'position': 'absolute',
            'width': (m.cont.clientWidth * m.scale) + 'px',
            'height': (m.cont.clientHeight * m.scale) + 'px'
        })
        css(m.mag, {
            'display': 'none',
            'width': m.cont.clientWidth + 'px',
            'height': m.cont.clientHeight + 'px',
            'position': 'absolute',
            'left': m.cont.offsetLeft + m.cont.offsetWidth + 10 + 'px',
            'top': m.cont.offsetTop + 'px'
        })
        var borderWid = m.cont.getElementsByTagName('div')[0].offset
           Width - m.cont.getElementsByTagName('div')[0].clientWidth;
        css(m.cont.getElementsByTagName('div')[0],{//m.cont.get
        ElementsByTagName('div')[0]为浏览框
            'display': 'none',
            'width': m.cont.clientWidth / m.scale - borderWid + 'px',
            'height': m.cont.clientHeight / m.scale - borderWid + 'px',
            'opacity': 0.5
        })
        m.img.src = m.cont.getElementsByTagName('img')[0].src;
```

```
        m.cont.style.cursor = 'crosshair';
        m.cont.onmouseover = magnifier.start;
    },
    /*开始*/
    start: function(e) {
        if (document.all) {
            magnifier.createIframe(magnifier.m.img);
        }
        this.onmousemove = magnifier.move; //this 指向 m.cont
        this.onmouseout = magnifier.end;
    },
    /*移动*/
    move: function(e) {
        var pos = getPointerPosition(e);
        this.getElementsByTagName('div')[0].style.display = '';
        /*调用 css()效果函数*/
        css(this.getElementsByTagName('div')[0], {
            'top': Math.min(Math.max(pos.y - this.offsetTop- parseInt
            (this.getElementsByTagName('div')[0].style.height) / 2, 0),
            this.clientHeight - this.getElementsByTagName('div')[0].
            offsetHeight) + 'px',
            'left': Math.min(Math.max(pos.x - this.offsetLeft-parseInt
            (this.getElementsByTagName('div')[0].style.width) /2, 0),
            this.clientWidth - this.getElementsByTagName
                ('div')[0].offsetWidth) + 'px'
        })
        magnifier.m.mag.style.display = '';
        css(magnifier.m.img, {
            'top': -(parseInt(this.getElementsByTagName('div')[0].sty
             le.top)* magnifier.m.scale) + 'px',
            'left': -(parseInt(this.getElementsByTagName('div')[0].sty
             le.left)* magnifier.m.scale) + 'px'
        })
    },
    /*结束*/
    end: function(e) {
        this.getElementsByTagName('div')[0].style.display = 'none';
        magnifier.removeIframe(magnifier.m.img);
        magnifier.m.mag.style.display = 'none';
    },
    /*创建框架*/
    createIframe: function(elem) {
        var layer = document.createElement('iframe');
        layer.tabIndex = '-1';
        layer.src = 'javascript:false;';
        elem.parentNode.appendChild(layer);
        layer.style.width = elem.offsetWidth + 'px';
        layer.style.height = elem.offsetHeight + 'px';
    },
    /*移动框架*/
    removeIframe: function(elem) {
        var layers = elem.parentNode.getElementsByTagName('iframe');
        while (layers.length > 0) {
            layers[0].parentNode.removeChild(layers[0]);
        }
    }
}
/*窗体加载*/
window.onload = function() {
/*放大初始化*/
```

```
        magnifier.init({
            cont: document.getElementById('magnifier'),
            img: document.getElementById('magnifierImg'),
            mag: document.getElementById('mag'),
            scale: 3
        });
    }
</script>
```

网页效果如图 9.6 所示。

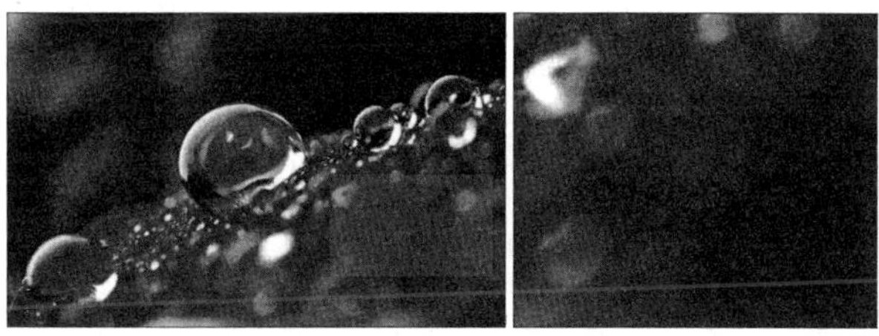

图 9.6　图片放大效果

9.7　图片幻灯效果

本实例使用 JavaScript 实现图片幻灯效果。本节主要涉及的 JavaScript 语法如下：

1．clearTimeout()方法

clearTimeout()方法可清除由 setTimeout()方法设置的清除定时器。

2．document.body.appendChild

document.body.appendChild() 方法在节点的子节点列表末添加新的子节点。

3．setTimeout

setTimeout 有两种形式，分别是 setTimeout(code,interval) 和 setTimeout(func, interval,args)，其中 code 是一个字符串，func()是一个函数；interval 表示时间，可以是延迟时间或者交互时间，以毫秒为单位。延迟时间是在载入后延迟指定时间后，去执行一次表达式，仅执行一次；交互时间是从载入后，每隔指定的时间就执行一次表达式。

本实例主要代码如下：

```
<script language="javascript" type="text/javascript">
    var s = function() {
…
        function getTag(tag, obj) {                     /*获取标签*/
…
        }
        function getid(id) {                            /*获取 id*/
            return document.getElementById(id)
        };
…
        for (var i = 0; i < li.length; i++) {
```

```
        var a = document.createElement("a");
        a.innerHTML = i + 1;
        a.onclick = function() {
            clearTimeout(timer); /*清除由 setTimeout()方法设置的清除定时器*/
...
        };
        a.className = "b1";
        a.onmouseover = function() { /*鼠标移入*/
            this.className = "b2"
        };
        a.onmouseout = function() {  /*鼠标移出*/
            this.className = "b1";
            sc(j)
        };
        button.appendChild(a);        /*在节点的子节点列表末添加新的子节点*/
    }
    /*设置 alpha 滤镜*/
    function alpha(obj, n) {
        if (document.all) {
            obj.style.filter = "alpha(opacity=" + n + ")";
        } else {
            obj.style.opacity = (n / 100);
        }
    }
    function sc(n) {
        for (var i = 0; i < li.length; i++) {
            button.childNodes[i].className = "b1"
        };
        button.childNodes[n].className = "b2";
    }
    title.className = "num_list";
    /*在节点的子节点列表末添加新的子节点*/
    title.appendChild(span);
    alpha(title, opac1);
...
    id.appendChild(button);
    var fadeon = function() {
        opac += 5;
        div.innerHTML = li[j].innerHTML;
        span.innerHTML = getTag("img", li[j])[0].alt;
        alpha(div, opac);
        if (scton == 0) {
...
        };
        if (opac < 100) {
        /*每隔指定的时间就执行一次表达式*/
            timer = setTimeout(fadeon, interv2)
        } else {
            timer2 = setTimeout(fadeout, interv);
        };
    }
    var fadeout = function() {
        opac -= 5;
        div.innerHTML = li[j].innerHTML;
        alpha(div, opac);
        if (scton == 0) {
...
        };
```

```
            if (opac > 0) {
                /*每隔指定的时间就执行一次表达式*/
                timer = setTimeout(fadeout, interv2)
            } else {
                if (j < li.length - 1) {
                    j++
                } else {
                    j = 0
                };
                fadeon()
            };
        }
        /*文字滚动*/
        var scrolltxt = function() {
            t += num;
            span.style.marginTop = t + "px";
            if (num < 0 && t > 3) {
                timer3 = setTimeout(scrolltxt, interv2)
            } else if (num > 0 && t < 62) {
                timer3 = setTimeout(scrolltxt, interv2)
            } else {
                scton = 0
            }
        };
        fadeon();
    }
    window.onload = s;              /*窗体加载事件*/
</script>
```

网页效果如图 9.7 所示。

图 9.7　图片幻灯代码

9.8　图片扭曲变形效果

本实例使用 JavaScript 实现图片的扭曲变形效果。本节主要涉及的 JavaScript 语法是 document.all。

document.all 是一个表示当前文档的所有对象的数组，不仅包括页面上可见的实体对象，还包括一些不可见的对象，如 HTML 注释等。关于 document.all 的详细介绍，1.3 节已具体讲过，请读者参考 1.3 节，这里不再复述。

本实例主要代码如下：

```
<script language="JavaScript">
    /*定义和初始化变量*/
    var b = 1;
    var c = true;
    /*主函数*/
    function fade() {
        if (document.all);
        if (c == true) {
            b++;
        }
        if (b == 200) {
            b--;
            c = false
        }
        if (b == 20) {
            b++;
            c = true;
        }
        if (c == false) {
            b--;
        }
        u.width = 250 + b;
        u.height = 225 - b;
        setTimeout("fade()", 60);
    }
</script>
```

网页效果如图 9.8 所示。

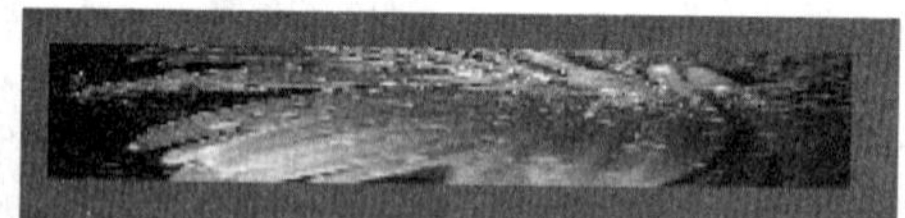

图 9.8　图片扭曲变形效果

9.9　图片淡入淡出切换特效

本实例使用 JavaScript 在一个按钮的底部显示文字。本节主要涉及的 JavaScript 语法如下。

1．removeClass()方法

removeClass()方法从被选元素移除一个或多个类。

2．parseFloat()函数

parseFloat()函数可解析一个字符串，并返回一个浮点数。
本实例主要代码如下：

```
<script type="text/javascript" src=" jquery-1.6.2.min.js">
```

```
</script>
<script type="text/javascript">
   /*页面加载*/
   window.onload = function() {
      $('body').addClass('js');
      initDemopageSlides();
   }
   /*初始化阴影页面*/
   function initDemopageSlides() {
      demo_slide_animation_speed = 800;
      demo_slide_animation_timeout = 4000;
      if ($('.demo_slide').length <= 1) return;
      $("#slide_next").click(onSlideNextClick);
      $("#slide_prev").click(onSlidePrevClick);
      var first_slide = $(".demo_slide:first");
      first_slide.addClass("current");
      var zIndexNumber = 100;
      $('.demo_slide').each(function() {
         $(this).css('zIndex', zIndexNumber);
         zIndexNumber -= 1;
      });
      onSlideAnimationComplete();
   }
   /*移动数组*/
   function shuffleArray(v) {
      for (var j, x, i = v.length; i; j = parseInt(Math.random() * i), x
      = v[--i], v[i] = v[j], v[j] = x);
      return v;
   };
   /*单击淡入*/
   function onSlideNextClick(event) {
      navigateSlides(1);
   }
   /*单击淡出*/
   function onSlidePrevClick(event) {
      navigateSlides( - 1);
   }
   /*幻灯效果*/
   function navigateSlides(distance) {
      clearTimeout(time_out);
      if (animationInProgress) return;
      var slides_arr = $(".demo_slide");
      for (var s = 0; s < slides_arr.length; s++) {
         if ($(slides_arr[s]).hasClass("current")) {
            var previous_slide = $(slides_arr[s]);
            /*移除类*/
            previous_slide.removeClass("current");
            break;
         }
      }
      var next_index = s + distance;
      if (next_index < 0) next_index += slides_arr.length;
      if (next_index >= slides_arr.length) next_index = 0;
      var next_slide = $(slides_arr[next_index]);
      next_slide.addClass("current");
      var previous_zIndex = $(previous_slide).css('zIndex');
      next_slide.css('zIndex', Number(previous_zIndex) + 10);
      animationInProgress = true;
```

```
        var slide_width = parseFloat(next_slide.css("width"));
        next_slide.css(next_index % 2 ? "right": "left", (slide_width *
        distance) / 4 + "px");
        next_slide.css("display", "block");
        next_slide.css("opacity", "0");
        if (next_index % 2) {
            next_slide.animate({
                right: 0,
                opacity: 1
            },
            demo_slide_animation_speed, onSlideAnimationComplete);
        } else {
            next_slide.animate({
                left: 0,
                opacity: 1
            },
            demo_slide_animation_speed, onSlideAnimationComplete);
        }
    }
    /*完成淡入淡出效果*/
     function onSlideAnimationComplete() {
         animationInProgress = false;
         time_out = setTimeout(onSlideNextClick
          , demo_slide_animation_timeout);
     }
</script>
```

网页效果如图 9.9 所示。

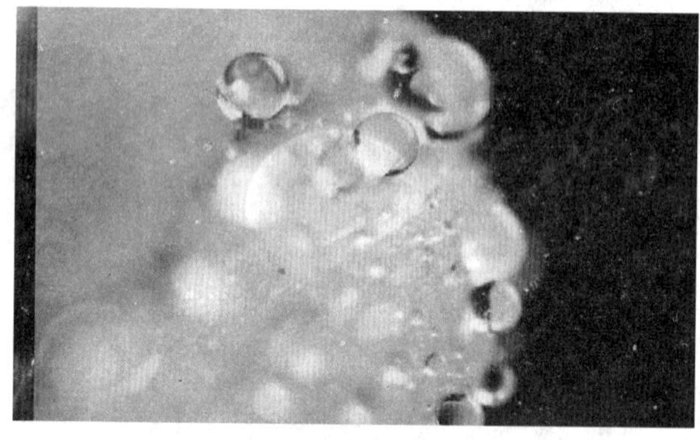

图 9.9　图片淡入淡出切换特效

9.10　图片无缝滚动

本实例使用 JavaScript 在网页上动态创建按钮。本节主要涉及的 JavaScript 语法如下。

1. setInterval()方法

setInterval()方法已在 1.43 节介绍过，这里不再复述。

2. clearInterval()方法

clearInterval()方法已在 9.1 节介绍过，不再复述。

本实例主要代码如下：

```
<script type="text/javascript">
    /*页面加载*/
    window.onload = function() {
        varul=document.getElementById("wrap").getElementsByTagName("ul")
        [0];
        var lis = ul.getElementsByTagName("li");
        var btn1 = document.getElementById("button1");
        var btn2 = document.getElementById("button2");
        var imgs = ul.getElementsByTagName("img");
        var speed = 3;
        var time = null;
        ul.innerHTML += ul.innerHTML;
        ul.style.width = (lis[0].offsetWidth + 20) * lis.length + "px";
        time = setInterval(function() {
            ul.style.left = ul.offsetLeft - speed + "px";
            if (ul.offsetLeft <= -ul.offsetWidth / 2) {
                ul.style.left = "0px";
            } else if (ul.offsetLeft >= 0) {
                ul.style.left = -ul.offsetWidth / 2 + "px";
            }
        },
        30);
        btn1.onmouseover = function() {
            speed = 3;
        }
        btn2.onmouseover = function() {
            speed = -3;
        }
        for (var i in imgs) {
            imgs[i].onmouseover = function() {                    /*鼠标移入*/
                /*取消由 setInterval()方法设置的定时器*/
                clearInterval(time);
                for (var i = 0; i < imgs.length; i++) {
                    imgs[i].className = "none";
                }
                this.className = "active";
            }
            /*鼠标移出*/
            imgs[i].onmouseout = function() {
                /*按照以毫秒计算的指定周期来调用函数或计算表达式*/
                time = setInterval(function() {
                    ul.style.left = ul.offsetLeft - speed + "px";
                    if (ul.offsetLeft <= -ul.offsetWidth / 2) {
                        ul.style.left = "0px";
                    } else if (ul.offsetLeft >= 0) {
                        ul.style.left = -ul.offsetWidth / 2 + "px";
                    }
                },
                30);
                for (var i = 0; i < imgs.length; i++) {
                    imgs[i].className = "none";
                }
```

```
            }
        }
    }
</script>
```

网页效果如图 9.10 所示。

图 9.10　图片无缝滚动

9.11　图片 90° 旋转

本实例使用 JavaScript 在网页上放置可进行 90°旋转的图片。本节主要涉及的 JavaScript 语法是 filter:progid:DXImageTransform.Microsoft.Gradient 滤镜，其语法如下。

```
filter:progid:DXImageTransform.Microsoft.Gradient(enabled=bEnabled,star
tColorStr=iWidth,endColorStr=iWidth)
```

其中，enabled 是可选项，为布尔值，用以设置或检索滤镜是否激活；startColorStr 是可选项，为字符串，用以设置或检索色彩渐变的开始颜色和透明度，其格式为 #AARRGGBB。AA、RR、GG 和 BB 为十六进制正整数，取值范围为 00-FF，RR 指定红色值，GG 指定绿色值，BB 指定蓝色值，AA 指定透明度，00 是完全透明，FF 是完全不透明；endColorStr 是可选项，为字符串，用以设置或检索色彩渐变的结束颜色和透明度。该滤镜的作用就是在对象的背景和内容之间显示定制的色彩层。当此效果通过转变显示时，在渐变层色彩层之上的文本程序性地初始化为透明色，当色彩渐变实现后，文本颜色会以其定义的值更新。

本实例主要代码如下：

```
<script language="javascript">
    var isIE = (document.uniqueID) ? 1 : 0;
    var i = 1;
    /*旋转*/
    function rotate(image) {
        var object = image.parentNode;
        if (isIE) {
            /*filter:progid:DXImageTransform.Microsoft.Gradient 滤镜*/
            image.style.filter ="progid:dXImagetransform.Microsoft.basic
            Image(rotation=" + i + ")";
            i++;
```

```
            if (i > 4) {
                i = 1
            };
        } else {
            try {
                var canvas = document.createElement('canvas');
                if (canvas.getContext("2d")) {
                    object.replaceChild(canvas, image);
                    var context = canvas.getContext("2d");
                    context.translate(176, 0);
                    context.rotate(Math.PI * 0.5);
                    context.drawImage(image, 0, 0);
                }
            } catch(e) {}
        }
    }
</script>
```

网页效果如图 9.11 所示。

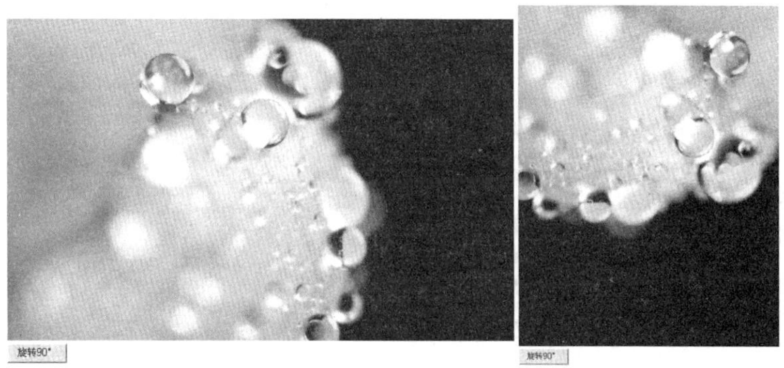

图 9.11　图片 90°旋转

9.12　图片选择器

本实例使用 JavaScript 在网页上通过按钮控制文本产生渐变效果。本节主要涉及的 JavaScript 语法如下。

escape()方法的语法是 escape(charString)，通过该方法可以对这个 charString 对象进行编码，以便它们能在所有计算机上可读。

本实例主要代码如下：

```
<script language="JavaScript">
    /*定义和初始化变量*/
    var imgWidth = 64;
    var imgHeight = 64;
    var selectedNo = 7;
    var selecteSize = 2;
    var imgSrc = "数字序号.gif";
    var myHTML = '<SPAN onmouseover="isin=true" onmouseout="isin=false">';
```

```
myHTML += '<table width="1" onclick="showlist(this)" title="选择提示框"
border="0" cellspacing="0" cellpadding="0"><tr><td><imgname="
imgselected" border=1 src="' + imgSrc.replace("数字序号", selectedNo) +
'"WIDTH=' + (imgWidth) + ' HEIGHT=' + imgHeight + '></td><td
  valign=top><imgsrc="menu.gif"></td></tr></table>';myHTML += '<DIV
  onscroll="scrollud()" id="imgBox" \n';myHTML += 'style="position:
  absolute;left=-800;top=0;background-color:#FFFFFF;border: 1px solid
  #000000;overflow-x:hidden;overflow-y:scroll; width:' + (imgWidth + 20
  ) + 'px; height: ' + imgHeight *selecteSize + 'px">';
  for (i = 0; i < 10; i++) {
   myHTML += "<img listID=" + i + " src='" + imgSrc.replace("数字序号
   ", i) + "' alt='" + imgSrc.replace("数字序号", i) + "' width=" + imgWidth
  +" height=" + imgHeight + " onclick='selectme(this)' onload= 'if
  (init)init()'><BR>";
}
myHTML += "</DIV></SPAN>";
imgBox.outerHTML = myHTML;
/*显示列表*/
function showlist(obj) {
    if (imgBox.style.pixelLeft != -800) {
           imgBox.style.pixelLeft = -800;
           return;
    }
    /*定义和初始化变量*/
    var mytop = obj.offsetTop;
    var myleft = obj.offsetLeft;
    while (obj = obj.offsetParent) {
        myleft += obj.offsetLeft;
        mytop += obj.offsetTop;
    }
    imgBox.style.left = myleft;
    imgBox.style.top = mytop + imgHeight + 2;
}
var isin = false;
/*选择列表*/
function selectme(obj) {
    if (!isin || obj) {
        imgBox.style.pixelLeft = -800;
    }
    if (obj) {
        myform.myhead.value = imgSrc.replace("数字序号", obj.listID);
        document.images["imgselected"].src = imgSrc.replace("数字序号"
       , obj.listID);
    }
}
/*定义和初始化变量*/
var mytime = setTimeout("", 0);
var pre_X = 0;
/*滚动条上下滚动*/
function scrollud() {
    var current_X = imgBox.scrollTop;
    if (current_X > pre_X && imgBox.scrollTop< Math.ceil(imgBox.scroll
    Top / imgHeight) * imgHeight) {
        clearTimeout(mytime);
        mytime =setTimeout("imgBox.scrollTop=Math.round(imgBox.scroll
        Top+1);", 1);
```

```
    } else if (current_X < pre_X && imgBox.scrollTop >Math.floor
    (imgBox.scrollTop / imgHeight) * imgHeight) {
        clearTimeout(mytime);
        mytime = setTimeout("imgBox.scrollTop=Math.round(imgBox.scroll
        Top-1);", 1);
    }
    pre_X = current_X;
}
/*初始化*/
function init() {
    imgBox.scrollTop = selectedNo * imgHeight;
    myform.myhead.value = imgSrc.replace("数字序号", selectedNo);
}
myActivation = "selectme(null)";
if (document.body.onclick) {
    eval(document.body.onclick.toString().replace('anonymous()',
    'bodyclick()'));
    document.body.onclick = new Function("bodyclick();" + myActivation);
} else document.body.onclick = new Function(myActivation);
/*定义和初始化变量*/
var _rsCI = "cn-pconline";
var _rsCG = "0";
var _rsDT = 0;
var _rsDU = 0;
var _rsDO = 0;
var _rsX6 = 0;
/* escape(charString)，通过该方法可以对这个 charString 对象进行编码以便它们能
在所有计算机上可读*/
var _rsSI = escape(window.location);
var _rsLP = location.protocol.indexOf('https')> -1?'https:':'http:';
var _rsRP = escape(document.referrer);
/*解析浏览器版本号*/
if (parseInt(navigator.appVersion) >= 4) {
    var _rsRD = (new Date()).getTime();
    var _rsSE = 1;
    var _rsSV = "";
    var _rsSM = 0.01;
    _rsCL = '<scr' + 'ipt language="JavaScript" type="text/javascript"
    src="' + 'v51.js"><\/scr' + 'ipt>';
    } else {
    _rsCL = '<img src="' + _rsND + 'cgi-bin/m?ci=' + _rsCI + '&cg=' + _rsCG
     + '&si=' + _rsSI + '&rp=' + _rsRP + '">';
}
document.write(_rsCL);
</script>
```

网页效果如图 9.12 所示。

图 9.12　图片选择器

9.13　图片预加载

本实例使用 JavaScript 实现按钮获取焦点的功能。本节主要涉及的 JavaScript 语法是 document.body.appendChild()方法，该方法在节点的子节点列表末添加新的子节点。

本实例主要代码如下：

```
<script language="javascript" type="text/javascript">
    /*预加载*/
    function preloadimg(url, obj, ipt) {
        var img = new Image();
        obj.innerHTML = "<p>图片正在加载</p>";
        img.onload = function() {
            obj.innerHTML = "";
            obj.style.width = String(img.width) + "px";
            ipt.style.width = String(img.width - 540) + "px";
            /*在节点的子节点列表末添加新的子节点*/
            obj.appendChild(img);
        };
        img.onerror = function() {
            obj.innerHTML = "图片加载失败！"
        };
        img.src = url;
    }
    /*显示*/
    function show() {
        var div = document.getElementsByTagName("div")[0];
        var input = document.getElementsByTagName("input");
        preloadimg("51505.jpg", div, input[0]);
        input[0].onclick = function() {
            this.value = ""
        };
        input[1].onclick = function() {
            preloadimg(input[0].value, div, input[0]);
        }
    }
    window.onload = show;              /*页面加载*/
</script>
```

网页效果如图 9.13 所示。

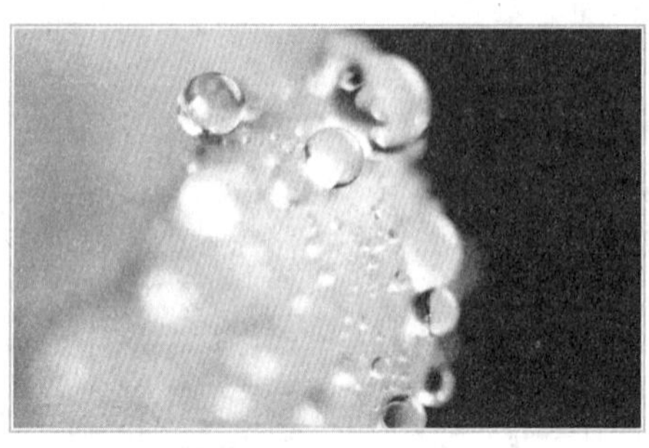

图 9.13　图片预加载

9.14　图片预加载复杂效果

本实例使用 JavaScript 实现图片预加载的复杂效果。本节主要涉及的 JavaScript 语法是 getTime()方法，用于获取时间对象对应的时间值，本实例中(new Date()).getTime()获取的是当前时间。

本实例主要代码如下：

```
<script language="javascript">
    /*页面加载*/
    window.onload = function() {
        var $ = function(id) {
            return document.getElementById(id);
        };
        var Timer = function() {
            this.startTime = (new Date()).getTime();          /*获取当前时间*/
        };
        Timer.prototype.stop = function() {
            return (new Date()).getTime() - this.startTime;
        };
        /*定义和初始化变量*/
        var imgUrl, checkboxFn, path = $('path'),
        submit = $('submit'),
        checkbox = $('checkbox'),
        clsCache = $('clsCache'),
        status = $('status'),
        statusReady = $('statusReady'),
        statusLoad = $('statusLoad'),
        imgWrap = $('imgWrap');
        submit.disabled = false;
        submit.onclick = function() {
            var that = this,
            time = new Timer();
            imgUrl = path.value;
            status.style.display = 'block';
            statusLoad.innerHTML = statusReady.innerHTML = 'Loading...';
            /*参数：图片地址，尺寸就绪事件，完全加载事件，加载错误事件*/
            imgReady(imgUrl, function() {
                statusReady.innerHTML = '耗时 ' + (time.stop() / 1000) + '
                秒. 宽度: ' + this.width + '; 高度: ' + this.height;
                checkboxFn();
            },
            function() {
                statusLoad.innerHTML = '耗时 ' + (time.stop() / 1000) + '
                秒. 宽度: ' + this.width + '; 高度: ' + this.height;
            },
            function() {
                statusLoad.innerHTML = statusReady.innerHTML = '耗时
            ' + (time.stop() / 1000) + ' 秒. 加载错误! ';
            });
        };
        /*单击函数*/
        clsCache.onclick = function() {
            var value = path.value;
```

```
            path.value = (value.split('?')[1] ? value.split('?')[0] :value)
            + '?' + new Date().getTime();
            status.style.display = 'none';
            imgWrap.innerHTML = '';
            return false;
        };
        /*复选框单击事件*/
        checkbox.onclick = checkbox.onchange = checkboxFn = function() {
            imgWrap.innerHTML = imgUrl && checkbox.checked ? '<img src="
            ' + imgUrl + '" />': '';
        };
        checkbox.checked = false;
        $('down').onclick = function() {
            /*页面打开*/
            window.open(this.getAttribute('data-href') || this.href);
            return false;
        }
    };
</script>
```

网页效果如图 9.14 所示。

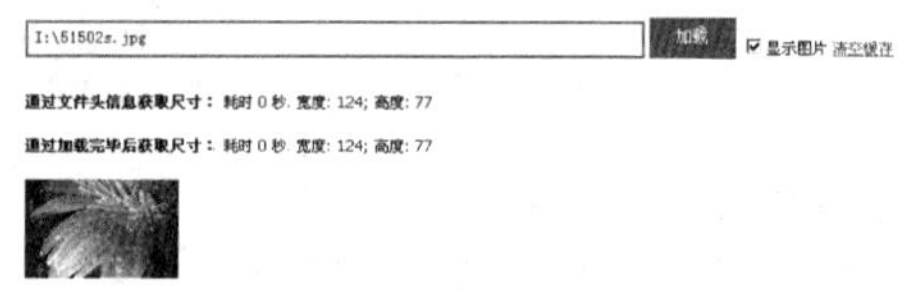

图 9.14　图片预加载复杂效果

9.15　图片的渐隐渐现效果

本实例使用 JavaScript 在网页上实现图片的渐隐渐现效果。本节主要涉及的 JavaScript 语法是 filter:alpha 滤镜：

```
filter:alpha(opacity=opcity,finishopacity=finishopacity,style=style,sta
rtX=startX,startY=startY,finish=finishX,finishY=finishY)
```

参数 opacity 代表透明度等级，可选值从 0～100，0 代表完全透明，100 代表完全不透明；style 参数指定了透明区域的形状特征。其中 0 代表统一形状；1 代表线形；2 代表放射状；3 代表长方形；finishopacity 是一个可选项，用来设置结束时的透明度，从而达到一种渐变效果，它的值也是从 0～100；startX 和 startY 代表渐变透明效果的开始坐标；finishX 和 finishY 代表渐变透明效果的结束坐标。

本实例主要代码如下：

```
<script language="javascript">
   var d = 0
   /*滤镜函数*/
    function JM_fade(ob) {
        if (d == 0) {
            /* filter:alpha 滤镜*/
            ob.filters.alpha.opacity += 1
        } else {
```

```
            ob.filters.alpha.opacity -= 1
        }
        if (ob.filters.alpha.opacity == 100) {
            d = 1;
        } else if (ob.filters.alpha.opacity == 0) {
            d = 0
        }
    }
    setInterval("JM_fade(u)", 10)
</script>
```

网页效果如图 9.15 所示。

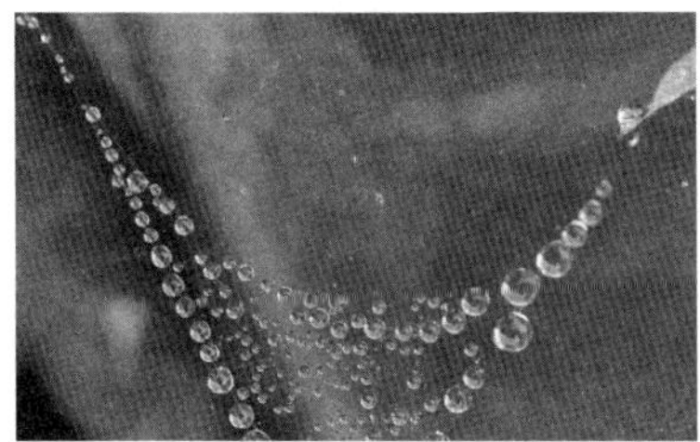

图 9.15　图片的渐隐渐现效果

9.16　图片翻页效果

本实例使用 JavaScript 在网页上的图片翻页效果。本节主要涉及的 JavaScript 语法是 getElementById()方法，其语法是 getElementById(id)，可以访问 document 中的某一设置了 id 的特殊元素。

本实例主要代码如下：

```
<script>
    /*翻页*/
    function p(n) {
    /*访问 document 中的某一设置了 id 的特殊元素*/
        var img = document.getElementById('img');
        var n = Number(img.title) + n;
        if (n < 0) n = 5;
        if (n > 5) n = 1;
        img.src = '5150' + n + '.jpg';
        img.title = n;
        var a = img.parentNode;
        a.href = img.src;
        return false;
    }
    setInterval(function() {
        p( + 1)
    },2998);
</script>
```

网页效果如图 9.16 所示。

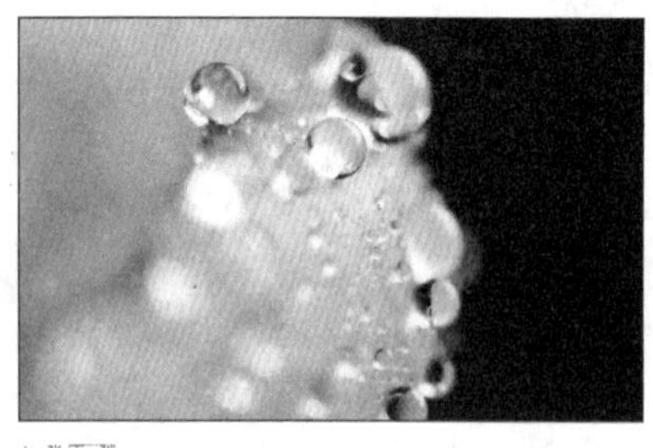

图 9.16　图片翻页效果

9.17　图片放大效果

本实例使用 JavaScript 在网页上展示图片放大效果。本节主要涉及的 JavaScript 语法是 onmousemove 属性。将 mouseMove()函数赋值于 onmousemove 属性，就能让 mouseMove 获取鼠标移动事件。

本实例主要代码如下：

```
<script type="text/javascript">
    /*页面加载*/
    window.onload = function() {
        /*定义和初始化变量*/
        var small_pic = document.getElementById('small_pic');
        var big_pic = document.getElementById('big_pic');
        var zoomer = document.getElementById('zoom');
        var pic2 = document.getElementById('pic2');
        small_pic.onmousemove = mouseMove;
        /*鼠标移入*/
        function mouseMove(ev) {
            ev = ev || window.event;
            var l = ev.clientX - small_pic.offsetLeft - zoomer.
             offsetWidth / 2;
            var h = ev.clientY - small_pic.offsetTop - zoomer.offsetHeight
             / 2;
            if (l < 0) {
                l = 0;
            } else if (l > small_pic.offsetWidth - zoomer.offsetWidth) {
                l = small_pic.offsetWidth - zoomer.offsetWidth + 1;
            }
            if (h < 0) {
                h = 0;
            } else if (h > small_pic.offsetHeight - zoomer.offsetHeight) {
                h = small_pic.offsetHeight - zoomer.offsetHeight + 1;
            }
            document.getElementById("zoom").style.left = l
           + small_pic.offsetLeft + "px";
            document.getElementById("zoom").style.top = h
           + small_pic.offsetTop + "px";
            var percent = big_pic.clientWidth / zoomer.clientWidth;
            pic2.style.left = big_pic.style.left - percent * l + 'px';
            pic2.style.top = big_pic.style.top - percent * h + 'px';
        }
```

```
        /*缩略图鼠标移入*/
        small_pic.onmouseover = function() {
            zoomer.style.display = 'block';
            big_pic.style.display = 'block';
            mouseMove();
        };
        /*缩略图鼠标移出*/
        small_pic.onmouseout = function() {
            zoomer.style.display = 'none';
            big_pic.style.display = 'none';
        };
    };
</script>
```

网页效果如图 9.17 所示。

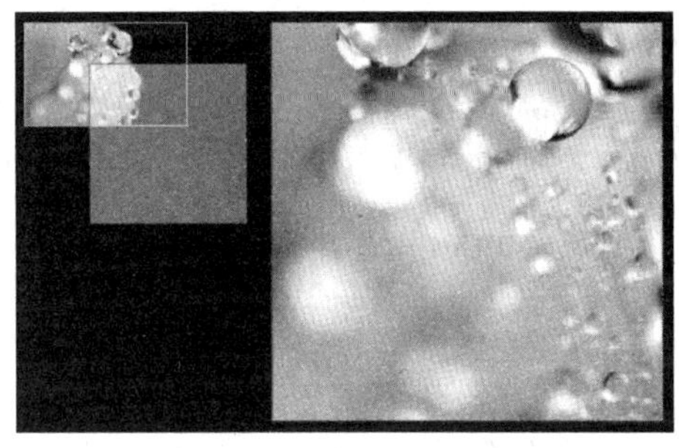

图 9.17　图片放大效果

9.18　图片自右向左滚动

本实例使用 JavaScript 在网页上实现图片自右向左滚动效果。本节主要涉及的 JavaScript 语法如下。

1．document.body.offsetWidth

offsetWidth 是页面中所有对象都有的属性，表示对象的实际宽度。有时在页面的 style 中所设置的宽度是百分比或 auto，此时要想呈现一个对象的实际宽度，就需要用到 offsetWidth。

2．document.body.scrollLeft

scrollLeft 设置或获取位于对象左边界和窗口中，目前可见内容最左端之间的距离。

本实例主要代码如下：

```
<script type="text/javascript">
    var speed = 50 demo2.innerHTML = demo1.innerHTML
    /*滚动*/
    function Marquee() {
        if (demo2.offsetWidth - demo.scrollLeft <= 0) demo.scrollLeft
         -= demo1.offsetWidth
        else {
```

```
            demo.scrollLeft++
        }
    }
    var MyMar = setInterval(Marquee, speed)                    /*调用滚动事件*/
    /*鼠标移入*/
    demo.onmouseover = function() {
        clearInterval(MyMar)
    }
    /*鼠标移出*/
    demo.onmouseout = function() {
        MyMar = setInterval(Marquee, speed)
    }
</script>
```

网页效果如图 9.18 所示。

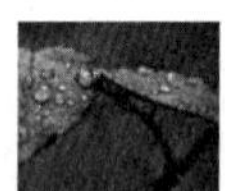    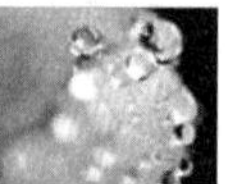

图 9.18　图片自右向左滚动

9.19　图片在按钮控制下左右无缝滚动效果

本实例使用 JavaScript 实现图片在按钮控制下左右无缝滚动的效果。本节主要涉及的 JavaScript 语法如下。

1．Array.prototype.slice.call(arguments)

Array.prototype 就是 Array 的原型，凡是通过 prototype 添加的属性和方法，都可以在这个类的对象里找到；Array.prototype.slice() 是访问 Array 的内置方法；call()方法调用一个对象的一个方法，以另一个对象替换当前对象。

2．Tween

Tween.Quart.easeOut 是默认缓动类。

3．backgroundPosition属性

backgroundPosition 属性设置背景图像的起始位置。

本实例主要代码如下：

```
<script type="text/javascript">
document.all && document.execCommand("BackgroundImageCache",
   false, true);
    /*判断是否 IE 浏览器*/
    var isIE = (document.all) ? true: false;
    var $ = function(id) {
        return document.getElementById(id);
  };
```

```
/*扩展*/
var Extend = function(destination, source) {
    for (var property in source) {
        destination[property] = source[property];
    }
}
/*绑定*/
var Bind = function(object, fun, args) {
    return function() {
        return fun.apply(object, args || []);
    }
}
/*作为事件监听器进行绑定*/
var BindAsEventListener = function(object, fun) {
    var args = Array.prototype.slice.call(arguments).slice(2);
    return function(event) {
        return fun.apply(object, [event || window.event].concat(args));
    }
}
/*当前样式*/
var CurrentStyle = function(element) {
    return element.currentStyle|| document.defaultView.getComputedSty
    le(element, null);
}
var Tween = {
    Quart: {
        easeOut: function(t, b, c, d) {
            return - c * ((t = t / d - 1) * t * t * t - 1) + b;
        }
    }
}
/*创建*/
function create(elm, parent, fn) {
    var element = document.createElement(elm);
    fn && fn(element);
    parent && parent.appendChild(element);
    return element
};
/*添加监听器*/
function addListener(element, e, fn) {
    element.addEventListener ? element.addEventListener(e, fn, false)
    : element.attachEvent("on" + e, fn)
};
/*移除监听器*/
function removeListener(element, e, fn) {
    element.removeEventListener ? element.removeEventListener(e,
    fn, false) : element.detachEvent("on" + e, fn)
};
/*类函数*/
var Class = function(properties) {
    var _class = function() {
        return (arguments[0] !== null && this.initialize&&typeof(this.
        initialize) == 'function') ? this.initialize.apply
        (this, arguments) : this;
    };
    _class.prototype = properties;
    return _class;
```

```
    };
    var Imgroll = new Class({
        options: {
…
            /*默认缓冲类*/
            Tween: Tween.Quart.easeOut,
            Oninit: function() {},
            Onstart: function() {},
            Onstop: function() {}
        },
        /*初始化*/
        initialize: function(obj, c, total, i, options) {
…
            img = this._c.getElementsByTagName('a');
            this._c.style.width = img.length * this.Step + 'px';
            for (; i < img.length; i++) {
                img[i].num = i; (function(i) {
                    addListener(img[i], 'click', Bind(self,
         self.Start, [img[i]]));
                })(i);
            }
        },
        /*开始*/
        Start: function(c) {
            if (this.Isrun) return;
            this.Isrun = true;
            var img = this._c.getElementsByTagName('a') this.b
            = this._obj.scrollLeft;
            c && (this.c = c.num < this.i ? ( - 1) * this.b: (c.num > img.length
            - (this._total - this.i + 1) - 1 ? (img.length - this._total) *
            this.Step - this.b: (c.num - this.i + 1) * this.Step - this.b));
            this.Onstart(c);
            if (this.c == 0) {
                this.Isrun = false;
                return;
            }
            this.Run();
        },
        /*运行*/
        Run: function() {
            if (this.t < this.d) {
            this.RunTo(Math.round(this.Tween(++this.t, this.b, this.c,
            this.d))) this.timer=setTimeout(Bind(this, this.Run),this.Time)
            } else {
                this.RunTo(this.b + this.c);
                this.Stop();
            }
        },
        /*运行到*/
        RunTo: function(i) {
            this._obj.scrollLeft = i;
        },
        /*向前*/
        Pre: function() {
            this.c = this.Step * ( - 1);
            this.Start();
        },
```

```
    /*向后*/
    Next: function() {
        this.c = this.Step;
        this.Start();
    },
    /*停止*/
    Stop: function() {
        clearTimeout(this.timer);
        this.t = 0;
        this.Isrun = false;
        this.Onstop()
    }
})
/*图片滚动*/
var ss = new Imgroll($('middle'), $('thumblist'), 9, 5, {
    Step: 102,                  /*步长*/
    /*开始*/
    Onstart: function(obj) {
        if (!obj) return;
        this.o && (this.o.className = '');
        this.o = obj;
        obj.className = 'cc';
    },
    /*停止*/
    Onstop: function() {
        $('left').style.backgroundPosition = this._obj.scrollLeft ==
        0 ? "0px 0px": "-29px 0px";
        $('right').style.backgroundPosition = this._obj.scrollLeft
        == 816 ? "0px 0px": "-29px 0px";
    }
});
/*添加左键监听器*/
addListener($('right'), 'click',
function() {
    ss.Next()
});
/*添加右键监听器*/
addListener($('left'), 'click',
function() {
    ss.Pre()
});
/*设置 innerHTML 属性*/
function sss(num) {
    ss.i = num;
    $('nn').innerHTML = "" + num + ""
}
</script>
```

网页效果如图 9.19 所示。

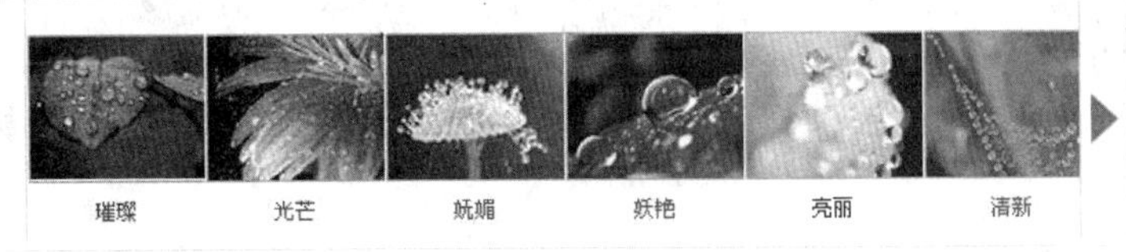

图 9.19　图片在按钮控制下左右无缝滚动效果

9.20　图片自动滚动效果

本实例使用 JavaScript 在网页上实现图片自动滚动效果。本节主要涉及的 JavaScript 语法如下。

1. offsetWidth

offsetWidth 是页面中所有对象都有的属性，表示对象的实际宽度。有时在页面的 style 中所设置的宽度是百分比或 auto，此时要想呈现一个对象的实际宽度，就需要用到 offsetWidth。

2. scrollLeft

scrollLeft 设置或获取位于对象左边界和窗口中，目前可见内容最左端之间的距离。

本实例主要代码如下：

```
<script type="text/javascript">
    /*定义和初始化变量*/
    var speed = 10;
    var tab = document.getElementById("demo");
    var tab1 = document.getElementById("demo1");
    var tab2 = document.getElementById("demo2");
    tab2.innerHTML = tab1.innerHTML;
    /*滚动*/
    function Marquee() {
        if (tab2.offsetWidth - tab.scrollLeft <= 0) tab.scrollLeft
        -= tab1.offsetWidth
        else {
            tab.scrollLeft++;
        }
    }
    var MyMar = setInterval(Marquee, speed);
    /*鼠标移入*/
    tab.onmouseover = function() {
        clearInterval(MyMar)
    };
    /*鼠标移出*/
    tab.onmouseout = function() {
        MyMar = setInterval(Marquee, speed)
    };
</script>
```

网页效果如图 9.20 所示。

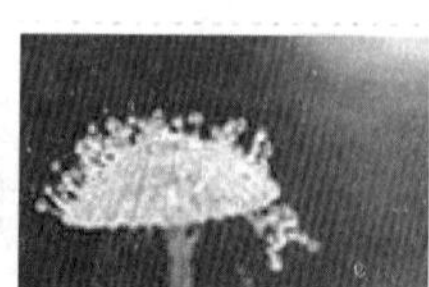
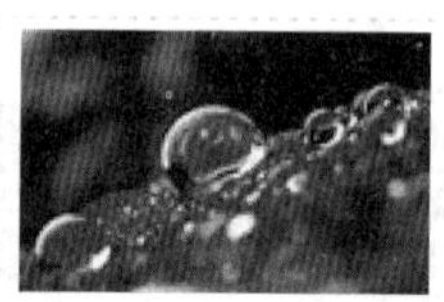
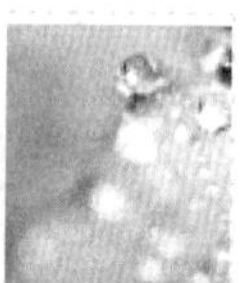

图 9.20　图片自动滚动效果

9.21　图片横纵向同时滚动效果

本实例使用 JavaScript 在网页上展现图片横纵向同时滚动效果。本节主要涉及的 JavaScript 语法是 insertBefore()方法，可在已有的子节点前插入一个新的子节点。insertBefore()方法的语法是 insertBefore(newchild,refchild)，其中 newchild 是插入新的节点，refchild 表示在此节点前插入新节点。

本实例主要代码如下：

```
<script>
   /*获取事件*/
   _get = function(e, c) {
      var _isClass = e.indexOf(".") >= 0,
      _isId = e.indexOf("#") >= 0,
      newEle = e.substring(1);
      if (_isClass && _isId) return;
      if (_isId) {
         var obj = typeof newEle == "string" ? document.getElementById
         (newEle) : false;
      } else if (_isClass) {
         var obj = _class(e);
      } else {
         return;
      }
      /*类函数*/
      function _class(c, o) {
         var oDom = o ? o: document,
         cParent = oDom.getElementsByTagName("*"),
         classAry = [],
         leng = cParent.length;
         for (var i = 0; i < leng; i++) {
            allC = cParent[i].className;
            if (allC.match("\\b" + newEle + "(?:$|[^\w\-])")) {
               classAry.push(cParent[i])
            }
         }
         return classAry.length == 1 ? classAry[0] : classAry;
      }
      var _isArr = obj.constructor == Array;
      if ( !! c) {
         if (_isArr) {
            for (var j = 0,
            len = obj.length; j < len; j++) {
               var ele = obj[j].getElementsByTagName(c);
               obj[j] = ele.length == 1 ? ele[0] : ele;
            }
         } else {
            obj = obj.getElementsByTagName(c);
         }
      }
      return obj.length == 1 ? obj[0] : obj;
   }
   /*滚动*/
   function Roll() {
      this.initial.apply(this, arguments)
```

```
}
Roll.prototype = {
/*初始化*/
    initial: function(o, l, r, s) {
…
        this.set(s || {});
        this.oAttr = !!this.s.dir ? this.child[0]
       .offsetHeight: this.child[0].offsetWidth;
        this.dirNo = !!this.s.dir ? "top": "left";
        l.onclick = function() {
            _this.prev();
            _this.s.auto = false;
        };
        /*点击事件*/
        r.onclick = function() {
            _this.next();
            _this.s.auto = false;
        };
        /*鼠标移入*/
        o.onmouseover = function() {
            _this.s.auto = false;
            clearInterval(_this.funTime);
        }
        this.s.auto && (this.next(), o.onmouseout= l.onmouseout =
        r.onmouseout = function() {
            _this.funTime = setTimeout(function() {
                _this.s.auto = true;
                _this.next()
            },
            500)
        });
    },
    /*设置*/
    set: function(v) {
        this.s = {
            dir: 0,                        /*滚动方向，0 为横向滚动，1 为纵向滚动*/
            auto: true                     /*是否自动滚动*/
        }
        for (c in v) {
            this.s[c] = v[c]
        };
    },
    /*向前*/
    prev: function() {
        this.obj.insertBefore(this.child[this.child.length-1],this.
        obj.firstChild);

        this.obj.style[this.dirNo] = -this.oAttr + "px";
        this.moverIt(0);
    },
    /*向后*/
    next: function() {
        this.moverIt( - this.oAttr,
        function() {
            var dir = !!this.s.dir ? "top": "left";
            this.obj.appendChild(this.child[0]);
            this.obj.style[this.dirNo] = 0;
        });
    },
```

```
        /*横纵滚动*/
        moverIt: function(i, callBack) {
            var _this = this;
            clearInterval(this.timerId);
            clearInterval(_this.funTime) clearInterval(this.interval);
            this.timerId = setInterval(function() {
                var dir = !!_this.s.dir ? _this.obj.offsetTop: _this.obj.
                offsetLeft,
                iSpeed = (i - dir) / 5;
                iSpeed = iSpeed > 0 ? Math.ceil(iSpeed) : Math.floor(iSpeed);
                dir == i ? (clearInterval(_this.timerId), callBack &&
                callBack.apply(_this), !!_this.s.auto && (_this.interval
                = setTimeout(function() {
                    _this.next();
                },
                1500))) : _this.obj.style[_this.dirNo] = iSpeed + dir + "px"
            },
            30);
        }
    }
    var menu = _get(".prize-con", "ul"),
    lBun = _get(".l-bun"),
    rBun = _get(".r-bun");
    for (var i = 0,
    leng = menu.length; i < leng; i++) {
        /*实例化，当板块为偶数的时候向左边滚动，反之向上*/
        var mq = new Roll(menu[i], lBun[i], rBun[i], {dir: i % 2 ? 1 : 0})
        ,mq = null;
    }
</script>
```

网页效果如图 9.21 所示。

图 9.21　图片横纵向同时滚动效果

9.22　图片在鼠标控制下连续左右滚动效果

本实例使用 JavaScript 实现图片在鼠标控制下连续左右滚动效果。本节主要涉及的 JavaScript 语法如下。

1．setInterval()方法

setInterval()方法已在 1.43 节介绍过，这里不再复述。

2．clearInterval()方法

window.clearInterval()方法已在 9.1 节介绍过，不再复述。

本实例主要代码如下：

```
<script type="text/javascript">
    var speed = 30;          /*滚动速度*/
    demo2.innerHTML = demo1.innerHTML;
    /*向左滚动*/
    function MarqueeL() {
        if (demo2.offsetWidth - demo.scrollLeft <= 0) demo.scrollLeft
         -= demo1.offsetWidth;
        else demo.scrollLeft++;
    }
    /*向右滚动*/
    function MarqueeR() {
        if (demo2.offsetWidth - demo.scrollLeft >= 255) demo.scrollLeft
    += demo1.offsetWidth;
        else demo.scrollLeft--;
    }
    var flag = 0;
    var MyMar;
    var MyMar=setInterval(MarqueeL,speed);
   /*鼠标移入*/
    demo.onmouseover = function() {
        if (MyMar) {
            clearInterval(MyMar)
        }
    }
    /*鼠标移出*/
    demo.onmouseout=function() {MyMar=setInterval(MarqueeR,speed)}
    function moveout(way) {
        if (MyMar) {
            clearInterval(MyMar);
        }
    }
    /*移动*/
    function moveThis(way) {
        if (way == 'right') {
            flag = 1;
            if (MyMar) {
                clearInterval(MyMar); /*clearInterval()终止定时或窗口被关闭*/
            }
            /* setInterval()方法可按照以毫秒计算的指定周期来调用函数或计算表达式*/
            MyMar = setInterval(MarqueeR, speed);
        } else {
            flag = 0;
            if (MyMar) {
                clearInterval(MyMar);
            }
            MyMar = setInterval(MarqueeL, speed);
        }
        if (flag) demo.onmouseout = function() {
         /*鼠标移出*/
            MyMar = setInterval(MarqueeR, speed)
        }
```

```
    else demo.onmouseout = function() {                        /*鼠标移入*/
        MyMar = setInterval(MarqueeL, speed)
    }
  }
</script>
```

网页效果如图 9.22 所示。

图 9.22　图片在鼠标控制下连续左右滚动效果

9.23　图片悬停滚动切换效果

本实例使用 JavaScript 在网页上屏蔽鼠标右键。本节主要涉及的 JavaScript 语法是 document.oncontextmenu()函数，是页面右键菜单功能函数。

本实例主要代码如下：

```
<script type="text/javascript">
/*主函数*/
function Youa (obj)
{
    this.obj = $(obj);
    this.container = $("container");
    this.control = $("control");
    this.items = $$$("item", this.container);
    this.iCenter = 2;
    this.aSort = [];
    this.timer = null;
    this.oData = [
        {left:0, zIndex:2, opacity:30},
        {left:40, zIndex:3, opacity:60},
        {left:124, zIndex:4, opacity:100},
        {left:208, zIndex:3, opacity:60},
        {left:246, zIndex:2, opacity:30},
        {left:40, zIndex:0, opacity:0}
    ];
    this.__create__()
};
/*主函数原型创建函数*/
Youa.prototype.__create__ = function ()
{
    var that = this;
    var oSpan = null;
    var i = 0;
    for (i = 0; i < that.items.length; i++)
    {
        that.items[i].number = i;
        that.aSort[i] = that.items[i];
        oSpan = document.createElement("span");
        oSpan.number = i;
        that.control.appendChild(oSpan)
    }
```

```
    for (i = 0; i < 2; i++) this.aSort.unshift(this.aSort.pop());
    that.aSpan = $$("span", that.control);
    that.control.onmouseover = function (ev)
    {
        var oEv = ev || event;
        var oTarget = oEv.target || oEv.srcElement;
        if (oTarget.tagName.toUpperCase() == "SPAN")
        {
            that.aSort.sort(function (a, b) {return a.number -
            b.number});
            if (oTarget.number < that.iCenter)
            {
                for (i = 0; i < that.iCenter - oTarget.number;
                i++) that.aSort.unshift(that.aSort.pop());
                that.__set__();
                return false
            }
            else if (oTarget.number > that.iCenter)
            {
                for (i = 0; i < oTarget.number - that.iCenter; i++) that
                .aSort.push(that.aSort.shift());
                that.__set__();
                return false
            }
            else
            {
                that.__set__()
            }
        }
    }
    this.__set__();
    this.__switch__();
    this.__autoPlay__()
};
/*主函数原型设置函数*/
Youa.prototype.__set__ = function ()
{
    var i = 0;
    for (i = 0; i < this.aSort.length;
    i++) this.container.appendChild(this.aSort[i]);
    for (i = 0; i < this.aSpan.length; i++) this.aSpan[i].className = "";
    this.aSpan[this.aSort[this.iCenter].number].className = "active";
    for (i = 0; i < this.aSort.length; i++)
    {
        this.aSort[i].index = i;
        if (i < 5)
        {
            new Animate(this.aSort[i], this.oData[i]);
        }
        else
        {
            new Animate(this.aSort[i], this.oData[this.oData.length - 1])
        }
    }
};
/*主函数原型交换函数*/
Youa.prototype.__switch__ = function ()
{
    var i = 0;
    var that = this;
    /*单击事件*/
```

```
    this.container.onclick = function (ev)
    {
        var oEv = ev || event;
        var oTarget = oEv.target || oEv.srcElement;
        var index = findItem(oTarget);
        if (index < that.iCenter)
        {
            for (i = 0; i < that.iCenter - index; i++) that.aSort.unshift
            (that.aSort.pop());
            that.__set__();
            return false
        }
        else if (index > that.iCenter)
        {
            for (i = 0; i < index - that.iCenter; i++) that.aSort.push
            (that.aSort.shift());
            that.__set__();
            return false
        }
        function findItem (element)
        {
            return element.className=="item"?element.index: arguments.
            callee(element.parentNode)
        }
    };
};
/*主函数原型自动播放函数*/
Youa.prototype.__autoPlay__ = function ()
{
    var that = this;
    that.timer = setInterval(function ()
    {
        that.aSort[3].click()
    }, 3000);
    /*鼠标移入*/
    that.obj.onmouseover = function ()
    {
        clearInterval(that.timer)
    };
    /*鼠标移出*/
    that.obj.onmouseout = function ()
    {
        that.timer = setInterval(function ()
        {
            that.aSort[3].click()
        }, 3000)
    }
};
function $ (id)
{
    return typeof id === "string" ? document.getElementById(id) : id
};
function $$ (tagName, oParent)
{
    return (oParent || document).getElementsByTagName(tagName)
};
function $$$ (className, element, tagName)
{
    var i = 0;
    var aClass = [];
    var reClass = new RegExp("(^|//s)" + className + "(//s|$)");
```

```
    var aElement = $$(tagName || "*", element || document);
    for (i = 0; i < aElement.length; i++) reClass.test(aElement[i].
    className) && aClass.push(aElement[i]);
    return aClass
};
/*css() 函数*/
function css (element, attr, value)
{
    if (arguments.length == 2)
    {
        if (typeof arguments[1] === "string")
        {
            return element.currentStyle ? element.currentStyle[attr]
             : getComputedStyle(element, null)[attr]
        }
        else
        {
            for (var property in attr)
            {
                property == "opacity" ?
                (element.style.filter = "alpha(opacity=" + attr[property]
                 + ")", element.style.opacity = attr[property] / 100) :
                element.style[property] = attr[property]
            }
        }
    }
    else if (arguments.length == 3)
    {
        switch (attr)
        {
            case "width":
            case "height":
            case "top":
            case "left":
            case "right":
            case "bottom":
                element.style[attr] = value + "px";
                break;
            case "opacity" :
                element.style.filter = "alpha(opacity=" + value + ")";
                element.style.opacity = value / 100;
                break;
            default :
                element.style[attr] = value;
                break
        }
    }
    return element
};
/*动画函数*/
function Animate (element, options, fnCallBack)
{
    this.obj = $(element);
    this.options = options;
    this.__onEnd__ = fnCallBack;
    this.__startMove__()
};
/*动画原型开始移动函数*/
Animate.prototype.__startMove__ = function ()
{
    var that = this;
```

```
    clearInterval(that.obj.timer);
    that.obj.timer = setInterval(function ()
    {
        that.__doMove__()
    }, 30);
};
/*动画原型移动过程函数*/
Animate.prototype.__doMove__ = function ()
{
    var complete = true;
    var property = null;
    for (property in this.options)
    {
        var iCur = parseFloat(css(this.obj, property));
        property == "opacity" && (iCur = parseInt(iCur.toFixed(2) * 100));
        var iSpeed = (this.options[property] - iCur) / 5;
        iSpeed = iSpeed > 0 ? Math.ceil(iSpeed) : Math.floor(iSpeed);
        this.options[property] == iCur || (complete = false, css(this.obj
        , property, iSpeed + iCur))
    }
    complete && (clearInterval(this.obj.timer), this.__onEnd__&&this.__
   onEnd__.apply(this.obj))
};
/*页面加载事件*/
window.onload = function ()
{
    new Youa("box")
};
</script>
```

网页效果如图 9.23 所示。

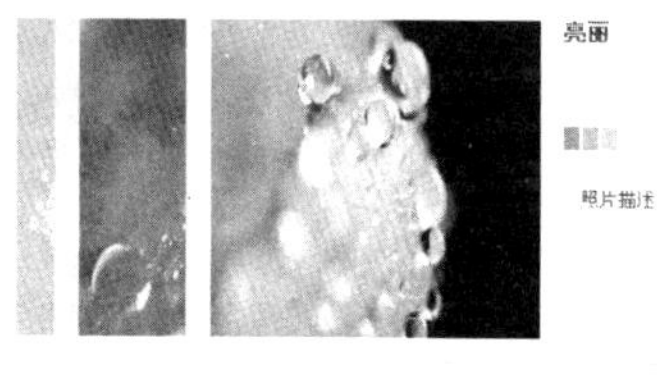

图 9.23　图片悬停滚动切换效果

9.24　图片随着鼠标滑入缩略图切换效果

本实例使用 JavaScript 实现图片随着鼠标滑入缩略图切换效果。本节主要涉及的 JavaScript 语法是 filters.revealTrans 滤镜。该滤镜的语法如下：

```
filter: progid:DXImageTransform.Microsoft.RevealTrans
```

(enabled=bEnabled,duration=fDuration,transition=iTransitionType)，其中，enabled 是可选项，为布尔值，用以设置或检索滤镜是否激活；duration 也是可选项，为浮点数，用以设置或检索转换完成所用的时间，其值为秒.毫秒（0.0000）格式；transition 同样也是可选项，为整数值，用以设置或检索转换所使用的方式。例如，本实例中的取值 23 就是表示随机使用 0～22 种可能的值转换。

本实例主要代码如下：

```
<script language=javascript type=text/javascript>
…
    /*使聚焦*/
    function setfoc(id) {
        document.getElementById("focpic").src = picarry[id];
        document.getElementById("foclnk").href = lnkarry[id];
        document.getElementById("foctitle").innerHTML = '<a href="' +
        lnkarry[id] + '" target="_blank">' + ttlarry[id] + '</a>';
        currslid = id;
        for (i = 0; i < 6; i++) {
            document.getElementById("tmb" + i).className = "thumb_off";
        };
        document.getElementById("tmb" + id).className = "thumb_on";
        focpic.style.visibility = "hidden";
        focpic.filters[0].Apply();
        if (focpic.style.visibility == "visible") {
            focpic.style.visibility = "hidden";
            focpic.filters.revealTrans.transition = 23;/*filters.reveal
            Trans 滤镜*/
        } else {
            focpic.style.visibility = "visible";
            focpic.filters[0].transition = 23;
        }
        focpic.filters[0].Play();
        stopit();                               /*调用停止函数*/
    }
    /*切换下一个*/
    function playnext() {
        if (currslid == 5) {
            currslid = 0;
        } else {
            currslid++;
        };
        setfoc(currslid);
        playit();
    }
    /*切换*/
    function playit() {
        slidint = setTimeout(playnext, 4500);
    }
    /*停止*/
    function stopit() {
        clearTimeout(slidint);
    }
    window.onload = function()                  /*页面加载*/
    {
        playit();                               /*调用停止函数*/
    }
</script>
```

网页效果如图 9.24 所示。

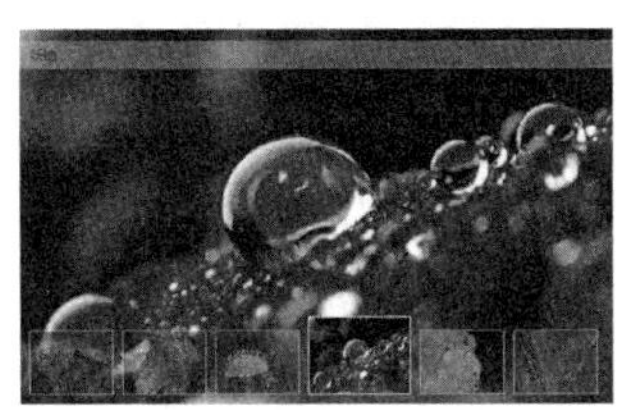

图 9.24　图片随着鼠标滑入缩略图切换效果

9.25　图片快速移动切换效果

本实例使用 JavaScript 在网页上屏蔽鼠标右键。本节主要涉及的 JavaScript 语法如下。

- document.createElement()方法：该方法是在对象中创建一个对象的方法。
- document.body.appendChild()方法：该方法在节点的子节点列表末添加新的子节点。
- backgroundPosition 属性：该属性设置背景图像的起始位置。

本实例主要代码如下：

```
<script type="text/javascript">
    /*定义并初始化变量*/
    //<[CDATA[
    var eLore_wrap = document.getElementById('eLore_wrap');
    var iImg = 0;
    var iA = 0;
var aImg = ['51501.jpg', '51502.jpg', '51503.jpg', '51504.jpg
', '51505.jpg', '51506.jpg', ];
    var iImgWidth = 665,
    iImgHeight = 414;
    var iDivWidth = iImgWidth / 10;
    eLore_wrap.style.width = 10 * (Math.floor(iImgWidth / 10)) + 'px';
    eLore_wrap.style.height = iImgHeight + 'px';
    eLore_createD();
    /*创建*/
    function eLore_createD() {
        if (iImg == 10) {
            eLore_wrap.innerHTML = '';
            iImg = 0;
        }
        if (iImg == 0) {
            /*创建一个对象*/
            var oDivOut = document.createElement('div');
            oDivOut.className = 'eLore_out';
            oDivOut.style.width = iDivWidth + 'px';
            oDivOut.style.height = iImgHeight + 'px';
            oDivOut.style.background = 'url(' + aImg[iA] + ') -' + parseInt
            (8.5 * iDivWidth) + 'px top no-repeat';
            eLore_wrap.appendChild(oDivOut);        /*在节点的子节点列表末添加新的
                                                    子节点*/
        }
        /*创建一个对象*/
        var oDiv = document.createElement('div');
        oDiv.className = 'eLore_img';
        oDiv.style.right = iImg * iDivWidth + 'px';
```

```
        oDiv.style.width = 1.5 * iDivWidth + 'px';
        oDiv.style.height = iImgHeight + 'px';
        oDiv.style.background = 'url(' + aImg[iA] + ') -' + 9 * iDivWidth
        + 'px top no-repeat';
        /*在节点的子节点列表末添加新的子节点*/
        eLore_wrap.appendChild(oDiv);
        iImg++;
        eLore_move();

    /*移动*/
    function eLore_move() {
        var oDiv = eLore_wrap.getElementsByTagName('div');
        for (var i = 1; i < oDiv.length; i++) {
            /*设置背景图像的起始位置*/
            var iBgpx = parseInt(oDiv[i].style.backgroundPosition);
            if (iBgpx < i * iDivWidth - (iImgWidth - 0.5 * iDivWidth)) {
                var iMovePx = Math.floor((iImgWidth - 0.5 * iDivWidth - i
                 * iDivWidth + iBgpx) / 15);
                oDiv[i].style.backgroundPosition = iBgpx - iMovePx + 'px top';
            } else {
                oDiv[i].style.backgroundPosition = ((i + 0.5) * iDivWidth
                - iImgWidth) + 'px top';
            }
        }
        document.getElementById('debug').innerText = eLore_wrap.innerHTML;
        if (iImg < 10) {
            setTimeout('eLore_createD()', '60');
        } else if (parseInt(oDiv[10].style.backgroundPosition) < 0.5
        * iDivWidth) {
            setTimeout('eLore_move()', '60');
        } else {
            iA = ++iA == aImg.length ? 0 : iA;
            setTimeout('eLore_createD()', '2000');
        }
    }
    //]]>
</script>
```

网页效果如图 9.25 所示。

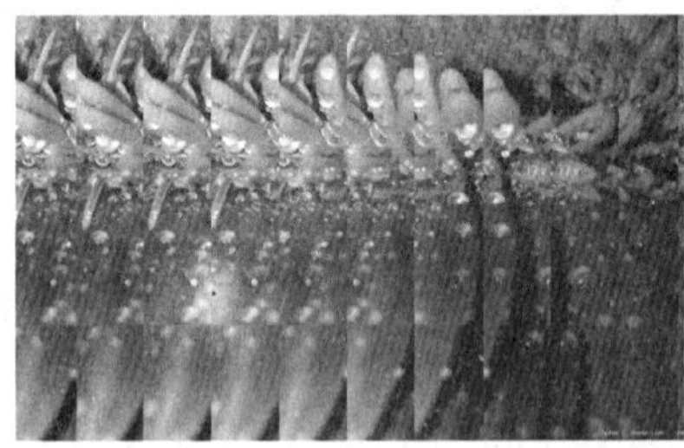

图 9.25　图片快速移动切换效果

9.26　图片通过悬浮的左右箭头切换效果

本实例使用 JavaScript 在网页上展示图片通过悬浮的左右箭头切换效果。本节主要涉及的 JavaScript 语法如下。

1．attachEvent() 和addEventListener()方法

attachEvent()方法，为某一事件附加其他的处理事件，不支持 Mozilla 系列；addEventListener()方法则专门用于 Mozilla 系列。

2．detachEvent() 和removeEventListener()方法

detachEvent()方法用去注销对象事件，不支持 Mozilla 系列；removeEventListener()方法则专门用于 Mozilla 系列。

3．Array.prototype.slice.call(arguments)

Array.prototype 就是 Array 的原型，凡是通过 prototype 添加的属性和方法，都可以在这个类的对象里找到；Array.prototype.slice()是访问 Array 的内置方法；call()方法调用一个对象的一个方法，以另一个对象替换当前对象。

本实例主要代码如下：

```
<script type="text/javascript">
    /*事件函数*/
    function $(e) {
        return "string" == typeof e ? document.getElementById(e) : e;
    }
    var Event = {
        add: function(obj, EventType, fn) {
            /*为某一事件附加其他的处理事件*/
            if (obj.attachEvent) {
                obj['e' + EventType + fn] = fn;
                obj[EventType + fn] = function() {
                    obj['e' + EventType + fn](window.event);
                }
                obj.attachEvent('on' + EventType, obj[EventType + fn]);
            } else if (obj.addEventListener) /*为某一事件附加其他的处理事件*/
                obj.addEventListener(EventType, fn, false);
                                                    /*为某一事件附加其他的处理事件*/
            } else {
                obj['on' + EventType] = fn;
            }
        },
        remove: function(obj, Event, fn) {
            /*注销对象事件*/
            if (obj.detachEvent) {
                obj.detachEvent('on' + EventType, obj[EventType + fn]);
            } else if (obj.removeEventListener) {          /*注销对象事件*/
                /*注销对象事件*/
                obj.removeEventListener(EventType, fn, false);
            } else {
                obj['on' + EventType] = null;
            }
        }
    }
    var Each = function(list, fn) {
        for (var i = 0,
        len = list.length; i < len; i++) {
            fn(list[i], i)
        }
```

```
}
/*函数原型绑定*/
Function.prototype.bind = function(object) {
    __method = this;
    /* Array.prototype.slice 是访问 Array 的内置方法*/
    args = Array.prototype.slice.call(arguments);
    args.shift();
    return function() {
        __method.apply(object, args.concat(Array.prototype.slice.call
       (arguments)));
    }
}
var Class = {
/*创建*/
    create: function() {
        return function() {
            this.initialize.apply(this, arguments);
        }
    }
}
ChangeImages = Class.create();
ChangeImages.prototype = {
    initialize: function(id, loader, arr) {
…
    },
    /*设置默认*/
    setDefault: function(arr) {
        this.count = 0;
        Each(arr,
        function(o) {
            this.arr.push([o, false])
        }.bind(this))
        this.idImg.src = this.arr[0][0];
    },
    /*设置处理*/
    SetHand: function(event) {
        switch (this.count) {
        default:
            this.getNx(event);
            break;
        case 0:
            this.idImg.style.cursor = "url(right.cur),auto";
            break;
        case this.arr.length - 1 : this.idImg.style.cursor= "url(left.cur)
        ,auto";
            break;
        }
    },
    /*单击设定*/
    clickSet: function(event) {
        this.arr[this.count][1] = true;
        if ((this.nx > 0.5 || this.count == 0) && this.count!= this.arr.
        length - 1) {
            this.count++;
            this.idImg.src = this.arr[this.count][0];
       } else if (this.nx < 0.5 || this.count == this.arr.length - 1) {
            this.count--;
            this.idImg.src = this.arr[this.count][0];
        }
        if (this.arr[this.count][1]) {
```

```
            this.idLoader.style.display = 'none';
        } else {
            this.idLoader.style.display = 'block'
        }
    },
    /*获取下一个*/
    getNx: function(event) {
        this.nx = (document.body.scrollLeft + event.clientX- this.pic.
        left) / this.pic.width;
        if (this.nx > 0.5) {
            this.idImg.style.cursor="url(/jscss/demoimg/201204/right
            .cur),auto";
        } else {
            this.idImg.style.cursor= "url(/jscss/demoimg/201204/
            left.cur),auto";
        }
    },
    /*获取位置*/
    getPos: function() {
…
        while (temp = temp.offsetParent) {
            top += temp.offsetTop;
            left += temp.offsetLeft;
        }
        temp = null;
        this.pic = {
…
        };
    }
  }
  var arrImg = Array('51501.jpg', '51502.jpg', '51503.jpg', '51504.jpg'
   , '51505.jpg', '51506.jpg');  /*定义数组*/
  objCI = new ChangeImages('viewImg', 'loader', arrImg);
  /*调用变换图片函数*/
</script>
```

网页效果如图 9.26 所示。

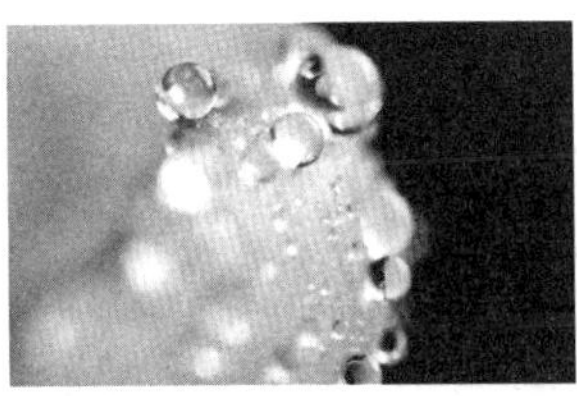

图 9.26　图片通过悬浮的左右箭头切换效果

9.27　图片简单切换效果

本实例使用 JavaScript 实现图片简单切换效果。本节主要涉及的 JavaScript 语法如下。

1. getElementById()

getElementById()方法的语法是 getElementById(id)，可以访问 document 中某一设置了

id 的特殊元素。

2．innerHTML

innerHTML 属性是一个字符串，用来设置或获取位于对象起始和结束标签内的 HTML。关于该属性的详细介绍，请读者参考 6.7 节的介绍，这里不再复述。

本实例主要代码如下：

```
<script type="text/javascript">
    /*切换函数*/
    function change(i) {
      /*访问 document 中的某一设置了 id 的特殊元素*/
      document.getElementById("jpg1").innerHTML = "<img src\='5150" +
      i + ".jpg' />";
  }
  var i = 1;
  /*前进*/
  function go() {
      i++;
      if (i == 5) {
          i = 1;
      }
      document.getElementById("jpg1").innerHTML = "<img src\='5150" +
        i + ".jpg' />";
  }
  /*后退*/
  function back() {
      i--;
      if (i == 0) {
          i = 4
      }
      document.getElementById("jpg1").innerHTML = "<img src\='5150" +
      i + ".jpg' />";
  }
</script>
```

网页效果如图 9.27 所示。

图 9.27　图片简单切换效果

9.28　图片渐现加载效果

本实例使用 JavaScript 在网页上展现图片渐现加载效果。本节主要涉及的 JavaScript 语法是 filters.revealTrans.transition 滤镜。该滤镜的参数 transition 是可选项，为整数值，用以设置或检索转换所使用的方式。如本实例中的取值 12 就是表示随机杂点干扰转换。

本实例主要代码如下：

```
<SCRIPT FOR=window EVENT=onLoad LANGUAGE=vbscript>
    image1.filters.item(0).apply()/* filters.revealTrans.transition 滤镜*/
    /* 设置或检索转换所使用的方式*/
    image1.filters.item(0).transition = 12
    image1.Style.visibility = ""
    image1.filters(0).play(2.0)
</SCRIPT>
```

网页效果如图 9.28 所示。

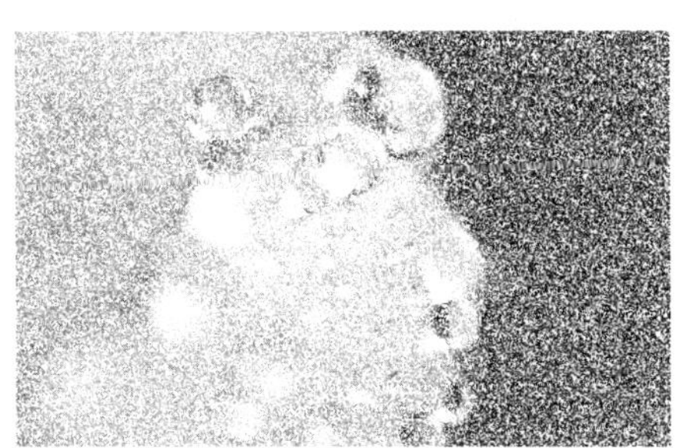

图 9.28　图片渐现加载效果

9.29　图片可控垂直无缝滚动效果

本实例使用 JavaScript 实现图片可控垂直无缝滚动效果。本节主要涉及的 JavaScript 语法如下。

insertBefore()方法可在已有的子节点前插入一个新的子节点。insertBefore()方法的语法是 insertBefore(newchild,refchild)，其中 newchild 是插入新的节点，refchild 表示在此节点前插入新节点。

本实例主要代码如下：

```
<script type="text/javascript">
function $ (id)                              /* id 函数*/
{
    return typeof id === "string" ? document.getElementById(id) : id;
}
function $$ (elem, oParent)                  /*元素函数*/
{
    return (oParent || document).getElementsByTagName(elem);
}
/*类函数*/
function $$$ (className, oParent)
{
    var aClass = [];
    var reClass = new RegExp("(//s|^)" + className + "($|//s)");
    var aElem = $$("*", oParent);
    for (var i = 0; i < aElem.length; i++) reClass.test(aElem[i].className)
     && aClass.push(aElem[i]);
```

```
    return aClass
}
function Roll ()                                          /*滚动*/
{
    this.initialize.apply(this, arguments)
}
Roll.prototype =                                          /*滚动原型*/
{
    /*初始化*/
    initialize: function (obj)
    {
        var _this = this;
        this.obj = $(obj);
        this.oUp = $$$("up", this.obj)[0];
        this.oDown = $$$("down", this.obj)[0];
        this.oList = $$$("list", this.obj)[0];
        this.aItem = this.oList.children;
        this.timer = null;
        this.iNow = 0;
        this.iHeight = this.aItem[0].offsetHeight;
        this.oUp.onclick = function ()
        {
            _this.up()
        };
        this.oDown.onclick = function ()
        {
            _this.down()
        }
    },
    /*向上*/
    up: function ()
    {
        this.oList.insertBefore(this.aItem[this.aItem.length -1], this.
        oList.firstChild);
        this.oList.style.top = -this.iHeight + "px";
        this.doMove(0)
    },
    /*向下*/
    down: function ()
    {
        this.doMove(-this.iHeight, function ()
        {
            this.oList.appendChild(this.aItem[0]);
            this.oList.style.top = 0;
        })
    },
    /*移动*/
    doMove: function (iTarget, callBack)
    {
        var _this = this;
        clearInterval(this.timer)
        this.timer = setInterval(function ()
        {
            var iSpeed = (iTarget - _this.oList.offsetTop) / 5;
            iSpeed = iSpeed > 0 ? Math.ceil(iSpeed) : Math.floor(iSpeed);
           _this.oList.offsetTop == iTarget ? (clearInterval(_this.timer),
            callBack && callBack.apply(_this)) : _this.oList.style.top =
            iSpeed +
             _this.oList.offsetTop + "px"
        }, 30)
```

```
    }
};
window.onload = function ()         /*页面加载*/
{
    new Roll("box");
};
</script>
```

网页效果如图 9.29 所示。

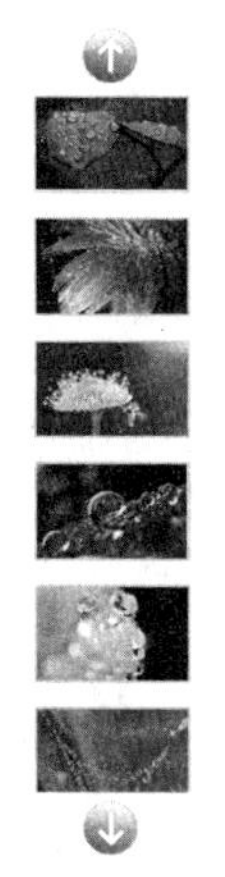

图 9.29　图片可控垂直无缝滚动效果

9.30　图片自动上翻效果

本实例使用 JavaScript 在网页上实现图片自动上翻效果。本节主要涉及的 JavaScript 语法如下。

- ❑ onmouseover：onmouseover：鼠标移动到对象上时响应事件。
- ❑ onmouseout：onmouseout：鼠标从对象上移出时响应事件。

本实例主要代码如下：

```
<script type="text/javascript">
    /*遮罩函数*/
    function Marquee() {
        this.ID = document.getElementById(arguments[0]);
...
        if (arguments[8]) {
            this.ScrollStep = arguments[8];
        } else {
            this.ScrollStep = this.Direction > 1 ? this.Width: this.Height;
        }
...
   }
    /*遮罩函数原型*/
    Marquee.prototype.Start = function(msobj, timer, waittime, stoptime) {
        msobj.StartID = function() {
            msobj.Scroll();
        }
```

```
        /*继续*/
        msobj.Continue = function() {
            if (msobj.MouseOver == 1) {
                setTimeout(msobj.Continue, waittime);
            } else {
                clearInterval(msobj.TimerID);
                msobj.CTL = msobj.Stop = 0;
                msobj.TimerID = setInterval(msobj.StartID, timer);
            }
        }
        /*暂停*/
        msobj.Pause = function() {
            msobj.Stop = 1;
            clearInterval(msobj.TimerID);
            setTimeout(msobj.Continue, waittime);
        }
        /*开始*/
        msobj.Begin = function() {
            msobj.TimerID = setInterval(msobj.StartID, timer);
            /*鼠标移入*/
            msobj.ID.onmouseover = function() {
                msobj.MouseOver = 1;
                clearInterval(msobj.TimerID);
            }
            /*鼠标移出*/
            msobj.ID.onmouseout = function() {
                msobj.MouseOver = 0;
                if (msobj.Stop == 0) {
                    clearInterval(msobj.TimerID);
                    msobj.TimerID = setInterval(msobj.StartID, timer);
                }
            }
        }
        setTimeout(msobj.Begin, stoptime);
}
/*滚动原型*/
    Marquee.prototype.Scroll = function() {
        switch (this.Direction) {
        case 0:
            this.CTL += this.Step;
            if (this.CTL >= this.ScrollStep && this.WaitTime > 0) {
                this.ID.scrollTop += this.ScrollStep + this.Step - this.CTL;
                this.Pause();
                return;
            } else {
                if (this.ID.scrollTop >= this.ClientScroll) this.ID.scroll
                Top
                -= this.ClientScroll;
                this.ID.scrollTop += this.Step;
            }
            break;
        case 1:
            this.CTL += this.Step;
            if (this.CTL >= this.ScrollStep && this.WaitTime > 0) {
                this.ID.scrollTop -= this.ScrollStep + this.Step - this.CTL;
                this.Pause();
                return;
            } else {
                if (this.ID.scrollTop <= 0) this.ID.scrollTop +=
                this.ClientScroll;
```

```
            this.ID.scrollTop -= this.Step;
        }
        break;
    case 2:
        this.CTL += this.Step;
        if (this.CTL >= this.ScrollStep && this.WaitTime > 0) {
            this.ID.scrollLeft += this.ScrollStep + this.Step - this.CTL;
            this.Pause();
            return;
        } else {
            if (this.ID.scrollLeft >= this.ClientScroll) this.ID.
            scrollLeft -= this.ClientScroll;
            this.ID.scrollLeft += this.Step;
        }
        break;
    case 3:
        this.CTL += this.Step;
        if (this.CTL >= this.ScrollStep && this.WaitTime > 0) {
            this.ID.scrollLeft -= this.ScrollStep + this.Step - this.CTL;
            this.Pause();
            return;
        } else {
            if (this.ID.scrollLeft<=0)his.ID.scrollLeft +=this.Client
            Scroll;
            this.ID.scrollLeft -= this.Step;
        }
        break;
    }
}
</script>
```

网页效果如图 9.30 所示。

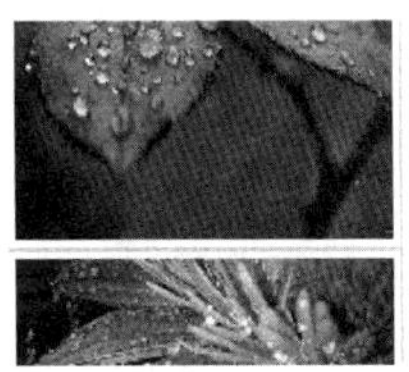

图 9.30　图片自动上翻效果

9.31　图片水平切换效果

本实例使用 JavaScript 实现图片水平切换效果。本节主要涉及的 JavaScript 语法是 setAttribute()方法。

我们在给元素动态添加各种属性时经常用到 setAttribute()方法，其语法是 setAttribute(name, value)，目的是增加一个指定名称和值的新属性，或者把一个现有的属性设定为指定的值。

本实例主要代码如下：

```
<script type="text/javascript">
/*主函数*/
```

```
    $ = function(obj) {
        return document.getElementById(obj);
    }
…
    for (i = 0; i < arraylen; i++) {
        var obox = $("imgbox");
        var oimg = document.createElement("img");
        /*增加一个指定名称和值的新属性*/
        oimg.setAttribute("src", imgsrc[i]);
        var oa = document.createElement("a");
        oa.setAttribute("href", bigimgurl[i]);
        oa.setAttribute("title", title[i]);
        oa.setAttribute("rel", "lytebox[vacation]");
        oa.appendChild(oimg);
        obox.appendChild(oa);
    }
    $("allnum").innerHTML = imgsrc.length;
    /*前进单击事件*/
    $("next").onclick = function() {
        var Oleft = parseInt($("imgbox").style.left);
        if (Oleft <= -(imgsrc.length - 1) * imgWidth) {
            Oleft = imgWidth
        };
        $("imgbox").style.left = Oleft - imgWidth + "px";
        $("currentnum").innerHTML = -parseInt($("imgbox").style.left)
        / imgWidth + 1;
    }
    /*后退单击事件*/
    $("pre").onclick = function() {
        var Oleft = parseInt($("imgbox").style.left);
        if (Oleft >= 0) {
            Oleft = -(imgsrc.length) * imgWidth
        };
        $("imgbox").style.left = Oleft + imgWidth + "px";
        $("currentnum").innerHTML = -parseInt($("imgbox").style.left)
        / imgWidth + 1;
    }
</script>
```

网页效果如图 9.31 所示。

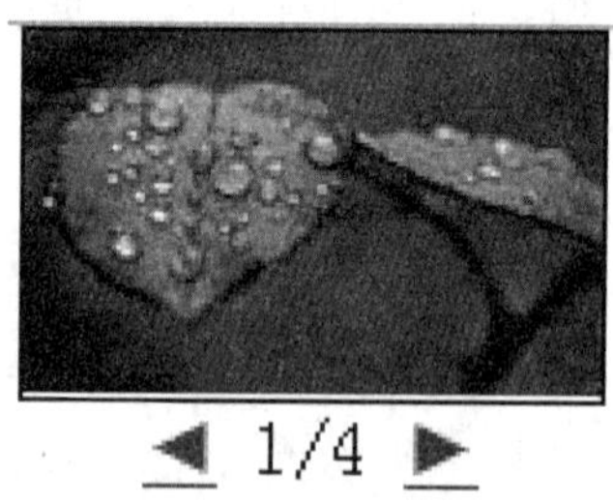

图 9.31 图片水平切换效果

9.32 图片左右浮动效果

本实例使用 JavaScript 在网页上屏蔽鼠标右键。本节主要涉及的 JavaScript 语法如下。

- Math.round()函数：Math.round()函数是 JavaScript 内置的 Math 类中的一个四舍五入的方法，作用是找与它绝对值最小的一个整数，如果有两个整数，则取其中较大的那个。
- innerwidth 属性：innerwidth 属性返回当前窗口文档显示区的宽度。

本实例主要代码如下：

```
<script language="javascript">
    /*定义和初始化变量*/
    step = 0;
    obj = new Image();
    /*动画函数*/
    function anim(xp, xk, smer) {
        obj.style.left = x;
        x += step * smer;
        if (x >= (xk + xp) / 2) {
            if (smer == 1) step--;
            else step++;
        } else {
            if (smer == 1) step++;
            else step--;
        }
        if (x >= xk) {
            x = xk;
            smer = -1;
        }
        if (x <= xp) {
            x = xp;
            smer = 1;
        }
        setTimeout('anim(' + xp + ',' + xk + ',' + smer + ')', 50);
    }
    function moveLR(objID, movingarea_width, c) {          /*左右移动*/
    /*innerwidth 属性返回当前窗口文档显示区的宽度*/
        if (navigator.appName == "Netscape") window_width= window.inner
        Width;
        else window_width = document.body.offsetWidth;
        obj = document.images[objID];
        image_width = obj.width;
        x1 = obj.style.left;
        x = Number(x1.substring(0, x1.length - 2));
        if (c == 0) {
            if (movingarea_width == 0) {
                right_margin = window_width - image_width;
                anim(x, right_margin, 1);
            } else {
                right_margin = x + movingarea_width - image_width;
                if (movingarea_width < x + image_width) window.alert
                ("无处可动了!");
                else anim(x, right_margin, 1);
            }
        } else {
            if (movingarea_width==0) right_margin=window_width- image_
            width;
            else {
                /*四舍五入*/
```

```
            x = Math.round((window_width - movingarea_width) / 2);
            right_margin = Math.round((window_width + movingarea_width)
            / 2) - image_width;
        }
        anim(x, right_margin, 1);
    }
}
setTimeout("moveLR('picture',300,1)", 10);
</script>
```

网页效果如图 9.32 所示。

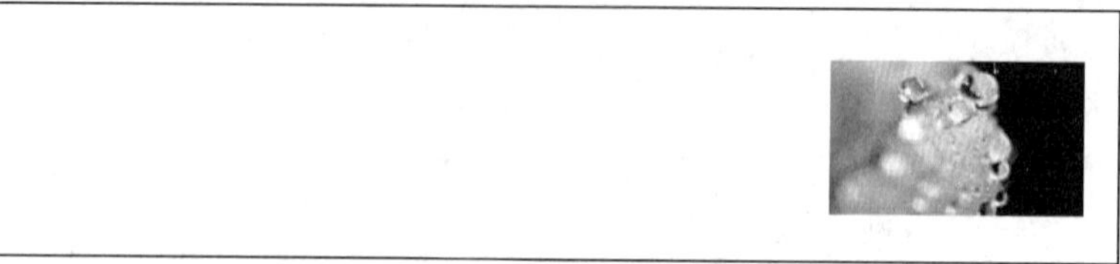

图 9.32　图片左右浮动效果

9.33　图片垂直滚动效果

本实例使用 JavaScript 在网页上屏蔽鼠标右键。本节主要涉及的 JavaScript 语法如下。

1．document.defaultView.getComputedStyle()方法

通过 document.defaultView.getComputedStyle()方法用以获取元素尺寸，IE 并不支持这个方法，IE 可以通过 currentStyle()方法。不过，两者在细节上还是有所区别的，document.defaultView.getComputedStyle()方法获得的是绝对值，但 currentStyle()方法不是。

2．window.ActiveXObject对象

window.ActiveXObject 对象是区别浏览器的方法，其作用是判断浏览器是否支持 ActiveX 控件，如果支持 ActiveX 控件，就可以用 new ActiveXObject("Microsoft.XMLHTTP")或者 new ActiveXObject("Msxml2.XMLHTTP")的形式来创建 XMLHTTPRequest 对象，前者是在 IE 7 以前的版本中，后者则是在较新的 IE 版本中；而在非 IE 浏览器中，可以利用 new XMLHttpRequest()的形式来创建 XMLHttpRequest 对象。使用此类方法，必须在创建该对象的时候考虑浏览器的兼容问题。

3．childNodes属性

childNodes 属性返回包含被选节点的子节点 NodeList。如果选定的节点没有子节点，则该属性返回不包含节点的 NodeList，其语法是 elementNode.childNodes。但是如果循环子节点列表，使用 nextSibling 属性，要比使用父对象的 childNodes 属性效率更高。

本实例主要代码如下：

```
<script language="javascript">
    /*上下移动*/
    function scrollSZ(con_id, speed, direct) {
```

```
var con, items, heightHalf, heightAll;
var timer;
speed = parseInt(speed);
con = document.getElementById(con_id);
con.style.overflow = "hidden";
if (direct == "top") {
    direct = "top";
} else if (direct == "bottom") {
    direct = "bottom";
} else {
    direct = "top";
}
con.innerHTML += con.innerHTML;
con.innerHTML += con.innerHTML;
items = getChildNodes(con);
if (items.length < 1) {
    return;
}
heightAll = 0;
for (var i = 0; i < items.length; i++) {
    var numTop, numBottom;
    /*判断浏览器是否支持 ActiveX 控件*/
    if ( !! window.ActiveXObject) {
        numTop = items[i].currentStyle["marginTop"];
        numBottom = items[i].currentStyle["marginBottom"];
    } else {
        numTop = document.defaultView.getComputedStyle(items [i],
        null)["marginTop"];
        numBottom = document.defaultView.getComputedStyle(items [i],
        null)["marginBottom"];
    }
    numTop = parseInt(numTop);
    numBottom = parseInt(numBottom);
    numTop += numBottom;
    if (numTop > 0) {
        heightAll += numTop;
    }
    heightAll += items[i].offsetHeight;
}
heightHalf = heightAll / 2;
if (direct == "bottom") {
    con.scrollTop = heightHalf;
    timer = setInterval(_scrollBottom, speed);
} else if (direct == "top") {
    timer = setInterval(_scrollTop, speed);
}
/*鼠标移入*/
con.onmouseover = function() {
    if (timer) {
        clearInterval(timer);
        timer = null;
    }
};
/*鼠标移出*/
con.onmouseout = function() {
    if (!timer) {
        if (direct == "top") {
            timer = setInterval(_scrollTop, speed);
        } else if (direct == "bottom") {
            timer = setInterval(_scrollBottom, speed);
        }
```

```
            }
        };
        /*滚动到顶端*/
        function _scrollTop() {
            if (con.scrollTop < heightHalf) {
                con.scrollTop += 2;
            } else {
                con.scrollTop = 0;
            }
        }
        /*滚动到底部*/
        function _scrollBottom() {
            if (con.scrollTop > 0) {
                con.scrollTop -= 2;
            } else {
                con.scrollTop = heightHalf;
            }
        }
}
/*左右移动*/
    function scrollSP(con_id, speed, direct) {
        var con, innerCon, timer, items, widthAll, widthHalf;
        speed = parseInt(speed);
        con = document.getElementById(con_id);
        con.style.overflow = "hidden";
        items = getChildNodes(con);
        if (items.length == 1) {
            innerCon = items[0];
        } else {
            return;
        }
        innerCon.innerHTML += innerCon.innerHTML;
        innerCon.innerHTML += innerCon.innerHTML;
        items = getChildNodes(innerCon);
        if (items.length < 1) {
            return;
        }
        widthAll = 0;
        for (var i = 0; i < items.length; i++) {}
        for (var i = 0; i < items.length; i++) {
            var numLeft, numRight;
            if ( !! window.ActiveXObject) {
                items[i].style.styleFloat = "left";
                numLeft = items[i].currentStyle["marginLeft"];
                numRight = items[i].currentStyle["marginRight"];
            } else {
                items[i].style.cssFloat = "left";
                /*获取元素尺寸*/
                numLeft = document.defaultView.getComputedStyle(items [i],
                null)["marginLeft"];
                numRight = document.defaultView.getComputedStyle(items [i],
                null)["marginRight"];
            }
            numLeft = parseInt(numLeft);
            numRight = parseInt(numRight);
            numLeft += numRight;
            if (numLeft > 0) {
                widthAll += numLeft;
            }
            widthAll += items[i].offsetWidth;
        }
```

```
        widthHalf = widthAll / 2;
        innerCon.style.width = widthAll + "px";
        if (direct == "left") {
            direct = "left";
        } else if (direct == "right") {
            direct = "right";
        } else {
            direct = "left"
        }
        if (direct == "left") {
            timer = setInterval(_scrollLeft, speed);
        } else if (direct == "right") {
            con.scrollLeft = widthHalf;
            timer = setInterval(_scrollRight, speed);
        }
        /*鼠标移入*/
        con.onmouseover = function() {
            if (timer) {
                clearInterval(timer);
                timer = null;
            }
        }
        /*鼠标移出*/
        con.onmouseout = function() {
            if (direct == "left") {
                timer = setInterval(_scrollLeft, speed);
            } else {
                timer = setInterval(_scrollRight, speed);
            }
        }
        /*向左滚动*/
        function _scrollLeft() {
            if (con.scrollLeft < widthHalf) {
                con.scrollLeft += 2;
            } else {
                con.scrollLeft = 0;
            }
        }
        /*向右滚动*/
        function _scrollRight() {
            if (con.scrollLeft > 0) {
                con.scrollLeft -= 2;
            } else {
                con.scrollLeft = widthHalf;
            }
        }
    }
    /*获取子节点*/
        function getChildNodes(obj) {
        var childList, list;
        childList = new Array();
        list = obj.childNodes;
        for (var i = 0; i < list.length; i++) {
        if (list[i].nodeType == 1) childList[childList.length] = list[i];
        }
        return childList;
    }
</script>
```

网页效果如图 9.33 所示。

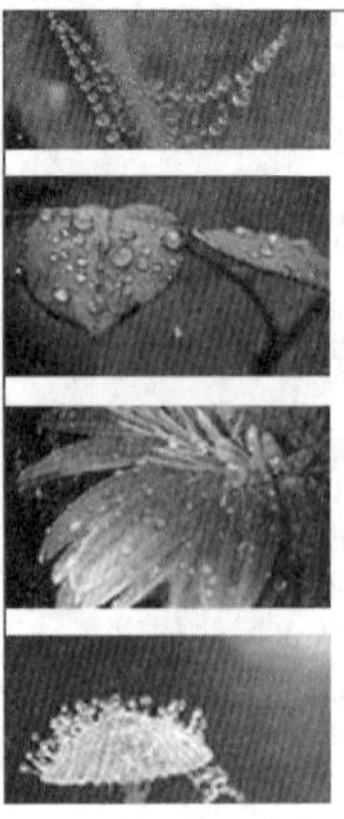

图 9.33　图片垂直滚动效果

9.34　图片杂色效果

本实例使用 JavaScript 在网页上展示图片杂色效果。本节主要涉及的 JavaScript 语法是 filters.revealTrans.transition 滤镜。该滤镜的语法如下：

```
filter:progid:DXImageTransform.Microsoft.RevealTrans(enabled=bEnabled,d
uration=fDuration,transition=iTransitionType)
```

其中，enabled 是可选项，为布尔值，用以设置或检索滤镜是否激活；duration 也是可选项，为浮点数，用以设置或检索转换完成所用的时间，其值为秒.毫秒（0.0000）格式；transition 同样也是可选项，为整数值，用以设置或检索转换所使用的方式。例如，本实例中的取值 23 就是表示随机使用 0～22 种可能的值转换，取值 12 就是表示随机杂点干扰转换。

本实例主要代码如下：

```
<SCRIPT FOR=window EVENT=onLoad LANGUAGE=vbscript>
    /*filters.revealTrans.transition 滤镜*/
    image1.filters.item(0).apply() image1.filters.item(0).transition = 12
image1.Style.visibility = ""image1.filters(0).play(2.0)
</SCRIPT>
```

网页效果如图 9.34 所示。

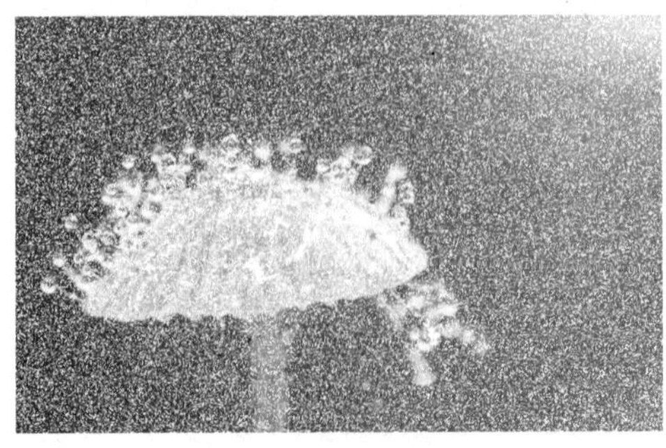

图 9.34　图片杂色效果

9.35　箭头图片控制内容框内容滚动

本实例使用 JavaScript 实现箭头图片控制内容框内容滚动。本节主要涉及的 JavaScript 语法是 document.layers 属性，用于检测是否是 netscape。

本实例主要代码如下：

```
<script type="text/javascript">
    /*检测是否是 netscape*/
    iens6 = document.all || document.getElementById ns4 = document.layers
    var speed = 1
    if (iens6) {
        document.write('<div id="container" style="position:relative;
        width:175px;height:160px;border:1px solid black;overflow:hidden">'
        ) document.write('<div id="content" style="position:absolute
        ;width:170px;left:0;top:0">')
    }
    if (iens6) {
        var crossobj = document.getElementById ? document.getElementById
        ("content") : document.all.content
        var contentheight = crossobj.offsetHeight
    } else if (ns4) {
        var crossobj = document.nscontainer.document.nscontent
        var contentheight = crossobj.clip.height
    }
/*下移*/
    function movedown() {
        if (iens6 && parseInt(crossobj.style.top) >= (contentheight * ( - 1)
        + 100)) crossobj.style.top = parseInt(crossobj.style.top) - speed
        + "px"
        else if (ns4 && crossobj.top >= (contentheight * ( - 1) + 100))
        crossobj.top -= speed movedownvar = setTimeout("movedown()", 20)
}
/*上移*/
    function moveup() {
        if (iens6 && parseInt(crossobj.style.top) <= 0) crossobj.style.top
        = parseInt(crossobj.style.top) + speed + "px"
        else if (ns4 && crossobj.top <= 0) crossobj.top += speed moveupvar
        = setTimeout("moveup()", 20)
    }
    /*获取内容高度*/
    function getcontent_height() {
        if (iens6) contentheight = crossobj.offsetHeight
        else if (ns4) document.nscontainer.document.nscontent.visibility =
        "show"
    }
    window.onload = getcontent_height
</script>
```

网页效果如图 9.35 所示。

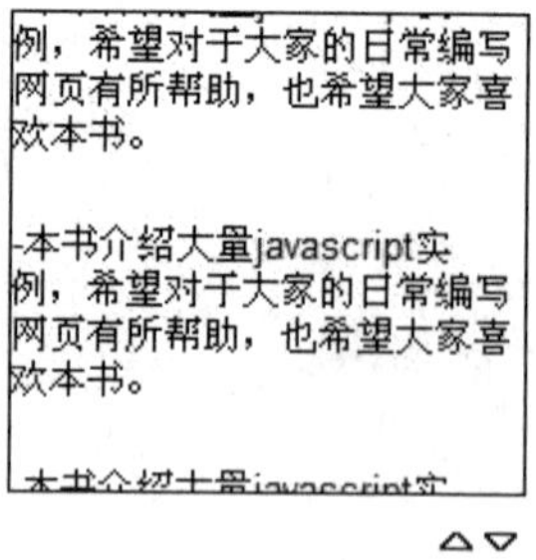

例，希望对于大家的日常编写
网页有所帮助，也希望大家喜
欢本书。

-本书介绍大量javascript实
例，希望对于大家的日常编写
网页有所帮助，也希望大家喜
欢本书。

图 9.35　箭头图片控制内容框内容滚动

9.36　图片光影效果

本实例使用 JavaScript 在网页上展现图片光影效果。本节主要涉及的 JavaScript 语法如下。

1．moveLight()方法

滤镜的 moveLight()方法，其语法是 moveLight(iLightNumber,iX,iY,iZ,fAbsolute)，用于移动锥形光的焦点或点光的原点。对于锥形光来说，此方法改变 *x*，*y* 目标坐标值；对于点光来说，此方法改变 *x*，*y*，*z* 源坐标值。此方法不作用于环境光，无返回值。iLightNumber 为必选项，是整数值，用以指定光的标识符；iX 也是必选项，为整数值，用以指定光源的左坐标值；iY 也是必选项，为整数值，用以指定光源的上坐标值；iZ 也是必选项，为整数值，用以指定光源的 Z 坐标值；fAbsolute 同样也是必选项，为布尔值，用以改变是替换当前设置的绝对值，还是加到当前设置的相对值。

2．addCone()方法

滤镜 addCone()方法，其语法如下。

```
addCone(iX1,iY1,iZ1,iX2,iY,iRed,iGreen,iBlue,iStrength,iSpread)
```

用于为滤镜添加锥形光以向对象的表面投射有方向的光束，光束会随延伸的距离而逐渐减弱，无返回值。其中 iX1 为必选项，是整数，用以指定光源的左坐标值；iY1 为必选项，是整数，用以指定光源的上坐标值；iZ1 也是必选项，为整数，用以指定光源的 Z 坐标值；iX2 也是必选项，为整数，用以指定光焦点的左坐标值；iY2 也是必选项，为整数值，用以指定光焦点的上坐标值；iRed，必选项、整数，用以指定红色值，取值范围为 0～255；iGreen，必选项、整数，用以指定绿色值，取值范围为 0～255；iBlue，必选项、整数，用以指定蓝色值，取值范围为 0～255；iStrength，必选项、整数，用以指定光强度，取值范围为 0～100；iSpread，必选项、整数，用以指定光源的虚拟位置与对象表面之间的角度或张度，取值范围为 0～90。

本实例主要代码如下：

```
<script>
```

```
    /*定义并初始化变量*/
    var Light_X = 200
    var Light_Y = 220
    var Light_Z = 140
    var xInc = 100;
    var yInc = 100;
    var r = 125;
    var deg = 0;
    var deg1;
    var rad;
    var conversion = (2 * 3.1415926) / 360
    /*移动滤镜*/
    function movefilt() {
       Light_X = r + r * Math.cos(deg * conversion);
       Light_Y = r + r * Math.sin(deg * conversion);
       deg += 10;
       if (deg == 360) deg = 0;
       /*用于移动锥形光的焦点或点光的原点*/
       Body1.filters[0].moveLight(0, Light_X, Light_Y, Light_Z, 1);
       mytimeout = setTimeout('movefilt()', 100);
    }
     function go() {                      /*运行*/
     /*滤镜 addCone*/
       Body1.filters.light.addCone(125, 125, 0, Light_X, Light_Y, 0, 255
       , 0, 150, 20);
       Body1.filters.light.addAmbient(0, 255, 0, 30) var x = 0;
       movefilt();
    }
</script>
```

网页效果如图 9.36 所示。

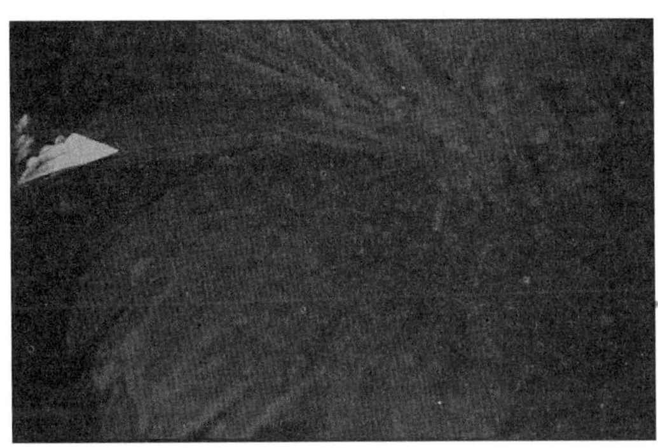

图 9.36　图片光影效果

9.37　图片走马灯效果

本实例使用 JavaScript 实现图片走马灯效果。本节主要涉及的 JavaScript 语法是 document.all 和 document.layers。document.all 用于检测是否是 IE 浏览器，document.layers 则用于检测是否是 netscape 浏览器。

本实例主要代码如下：

```
<script language="javascript">
    /*移动*/
    function moveIt() {
        if (document.layers) {
            document.redball.left += 5;
            if (document.redball.left > 300) {
                document.redball.left = 0;
            }
        }
        /*检测是否是 IE 浏览器*/
        else if (document.all) {
            redball.style.left = parseInt(redball.style.left) + 5;
            if (parseInt(redball.style.left) > 1024) {
                redball.style.left = -400;
            }
        }
        /*检测是否是 netscape 浏览器*/
        if ((document.layers) || (document.all)) {
            setTimeout('moveIt()', 50);
        }
    }
</script>
```

网页效果如图 9.37 所示。

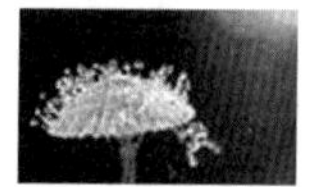

效果如何?

图 9.37　图片走马灯效果

9.38　图片通过缩略图切换效果

本实例使用 JavaScript 在网页上屏蔽鼠标右键。本节主要涉及的 JavaScript 语法是 jQuery mouseover 事件。当鼠标指针位于元素上方时，会发生 mouseover 事件。该事件大多数时候会与 mouseout 事件一起使用。

本实例主要代码如下：

```
/*调用 jquery*/
<script type="text/javascript" src="jquery1.3.2.js">
</script>
<script type="text/javascript">
$(document).ready(function() {          /*准备*/
    /*鼠标移入*/
        $("#img_list img").mouseover(function() {
            var url = $(this).attr('src');
            $("#big_img img").attr('src', url);
        });
    });
</script>
```

网页效果如图 9.38 所示。

图 9.38　图片通过缩略图切换效果

9.39　图片雷达扫描效果

本实例使用 JavaScript 在网页上展示图片雷达扫描效果。本节主要涉及的 JavaScript 语法如下。

document.cookie 看上去就像一个属性，可以赋不同的值。但它和一般的属性不一样，改变它的赋值并不意味着丢失原来的值，cookie 的值可以由 document.cookie 直接获得。

本实例主要代码如下：

```
<script type="text/javascript">
    /*加载 cookie*/
function LoadCookie(Key) {
    /*获取 cookie 值*/
        var CookieString = document.cookie
        var CookieSet = CookieString.split(';') var SetSize =
        CookieSet.length
        var CookiePieces
        var ReturnValue = ""
        var x = 0
        for (x = 0; ((x < SetSize) && (ReturnValue == "")); x++) {
            CookiePieces = CookieSet[x].split('=') if (CookiePieces [0].
            substring(0, 1) == ' ') CookiePieces[0] = CookiePieces[0]
            .substring(1, CookiePieces[0].length) if (CookiePieces[0] == Key
            ) {
                ReturnValue = CookiePieces[1]
                break
            }
        }
        return ReturnValue
    }
    /*定义和初始化变量*/
    var Light_X = 20
    var Light_Y = 20
    var Light_Z = 40
    var xInc = 10;
    var yInc = 10;
    var r = 125;
    var deg = 0;
    var deg1;
    var rad;
    var conversion = (2 * 3.1415926) / 360
```

```
    /*移动滤镜*/
    function movefilt() {
        Light_X = r + r * Math.cos(deg * conversion);
        Light_Y = r + r * Math.sin(deg * conversion);
        deg += 10;
        if (deg == 360) deg = 0;
        Body1.filters[0].moveLight(0, Light_X, Light_Y, Light_Z, 1);
        mytimeout = setTimeout('movefilt()', 100);
    }
    /*运行*/
    function go() {
        Body1.filters.light.addCone(125, 125, 0, Light_X, Light_Y, 0, 255
        , 0, 150, 20);
        Body1.filters.light.addAmbient(0, 255, 0, 30) var x = 0;
        movefilt();
    }
</script>
```

网页效果如图 9.39 所示。

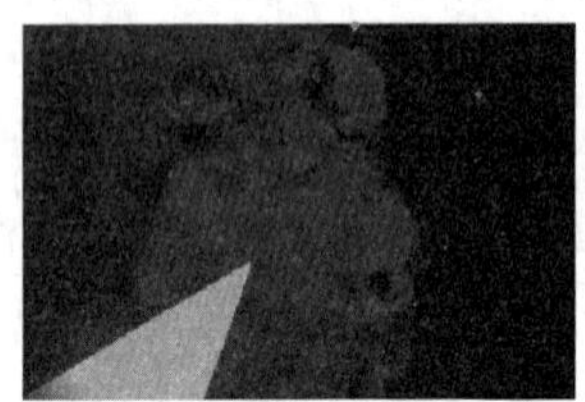

图 9.39　图片雷达扫描效果

9.40　图片闪动效果

本实例使用 JavaScript 实现图片闪动效果。本节主要涉及的 JavaScript 语法是 setTimeout，在 9.7 节已具体介绍过，不再复述。

本实例主要代码如下：

```
<script type="text/javascript">
    /*定义和初始化变量*/
    var msecs = 30;
    var counter = 0;
    /*定时调用闪动函数*/
    function soccerOnload() {
        setTimeout("blink()", msecs)
    }
    /*闪动*/
    function blink() {
        soccer.style.visibility = (soccer.style.visibility == "hidden")
        ? "visible": "hidden"counter += 1;
        setTimeout("blink()", msecs)
    }
    soccerOnload()                    /*调用闪动函数*/
</script>
```

网页效果如图 9.40 所示。

图 9.40　图片闪动效果

9.41　图片在鼠标滑入时垂直滚动

本实例使用 JavaScript 在网页上展示图片在鼠标滑入时垂直滚动。本节主要涉及的 JavaScript 语法是 cloneNode()方法。cloneNode()方法创建指定节点的精确备份，此方法返回被复制的节点。

本实例主要代码如下：

```
<script language="javascript">
    var ad = {
    /*定义和初始化变量*/
        o: null,
        cloneImg: null,
        adY: 0,
        distan: 0,
        /*初始化*/
        init: function(obj) {
            if (!obj.style.top) {
                obj.style.top = '0px';
            }
            this.cloneImg = obj.firstChild.cloneNode(true);
            if (this.cloneImg.nodeType == 3) this.cloneImg = obj.firstChild
            .nextSibling.cloneNode(true);
            obj.appendChild(this.cloneImg);
            this.adY = parseInt(obj.style.top);
            this.o = obj;
            this.distan = this.cloneImg.offsetHeight;
            this.moveCtrl();
        },
        /*移动*/
        moveCtrl: function() {
        if (Math.abs(this.adY) == this.o.offsetHeight - this.distan)
        this.adY = 0;
        if (Math.abs(this.adY) % this.distan == 0) {
        setTimeout('ad.moveCtrl()', 2000);
        } else {
        setTimeout('ad.moveCtrl()', 10);
        }--this.adY;
        ad.o.style.top = this.adY + 'px';
        }
        }
        /*页面加载*/
    window.onload = function() {
        var obj = document.getElementById('adul');
        ad.init(obj);
```

```
    }
</script>
```

网页效果如图 9.41 所示。

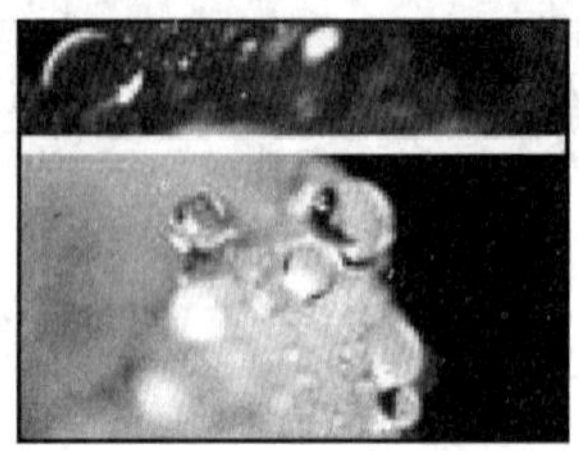

图 9.41　图片在鼠标滑入时垂直滚动

9.42　图片垂直浮动效果

本实例使用 JavaScript 实现图片垂直浮动效果。本节主要涉及的 JavaScript 语法是 innerHeight 属性。innerHeight 属性返回当前窗口文档显示区的宽度。

本实例主要代码如下：

```
<script language="javascript">
    /*定义和初始化变量*/
    var XX = 20;
    var xstep = 1;
    var delay_time = 60;
    var YY = 0;
    var ch = 0;
    var oh = 0;
    var yon = 0;
    var ns4 = document.layers ? 1 : 0
    var ie = document.all ? 1 : 0
    var ns6 = document.getElementById && !document.all ? 1 : 0
    if (ie) {
        YY = document.body.clientHeight;
        point1.style.top = YY;
    } else if (ns4) {
        YY = window.innerHeight;
        document.point1.pageY = YY;
        document.point1.visibility = "hidden";
    } else if (ns6) {
    /*返回当前窗口文档显示区的宽度*/
        YY = window.innerHeight document.getElementById('point1').style.top
        = YY
    }
    /*设置图片尺寸*/
    function reloc1() {
        if (yon == 0) {
            YY = YY - xstep;
        } else {
            YY = YY + xstep;
        }
        if (ie) {
            ch = document.body.clientHeight;
```

```
        oh = point1.offsetHeight;
    } else if (ns4) {
        ch = window.innerHeight;
        oh = document.point1.clip.height;
    } else if (ns6) {
        ch = window.innerHeight oh = document.getElementById
        ("point1").offsetHeight
    }
    if (YY < 0) {
        yon = 1;
        YY = 0;
    }
    if (YY >= (ch - oh)) {
        yon = 0;
        YY = (ch - oh);
    }
    if (ie) {
        point1.style.left = XX;
        point1.style.top = YY + document.body.scrollTop;
    } else if (ns4) {
        document.point1.pageX = XX;
        document.point1.pageY = YY + window.pageYOffset;
    } else if (ns6) {
        document.getElementById("point1").style.left = XX document.
        getElementById("point1").style.top = YY + window.pageYOffset
    }
  }
  /*开始*/
  function onad() {
     if (ns4) document.point1.visibility = "visible";
     loopfunc();
  }
  /*循环*/
  function loopfunc() {
     relocl();
     setTimeout('loopfunc()', delay_time);
  }
   /*页面加载*/
  if (ie || ns4 || ns6) window.onload = onad
</script>
```

网页效果如图 9.42 所示。

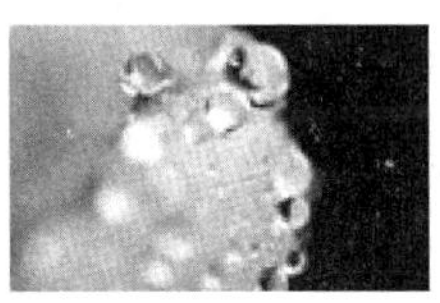

图 9.42　图片垂直浮动效果

9.43　图片随机切换效果

本实例使用 JavaScript 在网页上展示图片随机切换效果。本节主要涉及的 JavaScript

语法是 getSeconds()方法。getSeconds()方法返回 Date 对象中用本地时间表示的秒钟值。

本实例主要代码如下：

```
<script language="javascript">
    var how_many_ads = 5
    /*返回 Date 对象中用本地时间表示的秒钟值*/
    var now = new Date() var sec = now.getSeconds() var ad = sec % how_many_ads;
    ad += 1;
    if (ad == 1) {
       url = "#";
       alt = "ad1";
       banner = "51501.jpg";
       width = "440";
       height = "230";
    }
    if (ad == 2) {
…
    }
    if (ad == 3) {
…
    }
    if (ad == 4) {
…
    }
    if (ad == 5) {
…
}
/*页面输出*/
    document.write('<center>');
    document.write('<a href=\"' + url + '\" target=\"_blank\">');
    document.write('<img src=\"' + banner + '\" width=')
    document.write(width + ' height=' + height + ' ');
    document.write('alt=\"' + alt + '\" border=0><br>');
    document.write('</center>');
</script>
```

网页效果如图 9.43 所示。

图 9.43　图片随机切换效果

9.44　图片立体椭圆轨迹旋转切换效果

本实例使用 JavaScript 实现图片立体椭圆轨迹旋转切换效果。本节主要涉及的 JavaScript 语法是 Math.PI。Math.PI 就是圆周率数值，用于数学计算。

本实例主要代码如下：

```
<script language="javascript">
    /*条目函数*/
    Item = function(UI) {
…
    };
    Item.ini = {
…
    };
    /*条目原型*/
    Item.prototype.update = function() {
…
        var angle = this.angle / 180 * Math.PI;
        var left = Math.cos(angle) * W + X;
        var top = Math.sin(angle) * H + Y;
        var A = this.angle > 270 ? this.angle - 360 : this.angle;
        var size = 360 - Math.abs(90 - A) * 3;
        this.UI.width = Math.max(size, 120);
        var opacity = Math.max(10, size - 180);
        J.filter = 'alpha(opacity=' + opacity + ')';
        J.opacity = opacity / 100;
        J.left = (left - this.UI.offsetWidth / 2) + 'px';
        top = (top - this.UI.offsetHeight) + 'px';
        J.top = top;
        J.zIndex = parseInt(size * 100);
    };
    Nav_3D = {
        items: [],
…
        /*增加*/
        add: function(item) {
            this.items.push(item);
            item.index = this.items.length - 1;
            /*鼠标单击*/
            item.UI.onclick = function() {
                var J = item.angle,
                M = Nav_3D;
                if (M.uping) return;
                if (J == 90) {
                    return alert('goto new url..')
                };
                M.wheel_90(item);
                M.index = item.index;
            };
            /*鼠标移入*/
            item.UI.onmouseover = function() {
                if (item.angle == 90) {
                    Nav_3D.hover = true;
                    clearTimeout(Nav_3D.autoTimer);
                };
            };
            /*鼠标移出*/
            item.UI.onmouseout = function() {
                if (item.angle == 90) {
                    Nav_3D.hover = false;
                    Nav_3D.auto();
                };
            };
            return this;
        },
```

```
/*旋转 90° */
wheel_90: function(hot) {
    if (this.uping) return;
    this.uping = true;
    var This = this;
    this.timer = setInterval(function() {
        clearTimeout(This.autoTimer);
        var A = hot.angle;
        This.dir = A < 270 && A > 90 ? -1 : 1;
        if (A == 90) {
            clearInterval(This.timer);
            This.uping = false;
            This.onEnd(hot);
        }
        if (A > 270) A -= 360;
        var set = Math.ceil(Math.abs((90 - A) * 0.1));
        for (var i = 0; i < This.items.length; i++) {
            var J = This.items[i];
            J.angle += (set * This.dir);
            J.update();
            if (J.angle > 360) J.angle -= 360;
            if (J.angle < 0) J.angle += 360;
        };
    },
    15);
},
/*准备*/
ready: function() {
    var J = this.items,
    step = parseInt(360 / J.length);
    for (var i = 0; i < J.length; i++) {
        J[i].angle = i * step + 90;
    }
    this.wheel_90(this.items[0]);
    Nav_3D.prevHot = this.items[0].UI;
    Nav_3D.setHot();
},
/*设置*/
setHot: function(isHot) {
    if (!this.prevHot) return;
    with(this.prevHot.style) {
        borderColor = isHot !== false ? '#CC0000': '#00CCFF';
        cursor = isHot !== false ? 'default': "pointer";
    };
    return this;
},
/*自动*/
auto: function() {
    this.index--;
    if (this.index < 0) this.index = this.items.length - 1;
    var J = this.items[this.index];
    this.setHot(false).prevHot = J.UI;
    this.setHot();
    this.wheel_90(J);
},
/*结束*/
onEnd: function(hot) {
    if (this.hover) {
        return setTimeout(function() {
```

```
                Nav_3D.onEnd();
            },
            100);
        }
        this.autoTimer = setTimeout(function() {
            Nav_3D.auto();
        },
        1500);
    }
};
var imgs = document.getElementById("pics_3d").getElementsByTagName
("IMG");
for (var i = 0; i < imgs.length; i++) {
    Nav_3D.add(new Item(imgs[i]))
}
Nav_3D.ready();
</script>
```

网页效果如图 9.44 所示。

图 9.44　图片立体椭圆轨迹旋转切换效果

9.45　图片向上无缝滚动效果

本实例使用 JavaScript 在网页上展示图片向上无缝滚动效果。本节主要涉及的 JavaScript 语法如下。

1. setInterval()方法

setInterval()方法已在 1.43 节介绍过，这里不再复述。

2. clearInterval()方法

window.clearInterval()方法已在 9.1 节介绍过，这里不再复述。

本实例主要代码如下：

```
<script language="javascript">
    /*定义和初始化变量*/
    var speed = 30;
    var colee2 = document.getElementById("colee2");
    var colee1 = document.getElementById("colee1");
    var colee = document.getElementById("colee");
    colee2.innerHTML = colee1.innerHTML;
    /*主函数*/
    function Marquee1() {
        if (colee2.offsetTop - colee.scrollTop <= 0) {
```

```
            colee.scrollTop -= colee1.offsetHeight;
        } else {
            colee.scrollTop++
        }
    }
    var MyMar1 = setInterval(Marquee1, speed)
    /*鼠标移上时清除定时器达到滚动停止的目的*/
    /*鼠标移入*/
    colee.onmouseover = function() {
        clearInterval(MyMar1)
    }
    /*鼠标移出*/
    colee.onmouseout = function() {
        MyMar1 = setInterval(Marquee1, speed)
    }
</script>
```

网页效果如图 9.45 所示。

图 9.45　图片向上无缝滚动效果

9.46　图片向下无缝滚动效果

本实例使用 JavaScript 实现图片向下无缝滚动效果。本节主要涉及的 JavaScript 语法如下。

- onmouseover：onmouseover：鼠标移动到对象上时响应事件。
- onmouseout：onmouseout：鼠标从对象上移出时响应事件。

本实例主要代码如下：

```
<script language="javascript">
    /*定义和初始化变量*/
    var speed = 30
    var colee_bottom2 = document.getElementById("colee_bottom2");
    var colee_bottom1 = document.getElementById("colee_bottom1");
    var colee_bottom = document.getElementById("colee_bottom");
    colee_bottom2.innerHTML = colee_bottom1.innerHTML colee_bottom.
    scrollTop
    = colee_bottom.scrollHeight
    /*主函数*/
    function Marquee2() {
        if (colee_bottom1.offsetTop - colee_bottom.scrollTop >=
        0) colee_bottom.scrollTop += colee_bottom2.offsetHeight
        else {
            colee_bottom.scrollTop--
        }
    }
```

```
    var MyMar2 = setInterval(Marquee2, speed)
    /*鼠标移入*/
    colee_bottom.onmouseover = function() {
        clearInterval(MyMar2)
    }
    /*鼠标移出*/
    colee_bottom.onmouseout = function() {
        MyMar2 = setInterval(Marquee2, speed)
    }
</script>
```

网页效果如图 9.46 所示。

图 9.46　图片向下无缝滚动效果

9.47　图片向左无缝滚动效果

本实例使用 JavaScript 在网页上展示图片向左无缝滚动效果。本节主要涉及的 JavaScript 语法是 innerHTML。

对于 innerHTML 属性的详细介绍，请参照 6.7 节，这里不再复述。

本实例主要代码如下：

```
<script language="javascript">
    /*定义和初始化变量*/
    var speed = 30;
    var colee_left2 = document.getElementById("colee_left2");
    var colee_left1 = document.getElementById("colee_left1");
    var colee_left = document.getElementById("colee_left");
    colee_left2.innerHTML = colee_left1.innerHTML
/*主函数*/
    function Marquee3() {
        if (colee_left2.offsetWidth - colee_left.scrollLeft <= 0)
        colee_left.scrollLeft -= colee_left1.offsetWidth
        else {
            colee_left.scrollLeft++
        }
    }
    var MyMar3 = setInterval(Marquee3, speed)
    /*鼠标移入*/
    colee_left.onmouseover = function() {
        clearInterval(MyMar3)
}
/*鼠标移出*/
    colee_left.onmouseout = function() {
```

```
        MyMar3 = setInterval(Marquee3, speed)
    }
</script>
```

网页效果如图 9.47 所示。

图 9.47　图片向左无缝滚动效果

9.48　图片向右无缝滚动效果

本实例使用 JavaScript 实现图片向右无缝滚动效果。本节主要涉及的 JavaScript 语法是 setInterval()方法，该方法已在 9.1 节介绍过，这里不再复述。

本实例主要代码如下：

```
<script language="javascript">
    /*定义和初始化变量*/
    var speed = 30;
    var colee_right2 = document.getElementById("colee_right2");
    var colee_right1 = document.getElementById("colee_right1");
    var colee_right = document.getElementById("colee_right");
    colee_right2.innerHTML = colee_right1.innerHTML
    /*主函数*/
    function Marquee4() {
        if (colee_right.scrollLeft <= 0) colee_right.scrollLeft +=
         colee_right2.offsetWidth
        else {
            colee_right.scrollLeft--
        }
    }
     var MyMar4 = setInterval(Marquee4, speed)
    /*鼠标移入*/
    colee_right.onmouseover = function() {
        clearInterval(MyMar4)
     }
    /*鼠标移出*/
    colee_right.onmouseout = function() {
        MyMar4 = setInterval(Marquee4, speed)
    }
</script>
```

网页效果如图 9.48 所示。

图 9.48　图片向右无缝滚动效果

9.49　网页背景图片通过单击缩略图切换效果

本实例使用 JavaScript 在网页上展示网页背景图片，通过单击缩略图切换效果。本节主要涉及的 JavaScript 语法是 backgroundImage 属性，该属性设置元素的背景图像。

本实例主要代码如下：

```
<script language="JavaScript1.2">
    /*设置页面背景*/
    function tile() {
        if (!document.all) return var source = event.srcElement
        if (source.tagName == "IMG") document.body.style.backgroundImage =
        "url(" + source.src + ")"
    }
    /*设置页面背景*/
    function restore() {
        document.body.style.backgroundImage = ''
    }
    document.body.ondblclick = restore                /*页面双击事件*/
</script>
```

网页效果如图 9.49 所示。

图 9.49　网页背景图片通过单击缩略图切换效果

9.50　图片漂浮效果

本实例使用 JavaScript 实现图片漂浮效果。本节主要涉及的 JavaScript 语法如下。

1．clearInterval()方法

window.clearInterval()方法已在 9.1 节介绍过，这里不再复述。

2．setInterval()方法

setInterval()方法已在 1.43 节介绍过，这里不再复述。

3．onmouseover

onmouseover：鼠标移动到对象上时响应事件。

4．onmouseout

onmouseout：鼠标从对象上移出时响应事件。

本实例主要代码如下：

```
<script language="JavaScript">
    /*定义和初始化变量*/
    var x = 50,
    y = 60
    var xin = true,
    yin = true
    var step = 1
    var delay = 10
    var obj = document.getElementById("codefans_net")
    /*漂浮函数*/
    function float() {
        var L = T = 0
        var R = document.body.clientWidth - obj.offsetWidth
        var B = document.body.clientHeight - obj.offsetHeight obj.style.left
        = x + document.body.scrollLeft obj.style.top = y + document.body.
        scrollTop x = x + step * (xin ? 1 : -1) if (x < L) {
            xin = true;
            x = L
        }
        if (x > R) {
            xin = false;
            x = R
        }
        y = y + step * (yin ? 1 : -1) if (y < T) {
            yin = true;
            y = T
        }
        if (y > B) {
            yin = false;
            y = B
        }
    }
    var itl = setInterval("float()", delay)
    obj.onmouseover = function() {                          /*鼠标移入*/
        clearInterval(itl)
    }
    obj.onmouseout = function() {                           /*鼠标移出*/
        itl = setInterval("float()", delay)
    }
</script>
```

网页效果如图 9.50 所示。

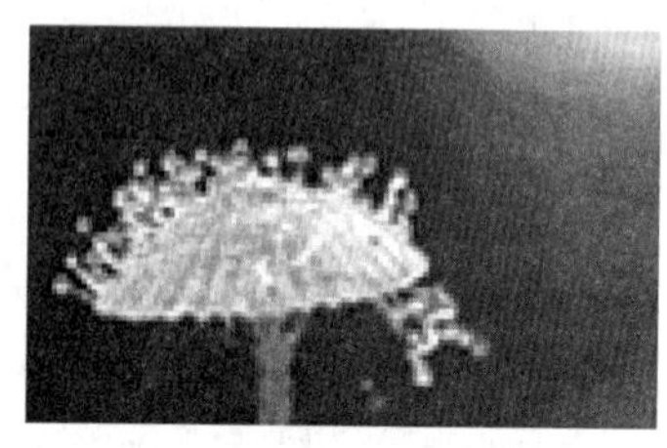

图 9.50　图片漂浮效果

9.51　图片放入椭圆中

本实例使用 JavaScript 在网页上展示将图片放入椭圆中。本节主要涉及的 JavaScript 语法是 VML。

VML 即 Vector Markup Language，是一个最初由 Microsoft 开发的 XML 词表，只有 IE 5.0 以上版本对 VML 提供支持。使用 VML 可以在 IE 中绘制矢量图形。VML 支持广泛的矢量图形特征，它们基于由相连接的直线和曲线描述路径。在 VML 中使用 shape 和 group 两个基本的元素。这两个元素定义了 VML 的全部结构；shape 描述一个矢量图形元素，而 group 用来将这些图形结合起来，这样它们可以作为一个整体进行处理。VML 的 oval 可以用来绘制圆形。

本实例主要代码如下：

```
/* VML 的 oval 可以用来绘制圆形*/
<v:oval id="_x0000_s1025" style='width:120pt;height:90pt'>
   <v:fill src="51505.jpg" type="frame" />
</v:oval>
```

网页效果如图 9.51 所示。

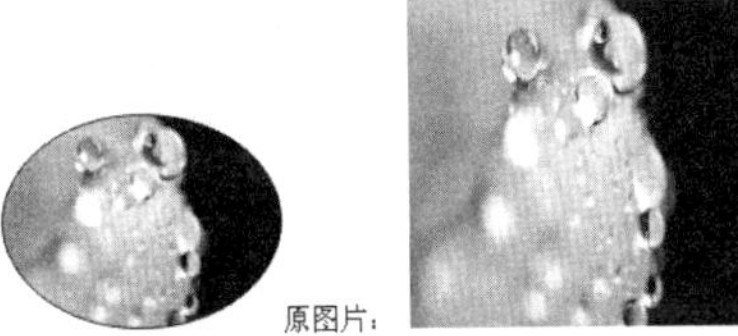

图 9.51　图片放入椭圆中

9.52　滚动波浪效果

本实例使用 JavaScript 在网页上展现滚动波浪效果。本节主要涉及的 JavaScript 语法如下。

- navigator.userAgent：使用 navigator.userAgent 来判断浏览器类型。
- document.createTextNode：document.createTextNode 使用指定文本创建元素，语法是 document.createTextNode(string)。

本实例主要代码如下：

```
<script type="text/javascript">
   /*定义和初始化变量*/
   var defaultString = ".......................";
   parentID = "area";
   vala = 160;
   valc = 255;
   cc1 = 0;
   cc2 = 0;
```

```
    fontsize = 70;
    posleft = 120;
    postop = 50;
    /*主函数*/
    function q1() {
        for (i = 0; i < 7; i++) {
            node = document.getElementById(parentID);
            beforediv = document.createElement("DIV");
            cc1 = 255 * (i / 11);
            cc2 = 160 * (i / 11);
            gfx1 = parseInt(vala - cc2);
            gfx2 = parseInt(valc - cc1);
            str = "position:absolute;top:" + postop + "px;left:" + posleft
            + "px;color:rgb(" + gfx1 + "," + gfx1 + "," + gfx2 +
            ");width:260px;height:100px;font-size:" + fontsize + "pt;";
            /*使用 navigator.userAgent 来判断浏览器类型*/
            if (navigator.userAgent.indexOf("Gecko") > -1) beforediv
           .setAttribute("style", str);
            else beforediv.style.cssText = str;
            beforediv.setAttribute("id", "object" + i);
            /*使用指定文本创建元素*/
            newText = document.createTextNode(defaultString);
            beforediv.appendChild(newText);
            node.appendChild(beforediv);
            fontsize += 2;
            posleft += 5;
            postop -= (3 - ((i / 20) * 2));
        }
        setTimeout("a3danimation()", 100);
    }
    /*定义和初始化变量*/
    ox = 100;
    oy = 100;
    pi = 3.141516 * 2;
    ccounter = 0;
    ww = 10;
    /*动画*/
    function a3danimation() {
        ww -= .1;
        ccounter++;
        if (ccounter < 350) {
            for (i = 0; i < 7; i++) {
                pis = pi * (ccounter / 70) + (i / ww);
                posx = i * 10 + ox - 20 + (Math.cos(pis) * 5 * i * ww / 20);
                posy = oy + (Math.sin(pis) * 10 * i * ww / 5);
                document.getElementById("object" + i).style.left = posx +
                "px";
                document.getElementById("object" + i).style.top = posy + "px";
            }
            setTimeout("a3danimation()", 30);
        } else {
            ccounter = 0;
            ww = 10;
            setTimeout("a3danimation()", 30);
        }
    }
</script>
```

网页效果如图 9.52 所示。

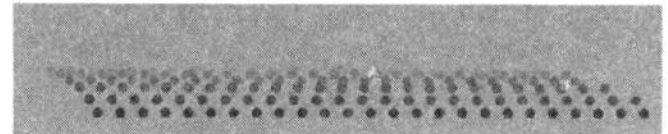

图 9.52　滚动波浪效果

9.53　图片探照灯效果

本实例使用 JavaScript 实现图片探照灯效果。本节主要涉及的 JavaScript 语法是 addAmbient()方法。

滤镜 addAmbient()方法，其语法是 addAmbient(iRed,iGreen,iBlue,iStrength)，作用是为滤镜添加环境光。环境光是无方向的，并且均匀地洒在页面上。环境光有颜色和强度值，可以为对象添加更多颜色。环境光通常和其他光一起使用且没有返回值，其中 iRed 为必选项、整数，用以指定红色值，取值范围为 0～255；iGreen 为必选项、整数，用以指定绿色值，取值范围为 0～255；iBlue 为必选项、整数，用以指定蓝色值，取值范围为 0～255；iStrength 为必选项、整数，用以指定光强度，取值范围为 0～100。

本实例主要代码如下：

```
<script language="JavaScript">
   function window.onload() {                    /*页面加载*/
   /*为滤镜添加环境光*/
      oLight.filters.light.addAmbient(255, 255, 255, 10)
      oLight.filters.light.addCone(300, 200, 200, 0, 0, 255, 255, 255, 90,
      10)
   }
   /*鼠标移动*/
   function document.onmousemove() {
      oLight.filters.light.moveLight(1, event.x, event.y, 0, 1)
   }
</script>
```

网页效果如图 9.53 所示。

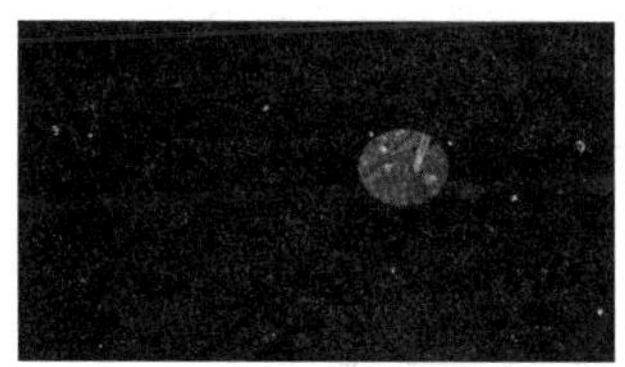

图 9.53　图片探照灯效果

9.54　图片变换位置浮现效果

本实例使用 JavaScript 在网页上展示图片变换位置浮现效果。本节主要涉及的 JavaScript 语法如下。

- document.body.clientWidth：document.body.clientWidth 是网页可见区域宽度值。

- document.body.clientHeight：document.body.clientHeight 是网页可见区域高度值。

本实例主要代码如下：

```
<script language="JavaScript">
   I = new Image();
   I.src = "sto/01.gif";
   /*页面输出*/
   if (document.all) {
      document.write('<div id="C" style="position:absolute;top:0px;left:
      0px">');
      document.write('<div style="position:relative">');
      document.write('<img  id="pic" src="51502.jpg" style="position:
      absolute;
      top:0px;left:0px">');
      document.write('</div></div>');
 }
   /*定义和初始化变量*/
   S = null,
   fadeStep = 4,
   fade = 80,
   currentStep = 0,
   step = 2,
   RY = 0,
   RX = 0,
   Yarea = 0,
   Xarea = 0;
   /*扩展*/
   function Expand() {
      if (document.all) {
         pic.width = currentStep * 2;
         pic.height = currentStep * 2;
         pic.style.top = -currentStep;
         pic.style.left = -currentStep;
         pic.style.filter = 'alpha(opacity=' + fade + ')';
         currentStep += step;
         if (currentStep > 20) fade -= fadeStep;
         if (fade < -50) {
            currentStep = 0;
            fade = 80;
            Yarea = window.document.body.clientHeight - 80;  /*网页可见
             高度*/
            /*网页可见宽度*/
            Xarea = window.document.body.clientWidth - 80;
            RY = Math.round(50 + Math.random() * Yarea);
            RX = Math.round(50 + Math.random() * Xarea);
            C.style.top = RY + document.body.scrollTop;
            C.style.left = RX + document.body.scrollLeft;
         }
         S = setTimeout('Expand()', 40);
      }
   }
   if (document.all) window.onload = Expand;
   if (document.layers) {
      alert("你的浏览器无法显示此特效，请使用其他浏览器查看！");
      opener.gO();
      window.close();
   }
</script>
```

网页效果如图 9.54 所示。

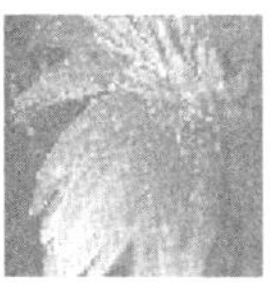

图 9.54　图片变换位置浮现效果

9.55　禁止下载图片

本实例使用 JavaScript 禁止下载网页上的图片。本节主要涉及的 JavaScript 语法是 onmouseover，表示鼠标移动到对象上时响应事件。本实例主要代码如下：

```
/*鼠标移入*/
<A HREF="javascript:void(0)" onmouseover="alert('该图片仅供观看禁止下载！
')"><img SRC="51501.jpg" Border="0"></A>
```

网页效果如图 9.55 所示。

图 9.55　禁止下载图片

9.56　图片弹跳效果

本实例使用 JavaScript 实现图片弹跳效果。本节主要涉及的 JavaScript 语法如下。

- navigator.appVersion：navigator.appVersion 用于获取浏览器版本信息。
- navigator.javaEnabled 方法：javaEnabled()方法可返回一个布尔值，该值指示浏览器是否支持并启用了 Java。如果是，则返回 true；否则返回 false。

本实例主要代码如下：

```
<script>
   /*定义和初始化变量*/
   var brOK = false;
   var mie = false;
   /*获取浏览器版本信息*/
   var aver = parseInt(navigator.appVersion.substring(0, 1));
   var aname = navigator.appName;
```

```
var mystop = 0;
var step = 0.2;
function checkbrOK() {
    if (aname.indexOf("Internet Explorer") != -1) {
        /*浏览器是否支持并启用了 Java*/
        if (aver >= 4) brOK = navigator.javaEnabled();
        mie = true;
    }
    if (aname.indexOf("Netscape") != -1) {
        if (aver >= 4) brOK = navigator.javaEnabled();
    }
}
/*定义和初始化变量*/
var vmin = 1.5;
var vmax = 3;
var vr = 2;
var timer1;
/*定义片段*/
function Chip(chipname, width, height) {
    this.named = chipname;
    this.vx = vmin + vmin;
    this.vy = 0;
    this.w = width;
    this.h = height;
    this.xx = 0;
    this.yy = 0;
    this.timer1 = null;
}
/*移动片段*/
function movechip(chipname) {
    if (brOK && mystop == 0) {
        eval("chip=" + chipname);
        if (!mie) {
            pageX = window.pageXOffset;
            pageW = window.innerWidth;
            pageY = window.pageYOffset;
            pageH = window.innerHeight;
        } else {
            pageX = window.document.body.scrollLeft;
            pageW = window.document.body.offsetWidth - 8;
            pageY = window.document.body.scrollTop;
            pageH = window.document.body.offsetHeight + 15;
        }
        chip.xx = chip.xx + chip.vx;
        chip.vy = chip.vy + step;
        chip.yy = chip.yy + chip.vy;
        if (chip.xx <= pageX) {
            chip.xx = pageX;
            chip.vx = vmin;
        }
        if (chip.xx >= pageX + pageW - 85) {
            chip.xx = pageX;
            chip.vx = vmin;
            chip.yy = pageY;
            chip.vy = vmin + vmax;
        }
        if (chip.yy > (pageY + pageH - chip.h)) {
            chip.yy = pageY + pageH - chip.h;
            chip.vy = -chip.vy * 0.65;
        }
```

```
        if (!mie) {
            eval('document.' + chip.named + '.top =' + chip.yy);
            eval('document.' + chip.named + '.left=' + chip.xx);
        } else {
            eval('document.all.' + chip.named + '.style.pixelLeft=' +
            chip.xx);
            eval('document.all.' + chip.named + '.style.pixelTop =' +
            chip.yy);
        }
        chip.timer1 = setTimeout("movechip('" + chip.named + "')", 20);
    }
}
/*停止*/
function stopme(flag) {
    brOk = true;
    mystop = flag;
    movechip("tome");
}
var tome;
var chip;
/*主函数*/
function tome() {
    checkbrOK();
    tome = new Chip("tome", 80, 80);
    if (brOK && mystop == 0) {
        movechip("tome");
    }
}
ns4 = (document.layers) ? true: false;
ie4 = (document.all) ? true: false;
/*移入*/
function cncover() {
    if (ns4) {
        document.cnc.left = window.innerWidth / 2 - 400;
        eval('document.cnc.top=document.' + chip.named + '.top');
        document.cnc.visibility = "show";
        stopme(1);
        mytime = setTimeout("cncout()", 3000);
    } else if (ie4) {
        document.all.cnc.style.left = window.document.body.offsetWidth
         / 2 - 400;
        document.all.cnc.style.top = parseInt(document.all.
        tome.style.top);
        document.all.cnc.style.visibility = "visible";
        stopme(1);
        mytime = setTimeout("cncout()", 3000);
    }
}
/*移出*/
function cncout() {
    clearTimeout(mytime);
    if (ns4) {
        document.cnc.visibility = "hide";
        stopme(0);
    } else if (ie4) {
        document.all.cnc.style.visibility = "hidden";
        stopme(0);
    }
}
/*加载*/
```

```
    onload = tome;
</script>
```

网页效果如图 9.56 所示。

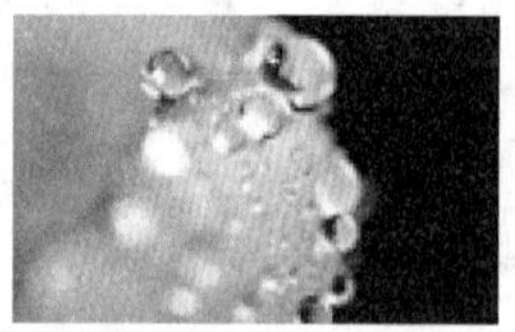

图 9.56　图片弹跳效果

9.57　旋转圆圈效果

本实例使用 JavaScript 实现旋转圆圈效果。本节主要涉及的 JavaScript 语法如下。

1．clearTimeout()方法

clearTimeout()方法可清除由 setTimeout()方法设置的清除定时器。

2．setTimeout

setTimeout 有两种形式，9.7 节已介绍过，不再复述。

本实例主要代码如下：

```
<script language="JavaScript">
    var CoLoUrS = new Array('ff0000', 'ffffff', '0000ff', 'ffffff');
…
    var brwsr = (document.layers) ? 1 : 0;
    /*判断浏览器类型*/
    if (brwsr) {
        for (i = 0; i < dots; i++) {
            document.write('<LAYER NAME="a' + i + '" LEFT=0 TOP=0BGCOLOR=
            #ffffff CLIP="0,0,2,2"></LAYER>');
        }
        var x = document;
        ThingsInArray = new Array(x.a0, x.a1, x.a2, x.a3, x.a4, x.a5, x.a6,
        x.a7, x.a8, x.a9, x.a10, x.a11, x.a12, x.a13, x.a14, x.a15)
    } else {
        document.write('<div id="ieDiv" style="position:absolute;top: 0px;
        left:0px"><div id="c" style="position:relative">');
        for (i = 0; i < dots; i++) {
            document.write('<div style="position:absolute;top:0px;left:
         0px;width:2px;height:2px;background:#ffffff;font-size
         :2px"></div>');
        }
        document.write('</div></div>');
        var x = ieDiv.all.c.all;
        ThingsInArray = new Array(x[0], x[1], x[2], x[3], x[4], x[5], x[6],
        x[7], x[8], x[9], x[10], x[11], x[12], x[13], x[14], x[15])
    }
    /*颜色步长*/
```

```
function colourStep() {
   count += move;
   if (count >= ThingsInArray.length) {
      count = 0;
      count_a += move
   }
   if (count_a == CoLoUrS.length) count_a = 0;
   if (brwsr) ThingsInArray[count].bgColor = CoLoUrS[count_a];
   else ThingsInArray[count].style.background = CoLoUrS[count_a];
   setTimeout('colourStep()', 100)
}
/*移动*/
function moveAbout() {
   if (brwsr) {
      Ypos = window.pageYOffset + window.innerHeight / 2 +
      window.innerHeight / 3.1 * Math.cos((RunTime) / 3) *
      Math.cos(RunTime / 50);
      Xpos = window.pageXOffset + window.innerWidth / 2 +
      window.innerWidth / 2.4 * Math.sin((RunTime) / 5) *
      Math.cos(RunTime / 30);
   } else {
      Ypos = document.body.scrollTop + document.body.offsetHeight / 2
      + document.body.offsetHeight / 2.8 * Math.cos((RunTime) / 3) *
      Math.cos(RunTime / 10);
      Xpos = document.body.scrollLeft + document.body.offsetWidth / 2
      + document.body.offsetWidth / 2.4 * Math.sin((RunTime) / 5) *
      Math.sin(RunTime / 20);
   }
   RunTime += a_StEp;
   Tma = setTimeout("moveAbout()", 10);
}
function TwistnSpin() {
   if (brwsr) {
      for (i = 0; i < 16; i++) {
         var templayer = "a" + i document.layers[templayer].top = Ypos
         + cntr * Math.cos((currStep + i * 4) / 10.2) * Math.cos(currStep
         / 10) document.layers[templayer].left = Xpos + cntr *
         Math.sin((currStep + i * 4) / 10.2);
      }
   } else {
      for (i = 0; i < ieDiv.all.c.all.length; i++) {
         ieDiv.all.c.all[i].style.top = Ypos + cntr * Math.cos
         ((currStep + i * 4) / 10.2) * Math.cos(currStep / 10) ieDiv.
         all.c.all[i].style.left = Xpos + cntr * Math.sin
         ((currStep + i * 4) / 10.2);
      }
   }
   currStep += step;
   setTimeout("TwistnSpin()", 10);
}
/*收缩*/
function Shrink() {
   cntr -= 0.5;
   GoShrink = setTimeout('Shrink()', 10);
   if (cntr <= 20) {
      clearTimeout(GoShrink);
      Swell()
   }
}
```

```
    /*放大*/
    function Swell() {
        cntr += 0.5;
        GoSwell = setTimeout('Swell()', 10);
        if (cntr >= 70) {
            clearTimeout(GoSwell);
            Shrink()
        }
    }
    /*主函数*/
    function StArTuP() {
        moveAbout();
        TwistnSpin();
        Shrink();
        colourStep();
    }
    /*调用主函数*/
    StArTuP();
</script>
```

网页效果如图 9.57 所示。

图 9.57　旋转圆圈效果

9.58　穿越星空效果

本实例使用 JavaScript 在网页中展示穿越星空效果。本节主要涉及的 JavaScript 语法是 window.onresize 事件。该事件将在改变窗口大小的时候被触发。

本实例主要代码如下：

```
<script language="javascript">
/*定义和初始化变量*/
    var starnum = 73;
    var isNS = (document.layers);
    var _all = (isNS) ? '': 'all.';
    var _style = (isNS) ? '': '.style';
    var xoffset, yoffset, w_x, w_y, tmpx, tmpy, scrlx, scrly;
    /*获取星星的位置*/
    function getstartpos(obj) {
        obj.deltay = Math.floor(Math.random() * 11);
        obj.deltax = Math.floor(Math.random() * 11);
        obj.xdir = (Math.floor(Math.random() * 2) == 1) ? '+': '-';
        obj.ydir = (Math.floor(Math.random() * 2) == 1) ? '+': '-';
        obj.counter = 1;
        if (isNS) {
            obj.clip.width = 1;
            obj.clip.height = 1;
            obj.moveTo(xoffset + pageXOffset, yoffset + pageYOffset);
```

```
    } else {
        obj.width = 1;
        obj.height = 1;
        obj.pixelTop = yoffset + document.body.scrollTop;
        obj.pixelLeft = xoffset + document.body.scrollLeft;
    }
 }
/*星星移动*/
function movestar(starN) {
    tmpx = starN.deltax * starN.counter + starN.counter;
    tmpy = starN.deltay * starN.counter + starN.counter;
    if (isNS) {
        starN.clip.width = starN.counter / 3;
        starN.clip.height = starN.counter / 3;
        scrlx = pageXOffset;
        scrly = pageYOffset;
        if ((starN.left + tmpx >= w_x + scrlx) || (starN.top + tmpy >=
        w_y + scrly) || (starN.left - tmpx <= scrlx) || (starN.top - tmpy
        <= scrly)) {
            getstartpos(starN);
        } else {
            eval('starN.moveBy(' + starN.xdir + tmpx + ', ' + starN.ydir
             + tmpy + ')');
        }
    } else {
        starN.width = starN.counter / 3;
        starN.height = starN.counter / 3;
        scrlx = document.body.scrollLeft;
        scrly = document.body.scrollTop;
        if ((starN.pixelLeft + tmpx >= w_x + scrlx) || (starN.pixelTop
        + tmpy >= w_y + scrly) || (starN.pixelLeft - tmpx <= scrlx) ||
        (starN.pixelTop - tmpy <= scrly)) {
            getstartpos(starN);
        } else {
            eval('starN.pixelTop' + starN.ydir + '=tmpy');
            eval('starN.pixelLeft' + starN.xdir + '=tmpx');
        }
    }
    starN.counter++;
}
/*动画*/
function animate() {
    for (i = 1; i <= starnum; i++) {
        movestar(eval('star' + i));
    }
    setTimeout('animate()', 100);
}
/*查找页面元素*/
function findwindowparams() {
    w_x = (isNS) ? window.innerWidth: document.body.clientWidth;
    w_y = (isNS) ? window.innerHeight: document.body.clientHeight;
    xoffset = w_x / 2;
    yoffset = w_y / 2;
    for (i = 1; i <= starnum; i++) {
        getstartpos(eval('star' + i));
    }
}
function resizeNS() {             /*重置大小*/
    setTimeout('document.location.reload()', 368);
```

```
    }
    (isNS) ? window.onresize = resizeNS: window.onresize = findwindowparams;
        /*改变窗口大小的时候触发*/
    /*页面加载*/
    window.onload = new Function("findwindowparams(); animate();");
    for (i = 1; i <= starnum; i++) {
        document.writeln('<div id="star' + i + '" class="star"></div>');
        eval('var star' + i + '=document.' + _all + 'star' + i + _style);
    }
    /*回退到历史页面*/
    function goHist(a) {
        history.go(a);
    }
</script>
```

网页效果如图 9.58 所示。

图 9.58　穿越星空效果

9.59　图片单击滚动切换效果

本实例使用 JavaScript 实现图片单击滚动切换效果。本节主要涉及的 JavaScript 语法是 setTimeout，已在 9.7 节介绍过，不再复述。

setTimeout 有两种形式：setTimeout(code,interval)和 setTimeout(func,interval,args)，其中 code 是一个字符串，func()是一个函数；interval 表示时间，可以是延时时间或者交互时间，以毫秒为单位。延迟时间，是在载入后延迟指定时间后，去执行一次表达式，仅执行一次；交互时间，是从载入后，每隔指定的时间就执行一次表达式。

本实例主要代码如下：

```
<script language="javascript" type="text/javascript">
    /*定义和初始化变量*/
    <![CDATA[
    var _t1 = 3;
    var _t2 = 5;
    var _tnum = 4;
    var _tn = 1;
    var _tl = null;
    _tt1 = setTimeout('change_img()', _t1 * 1000);
    /*换图片*/
    function change_img() {
        setFocus(_tn);
        _tt1 = setTimeout('change_img()', _t2 * 1000);
    }
```

```
    /*设置焦点*/
    function setFocus(i) {
        if (i > _tnum) {
            _tn = 1;
            i = 1;
        }
        _tl ? document.getElementById('focusPic' + _tl).style.display
        = 'none': '';
        document.getElementById('focusPic' + i).style.display = 'block';
        _tl = i;
        _tn++;
    }
    ]]>
</script>
```

网页效果如图 9.59 所示。

图 9.59　图片单击滚动切换效果

9.60　图片单击上下滚动切换效果

本实例使用 JavaScript 实现图片单击上下滚动切换效果。本节主要涉及的 JavaScript 语法如下。

1．clearInterval()方法

window.clearInterval()方法已在 9.1 节介绍过，不再复述。

2．setInterval()方法

setInterval()方法已在 1.43 节介绍过，这里不再复述。

本实例主要代码如下：

```
<script language="javascript" type="text/javascript">
    /*定义和初始化变量*/
    var currentF = 1;
    document.getElementById("upbtn").style.display = "none";
    var mainobj = document.getElementById("main");
    var frameheight = 237;
    var scrolling = 0;
    var speed = 20;
    var checkloaded = new Array();
    for (i = 1; i <= 3; i++) {
        checkloaded[i] = 0;
```

```
}
/*检测*/
function checkdamie(n) {
    checkloaded[n] = 1;
}
/*弹出加载*/
function alertloading(sdirection) {
    scrolling = 0;
    if (sdirection == "down") {
        currentF--;
    } else {
        currentF++;
    }
}
/*向下滚动*/
function scrolldown(f) {
    switch (f) {
    case 2:
        if (mainobj.scrollTop >= frameheight) {
            clearInterval(inter);
            mainobj.scrollTop = frameheight;
            scrolling = 0;
        } else {
            mainobj.scrollTop += speed;
        }
        break;
    case 3:
        if (mainobj.scrollTop >= frameheight * 2) {
            mainobj.scrollTop = frameheight * 2;
            /*取消由 setInterval()方法设置的定时器*/
            clearInterval(inter);
            scrolling = 0;
        } else {
            mainobj.scrollTop += speed;
        }
        break;
    }
}
/*向上滚动*/
function scrollup(f) {
    switch (f) {
    case 1:
        if (mainobj.scrollTop <= 0) {
            /*取消由 setInterval()方法设置的定时器*/
            clearInterval(inter1);
            mainobj.scrollTop = 0;
            scrolling = 0;
        } else {
            mainobj.scrollTop -= speed;
        }
        break;
    case 2:
        if (mainobj.scrollTop <= frameheight) {
            mainobj.scrollTop = frameheight;
            /*取消由 setInterval()方法设置的定时器*/
            clearInterval(inter1);
            scrolling = 0;
        } else {
            mainobj.scrollTop -= speed;
```

```
        }
        break;
    }
}
/*幻灯片向下*/
function slidedown() {
    if (scrolling == 0) {
        scrolling = 1;
        currentF++;
        obj = eval("document.getElementById('f" + currentF + "')");
        obj.style.display = "block";
        if (checkloaded[currentF] == 1) {
            /*按照以毫秒计算的指定周期来调用函数或计算表达式*/
            inter = eval("setInterval('scrolldown(" + currentF + ")',5)");
            document.getElementById("upbtn").style.display = "";
            if (currentF == 3) {
                document.getElementById("downbtn").style.display
            = "none";
            }
            for (i = 1; i <= 3; i++) {
                eval("document.getElementById('led" + i
            + "').className='NUM1'");
            }
            eval("document.getElementById('led" + currentF
          + "').className='NUM2'");
        } else {
            alertloading("down");
        }
    }
}
/*幻灯片向上*/
function slideup() {
    if (scrolling == 0) {
        scrolling = 1;
        currentF--;
        obj = eval("document.getElementById('f" + currentF + "')");
        obj.style.display = "block";
        if (checkloaded[currentF] == 1) {
            /*按照以毫秒计算的指定周期来调用函数或计算表达式*/
            inter1 = eval("setInterval('scrollup(" + currentF + ")',5)");
            document.getElementById("downbtn").style.display = "";
            if (currentF == 1) {
                document.getElementById("upbtn").style.display = "none";
            }
            for (i = 1; i <= 3; i++) {
                eval("document.getElementById('led" + i + "').className='
                NUM1'");
            }
            eval("document.getElementById('led" + currentF+ "').class
            Name='NUM2'");
        } else {
            alertloading("up");
        }
    }
}
var direction = "down";
var interval01;
var autotime = 3000;
/*自动幻灯片*/
function autoslide() {
```

```
        if (direction == "down") {
            if (currentF == 2) {
                direction = "up";
            }
            slidedown();
        }
        if (direction == "up") {
            if (currentF == 2) {
                direction = "down";
            }
            slideup();
        }
    }
    /*初始化自动幻灯片*/
    function iniautoslide() {
    /*按照以毫秒计算的指定周期来调用函数或计算表达式*/
        interval01 = setInterval("autoslide()", autotime);
    }
</script>
```

网页效果如图 9.60 所示。

图 9.60　图片单击上下滚动切换效果

9.61　图片随鼠标滑入浮动切换效果

本实例使用 JavaScript 在网页中展示图片随鼠标滑入浮动切换效果。本节主要涉及的 JavaScript 语法如下。

1．jQuery attr方法

attr()方法设置或返回被选元素的属性值。根据该方法不同的参数，其工作方式也有所差异。

2．jQuery hover事件

hover(over,out)是一个模仿悬停事件，也就是鼠标移动到一个对象上面及移出这个对象的方法。这是一个自定义的方法，它为频繁使用的任务提供了一种“保持在其中”的状态。

本实例主要代码如下：

```
<script src="jquery-1.4.2.min.js" type="text/javascript">
</script>
<script type="text/javascript">
```

```
    /*准备*/
    $(document).ready(function() {
        var newImage = new Image();
        /*设置或返回被选元素的属性值*/
        var oldImage = $('img').attr('src');
        newImage.src = '51503.jpg';
        /*模仿悬停事件*/
        $('img').hover(function() {
            $('img').attr('src', newImage.src);
        },
        function() {
            $('img').attr('src', oldImage);
        });
    });
</script>
```

网页效果如图 9.61 所示。

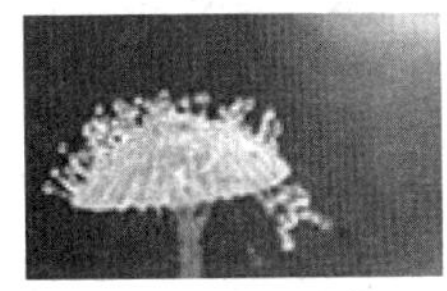

图 9.61　图片随鼠标滑入浮动切换效果

9.62　图片随鼠标滑入放大效果

本实例使用 JavaScript 实现图片随鼠标滑入放大效果。本节主要涉及的 JavaScript 语法是 jQuery hover 事件。该事件已在 9.61 节讲过，这里不再复述。

本实例主要代码如下：

```
<style type="text/css">
   body{margin:0;padding:0;} ul#bigs{ LIST-STYLE-TYPE: none;DISPLAY
   :inline;
   margin: 0px; clear: both; } ul#bigs li{ FLOAT: left; display: inline;
   margin-top:
   9px; margin-left: 8px; } ul#bigs li a { display: block;width:116px; }
   ul#bigs
   /*模仿悬停事件*/
   li a img{ border:1px #666 solid; } ul#bigs li a:hover{ position: absolute;
   z-index:100; margin: -8px; } ul#bigs li a:hover img{ width:138px;
   height:107px;
   border:1px #ccc solid; }
</style>
```

网页效果如图 9.62 所示。

图 9.62　图片随鼠标滑入放大效果

9.63　带阴影的图片边框

本实例使用 JavaScript 实现带阴影的图片边框。本节主要涉及的 JavaScript 语法是<style>标签。<style>标签为文档定义样式，可以在 head 区域使用。如果想将外部的样式表放到你的页面里，可以定义一个外部的样式表，并用<link>来连接它。

本实例主要代码如下：

```
/*<style>标签为文档定义样式*/
<style>
    .dropshadow2{ float:left; clear:left; background: url(shadowAlpha.png)
    no-repeat bottom right !important; background: url(shadow.gif) no-repeat
    bottom right; margin: 10px 0 10px 10px !important; margin: 10px 0 10px
    5px; padding: 0px; } .innerbox{ position:relative; bottom:6px; right:
     6px;
    border: 1px solid #999999; padding:4px; margin: 0px 0px 0px 0px; } .
    innerbox{
    /* IE5 hack */ margin: 0px 0px -3px 0px; margin: 0px 0px 0px 0px; } .innerbox
    p{ font-size:14px; margin: 3px; }
</style>
```

网页效果如图 9.63 所示。

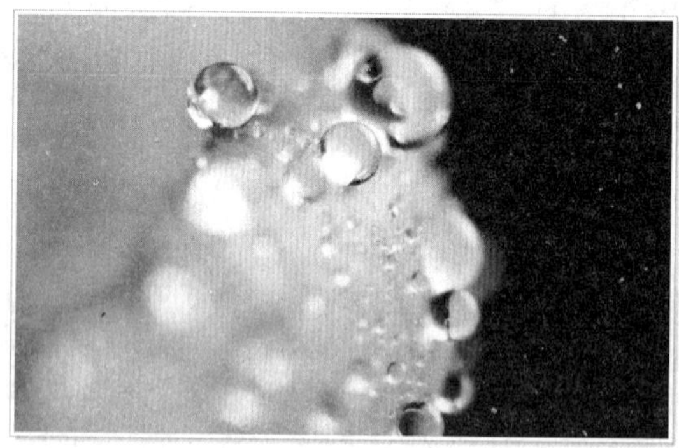

图 9.63　带阴影的图片边框

9.64　图片前后顺序改变

本实例使用 JavaScript 在网页上进行图片前后顺序改变。本节主要涉及的 JavaScript 语法是 onmouseover。onmouseover 是鼠标移动到对象上时的响应事件。

本实例主要代码如下：

```
<img src="51503s.jpg" id="ID1" class="s1" onmouseOver="ch(this)">
    /*鼠标移入*/
<img src="51504s.jpg" id="ID2" class="s2" onmouseOver="ch(this)">
    /*鼠标移出*/
```

网页效果如图 9.64 所示。

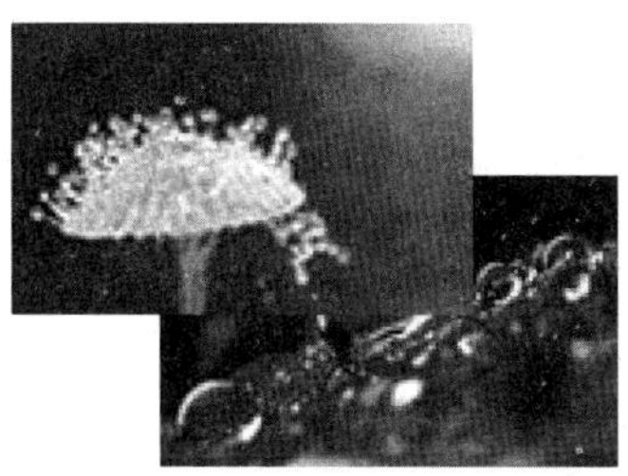

图 9.64　图片前后顺序改变

9.65　弹性透明图片效果

本实例使用 JavaScript 在网页上展示弹性透明图片效果。本节主要涉及的 JavaScript 语法如下。

1．filter:alpha滤镜

filter:alpha 滤镜的语法如下：

```
filter:alpha(opacity=opcity,finishopacity=finishopacity,style=style,sta
rtX=startX,startY=startY,finish=finishX,finishY=finishY)
```

参数，opacity 代表透明度等级，可选值从 0 到 100，0 代表完全透明，100 代表完全不透明。Style 参数指定了透明区域的形状特征，其中 0 代表统一形状；1 代表线形；2 代表放射状；3 代表长方形。finishopacity 是一个可选项，用来设置结束时的透明度，从而达到一种渐变效果，它的值也是从 0 到 100。StartX 和 StartY 代表渐变透明效果的开始坐标；finishX 和 finishY 代表渐变透明效果的结束坐标。

2．setTimeout

setTimeout 有两种形式，具体可参见 9.7 节介绍，不再复述。

本实例主要代码如下：

```
<script type="text/javascript">
   var xm;
   var ym;
   /*鼠标移动*/
   document.onmousemove = function(e) {
      if (window.event) e = window.event;
      xm = (e.x || e.clientX);
      ym = (e.y || e.clientY);
   }
   /*重置大小*/
   function resize() {
      if (diapo) diapo.resize();
   }
   onresize = resize;
   setOpacity = function(o, alpha) {                    /*设置透明度*/
```

```
    if (o.filters) o.filters.alpha.opacity = alpha * 100;
                                                /* filter:alpha 滤镜*/
    else o.style.opacity = alpha;
  }
  diapo = {
…
    /*重置大小*/
    resize: function() {
      with(this) {
        nx = DC.offsetLeft;
        ny = DC.offsetTop;
        nw = DC.offsetWidth;
        nh = DC.offsetHeight;
        txt.style.fontSize = Math.round(nh / font_size) + "px";
        if (Math.abs(rs - rsB) < 100) for (var i = 0; i < N;
        i++) O[i].resize();
        rsB = rs;
      }
    },
    CDiapo: function(o) {
…
      /*定义和初始化数据*/
      this.spa = document.createElement("span");
      this.spa.className = "spaDC";
      diapo.DC.appendChild(this.spa);
      this.img = document.createElement("img");
      this.img.className = "imgDC";
      this.img.src = o.src;
      this.img.O = this;
      diapo.DC.appendChild(this.img);
      setOpacity(this.img, diapo.transparency);
      /*开始选择*/
      this.img.onselectstart = new Function("return false;");
      this.img.ondrag = new Function("return false;");
      /*拖曳*/
      /*鼠标移入*/
      this.img.onmouseover = function() {
        diapo.tx_target = 0;
        diapo.txt.innerHTML = this.O.o.alt;
        this.O.over = true;
        setOpacity(this, this.O.click ? diapo.transparency: 1);
      }
      /*鼠标移出*/
      this.img.onmouseout = function() {
        diapo.tx_target = -diapo.nw;
        this.O.over = false;
        setOpacity(this, diapo.transparency);
      }
      /*鼠标单击*/
      this.img.onclick = function() {
        if (!this.O.click) {
          if (diapo.zo && diapo.zo != this) diapo.zo.onclick();
          this.O.click = true;
          this.O.x_origin = (diapo.nw - (this.O.w_origin* diapo.zoom
          Click)) / 2;
          this.O.y_origin = (diapo.nh - (this.O.h_origin* diapo.zoom
          Click)) / 2;
          diapo.zo = this;
          setOpacity(this, diapo.transparency);
```

```
        } else {
            this.O.click = false;
            this.O.over = false;
            this.O.resize();
            diapo.zo = 0;
        }
    }
    /*重置大小*/
    this.resize = function() {
        with(this) {
            x_origin = o.offsetLeft;
            y_origin = o.offsetTop;
            w_origin = o.offsetWidth;
            h_origin = o.offsetHeight;
        }
    }
    /*位置*/
    this.position = function() {
        with(this) {
            w_target = w_origin;
            h_target = h_origin;
            if (over) {
                w_target = w_origin * diapo.zoomOver;
                h_target = h_origin * diapo.zoomOver;
                x_target = diapo.xm - w_pos / 2 - (diapo.xm - (x_origin
                + w_pos / 2)) / (diapo.attraction * (click ? 10 : 1));
                y_target = diapo.ym - h_pos / 2 - (diapo.ym - (y_origin
                + h_pos / 2)) / (diapo.attraction * (click ? 10 : 1));
                } else {
                x_target = x_origin;
                y_target = y_origin;
            }
            if (click) {
                w_target = w_origin * diapo.zoomClick;
                h_target = h_origin * diapo.zoomClick;
            }
            x_pos += x_var = x_var * diapo.acceleration + (x_target -
            x_pos) * diapo.dampening;
            y_pos += y_var = y_var * diapo.acceleration + (y_target -
            y_pos) * diapo.dampening;
            w_pos += w_var = w_var * (diapo.acceleration *
            .5) + (w_target - w_pos) * (diapo.dampening * .5); h_pos
            += h_var = h_var * (diapo.acceleration *
            .5) + (h_target - h_pos) * (diapo.dampening * .5);
            diapo.rs += (Math.abs(x_var) + Math.abs(y_var));
            with(img.style) {
                left = Math.round(x_pos) + "px";
                top = Math.round(y_pos) + "px";
                width = Math.round(Math.max(0, w_pos)) + "px";
                height = Math.round(Math.max(0, h_pos)) + "px";
                zIndex = Math.round(w_pos);
            }
            with(spa.style) {
                left = Math.round(x_pos + w_pos * .1) + "px";
                top = Math.round(y_pos + h_pos * .1) + "px";
                width = Math.round(Math.max(0, w_pos * 1.1)) + "px";
                height = Math.round(Math.max(0, h_pos * 1.1)) + "px";
                zIndex = Math.round(w_pos);
            }
        }
```

```
            }
        },
        /*运行*/
        run: function() {
            diapo.xm = xm - diapo.nx;
            diapo.ym = ym - diapo.ny;
            diapo.tx_pos += diapo.tx_var = diapo.tx_var *
            .9 + (diapo.tx_target - diapo.tx_pos) * .02;
            diapo.txt.style.left = Math.round(diapo.tx_pos) + "px";
            for (var i in diapo.O) diapo.O[i].position();
            setTimeout("diapo.run();", 16);
        },
        /*图片加载*/
        images_load: function() {
            var M = 0;
            for (var i = 0; i < diapo.N; i++) {
                if (diapo.img[i].complete) {
                    diapo.img[i].style.position = "relative";
                    diapo.O[i].img.style.visibility = "visible";
                    diapo.O[i].spa.style.visibility = "visible";
                    M++;
                }
                resize();
            }
            if (M < diapo.N) setTimeout("diapo.images_load();", 128);
        },
        /*初始化*/
        init: function() {
            diapo.DC = document.getElementById("diapoContainer");
            diapo.img = diapo.DC.getElementsByTagName("img");
            diapo.txt = document.getElementById("caption");
            diapo.N = diapo.img.length;
            for (i = 0; i < diapo.N; i++)
            diapo.O.push(new diapo.CDiapo(diapo.img[i]));
            diapo.resize();
            diapo.tx_pos = -diapo.nw;
            diapo.tx_target = -diapo.nw;
            diapo.images_load();
            diapo.run();
        }
    }
    /*加载*/
    function dom_onload() {
        if (document.getElementById("diapoContainer")) diapo.init();
        else setTimeout("dom_onload();", 128);
}
    dom_onload();                                   /*运行加载*/
</script>
```

网页效果如图 9.65 所示。

图 9.65　弹性透明图片效果

9.66　图片放大镜效果

本实例使用 JavaScript 实现图片放大镜效果。本节主要涉及的 JavaScript 语法如下。

- onmouseover：鼠标移动到对象上时响应事件。
- onmouseout：鼠标从对象上移出时响应事件。

本实例主要代码如下：

```
<script type="text/javascript">
    /*页面加载*/
    window.onload = function() {
        var oDiv = document.getElementById('div1');
        var oShow = oDiv.getElementsByTagName('div')[0];
        var oSpan = oDiv.getElementsByTagName('span')[0];
        var oImg = document.getElementById('img1');
        /*鼠标移入*/
        oShow.onmouseover = function() {
            oSpan.style.display = 'block';
            oImg.parentNode.style.display = 'block';
        };
        /*鼠标移入*/
        oShow.onmouseout = function() {
            oSpan.style.display = 'none';
            oImg.parentNode.style.display = 'none';
        };
        /*鼠标移入*/
        oShow.onmousemove = function(ev) {
            var oEvent = ev || event;
            var x = oEvent.clientX - oDiv.offsetLeft - oSpan.offsetWidth /
            2; var y = oEvent.clientY - oDiv.offsetTop - oSpan.
            offsetHeight / 2;
            if (x < 0) {
                x = 0;
            } else if (x > oShow.offsetWidth - oSpan.offsetWidth) {
                x = oShow.offsetWidth - oSpan.offsetWidth;
            }
            if (y < 0) {
                y = 0;
            } else if (y > oShow.offsetHeight - oSpan.offsetHeight) {
                y = oShow.offsetHeight - oSpan.offsetHeight
            }
            /*定义和初始化变量*/
            oSpan.style.left = x + 'px';
            oSpan.style.top = y + 'px';
            var percentX = x / (oShow.offsetWidth - oSpan.offsetWidth);
            var percentY = y / (oShow.offsetHeight - oSpan.offsetHeight);
            var oImgparent = oImg.parentNode;
            oImg.style.left = -percentX * (oImg.offsetWidth- oImgparent.
            offsetWidth) + 'px';
            oImg.style.top = -percentY * (oImg.offsetHeight- oImgparent.
            offsetHeight) + 'px';
        };
    };
</script>
```

网页效果如图 9.66 所示。

图 9.66　图片放大镜效果

9.67　图片水平渐变切换效果

本实例使用 JavaScript 在网页上展示图片水平渐变切换效果。本节主要涉及的 JavaScript 语法是 setTimeout。setTimeout 有两种形式，前面已经介绍了，这里不再复述。

本实例主要代码如下：

```
<script>
   /*定义和初始化变量*/
   var NowFrame = 1;
   var MaxFrame = 3;
   var bStart = 0;
   /*主函数*/
   function fnToggle() {
      var next = NowFrame + 1;
      if (next == MaxFrame + 1) {
         NowFrame = MaxFrame;
         next = 1;
      }
      if (bStart == 0) {
         bStart = 1;
         setTimeout('fnToggle()', 2000);
         return;
      } else {
         oTransContainer.filters[0].Apply();
         document.images['oDIV' + next].style.display = "";
         document.images['oDIV' + NowFrame].style.display = "none";
         oTransContainer.filters[0].Play(duration = 2);
         if (NowFrame == MaxFrame) {
            NowFrame = 1;
         } else {
            NowFrame++;
         }
      }
   /*每隔指定的时间就执行一次表达式*/
      setTimeout('fnToggle()', 6000);
  }
  /*调用主函数*/
  fnToggle();
</script>
```

网页效果如图 9.67 所示。

图 9.67　图片水平渐变切换效果

9.68　图片两种特殊边框效果

本实例使用 JavaScript 在网页上展示图片两种特殊边框效果。本节主要涉及的 JavaScript 语法是 image.src 属性。image.src 是网页图片元素的背景图片属性。

本实例主要代码如下：

```
<script language="JavaScript">
    var intflag = 0;
    /*显示图片*/
    function showImage() {
        myDiv1.filters[0].Apply();
        if (intflag == 0) {
            /*网页图片元素的背景图片属性*/
            myImage.src = "snow.gif";
            intflag = 1;
        } else {
            myImage.src = "views.gif";
            intflag = 0;
        }
        myDiv1.filters[0].Play();
    }
</script>
```

网页效果如图 9.68 所示。

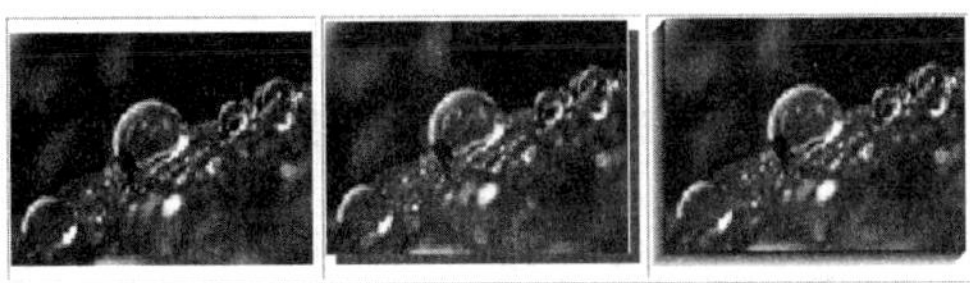

图 9.68　图片两种特殊边框效果

9.69　图片自动缩小效果

本实例使用 JavaScript 实现图片自动缩小效果。本节主要涉及的 JavaScript 语法是 image.src 属性。

本实例主要代码如下：

```
<script>
    /*画图*/
    function DrawImage(ImgD, iwidth, iheight) {
        var image = new Image();
        /*网页图片元素的背景图片属性*/
        image.src = ImgD.src;
        if (image.width > 0 && image.height > 0) {
            if (image.width / image.height >= iwidth / iheight) {
                if (image.width > iwidth) {
                    ImgD.width = iwidth;
                    ImgD.height = (image.height * iwidth) / image.width;
                } else {
                    ImgD.width = image.width;
                    ImgD.height = image.height;
                }
            } else {
                if (image.height > iheight) {
                    ImgD.height = iheight;
                    ImgD.width = (image.width * iheight) / image.height;
                } else {
                    ImgD.width = image.width;
                    ImgD.height = image.height;
                }
            }
        }
    }
</script>
```

网页效果如图 9.69 所示。

图 9.69　图片自动缩小效果

9.70　鼠标单击控制显示和隐藏图片

本实例使用 JavaScript 实现鼠标单击控制显示和隐藏图片。本节主要涉及的 JavaScript 语法是：

```
浏览器通用方法（指针变量）
```

使程序通用于 Netscape 和 IE 的一个比较好的方法是设立一个变量。如果浏览器是 NS，则该变量指向 document.blockDiv；如果浏览器是 IE，它就指向 blockDiv.style，我们称之为指针变量。

本实例主要代码如下：

```
<script language="JavaScript">
    ns4 = (document.layers) ? true: false
```

```
    ie4 = (document.all) ? true: false
    function init() {                        /*初始化*/
    /*浏览器通用方法（指针变量）*/
        if (ns4) block = document.blockDiv
        if (ie4) block = blockDiv.style
    }
    /*显示*/
    function showObject(obj) {
        if (ns4) obj.visibility = "show"
        else if (ie4) obj.visibility = "visible"
    }
    /*隐藏*/
    function hideObject(obj) {
        if (ns4) obj.visibility = "hide"
        else if (ie4) obj.visibility = "hidden"
    }
</script>
```

网页效果如图 9.70 所示。

显示　　隐藏

图 9.70　鼠标单击控制显示和隐藏图片

9.71　图片缩放效果

本实例使用 JavaScript 在网页上展示图片缩放效果。本节主要涉及的 JavaScript 语法是 innerText。

该属性表示从起始位置到终止位置的内容，它自动去除 HTML 标签。与 innerHTML 不同的是，innerText 只适用于 IE 浏览器，所以应该尽可能地使用 innerHTML，而少用 innerText，如果要输出不含 HTML 标签的内容，可以使用 innerHTML 取得包含 HTML 标签的内容后，再用正则表达式去除 HTML 标签。

本实例主要代码如下：

```
<script language="JavaScript">
    /*定义和初始化变量*/
    var zoomLevel = 0;
    var currentWidth = 0;
    var currentHeight = 0;
    var originalWidth = 0;
    var originalHeight = 0;
    /*初始化*/
    function initial() {
        currentWidth = document.myImage.width;
        currentHeight = document.myImage.height;
        originalWidth = currentWidth;
```

```
        originalHeight = currentHeight;
        update();
    }
    /*增加*/
    function zoomIn() {
        document.myImage.width = currentWidth * 2;
        document.myImage.height = currentHeight * 2;
        zoomLevel = zoomLevel + 1;
        update();
    }
    /*减少*/
    function zoomOut() {
        document.myImage.width = currentWidth / 2;
        document.myImage.height = currentHeight / 2;
        zoomLevel = zoomLevel - 1;
        update();
    }
    /*重置图片*/
    function resetImage() {
        document.myImage.width = originalWidth;
        document.myImage.height = originalHeight;
        zoomLevel = 0;
        update();
    }
    /*更新*/
    function update() {
        currentWidth = document.myImage.width;
        currentHeight = document.myImage.height;
        zoomsize.innerText = zoomLevel;          /* innerText 该属性表示
         从起始位置到终止位置的内容*/
         /* innerText 该属性表示从起始位置到终止位置的内容*/
        imgsize.innerText = currentWidth + "X" + currentHeight;
    }
</script>
```

网页效果如图 9.71 所示。

图片缩放

图 9.71　图片缩放效果

9.72　图片随鼠标滑入由模糊变透明

本实例使用 JavaScript 实现图片随鼠标滑入由模糊变透明效果。本节主要涉及的 JavaScript 语法是 filter:alpha 滤镜。

```
filter:alpha(opacity=opcity,finishopacity=finishopacity,style=style,sta
rtX=startX,startY=startY,finish=finishX,finishY=finishY)
```

各参数说明详见 9.15 节，这里不再复述。

本实例主要代码如下：

```
<script language=javascript>
    nereidFadeObjects = new Object();
    nereidFadeTimers = new Object();
    /*改变透明度函数*/
    function nereidFade(object, destOp, rate, delta) {
        if (!document.all) return if (object != "[object]") {
            setTimeout("nereidFade(" + object + "," + destOp + ","
            + rate + "," + delta + ")", 0);
            return;
        }
        clearTimeout(nereidFadeTimers[object.sourceIndex]);
        diff = destOp - object.filters.alpha.opacity;
        direction = 1;
        /* filter:alpha 滤镜*/
        if (object.filters.alpha.opacity > destOp) {
            direction = -1;
        }
        delta = Math.min(direction * diff, delta);
        object.filters.alpha.opacity += direction * delta;
        if (object.filters.alpha.opacity != destOp) {
            nereidFadeObjects[object.sourceIndex] = object;
            nereidFadeTimers[object.sourceIndex] = setTimeout("nereidFade
           (nereidFadeObjects[" + object.sourceIndex + "]
          ," + destOp + "," + rate + "," + delta + ")", rate);
        }
    }
</script>
```

网页效果如图 9.72 所示。

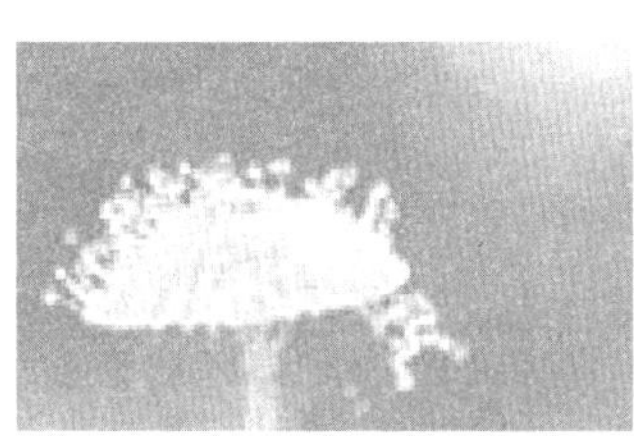
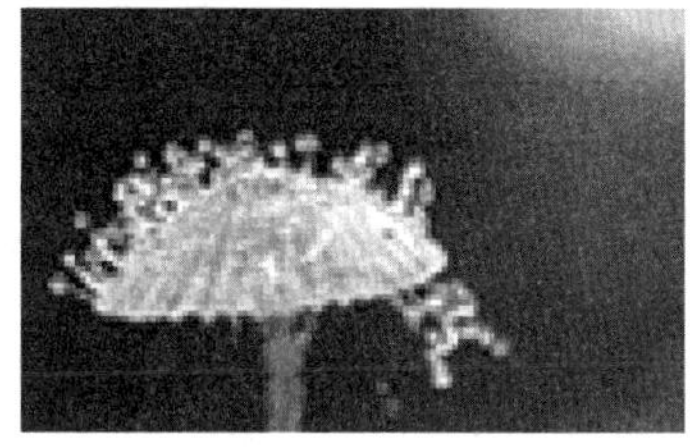

图 9.72　图片随鼠标滑入由模糊变透明

9.73　图片平滑切换效果

本实例使用 JavaScript 在网页上展示图片平滑切换效果。本节主要涉及的 JavaScript 语法如下。

1. clearInterva()l

window.clearInterval()将取消由 setInterval()方法设置的定时器。

2．setInterval()方法

setInterval()方法已在 1.43 节介绍过，这里不再复述。

3．clearTimeout

clearTimeout()方法可清除由 setTimeout()方法设置的清除定时器。

4．setTimeout

setTimeout 有两种形式，这里不再复述。

5．onmouseover

onmouseover 表示鼠标移动到对象上时的响应事件。

6．onmouseout

onmouseout 表示鼠标从对象上移出时的响应事件。

本实例主要代码如下：

```
<script language=javascript>
  var glide = new
  /*主函数*/
   function() {
      function $id(id) {
         return document.getElementById(id);
      };
      this.layerGlide = function(auto, oEventCont, oSlider, sSingleSize
      , second, fSpeed, point) {
         var oSubLi = $id(oEventCont).getElementsByTagName('li');
...
         var setValLeft = function(s) {
            return function() {
               oslideRange= Math.abs(parseInt($id(oSlider).style[point
               ]));
               $id(oSlider).style[point] = -Math.floor(oslideRange
               + (parseInt(s * sSingleSize) - oslideRange) * speed) + 'px';
               if (oslideRange == [(sSingleSize * s)]) {
                  clearInterval(interval);
                  /*取消由 setInterval()方法设置的定时器*/
                  a = s;
               }
            }
         };
         var setValRight = function(s) {
            return function() {
               oslideRange= Math.abs(parseInt($id(oSlider).style[point
               ]));
               $id(oSlider).style[point] = -Math.ceil(oslideRange
               + (parseInt(s * sSingleSize) - oslideRange) * speed) + 'px';
               if (oslideRange == [(sSingleSize * s)]) {
                  clearInterval(interval);
                  /*取消由 setInterval()方法设置的定时器*/
                  a = s;
               }
```

```
    }
}
/*自动滑动*/
function autoGlide() {
    for (var c = 0; c < sum; c++) {
        oSubLi[c].className = '';
    };
    clearTimeout(interval);
    if (a == (parseInt(sum) - 1)) {
        for (var c = 0; c < sum; c++) {
            oSubLi[c].className = '';
        };
        a = 0;
        oSubLi[a].className = "active";
        /*按照以毫秒计算的指定周期来调用函数或计算表达式*/
        interval = setInterval(setValLeft(a), time);
        timeout = setTimeout(autoGlide, delay);   /*每隔指定的时间
        就执行一次表达式*/
    } else {
        a++;
        oSubLi[a].className = "active";
        interval = setInterval(setValRight(a), time);
        timeout = setTimeout(autoGlide, delay);
    }
}
if (auto) {
    timeout = setTimeout(autoGlide, delay);
};
for (var i = 0; i < sum; i++) {
    /*鼠标移入*/
    oSubLi[i].onmouseover = (function(i) {
        return function() {
            for (var c = 0; c < sum; c++) {
                oSubLi[c].className = '';
            };
            clearTimeout(timeout);
            clearInterval(interval);
            oSubLi[i].className = "active";
            if (Math.abs(parseInt($id(oSlider).style[point]))
            > [(sSingleSize * i)]) {
                interval = setInterval(setValLeft(i), time);
                /*鼠标移出*/
                this.onmouseout = function() {
                    if (auto) {
                        timeout = setTimeout(autoGlide, delay);
                    };
                };
            } else if (Math.abs(parseInt($id(oSlider).style
            [point])) < [(sSingleSize * i)]) {
                interval = setInterval(setValRight(i), time);
                /*鼠标移出*/
                this.onmouseout = function() {
                    if (auto) {
                        timeout = setTimeout(autoGlide, delay);
                    };
                };
            }
        }
    })(i)
}
```

```
        }
    }
    glide.layerGlide(true, 'icon_num', 'show_pic', 610, 2, 0.1, 'left');
</script>
```

网页效果如图 9.73 所示。

图 9.73　图片平滑切换效果

9.74　根据图片链接显示图片的大小数据

本实例使用 JavaScript 在网页上屏蔽页中所有的脚本。本节主要涉及的 JavaScript 语法是：insertAdjacentElement。

insertAdjacentElement 方法用于在一个文档中插入对象，语法是 insertAdjacentElement(sWhere,oElement)，其中 oElement 为必选项、对象，要插入到调用该函数的对象所邻近的对象；sWhere 也是必选项，为字符串，表明插入位置。

本实例主要代码如下：

```
var img = null;
/*主函数*/
function s() {
    if (img) img.removeNode(true);
    img = document.createElement("img");
    img.style.position = "absolute";
    img.style.visibility = "hidden";
    img.attachEvent("onreadystatechange", orsc);
    img.attachEvent("onerror", oe);
    document.body.insertAdjacentElement("beforeend", img);
    img.src = inp.value;
}
/*无法加载图片*/
function oe() {
    alert("cant load img");
}
/*显示图片大小*/
function orsc() {
    if (img.readyState != "complete") return false;
    alert(img.offsetHeight + ":" + img.offsetWidth);
}
```

网页效果如图 9.74 所示。

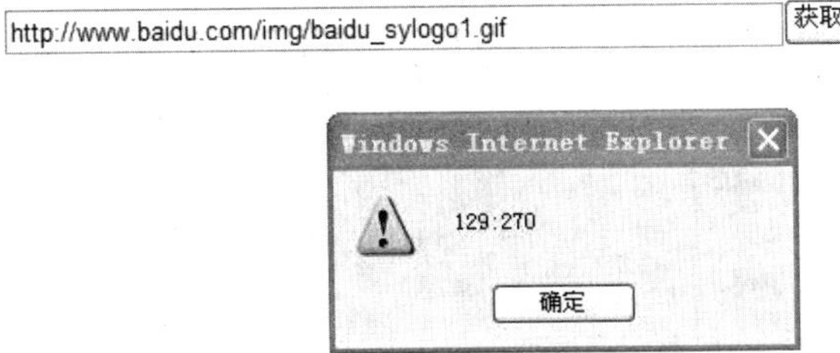

图 9.74　根据图片链接显示图片的大小数据

9.75　图片受控放大缩小

本实例使用 JavaScript 实现图片受控放大缩小。本节主要涉及的 JavaScript 语法是 Math.pow。

Math.pow 方法返回底数的指定次幂，语法是 Math.pow(x,y)，返回以 x 的 y 次幂，等同于 x 的 y 次幂的数值表达式，如果 pow 的参数过大而引起浮点溢出，返回 Infinity。

本实例主要代码如下：

```
<script type="text/javascript">
    /*图片尺寸*/
    var PhotoSize = {
...
        /*初始化*/
        init: function() {
            this.elem = document.getElementById("focusphoto");
            this.photoWidth = this.elem.scrollWidth;
            this.photoHeight = this.elem.scrollHeight;
            this.zoom = 1.2;
            this.count = 0;
            this.cpu = 1;
        },
        /*动作*/
        action: function(x) {
            if (x === 0) {
                this.cpu = 1;
                this.count = 0;
            } else {
                this.count += x;
                this.cpu = Math.pow(this.zoom, this.count);
            };
            this.elem.style.width = this.photoWidth * this.cpu + "px";
            this.elem.style.height = this.photoHeight * this.cpu + "px";
        }
};
/*页面加载*/
    window.onload = function() {
        PhotoSize.init()
    };
</script>
```

网页效果如图 9.75 所示。

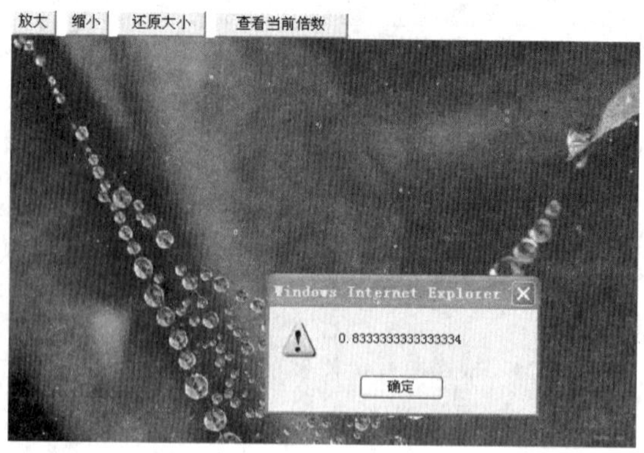

图 9.75　图片受控放大缩小

9.76　图片水平移动效果

本实例使用 JavaScript 实现图片水平移动效果。本节主要涉及的 JavaScript 语法是：clearInterval()方法和 setInterval()方法，这两个方法的说明读者可参照 9.73 节，这里不再复述。

本实例主要代码如下：

```
<script type="text/javascript">
    var g_oTimer = null;
    /*开始移动*/
    function startMove() {
        if (!g_oTimer) {
            g_oTimer = setInterval(moveTimerHandler, 30); /*按照以毫秒计算的
            指定周期来调用函数或计算表达式*/
        }
    }
    /*移动计时器句柄*/
    function moveTimerHandler() {
        var oDiv = document.getElementById('div1');
        var iSpeed = 5;
        if (oDiv.offsetLeft >= 300) {
            clearInterval(g_oTimer); /*取消由 setInterval()方法设置的定时器*/

            g_oTimer = null;
        } else {
            oDiv.style.left = oDiv.offsetLeft + iSpeed + 'px';
        }
    }
    /*页面加载*/
    window.onload = function() {
        var oBtn = document.getElementById('btn_start_move');
        oBtn.onclick = startMove;
    };
</script>
```

网页效果如图 9.76 所示。

开始运动

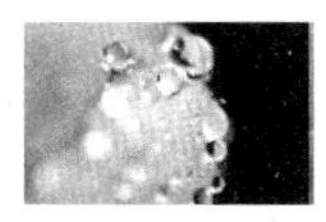

开始运动

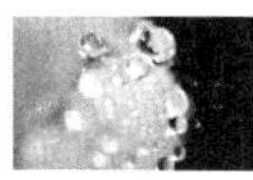

图 9.76　图片水平移动效果

9.77　判断图片是否能够加载，失败则替换为默认图片

本实例使用 JavaScript 在网页上判断图片是否能够加载，失败则替换为默认图片。本节主要涉及的 JavaScript 语法是 onerror 事件。onerror 事件用来协助处理页面中的 JavaScript 错误。当页面上出现异常时，error 事件便在 window 对象上触发。

本实例主要代码如下：

```
<imgsrc=""border="0"
onerror="this.src='http://www.baidu.com/img/baidu_sylogo1.gif'">/*onerror
事件用来协助处理页面中的 JavaScript 错误*/
```

网页效果如图 9.77 所示。

图 9.77　判断图片是否能够加载，失败则替换为默认图片

9.78　根据图片链接判断是否存在

本实例使用 JavaScript 在网页上根据图片链接判断是否存在。本节主要涉及的 JavaScript 语法是 onerror 事件。onerror 事件用来协助处理页面中的 JavaScript 错误。当页面上出现异常时，error 事件便在 window 对象上触发。

本实例主要代码如下：

```
<IMGsrc="http://www.baidu.com/img/baidu_logo11.gif"onerror="javascript:
this.src='51501s.jpg'">/* onerror 事件用来协助处理页面中的 JavaScript 错误*/
```

网页效果如图 9.78 所示。

判断远程图片是否存在：

如果不存在，则替换成本地图片：

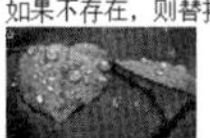

图 9.78　根据图片链接判断是否存在

9.79　图片水平排列由左向右依次加载

本实例使用 JavaScript 在网页上屏蔽页中所有的脚本。本节主要涉及的 JavaScript 语法如下。

- clearTimeout：clearTimeout()方法可清除由 setTimeout()方法设置的清除定时器。
- setTimeout：setTimeout 有两种形式不再复述。

本实例主要代码如下：

```
<script>
/*加载图片*/
function loadImg(op) {
    var img = new Image();
    var complete = false;
    /*每隔指定的时间就执行一次表达式*/
    var t = setTimeout(function() {
        if (!complete && op.onTimeout) op.onTimeout();
        complete = true;
    }, op.timeout || 5000);
    img.onload = function() {
    /*清除由 setTimeout()方法设置的清除定时器*/
        clearTimeout(t);
        if (!complete && op.onComplete) op.onComplete(this);
        complete = true;
    }
    img.src = op.url;
}
var imgArr = ["51501s.JPG", "51502s.JPG", "51503s.JPG"];
(function loadlist(loc) {                        /*加载目录*/
     loadImg({ url: imgArr[loc],                 /*加载图片*/
        /*完成*/
        onComplete: function(img) {
            if (++loc < imgArr.length) {
                loadlist(loc);
            }
            img.width  = 126;
            img.height = 77;
            document.body.appendChild(img);
        },
        /*超时*/
        onTimeout: function() {
            if (++loc < imgArr.length) {
                loadlist(loc);
            }
        }
    });
})(0);
</script>
```

网页效果如图 9.79 所示。

图 9.79　图片水平排列由左向右依次加载

9.80　图片随机加载效果

本实例使用 JavaScript 实现图片随机加载效果。本节主要涉及的 JavaScript 语法是 getSeconds()方法。getSeconds()方法可以返回时间中的秒数。

本实例主要代码如下：

```
<script language-"JavaScript">
    var how_many_ads = 3
    /* getSeconds()方法可以返回时间中的秒数*/
    var now = new Date() var sec = now.getSeconds() var ad = sec % how_many_
    ads;
    ad += 1;
    if (ad == 1) {
        url = "#";
        alt = "ad1";
        banner = "51501s.jpg";
        width - "126";
        height = "77";
    }
    if (ad == 2) {
        url = "#";
        alt = "ad2";
        banner = "51502s.jpg";
        width = "126";
        height = "77";
    }
    if (ad == 3) {
        url = "#";
        alt = "ad3";
        banner = "51503s.jpg";
        width = "126";
        height = "77";
    }
    /*页面输出*/
    document.write('<center>');
    document.write('<a href=\"' + url + '\" target=\"_blank\">');
    document.write('<img src=\"' + banner + '\"
    width=') document.write(width + ' height=' + height + ' ');
    document.write('alt=\"' + alt + '\" border=0><br>');
    document.write('</center>');
</script>
```

网页效果如图 9.80 所示。

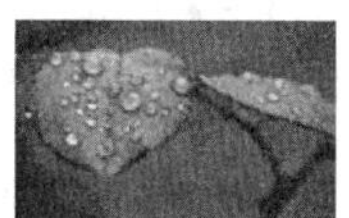  

图 9.80　图片随机加载效果

9.81　图片立体幻灯切换效果

本实例使用 JavaScript 实现图片立体幻灯切换效果。本节主要涉及的 JavaScript 语法如下。

1．position:absolute

position:absolute 是将页面元素的位置固定，也就是根据浏览器的绝对位置来显示页面元素，只是浏览器的解析稍微不同，就会导致位置的不同。

2．clearInterval()方法

clearInterval()方法在 9.1 节已经介绍过，这里不再复述。

本实例主要代码如下：

```
<script type="text/javascript">
        var HR = {
        $: function(i) {
            return document.getElementById(i)
        },
        $$: function(c, p) {
            return p.getElementsByTagName(c)
        },
        ce: function(i, t) {
            var o = document.createElement(i);
            t.appendChild(o);
            return o;
        }
        };
        /*立体幻灯片*/
        HR.slider3D = function() {
        /*初始化*/
        var init = function(o) {
            /*定义和初始化变量*/
            this.o = o;
            var wp = HR.$(o.id),
            ul = HR.$$('ul', wp)[0],
            li = this.li = HR.$$('li', ul);
            this.l = li.length;
            this.w = wp.offsetWidth;
            this.h = wp.offsetHeight;
            this.at = o.auto ? o.auto: 4;
            var con = this.con = HR.ce('div', wp);
            con.style.cssText = 'position:absolute;left:0;top:0;width: ' +
            this.w + 'px;height:' + this.h + 'px';
            ul.style['display'] = 'none';
            this.a1 = HR.ce('a', con);
            this.a1.style.cssText = 'position:absolute
           ;left:0;top:0;overflow:hidden';
            this.a2 = HR.ce('a', con);
            this.a2.style.cssText = 'position:absolute;top:0;right:
            0;overflow:hidden';
            this.a1.innerHTML = this.a2.innerHTML = '<img alt="" />';
            this.img = HR.$$('img', ul);
            this.s = o.maskSize ? o.maskSize: 5;
```

```
    this.mask11 = HR.ce('span', this.a1);
    this.mask12 = HR.ce('span', this.a1);
    this.mask21 = HR.ce('span', this.a2);
    this.mask22 = HR.ce('span', this.a2);
    this.pos(0);
}
init.prototype = {                              /*初始化原型*/
    pos: function(i) {                          /*位置*/
        clearInterval(this.li[i].a);            /*取消由 setInterval()
        方法设置的定时器*/
        clearInterval(this.au);                 /*取消由 setInterval()
        方法设置的定时器*/
        this.au = 0;
        this.cur = i;
        var navli = HR.$$('li', HR.$(this.o.navId));
        for (var j = 0; j < navli.length; j++) {
            navli[j].className = i == j ? 'cur': '';
        }
        var img1 = HR.$$('img', this.a1)[0],
        img2 = HR.$$('img', this.a2)[0],
        _this = this;
        img1.src = i == 0 ? this.img[this.l - 1].src: this.img[i
        - 1].src;
        img1.width = this.w;
        img2.src = this.img[i].src;
        img2.width = 0;
        img1.height = img2.height = this.h;
        this.mask11.style.cssText = 'position:absolute;left:0;top:0;
        font-size:0;overflow:hidden;width:0;height:0;border-color:
        black transparent transparent black;border-style:solid
        dasheddashed solid;border-width:0 ' + this.w / 2 + 'px';
        this.mask12.style.cssText = 'position:absolute;left:
        0;bottom:0;font-size:0;overflow:hidden;width:0;height:0;
        border-color:transparent transparent black black;border-
        style:dashed dashed solid solid;border-width:0 ' + this.w /
        2 + 'px';
        this.mask21.style.cssText = 'position:absolute;right:0;
      top:0;font-size:0;overflow:hidden;width:0;height:0;border-
      color:black black transparent transparent;border-style:solid
      solid dashed dashed;border-width:0px';
      this.mask22.style.cssText = 'position:absolute;right:0
      ;bottom:0;font-size:0;overflow:hidden;width
      :0;height:0;border-color:transparent black black transparent;
      border-style:dashed solid solid dashed;border-width:0px';
        this.li[i].a = setInterval(function() {
            _this.anim(i)
        },
        20);
    },
    /*动画*/
    anim: function(i) {
        var w1 = HR.$$('img', this.a1)[0].width,
        w2 = HR.$$('img', this.a2)[0].width;
        if (w2 == this.w) {
            /*取消由 setInterval()方法设置的定时器*/
            clearInterval(this.li[i].a);
             HR.$$('img', this.a1)[0].width = 0;
             HR.$$('img', this.a2)[0].width = this.w;
             this.mask11.style.borderLeftWidth = this.mask11.style.
```

```
                    borderRightWidth = this.mask12.style.borderLeftWidth =
                    this.mask12.style.borderRightWidth = '0px';
                    this.mask11.style.borderTopWidth = this.mask11.style.
                    borderBottomWidth = this.mask12.style.borderTopWidth =
                    this.mask12.style.borderBottomWidth = this.h / this.s +
                    'px';
                    this.mask21.style.borderLeftWidth = this.mask21.
                    style.borderRightWidth = this.mask22.style.
                    borderLeftWidth = this.mask22.style.borderRightWidth =
                    this.w / 2 + 'px';
                    this.mask21.style.borderTopWidth = this.mask21.style.
                    borderBottomWidth = this.mask22.style.borderTopWidth =
                    this.mask22.style.borderBottomWidth = '0px';
                    } else {
                    HR.$$('img', this.a1)[0].width -= Math.ceil((this.w - w2)
                    * .13);
                    HR.$$('img', this.a2)[0].width += Math.ceil((this.w - w2)
                    * .13);
                this.mask11.style.borderLeftWidth = this.mask11.style.
                borderRightWidth = this.mask12.style.borderLeftWidth =
                this.mask12.style.borderRightWidth = HR.$$('img',
                this.a1)[0].width / 2 + 'px';
                this.mask11.style.borderTopWidth = this.mask11.style.
                borderBottomWidth = this.mask12.style.borderTopWidth =
                this.mask12.style.borderBottomWidth = HR.$$('img',
                this.a2)[0].width * this.h / (this.s * this.w) + 'px';
                this.mask21.style.borderLeftWidth = this.mask21.style.
                borderRightWidth = this.mask22.style.borderLeftWidth =
                this.mask22.style.borderRightWidth = HR.$$('img',
                this.a2)[0].width / 2 + 'px';
                this.mask21.style.borderTopWidth = this.mask21.style.
                borderBottomWidth = this.mask22.style.borderTopWidth =
                this.mask22.style.borderBottomWidth = this.h / this.s -
                HR.$$('img', this.a2)[0].width * this.h / (this.s * this.w)
                + 'px';
                if (!this.au) this.auto();
            }
        },
        /*自动*/
        auto: function() {
            var _this = this;
            this.au = setInterval(function() {
                _this.move()
            },
            this.at * 1000);
        },
        /*移动*/
        move: function() {
            var n = this.cur == this.l - 1 ? 0 : this.cur + 1;
            this.pos(n);
        }
    }
    return init;
}();
/*定义我的幻灯片*/
var mySlider = new HR.slider3D({
    id: 'slider',
    maskSize: 6,
    navId: 'nav',
    auto: 4
```

```
    })
</script>
```

网页效果如图 9.81 所示。

图 9.81　图片立体幻灯切换效果

9.82　图片上翻切换效果

本实例使用 JavaScript 在网页上展示图片上翻切换效果。本节主要涉及的 JavaScript 语法是 nextSibling 属性。该属性表示当前节点的下一个节点（其后的节点与当前节点同属一个级别）；如果其后没有与其同级的节点，则返回 null。一定要注意，该属性在不同的浏览器中的执行结果并不都相同。

本实例主要代码如下：

```
<script type="text/javascript">
    /*主函数*/
    function sc() {
        scrollup(document.getElementById('box'), 292, 0);
    }
    /*页面加载*/
    window.onload = function() {
        var o = document.getElementById('box');
        var ss = window.setInterval(function() {
            scrollup(o, 292, 0);
        },
        6000);
    }
    /*向上滚动*/
    function scrollup(o, d, c) {
        if (d == c || d < c) {
            var t = getFirstChild(o.firstChild).cloneNode(true);
            o.removeChild(getFirstChild(o.firstChild));
            o.appendChild(t);
            t.style.marginTop = "0px";
        } else {
            c += 9;
            getFirstChild(o.firstChild).style.marginTop = -c + "px";
            window.setTimeout(function() {
                scrollup(o, d, c),
                1
            });
```

```
        }
    }
    /*获取第一个子节点*/
    function getFirstChild(node) {
        while (node.nodeType != 1) {
            /*当前节点的下一个节点*/
            node = node.nextSibling;
        }
        return node;
    }
</script>
```

网页效果如图 9.82 所示。

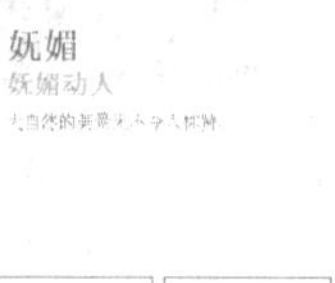

图 9.82　图片上翻切换效果

9.83　任意改变顺序的照片墙

本实例使用 JavaScript 在网页上放置任意改变顺序的照片墙。本节主要涉及的 JavaScript 语法如下。

1．jQuery offsetParent()方法

offsetParent()获得被定位的最近祖先元素。如果给定一个表示 DOM 元素集合的 jQuery 对象，offsetParent()方法允许我们搜索 DOM 树中元素的祖先，并构造一个由最近的定位祖先元素包围的jQuery 对象。定位元素指的是元素的CSS position 属性设置为relative、absolute 或 fixed。

2．createDocumentFragment()方法

createDocumentFragment()方法用于创建文档碎片节点。在更新少量节点的时候可以直接向 document.body 节点中添加，但是当要向 document 中添加大量数据时，如果逐个添加这些新节点，则这个过程非常缓慢，因为每添加一个节点都会调用父节点的 appendChild()方法，为了解决这个问题，可以使用一个文档碎片，把所有的新节点附加其上，然后把文档碎片一次性添加到 document 中。

3．onmousemove属性

将 mouseMove()函数赋值于 onmousemove 属性，就能让 mouseMove 获取鼠标移动事件。

4．onmouseup事件

onmouseup 是检测鼠标弹起的事件。

本实例主要代码如下：

```
<script type="text/javascript">
    var $ = function(id) {
        return typeof id === "string" ? document.getElementById(id)
        : id
    };
    var $$ = function(tagName, oParent) {
        return (oParent || document).getElementsByTagName(tagName)
    };
    var $$$ = function(sClass, oParent) {
        var aClass = [],
        i = 0,
        reClass = new RegExp("(\\s|^)" + sClass + "($|\\s)"),
        aElement = $$("*", oParent);
        for (i = 0; i < aElement.lengthi++) reClass.test(aElement[i].class
        Name) && aClass.push(aElement[i]);
        return aClass
    };
    /*获取位置*/
    function getPos(obj) {
        var iTop = obj.offsetTop;
        var iLeft = obj.offsetLeft;
        while (obj.offsetParent) {
            iTop += obj.offsetParent.offsetTop;
            iLeft += obj.offsetParent.offsetLeft;
            obj = obj.offsetParent;
        }
        return {
            top: iTop,
            left: iLeft
        }
    };
    /*图片墙*/
    var PhotoWall = function() {
        this.initialize.apply(this, arguments)
    };
    /*图片墙原型*/
    PhotoWall.prototype = {
    /*初始化*/
        initialize: function(obj, aData) {
            /*定义和初始化变量*/
            var oThis = this;
            this.oParent = $(obj);
            this.oUl = $$("ul", this.oParent)[0];
            this.oBtn = $$("a", this.oParent)[0];
            this.zIndex = 1;
            this.aPos = [];
            this.aData = aData;
            this.dom = document.documentElement || document.body;
            this.create();
            this.oBtn.onclick = function() {
                oThis.randomOrder()
            }
        },
        /*创建*/
        create: function() {
```

```
    var aFrag = document.createDocumentFragment();
    var i = 0;
    for (i = 0; i < this.aData.length; i++) {
        var oLi = document.createElement("li");
        var oImg = document.createElement("img");
        oImg.src = this.aData[i];
        oLi.appendChild(oImg);
        aFrag.appendChild(oLi)
    }
    this.oUl.appendChild(aFrag);
    this.aLi = $$("li", this.oParent);
    this.changeLayout()
},
/*布局变更*/
changeLayout: function() {
    var i = 0;
    this.oParent.style.height = this.oParent.offsetHeight - 2 + "px";
    this.aPos.length = 0;
    for (i = 0; i < this.aLi.length; i++) this.aLi[i].style.
    cssText = "";
    for (i = 0; i < this.aLi.length; i++) {
        this.aLi[i].index = i;
        this.aLi[i].style.top = getPos(this.aLi[i]).top + "px";
        this.aLi[i].style.left = getPos(this.aLi[i]).left + "px";
        this.aPos.push({
            left: getPos(this.aLi[i]).left,
            top: getPos(this.aLi[i]).top
        })
    }
    for (i = 0; i < this.aLi.length; i++) {
        this.aLi[i].style.position = "absolute";
        this.aLi[i].style.margin = "0";
        this.drag(this.aLi[i])
    }
},
/*拖曳*/
drag: function(obj, handle) {
    var oThis = this;
    var handle = handle || obj;
    handle.style.cursor = "move";
    handle.onmousedown = function(event) {
        var event = event || window.event;
        var disX = event.clientX - this.offsetLeft;
        var disY = event.clientY - this.offsetTop;
        var oNear = null;
        handle.style.zIndex = oThis.zIndex++;
        /*鼠标移入*/
        document.onmousemove = function(event) {
            var event = event || window.event;
            var iL = event.clientX - disX;
            var iT = event.clientY - disY;
            var maxL = Math.max(oThis.dom.clientWidth, oThis.dom.
            scrollWidth) - handle.offsetWidth;
            var maxT = Math.max(oThis.dom. clientHeight, oThis.dom.
            scrollHeight) - handle.offsetHeight;
            iL < 0 && (iL = 0);
            iT < 0 && (iT = 0);
            iL > maxL && (iL = maxL);
```

```
            iT > maxT && (iT = maxT);
            handle.style.left = iL + "px";
            handle.style.top = iT + "px";
            oNear = oThis.findNearest(obj);
            for (var i = 0; i < oThis.aLi.length; i++) oThis.aLi[i].
            className = "";
            oNear && (oNear.className = "hig");
            return false
        };
        document.onmouseup = function() {           /*放松鼠标按钮*/
            document.onmousemove = null;             /*鼠标移入*/
            /*放松鼠标按钮*/
            document.onmouseup = null;
            if (oNear) {
                handle.index = [handle.index, oNear.index];
                oNear.index = handle.index[0];
                handle.index = handle.index[1];
                oNear.style.zIndex = oThis.zIndex++;
                oThis.doMove(handle, oThis.aPos[handle.index]);
                oThis.doMove(oNear, oThis.aPos[oNear.index]);
                oNear.className = "";
            } else {
                oThis.doMove(handle, oThis.aPos[handle.index])
            }
            handle.releaseCapture && handle.releaseCapture()
        };
        this.setCapture && this.setCapture();
        return false
    };
},
/*移动*/
doMove: function(obj, iTarget, callback) {
    var oThis = this;
    clearInterval(obj.timer);
    obj.timer = setInterval(function() {
        var iCurL = getPos(obj).left;
        var iCurT = getPos(obj).top;
        var iSpeedL = (iTarget.left - iCurL) / 5;
        var iSpeedT = (iTarget.top - iCurT) / 5;
        iSpeedL = iSpeedL > 0 ? Math.ceil(iSpeedL)
       : Math.floor(iSpeedL);
        iSpeedT = iSpeedT > 0 ? Math.ceil(iSpeedT)
        : Math.floor(iSpeedT);
        if (iCurL == iTarget.left && iCurT == iTarget.top) {
            clearInterval(obj.timer);
            callback && callback()
        } else {
            obj.style.left = iCurL + iSpeedL + "px";
            obj.style.top = iCurT + iSpeedT + "px"
        }
    },
    30)
},
/*寻找最近的*/
findNearest: function(obj) {
    var aDistance = [];
    var i = 0;
    for (i = 0; i < this.aLi.length; i++) aDistance[i] = this.aLi
    [i] == obj ? Number.MAX_VALUE: this.getDistance(obj,
    this.aLi[i]);
```

```
        var minNum = Number.MAX_VALUE;
        var minIndex = -1;
        for (i = 0; i < aDistance.length; i++) aDistance[i] < minNum&&
         (minNum = aDistance[i], minIndex = i);

        return this.isButt(obj, this.aLi[minIndex]) ? this.aLi
       [minIndex] : null
    },
    /*获取最远的*/
    getDistance: function(obj1, obj2) {
        var a = (obj1.offsetLeft + obj1.offsetWidth / 2) - (obj2.offsetLeft
        + obj2.offsetWidth / 2);
        var b = (obj1.offsetTop + obj1.offsetTop / 2) - (obj2.offsetTop
        + obj2.offsetTop / 2);
        return Math.sqrt(a * a + b * b)
    },
    /*是否大端*/
    isButt: function(obj1, obj2) {
        var l1 = obj1.offsetLeft;
        var t1 = obj1.offsetTop;
        var r1 = l1 + obj1.offsetWidth;
        var b1 = t1 + obj1.offsetHeight;
        var l2 = obj2.offsetLeft;
        var t2 = obj2.offsetTop;
        var r2 = l2 + obj2.offsetWidth;
        var b2 = t2 + obj2.offsetHeight;
        return ! (r1 < l2 || b1 < t2 || r2 < l1 || b2 < t1)
    },
    /*任意顺序*/
    randomOrder: function() {
        this.aPos.sort(function() {
            return Math.random() > 0.5 ? 1 : -1
        });
        for (var i = 0; i < this.aLi.length; i++) {
            this.aLi[i].index = i;
            this.doMove(this.aLi[i], this.aPos[i])
        }
    }
};
/*页面加载*
window.onload = function() {
    var aBox = $$$("box");
    var aData = [];
    var aExample = [];
    var i = 0;
    for (i = 0; i < 9; i++) aData[aData.length] = "5150" + i + "s.jpg";
    for (i = 0; i < aBox.length; i++) {
        var oExample = new PhotoWall(aBox[i], aData);
        aExample.push(oExample)
    }
    this.onresize = function() {
        for (var p in aExample) aExample[p].changeLayout()
    };
    this.onresize()
};
</script>
```

网页效果如图 9.83 所示。

图 9.83　任意改变顺序的照片墙

9.84　图片被光圈扫过的部分显示效果

本实例使用 JavaScript 在网页上展示图片被光圈扫过的部分显示效果。本节主要涉及的 JavaScript 语法是 document.all，document.all 是一个表示当前文档的所有对象的数组，具体介绍参见 1.3 节，不再复述。

本实例主要代码如下：

```
<SCRIPT language=JavaScript>
...
  /*设置*/
  function setValues() {
     if (document.all) {
        marginbottom=imageheight-ballheight marginright=imagewi dth
        - ballwidth document.all.ball.style.posLeft = randommaker
       (400) document.all.ball.style.posTop = 0 document.all.
       textcontent.style.posLeft = 0 document.all.textcontent.style
       .posTop = 0 document.all.ball.style.filter = "alpha(opacity=0,
       finishopacity=100, style=2,startX=0px,startY=0px,finishX=100px,
       finishY=100px)
       "moveball()
     }
  }
  /*任意遮罩*/
  function randommaker(range) {
     rand = Math.floor(range * Math.random()) return rand
  }
  /*移动*/
  function moveball() {
     checkposition() if (document.all) {
        document.all.ball.style.posLeft +=
       stepx document.all.ball.style.posTop += stepy cliptop= document
       .all.ball.style.posTop clipbottom = cliptop + ballheightclipleft
        = document.all.ball.style.posLeft clipright = clipleft
        +ballwidth clippoints = "rect(" + cliptop + " " + clipright + "
        " + clipbottom+" " + clipleft + ")"document.all.textcontent.
        style.clip = clippointstimer= setTimeout("moveball()", tempo)
     }
  }
  /*检查位置*/
  function checkposition() {
     if (document.all) {
        if (document.all.ball.style.posLeft >= marginright) {
```

```
            stepx = stepx * -1 document.all.ball.style.posLeft -= 10
        }
        if (document.all.ball.style.posLeft <= marginleft) {
            stepx = stepx * -1 document.all.ball.style.posLeft += 10
        }
        if (document.all.ball.style.posTop >= marginbottom) {
            stepy = stepy * -1 document.all.ball.style.posTop -= 10
        }
        if (document.all.ball.style.posTop <= margintop) {
            stepy = stepy * -1 document.all.ball.style.posTop += 10
        }
    }
  }
</SCRIPT>
```

网页效果如图 9.84 所示。

图 9.84　图片被光圈扫过的部分显示效果

9.85　仿 GIF 图片效果

本实例使用 JavaScript 实现仿 GIF 图片效果。本节主要涉及的 JavaScript 语法是 setTimeout。setTimeout 有两种形式，前面已经介绍过，这里不再复述。

本实例主要代码如下：

```
<script language="javascript">
   /*定义和初始化变量*/
   Img = new Array("51501s.jpg", "51502s.jpg");
   size = Img.length;
   i = 0;
   /*更换图片*/
   function chImg() {
      picID.src = Img[i];
      i++;
      if (i >= size) i = 0;
      setTimeout("chImg()", 2000);
   }
</script>
```

网页效果如图 9.85 所示。

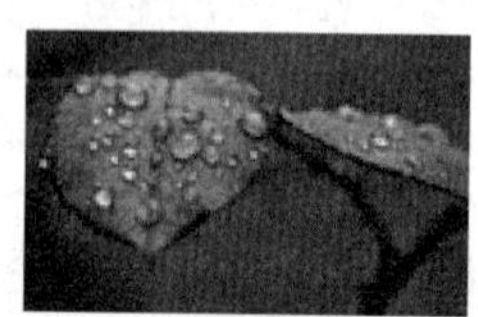

图 9.85　仿 GIF 图片效果

9.86　鼠标单击缩略图弹出大图效果

本实例使用 JavaScript 在网页上展示鼠标单击缩略图弹出大图效果。本节主要涉及的 JavaScript 语法如下。

1．innerHTML

对于 innerHTML 属性，可参见 6.7 节的介绍，不再复述。

2．clearInterval

window.clearInterval()方法已在 9.1 节介绍过，不再复述。

3．setInterval()方法

setInterval()方法已在 1.43 节介绍过，这里不再复述。

4．filter:alpha滤镜

```
filter:alpha(opacity=opcity,finishopacity=finishopacity,style=style,sta
rtX=startX,startY=startY,finish=finishX,finishY=finishY)。
```

各参数说明可参见 9.15 节介绍，这里不再复述。

本实例主要代码如下：

```
<script type="text/javascript">
    /*图片显示*/
    function ImgShow(evt) {
        var imgTag = (window.event) ? event.srcElement: evt.target;
        var imgPath = imgTag.src.replace(/\_\d\./, "_4.");
        var tagTop = Math.max(document.documentElement.scrollTop,
        document.body.scrollTop);
        var tag = document.createElement("div");
        tag.style.cssText = "width:100%;height:" + Math.max(document.body.
        clientHeight, document.body.offsetHeight, document.documentElement.
        clientHeight)
        + "px;position:absolute;background:black;top:0;filter:
        Alpha(Opacity=80);Opacity:0.8;";
        tag.ondblclick = closes;
        var tagImg = document.createElement("div");
        tagImg.style.cssText = "font:12px
        /18px verdana;overflow:auto;text-align:center;position: absolute;
        width:200px;border:5px solid white;background:white;color:white;
        left:" + (parseInt(document.body.offsetWidth) / 2 - 100) + "px;top:"
        + (document.documentElement.clientHeight / 3 + tagTop) + "px;"tagImg.
        innerHTML = "<div style='padding:10px;background:#cccccc;border:
        1px solid white'><img src='loading.gif' /><br /><br/><b style=
        'color:#999999;font-weight:normal'>Imageloading...</b><br /></
        div>";
         tagImg.oncontextmenu = function() {
          var clsOK = confirm("确定要取消图片显示吗?点击确定将关闭图片。\n
         如果您是想缩放图片请在图片上双击。");
```

```
        if (clsOK) {
            closes();
        };
        return false
    };
    var closeTag = document.createElement("div");
    closeTag.style.cssText="display:none;position:absolute;left:10px;
    top:10px;color:black;";
    var closesHtml = "<b style='background:red;border:1pxsolid white;
    filter:Alpha(Opacity=50);Opacity:0.5;cursor:pointer;'> 关闭
     </b>";
    closeTag.innerHTML = closesHtml + " 提示:双击图片缩放";
    closeTag.onclick = closes;
    document.body.appendChild(tag);
    document.body.appendChild(tagImg);
    var img = new Image();
    img.src = imgPath;
    img.style.cssText = "border:1px solid #cccccc;filter:
    Alpha(Opacity=0);Opacity:0;cursor:pointer";
    var barShow, imgTime;
    img.complete ? ImgOK() : img.onload = ImgOK;
    /*图片准备*/
    function ImgOK() {
...
        var sx = document.documentElement.clientWidth,
        sy = window.innerHeight|| document.documentElement.clientHeight
        ;
        if (iy > sy || ix > sx) {
            var yy = sy - 100;
            var xx = (ix / iy) * yy;
        } else {
            var xx = ix + 4;
            var yy = iy + 3;
        }
        img.style.width = xx - 4 + 'px';
        img.style.height = yy - 3 + 'px';
        if (ix < sx && iy < sy) {
            tagImg.alt = "";
            /*innerHTML 属性用来设置或获取位于对象起始和结束标签内的 HTML*/
            closeTag.innerHTML = closesHtml;
        };
        /*按照以毫秒计算的指定周期来调用函数或计算表达式*/
        var maxTime = setInterval(function() {
            temp += 35;
            if ((tx + temp) < xx) {
                tagImg.style.width = (tx + temp) + "px";
                tagImg.style.left = (sx - (tx + temp)) / 2 + "px";
            } else {
                Stop1 = true;
                tagImg.style.width = xx + "px";
                tagImg.style.left = (sx - xx) / 2 + "px";
            }
            if ((ty + temp) < yy) {
                tagImg.style.height = (ty + temp) + "px";
                tagImg.style.top = (tagTop + ((sy - (ty + temp)) / 2))
               + "px";
            } else {
                Stop2 = true;
                tagImg.style.height = yy + "px";
                tagImg.style.top = (tagTop + ((sy - yy) / 2)) + "px";
```

```
            }
            if (Stop1 && Stop2) {
                /*取消由 setInterval()方法设置的定时器*/
                clearInterval(maxTime);
                tagImg.appendChild(img);
                temp = 0;
                imgOPacity();
            }
        },
        1);
        /*图片透明度*/
        function imgOPacity() {
            temp += 10;
            /* filter:alpha 滤镜*/
            img.style.filter = "alpha(opacity=" + temp + ")";
            img.style.opacity = temp / 100;
            imgTime = setTimeout(imgOPacity, 1) if (temp > 100) clear
            Timeout(imgTime);
        }
        tagImg.innerHTML = "";
        tagImg.appendChild(closeTag);
        if (ix > xx || iy > yy) {
            img.alt = "左键拖动,双击放大缩小";
            img.ondblclick = function() {
                if (tagImg.offsetWidth < img.offsetWidth|| tagImg.
                offsetHeight < img.offsetHeight) {
...
                } else {
                    img.style.width = ix + "px";
                    img.style.height = iy + "px";
                    img.alt = "双击可以缩小";
                    img.onmousedown = dragDown;
                    tagImg.style.overflow = "auto";
                    tagImg.style.width = (ix < sx - 100 ? ix + 20 : sx
                    - 100) + "px";
                    tagImg.style.left = ((sx - (ix < sx - 100 ? ix +
                     20 : sx - 100)) / 2) + "px";
                }
            }
            img.onmousedown = dragDown;
            tagImg.onmousemove = barHidden;
            tagImg.onmouseout = moveStop;
            document.onmouseup = moveStop;
        } else {
            tagImg.style.overflow = "visible";
            tagImg.onmousemove = barHidden;
        }
    }
    /*向下拖曳*/
    function dragDown(a) {
...
        document.onmousemove = function(e) {
            var evt = e || window.event;
            xxleft = sox - (evt.clientX - onx) < 0 ? "0": sox - (evt.
            clientX - onx) > sow ? sow: sox - (evt.clientX - onx);
            yytop = soy - (evt.clientY - ony) < 0 ? "0": soy - (evt.
```

```
            clientY - ony) > soh ? soh: soy - (evt.clientY - ony);
            tagImg.scrollTop = yytop;
            tagImg.scrollLeft = xxleft;
            closeTag.style.top = (yytop + 10) + "px";
            closeTag.style.left = (xxleft + 10) + "px";
            return false;
        }
        return false;
    }
    /*隐藏工具条*/
    function barHidden() {
        clearTimeout(barShow);
        closeTag.style.top = (tagImg.scrollTop + 10) + "px";
        closeTag.style.left = (tagImg.scrollLeft + 10) + "px";
        if (closeTag.style.display == "none") closeTag.style.display
        = "block";
        barShow = setTimeout(function() {
            closeTag.style.display = "none";
        },
        1000);
    }
    /*关闭*/
    function closes() {
        document.body.removeChild(tag);
        document.body.removeChild(tagImg);
        clearTimeout(barShow);
        clearTimeout(imgTime);
        document.onmouseup = null;
        tag = img = tagImg = closeTag = null;
    }
    /*停止移动*/
    function moveStop() {
        document.onmousemove = null;
        tagImg.onmousemove = barHidden;
        img.style.cursor = "pointer";
    }
  }
  if (document.getElementById("workDemo")) {
    var workTag = document.getElementById("workDemo");
    var workImg = workTag.getElementsByTagName("img");
    var worka = workTag.getElementsByTagName("a");
    for (var i = 0; i < workImg.length; i++) {
        workImg[i].onclick = ImgShow;
        worka[i].href = "##"
    }
  }
</script>
```

网页效果如图 9.86 所示。

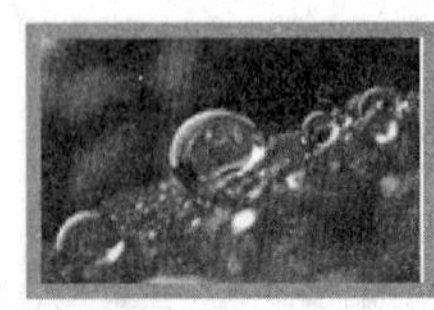

图 9.86　鼠标单击缩略图弹出大图效果

9.87　图片的各种滤镜效果

本实例使用 JavaScript 在网页上展现图片的各种滤镜效果。本节主要涉及的 JavaScript 语法是 filters 的 transition 属性。

本实例中 transition 属性取值达到的效果是：10，国际象棋棋盘横向转换；11，国际象棋棋盘纵向转换；12，随机杂点干扰转换；13，左右关门效果转换；14，左右开门效果转换；15，上下关门效果转换。

本实例主要代码如下：

```
<script for=window event=onLoad language=vbscript>
    image1.filters.item(0).apply()
    /* filters 的 transition 属性*/
    image1.filters.item(0).transition = 10
    image1.Style.visibility = ""
    image1.filters(0).play(2.0)
    image2.filters.item(0).apply()
    image2.filters.item(0).transition = 11
    image2.Style.visibility = ""
    image2.filters(0).play(2.0)
    image3.filters.item(0).apply()
    image3.filters.item(0).transition = 12
    image3.Style.visibility = ""
    image3.filters(0).play(2.0)
    image4.filters.item(0).apply()
    image4.filters.item(0).transition = 13
    image4.Style.visibility = ""
    image4.filters(0).play(2.0)
    image5.filters.item(0).apply()
    image5.filters.item(0).transition = 14
    image5.Style.visibility = ""
    image5.filters(0).play(2.0)
    image6.filters.item(0).apply()
    image6.filters.item(0).transition = 15
    image6.Style.visibility = ""
    image6.filters(0).play(2.0)
</script>
```

网页效果如图 9.87 所示。

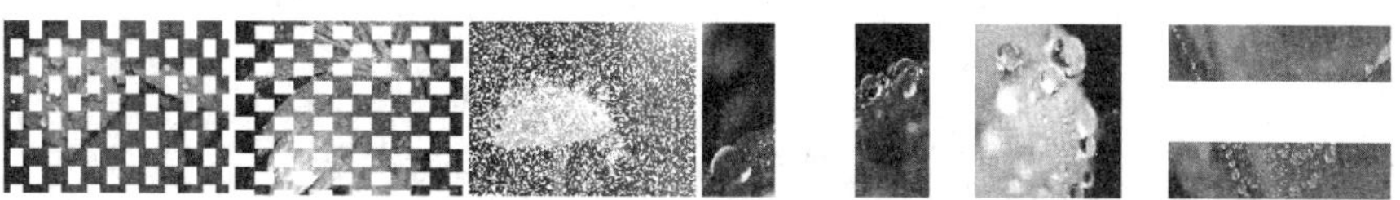

图 9.87　图片的各种滤镜效果

9.88　单击展示大图的相册效果

本实例使用 JavaScript 实现单击展示大图的相册效果。本节主要涉及的 JavaScript 语法是 setAttribute()方法。

我们经常在给元素动态添加各种属性时用到 setAttribute()方法，其语法是 setAttribute(name, value)，目的是增加一个指定名称和值的新属性，或者把一个现有的属性设定为指定的值。

本实例主要代码如下：

```
<script language="javascript">
    /*设置层*/
    function setDiv() {
        var pics = document.getElementById("pics");
        var showpic = document.createElement("div");
        /*增加一个指定名称和值的新属性*/
        showpic.setAttribute("id", "showpic");
        pics.appendChild(showpic);
        showpic.appendChild(document.createElement("h2"));
        showpic.appendChild(document.createElement("img"));
        var links = pics.getElementsByTagName("a");
        for (var k = 0; k < links.length; k++) {
            links[k].onclick = function() {
                return showPic(this);
            }
        }
    }
    /*显示图片*/
    function showPic(pic) {
        var showpic = document.getElementById("showpic");
        showpic.style.display = "block";
        showpic.getElementsByTagName("h2")[0].innerHTML = pic.title;
        showpic.getElementsByTagName("img")[0].setAttribute("src",pic.
        href);
        return false;
    }
    window.onload = setDiv;
</script>
```

网页效果如图 9.88 所示。

图 9.88　单击展示大图的相册效果

9.89　图片百叶窗切换效果

本实例使用 JavaScript 在网页上展示图片百叶窗切换效果。本节主要涉及的 JavaScript 语法如下。

1. document.createElement()方法

document.createElement()方法是在对象中创建一个对象，要与 appendChild() 或

insertBefore()方法联合使用。其中，appendChild()方法在节点的子节点列表末添加新的子节点，insertBefore()方法在节点的子节点列表任意位置插入新的节点。

2．document.body.appendChild()方法

document.body.appendChild()方法在节点的子节点列表末添加新的子节点。

3．clearInterval()方法

window.clearInterval()方法已在 9.1 节介绍过，不再复述。

4．setInterval()方法

setInterval()方法可按照以毫秒计算的指定周期来调用函数或计算表达式。setInterval()方法会不停地调用函数，直到 clearInterval()被调用或窗口被关闭。

本实例主要代码如下：

```
<script type="text/javascript">
    var Hongru = {};
    function H$(id) {
        return document.getElementById(id)
    }
    function H$$(c, p) {
        return p.getElementsByTagName(c)
    }
    /*百叶窗效果*/
    Hongru.shutter = function() {
        function init(anchor, options) {
            this.anchor = anchor;
            this.init(options);
        }
        /*初始化原型*/
        init.prototype = {
            /*初始化*/
            init: function(options) {
                /*定义和初始化变量*/
                var wp = H$(options.id),
                ul = H$$('ul', wp)[0],
                li = this.li = H$$('li', ul);
                this.a = options.auto ? options.auto: 4;
                this.index = options.position ? options.position: 0;
                this.l = li.length;
                this.cur = 0;
                this.stN = options.shutterNum ? options.shutterNum: 5;
                this.dir = options.shutterDir ? options.shutterDir: 'H';
                this.W = wp.offsetWidth;
                this.H = wp.offsetHeight;
                this.aw = 0;
                this.mask = [];
                this.nav = [];
                ul.style.display = 'none';
                /*在对象中创建一个对象*/
                var container = this.container= document.createElement('div'
),
                con_a = this._a = document.createElement('a');
                con_a.target = '_blank';
```

```
    container.style.cssText = con_a.style.cssText = 'position
   :absolute;width:' + this.W + 'px;height:' + this.H +
   'px;left:0;top:0';
    /*在节点的子节点列表未添加新的子节点*/
    container.appendChild(con_a);
    for (var x = 0; x < this.stN; x++) {
        var mask = document.createElement('span');
        mask.style.cssText = this.dir == 'H'? 'position:absolute;
        width:' + this.W / this.stN +'px;height:' + this.H +
        'px;left:' + x * this.W / this.stN+ 'px;top:0': 'position:
         absolute;width:' + this.W +'px;height:' + this.H /
         this.stN + 'px;left:0px;top:' + x
        * this.
         H / this.stN + 'px';
        this.mask.push(mask);
        con_a.appendChild(mask);
    }
    wp.appendChild(container);
    this.nav_wp = document.createElement('div');
    this.nav_wp.style.cssText= 'position:absolute;right:0;
    bottom:0;padding:8px 0;';
    for (var i = 0; i < this.l; i++) {
        var nav = document.createElement('a');
        nav.className = options.navClass ? options.navClass:
        'shutter-nav';
        this.nav.push[nav];
        nav.innerHTML = i + 1;
        nav.onclick = new Function(this.anchor + '.pos(' + i + ')');

        this.nav_wp.appendChild(nav);
    }
    wp.appendChild(this.nav_wp);
    this.curC = options.curNavClass ? options.curNavClass:
   'shutter-cur-nav';
    this.pos(this.index);
},
/*自动*/
auto: function() {
    /*按照以毫秒计算的指定周期来调用函数或计算表达式*/
    this.li.a = setInterval(new Function(this.anchor +
   '.move(1)'), this.a * 1000);
},
/*移动*/
move: function(i) {
    var n = this.cur + i;
    var m = i == 1 ? n == this.l ? 0 : n: n < 0 ? this.l - 1 : n;
    this.pos(m);
},
/*位置*/
pos: function(i) {
    /*取消由 setInterval()方法设置的定时器*/
    clearInterval(this.li.a);
    clearInterval(this.li[i].a);
    this.aw = this.dir == 'H' ? this.W / this.stN: this.H / this.stN;
    var src = H$$('img', this.li[i])[0].src;
    var _n = i + 1 >= this.l ? 0 : i + 1;
    var src_n = H$$('img', this.li[_n])[0].src;
    this.container.style.backgroundImage = 'url(' + src_n + ')';
    for (var n = 0; n < this.stN; n++) {
       this.mask[n].style.cssText = this.dir == 'H' ? 'position:
```

```
            absolute;width:' + this.W / this.stN +'px;height:' + this.H
            + 'px;left:' + n * this.W / this.stN+ 'px;top:0':
           'position:absolute;width:' + this.W +'px;height:' + this.H
            / this.stN + 'px;left:0px;top:' + n* this.H / this.stN +
            'px';
            this.mask[n].style.background = this.dir == 'H' ? 'url('
            + src + ') no-repeat -' + n * this.W / this.stN + 'px 0':
            'url('+ src + ') no-repeat 0 -' + n * this.H / this.stN +
            'px';
        }
        this.cur = i;
        this.li.a = false;
        for (var x = 0; x < this.l; x++) {
            H$$('a', this.nav_wp)[x].className = x == i ? this.
        curC: 'shutter-nav';
        }
        this._a.href = H$$('a', this.li[i])[0].href;
        this.auto();
        this.li[i].a = setInterval(new Function(this.anchor
         + '.anim(' + i + ')'), 4 * this.stN);
    },
    anim: function(i) {
        var tt = this.dir == 'H' ? parseInt(this.mask[this.stN -
        1].style.width) : parseInt(this.mask[this.stN - 1].style.
        height);
        if (tt <= 5) {
            clearInterval(this.li[i].a);
            for (var n = 0; n < this.stN; n++) {
                this.dir == 'H' ? this.mask[n].style.width = 0 : this.
                mask[n].style.height = 0;
            }
            if (!this.li.a) {
                this.auto()
            }
        } else {
            for (var n = 0; n < this.stN; n++) {
                this.aw -= 1;
                this.dir == 'H' ? this.mask[n].style.width = this.aw
                + 'px': this.mask[n].style.height = this.aw + 'px';
            }
        }
    }
  }
  return {
      /*初始化*/
      init: init
  }
 } ();
</script>
```

网页效果如图 9.89 所示。

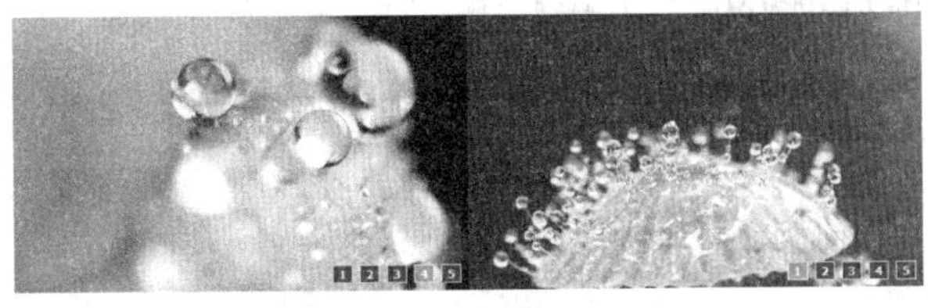

图 9.89　图片百叶窗切换效果

9.90　图片立体变换造型切换效果

本实例使用 JavaScript 实现图片立体变换造型切换效果。本节主要涉及的 JavaScript 语法是 setTimeout。setTimeout 有两种形式，这里不再复述。

本实例主要代码如下：

```
<script type="text/javascript">
    /*定义和初始化变量*/
    var wdmax = 120;
    var wdmin = 0;
    var inc = 5;
    var rate = 50;
    var pause = 1000;
    var ff = "flip";
    /*主函数*/
    function flipflop() {
        if (ff == "flip") {
            var wd = pic.width;
            wd = wd - inc;
            pic.width = wd;
            if (wd == wdmin) {
                pic.src = "51505s.jpg";
                inc = -inc;
            }
            if (wd == wdmax) {
                ff = "flop";
                inc = -inc;
                /*每隔指定的时间就执行一次表达式*/
                setTimeout("flipflop()", pause);
            } else {
                setTimeout("flipflop()", rate);
            }
        } else {
            var ht = pic.height;
            ht = ht - inc;
            pic.height = ht;
            if (ht == wdmin) {
                pic.src = "51505s.jpg";
                inc = -inc;
            }
            if (ht == wdmax) {
                ff = "flip";
                inc = -inc;
                setTimeout("flipflop()", pause);
            } else {
                setTimeout("flipflop()", rate);
            }
        }
    }
</script>
```

网页效果如图 9.90 所示。

9.90 图片立体变换造型切换效果

图 9.90　图片立体变换造型切换效果

9.91　图片弹球效果

本实例使用 JavaScript 在网页上展示图片弹球效果。本节主要涉及的 JavaScript 语法是 insertAdjacentHTML 方法，指在指定的地方插入 html 标签语句，语法是 insertAdajcentHTML(swhere,stext)，其中的 swhere 用以指定插入 HTML 标签语句的位置，有 4 种值可用：

（1）beforeBegin：插入到标签开始前；

（2）afterBegin：插入到标签开始标记之后；

（3）beforeEnd：插入到标签结束标记前；

（4）afterEnd：插入到标签结束标记后。

本实例主要代码如下：

```
<SCRIPT language=JavaScript1.2>
   /*定义和初始化变量*/
   var stringcolor = "white"
   var ballsrc = "51503s.jpg"
   if (document.all && window.print) {
      document.write('<IMG id=Om style="LEFT: -10px; POSITION: absolute
     " src="' + ballsrc + '">') ddx = 0;
      ddy = 0;
      PX = 0;
      PY = 0;
      xm = 0;
      ym = 0 OmW = Om.width / 2;
      OmH = Om.height / 2
   }
   function Ouille() {
      x = Math.round(PX += (ddx += ((xm - PX - ddx) * 3) / 100)) y =
      Math.round(PY += (ddy += ((ym - PY - ddy) * 3 - 300) / 100)) Om.style.left
      = x - OmW Om.style.top = y - OmH elastoc.to = x + "," + yelastoc.
      strokecolor = stringcolor setTimeout("Ouille()", 1)
   }
   /*鼠标*/
   function momouse() {
      xm = window.event.x + 5 ym = window.event.y + document.body.scroll
       Top + 15 elastoc.from = xm + "," + ym
   }
   if (document.all && window.print) {
      code = "<v:line id=elastoc style='LEFT:0;POSITION:absolute;TOP:0'
      strokeweight='1.5pt'></v:line>"
   } else {
      code = "<v:group style='LEFT:-10;WIDTH:100pt;POSITION:absolute;
      TOP:0;HEIGHT:
        100pt' coordsize='21600,21600'><v:line
       id=elastoc style='LEFT:0;WIDTH:100pt;POSITION:absolute;TOP:0;
       HEIGHT:
        100pt' strokeweight='1.5pt'></v:line></v:group>"
```

```
    }
    if (document.all && window.print) {
    /*在指定的地方插入 HTML 标签*/
        document.body.insertAdjacentHTML("afterBegin",
         code) document.onmousemove = momouse Ouille()
    }
</SCRIPT>
```

网页效果如图 9.91 所示。

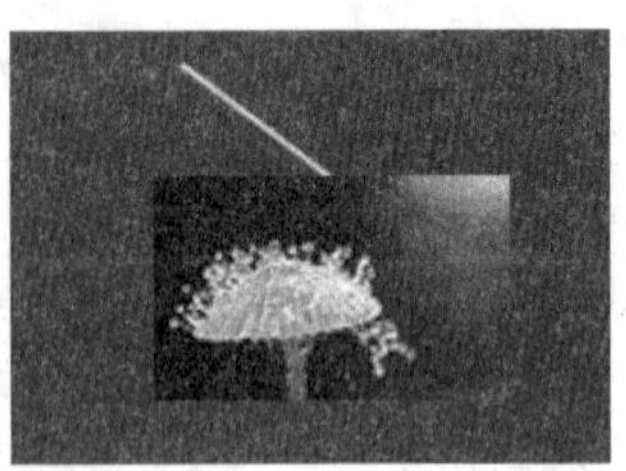

图 9.91　图片弹球效果

9.92　根据用户输入数值改变图片透明度

本实例使用 JavaScript 实现图片根据用户输入数值改变透明度。本节主要涉及的 JavaScript 语法是 filter:alpha 滤镜。

```
filter:alpha(opacity=opcity,finishopacity=finishopacity,style=style,sta
rtX=startX,startY=startY,finish=finishX,finishY=finishY)
```

各参数说明，可参见 9.65 节介绍，不再复述。

本实例主要代码如下：

```
<script language="javascript">
    /*设置滤镜*/
    function setfilter() {
    /*filter:alpha 滤镜*/
        myimage.filters.alpha.opacity = document.forms(0).opacity.value
        myimage.filters.alpha.finishopacity = document.forms(0).
        finishopacity.value myimage.filters.alpha.style = document.forms(0)
        setstyle.value
    }
</script>
```

网页效果如图 9.92 所示。

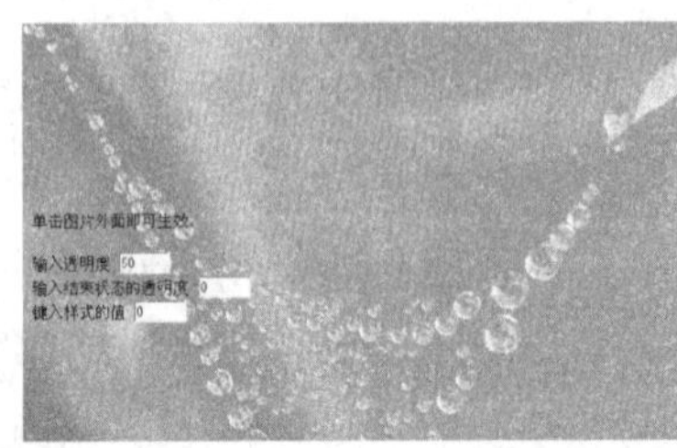

图 9.92　根据用户输入数值改变图片透明度

9.93　图片横向匀速滚动效果

本实例使用 JavaScript 在网页上展示图片横向匀速滚动效果。本节主要涉及的 JavaScript 语法是 setInterval()方法和 clearInterval()方法，关于这两个方法的说明，可参照 9.73 节，这里不再复述。

本实例主要代码如下：

```
<script type="text/javascript">
    /*主函数*/
    function Na() {
        this.shw = {
...
            $: function(id) {
                return document.getElementById(id);
            },
            /*开始移动*/
            startMove: function() {
                if (this.Id == 0 || this.Width == 0 || this.Height == 0)
               {
                    alert("请检查参数是否设置完全！");
                    return "";
                }
                document.write("<div id=\"msg\"></div><div style=\"float:
                left;overflow:hidden;width:" + this.Width + "px;height:" +
                this.Height + "px;overflow:hidden;\" id=\"" + this.Id + "\"><
                divstyle=\"float:left;width:800%;\"><div style=\"float:left
                ;\" id=\"NaNaTemp\"></div><div style=\"float:left;\
                "  id=\"NaNaTemp2\"></div></div></div>");var imgs = this
                .Imgs. split("@");
                for (var i = 0; i < imgs.length; i++) {
                this.$("NaNaTemp2").innerHTML += "<a href=\"#\"><img style=\
                "width:" + this.imgWidth + "px;height:"
                 + this.imgHeight + "px\" src=\"" + imgs[i] + "\" /></a>";
                }
                var links = this.Links.split("@");
                var fCount = (imgs.length > links.length) ? links.leng
                 th: imgs.length;
                for (var i = 0; i < fCount; i++) {
                    var o = this.$("NaNaTemp2").getElementsByTagName("a");
                    o[i].href = links[i];
                    o[i].target = this.aTarget;
                }
                var d1 = this.$(this.Id);
                var d2 = this.$("NaNaTemp");
                var d3 = this.$("NaNaTemp2");
                var speed = this.moveSpeed;
                /*移动*/
                function moves() {
                    d2.innerHTML = d3.innerHTML;
                    if (d3.offsetWidth - d1.scrollLeft <= 0) {
                        d1.scrollLeft = d1.scrollLeft - d2.offsetWidth;
                    } else {
                        d1.scrollLeft = d1.scrollLeft + 1;
                    }
```

```
            }
            /*按照以毫秒计算的指定周期来调用函数或计算表达式*/
            var MyMar = setInterval(moves, speed);
            d1.onmouseover = function() {
                /*取消由 setInterval()方法设置的定时器*/
                clearInterval(MyMar)
            };
            d1.onmouseout = function() {
                MyMar = setInterval(moves, speed)
            };
        }
    }
}
…
</script>
```

网页效果如图 9.93 所示。

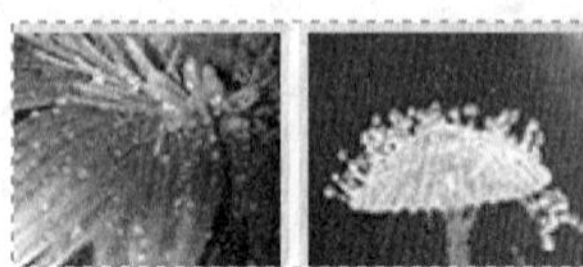

图 9.93　图片横向匀速滚动效果

9.94　图片有停顿地横向滚动效果

本实例使用 JavaScript 在网页上展示图片有停顿地横向滚动效果。本节主要涉及的 JavaScript 语法是 setInterval()方法、clearInterval()方法和 setTimeout，前面已经介绍过，这里不再复述。

本实例主要代码如下：

```
<script type="text/javascript">
    /*滚动*/
    function Marquee() {
        this.ID = document.getElementById(arguments[0]);
…
        if (arguments[8]) {
            this.ScrollStep = arguments[8];
        } else {
            this.ScrollStep = this.Direction > 1 ? this.Width: this.Height;
        }
        /*定义和初始化变量*/
        this.CTL = this.StartID = this.Stop = this.MouseOver = 0;
        this.ID.style.overflowX = this.ID.style.overflowY = "hidden";
        this.ID.noWrap = true;
        this.ID.style.width = this.Width;
        this.ID.style.height = this.Height;
        this.ClientScroll = this.Direction > 1 ? this.ID.scrollWidth:
         this.ID.scrollHeight;
        this.ID.innerHTML += this.ID.innerHTML;
        this.Start(this, this.Timer, this.WaitTime, this.StopTime);
    }
```

```
/*滚动原型开始*/
Marquee.prototype.Start = function(msobj, timer, waittime, stoptime) {
/*起始 id*/
    msobj.StartID = function() {
        msobj.Scroll();
    }
    /*继续*/
    msobj.Continue = function() {
        if (msobj.MouseOver == 1) {
            setTimeout(msobj.Continue, waittime);
        } else {
            clearInterval(msobj.TimerID);
            msobj.CTL = msobj.Stop = 0;
            msobj.TimerID = setInterval(msobj.StartID, timer);
        }
    }
    /*暂停*/
    msobj.Pause = function() {
        msobj.Stop = 1;
        /*移动*/
        clearInterval(msobj.TimerID);
        /*移动*/
        setTimeout(msobj.Continue, waittime);
    }
    /*开始*/
    msobj.Begin = function() {
        msobj.TimerID = setInterval(msobj.StartID, timer);
        msobj.ID.onmouseover = function() {
            msobj.MouseOver = 1;
            clearInterval(msobj.TimerID);
        }
        /*鼠标移出*/
        msobj.ID.onmouseout = function() {
            msobj.MouseOver = 0;
            if (msobj.Stop == 0) {
                clearInterval(msobj.TimerID);
                msobj.TimerID = setInterval(msobj.StartID, timer);
            }
        }
    }
    setTimeout(msobj.Begin, stoptime);
}
/*滚动原型滚动*/
Marquee.prototype.Scroll = function() {
    switch (this.Direction) {
    case 0:
        this.CTL += this.Step;
        if (this.CTL >= this.ScrollStep && this.WaitTime > 0) {
            this.ID.scrollTop += this.ScrollStep + this.Step - this.CTL;
            this.Pause();
            return;
        } else {
            if (this.ID.scrollTop >= this.ClientScroll) this.ID.
            scrollTop -= this.ClientScroll;
            this.ID.scrollTop += this.Step;
        }
        break;
    case 1:
        this.CTL += this.Step;
        if (this.CTL >= this.ScrollStep && this.WaitTime > 0) {
```

```
            this.ID.scrollTop -= this.ScrollStep + this.Step - this.
              CTL;
            this.Pause();
            return;
          } else {
            if (this.ID.scrollTop <= 0) this.ID.scrollTop
            += this.ClientScroll;
            this.ID.scrollTop -= this.Step;
          }
          break;
        case 2:
          this.CTL += this.Step;
          if (this.CTL >= this.ScrollStep && this.WaitTime > 0) {
            this.ID.scrollLeft += this.ScrollStep + this.Step - this.CTL;
            this.Pause();
            return;
          } else {
            if (this.ID.scrollLeft >= this. ClientScroll) this.ID.scro
            llLeft -= this.ClientScroll;
            this.ID.scrollLeft += this.Step;
          }
          break;
        case 3:
          this.CTL += this.Step;
          if (this.CTL >= this.ScrollStep && this.WaitTime > 0) {
            this.ID.scrollLeft -= this.ScrollStep + this.Step - this.CTL;
            this.Pause();
            return;
          } else {
            if (this.ID.scrollLeft <= 0) this.ID.scrollLeft
            += this.ClientScroll;
            this.ID.scrollLeft -= this.Step;
          }
          break;
      }
    }
    /*页面加载*/
    window.onload = function() {
…
      );
    };
</script>
```

网页效果如图 9.94 所示。

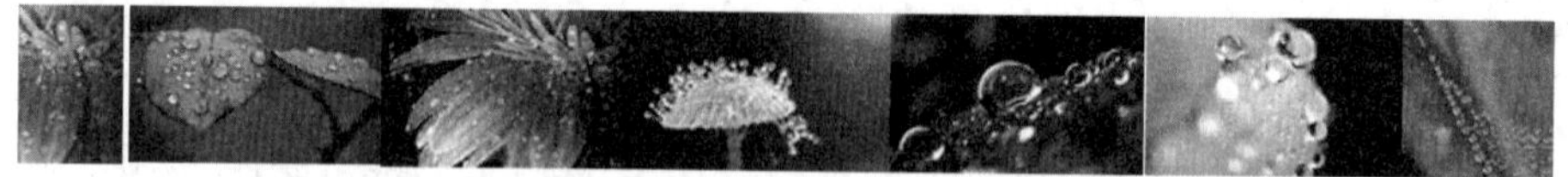

图 9.94　图片有停顿地横向滚动效果

9.95　图片滚轴切换效果

本实例使用 JavaScript 实现图片滚轴切换效果。本节主要涉及的 JavaScript 语法如下。

- document.createElement：document.createElement()是在对象中创建一个对象的

方法。

- document.body.appendChild：document.body.appendChild() 方法在节点的子节点列表末添加新的子节点。
- setInterval：setInterval()方法可按照以毫秒计算的指定周期来调用函数或计算表达式。setInterval()方法会不停地调用函数，直到 clearInterval()被调用或窗口被关闭。
- clearInterval：已在 9.1 节介绍过，不再复述。

本实例主要代码如下：

```
<script type="text/javascript">
    var Hongru = {};
    function H$(id) {
        return document.getElementById(id)
    }
    function H$$(c, p) {
        return p.getElementsByTagName(c)
    }
    /*百叶窗*/
    Hongru.shutter = function() {
        function init(anchor, options) {
            this.anchor = anchor;
            this.init(options);
        }
        /*初始化原型*/
        init.prototype = {
            /*初始化*/
            init: function(options) {
                var wp = H$(options.id),
                ul = H$$('ul', wp)[0],
                li = this.li = H$$('li', ul);
                this.a = options.auto ? options.auto: 4;
                this.index = options.position ? options.position: 0;
                this.l = li.length;
                this.cur = 0;
                this.N = options.roller ? options.roller: 1;
                this.W = wp.offsetWidth;
                this.H = wp.offsetHeight;
                this.aw = options.speed ? options.speed: 5;
                this.mask = [];
                this.convolution = [];
                this.nav = [];
                ul.style.display = 'none';
                var container = this.container= document.createElement
                ('div'),
                con_a = this._a = document.createElement('a');
                con_a.target = '_blank';
                container.style.cssText = con_a.style.cssText
                 = 'position:absolute;width:' + this.W + 'px;height:' + this.H
                 + 'px;left:0;top:0';
                /*在节点的子节点列表末尾添加新的子节点*/
                container.appendChild(con_a);
                for (var x = 0; x < 4; x++) {
                    /*在对象中创建一个对象的方法*/
                    var mask = document.createElement('span');
                    mask.id = this.anchor + 'convolution-mask-' + (x + 1);
                    this.mask.push(mask);
```

```
        con_a.appendChild(mask);
        var cvl = document.createElement('span');
        cvl.id = this.anchor + 'convolution-' + (x + 1);
        con_a.appendChild(cvl);
    }
    wp.appendChild(container);
    this.nav_wp = document.createElement('div');
    this.nav_wp.style.cssText = 'position:absolute
    ;right:0;bottom:0;padding:8px 0;';
    for (var i = 0; i < this.l; i++) {
        var nav = document.createElement('a');
        nav.className = options.navClass ? options.
         navClass: 'shutter-nav';
        this.nav.push[nav];
        nav.innerHTML = i + 1;
        nav.onclick = new Function(this.anchor + '.pos(' + i + ')');
        this.nav_wp.appendChild(nav);
    }
    wp.appendChild(this.nav_wp);
    this.curC = options.curNavClass ? options.curNavClass:
   'shutter-cur-nav';
    this.pos(this.index);
},
auto: function() {                          /*自动*/
    /*按照以毫秒计算的指定周期来调用函数或计算表达式*/
    this.li.a = setInterval(new Function(this.anchor
   + '.move(1)'), this.a * 1000);
},
/*移动*/
move: function(i) {
    var n = this.cur + i;
    var m = i == 1 ? n == this.l ? 0 : n: n <0? this.l- 1:n; this.pos(m);
},
pos: function(i) {                          /*位置*/
    /*取消由 setInterval()方法设置的定时器*/
    clearInterval(this.li.a);
    clearInterval(this.__a);
    clearInterval(this.__b);
    clearInterval(this.__c);
    clearInterval(this.__d);
    clearInterval(this.__e);
    clearInterval(this.__f);
    clearInterval(this.__g);
    clearInterval(this.__h);
    this.aw = this.dir == 'H'?this.W/this.stN : this.H/this.stN;
    var src = H$$('img', this.li[i])[0].src;
    var _n = i + 1 >= this.l ? 0 : i + 1;
    var src_n = H$$('img', this.li[_n])[0].src;
    this.container.style.backgroundImage = 'url(' + src_n + ')';
    for (var n = 0; n < 4; n++) {
        this.mask[n].style.cssText = 'position:absolute;
        background:#fff;width:' + this.W / 2 + 'px;height:' +
        this.H / 2 + 'px;left:' + (n % 2 == 0 ? 0 : this.W / 2) +
       'px;top:' + (n > 1 ? this.H / 2 : 0) + 'px';
    }
   H$(this.anchor + 'convolution-1').style.cssText = 'position
   :absolute;border-width:0px ' + this.W / 4 + 'px;border-
   style:solid solid dashed dashed;border-color:#fff #fff
   transparent transparent;width:0;height:0;left:0;top:' +
   this.H / 2 + 'px;font-size:0;line-height:0';
```

```
    H$(this.anchor + 'convolution-2').style.cssText =
   'position:absolute;border-width:' + this.H / 4 + 'px
    0px;border-style:dashed solid solid dashed;border-
    color:transparent #fff #fff transparent;width:
    0;height:0;left:' + this.W / 2 + 'px;top:0;overflow:
    hidden;font-size:0;line-height:0';
    H$(this.anchor + 'convolution-3').style.cssText = 'font-size:
    0;line-height:0;position:absolute;border-width:0px ' +
    this.W / 4 + 'px;border-style:dashed dashed solid
    solid;border-color:transparent transparent #fff
    #fff;width:0;height:0;left:' + this.W / 2 + 'px;top:' + this.H
    / 2 + 'px';
    H$(this.anchor + 'convolution-4').style.cssText =
   'font-size:0;line-height:0;position:absolute;border-width:'
    + this.H / 4
    + 'px 0px;border-style:solid dashed dashed solid;border
    -color:#fff transparent transparent #fff;width:0;height
    :0;left:'
     + this.W / 2 + 'px;top:' + this.H / 2 + 'px';
    this.cur = i;
    this.li.a = false;
    for (var x = 0; x < this.l; x++) {
        H$$('a', this.nav_wp)[x].className = x == i ? this
      .curC: 'shutter-nav';
    }
    this._a.href = H$$('a', this.li[i])[0].href;
    this.auto();
    this.li[i].a = setInterval
      (new Function(this.anchor+'.anim('+i+')'), 4*this.stN);
    this.anim();
},
/*动画*/
anim: function() {
    this.__a = setInterval(new Function(this.anchor + '._1
    ()'), 20);
    if (this.N == 2) this.__e = setInterval
    (new Function(this.anchor + '._5()'), 20);
    if (this.N == 4) {
        this.__c = setInterval(new Function(this.anchor +
      '._3()'), 20);
        this.__e = setInterval(new Function(this.anchor +
        '._5()'), 20);
        this.__g = setInterval(new Function(this.anchor
         + '._7()'), 20);
    }
},
/*函数 1*/
_1: function() {
    var s = H$(this.anchor + 'convolution-2'),
    a = H$(this.anchor + 'convolution-mask-2'),
    d = parseInt(s.style.borderRightWidth) + this.aw;
    if (d >= this.W / 4) {
        clearInterval(this.__a);
        d = this.W / 4;
        this.__b = setInterval(new Function(this.anchor + '._2
        ()'), 20);
    }
    s.style.borderLeftWidth = s.style.borderRightWidth = d + 'px';
    a.style.left = 2 * d + this.W / 2 + 'px';
},
/*函数 2*/
```

```
_2: function() {
    var s = H$(this.anchor + 'convolution-2'),
    d = parseInt(s.style.borderTopWidth) - this.aw;
    if (d <= 0) {
        clearInterval(this.__b);
        d = 0;
        if (this.N == 1 || this.N == 2) this.__c = setInterval
        (new Function(this.anchor + '._3()'), 20);
    }
    s.style.borderTopWidth = s.style.borderBottomWidth = d + 'px';
    s.style.top = this.H / 2 - 2 * d + 'px';
},
/*函数 3*/
_3: function() {
    var s = H$(this.anchor + 'convolution-3'),
    a = H$(this.anchor + 'convolution-mask-4'),
    d = parseInt(s.style.borderTopWidth) + this.aw;
    if (d >= this.H / 4) {
        clearInterval(this.__c);
        d = this.H / 4;
        this.__d = setInterval(new Function(this.anchor + '._4
        ()'), 20);
    }
    s.style.borderTopWidth = s.style.borderBottomWidth = d + 'px';
    a.style.top = 2 * d + this.H / 2 + 'px';
},
/*函数 4*/
_4: function() {
    var s = H$(this.anchor + 'convolution-3'),
    dm = parseInt(s.style.borderRightWidth) - this.aw;
    if (dm <= 0) {
        clearInterval(this.__d);
        dm = 0;
        if (this.N == 1) this.__e = setInterval
        (new Function(this.anchor + '._5()'), 20);
    }
    s.style.borderLeftWidth = s.style.borderRightWidth = dm
  + 'px';
},
/*函数 5*/
_5: function() {
    var s = H$(this.anchor + 'convolution-4'),
    a = H$(this.anchor + 'convolution-mask-3'),
    d = parseInt(s.style.borderRightWidth) + this.aw;
    if (d >= this.W / 4) {
        clearInterval(this.__e);
        d = this.W / 4;
        this.__f = setInterval(new Function(this.anchor + '._6()')
         , 20);
    }
    s.style.borderLeftWidth = s.style.borderRightWidth = d + 'px';
    s.style.left = this.W / 2 - 2 * d + 'px';
    a.style.left = -2 * d + 'px';
},
/*函数 6*/
_6: function() {
    var s = H$(this.anchor + 'convolution-4'),
    dm = parseInt(s.style.borderTopWidth) - this.aw;
    if (dm <= 0) {
        clearInterval(this.__f);
```

```
                    dm = 0;
                    if (this.N == 1 || this.N == 2) this.__g = setInterval
                    (new Function(this.anchor + '._7()'), 20);
                }
                s.style.borderTopWidth = s.style.borderBottomWidth = dm
               + 'px';
            },
            /*函数 7*/
            _7: function() {
                var s = H$(this.anchor + 'convolution-1'),
                a = H$(this.anchor + 'convolution-mask-1'),
                d = parseInt(s.style.borderTopWidth) + this.aw;
                if (d >= this.H / 4) {
                    clearInterval(this.__g);
                    d = this.H / 4;
                    this.__h = setInterval(new Function(this.anchor + '._8()')
                 , 20);
                }
                s.style.borderTopWidth = s.style.borderBottomWidth = d + 'px';
                s.style.top = this.H / 2 - 2 * d + 'px';
                a.style.top = -2 * d + 'px';
            },
            /*函数 8*/
            _8: function() {
                var s = H$(this.anchor + 'convolution-1'),
                dm = parseInt(s.style.borderRightWidth) - this.aw;
                if (dm <= 0) {
                    clearInterval(this.__h);
                    dm = 0;
                    if (!this.li.a) this.auto();
                }
                s.style.borderLeftWidth = s.style.borderRightWidth = dm
                + 'px';
                s.style.left = this.W / 2 - 2 * dm + 'px';
            }
        }
        return {
            init: init                          /*初始化*/
        }
    } ();
</script>
```

网页效果如图 9.95 所示。

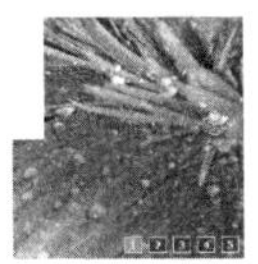

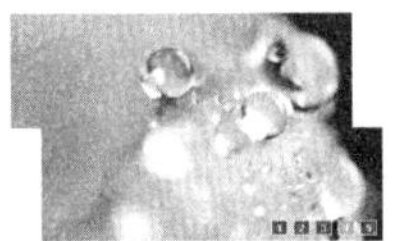

图 9.95　图片滚轴切换效果

9.96　图片禁止下载

本实例使用 JavaScript 使得网页上的图片禁止下载。本节主要涉及的 JavaScript 语法是

onmouseover，表示鼠标移动到对象上时的响应事件。

本实例主要代码如下：

```
/*鼠标移入*/
<A HREF="javascript:void(0)" onMouseover="alert('请勿随意下载图片')">
<IMG SRC="51504.jpg" Align="center" Border="0" width="85" height="55">
</A>
```

网页效果如图 9.96 所示。

将鼠标移动到图片上

图 9.96　图片禁止下载

第 10 章　文 字 特 效

在传统的网页设计观念中，网页所用字体应尽量统一，在同一字族中选用，不可同时排列其他字族的字体，这种理念使得同一字族的字体能够保证界面具有明确、统一的风格特征。在特定情况下，网页中也可以混用多种字体来达到活跃界面气氛的效果，产生不受拘束的现代感。但活跃不等于杂乱，所选字体在整体上依然要做到有序变化，在对比中寻求统一的共性。本章主要讲解网页中的文字特效，内容是网页中这类特效的实际应用。

10.1　文字波浪效果

本实例使用 JavaScript 制作一个实例，该实例展示的是文字波浪效果。本节主要涉及的 JavaScript 语法如下。

1．position:relative

position:relative 是绝对相对定位，它是参照父级的原始点为原始点，无父级则以 BODY 的原始点为原始点，配合 TRBL 进行定位，当父级内有 padding 等 CSS 属性时，当前级的原始点则参照父级内容区的原始点进行定位。

2．setTimeout

setTimeout 有两种形式，9.7 节已介绍过，不再复述。

本实例主要代码如下：

```
<script type="text/javascript">
    /*定义和初始化变量*/
    message = "水波文字，很逼真吧！"ns6switch = 1
    var ns6 = document.getElementById && !document.all mes = new Array();
…
    /*跳跃函数 1*/
    function jump0() {
        if (ns6 && !ns6switch) {
            jump.innerHTML = message
            return
        }
        if (message.length > 6) {
            for (i = 0; i != message.length; i++) {
                txt = txt + "<span style='position:relative;' id='n" + i + "'>"
                + message.charAt(i) + "</span>"
            };
            jump.innerHTML = txt;
            txt = "";
```

```
            jump1a()
        } else {
            alert("/")
        }
    }
    /*跳跃函数 2*/
    function jump1a() {
        nfinal = (document.getElementById) ? document.getElementById("n0") :
        document.all.n0 nfinal.style.left = -num2;
        if (num2 != 9) {
            num2 = num2 + 3;
            /*每隔指定的时间就执行一次表达式*/
            setTimeout("jump1a()", 50)
        } else {
            jump1b()
        }
    }
    /*跳跃函数 3*/
    function jump1b() {
        nfinal.style.left = -num2;
        if (num2 != 0) {
            num2 = num2 - 3;
            setTimeout("jump1b()", 50)
        } else {
            jump2()
        }
    }
    /*跳跃函数 4*/
    function jump2() {
        txt = "";
        for (i = 0; i != message.length; i++) {
            if (i + num > -1 && i + num < 7) {
                txt = txt + "<span style='position:relative;top:" + mes[i +
                num] + "'>" + message.charAt(i) + "</span>"
            } else {
                txt = txt + "<span>" + message.charAt(i) + "</span>"
            }
        }
        jump.innerHTML = txt;
        txt = "";
        if (num != ( - message.length)) {
            num--;
            setTimeout("jump2()", 50)
        } else {
            num = 0;
            setTimeout("jump0()", 50)
        }
    }
    if (document.all || document.getElementById) {
        jump = (document.getElementById) ? document.getElementById("jumpx") :
        document.all.jumpx jump0()
    } else document.write(message)
</script>
```

网页效果如图 10.1 所示。

水波文字，很逼真吧！

图 10.1　文字波浪效果

10.2　网页文字背景特效

本实例使用 JavaScript 实现网页文字背景特效。本章主要涉及的 JavaScript 语法是 Filter:Glow 滤镜。该滤镜可以使对象的轮廓产生一种柔和的边框或光晕，并可产生像火一样淡化的效果。这种效果的颜色和强度可通过数值进行定义，其语法如下。

```
Filter:Glow(color=颜色值,strength=数值)
```

其中，color 的值用来指定晕圈效果的颜色；strength 值用来指定晕圈的强度范围，其值为 1～255，数值越大效果越强。GLOW 滤镜可用于图片或文字，当作用于文字时，效果特别明显；作用于普通图片只是在其边缘加上光晕，而作用于具有透明背景的 GIF 格式图片时，将忽视背景，直接将效果作用在图像的主体上。

本实例主要代码如下：

```
<script>
    /*定义和初始化变量*/
    var from = 5;
    var to = 50;
    var delay = 5;
    var glowColor = "lime";
    var i = to;
    var j = 0;
    textPulseDown();
    /*文字有节奏地跳起*/
    function textPulseUp() {
        if (!document.all) return if (i < to) {
            /*该滤镜可以使对象的轮廓产生一种柔和的边框或光晕，并可产生像火一样淡化的效果*/
            theText.style.filter = "Glow(Color=" + glowColor + ", Strength="
            + i + ")";
            i++;
            theTimeout = setTimeout('textPulseUp()', delay);
            return 0;
        }
        if (i = to) {
            theTimeout = setTimeout('textPulseDown()', delay);
            return 0;
        }
    }
    /*文字有节奏地落下*/
    function textPulseDown() {
        if (!document.all) return if (i > from) {
            theText.style.filter = "Glow(Color=" + glowColor + ", Strength="
            + i + ")";
            i--;
            theTimeout = setTimeout('textPulseDown()', delay);
            return 0;
        }
        if (i = from) {
            theTimeout = setTimeout('textPulseUp()', delay);
            return 0;
        }
    }
```

```
</script>
```

网页效果如图 10.2 所示。

北京欢迎你!

图 10.2　网页文字背景特效

10.3　彩虹效果的文字

本实例使用 JavaScript 制作彩虹效果的文字。本节主要涉及的 JavaScript 语法如下。

document.write()方法可以用在两个方面：页面载入过程中用实时脚本创建页面内容，以及用延时脚本创建本窗口或新窗口的内容。该方法需要一个字符串参数，它是写到窗口或框架中的 HTML 内容。这些字符串参数可以是变量或值为字符串的表达式，写入的内容常常包括 HTML 标记语言。

本实例主要代码如下：

```
<script language="JavaScript">
    /*定义数组*/
    function MakeArray(n) {
        this.length = n;
        for (var i = 1; i <= n; i++) this[i] = i - 1;
        return this
    }
    /*定义和初始化变量*/
    hex = new MakeArray(16);
    hex[11] = "A";
    hex[12] = "B";
    hex[13] = "C";
    hex[14] = "D";
    hex[15] = "E";
hex[16] = "F";
    /*转换为十六进制*/
    function ToHex(x) {
        var high = x / 16;
        var s = high + "";
        s = s.substring(0, 2);
        high = parseInt(s, 10);
        var left = hex[high + 1];
        var low = x - high * 16;
        s = low + "";
        s = s.substring(0, 2);
        low = parseInt(s, 10);
        var right = hex[low + 1];
        var string = left + "" + right;
        return string;
    }
    /*彩虹文字*/
    function rainbow(text) {
```

```
    text = text.substring(3, text.length - 4);
    color_d1 = 255;
    mul = color_d1 / text.length;
    for (i = 0; i < text.length; i++) {
        color_d1 = 255 * Math.sin(i / (text.length / 3));
        color_h1 = ToHex(color_d1);
        color_d2 = mul * i;
        color_h2 = ToHex(color_d2);
        /*页面输出*/
        document.write("<FONT COLOR='#FF" + color_h1 + color_h2 + "'>"
        + text.substring(i, i + 1) + '</FONT>');
    }
  }
</script>
```

网页效果如图 10.3 所示。

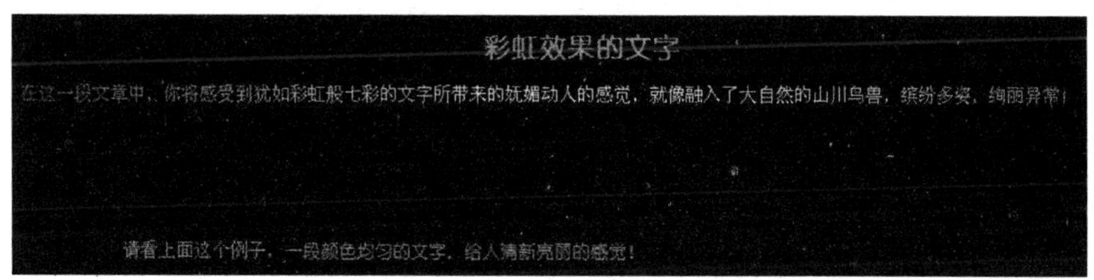

图 10.3　彩虹效果的文字

10.4　闪动效果的文字

本实例使用 JavaScript 制作闪动效果的文字。本节主要涉及的 JavaScript 语法如下。

1．parseInt()函数

parseInt()函数的语法是：parseInt(number,type)，number 为要转换的字符串，type 表式进制类型，如果不指定 type，type 值以 0x 开头时，为十六进制；以 0 开头且第二位不为 x，则认为是八进制。

2．setTimeout

setTimeout 有两种形式前面已经介绍，这里不再复述。

3．innerHTML

对于 innerHTML 属性，几乎所有的元素都有 innerHTML 属性，它是一个字符串，用来设置或获取位于对象起始和结束标签内的 HTML。很多人都可能遇到过这种情况：设置 innerHTML 的时候，插入的 HTML 代码中包含脚本，但这些脚本却不生效，或者在 IE 上生效在其他浏览器上就不生效。原因很简单：不同浏览器对插入 innerHTML 中的脚本有不同的处理方法。经过实践，对于 IE，首先 script 标签必须带 defer 属性，其次在插入时刻，innerHTML 的所属节点必须在 DOM 树中；对于 Firefox 和 Opera，在插入时刻，innerHTML 的所属节点不可以在 DOM 树中。

本实例主要代码如下：

```
<script language=javascript type=text/javascript>
    /*下一个尺寸*/
    function nextSize(i, incMethod, textLength) {
        if (incMethod == 1) return (32 * Math.abs(Math.sin(i / (textLength
        / 3.14))));
        if (incMethod == 2) return (255 * Math.abs(Math.cos(i / (textLength
        / 3.14))));
    }
    /*尺寸循环*/
    function sizeCycle(text, method, dis) {
        output = "";
        for (i = 0; i < text.length; i++) {
            /*字符串转换为整数*/
            size = parseInt(nextSize(i + dis, method, text.length));
            output += "<font style='font-size: " + size + "pt'>" +
            text.substring(i, i + 1) + "</font>";
        }
        theDiv.innerHTML = output;   /*innerHTML 属性，它是一个字符串，用来设置
        或获取位于对象起始和结束标签内的 HTML*/
    }
    /*闪动*/
    function doWave(n) {
        theText = "★ 北 京 欢 迎 你 ★";
        sizeCycle(theText, 1, n);
        if (n > theText.length) {
            n = 0
        }
        setTimeout("doWave(" + (n + 1) + ")", 50);        /*每隔指定的时间就执
        行一次表达式*/
    }
</script>
```

网页效果如图 10.4 所示。

图 10.4　闪动效果的文字

10.5　鼠标滑入改变透明度的文字

本实例使用 JavaScript 制作出当鼠标滑入改变透明度的文字。本节主要涉及的 JavaScript 语法是 FILTER:Dropshadow 滤镜。该滤镜的作用是使元素产生下落阴影，其语法是：

```
Filter:Dropshadow(color=颜色,offx=数值,offy=数值,Positive=数值)
```

其中，offx 用于指定阴影水平方向偏移量；offy 用于指定阴影垂直方向偏移量；Positive 用于指定阴影透明程度，0 值表示透明，无阴影，非 0 表示阴影的效果。

本实例主要代码如下：

```
<style>
   /* FILTER:Dropshadow 滤镜*/
   .menu {COLOR: #000000; FILTER: DropShadow(color=white,OffX=1, OffY=1,
   Positive=1); FONT-SIZE: 9pt; LINE-HEIGHT: 11pt; POSITION: relative;
   WIDTH:
   100%} .menu:hover { TEXT-DECORATION: none } .menu:visited { COLOR:
   #000000;TEXT-DECORATION:
   none} .menu:hover { COLOR: #999999;TEXT-DECORATION: none} A
  { TEXT-DECORATION:
   none}
</style>
```

网页效果如图 10.5 所示。

★文字特效页★　★文字特效页★

图 10.5　鼠标滑入改变透明度的文字

10.6　逐个变色的文字

本实例使用 JavaScript 实现嵌入按钮效果。本节主要涉及的 JavaScript 语法如下。

1．document.all

document.all 是一个表示当前文档的所有对象的数组，不仅包括页面上可见的实体对象，还包括一些不可见的对象，如 HTML 注释等。在 document.all 数组里，元素不分层次，是按照其在文档中出现的先后顺序，平行罗列的，所以可以用数字索引来引用到任何一个元素。但比较常用的是用对象 id 来引用一个特定的对象，如 document.all["element"]。

2．clearInterval

window.clearInterval()将取消由 setInterval()方法设置的定时器。setInterval()方法会不停地调用函数，直到用 clearInterval()终止定时或窗口被关闭。

3．setInterval()方法

setInterval()方法已在 1.43 节介绍过，这里不再复述。

本实例主要代码如下：

```
<script language="JavaScript1.2">
   /*定义和初始化变量*/
   var message = "文字特效绚丽多彩！"
   var neonbasecolor = "0000FF"
   var neontextcolor = "FF0000"
   var flashspeed = 100
```

```
    var n = 0
    /*判断页面所有可见对象*/
   if (document.all) {
      document.write('<font color="' + neonbasecolor + '">') for (m = 0;
      m < message.length; m++) document.write('<span id="neonlight">' +
      message.charAt(m) + '</span>') document.write('</font>')
      var tempref = document.all.neonlight
   } else document.write(message)
   /*变色*/
   function neon() {
      if (n == 0) {
         for (m = 0; m < message.length; m++) tempref[m].style.color =
         neonbasecolor
      }
      tempref[n].style.color = neontextcolor
      if (n < tempref.length - 1) n++
      else {
         n = 0 clearInterval(flashing) setTimeout("beginneon()", 1500)
         return          /*取消由 setInterval()方法设置的定时器*/
      }
    }
    function beginneon() {            /*开始变色*/
      if (document.all) flashing = setInterval("neon()", flashspeed)
        /*按照以毫秒计算的指定周期来调用函数或计算表达式*/
    }
   beginneon()           /*调用开始变色函数*/
</script>
```

网页效果如图 10.6 所示。

图 10.6　逐个变色的文字

10.7　碎片组成的文字

本实例使用 JavaScript 制作碎片组成的文字。本节主要涉及的 JavaScript 语法如下。

- clearTimeout：clearTimeout()方法可清除由 setTimeout()方法设置的清除定时器。
- setTimeout：setTimeout 有两种形式这里不再复述。
- Math.floor：Math.floor(x)传回小于或等于指定数字 x 的最大整数。

本实例主要代码如下：

```
<SCRIPT>
   /*定义和初始化变量*/
   var textwidth = 200
   var textheight = 40
   var message = new Array() message[0] = "北京"message[1] = "欢迎"message[2]
   = "您的到来"message[3] = "旅途愉快"
   var x_finalpos = -1
   var y_finalpos = 50
   var x_slices = 24
```

```
var y_slices = 1
var pause = 10
var screenwidth = 700
var screenheight = 400
var x_step = new Array() var y_step = new Array() var x_randompos = 0
var y_randompos = 0
var i_loop = 0
var max_loop = 24
var i_text = 0
/* Math.floor(x)传回小于或等于指定数字 x 的最大整数*/
var width_slice = Math.floor(textwidth / x_slices) var height_slice =
Math.floor(textheight / y_slices) var cliptop = 0
var clipbottom = height_slice
var clipleft = 0
var clipright = width_slice
var spancounter = 0
/*初始化*/
function initiate() {
    if (x_finalpos == -1) {
        x_finalpos = Math.floor(document.body.clientWidth / 2) -
        Math.floor(textwidth / 2)
    }
    if (y_finalpos == -1) {
        y_finalpos = Math.floor(document.body.clientHeight / 2) -
        Math.floor(textheight / 2)
    }
    cliptop = 0 clipbottom = height_slice clipleft = 0 clipright =
   width_slice i_loop = 0 spancounter = 0
    if (document.all) {
        for (i = 0; i <= y_slices - 1; i++) {
            for (ii = 0; ii <= x_slices - 1; ii++) {
                var thisspan = eval("document.all.span" + spancounter +
                ".style") x_randompos = Math.ceil(screenwidth *
                 Math.random()) y_randompos = Math.ceil(screenheight *
                 Math.random()) thisspan.posLeft = x_randompos
                 thisspan.posTop = y_randompos thisspan.clip = "rect(" +
                 cliptop + " " + clipright + " " + clipbottom + " " + clipleft
                 + ")"clipleft += width_slice clipright += width_slice
                 spancounter++
            }
            clipleft = 0 clipright = width_slice cliptop += height_slice
            clipbottom += height_slice
        }
    }
    explode_IE()
}
/*变换文字*/
function changetext() {
    spancounter = 0
    for (i = 0; i <= y_slices - 1; i++) {
        for (ii = 0; ii <= x_slices - 1; ii++) {
            var thisspan = eval("document.all.span" + spancounter +
            ".style") thisspan.posLeft = -5000 spancounter++
        }
    }
    spancounter = 0
    if (i_text > message.length - 1) {
        i_text = 0
    }
    for (i = 0; i <= y_slices - 1; i++) {
        for (ii = 0; ii <= x_slices - 1; ii++) {
```

```
            var thisinnerspan = eval("span" + spancounter)
            thisinnerspan.innerHTML = message[i_text] spancounter++
        }
    }
    i_text++initiate()
}
/*IE 导航*/
  function explode_IE() {
      spancounter = 0
      if (i_loop <= max_loop - 1) {
          for (i = 0; i <= y_slices - 1; i++) {
              for (ii = 0; ii <= x_slices - 1; ii++) {
                  var thisspan = eval("document.all.span" + spancounter +
                  ".style") x_step[spancounter] = (x_finalpos -
                  thisspan.posLeft) / (max_loop - i_loop) y_step[spancounter]
                  = (y_finalpos - thisspan.posTop) / (max_loop - i_loop)
                  thisspan.posLeft += x_step[spancounter] thisspan.posTop
                  += y_step[spancounter] spancounter++
              }
          }
          i_loop++
          var timer = setTimeout("explode_IE()", pause)
      } else {
          spancounter = 0 clearTimeout(timer) /*清除由 setTimeout()方法设置
                                                的清除定时器*/
          var timer = setTimeout("changetext()", 2000)     /*设置定时器*/
      }
  }
  /*重新加载页面*/
  function MM_reloadPage(init) {
      if (init == true) with(navigator) {
          if ((appName == "Netscape") && (parseInt(appVersion) == 4)) {
              document.MM_pgW = innerWidth;
              document.MM_pgH = innerHeight;
              onresize = MM_reloadPage;
          }
      }else if (innerWidth != document.MM_pgW || innerHeight !=
      document.MM_pgH) location.reload();
  }
  MM_reloadPage(true);
  /*查找对象*/
  function MM_findObj(n, d) { //v4.01
      var p, i, x;
      if (!d) d = document;
      if ((p = n.indexOf("?")) > 0 && parent.frames.length) {
          d = parent.frames[n.substring(p + 1)].document;
          n = n.substring(0, p);
      }
      if (! (x = d[n]) && d.all) x = d.all[n];
      for (i = 0; ! x && i < d.forms.length; i++) x = d.forms[i][n];
      for (i = 0; ! x && d.layers && i < d.layers.length; i++) x = MM_findObj(n,
      d.layers[i].document);
      if (!x && d.getElementById) x = d.getElementById(n);
      return x;
  }
  /*显示隐藏层*/
  function MM_showHideLayers() {
      var i, p, v, obj, args = MM_showHideLayers.arguments;
      for (i = 0; i < (args.length - 2); i += 3) if ((obj =
      MM_findObj(args[i])) != null) {
```

```
            v = args[i + 2];
            if (obj.style) {
                obj = obj.style;
                v = (v == 'show') ? 'visible': (v = 'hide') ? 'hidden': v;
            }
            obj.visibility = v;
        }
    }
    if (document.all) {
        for (i = 0; i <= y_slices - 1; i++) {
            for (ii = 0; ii <= x_slices - 1; ii++) {
                document.write("<span id='span" + spancounter + "'
                class='spanstyle'></span>") spancounter++
            }
        }
        spancounter = 0
    }
</script>
```

网页效果如图 10.7 所示。

北京　欢迎　您的到来　旅途愉快

图 10.7　碎片组成的文字

10.8　会变色的文字效果

本实例使用 JavaScript 实现会变色的文字效果。本节主要涉及的 JavaScript 语法是 navigator.appVersion，用于获取浏览器的版本。

本实例主要代码如下：

```
<script language=javascript>
    /*初始化数组*/
    function initArray() {
        this.length = initArray.arguments.length;
        for (var i = 0; i < this.length; i++) {
            this[i] = initArray.arguments[i];
        }
    }
    /*定义和初始化变量*/
    var ctext = "北京欢迎您！";
    var speed = 1000;
    var x = 0;
    var color = new initArray("red", "blue", "green", "black", "yellow",
    "pink");
    /*判断获取的浏览器版本*/
    if (navigator.appVersion.indexOf("MSIE") != -1) {
        document.write('<div id="c"><center>' + ctext + '</center></div>');
    }
    /*改变颜色*/
    function chcolor() {
        if (navigator.appVersion.indexOf("MSIE") != -1) {
            document.all.c.style.color = color[x];
        } (x < color.length - 1) ? x++:x = 0;
```

```
    }
    setInterval("chcolor()", 1000);
</script>
```

网页效果如图 10.8 所示。

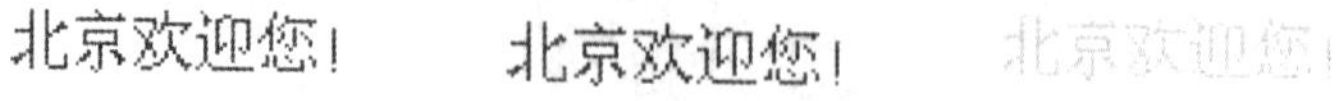

图 10.8　会变色的文字效果

10.9　旋转效果的文字

本实例使用 JavaScript 制作旋转效果的文字。本节主要涉及的 JavaScript 语法如下。

1. document.write

document.write()方法的介绍，见 10.3 节，不再复述。

2. document.all

document.all 是一个表示当前文档的所有对象的数组，详细介绍见 10.6 节，这里不再复述。

3. setInterval

setInterval()方法的介绍见 1.43 节，不再复述。

本实例主要代码如下：

```
<script language="JavaScript">
    /*定义和初始化变量*/
    Text1 = "欢迎您的光临";
    Balises = "";
    Fsize = 30;
    Tleft = 300;
    Top = 140;
    H = 170;
    v = 70;
    maxv = v * 2;
    j = 0;
    Decal = 0.5;
    Tl = Text1.length;
    for (x = 0; x < Tl; x++) {
        Balises += "<DIV Id=L" + x + " STYLE='width:5;font-family:
        Arail;font-weight:bold;position:absolute;top:140;left:170;z-
        index:0'>" + Text1.charAt(x) + "</DIV>"
    }
    /*页面输出*/
    document.write(Balises);
    /*按照以毫秒计算的指定周期来调用函数或计算表达式*/
    Time = setInterval("Around()", 100);
    Alpha = 5;
    IA = 0.08;
    /*环绕*/
```

```
    function Around() {
        Alpha -= IA;
        if (j < (maxv + 1)) {
            v--;
            j++
        } else if (j < (2 * maxv + 1)) {
            v++;
            j++
        } else {
            v--;
            j = 1
        }
        for (x = 0; x < Tl; x++) {
            Alpha1 = Alpha + Decal * x;
            Cosine = Math.cos(Alpha1);
            /*取当前页面的所有对象*/
            Ob = document.all("L" + x);
            Ob.style.posLeft = Tleft + H * Math.sin(Alpha1);
            Ob.style.posTop = Top + v * Math.sin(Alpha1);
            Ob.style.zIndex = 20 * Cosine;
            Ob.style.lineHeight = 1;
            Ob.style.fontSize = Fsize + 25 * Cosine;
            Ob.style.color = "rgb(0," + (137 + Cosine * 80) + ",0)";
        }
    }
</script>
```

网页效果如图 10.9 所示。

欢 迎 您的

图 10.9　旋转效果的文字

10.10　霓虹灯效果的文字

本实例使用 JavaScript 在网页上放置霓虹灯效果的文字。本节主要涉及的 JavaScript 语法是 setTimeout，它有两种形式这里不再复述。

本实例主要代码如下：

```
<script language="JAVASCRIPT">
    /*定义和初始化变量*/
    colors2 = new Array(6);
    colors2[0] = "#000000";
    colors2[1] = "#333300";
    colors2[2] = "#665500";
    colors2[3] = "#997700";
    colors2[4] = "#CC9900";
    colors2[5] = "#FFCC00";
    var i = 0;
    /*霓虹灯效果*/
    function fLi2() {
        line2.style.visibility = "visible";
        if (i < 6) {
```

```
            line2.style.color = colors2[i];
            i++;
            /*每隔指定的时间就执行一次表达式*/
            timerID2 = setTimeout("fLi2()", 176);
        } else {
            i = 0;
            line2.style.visibility = "hidden";
            TimerID2 = setTimeout("fLi2()", 1500);
        }
    }
</script>
```

网页效果如图 10.10 所示。

北京欢迎您的光临	北京欢迎您的光临

图 10.10　霓虹灯效果的文字

10.11　背景变换的飞舞文字

本实例使用 JavaScript 在网页上放置背景变换的飞舞文字。本节主要涉及的 JavaScript 语法如下。

1．Number()函数

Number()函数把对象的值转换为数字，其语法是 Number(object)，object 为必选项，如果 object 是 Date 对象，该函数返回从 1970 年 1 月 1 日至今的毫秒数。如果对象的值无法转换为数字，则 NaN。

2．Math.round()函数

Math.round()函数将舍入到最接近的整数，语法是 Math.round(x)，其中 x 是任意数。Math.round()将把它的参数 x 上舍入或下舍入到它最接近的整数。例如，对于 0.5，它将上舍入；2.5 将被舍入为 3；–2.5 将被舍入为–2。

本实例主要代码如下：

```
<script language="javascript">
    /*变换飞舞*/
    function morph(e, wait, steps, style, done) {
        if (e.morphing) {
            return;
        }
…
        var attribs = _eat_attrib(style);
        if (attribs["top"] != null) {
            /* Math.round()函数将舍入到最接近的整数*/
            e.deltaTop = Math.round(Number((attribs["top"] - e.style.posTop)
            / steps));
            e.finalTop = attribs["top"];
        } else {
            e.deltaTop = null;
```

```
        e.finalTop = e.style.posTop;
    }
    if (attribs["left"] != null) {
        /* 把对象的值转换为数字*/
        e.deltaLeft = Math.round(Number((attribs["left"] - e.style.
       posLeft) / steps));
        e.finalLeft = attribs["left"];
    } else {
        e.deltaLeft = null;
        e.finalLeft = e.style.posLeft;
    }
    if (attribs["height"] != null) {
        e.deltaHeight = Math.round(Number((attribs["height"] - e.style.
        posHeight) / steps));
        e.finalHeight = attribs["height"];
    } else {
        e.deltaHeight = null;
        e.finalHeight = e.style.posHeight;
    }
    if (attribs["width"] != null) {
        e.deltaWidth = Math.round(Number((attribs["width"] - e.style.
        posWidth) / steps));
        e.finalWidth = attribs["width"];
    } else {
        e.deltaWidth = null;
        e.finalWidth = e.style.posWidth;
    }
    e.colors = new Array();
    for (attrib in attribs) {
        if (attrib == "background") {
            e.colors[e.colors.length] = new Array();
            e.colors[e.colors.length - 1].name = attrib;
            e.colors[e.colors.length - 1].safename = attrib;
        }
        if (attrib == "color") {
            e.colors[e.colors.length] = new Array();
            e.colors[e.colors.length - 1].name = attrib;
            e.colors[e.colors.length - 1].safename = attrib;
        }
        if (attrib == "border-color") {
            e.colors[e.colors.length] = new Array();
            e.colors[e.colors.length - 1].name = attrib;
            e.colors[e.colors.length - 1].safename = "borderColor";
        }
    }
    for (var i = 0; i < e.colors.length; i++) {
        var rgb = _eat_rgb(attribs[e.colors[i].name]);
        var prergb = _eat_rgb(e.style[e.colors[i].safename]);
        e.colors[i].delta = _eat_rgb(attribs[e.colors[i].name]);
        e.colors[i].finish = _eat_rgb(attribs[e.colors[i].name]);
        e.colors[i].delta["red"] = Math.round(Number((rgb["red"] -
        prergb["red"]) / steps));
        e.colors[i].delta["green"] = Math.round(Number((rgb["green"] -
        prergb["green"]) / steps));
        e.colors[i].delta["blue"] = Math.round(Number((rgb["blue"] -
        prergb["blue"]) / steps));
    }
    setTimeout("_morphing(document.all." + e.id + ")", wait);
}
/*正在变换飞舞*/
function _morphing(e) {
```

```
    e.step++;
    if (e.deltaTop != null) {
        e.style.posTop += e.deltaTop;
    }
    if (e.deltaLeft != null) {
        e.style.posLeft += e.deltaLeft;
    }
    if (e.deltaHeight != null) {
        e.style.posHeight += e.deltaHeight;
    }
    if (e.deltaWidth != null) {
        e.style.posWidth += e.deltaWidth;
    }
    for (var i = 0; i < e.colors.length; i++) {
        var rgb = _eat_rgb(e.style[e.colors[i].safename]);
        e.style[e.colors[i].safename] = "rgb(" +
       (e.colors[i].delta["red"] + rgb["red"]) + "," +
       (e.colors[i].delta["green"] + rgb["green"]) + "," +
       (e.colors[i].delta["blue"] + rgb["blue"]) + ")";
    }
    if (e.step == e.done) {
        if (e.deltaTop != null) e.style.posTop = e.finalTop;
        if (e.deltaLeft != null) e.style.posLeft = e.finalLeft;
        if (e.deltaWidth != null) e.style.posWidth = e.finalWidth;
        if (e.deltaHeight != null) e.style.posHeight = e.finalHeight;
        for (var i = 0; i < e.colors.length; i++) {
            e.style[e.colors[i].safename] = "rgb(" +
           (e.colors[i].finish["red"] + rgb["red"]) + "," +
           (e.colors[i].finish["green"] + rgb["green"]) + "," +
           (e.colors[i].finish["blue"] + rgb["blue"]) + ")";
        }
        e.morphing = false;
        eval(e.morphDone);
    } else {
        /*每隔指定的时间就执行一次表达式*/
        setTimeout("_morphing(document.all." + e.id + ")", e.wait);
    }
    return;
}
/*获取属性*/
function _eat_attrib(str) {
    var chunks = new Array();
    var all = new Array();
    chunks = str.split(";");
    for (var i = 0; i < chunks.length; i++) {
        var tmpA = new Array();
        tmpA = chunks[i].split(":");
        all[tmpA[0]] = tmpA[1];
    }
    return all;
}
/*获取 rgb 颜色值*/
function _eat_rgb(str) {
    var all = new Array();
    var a = str.indexOf("(");
    var b = str.indexOf(")");
    str = str.substring(a + 1, b);
    var tmpA = str.split(",");
    all["red"] = Number(tmpA[0]);
    all["green"] = Number(tmpA[1]);
    all["blue"] = Number(tmpA[2]);
```

```
        return all;
    }
</script>
```

网页效果如图 10.11 所示。

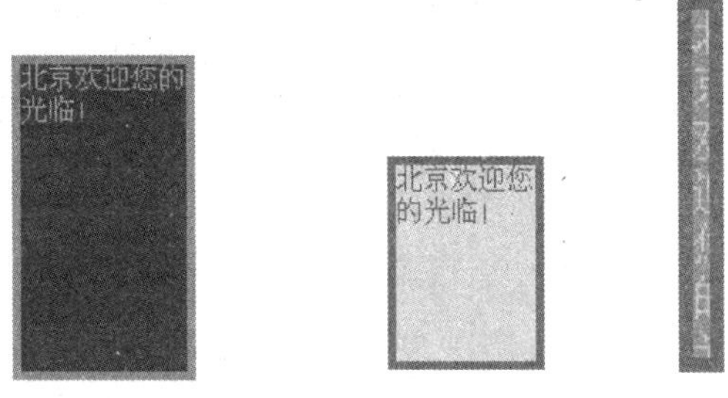

图 10.11　背景变换的飞舞文字

10.12　跳舞效果的彩色文字

本实例使用 JavaScript 在网页上放置跳舞效果的彩色文字。本节主要涉及的 JavaScript 语法如下。

1．navigator.appName

navigator.appName 返回浏览器的名称，该属性是一个只读的字符串。在 Netscape 浏览器中，该属性的值为"Netscape"，而在 IE 中，这个属性的值是"Microsoft Internet Explorer"。其他浏览器可以通过正确地表示自己或者伪装成其他的浏览器以达到兼容性。

2．document.all

document.all 是一个表示当前文档的所有对象的数组，具体介绍见 10.6 节，不再复述。

本实例主要代码如下：

```
<SCRIPT language=JavaScript>
    /*时间线播放*/
    function MM_timelinePlay(tmLnName, myID) {
        var i, j, tmLn, props, keyFrm, sprite, numKeyFr, firstKeyFr, propNum,
        theObj, firstTime = false;
        if (document.MM_Time == null) MM_initTimelines();
        tmLn = document.MM_Time[tmLnName];
        if (myID == null) {
            myID = ++tmLn.ID;
            firstTime = true;
        }
        if (myID == tmLn.ID) {
            setTimeout('MM_timelinePlay("' + tmLnName + '",' + myID + ')',
            tmLn.delay);
            fNew = ++tmLn.curFrame;
            for (i = 0; i < tmLn.length; i++) {
                sprite = tmLn[i];
                if (sprite.charAt(0) == 's') {
```

```
                if (sprite.obj) {
                    numKeyFr = sprite.keyFrames.length;
                    firstKeyFr = sprite.keyFrames[0];
                    if (fNew >= firstKeyFr && fNew <=
                    sprite.keyFrames[numKeyFr - 1]) {
                        keyFrm = 1;
                        for (j = 0; j < sprite.values.length; j++) {
                            props = sprite.values[j];
                            if (numKeyFr != props.length) {
                                if (props.prop2 == null)
                                sprite.obj[props.prop] = props[fNew -
                                firstKeyFr];
                                else sprite.obj[props.prop2][props.prop] =
                                props[fNew - firstKeyFr];
                            } else {
                                while (keyFrm < numKeyFr && fNew >= sprite.
                                 keyFrames[keyFrm]) keyFrm++;
                                if (firstTime || fNew == sprite.keyFrames
                                [keyFrm - 1]) {
                                    if (props.prop2 == null)
                                    sprite.obj[props.prop] = props[keyFrm -
                                    1];
                                    else sprite.obj[props.prop2][props.prop]
                                    = props[keyFrm - 1];
                                }
                            }
                        }
                    }
                }
            } else if (sprite.charAt(0) == 'b' && fNew == sprite.frame)
              eval(sprite.value);
            if (fNew > tmLn.lastFrame) tmLn.ID = 0;
        }
    }
}
/*时间线转移*/
function MM_timelineGoto(tmLnName, fNew, numGotos) {
    var i, j, tmLn, props, keyFrm, sprite, numKeyFr, firstKeyFr, lastKeyFr,
    propNum, theObj;
    if (document.MM_Time == null) MM_initTimelines();
    tmLn = document.MM_Time[tmLnName];
    if (numGotos != null) if (tmLn.gotoCount == null) tmLn.gotoCount =
    1;
    else if (tmLn.gotoCount++>=numGotos) {
        tmLn.gotoCount = 0;
        return
    }
    jmpFwd = (fNew > tmLn.curFrame);
    for (i = 0; i < tmLn.length; i++) {
        sprite = (jmpFwd) ? tmLn[i] : tmLn[(tmLn.length - 1) - i];
        if (sprite.charAt(0) == "s") {
            numKeyFr = sprite.keyFrames.length;
            firstKeyFr = sprite.keyFrames[0];
            lastKeyFr = sprite.keyFrames[numKeyFr - 1];
            if ((jmpFwd && fNew < firstKeyFr) || (!jmpFwd && lastKeyFr <
            fNew)) continue;
            for (keyFrm = 1; keyFrm < numKeyFr && fNew >=
            sprite.keyFrames[keyFrm]; keyFrm++);
            for (j = 0; j < sprite.values.length; j++) {
                props = sprite.values[j];
                if (numKeyFr == props.length) propNum = keyFrm - 1
```

```
            else propNum = Math.min(Math.max(0, fNew - firstKeyFr),
            props.length - 1);
            if (sprite.obj != null) {
               if (props.prop2 == null) sprite.obj[props.prop] =
                props[propNum];
               else sprite.obj[props.prop2][props.prop] =
               props[propNum];
            }
         }
      } else if (sprite.charAt(0) == 'b' && fNew == sprite.frame)
      eval(sprite.value);
   }
   tmLn.curFrame = fNew;
   if (tmLn.ID == 0) eval('MM_timelinePlay(tmLnName)');
}
/*初始化时间线*/
function MM_initTimelines() {
   /*定义和初始化变量*/
   var ns = navigator.appName == "Netscape";
   document.MM_Time = new Array(1);
   document.MM_Time[0] = new Array(8);
   document.MM_Time["Timeline1"] = document.MM_Time[0];
   document.MM_Time[0].MM_Name = "Timeline1";
   document.MM_Time[0].fps = 10;
   document.MM_Time[0][0] = new String("sprite");
   document.MM_Time[0][0].slot = 1;
   if (ns) document.MM_Time[0][0].obj = document["Layer1"];
   else document.MM_Time[0][0].obj = document.all ?
   document.all["Layer1"] : null;
   document.MM_Time[0][0].keyFrames = new Array(2, 6, 9, 12, 15, 18);
   document.MM_Time[0][0].values = new Array(4);
   document.MM_Time[0][0].values[0] = new Array(263, 264, 265, 266, 268,
   268, 268, 268, 271, 272, 273, 270, 268, 266, 265, 264, 263);
   document.MM_Time[0][0].values[0].prop = "left";
   document.MM_Time[0][0].values[1] = new Array(101, 95, 89, 82, 76, 87,
   98, 108, 100, 93, 86, 91, 96, 100, 102, 104, 106);
   document.MM_Time[0][0].values[1].prop = "top";
   if (!ns) {
      document.MM_Time[0][0].values[0].prop2 = "style";
      document.MM_Time[0][0].values[1].prop2 = "style";
   }
   document.MM_Time[0][0].values[2] = new Array(58, 54, 50, 46, 43, 33,
   24, 15, 20, 25, 31, 36, 41, 47, 48, 49, 50);
   document.MM_Time[0][0].values[2].prop = "width";
   if (!ns) document.MM_Time[0][0].values[2].prop2 = "style";
   document.MM_Time[0][0].values[3] = new Array(52, 51, 50, 49, 48, 46,
   44, 42, 43, 44, 45, 46, 47, 49, 48, 47, 47);
   document.MM_Time[0][0].values[3].prop = "height";
   if (!ns) document.MM_Time[0][0].values[3].prop2 = "style";
   document.MM_Time[0][1] = new String("sprite");
   document.MM_Time[0][1].slot = 2;
   if (ns) document.MM_Time[0][1].obj = document["Layer2"];
    /*页面上所有对象*/
   else document.MM_Time[0][1].obj = document.all ?
   document.all["Layer2"] : null;
   document.MM_Time[0][1].keyFrames = new Array(2, 5, 9, 12, 15, 18);
   document.MM_Time[0][1].values = new Array(2);
   document.MM_Time[0][1].values[0] = new Array(323, 323, 322, 322, 322,
   322, 322, 323, 324, 326, 328, 326, 324, 322, 322, 322, 323);
   document.MM_Time[0][1].values[0].prop = "left";
   document.MM_Time[0][1].values[1] = new Array(126, 120, 115, 111, 110,
```

```
111, 111, 111, 108, 105, 101, 105, 109, 113, 117, 122, 126);
document.MM_Time[0][1].values[1].prop = "top";
if (!ns) {
    document.MM_Time[0][1].values[0].prop2 = "style";
    document.MM_Time[0][1].values[1].prop2 = "style";
}
document.MM_Time[0][2] = new String("sprite");
document.MM_Time[0][2].slot = 3;
if (ns) document.MM_Time[0][2].obj = document["Layer4"];
/*页面上所有对象*/
else document.MM_Time[0][2].obj = document.all ?
document.all["Layer4"] : null;
document.MM_Time[0][2].keyFrames = new Array(2, 5, 9, 12, 15, 18);
document.MM_Time[0][2].values = new Array(3);
document.MM_Time[0][2].values[0] = new Array(363, 363, 363, 363, 363,
363, 363, 363, 365, 366, 368, 366, 364, 363, 363, 363, 363);
document.MM_Time[0][2].values[0].prop = "left";
document.MM_Time[0][2].values[1] = new Array(131, 123, 115, 107, 113,
119, 125, 131, 122, 111, 101, 113, 124, 131, 131, 131, 131);
document.MM_Time[0][2].values[1].prop = "top";
if (!ns) {
    document.MM_Time[0][2].values[0].prop2 = "style";
    document.MM_Time[0][2].values[1].prop2 = "style";
}
document.MM_Time[0][2].values[2] = new Array(22, 22, 22, 22, 22, 22,
22, 22, 22, 22, 22, 22, 22, 22, 22, 22, 22);
document.MM_Time[0][2].values[2].prop = "width";
if (!ns) document.MM_Time[0][2].values[2].prop2 = "style";
document.MM_Time[0][3] = new String("sprite");
document.MM_Time[0][3].slot = 4;
if (ns) document.MM_Time[0][3].obj = document["Layer5"];
/*页面上所有对象*/
else document.MM_Time[0][3].obj = document.all ?
document.all["Layer5"] : null;
document.MM_Time[0][3].keyFrames = new Array(2, 5, 9, 12, 15, 18);
document.MM_Time[0][3].values = new Array(2);
document.MM_Time[0][3].values[0] = new Array(388, 390, 391, 393, 392,
391, 390, 388, 390, 394, 398, 397, 395, 393, 390, 389, 388);
document.MM_Time[0][3].values[0].prop = "left";
document.MM_Time[0][3].values[1] = new Array(131, 128, 124, 121, 124,
126, 129, 131, 119, 103, 86, 105, 122, 136, 137, 134, 131);
document.MM_Time[0][3].values[1].prop = "top";
if (!ns) {
    document.MM_Time[0][3].values[0].prop2 = "style";
    document.MM_Time[0][3].values[1].prop2 = "style";
}
document.MM_Time[0][4] = new String("sprite");
document.MM_Time[0][4].slot = 5;
if (ns) document.MM_Time[0][4].obj = document["Layer6"];
/*页面上所有对象*/
else document.MM_Time[0][4].obj = document.all ?
document.all["Layer6"] : null;
document.MM_Time[0][4].keyFrames = new Array(2, 5, 9, 12, 15, 18);
document.MM_Time[0][4].values = new Array(2);
document.MM_Time[0][4].values[0] = new Array(413, 413, 413, 413, 413,
413, 413, 413, 415, 416, 418, 416, 414, 413, 413, 413, 413);
document.MM_Time[0][4].values[0].prop = "left";
document.MM_Time[0][4].values[1] = new Array(131, 124, 118, 111, 116,
120, 125, 131, 119, 105, 91, 107, 121, 131, 131, 131, 131);
document.MM_Time[0][4].values[1].prop = "top";
if (!ns) {
```

```
        document.MM_Time[0][4].values[0].prop2 = "style";
        document.MM_Time[0][4].values[1].prop2 = "style";
    }
    document.MM_Time[0][5] = new String("sprite");
    document.MM_Time[0][5].slot = 6;
    if (ns) document.MM_Time[0][5].obj = document["Layer7"];
    /*页面上所有对象*/
    else document.MM_Time[0][5].obj = document.all ?
    document.all["Layer7"] : null;
    document.MM_Time[0][5].keyFrames = new Array(2, 5, 9, 12, 15, 18);
    document.MM_Time[0][5].values = new Array(2);
    document.MM_Time[0][5].values[0] = new Array(433, 433, 433, 433, 434,
    436, 437, 438, 435, 432, 428, 427, 427, 428, 430, 431, 433);
    document.MM_Time[0][5].values[0].prop = "left";
    document.MM_Time[0][5].values[1] = new Array(131, 131, 131, 131, 128,
    125, 120, 116, 118, 120, 121, 117, 112, 106, 114, 122, 131);
    document.MM_Time[0][5].values[1].prop = "top";
    if (!ns) {
        document.MM_Time[0][5].values[0].prop2 = "style";
        document.MM_Time[0][5].values[1].prop2 = "style";
    }
    document.MM_Time[0][6] = new String("behavior");
    document.MM_Time[0][6].frame = 19;
    document.MM_Time[0][6].value = "MM_timelineGoto('Timeline1','1')";
    document.MM_Time[0][7] = new String("sprite");
    document.MM_Time[0][7].slot = 7;
    if (ns) document.MM_Time[0][7].obj = document["Layer3"];
    /*页面上所有对象*/
    else document.MM_Time[0][7].obj = document.all ?
    document.all["Layer3"] : null;
    document.MM_Time[0][7].keyFrames = new Array(2, 5, 9, 13, 16, 18);
    document.MM_Time[0][7].values = new Array(4);
    document.MM_Time[0][7].values[0] = new Array(458, 458, 458, 458, 457,
    457, 457, 458, 463, 468, 473, 478, 468, 459, 453, 454, 458);
    document.MM_Time[0][7].values[0].prop = "left";
    document.MM_Time[0][7].values[1] = new Array(101, 98, 94, 91, 93, 96,
    99, 101, 95, 88, 80, 71, 77, 85, 91, 97, 101);
    document.MM_Time[0][7].values[1].prop = "top";
    if (!ns) {
        document.MM_Time[0][7].values[0].prop2 = "style";
        document.MM_Time[0][7].values[1].prop2 = "style";
    }
    document.MM_Time[0][7].values[2] = new Array(31, 31, 31, 31, 31, 31,
    31, 31, 31, 31, 31, 31, 31, 31, 31, 31, 31);
    document.MM_Time[0][7].values[2].prop = "width";
    if (!ns) document.MM_Time[0][7].values[2].prop2 = "style";
    document.MM_Time[0][7].values[3] = new Array(42, 42, 42, 42, 42, 42,
    42, 42, 42, 42, 42, 42, 42, 42, 42, 42, 42);
    document.MM_Time[0][7].values[3].prop = "height";
    if (!ns) document.MM_Time[0][7].values[3].prop2 = "style";
    document.MM_Time[0].lastFrame = 19;
    for (i = 0; i < document.MM_Time.length; i++) {
        document.MM_Time[i].ID = null;
        document.MM_Time[i].curFrame = 0;
        document.MM_Time[i].delay = 1000 / document.MM_Time[i].fps;
    }
}
/*重新加载页面*/
function MM_reloadPage(init) {
    if (init == true) with(navigator) {
        if ((appName == "Netscape") && (parseInt(appVersion) == 4)) {
```

```
            document.MM_pgW = innerWidth;
            document.MM_pgH = innerHeight;
            onresize = MM_reloadPage;
        }
    } else if (innerWidth != document.MM_pgW || innerHeight !=
    document.MM_pgH) location.reload();
  }
  /*调用重新加载页面的函数*/
  MM_reloadPage(true);
</SCRIPT>
```

网页效果如图 10.12 所示。

图 10.12 跳舞效果的彩色文字

10.13 状态栏飞出文字

本实例使用 JavaScript 实现状态栏飞出文字效果。本节主要提及的 JavaScript 语法如下。

window.status 属性：当鼠标指向一个链接时，浏览器窗口底部的状态栏通常显示该链接的 URL。在文档载入期间，使用 Java applet 进行初始化或者其他方法，就能够让一些消息显示在这个位置上。但最为简洁明了的还是使用 JavaScript 在状态栏显示自己的信息，有时这对用户是非常有益的，比如，可以用一个友好简单的页面描述来代替 URL 链接显示在状态栏中。任何时候都可以把其他文本赋给 window.status 属性。当光标位于链接上时，为了改变链接的状态栏文本，应该使用 link 对象的 onMouseOver 事件处理触发一个动作。设置状态栏的 onMouseOver 事件处理要求一个附加语句（return true），它必须是事件处理程序的一部，这在 JavaScript 中非常少见，但是只有这样才能保证替换状态栏的内容。

本实例主要代码如下：

```
<script language="JavaScript">
  /*状态栏消息对象*/
  function statusMessageObject(p, d) {
     this.msg = MESSAGE this.out = " "this.pos = POSITION this.delay = DELAY
     this.i = 0 this.reset = clearMessage
  }
  /*清除消息*/
  function clearMessage() {
     this.pos = POSITION
  }
  /*定义和初始化变量*/
  var POSITION = 100
  var DELAY = 5
  var MESSAGE = "北京欢迎您！"
  var scroll = new statusMessageObject() function scroller() {
     for (scroll.i = 0; scroll.i < scroll.pos; scroll.i++) {
        scroll.out += " "
     }
```

```
    if (scroll.pos >= 0) scroll.out += scroll.msg
    /*页面状态栏对象*/
    else scroll.out = scroll.msg.substring( - scroll.pos,
    scroll.msg.length) window.status = scroll.out scroll.out = "
    "scroll.pos--
    if (scroll.pos < -(scroll.msg.length)) {
       scroll.reset()
    }
    setTimeout('scroller()', scroll.delay)
  }
  /*闪入*/
  function snapIn(jumpSpaces, position) {
    var msg = scroll.msg
    var out = ""
    for (var i = 0; i < position; i++) {
       out += msg.charAt(i)
    }
    for (i = 1; i < jumpSpaces; i++) {
       out += " "
    }
    out += msg.charAt(position) window.status = out
    if (jumpSpaces <= 1) {
       position++
       if (msg.charAt(position) == ' ') {
          position++
       }
       jumpSpaces = 100 - position
    } else if (jumpSpaces > 3) {
       jumpSpaces *= .75
    } else {
       jumpSpaces--
    }
    if (position != msg.length) {
       var cmd = "snapIn(" + jumpSpaces + "," + position + ")";
       scrollID = window.setTimeout(cmd, scroll.delay);
    } else {
       window.status = ""jumpSpaces = 0 position = 0 cmd = "snapIn(" +
       jumpSpaces + "," + position + ")";
       scrollID = window.setTimeout(cmd, scroll.delay);
       return false
    }
    return true
  }
  /*调用闪入函数*/
  snapIn(100, 0);
</script>
```

北京欢　　迎

图 10.13　状态栏飞出文字

网页效果如图 10.13 所示。

10.14　文字无缝上翻效果

本实例使用 JavaScript 实现文字无缝上翻效果。本节主要涉及的 JavaScript 语法如下。

- onmouseover：鼠标移动到对象上时响应事件。
- onmouseout：鼠标从对象上移出时响应事件。
- setInterval() 方法可按照以毫秒计算的指定周期来调用函数或计算表达式。setInterval() 方法会不停地调用函数，直到 clearInterval()方法被调用或窗口被关闭。

- ❑ window.clearInterval()将取消由 setInterval()方法设置的定时器。setInterval()方法会不停地调用函数，直到用 clearInterval()方法终止定时或窗口被关闭。

本实例主要代码如下：

```
<script type="text/javascript">
   /*定义和初始化变量*/
   var speed = 40;
   var ZJJDemo = document.getElementById('demo');
   var ZJJDemo1 = document.getElementById('demo1');
   var ZJJDemo2 = document.getElementById('demo2');
   ZJJDemo2.innerHTML = ZJJDemo1.innerHTML
   /*滚动*/
   function Marquee1() {
      if (ZJJDemo2.offsetHeight - ZJJDemo.scrollTop <= 0)
      ZJJDemo.scrollTop -= ZJJDemo1.offsetHeight
      else {
         ZJJDemo.scrollTop++
      }
   }
   var MyMar1 = setInterval(Marquee1, speed)  /*按照以毫秒计算的指定周期来调
   用函数或计算表达式*/
   ZJJDemo.onmouseover = function() { /*鼠标移入*/
      clearInterval(MyMar1)          /*取消由 setInterval()方法设置的定时器*/
   }
   ZJJDemo.onmouseout = function() {              /*鼠标移出*/
      MyMar1 = setInterval(Marquee1, speed)   /*按照以毫秒计算的指定周期来调
      用函数或计算表达式*/
   }
</script>
```

网页效果如图 10.14 所示。

北京欢迎您

图 10.14　文字无缝上翻效果

10.15　七彩文字随鼠标滑入向上滚动

本实例使用 JavaScript 在网页上展示七彩文字随鼠标滑入向上滚动的效果。本节主要涉及的 JavaScript 语法如下。

- ❑ appendChild()方法：appendChild()方法在节点的子节点列表未添加新的子节点。
- ❑ setTimeout：setTimeout 有两种形式这里不再复述。

本实例主要代码如下：

```
<script language="javascript">
   /*定义和初始化变量*/
   var Mar = document.getElementById("Marquee");
   var child_div = Mar.getElementsByTagName("div") var picH = 90;
```

```
    var scrollstep = 3;
    var scrolltime = 20;
    var stoptime = 3000;
    var tmpH = 0;
    Mar.innerHTML += Mar.innerHTML;
    /*开始*/
    function start() {
        if (tmpH < picH) {
            tmpH += scrollstep;
            if (tmpH > picH) tmpH = picH;
            Mar.scrollTop = tmpH;
            setTimeout(start, scrolltime);    /*每隔指定的时间就执行一次表达式*/
        } else {
            tmpH = 0;
            /*在节点的子节点列表未添加新的子节点*/
            Mar.appendChild(child_div[0]);
            Mar.scrollTop = 0;
            setTimeout(start, stoptime);
        }
}
/*加载*/
    onload = function() {
        setTimeout(start, stoptime)
    };
</script>
```

网页效果如图 10.15 所示。

图 10.15　七彩文字随鼠标滑入向上滚动

10.16　鼠标滑入文字弹出注释

本实例使用 JavaScript 在网页上实现鼠标滑入文字弹出注释的效果。本节主要涉及的 JavaScript 语法如下。

<a>标签的 title 属性产生的效果是：当鼠标悬停在超链接上时，显示该超链接的文字注释。

本实例主要代码如下：

```
/*<a>标签的 title 属性*/
<a href="#" title="《温馨》
类型：家庭题材
作者：张迈
```

```
地点：北京
内容：一家三口的幸福生活" border="0">
    图片说明
</a>
```

网页效果如图 10.16 所示。

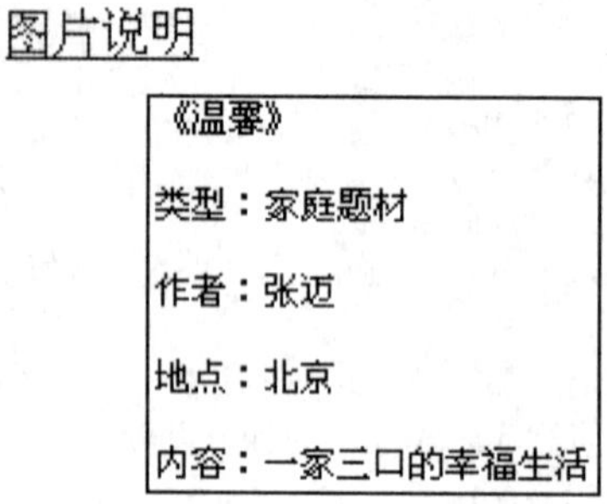

图片说明

《温馨》

类型：家庭题材

作者：张迈

地点：北京

内容：一家三口的幸福生活

图 10.16　鼠标滑入文字弹出注释

10.17　火焰效果文字切换

本实例使用 JavaScript 实现火焰效果文字的切换。本节主要涉及的 JavaScript 语法是：

1．window.print

window.print 来打印页面，页面上别的元素也会被打印处理，页头页尾的格式也不好控制。我们可以使用<style> @media Print { .Noprn { DISPLAY: none }}来指定不打印的内容。

2．document.all

document.all 的介绍，参见 10.6 节，不再复述。

本实例主要代码如下：

```
<script LANGUAGE="JavaScript1.2">
    /*定义和初始化变量*/
    var message = new Array() message[0] = "火焰文字特效"message[1] = "床前
    明月光"message[2] = "疑是地上霜"message[3] = "举头望明月"message[4] = "低
    头思故乡"message[5] = "李太白"
    var i_message = 0
    var covertop = 90
    var coverleft = 180
    var coverwidth = 1200
    var coverheight = 96
    var texttop = covertop
    var textleft = coverleft
    var textwidth = 400
    var textheight = coverheight
    var cliptop = 0
```

```
var clipright = textwidth
var clipbottom = coverheight
var clipleft = 0
var clippoints
var step = 20
var pause = 40
var timer
function init() {                /*初始化*/
/*页面所有对象*/
    if (document.all) {
        document.all.text.style.posTop = texttop
        document.all.text.style.posLeft = textleft
        document.all.cover.style.posTop = covertop
        document.all.cover.style.posLeft = coverleft clipleft = 0
        fadeout()
    }
}
/*熄灭*/
function fadeout() {
    if (document.all.cover.style.posLeft >= ( - coverwidth + textwidth
    + coverleft + step)) {
        clipleft += step clipright = clipleft + textwidth clippoints =
        "rect(" + cliptop + " " + clipright + " " + clipbottom + " " +
        clipleft + ")"document.all.cover.style.clip = clippoints
        document.all.cover.style.posLeft -= step timer =
        setTimeout("fadeout()", pause)
    } else {
        clearTimeout(timer) i_message++
        if (i_message >= message.length) {
            i_message = 0
        }
        text.innerHTML = message[i_message] fadein()
    }
}
/*燃烧*/
function fadein() {
    if (document.all.cover.style.posLeft <= coverleft) {
        clipleft -= step clipright = clipleft + textwidth clippoints =
        "rect(" + cliptop + " " + clipright + " " + clipbottom + " " +
        clipleft + ")"document.all.cover.style.clip = clippoints
        document.all.cover.style.posLeft += step timer =
        setTimeout("fadein()", pause)
    } else {
        clearTimeout(timer) init()
    }
}
if (document.all && window.print) {
    document.write('<DIV ID="text" class="textstyle">' + message[0] +
    '</div>') document.write('<DIV ID="cover" class="coverstyle"><img
    src="51501s.jpg"></DIV>')
}
</script>
```

网页效果如图 10.17 所示。

举头望明月

图 10.17　火焰效果文字切换

10.18　追踪鼠标的文字

本实例使用 JavaScript 在网页上展示追踪鼠标的文字。本节主要涉及的 JavaScript 语法如下。

captureEvent 方法的语法如下。captureEvent(Event)、captureEvent(事件 1|事件 2|...|事件 n)，该方法用来捕捉指定参数的所有事件。由于能够捕获那些由本地程序自己处理的事件，我们就能够随意定义函数来处理事件。如果有多个事件需要捕捉，各事件之间可用管道符“|”隔开。

本实例主要代码如下：

```
<script>
    /*定义和初始化变量*/
    var x, y
    var step = 10
    var flag = 0
    var message = "北京欢迎您！"message = message.split("") var xpos = new Array()
    for (i = 0; i <= message.length - 1; i++) {
        xpos[i] = -50
    }
    var ypos = new Array() for (i = 0; i <= message.length - 1; i++) {
        ypos[i] = -50
    }
    /*处理*/
    function handlerMM(e) {
        x = (document.layers) ? e.pageX: document.body.scrollLeft +
        event.clientX y = (document.layers) ? e.pageY:
        document.body.scrollTop + event.clientY flag = 1
    }
    /*创建追踪文字*/
    function makesnake() {
        if (flag == 1 && document.all) {
            for (i = message.length - 1; i >= 1; i--) {
                xpos[i] = xpos[i - 1] + step ypos[i] = ypos[i - 1]
            }
            xpos[0] = x + step ypos[0] = y
            for (i = 0; i < message.length - 1; i++) {
                var thisspan = eval("span" + (i) + ".style") thisspan.posLeft
                = xpos[i] thisspan.posTop = ypos[i]
            }
        } else if (flag == 1 && document.layers) {
            for (i = message.length - 1; i >= 1; i--) {
                xpos[i] = xpos[i - 1] + step ypos[i] = ypos[i - 1]
            }
            xpos[0] = x + step ypos[0] = y
            for (i = 0; i < message.length - 1; i++) {
                var thisspan = eval("document.span" + i) thisspan.left = xpos[i]
```

```
            thisspan.top = ypos[i]
        }
    }
    var timer = setTimeout("makesnake()", 30)
}
for (i = 0; i <= message.length - 1; i++) {
    document.write("<span id='span" + i + "'class='spanstyle'>")
    document.write(message[i]) document.write("</span>")
}
 if (document.layers) {
    document.captureEvents(Event.MOUSEMOVE);/*捕捉指定参数的所有事件*/
 }
 document.onmousemove = handlerMM;            /*鼠标移动*/
</script>
```

网页效果如图 10.18 所示。

追踪鼠标的文字

图 10.18　追踪鼠标的文字

10.19　波纹文字效果

本实例使用 JavaScript 在网页上实现波纹文字效果。本节主要涉及的 JavaScript 语法是 FILTER:Wave 滤镜，该滤镜可使对象产生波纹变形，其语法如下。

```
Filter:wave(add,freq,lightstrength,phase,strength)
```

其中，add 值用于设定是否显示对象，0 值表示不显示，非 0 表示显示；freq 值用来设定波动个数；lightstrength 用于设置波纹效果光照强度，取值为 0～100，0 表示最弱；phase 值用于设定波纹的起始相角，取值为 0～100，25 为 90°，50 为 180°。

本实例主要代码如下：

```
<script LANGUAGE="JavaScript">
    /*定义和初始化变量*/
    var message = new Array() message[0] = "新浪 sina<br>http://www.sina.com.
    cn"message[1] = "网易 163<br>http://www.163.com"message[2]
    var messageurl = new Array() messageurl[0] = http://www.sina.com.cn
    messageurl[1] = "http://www.163.com"messageurl[2] =
    "http://www.baidu.com"
    var messagetarget = new Array() messagetarget[0] =
    "_blank"messagetarget[1] = "_blank"messagetarget[2] = "_blank"
    var linktext = "点此进入"
```

```
var fntsize = 12
var fntcolor = "000000"
var fntfamily = "宋体"
var fntweight = 0
var pause = 3
var backgroundcolor = "ffffff"
var posleft = 5
var postop = 5
var scrollerwidth = 250
var scrollerheight = 110
var scrollerborder = 1
var textpadding = 20
var textwidth = scrollerwidth - (2 * textpadding) var htmlcontent = ""
var boxhtml = ""
var i_message = 0
var i_stepwave = 0
var i_maxstepwave = 20 pause = pause * 1000
if (fntweight == 1) {
   fntweight = "700"
} else {
   fntweight = "100"
}
/*初始化*/
function initiate() {
   gethtmlcontent()
   getboxhtml()
   if (document.all) {
      wavemessage.innerHTML = htmlcontent
      wavemessagebg.innerHTML = boxhtml wavemessagebg.style.posLeft =
      posleft
      wavemessagebg.style.posTop = postop wavemessage.style.posLeft =
      posleft + textpadding wavemessage.style.posTop = postop +
      textpadding enlargewave()
   }
   if (document.layers) {
      document.wavemessage.left = posleft + textpadding
      document.wavemessage.top = postop + textpadding
      document.wavemessagebg.document.write(boxhtml)
      document.wavemessagebg.document.close()
      document.wavemessagebg.left = posleft
      document.wavemessagebg.top = postop changemessage()
   }
}
/*增强波纹*/
function enlargewave() {
   if (i_stepwave <= i_maxstepwave) {
      wavemessage.filters.wave.phase = i_stepwave
      wavemessage.filters.wave.strength = i_stepwave
      wavemessage.filters.wave.lightstrength = i_stepwave
      wavemessage.filters.wave.freq = i_stepwave i_stepwave++
      var timer = setTimeout("enlargewave()", 50)
   } else {
      clearTimeout(timer)
      changemessage()
   }
}
/*减小波纹*/
function reducewave() {
   if (i_stepwave > 0) {
      wavemessage.filters.wave.phase = i_stepwave
```

```
            wavemessage.filters.wave.strength = i_stepwave
            wavemessage.filters.wave.lightstrength = i_stepwave
            wavemessage.filters.wave.freq = i_stepwave i_stepwave--
            var timer = setTimeout("reducewave()", 50)
        } else {
            clearTimeout(timer)
            var timer = setTimeout("enlargewave()", pause)
        }
    }
    /*修改消息*/
    function changemessage() {
        i_message++
        if (i_message >= message.length) {
            i_message = 0
        }
        gethtmlcontent()
        if (document.all) {
            wavemessage.innerHTML = htmlcontent
            reducewave()
        }
        if (document.layers) {
            document.wavemessage.document.write(htmlcontent)
            document.wavemessage.document.close()
            var timer = setTimeout("changemessage()", pause)
        }
    }
    /*获取网页内容*/
    function gethtmlcontent() {
        htmlcontent = "<span style='font-size:" + fntsize + "pt;font-family:"
        + fntfamily + ";font-weight:" + fntweight + ";width:" + textwidth +
       "px'>"htmlcontent += "<font color=" + fntcolor + ">" +
        message[i_message] + "</font> "htmlcontent += "<a href=" +
        messageurl[i_message] + " target=" + messagetarget[i_message] +
        ">"htmlcontent += "<br><br><font color=" + fntcolor + ">" + linktext
        + "</font></a></span>"
    }
    /*获取块状网页信息*/
    function getboxhtml() {
        boxhtml = "<table width=" + scrollerwidth + " height=" + scrollerheight
        + " border=" + scrollerborder + "><tr><td bgcolor=" + backgroundcolor
        + "> </td></tr></table>"
    }
</script>
```

网页效果如图 10.19 所示。

图 10.19　波纹文字效果

10.20　文本框中变换的文字

本实例使用 JavaScript 在网页上放置文本框中变换的文字。本节主要涉及的 JavaScript

语法如下。

- setTimeout：setTimeout 有两种形式不再复述。
- Math.floor：Math.floor(x)传回小于或等于指定数字 x 的最大整数。
- Math.random()函数：该函数返回值是一个大于等于 0 且小于 1 的随机数，如 0.0105901374530933 或 0.872525005541986。

本实例主要代码如下：

```
<script type="text/javascript">
    /*定义和初始化变量*/
    var quoteStr;
    var quoteNum;
    var quoteDis;
    var quoteLen;
    var quoteLoc;
    var quotePic;
    var quoteMax;
    var numQuote;
    /*引用函数*/
    function funcQuote() {
        this[0] = "有没有想过在页面中不同地方出现不同的鼠标形状，这个就是了";
        this[1] = "鼠标上出现蜘蛛网一样的东东，放到文字链接上后会出现变化";
        this[2] = "鼠标上面的晃动小球，效果非常新颖，你一定会喜欢的，酷极了";
        this[3] = "鼠标右键入的弹出导航条，导航条上有背景变化，很有新意的，酷";
        this[4] = "双击鼠标页面向下滚动，单击鼠标页面停止滚动，很实用";
        this[5] = "鼠标周围的旋转宣传文字，又是一种很酷的效果，一定不可错过";
        this[6] = "鼠标放在链接上后在状态栏显示一大串的字符，可以用来隐藏链接.";
        this[7] = "在页面上你用鼠标选中什么，就会弹出警告框显示选中的内容";
        this[8] = "在页面上点中鼠标后随意拖动，会在页面上显示鼠标运动的轨迹";
        this[9] = "围着鼠标一圈的宣传文字，随鼠标移动，并且自身也在旋转，酷";
        this[10] = "跟随鼠标的半透明图片，看上去可是很酷的，可以做阴影效果.";
    }
    /*获取引用*/
    function getQuote() {
        quoteLen = 0;
        quoteLoc = 0;
        quoteNum = Math.floor(Math.random() * numQuote);
        quoteStr = makeQuote[quoteNum];
        quoteLen = quoteStr.length;
        padQuote();
    }
    /*隐藏引用*/
    function disQuote() {
        quoteLoc = quoteLoc + 1;
        if (quoteLoc > quoteMax) {
            getQuote();
        }
        quoteDis = quoteStr.substring(0, quoteLoc);
        for (var i = quoteLoc; i < quoteMax; i++) {
            var charone;
            charone = quoteStr.substring(i, i + 1);
            var rdnum;
            rdnum = Math.floor(Math.random() * 57) if (charone != " ") {
                quoteDis = "" + quoteDis + quotePic.substring(rdnum, rdnum +
                1);
            } else {
                quoteDis = "" + quoteDis + " ";
```

```
        }
      }
    }
    /*展示引用*/
    function padQuote() {
        var spacePad = quoteMax - quoteStr.length;
        var frontPad = Math.floor(spacePad / 2);
        for (var i = 0; i < frontPad; i++) {
            quoteStr = " " + quoteStr;
        }
        for (var i = quoteStr.length; i < quoteMax; i++) {
            quoteStr = "" + quoteStr + " ";
        }
    }
    /*减少引用*/
    function loopQuote() {
        document.RandomText.box1.value = quoteDis;
        disQuote();
        setTimeout("loopQuote();", 100);
    }
    /*开始引用*/
    function startQuote() {
        quoteStr = "";
        quoteNum = 0;
        quoteDis = "";
        quoteLen = 0;
        quoteLoc = 0;
        quotePic =
        "abcdefghjkmnopqrstuvwxyzABCEDEFGHJKLMNOPQRSTUVXYZ234567890";
        quoteMax = 50;
        numQuote = 11;
        makeQuote = new funcQuote();
        getQuote();
        disQuote();
        loopQuote();
    }
</script>
```

网页效果如图 10.20 所示。

鼠标右键入的弹出导ytrmhYX3PzTmEjmRAxrR

图 10.20　文本框中变换的文字

10.21　鼠标滑入文字链接带边框

本实例使用 JavaScript 实现鼠标滑入文字链接时带边框的效果。本节主要涉及的 JavaScript 语法是：

```
CSS :hover 伪类
```

:hover 伪类在鼠标移到元素上时向此元素添加特殊的样式，该伪类应用处于“悬停状态”的元素。悬停定义为用户指示了一个元素但没有将其激活。对此最常见的例子是将鼠标指针移到 HTML 文档中一个超链接的边界范围内。理论上，其他元素也可以处于悬停状态，但 CSS 没有定义究竟是哪些元素。

本实例主要代码如下：

```
/*:hover 伪类在鼠标移到元素上时向此元素添加特殊的样式*/
<style>
   A.menulink  {  display:  block;  width:  198px;  text-align:  left;
text-decoration:
   none; font-family:arial; font-size:12px; color: #000000; BORDER: none;
   border: solid 1px #FFFFFF; } A.menulink:hover { border: solid 1px #6100C1;
   background-color:#F0E1FF; }
</style>
```

网页效果如图 10.21 所示。

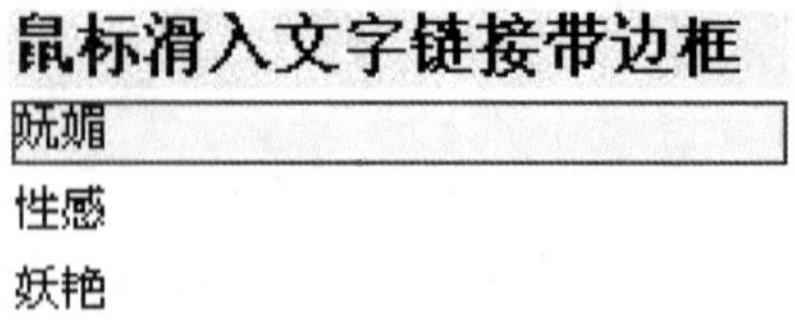

鼠标滑入文字链接带边框

妩媚

性感

妖艳

图 10.21　鼠标滑入文字链接带边框

10.22　状态栏中闪烁的文字

本实例使用 JavaScript 在网页上放置状态栏中闪烁的文字。本节主要涉及的 JavaScript 语法有两个，一个是 window.status 属性，已在 10.13 节介绍过，不再复述；另一个是 setTimeout，其有两种形式，也不再复述。

本实例主要代码如下：

```
<script language="javascript">
   /*定义和初始化变量*/
   var yourwords = "状态栏的文字正在闪烁！";
   var speed = 700;
   var control = 1;
    /*闪烁*/
   function flash() {
      if (control == 1)
      {
         /*网页状态栏属性*/
         window.status = yourwords;
         control = 0;
      } else
      {
         window.status = "";
         control = 1;
      }
      setTimeout("flash()", speed);
   }
</script>
```

网页效果如图 10.22 所示。

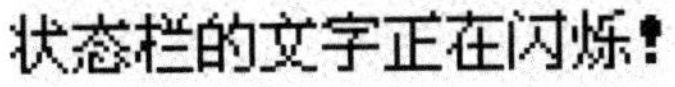

状态栏的文字正在闪烁!

图 10.22　状态栏中闪烁的文字

10.23　纵向排列的文字

本实例使用 JavaScript 在网页上放置纵向排列的文字。本节主要涉及的 JavaScript 语法是 CSS 3 Transform 属性。

transform 通过平移、旋转等方法来定义页面元素的外观。在页面还原之前，css 文件中经转换定义的外观就被认可了，因此页面上是看不到 animatioin 的。transform 是一个强大的工具。一个元素的多重 transform 用分号隔开即可。

本实例主要代码如下：

```
<style type="text/css">
   body{margin:0; font:12px/1.5 '\5b8b\4f53',sans-serif;
   color:#333;background:#fff;}
   h1,h2,h3,h4,h5,p,ul,ol,dl,dd{margin:0;}
   button{padding:0;}
   ul,ol{padding-left:0;list-style-type:none;}
   a{text-decoration:none;color:#333;}
   a img{border:0;}
   .test{margin:50px 0 0
   100px;width:22px;padding-top:10px;height:200px;border:red solid
   1px;text-align:center;line-height:1.2}
   .money{
       /* CSS 3 Transform 属性*/
       -webkit-transform: rotate(90deg);
       -moz-transform: rotate(90deg);
       -o-transform: rotate(90deg);
       -ms-transform: rotate(90deg);
       transform: rotate(90deg);
       line-height:22px;
       display:block;
   }
</style>
```

网页效果如图 10.23 所示。

北京欢迎您的到来

图 10.23　纵向排列的文字

10.24　电子广告牌文字滚动效果

本实例使用 JavaScript 实现电子广告牌文字滚动效果。本节主要涉及的 JavaScript 语法如下。

<marquee>检签表示输入的信息可以自动滚动，其属性有 width，宽；height，高；bgcolor，背景颜色；direction，滚动方向；behavior，滚动方式，其值可以是 scroll（连续不断的滚动）、slide（滚动一次并停止）、alternate（交替式滚动）；scrollamount，单位时间内移动多少像素；scrolldelay，延迟的时间；loop，循环次数。该标签的常用函数是 onmouseover 和 onmouseout，onmouseover="this.stop()"　onmouseout="this.start()"的意思就是鼠标经过的时候停止，离开的时候继续滚动。

本实例主要代码如下：

```
/* <marquee>检签表示输入的信息可以自动滚动*/
<marquee scrollamount="3" scrolldelay="30" direction="left" onmouseover
="this.stop()"
onmouseout="this.start()">
    北京欢迎您！
</marquee>
```

网页效果如图 10.24 所示。

图 10.24　电子广告牌文字滚动效果

10.25　水波文字效果

本实例使用 JavaScript 在网页上屏蔽鼠标右键。本节主要涉及的 JavaScript 语法是 FILTER:Wave 滤镜，该滤镜可使对象产生波纹变形，其语法是：

```
Filter:wave(add,freq,lightstrength,phase,strength)
```

其中，add 值用于设定是否显示对象，0 值表示不显示，非 0 表示显示；freq 值用来设定波动个数；lightstrength 用于设置波纹效果光照强度，取值为 0～100，0 表示最弱；phase 值用于设定波纹的起始相角，取值为 0～100，25 为 90°，50～180°。

本实例主要代码如下：

```
<script language="javascript">
    if (document.layers) {
        alert("你的浏览器不支持这个特效");
    } else
     if (document.all) {
         /*定义和初始化变量*/
```

```
        var step = 3;
        var xstep = 0;
        var msg = '是不是很酷呢？';
        water.innerHTML = msg
        /*波纹*/
        function wave() {
            /* FILTER:Wave 滤镜*/
            document.all.water.style.filter = 'wave(freq=3, strength=5,
            phase=' + xstep + ', lightstrength=45, add=0, enabled=1)';
            xstep += step;
            TIMER = setTimeout('wave()', 10);
        }
    }
</script>
```

网页效果如图 10.25 所示。

图 10.25　水波文字效果

10.26　文字释放效果

本实例使用 JavaScript 实现文字释放效果。本节主要涉及的 JavaScript 语法是：document.write()方法的具体介绍见 10.3 节，不再复述。

本实例主要代码如下：

```
<script type="text/javascript" language="javascript">
    var count = 0;
     for (var i = 0; i < 128; i++) {
    /*页面输出*/
        document.write('<div style="left:' + (200 - i) + 'px;top:' + (10 +
        i / 2) + 'px;font-size:' + (i * 2) + 'px;color:rgb(' + (256 - i) +
        ',' + (256 - i * 2) + ',' + (i * 2) + ');">漂亮</div>');
        count++;
    }
</script>
```

网页效果如图 10.26 所示。

图 10.26　文字释放效果

10.27　闪烁的彩色文字效果

本实例使用 JavaScript 实现闪烁的彩色文字效果。本节主要涉及的 JavaScript 语法是 document.close()方法，已在 10.3 节介绍过，不再复述。

本实例主要代码如下：

```
<script language="JavaScript">
    /*定义和初始化变量*/
    text = "靓丽清新、璀璨光芒";
    color1 = "000000";
    color2 = "00ff00";
    fontsize = "3";
    speed = 100;
     i = 0;
     /*判断浏览器类型*/
    if (navigator.appName == "Netscape") {
       document.write("<layer
    id=avisibility=show></layer><br><br><br>");
    } else {
       document.write("<div id=a></div>");
     }
     /*改变文字颜色*/
    function changeCharColor() {
       if (navigator.appName == "Netscape") {
          document.a.document.write("<font face=arial size =" + fontsize
          + "><font color=" + color1 + ">");
          for (var j = 0; j < text.length; j++) {
             if (j == i) {
                document.a.document.write("<font  face=arial  color="  +
                color2 + ">" + Text.charAt(i) + "</font>");
             } else {
                document.a.document.write(text.charAt(j));
             }
          }
          document.a.document.write('</font></font>');
          /*页面输出*/
          document.a.document.close();
       }
       if (navigator.appName == "Microsoft Internet Explorer") {
          str = "<font face=arial size=" + fontsize + "><font color=" + color1
           + ">";
          for (var j = 0; j < text.length; j++) {
             if (j == i) {
                str += "<font face=arial color=" + color2 + ">" +
                text.charAt(i) + "</font>";
             } else {
                str += text.charAt(j);
             }
          }
          str += "</font></font>";
          a.innerHTML = str;
       } (i == text.length) ? i = 0 : i++;
     }
     setInterval("changeCharColor()", speed);
</script>
```

网页效果如图 10.27 所示。

靓丽清新、璀璨光芒　　靓丽清新、璀璨光芒

图 10.27　闪烁的彩色文字效果

10.28　用户自定义状态栏文字效果

本实例使用 JavaScript 在网页上自定义状态栏文字。本节主要涉及的 JavaScript 语法是 window.status 属性，已在 10.13 节介绍过，不再复述。

本实例主要代码如下：

```
<script language="JavaScript">
   /*定义和初始化变量*/
   Ret = prompt('在这里输入的话可以在状态栏上看见', "欢迎光临……") var temp
   var f = "  "
   var f = f + (Ret) var speedtogo = 50
    var counter
    /*滚动*/
   function scrollon() {
      temp = f.substring(0, 1);
      f += temp
      f = f.substring(1, 100);
      /*网页状态栏*/
       window.status = f.substring(0, 100);
      counter = setTimeout("scrollon()", speedtogo);
   }
</script>
```

网页效果如图 10.28 所示。

状态栏文字飞　　出

图 10.28　用户自定义状态栏文字效果

10.29　滚动的网页标题文字倒序效果

本实例使用 JavaScript 实现滚动的网页标题文字倒序效果。本节主要涉及的 JavaScript 语法如下。

- clearTimeout()方法：可清除由 setTimeout()方法设置的清除定时器。
- setTimeout：setTimeout 有两种形式这里不再复述。

本实例主要代码如下：

```
<script language=javascript>
   /*定义和初始化变量*/
   var text = document.title
```

```
    var timerID
    function newtext() {
    /*清除由 setTimeout()方法设置的清除定时器*/
        clearTimeout(timerID) document.title = text.substring(1,
        text.length) + text.substring(0, 1)
        /*每隔指定的时间就执行一次表达式*/
        text = document.title.substring(0, text.length) timerID =
        setTimeout("newtext()", 100)
    }
</script>
```

网页效果如图 10.29 所示。

e标题文字倒序显示网页的Titl

图 10.29　滚动的网页标题文字倒序效果

10.30　网页新闻滚动效果

本实例使用 JavaScript 在网页上放置网页新闻滚动效果。本节主要涉及的 JavaScript 语法如下。

1．innerHTML

对于 innerHTML 属性，已在 10.4 节介绍过，这里不再复述。

2．clearInterval

window.clearInterval()方法的介绍，参见 10.6 节，不再复述。

3．setInterval()方法

setInterval()方法的介绍见 10.6 节，不再复述。

本实例主要代码如下：

```
<script type="text/javascript">
    // <![CDATA[
    var textDiv = document.getElementById("rollText");
    var textList = textDiv.getElementsByTagName("a");
    if (textList.length > 2) {
        /*innerHTML 属性是一个字符串，用来设置或获取位于对象起始和结束标签内的 HTML*/
        var textDat = textDiv.innerHTML;
        var br = textDat.toLowerCase().indexOf("<br",
        }textDat.toLowerCase().indexOf("<br") + 3);
        var textUp2 = textDat.substr(0,br);
        textDiv.innerHTML = textDat + textDat + textDat.substr(0, br);
        textDiv.style.cssText = "position:absolute; top:0";
        var textDatH = textDiv.offsetHeight;
        MaxRoll();
    }
    var minTime, maxTime, divTop, newTop = 0;
    /*最小滚动*/
    function MinRoll() {
```

```
        newTop++;
        if (newTop <= divTop + 40) {
            textDiv.style.top = "-" + newTop + "px";
        } else {
            /*取消由 setInterval()方法设置的定时器*/
            clearInterval(minTime);
            maxTime = setTimeout(MaxRoll, 5000);
        }
    }
    /*最大滚动*/
    function MaxRoll() {
        divTop = Math.abs(parseInt(textDiv.style.top));
        if (divTop >= 0 && divTop < textDatH - 40) {
            /*按照以毫秒计算的指定周期来调用函数或计算表达式*/
            minTime = setInterval(MinRoll, 1);
        } else {
            textDiv.style.top = 0;
            divTop = 0;
            newTop = 0;
            MaxRoll();
        }
    }
    // ]]>
</script>
```

网页效果如图 10.30 所示。

★今日德国股票市场走势★
★今日俄罗斯股票市场走势★

★今日美国纳斯达克走势★
★今日德国股票市场走势★

图 10.30　网页新闻滚动效果

10.31　坠落的文字

本实例使用 JavaScript 在网页上放置坠落的文字。本节主要涉及的 JavaScript 语法是：

1．document.all

document.all 的介绍参见 10.6 节，这里不再复述。

2．document.layers

document.layers 是一个代表所有由诸如<div><layer>等定位了的元素的数组。通常也是用<div>或<layer>对象的 id 属性来引用的，但是这里不包含除此以外的其他元素。

3．setTimeout

setTimeout 有两种形式这里不再复述。

本实例主要代码如下：

```
<script language=JavaScript>
```

```
/*定义和初始化变量*/
dynamicanimAttr = "dynamicanimation"
animateElements = new Array()
currentElement = 0
speed = 0
stepsZoom = 8
stepsWord = 16
stepsFly = 12
stepsSpiral = 16
steps = stepsZoom
step = 0
outString = ""
/*动画*/
function dynAnimation()
{ var ms = navigator.appVersion.indexOf("MSIE")
  ie4 = (ms>0) && (parseInt(navigator.appVersion.substring(ms+5, ms+6))
  >= 4)
  if(!ie4)
   { if((navigator.appName == "Netscape")
   &&(parseInt(navigator.appVersion.substring(0, 1)) >= 4))
    {  for (index=document.layers.length-1; index >= 0; index--)
      {   layer=document.layers[index]
          if (layer.left==10000)
              layer.left=0}}
    return    }
  for (index=document.all.length-1; index >= document.body.sourceIndex;
  index--)
  { el = document.all[index]
    animation = el.getAttribute(dynamicanimAttr, false)
    if(null != animation)
    { if(animation == "dropWord")
      { ih = el.innerHTML
        outString = ""
        i1 = 0
        iend = ih.length
        while(true)
        { i2 = startWord(ih, i1)
          if(i2 == -1)
            i2 = iend
          outWord(ih, i1, i2, false, "")
          if(i2 == iend)
            break
          i1 = i2
          i2 = endWord(ih, i1)
          if(i2 == -1)
            i2 = iend
          outWord(ih, i1, i2, true, animation)
          if(i2 == iend)
            break
          i1 = i2}
        document.all[index].innerHTML = outString
        document.all[index].style.posLeft = 0
        document.all[index].setAttribute(dynamicanimAttr, null)}
      if(animation == "zoomIn" || animation == "zoomOut")
      { ih = el.innerHTML
        outString = "<SPAN " + dynamicanimAttr + "=\"" + animation + "\"
        style=\"position: relative; left: 10000;\">"
        outString += ih
        outString += "</SPAN>"
        document.all[index].innerHTML = outString
        document.all[index].style.posLeft = 0
```

```
    document.all[index].setAttribute(dynamicanimAttr, null) }}}
 i = 0
 /*循环*/
 for (index=document.body.sourceIndex; index < document.all.length;
 index++)
 { el = document.all[index]
   animation = el.getAttribute(dynamicanimAttr, false)
   if (null != animation)
   { if(animation == "flyLeft")
     { el.style.posLeft = 10000-offsetLeft(el)-el.offsetWidth
      el.style.posTop = 0}
     else if(animation == "flyRight")
     { el.style.posLeft = 10000-offsetLeft(el)+document.body.offsetWidth
      el.style.posTop = 0}
     else if(animation == "flyTop" || animation == "dropWord")
     { el.style.posLeft = 0
      el.style.posTop = document.body.scrollTop-offsetTop(el)-el.
      offsetHeight}
     else if(animation == "flyBottom")
     { el.style.posLeft = 0
      el.style.posTop = document.body.scrollTop-offsetTop(el)+document.
      body.offsetHeight}
     else if(animation == "flyTopLeft")
     { el.style.posLeft = 10000-offsetLeft(el)-el.offsetWidth
      el.style.posTop = document.body.scrollTop-offsetTop(el)-el.
      offsetHeight}
     else if(animation == "flyTopRight" || animation == "flyTopRightWord")
     { el.style.posLeft = 10000-offsetLeft(el)+document.body.offsetWidth
      el.style.posTop = document.body.scrollTop-offsetTop(el)-el.
      offsetHeight}
     else if(animation == "flyBottomLeft")
     { el.style.posLeft = 10000-offsetLeft(el)-el.offsetWidth
      el.style.posTop = document.body.scrollTop-offsetTop(el)+document.
      body.offsetHeight}
     else if(animation == "flyBottomRight" || animation ==
     "flyBottomRightWord")
     { el.style.posLeft = 10000-offsetLeft(el)+document.body.offsetWidth
      el.style.posTop = document.body.scrollTop-offsetTop(el)+document.
      body.offsetHeight
        else if(animation == "spiral")
     { el.style.posLeft = 10000-offsetLeft(el)-el.offsetWidth
      el.style.posTop = document.body.scrollTop-offsetTop(el)-el.
      offsetHeight}
     else if(animation == "zoomIn")
     { el.style.posLeft = 10000
      el.style.posTop = 0}
     else if(animation == "zoomOut")
     { el.style.posLeft = 10000
      el.style.posTop = 0}
     else
     { el.style.posLeft = 10000-offsetLeft(el)-el.offsetWidth
      el.style.posTop = 0}
     el.initLeft = el.style.posLeft
     el.initTop = el.style.posTop
     animateElements[i++] = el}}
 window.setTimeout("animate();", speed)}
/*向左*/
function offsetLeft(el)
{   x = el.offsetLeft
  for (e = el.offsetParent; e; e = e.offsetParent)
    x += e.offsetLeft;
```

```
  return x}
  /*向上*/
function offsetTop(el)
{ y = el.offsetTop
  for (e = el.offsetParent; e; e = e.offsetParent)
   y += e.offsetTop;
  return y}
  /*开始*/
function startWord(ih, i)
{ for(tag = false; i < ih.length; i++)
  { c = ih.charAt(i)
    if(c == '<')
      tag = true
    if(!tag)
      return i
    if(c == '>')
      tag = false}
  return -1}
  /*结束*/
function endWord(ih, i)
{ nonSpace = false
  space = false
  while(i < ih.length)
  {   c = ih.charAt(i)
    if(c != ' ')
      nonSpace = true
    if(nonSpace && c == ' ')
      space = true
    if(c == '<')
      return i
    if(space && c != ' ')
      return i
    i++}
  return -1}
function outWord(ih, i1, i2, dyn, anim)
{  if(dyn)
   outString += "<SPAN " + dynamicanimAttr + "=\"" + anim + "\"
   style=\"position: relative; left: 10000;\">"
  outString += ih.substring(i1, i2)
  if(dyn)
    outString += "</SPAN>"}
function animate()
{ el = animateElements[currentElement]
  animation = el.getAttribute(dynamicanimAttr, false)
  step++
  if(animation == "spiral")
  { steps = stepsSpiral
    v = step/steps
    rf = 1.0 - v
    t = v * 2.0*Math.PI
    rx = Math.max(Math.abs(el.initLeft), 200)
    ry = Math.max(Math.abs(el.initTop),  200)
    el.style.posLeft = Math.ceil(-rf*Math.cos(t)*rx)
    el.style.posTop  = Math.ceil(-rf*Math.sin(t)*ry)}
 else if(animation == "zoomIn")
 { steps = stepsZoom
   el.style.fontSize = Math.ceil(50+50*step/steps) + "%"
   el.style.posLeft = 0}
 else if(animation == "zoomOut")
 { steps = stepsZoom
```

```
      el.style.fontSize = Math.ceil(100+200*(steps-step)/steps) + "%"
      el.style.posLeft = 0}
    else
    { steps = stepsFly
      if(animation == "dropWord")
        steps = stepsWord
      dl = el.initLeft / steps
      dt = el.initTop  / steps
      el.style.posLeft = el.style.posLeft - dl
      el.style.posTop = el.style.posTop - dt}
    if (step >= steps)
    { el.style.posLeft = 0
      el.style.posTop = 0
      currentElement++
      step = 0}
     if(currentElement < animateElements.length)
      /*每隔指定的时间就执行一次表达式*/
      window.setTimeout("animate();", speed)
}
</script>
```

图 10.31　坠落的文字

网页效果如图 10.31 所示。

10.32　缩放自如的文字

本实例使用 JavaScript 在网页上放置缩放自如的文字。本节主要涉及的 JavaScript 语法是：

1．document.write方法与document.close方法

document.write()方法可以用在两个方面，详细见 10.3 节，不再复述。

切记在载入页面后，浏览器输出流自动关闭。在此之后，任何一个对当前页面进行操作的 document.write()方法将打开一个新的输出流，它将清除当前页面内容（包括源文档的任何变量或值）。因此，假如希望用脚本生成的 HTML 替换当前页面，就必须把 HTML 内容连接起来赋给一个变量，使用一个 document.write()方法完成写操作。不必清除文档并打开一个新数据流，一个 document.write()调用就可完成所有的操作。

关于 document.write()方法还有一点要说明的是它的相关方法 document.close()。脚本向窗口（不管是本窗口或其他窗口）写完内容后，必须关闭输出流。在延时脚本的最后一个 document.write()方法后面，必须确保含有 document.close()方法，不这样做就不能显示图像和表单。并且，任何后面调用的 document.write()方法只会把内容追加到页面后，而不会清除现有内容来写入新值。

2．setTimeout

setTimeout 有两种形式这里不再复述。

本实例主要代码如下：

```
<script language="javascript">
    /*定义和初始化变量*/
    var speed = 20;
    var cycledelay = 1000;
    var maxsize = 48;
```

```
var thismsg2 = new initArray(
"从小变大……<br>还会从大变小……", "<a href=#><b><i>可以加粗加斜加链接……
</i></b></a>", "<img src=images/left.gif>还可以加图片:)<img
src=images/right.gif>", "嘿嘿……酷吧？"
);
var x = 0;
var y = 0;
var thismsg, size;
var esize = "";
/*初始化数组*/
function initArray() {
    this.length = initArray.arguments.length;
    for (var i = 0; i < this.length; i++) {
        this[i] = initArray.arguments[i];
    }
}
if (navigator.appName == "Netscape")
document.write('<layer id="msgblk"></layer><br>');
if (navigator.appVersion.indexOf("MSIE") != -1) //如果是 IE
document.write('<span id="msgblk"></span><br>');
/**/
function big() {
    thismsg = thismsg2[y];
    if (x < maxsize) {
        x++;
        setTimeout("big()", speed);
    } else setTimeout("small()", cycledelay);
    if (navigator.appName == "Netscape") {
        size = "<font point-size='" + x + "pt'>";
        document.msgblk.document.write(size + "<center>" + thismsg +
        "</center>" + esize);     /*页面输出*/
        /*页面关闭*/
        document.msgblk.document.close();
    }
    if (navigator.appVersion.indexOf("MSIE") != -1) {
        msgblk.innerHTML = "<center>" + thismsg + "</center>";
        msgblk.style.fontSize = x + 'px'
    }
}
function small() {
    if (x > 1) {
        x--;
        /*定义和初始化变量*/
        setTimeout("small()", speed);
    } else {
        setTimeout("big()", cycledelay);
        y++;
        if (y > thismsg2.length - 1) y = 0;
    }
    if (navigator.appName == "Netscape") {
        size = "<font point-size='" + x + "pt'>";
        document.msgblk.document.write(size + "<center>" + thismsg +
        "</center>" + esize);
        document.msgblk.document.close();
    }
    if (navigator.appVersion.indexOf("MSIE") != -1) {
        msgblk.innerHTML = "<center>" + thismsg + "</center>";
        msgblk.style.fontSize = x + 'px'
    }
}
```

```
    /*每隔指定的时间就执行一次表达式*/
    setTimeout("big()", speed);
</script>
```

网页效果如图 10.32 所示。

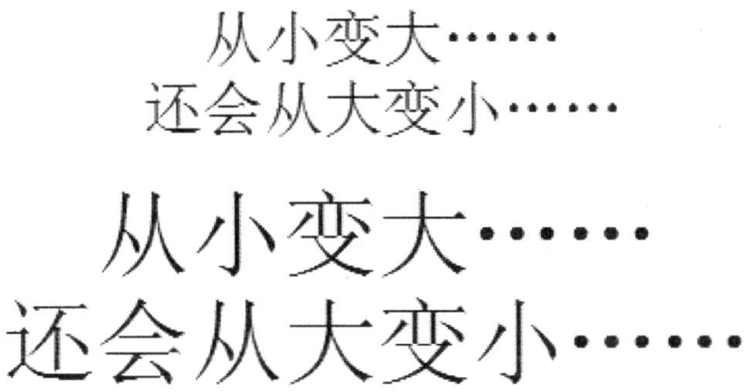

从小变大……
还会从大变小……

从小变大……
还会从大变小……

图 10.32　缩放自如的文字

10.33　多种文字炫彩效果

本实例使用 JavaScript 实现多种文字炫彩效果。本节主要涉及的 JavaScript 语法是 filters:Glow 滤镜，该滤镜产生光晕效果，光晕的颜色和光晕的长度均可修改。

本实例主要代码如下：

```
<script language="javascript">
    /*定义和初始化变量*/
    var divs = new Array();
    var da = document.all;
    var start;
    var speed = 50;
    /*初始化*/
    function initVars() {
       if (!document.all) return addDiv(hi, "lime", 2, 11);
       addDiv(welcome, "red", 4, 9);
       addDiv(message, "purple", 2, 4);
       addDiv(msg2, "orange", 15, 17);
       addDiv(msg3, "blue", 1, 3);
       startGlow();
    }
    /*增加层*/
    function addDiv(id, color, min, max) {
       var j = divs.length;
       divs[j] = new Array(5);
       divs[j][0] = id;
       divs[j][1] = color;
       divs[j][2] = min;
       divs[j][3] = max;
       divs[j][4] = true;
    }
    /*开始炫彩*/
    function startGlow() {
```

```
        if (!document.all) return 0;
        for (var i = 0; i < divs.length; i++) {
            divs[i][0].style.filter = "Glow(Color=" + divs[i][1] + ",
            Strength=" + divs[i][2] + ")";
            divs[i][0].style.width = "100%";
        }
        start = setInterval('update()', speed);
    }
    /*变换*/
    function update() {
        for (var i = 0; i < divs.length; i++) {
            if (divs[i][4]) {
                /* filters:Glow 滤镜*/
                divs[i][0].filters.Glow.Strength++;
                if (divs[i][0].filters.Glow.Strength == divs[i][3])
                divs[i][4] = false;
            }
            if (!divs[i][4]) {
                divs[i][0].filters.Glow.Strength--;
                if (divs[i][0].filters.Glow.Strength == divs[i][2])
                divs[i][4] = true;
            }
        }
    }
</script>
```

网页效果如图 10.33 所示。

图 10.33　多种文字炫彩效果

第 11 章　链 接 特 效

超链接是指从一个网页指向一个目标的连接关系，这个目标可以是另一个网页，也可以是相同网页上的不同位置，还可以是一个图片，一个电子邮件地址，一个文件，甚至是一个应用程序。而在一个网页中用来超链接的对象，可以是一段文本或者是一个图片。在网页中，一般文字上的超链接都是单调的一个颜色，文字下面有一条下划线，为了改变这种单一的表现形式，我们可以实现将鼠标移动到某个文字链接上，文字就会像动画一样动起来或改变颜色的效果，也可以实现鼠标移到图片上，图片就产生反色或朦胧等效果。本章主要讲解链接特效，内容是网页中这类特效的实际应用。

11.1　滚动变色的链接

本实例使用 JavaScript 制作一个实例，该实例展示的是滚动变色的链接。本节主要涉及的 JavaScript 语法如下。

- onmouseover：鼠标移动到对象上时响应事件。
- onmouseout：鼠标从对象上移出时响应事件。
- clearInterval：window.clearInterval()将取消由 setInterval()方法设置的定时器。setInterval()方法会不停地调用函数，直到用 clearInterval()方法终止定时或窗口被关闭。
- setInterval()方法已在 1.43 节介绍过，不再复述。
- filter:alpha 滤镜：语法形式如下。

```
filter:alpha(opacity=opcity,finishopacity=finishopacity,style=style,sta
rtX=startX,startY=startY,finish=finishX,finishY=finishY)
```

参数，opacity 代表透明度等级，可选值从 0～100，0 代表完全透明，100 代表完全不透明；style 参数指定了透明区域的形状特征，其中 0 代表统一形状；1 代表线形；2 代表放射状；3 代表长方形；finishopacity 是一个可选项，用来设置结束时的透明度，从而达到一种渐变效果，它的值也是从 0～100；startX 和 startY 代表渐变透明效果的开始坐标；finishX 和 finishY 代表渐变透明效果的结束坐标。

- navigator.userAgent：使用 navigator.userAgent 来判断浏览器类型。

本实例主要代码如下：

```
<script type="text/javascript">
   /*滚动字符*/
   var RollText = function(cName, color1, color2)
   {
      this.initialize(cName, color1, color2);
   }
```

```
/*滚动字符原型*/
RollText.prototype =
{
    /*初始化*/
    initialize: function(cName, color1, color2)
    {
        var self = this;
        var obj = self.getClass(document.body, cName);
        for (var i = 0; i < obj[0].getElementsByTagName("li").length; i++)
        {
            var li = obj[0].getElementsByTagName("li")[i];
            li.style.position = "relative";
            li.style.overflow = "hidden";
            var text = li.getElementsByTagName("a")[0];
            text.style.position = "absolute";
            text.style.textDecoration = "none";
            text.innerHTML = "<font color=" + color1 + ">" + text.
            innerHTML + "</font><br /><font color=" + color2 +
            ">" + text.innerHTML + "</font>";
            /*鼠标移入*/
            text.onmouseover = function()
            {
                self.startMove(this, {
                    "marginTop": -li.offsetHeight
                });
            }
            /*鼠标移出*/
            text.onmouseout = function()
            {
                self.startMove(this, {
                    "marginTop": 0
                });
            }
        }
    },
    /*获取类*/
    getClass: function(oParent, sClass) {
        var aElem = oParent.getElementsByTagName('*');
        var aClass = [];
        var i = 0;
        for (i = 0; i < aElem.length; i++) if (aElem[i].className == sClass)
        aClass.push(aElem[i]);
        return aClass;
    },
    /*开始移动*/
    startMove: function(target, object, onComplete) {
        var self = this;
        if (target.timer) clearInterval(target.timer);/*取消定时器*/
        target.timer = setInterval(function() {        /*设置定时器*/
            self.doMove(target, object, onComplete);
        },
        30);
    },
    /*移动*/
    doMove: function(target, object, onComplete) {
        var iCur = 0;
        var attr = '';
        var bStop = true;
        var self = this;
```

```
        for (attr in object) {
            attr == 'opacity' ? iCur = parseInt(parseFloat(self.getStyle
            (target, 'opacity')) *
              100) : iCur = parseInt(self.getStyle(target, attr));
            if (isNaN(iCur)) iCur = 0;
            /*判断浏览器类型*/
            if (navigator.userAgent.indexOf("Firefox") > 0) {
                var iSpeed = (object[attr] - iCur) / 3;
            } else {
                var iSpeed = (object[attr] - iCur) / 3;
            }
            iSpeed = iSpeed > 0 ? Math.ceil(iSpeed) : Math.floor(iSpeed);
            if (parseInt(object[attr]) != iCur) bStop = false;
            if (attr == 'opacity') {
            /* filter:alpha 滤镜*/
                target.style.filter = "alpha(opacity:" + (iCur + iSpeed)
                + ")";
                target.style.opacity = (iCur + iSpeed) / 100;
            } else {
                attr == 'zIndex' ? target.style[attr] = iCur + iSpeed:
                target.style[attr] = iCur + iSpeed + 'px';
            }
        }
        if (bStop) {
            clearInterval(target.timer);
            target.timer = null;
            if (onComplete) onComplete();
        }
    },
    /*获取样式*/
    getStyle: function(target, attr) {
        return target.currentStyle ?
         target.currentStyle[attr] :
        getComputedStyle(target, false)[attr];
    }
}
/**
* 用法如下
* @method   RollText(cName,color1,color2);
* @param cName 要运用到的 class
* @param color1 默认时文字颜色
* @param color1 鼠标经过翻滚显示的字体颜色
* 注：颜色值要写全（如#000000）否则 IE 不显示你设置的颜色
*/
 window.onload = function()
 {
    var roll = new RollText("box",
    "#000000", "#ff0000");
            /*新闻列表展示*/
    var rollMenu = new
    RollText("menuBox", "#000000",
   "#CC6000");
 /*网站菜单展示*/
 }
</script>
```

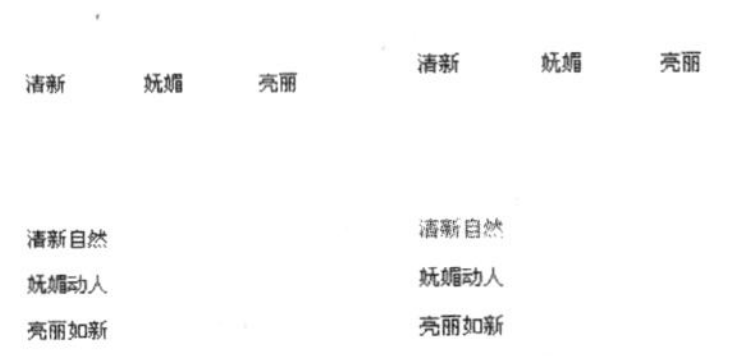

清新　妩媚　亮丽　清新　妩媚　亮丽

清新自然　清新自然
妩媚动人　妩媚动人
亮丽如新　亮丽如新

图 11.1　滚动变色的链接

网页效果如图 11.1 所示。

11.2　带提示框的链接

本实例使用 JavaScript 在网页中展示带提示框的链接。本章主要涉及的 JavaScript 语法是：

```
CSS :hover 伪类
```

:hover 伪类在鼠标移到元素上时向此元素添加特殊的样式，该伪类应用处于“悬停状态”的元素。悬停定义为用户指示了一个元素但没有将其激活。对此最常见的例子是将鼠标指针移到 HTML 文档中一个超链接的边界范围内。理论上，其他元素也可以处于悬停状态，但是 CSS 没有定义究竟是哪些元素。

本实例主要代码如下：

```
<script>
   var ns4class = ''              /*定义 CSS 伪类*/
</script>
```

网页效果如图 11.2 所示。

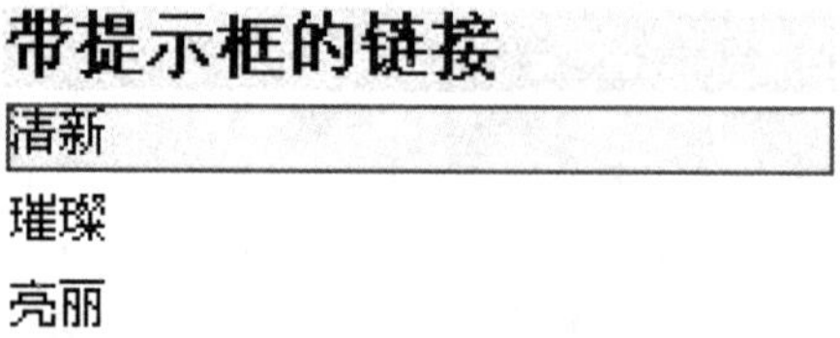

带提示框的链接

清新

璀璨

亮丽

图 11.2　带提示框的链接

11.3　链接变换背景色

本实例使用 JavaScript 展示链接变换背景色。本节主要涉及的 JavaScript 语法是 document.bgColor。

document.bgColor 用以设置网页页面背景颜色，document 的一些同类属性还包括 document.bgColor 、 document.fgColor 、 document.linkColor 、 document.alinkColor 、 document.vlinkColor。

bgColor 用来设置背景的颜色，FgColor 属性用来设置文字的颜色，使用 Bgcolor 和 FgColor 属性，就能够在网页上的任何位置改变字体颜色和背景颜色。linkColor、alinkColor、vlinkColor 则被用在链接元素<A HREF>中，用以标记链接其他文件时所显示的颜色，这种颜色也叫做链接色。linkColor 属性用来设置链接色，alinkColor 属性设置的是链接正在被单击时的颜色，vlinkColor 属性则是设置单击后的超链接颜色。

这里要请各位读者注意，JavaScript 是严格区分大小写的，应该写作 bgColor 的，C 必须大写，而不能擅自改为小写。

本实例主要代码如下：

```
<script language="javascript">
    function rndbg()                    /*任意背景色*/
    {
        document.bgColor = getColor()          /*调用 getColor()函数取得颜
        色值，并将其应用到文档的背景色属性上*/
    }
    function getColor()
    {
        currentdate = new Date()                       /*取得当前时间*/
        backgroundcolor = currentdate.getSeconds()     /*将时间的秒数部分分
                                                        离出来*/
        /*以下几行将 0～59 的“秒数”限制在 0～15 之间*/
        if (backgroundcolor > 44) backgroundcolor = backgroundcolor - 45
        else if (backgroundcolor > 29) backgroundcolor = backgroundcolor -
        30
        else if (backgroundcolor > 15) backgroundcolor = backgroundcolor -
        16
        if (backgroundcolor == 0) return "olive";
        /*这里的代码利用刚才得到的 0～15 的随机数返回对应的 16 种颜色值*/
        else if (backgroundcolor == 1) return "teal";
        else if (backgroundcolor == 2) return "red";
        else if (backgroundcolor == 3) return "blue";
        else if (backgroundcolor == 4) return "maroon";
        else if (backgroundcolor == 5) return "navy";
        else if (backgroundcolor == 6) return "lime";
        else if (backgroundcolor == 7) return "fuschia";
        else if (backgroundcolor == 8) return "green";
        else if (backgroundcolor == 9) return "purple";
        else if (backgroundcolor == 10) return "gray";
        else if (backgroundcolor == 11) return "yellow";
        else if (backgroundcolor == 12) return "aqua";
        else if (backgroundcolor == 13) return "black";
        else if (backgroundcolor == 14) return "white";
        else if (backgroundcolor == 15) return "silver";
    }
</script>
```

网页效果如图 11.3 所示。

修改背景色点这里！　　修改背景色点这里！

图 11.3　链接变换背景色

11.4　霓虹灯链接

本实例使用 JavaScript 制作一个霓虹灯链接。本节主要涉及的 JavaScript 语法如下。

- document.linkColor：document.linkColor 用于设置或获取文档中超链接的颜色，该属性的值是一个颜色值或颜色名的字符串。
- document.vlinkColor：document.vlinkColor 用于设置或获取文档中已访问过的超链

接颜色，该属性的值是一个颜色值或颜色名的字符串。

本实例主要代码如下：

```
<script language="JavaScript">
    function initArray()              /*生成数组的函数*/
    {
       for (var i = 0; i < initArray.arguments.length; i++) /*遍历每个参数*/
       {
          this[i] = initArray.arguments[i]      /*将其加入数组成为一个元素*/
       }
       this.length = initArray.arguments.length;           /*取数租长度*/
    }
    /*生成颜色数组*/
    var colors = new initArray("ff0000", "800000", "000000", "008000",
    "00ff00", "008080", "0000ff");
    /*以秒计算的颜色变化间隔时间*/
    delay = .5;
    link = 0;
    vlink = 0;
    function linkDance() {
       link = (link + 1) % colors.length;
       vlink = (vlink + 1) % colors.length;
       document.linkColor = colors[link];
       document.vlinkColor = colors[vlink];
       setTimeout("linkDance()", delay * 1000);
    }
    linkDance();
</script>
```

网页效果如图 11.4 所示。

需要搜索点这里！　　需要搜索点这里！

要看新闻点这里！　　要看新闻点这里！

图 11.4　霓虹灯链接

11.5　链接的动态变换

本实例使用 JavaScript 实现链接的动态变换效果。本节主要涉及的 JavaScript 语法如下。

- navigator.appName 获取浏览器的名称，navigator 就是浏览器对象。
- navigator.appVersion 获取浏览器的版本。
- Math.floor(x)传回小于或等于指定数字 x 的最大整数。

本实例主要代码如下：

```
<script language=javascript>
    /*用户可根据需要自行修改这个参数*/
    var rainbowrate = 15;                  /*调整这里设定颜色变化速度*/
    /*以下为系统变量，请勿随意修改*/
```

```
var rainbowboj;                  /*触发时间的对象*/
var rainbowact = 0;              /*状态标志*/
var elmH = 0;                    /*色调*/
var elmS = 128;                  /*饱和度*/
var elmV = 255;                  /*亮度*/
var clrOrg;            /*改变颜色之前的初始颜色值，用于停止改变颜色后恢复其原色*/
var TimerID;           /*时钟 ID*/
/*测试浏览器是否符合要求*/
if (navigator.appName.indexOf("Microsoft", 0) != -1 &&
parseInt(navigator.appVersion) >= 4) {
   Browser = true;
} else {
   Browser = false;
}
/*如果符合要求，则开始捕获鼠标动作以控制颜色变化*/
if (Browser) {
   document.onmouseover = doRainbowAnchor;
   document.onmouseout = stopRainbowAnchor;
}
/*这个函数使变色开始*/
function doRainbowAnchor() {
   if (Browser && rainbowact != 1) {
      rainbowboj = event.srcElement;           /*取鼠标下的对象*/
      /*判断对象是否为链接或是包含在链接中的其他对象*/
      while (rainbowboj.tagName != 'A' && rainbowboj.tagName != 'BODY')
      {
         rainbowboj = rainbowboj.parentElement;
         if (rainbowboj.tagName == 'A' || rainbowboj.tagName == 'BODY')
         break;                                /*如果两者都不是，则退出*/
      }
      if (rainbowboj.tagName == 'A' && rainbowboj.href != '') {
                                               /*如果是非空链接*/
         rainbowact = 1;                       /*置活动标志*/
         clrOrg = rainbowboj.style.color;      /*取字符颜色的属性*/
         TimerID = setInterval("ChangeColor()", 100);
                                               /*开始改变颜色*/
      }
   }
}
function stopRainbowAnchor() {                 /*这个函数使变色停止*/
   /*如果目前变色正在进行中*/
   if (Browser && rainbowact != 0) {
      if (rainbowboj.tagName == 'A') {
         clearInterval(TimerID);               /*取消变色计时器*/
         rainbowboj.style.color = clrOrg;      /*恢复链接原来的颜色*/
         rainbowact = 0;                       /*设定标志*/
      }
   }
}
/*这个函数调用 makeColor()函数生成颜色值，并将其应用到相应的对象上*/
function ChangeColor() {
   rainbowboj.style.color = makeColor();
}
/*这个函数用于产生彩虹般的变化颜色*/
function makeColor() {
```

```
    /*HSV 转换成 RGB*/
    if (elmS == 0) {
        elmR = elmV;
        elmG = elmV;
        elmB = elmV;
    } else {
        t1 = elmV;
        t2 = (255 - elmS) * elmV / 255;
        t3 = elmH % 60;
        t3 = (t1 - t2) * t3 / 60;
        if (elmH < 60) {
            elmR = t1;
            elmB = t2;
            elmG = t2 + t3;
        } else if (elmH < 120) {
            elmG = t1;
            elmB = t2;
            elmR = t1 - t3;
        } else if (elmH < 180) {
            elmG = t1;
            elmR = t2;
            elmB = t2 + t3;
        } else if (elmH < 240) {
            elmB = t1;
            elmR = t2;
            elmG = t1 - t3;
        } else if (elmH < 300) {
            elmB = t1;
            elmG = t2;
            elmR = t2 + t3;
        } else if (elmH < 360) {
            elmR = t1;
            elmG = t2;
            elmB = t1 - t3;
        } else {
            elmR = 0;
            elmG = 0;
            elmB = 0;
        }
    }
    elmR = Math.floor(elmR);
    elmG = Math.floor(elmG);
    elmB = Math.floor(elmB);
    clrRGB = '#' + elmR.toString(16) + elmG.toString(16) +
    elmB.toString(16);
    elmH = elmH + rainbowrate;
    if (elmH >= 360) elmH = 0;
    return clrRGB;
  }
</script>
```

网页效果如图 11.5 所示。

西域阳光　　　　西域阳光

要想搜索点这里!　　　　要想搜索点这里!

图 11.5　链接的动态变换

11.6　带注释的链接

本实例使用 JavaScript 实现带注释的链接效果。本节主要涉及的 JavaScript 语法如下。

1．jQuery append()方法

append()文档操作方法在被选元素的结尾（仍然在内部）插入指定内容。append()和appendTo()方法执行的任务相同，但内容的位置和选择器有所不同。

2．jQuery mouseover()方法

当鼠标指针位于元素上方时，会发生 mouseover 事件，该事件大多数时候会与 mouseout 事件一起使用。

3．jQuery remove()方法

remove()方法移除被选元素，包括所有文本和子节点。该方法不会把匹配的元素从 jQuery 对象中删除，因而可以在将来再使用这些匹配的元素。但除了这个元素本身得以保留之外，remove()不会保留元素的 jQuery 数据，其他的比如绑定的事件、附加的数据等都会被移除，这一点与 detach()不同。

本实例主要代码如下：

```
<script type="text/javascript">
    < ![CDATA[$(function()
    {
        var x = 10;
        var y = 20;
        $("a.tooltip").mouseover(function(e)
        {
            this.myTitle = this.title;
            this.title = "";
            var tooltip = "<div id='tooltip'>" + this.myTitle + "<\/div>";
              /*创建 div 元素*/
            /*把它追加到文档中*/
            $("body").append(tooltip);
            $("#tooltip")
            /*设置 x 坐标和 y 坐标，并且显示*/
            .css({
                "top": (e.pageY + y) + "px",
                "left": (e.pageX + x) + "px"
            }).show("fast");
          }).mouseout(function()
          {
            this.title = this.myTitle;
            /*移除*/
            $("#tooltip").remove();
          }).mousemove(function(e) {
            $("#tooltip").css({
                "top": (e.pageY + y) + "px",
                "left": (e.pageX + x) + "px"
            });
```

```
        });
    })]] >
</script>
```

网页效果如图 11.6 所示。

清新

亮丽 清新亮丽

璀璨

光芒

图 11.6　带注释的链接

11.7　链接的动画注释

本实例使用 JavaScript 实现通过链接的动画注释。本节主要涉及的 JavaScript 语法是 filters.revealTrans 滤镜，该滤镜的语法如下：

```
filter:progid:DXImageTransform.Microsoft.RevealTrans(enabled=bEnabled,d
uration=fDuration,transition=iTransitionType)
```

其中，enabled 是可选项，为布尔值，用以设置或检索滤镜是否激活；duration 也是可选项，为浮点数，用以设置或检索转换完成所用的时间，其值为秒.毫秒(0.0000)格式；transition 同样也是可选项，为整数值，用以设置或检索转换所使用的方式。如本实例中的取值 23 就是表示随机使用 0～22 种可能的值转换。

本实例主要代码如下：

```
<SCRIPT language=JavaScript1.2>
    /*显示*/
    function Show(divid)
    {
       divid.filters.revealTrans.apply();
       divid.style.visibility = "visible";
       divid.filters.revealTrans.play();
    }
    /*隐藏*/
    function Hide(divid)
    {
       divid.filters.revealTrans.apply();
       divid.style.visibility = "hidden";
       divid.filters.revealTrans.play();
    }
</script>
```

清新

妩媚

妩媚动人

璀璨

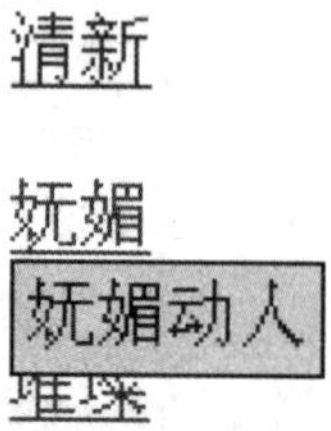

图 11.7　链接的动画注释

网页效果如图 11.7 所示。

11.8　鼠标滑入改变链接的背景

本实例使用 JavaScript 实现鼠标滑入改变链接的背景。本节主要涉及的 JavaScript 语法是 CSS :hover 伪类，在 1.2 节已介绍过，这里不再复述。

本实例主要代码如下：

```
/* hover 伪类在鼠标移到元素上时向此元素添加特殊的样式*/
<style type="text/css">
   * { font-size:12px; text-align:center; } a { display:block; width:100px;
   height:30px; color:#353535; line-height:30px; text-decoration:none;
   background:url(bt.jpg)
   no-repeat 0 0; } a:hover { color:#000; background:url(bt.jpg) no-repeat
   0 -30px; }
</style>
```

网页效果如图 11.8 所示。

清新亮丽　　清新亮丽

图 11.8　鼠标滑入改变链接的背景

11.9　翻滚的文本链接

本实例使用 JavaScript 制作翻滚的文本链接。本节主要涉及的 JavaScript 语法如下。

- onmouseover 和 onmouseout，已在 11.1 节介绍过，不再复述。
- 对于 innerHTML 属性，几乎所有的元素都有 innerHTML 属性，它是一个字符串，用来设置或获取位于对象起始和结束标签内的 HTML。很多人都可能遇到过这种情况，设置 innerHTML 的时候，插入的 HTML 代码中包含脚本，但这些脚本却不生效，或者在 IE 上生效在其他浏览器上就不生效。原因很简单，不同浏览器对插入 innerHTML 中的脚本有不同的处理方法。经过实践，对于 IE，首先 script 标签必须带 defer 属性，其次在插入时，innerHTML 的所属节点必须在 DOM 树中；对于 Firefox 和 Opera，在插入时刻，innerHTML 的所属节点不可以在 DOM 树中。

本实例主要代码如下：

```
<script language="javascript" type="text/javascript">
   marqueesHeight = 18;
   stopscroll = false;
   icefable1.scrollTop = 0;
   /*鼠标移入移出*/
   with(icefable1)
   {
      style.width = 0;
      style.height = marqueesHeight;
      style.overflowX = "visible";
      style.overflowY = "hidden";
      noWrap = true;
```

```
        onmouseover = new Function("stopscroll=true");
        onmouseout = new Function("stopscroll=false");
    }
    preTop = 0;
    currentTop = 0;
    stoptime = 0;
    /*滚动文字函数*/
    function init_srolltext()
    {
        icefable2.innerHTML = "";
        icefable2.innerHTML += icefable1.innerHTML;
        icefable1.innerHTML = icefable2.innerHTML + icefable2.innerHTML;
        setInterval("scrollUp()", 50);
    }
    /*向上滚动*/
    function scrollUp()
    {
        if (stopscroll == true) return;
        currentTop += 1;
        if (currentTop == 19) {
            stoptime += 1;
            currentTop -= 1;
            if (stoptime == 50) {
                currentTop = 0;
                stoptime = 0;
            }
        } else {
            preTop = icefable1.scrollTop;
            icefable1.scrollTop += 1;
            if (preTop == icefable1.scrollTop) {
                icefable1.scrollTop = icefable2.offsetHeight -
                marqueesHeight;
                icefable1.scrollTop += 1;
            }
        }
    }
    /*调用初始化滚动文字函数*/
    init_srolltext();
</script>
```

网页效果如图 11.9 所示。

图 11.9　翻滚的文本链接

11.10　顺序渐现的链接

本实例使用 JavaScript 在网页上制作出顺序渐现的链接。本节主要涉及的 JavaScript 语法如下。

1. setTimeout

setTimeout 有两种形式，这里不再复述。

2．clearTimeout

clearTimeout()方法可清除由 setTimeout()方法设置的清除定时器。

本实例主要代码如下：

```
<script language="javascript" type="text/javascript">
    /*转换成十六进制*/
    function enHex(aDigit) {
        return ("0123456789ABCDEF".substring(aDigit, aDigit + 1))
    }
    /*转换成十六进制*/
    function deHex(aDigit) {
        return ("0123456789ABCDEF".indexOf(aDigit))
    }
    /*转换成十六进制*/
    function toHex(n) {
        return (enHex((0xf00000 & n) >> 20) + enHex((0x0f0000 & n) >> 16) +
        enHex((0x00f000 & n) >> 12) + enHex((0x000f00 & n) >> 8) +
        enHex((0x0000f0 & n) >> 4) + enHex((0x00000f & n) >> 0))
    }
    /*转换成浮点数*/
    function toDecimal(hexNum) {
        var tmp = "" + hexNum.toUpperCase() while (tmp.length < 6) tmp = "0"
        + tmp
        return ((deHex(tmp.substring(0, 1)) << 20) + (deHex(tmp.substring(1,
        2)) << 16) + (deHex(tmp.substring(2, 3)) << 12) +
        (deHex(tmp.substring(3, 4)) << 8) + (deHex(tmp.substring(4, 5)) <<
        4) + (deHex(tmp.substring(5, 6))))
    }
…
    /*初始化链接*/
    function initLinks(mouseOverColour, numberOfLinks, fadeOutColour) {
        hoverColour = mouseOverColour;
        numLinks = numberOfLinks;
        rate = 1;
        numFadeLevels = 30;
        /*初始化数组*/
        function initArray(theArray, length, val) {
            for (i = 0; i < length; i++) {
                theArray[i] = val;
            }
        }
        bgR = '0000' + fadeOutColour.substring(1, 3) bgG = '0000' +
        fadeOutColour.substring(3, 5) bgB = '0000' +
        fadeOutColour.substring(5, 7) currR = new Array(numLinks);
        currG = new Array(numLinks);
        currB = new Array(numLinks);
        count = new Array(numLinks);
        fadeOut = new Array(numLinks);
        continuous = new Array(numLinks);
        newColour = new Array(numLinks);
        tID = new Array(numLinks);
        redInterval = toDecimal(bgR) / numFadeLevels;
        greenInterval = toDecimal(bgG) / numFadeLevels;
        blueInterval = toDecimal(bgB) / numFadeLevels;
        initArray(currR, numLinks, 0);
        initArray(currG, numLinks, 0);
        initArray(currB, numLinks, 0);
```

```
      initArray(count, numLinks, 0);
      initArray(fadeOut, numLinks, true);
      initArray(continuous, numLinks, true);
   }
   /*开始褪色*/
  function startFade(id) {
      if (fadeOut[id] == true) {
         currR[id] += redInterval;
         currG[id] += greenInterval;
         currB[id] += blueInterval;
         newColour[id] = '#' + (toHex(currR[id])).substring(4, 6) +
        (toHex(currG[id])).substring(4, 6) +
        (toHex(currB[id])).substring(4, 6);
         if (++count[id] == numFadeLevels) {
            fadeOut[id] = false;
         }
      } else {
         currR[id] -= redInterval;
         currG[id] -= greenInterval;
         currB[id] -= blueInterval;
         newColour[id] = '#' + (toHex(currR[id])).substring(4, 6) +
        (toHex(currG[id])).substring(4, 6) +
        (toHex(currB[id])).substring(4, 6);
         if (--count[id] == 0)
         {
            fadeOut[id] = true;
         }
      }
      if (continuous[id] == true)
      {
         document.getElementById(id).style.color = newColour[id];
      }
      else
      {
         document.getElementById(id).style.color = hoverColour;
      }
      clearTimeout(tID[id]);
      tID[id] = setTimeout('startFade(' + id + ')', rate);
   }
   /*继续褪色*/
   function continueFade(id)
   {
      continuous[id] = true;
   }
   /*停止褪色*/
   function stopFade(id)
   {
      continuous[id] = false;
   }
   /*开始计时*/
   function StartTimers()
   {
      for (id = 0; id < numLinks; id++) {
         t = setTimeout('startFade(' + id + ')', id * 100);
      }
   }
   initLinks('#FFFFFF', 6, '#FFCC77');           /*调用初始化链接*/
</script>
```

网页效果如图 11.10 所示。

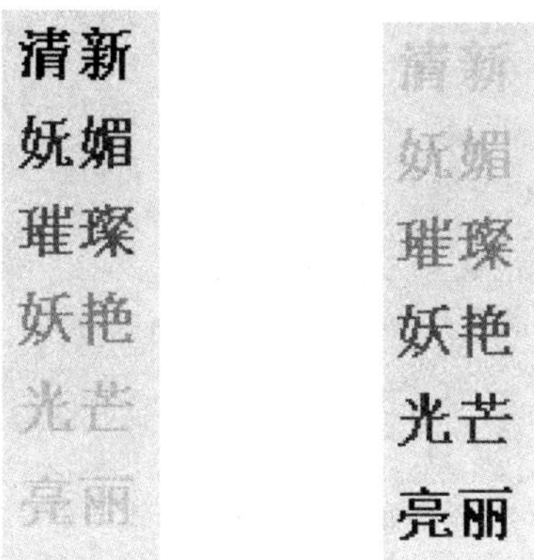

图 11.10　顺序渐现的链接

11.11　链接弹出动画

本实例使用 JavaScript 在网页上制作链接弹出动画。本节主要涉及的 JavaScript 语法如下。

- document.layers 属性用于检测是否是 netscape。
- document.all 是一个表示当前文档的所有对象的数组，不仅包括页面上可见的实体对象，还包括一些不可见的对象，如 HTML 注释等。在 document.all 数组里，元素不分层次，是按照其在文档中出现的先后顺序平行罗列的。所以可以用数字索引来引用到任何一个元素，但比较常用的是用对象 id 来引用一个特定的对象，如 document.all["element"]。
- onmouseover：鼠标移动到对象上时响应事件。

本实例主要代码如下：

```
<script language="JavaScript">
   /*重新加载页面*/
   function MM_reloadPage(init) {
      if (init == true) with(navigator) {
         if ((appName == "Netscape") && (parseInt(appVersion) == 4)) {
            document.MM_pgW = innerWidth;
            document.MM_pgH = innerHeight;
            onresize = MM_reloadPage;
         }
      } else if (innerWidth != document.MM_pgW || innerHeight !=
      document.MM_pgH) location.reload();
   }
   /*初始化变量*/
   MM_reloadPage(true);
   var x, y
   var timer
   var i_fontsize = 0
   var step = 0
   var thisx, thisy
   /*处理函数*/
   function handlerMM(e) {
```

```
        x = (document.layers) ? e.pageX: event.clientX y = (document.layers) ?
        e.pageY: event.clientY
    }
    /*弹出函数 1*/
    function ringup() {
        if (document.all) {
            thisx = x thisy = y ringup2()
        }
    }
    /*弹出函数 2*/
    function ringup2() {
        if (i_fontsize <= 1000) {
            document.all.ring.style.fontSize = i_fontsize
            document.all.ring.style.color = "rgb(255," +
            Math.floor(i_fontsize / 6) + "," + Math.floor(i_fontsize / 6) +
            ")"document.all.ring.style.posLeft = thisx -
            (Math.floor(i_fontsize / 3)) document.all.ring.style.posTop =
            thisy - (Math.floor(i_fontsize / 1.4)) step += 4 i_fontsize +=
            step timer = setTimeout("ringup(2)", 50)
        } else {
            clearTimeout(timer) i_fontsize = 0 step = 0
            document.all.ring.style.posTop = -10000
        }
    }
    document.onmousemove = handlerMM;
</script>
```

网页效果如图 11.11 所示。

图 11.11　链接弹出动画

11.12　字体会改变的链接

本实例使用 JavaScript 在网页上制作字体会改变的链接。本节主要涉及的 JavaScript 语法是 onmouseover 和 onmouseout，已在 1.1 节介绍过，不再复述。

本实例主要代码：

```
/*鼠标移入移出*/
<div onMouseOver="this.style.fontStyle='italic'" onMouseOut
="this.style.fontStyle=''">
    鼠标移入文字变成斜体!
</div>
```

网页效果如图 11.12 所示。

鼠标移入文字变成斜体!　　*鼠标移入文字变成斜体!*

图 11.12　字体会改变的链接

11.13　鼠标滑入链接出现移动的注释

本实例使用 JavaScript 实现鼠标滑入链接出现移动的注释。本节主要涉及的 JavaScript 语法如下。

- navigator.appName 获取浏览器的名称，navigator 就是浏览器对象。
- navigator.appVersion 获取浏览器的版本。
- document.layers 属性用于检测是否是 netscape。
- document.all 已在 11.11 节介绍过，不再复述。
- setTimeout 有两种形式，这里不再复述。

本实例主要代码如下：

```
<SCRIPT LANGUAGE="JavaScript">
    /*初始化变量*/
    window.onerror = null;
    /*获取浏览器名称*/
    var bName = navigator.appName;
    /*获取浏览器版本*/
    var bVer = parseInt(navigator.appVersion);
    var NS4 = (bName == "Netscape" && bVer >= 4);
    var IE4 = (bName == "Microsoft Internet Explorer" && bVer >= 4);
    var NS3 = (bName == "Netscape" && bVer < 4);
    var IE3 = (bName == "Microsoft Internet Explorer" && bVer < 4);
    var scroll_length = 150;
    var time_length = 50;
    var begin_pos = 200;
    var i;
    var j;
    /*根据浏览器类型进行处理*/
    if (NS4 || IE4) {
        if (navigator.appName == "Netscape") {
            layerStyleRef = "layer.";
            layerRef = "document.layers";
            styleSwitch = "";
        } else {
            layerStyleRef = "layer.style.";
            layerRef = "document.all";
            styleSwitch = ".style";
        }
    }
    /*滚动*/
    function Scroll(layerName) {
        if (NS4 || IE4) {
            if (NS4 || IE4) {
                if (i < (begin_pos + scroll_length)) {
                    eval(layerRef + '["' + layerName + '"]' + styleSwitch +
                     '.visibility="visible"');
```

```
                eval(layerRef + '["' + layerName + '"]' + styleSwitch +
                '.left="' + i + '"');
                i++;
                j++;
                if (i == j) {
                    setTimeout("Scroll('" + layerName + "')",
                    time_length);
                }
            }
        }
    }
}
/*停止滚动*/
function StopScroll(layerName) {
    i = begin_pos + scroll_length;
    eval(layerRef + '["' + layerName + '"]' + styleSwitch + '.left="' +
    i + '"');
    hideLayer(layerName);
}
/*重置*/
function reset() {
    i = begin_pos;
    j = i;
}
/*隐藏层*/
function hideLayer(layerName) {
    if (NS4 || IE4) {
        eval(layerRef + '["' + layerName + '"]' + styleSwitch +
        '.visibility="hidden"');
    }
}
</script>
```

网页效果如图 11.13 所示。

鼠标放过来！

好怕怕哦！

图 11.13　鼠标滑入链接出现移动的注释

第 12 章　文本框特效

在表单中使用最多的对象就是文本框，比如在注册用户的表单中，注册用户名、姓名、密码、电子邮箱和自我简介等内容，都需要用到文本框。文本框能够保存任何数量的字母字符，可以设定文本框的类型是单行、多行或密码。本章主要讲解文本框特效，内容是网页中这类特效的实际应用。

12.1　单击清空文本框

本实例使用 JavaScript 制作一个实例，当鼠标单击文本框时，内容将被清空。本节主要涉及的 JavaScript 语法如下。

- Onmouseover 事件在鼠标移动到对象上时响应事件。
- Onmouseout 事件在鼠标从对象上移出时响应事件。
- onfocus 事件在对象获得焦点时发生。
- onclick 事件会在对象被点击时发生。onclick 与 onmousedown 不同。单击事件是在同一元素上发生了鼠标按下事件之后又发生了鼠标放开事件时才发生的。

本实例主要代码如下：

```
<input name="homepage" size="30" maxlength="100" class="editbox1" value="
单击这里"
/* Onmouseover 事件在鼠标移动到对象上时响应事件；Onmouseout 事件在鼠标从对象上移出
时响应事件*/
onMouseOver="this.focus()" onMouseOut="if(this.value=='')this.value='单击
这里';"
/* onfocus 事件在对象获得焦点时发生；onclick 事件会在对象被单击时发生*/
onFocus="this.select()" onClick="if(this.value=='单击这里')this.value
=''">
```

网页效果如图 12.1 所示。

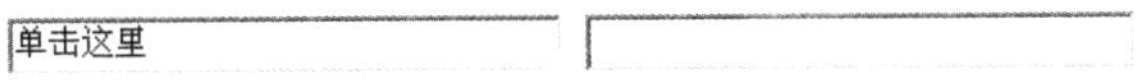

单击这里

图 12.1　单击清空文本框

12.2　当前时间显示在文本框中

本实例使用 JavaScript 在网页中的文本框里面显示当前时间。本章主要涉及的

JavaScript 语法是：

- setTimeout 有两种形式：setTimeout(code,interval)和 setTimeout(func,interval,args)，其中 code 是一个字符串，func()是一个函数；interval 表示时间，可以是延迟时间或者交互时间，以毫秒为单位。延迟时间，是在载入后延迟指定时间后，去执行一次表达式，仅执行一次；交互时间，是从载入后，每隔指定的时间就执行一次表达式。
- clearTimeout()方法可清除由 setTimeout()方法设置的清除定时器。
- getHours()方法可返回时间的小时字段。
- getMinutes()方法可返回时间的分钟字段。
- getSeconds()方法可返回时间的秒。

本实例主要代码如下：

```
<script language="JavaScript">
    /*定义变量*/
    var timerID = null;
    var timerRunning = false;
    /*时钟停止*/
     function stopclock()
     {
        if (timerRunning) clearTimeout(timerID);
        timerRunning = false;
     }
     /*时钟开始*/
     function startclock()
     {
        stopclock();
        showtime();
     }
     /*显示时间*/
    function showtime() {
        var now = new Date();
        var hours = now.getHours();
        var minutes = now.getMinutes();
        var seconds = now.getSeconds() var timeValue = now.getYear() + "年
       " + (now.getMonth() + 1) + "月" + now.getDate() + "日" + ((hours >=
       12) ? " 下午 ": " 上午 ") timeValue += ((hours > 12) ? hours - 12 : hours)
        timeValue += ((minutes < 10) ? ":0": ":") + minutes timeValue +=
       ((seconds < 10) ? ":0": ":") + seconds
       document.clock.thetime.
        timerID = setTimeout("showtime()",
       1000);
        timerRunning = true;
    }
</script>
```

2012年9月17日 下午 11:31:54

图 12.2　当前时间显示在文本框中

网页效果如图 12.2 所示。

12.3　任意变换文本框大小

本实例使用 JavaScript 在网页上展示可任意变换大小的文本框。本节主要涉及的 JavaScript 语法如下。

- <textarea>标签的 rows 属性取值为该文本框的行数。

- <textarea>标签的 cols 属性取值为该文本框的列数。

本实例主要代码如下：

```
<script language="javascript">
    /*增加行*/
    function addrows()
    {
        rows = form1.txt.rows;
        rows++;
        form1.txt.rows = rows;
    }
    /*增加列**/
    function addcols()
    {
        cols = form1.txt.cols;
        cols++;
        form1.txt.cols = cols;
    }
</script>
```

网页效果如图 12.3 所示。

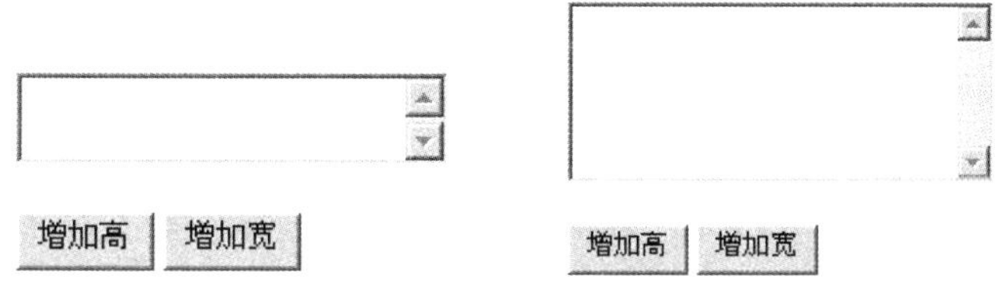

图 12.3　任意变换文本框大小

12.4　文本框弹出选择框效果

本实例使用 JavaScript 制作一个霓虹灯链接。本节主要涉及的 JavaScript 语法如下。

1．document.all

document.all 是一个表示当前文档的所有对象的数组，不仅包括页面上可见的实体对象，还包括一些不可见的对象，如 html 注释等等。在 document.all 数组里面，元素不分层次，是按照其在文档中出现的先后顺序，平行地罗列的。所以可以用数字索引来引用到任何一个元素。但比较常用的是用对象 id 来引用一个特定的对象，如 document.all["element"]。

2．createElement

createElement()是在对象中创建一个对象的方法。

3．getElementById()方法

getElementById()方法的语法是 getElementById(id)，可以访问 document 中某一设置了 id 的特殊元素。

本实例主要代码如下：

```
<script language="javascript" type="text/javascript">
   /*移动选项*/
    function moveselect(obj, target, all)
    {
       if (!all) all = 0
       /*document.all 是一个表示当前文档所有对象的数组*/
       if (obj != "[object]") obj = eval("document.all." + obj) target =
      eval("document.all." + target) if (all == 0) {
          while (obj.selectedIndex > -1) {
              /* createElement()是在对象中创建一个对象的方法*/
              mot = obj.options[obj.selectedIndex].text mov =
              obj.options[obj.selectedIndex].value obj.remove
             (obj.selectedIndex) var newoption = document.createElement
             ("OPTION");
              newoption.text = mot newoption.value = mov
              target.add(newoption)
          }
       } else {
          for (i = 0; i < obj.length; i++) {
              mot = obj.options[i].text mov = obj.options[i].value
              var newoption = document.createElement("OPTION");
              newoption.text = mot newoption.value = mov
              target.add(newoption)
          }
          obj.options.length = 0
       }
    }
    /*打开*/
    function dakai()
    {
       /* getElementById(id)，可以访问 document 中的某一设置了 id 的特殊元素*/
       document.getElementById('light').style.display = 'block';
       document.getElementById('fade').style.display = 'block'
    }
   /*关闭*/
   function guanbi() {
       var yuanGong = document.getElementById("yuanGong") yuanGong.value = ""
       var huoQu = document.getElementById("D2") for (var k = 0; k <
       huoQu.length; k++) yuanGong.value = yuanGong.value +
       huoQu.options[k].value + "
       "document.getElementById('light').style.display = 'none';
       document.getElementById('fade').style.display = 'none'
    }
</script>
```

网页效果如图 12.4 所示。

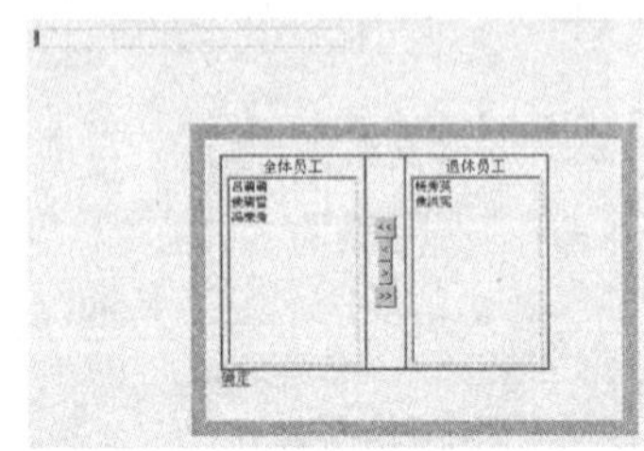

图 12.4　文本框弹出选择框效果

12.5　鼠标移入文字改变文本框内容

本实例使用 JavaScript 实现链接的动态变换效果。本节主要涉及的 JavaScript 语法是 getElementById()方法，语法是 getElementById(id)，可以访问 document 中的某一设置了 id 的特殊元素。

本实例主要代码如下：

```
<html>
   <head>
      <title>
         12.5 鼠标移入文字改变文本框内容
      </title>
      <script type="text/javascript">
         /*显示选择项*/
         function showSelect() {
            var _t = document.getElementById('t');
            var _s = document.getElementById('sel');
            if (_t.style.display == '') {
               _t.style.display = 'none';
            } else {
               _t.style.display = '';
            }
            if (_s.style.display == 'none') {
               _s.style.display = '';
            } else {
               _s.style.display = 'none';
            }
         }
      </script>
   </head>
   <body>
      <input type="text" name="t" id="t" value="侯瑞雪">
      <select name="sel" id="sel" style="display:none;">
         <option value="0">
            侯瑞雪
         </option>
         <option value="1">
            吕萌萌
         </option>
         <option value="2">
            侯洪宪
         </option>
         <option value="3">
            杨秀英
         </option>
         <option value="4">
            冯荣秀
         </option>
      </select>
      <input type="submit" name="Submit" onclick="showSelect();" value="
      我变"
      />
   </body>
</html>
```

网页效果如图 12.5 所示。

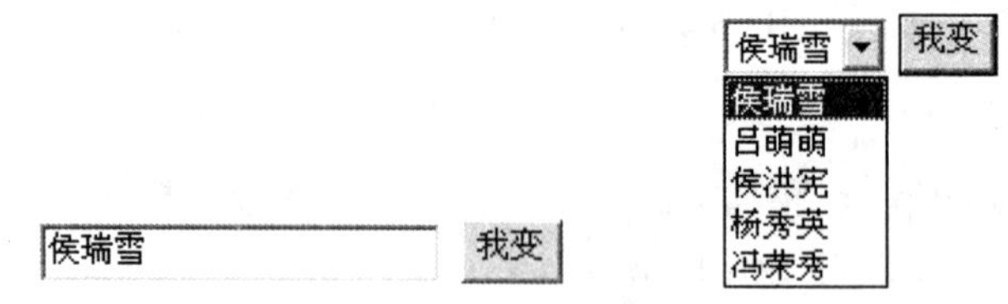

图 12.5　鼠标移入文字改变文本框内容

12.6　根据复选框内容改变文本框内容

本实例使用 JavaScript 实现根据复选框内容改变文本框内容的效果。本节主要涉及的 JavaScript 语法是 onchange 事件，会在域的内容改变时发生。

本实例主要代码如下：

```
<SCRIPT LANGUAGE="JavaScript">
    /*定义并初始化消息数组*/
    var messages = new Array(6);
    messages[0] = "";
    messages[1] = "勿忘国耻！";
    messages[2] = "自古就是！";
    messages[3] = "决不手软！";
    messages[4] = "琉球群岛原是中国的藩属国！";
    messages[5] = "巨龙腾飞！";
    /*显示消息*/
    function messageReveal()
    {
        var messageindex = document.messageForm.messagePick.selectedIndex
        document.messageForm.messageField.value = messages[messageindex];
    }
</SCRIPT>
```

网页效果如图 12.6 所示。

图 12.6　根据复选框内容改变文本框内容

12.7　单击文本框显示验证码

本实例使用 JavaScript 实现单击文本框显示验证码效果。本节主要涉及的 JavaScript

语法是 getElementsByTagName()方法，该方法已经在 5.3 节介绍过，不再复述。

本实例主要代码如下：

```
<script language="javascript">
    /*验证码*/
    function yanzhengma()
    {
       if (txt.value = "")
       {
          /*通过标签名称获取元素*/
          document.getElementsByTagName("span")[0].style.display =
          "none";
       }
       else
       {
       document.getElementsByTagName
        ("span")[0].style.display =
          "block";
       }
    }
</script>
```

AFDE

图 12.7　单击文本框显示验证码

网页效果如图 12.7 所示。

12.8　回车切换文本框

本实例使用 JavaScript 实现鼠标滑入改变链接的背景。本节主要涉及的 JavaScript 语法如下。

- onkeydown 事件会在用户按下一个键盘按键时发生。
- event.keyCode：使用 event 对象的 keyCode 属性判断输入的键值，本实例中 13 表示回车键、9 表示 Tab 键。

本实例主要代码如下：

```
<script language="javascript">
    /* onkeydown 事件会在用户按下一个键盘按键时发生*/
    function document.onkeydown()
    {
       if (event.keyCode == 13) event.keyCode = 9;
    }
</script>
```

用 户：
密 码：
邮 箱：

图 12.8　回车切换文本框

网页效果如图 12.8 所示。

12.9　单击按钮选择文本框内容

本实例使用 JavaScript 制作可通过单击按钮选择文本框内容的网页。本节主要涉及的 JavaScript 语法如下。

- focus()方法用于给予该元素焦点。
- select()方法用于选取文本域中的内容。

本实例主要代码如下：

```
/* focus()方法用于给予该元素焦点*/
/* select()方法用于选取文本域中的内容*/
<input type=button value="全选文本框中的内容"
    onClick="javascript:this.form.myForm.focus();this.form.myForm.
    select();">
```

网页效果如图 12.9 所示。

图 12.9　单击按钮选择文本框内容

12.10　文本框打字效果

本实例使用 JavaScript 在网页上制作文本框打字效果。本节主要涉及的 JavaScript 语法是 setTimeout，它有两种形式，这里不再复述。

本实例主要代码如下：

```
<SCRIPT LANGUAGE="JavaScript">
    /*定义并初始化变量*/
    var max = 0;
    msgkeeptime = 2000;
    typeinterval = 50;
    tl = new msglist("钓鱼岛是钓鱼岛列岛的主岛，是中国固有领土，位于中国东海，距温
州市约 356 千米、福州市约 385 千米、基隆市约 190 千米，面积 4.3838 平方公里，周围海域面
积约为 17 万平方公里。", "1972 年美国将其“行政管辖权”连同琉球一起“交给”日本，历史
上琉球并不属于日本。", "中日钓鱼岛争议由此产生。1970 年代开始，华人组织民间团体曾多次
展开宣示主权的“保钓运动”。", "2012 年 9 月 10 日起，中国有关部门对钓鱼岛及其附属岛屿
开展常态化监视监测；9 月 11 日，央视首次播钓鱼岛天气预报。", "2012 年 9 月 17 日，央视报
道：中国学者发现 1895 年日政府就知道钓鱼岛是中国的。");
    /*消息列表*/
    function msglist()
    {
        max = msglist.arguments.length;
        for (i = 0; i < max; i++) this[i] = msglist.arguments[i];
    }
    /*定义并初始化变量*/
    var x = 0;
    pos = 0;
    var l = tl[0].length;
    /*消息打字效果*/
    function msgtyper()
    {
        document.tickform.msgbox.value = tl[x].substring(0, pos) + "_";
        if (pos++==l) {
            pos = 0;
            if (++x == max) x = 0;
            l = tl[x].length;
            /*每隔指定的时间就执行一次表达式*/
            setTimeout("msgtyper()", msgkeeptime);
```

```
        } else setTimeout("msgtyper()", typeinterval);
    }
</script>
```

网页效果如图 12.10 所示。

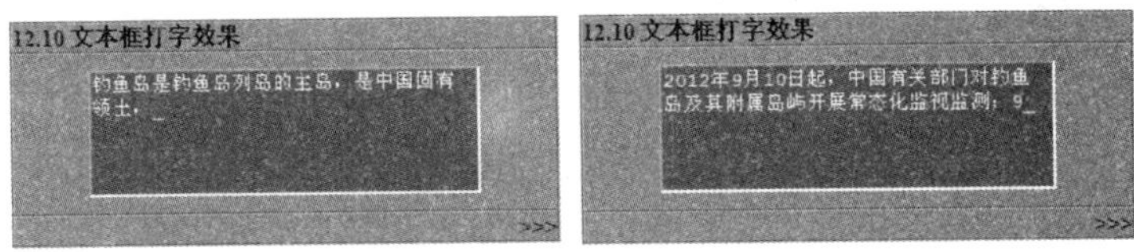

图 12.10　文本框打字效果

12.11　带下划线的文本框

本实例使用 JavaScript 在网页上制作带下划线的文本框。本节主要涉及的 JavaScript 语法如下。

- border-bottom 是下边框属性，border-bottom 是 border-bottom-width、border-bottom-style 和 border-bottom-color 的一种快捷的综合写法。
- border-bottom 是下边框属性。

本实例主要代码如下：

```
<style type="text/css">
    body{ background-color:#daeeff; } form{ margin:0px; padding:0px; } .txt{
    color:#005aa7; border:0px; border-bottom:1px solid #005aa7;
    background-color:transparent; /*下边框属性*/
    /*边框属性*/
    } .btn{ background-color:transparent; border:0px; cursor:pointer; }
</style>
<style type="text/css" mce_bogus="1">
    body{ background-color:#ff0000; } form{ margin:0px; padding:0px; } .txt{
    color:#ffffff; border:0px; border-bottom:1px solid #005aa7;
    background-color:transparent;
    } .btn{ background-color:transparent; border:0px; cursor:pointer; }
</style>
```

网页效果如图 12.11 所示。

图 12.11　带下划线的文本框

12.12　随输入文字长度变换长度的文本框

本实例使用 JavaScript 在网页上放置随输入文字长度变换长度的文本框。本节主要涉及的 JavaScript 语法是 setInterval()方法可按照以毫秒计算的指定周期来调用函数或计算表达式，1.43 节已介绍过，不再复述。

本实例主要代码如下：

```
<script>
    /*主函数*/
    function call_me(max_length)
    {
        if ((document.form1.mybox.value == null) ||
        (document.form1.mybox.value == "")) document.form1.mybox.size =
        size;
        if ((document.form1.mybox.value.length >= size) &&
        (document.form1.mybox.value.length <= max_length))
        document.form1.mybox.size = document.form1.mybox.value.length + 1;
        else document.form1.mybox.size = size;
    }
</script>
…
/* setInterval()方法可按照以毫秒计算的指定周期来调用函数或计算表达式*/
<input type="text" style="font-family: Terminal" name="mybox"
maxlength="30"
    size="10" onFocus="setInterval('call_me(document.form1.mybox.
    maxLength)', 1)">
```

网页效果如图 12.12 所示。

随输入文字长度变换长度的文本框：　　随输入文字长度变换长度的文本框：1111111111111111

图 12.12　随输入文字长度变换长度的文本框

12.13　带行号的文本框

本实例使用 JavaScript 实现鼠标滑入链接出现移动的注释。本节主要涉及的 JavaScript 语法如下。

- getElementById 方法的语法如是：getElementById(id)，可以访问 document 中的某一设置了 id 的特殊元素。
- onkeyup 事件会在键盘按键被松开时发生。
- onscroll 事件用于捕捉页面垂直和水平的滚动。
- oncontextmenu 事件当触发上下文菜单时发生。
- addEventListener 事件监听会自动传递一个事件对象参数给处理函数，可是不能传递其他参数。
- setTimeout 有两种形式这里不再复述。

本实例主要代码如下：

```
<script language="javascript" type="text/javascript">
    /*字符原型整理*/
    String.prototype.trim2 = function() {
        return this.replace(/(^\s*)|(\s*$)/g, "");
    }
```

```
    /*获取 document 中某一设置了 id 的特殊元素的值*/
    function F(objid) {
        return document.getElementById(objid).value;
    }
    /*获取 document 中某一设置了 id 的特殊元素*/
    function G(objid) {
        return document.getElementById(objid);
    }
</script>
…
<textarea name="co" cols="60" rows="10" wrap="off" id="c2"
onblur="check('2')"
/* onkeyup 事件会在键盘按键被松开时发生，onscroll 事件用于捕捉页面垂直和水平的滚动*/
onkeyup="keyUp()" onFocus="clearValue('2')" onscroll="G('li').scrollTop =
this.scrollTop;"
/* oncontextmenu 事件当触发上下文菜单时发生*/
oncontextmenu="return false" class="grey">
…
<script language="javascript" type="text/javascript">
    /*定义并初始化变量*/
    var msgA = ["msg1", "msg2", "msg3", "msg4"];
    var c = ["c1", "c2", "c3", "c4"];
    /*允许最大字数*/
    var slen = [50, 20000, 20000, 60];
    var num = "";
    var isfirst = [0, 0, 0, 0, 0, 0];
    /*判断是否为空*/
    function isEmpty(strVal) {
        if (strVal == "") return true;
        else return false;
    }
    /*判断是否空白*/
    function isBlank(testVal) {
        var regVal = /^\s*$/;
        return (regVal.test(testVal))
    }
    /*检验长度*/
    function chLen(strVal) {
        strVal = strVal.trim2();
        var cArr = strVal.match(/[^\x00-\xff]/ig);
        return strVal.length + (cArr == null ? 0 : cArr.length);
    }
    /*检验函数*/
    function check(i) {
        var iValue = F("c" + i);
        var iObj = G("msg" + i);
        var n = (chLen(iValue) > slen[i - 1]);
        if ((isBlank(iValue) == true) || (isEmpty(iValue) == true) || n ==
        true) {
            iObj.style.display = "block";
        } else {
            iObj.style.display = "none";
        }
    }
    /*检验全部*/
    function checkAll() {
        for (var i = 0; i < msgA.length; i++) {
            check(i + 1);
            if (G(msgA[i]).style.display == "none") {
```

```
            continue;
        } else {
            alert("填写错误,请查看提示信息后重新输入！");
            return;
        }
    }
    G("form1").submit();
}
/*检验数值*/
function clearValue(i) {
    G(c[i - 1]).style.color = "#000";
    keyUp();
    if (isfirst[i] == 0) {
        G(c[i - 1]).value = "";
    }
    isfirst[i] = 1;
}
/*键盘松开*/
function keyUp() {
    var obj = G("c2");
    var str = obj.value;
    str = str.replace(/\r/gi, "");
    str = str.split("\n");
    n = str.length;
    line(n);
}
/*生成序号*/
function line(n) {
    var lineobj = G("li");
    for (var i = 1; i <= n; i++) {
        if (document.all) {
            num += i + "\r\n";
        } else {
            num += i + "\n";
        }
    }
    lineobj.value = num;
    num = "";
}
/*自动滚动*/
function autoScroll() {
    var nV = 0;
    if (!document.all) {
        nV = G("c2").scrollTop;
        G("li").scrollTop = nV;
        /*每隔指定的时间就执行一次表达式*/
        setTimeout("autoScroll()",
        20);
    }
}
if (!document.all) {
    /*事件监听*/
    window.addEventListener
    ("load", autoScroll,
    false);
}
</script>
```

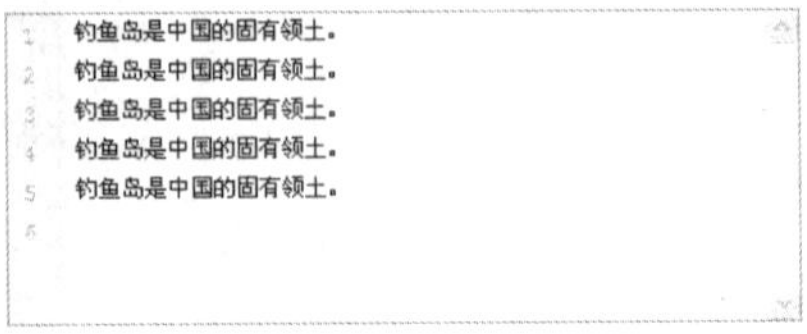

```
1  钓鱼岛是中国的固有领土。
2  钓鱼岛是中国的固有领土。
3  钓鱼岛是中国的固有领土。
4  钓鱼岛是中国的固有领土。
5  钓鱼岛是中国的固有领土。
6
```

图 12.13　带行号的文本框

网页效果如图 12.13 所示。

12.14　鼠标移入文字改变文本框内容

本实例使用 JavaScript 实现鼠标移入文字改变文本框内容效果。本节主要涉及的 JavaScript 语法如下。

- onmouseover 事件在鼠标移动到对象上时响应事件。
- onmouseout 事件在鼠标从对象上移出时响应事件。

本实例主要代码如下：

```
<SCRIPT Language="JavaScript">
   /*创建数组*/
   function MakeArray(n) {
      this.length = n;
      for (var i = 1; i <= n; i++) {
         this[i] = 0
      }
      return this
    }
    /*定义标签数组*/
   var ToolTips = new MakeArray(1);
   ToolTips[0] = 1;
   ToolTips[1] = "钓鱼岛自古就是中国固有领土！";
   ToolTips[2] = "睡狮苏醒！";
    ToolTips[3] = "百变文字";
    /*编写标签*/
   function writeTip(imgIndex) {
      document.hform.tips.value = (ToolTips[imgIndex]);
   }
    </Script>
…
<A HREF="#" onMouseOver="writeTip(1);return true" onMouseOut
="writeTip(3)">
   钓鱼岛自古就是中国固有领土！
</A>
…
<SCRIPT LANGUAGE="JavaScript">
   /*页面指向*/
   function goHist(a) {
      history.go(a);
   }
</script>
```

网页效果如图 12.14 所示。

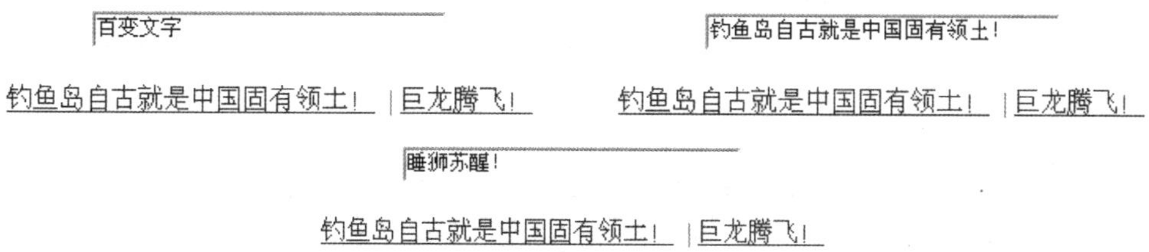

百变文字

钓鱼岛自古就是中国固有领土！ | 巨龙腾飞！

钓鱼岛自古就是中国固有领土！

钓鱼岛自古就是中国固有领土！ | 巨龙腾飞！

睡狮苏醒！

钓鱼岛自古就是中国固有领土！ | 巨龙腾飞！

图 12.14　鼠标移入文字改变文本框内容

第 13 章　时 间 特 效

提到时间，大家不免会有种乏味与无奈的感觉，时光流逝，岁月荏苒，时间无非就是一串由阿拉伯数字和符号组成的字符串，又亦或是表盘上转动的指针和齿轮，表现的单一似乎成了时间的代名词。网页的设计日新月异，不能推陈出新的设计者所制作出来的网页，将会被时间所淘汰，而当时间作为网页上的元素时，我们也要善待它。本章将讲解时间特效，会加强大家对于网页中时间类特效的实际应用技巧的掌握。

13.1　标题栏的当前时间

本实例使用 JavaScript 制作一个实例，在标题栏显示当前时间。本节主要涉及的 JavaScript 语法如下。

- getYear()方法可返回表示年份的两位或四位的数字。
- getDate()方法可返回月份的某一天。
- getDay()方法可返回表示星期的某一天的数字。

本实例主要代码如下：

```
<script language="JavaScript1.2">
   /*定义并初始化变量*/
   var isnMonth = new Array("1 月", "2 月", "3 月", "4 月", "5 月", "6 月", "7
  月", "8 月", "9 月", "10 月", "11 月", "12 月");
   var isnDay = new Array("星期日", "星期一", "星期二", "星期三", "星期四",
  "星期五", "星期六", "星期日");
  today = new Date();
  Year = today.getYear();                    /*获取当前年份*/
  Date = today.getDate();                    /*获取当前时间*/
  if (document.all)                          /*获取当前日期*/
  document.title = "今天是: " + Year + "年" + isnMonth[today.getMonth()]
  + Date + "日" + isnDay[today.getDay()]
</script>
```

网页效果如图 13.1 所示。

今天是:2012年9月20日星期四

图 13.1　标题栏的当前时间

13.2　根据当前时间显示对应问候

本实例使用 JavaScript 在网页中根据当前时间显示对应问候。本章主要涉及的

JavaScript 语法是 getHours()方法，可返回时间的小时字段。

本实例主要代码如下：

```
<script language="javaScript">
    now = new Date(),
    /*获取当前小时*/
   hour = now.getHours() if (hour < 6) {
      document.write("凌晨好！还是休息时间啊。")
   } else if (hour < 9) {
      document.write("早上好！昨晚睡得好吗？")
   } else if (hour < 12) {
      document.write("上午好！又是新的一天。")
   } else if (hour < 14) {
      document.write("中午好！吃过饭了吗？")
   } else if (hour < 17) {
      document.write("下午好！可别打瞌睡哦。")
   } else if (hour < 19) {
      document.write("傍晚好！今天的工作完成了吗？")
   } else if (hour < 22) {
      document.write("晚上好！在上网吗？")
   } else {
      document.write("夜里好!注意身体，别太晚了。")
   }
</script>
```

网页效果如图 13.2 所示。

凌晨好！还是休息时间啊。

图 13.2　根据当前时间显示对应问候

13.3　考试倒计时

本实例使用 JavaScript 在网页上展示考试倒计时效果。本节主要涉及的 JavaScript 语法是 setTimeout，它有两种形式这里不再复述。

本实例主要代码如下：

```
<script language="javascript">
    var cz = document.getElementById("cz");
    /*倒计时函数*/
   function show_date_time() {
      var h = document.getElementById("h");
      var m = document.getElementById("m");
      var s = document.getElementById("s");
      if (cz.value == 1) {
      /*每隔指定的时间就执行一次表达式*/
         window.setTimeout("show_date_time()", 1000);
      } else {
         return;
      }
      s.value = s.value - 1;
```

```
        if (s.value <= 0) {
            if (m.value >= 1) {
                m.value = m.value - 1;
                s.value = 59;
            } else {
                s.value = 0;
            }
        }
        if (m.value <= 0) {
            if (h.value >= 1) {
                h.value = h.value - 1;
                m.value = 59;
            } else {
                m.value = 0;
            }
        }
        if (h.value <= 0) {
            h.value = 0;
        }
        var isTime = 0;
        if (h.value <= 0 && m.value <= 0 && s.value <= 0) {
            isTime++;
        }
        if (isTime == 1) {
            cz.value = -1;
            isTime++;
            alert('您的答题时间到了，系统自动交卷');
        }
        }
    }
    show_date_time();             /*调用倒计时函数*/
</script>
```

网页效果如图 13.3 所示。

图 13.3　考试倒计时

13.4　网页阴影时钟

本实例使用 JavaScript 制作一个网页阴影时钟。本节主要涉及的 JavaScript 语法如下。

- ❑ setTimeout 有两种形式这里不再复述。
- ❑ getHours()方法可返回时间的小时字段。
- ❑ getMinutes()方法可返回时间的分钟字段。
- ❑ getSeconds()方法可返回时间的秒。
- ❑ 对于 innerHTML 属性，几乎所有的元素都有 innerHTML 属性，它是一个字符串，用来设置或获取位于对象起始和结束标签内的 HTML。

本实例主要代码如下：

```
<script language=javaScript>
   /*时钟开始*/
   function clockon() {
       thistime = new Date() var hours = thistime.getHours() var minutes =
thistime.getMinutes() var seconds = thistime.getSeconds() if (eval(hours)
< 10) {
           hours = "0" + hours
       }
       if (eval(minutes) < 10) {
           minutes = "0" + minutes
       }
       if (seconds < 10) {
           seconds = "0" + seconds
       }
       thistime = hours + ":" + minutes + ":" + seconds
       if (document.all) {
       /*innerHTML 属性，它是一个字符串，用来设置或获取位于对象起始和结束标签内的
       HTML*/
           bgclocknoshade.innerHTML = thistime bgclockshade.innerHTML =
           thistime
       }
       if (document.layers) {
           document.bgclockshade.document.write('<div   id="bgclockshade"
style="position:absolute;visibility:visible;font-family:Verdana;color:F
FAAAAA;font-size:120px;top:10px;left:152px">'  +  thistime  +  '</div>')
document.bgclocknoshade.document.write('<div        id="bgclocknoshade"
style="position:absolute;visibility:visible;font-family:Verdana;color:D
DDDDD;font-size:120px;top:10px;left:150px">'  +  thistime  +  '</div>')
document.close()
       }
       var timer = setTimeout("clockon()", 200)             /*每隔指定的时间
       就执行一次表达式*/
   }
</script>
```

网页效果如图 13.4 所示。

图 13.4　网页阴影时钟

13.5　定时关闭网页

本实例使用 JavaScript 实现定时关闭网页效果。本节主要涉及的 JavaScript 语法是

setTimeout，它有两种形式这里不再复述。

本实例主要代码如下：

```
<script language="javascript">
   function closep() {                                /*关闭网页*/
      window.close();
   }
   setTimeout("closep()", 1000);                      /*每隔指定的时间就执行一次表达式*/
</script>
```

网页效果如图 13.5 所示。

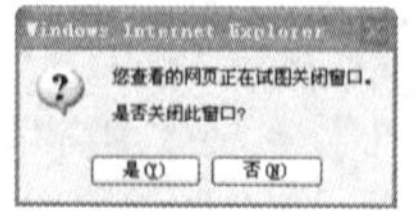

图 13.5　定时关闭网页

13.6　时间输入框默认内容为当天

本实例使用 JavaScript 实现的效果是，时间输入框默认内容为当天。本节主要涉及的 JavaScript 语法如下。

- ❑ getYear()方法可返回表示年份的两位或四位的数字。
- ❑ getMonth()方法可返回表示月份的数字。
- ❑ getDate()方法可返回月份的某一天。

本实例主要代码如下：

```
<SCRIPT LANGUAGE="JavaScript">
    var now = new Date();
    /*返回当前时间*/
    myDate.value = now.getYear() + "-" + (now.getMonth() + 1) + "-" +
    now.getDate();
</SCRIPT>
```

网页效果如图 13.6 所示。

2012-9-19

图 13.6　时间输入框默认内容为当天

13.7　计算 30 天以后的日期与时间

本实例使用 JavaScript 计算 30 天以后的日期与时间。本节主要涉及的 JavaScript 语法如下。

- ❑ setDate()方法用于设置一个月的某一天。
- ❑ setDate()方法把数组转换为本地字符串，调用每个数组元素的 toLocaleString()方法，然后使用地区特定的分隔符把生成的字符串连接起来，形成一个字符串。

本实例主要代码如下：

```
<script>
    var now = new Date();
    now.setDate(now.getDate() + 30);                    /*设置一个月的某一天*/
   alert(now.toLocaleString());                         /*将日期时间转换成字符串*/
</script>
```

网页效果如图 13.7 所示。

图 13.7　计算 30 天以后的日期与时间

13.8　当前时间在 12 小时制和 24 小时制下的转换

本实例使用 JavaScript 实现当前时间在 12 小时制和 24 小时制下的转换。本节主要涉及的 JavaScript 语法是 getHours()方法，可返回时间的小时字段。

本实例主要代码如下：

```
<SCRIPT LANGUAGE="JavaScript">
   /*时间类型*/
    function timeType() {
       if (document.form.showTimeType[0].checked) {
          return true;
       }
       return false;
    }
    /*显示小时*/
   function showTheHours(theHour) {
       if (timeType() || (theHour > 0 && theHour < 13)) {
          return (theHour);
       }
       if (theHour == 0) {
          return (12);
       }
       return (theHour - 12);
    }
    /*分钟和秒数补零*/
   function showZeroFilled(inValue) {
       if (inValue > 9) {
          return "" + inValue;
       }
```

```
        return "0" + inValue;
    }
    /*显示上午下午*/
    function showAmPm() {
        if (timeType()) {
            return ("");
        }
        if (now.getHours() < 12) {
            return (" 上午");
        }
        return (" 下午");
    }
    /*显示时间*/
    function showTheTime() {
        now = new Date document.form.showTime.value =
        showTheHours(now.getHours()) + ":" + showZeroFilled(now.
        getMinutes()) + ":" + showZeroFilled(now.getSeconds())
        + showAmPm() setTimeout("showTheTime()", 1000)
    }
</script>
```

网页效果如图 13.8 所示。

13:05:49　　1:06:09 下午

24小时　　24小时
12小时　　12小时

图 13.8　当前在 12 小时制和 24 小时制下的转换

13.9　计算用户浏览网页的时间

本实例使用 JavaScript 计算用户浏览网页的时间。本节主要涉及的 JavaScript 语法如下。

- getMinutes()方法可返回时间的分钟字段。
- getSeconds()方法可返回时间的秒。

本实例主要代码如下：

```
<script language="Javascript">
    pageOpenTime = new Date();
    function goodbye() {                                      /*再见*/
        pageCloseTime = new Date();
        minutes = (pageCloseTime.getMinutes() - pageOpenTime.getMinutes());
                                                              /*获取当前分钟*/
        seconds = (pageCloseTime.getSeconds() - pageOpenTime.getSeconds());
                                                              /*获取当前秒钟*/
        time = (seconds + (minutes * 60));
        alert('总共停留了' + time + '秒,一路走好!');
    }
</script>
```

网页效果如图 13.9 所示。

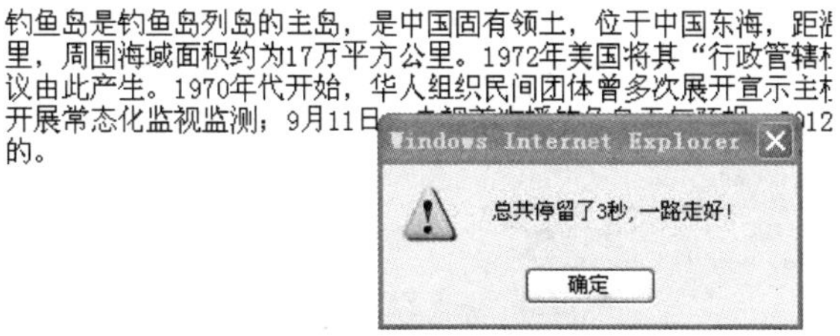

钓鱼岛是钓鱼岛列岛的主岛，是中国固有领土，位于中国东海，距
里，周围海域面积约为17万平方公里。1972年美国将其“行政管辖
议由此产生。1970年代开始，华人组织民间团体曾多次展开宣示主
开展常态化监视监测；9月11日
的。

Windows Internet Explorer
总共停留了3秒，一路走好！
确定

图 13.9　计算用户浏览网页的时间

13.10　计算网页最后修改的时间

本实例使用 JavaScript 计算网页最后修改的时间。本节主要涉及的 JavaScript 语法是 lastModified 属性，可返回文档最后被修改的日期和时间。

本实例主要代码如下：

```
<script language="JavaScript">
   document.write("本网页的最后修改时间是: " + document.lastModified + "")
    /* lastModified 属性可返回文档最后被修改的日期和时间*/
</script>
```

网页效果如图 13.10 所示。

本网页的最后修改时间是: 09/19/2012 11:28:52

图 13.10　计算网页最后修改的时间

13.11　单击按钮显示当前日期

本实例使用 JavaScript 在网页上制作单击按钮显示当前日期的效果。本节主要涉及的 JavaScript 语法如下。

- getMonth()方法可返回表示月份的数字。
- getDate()方法可返回月份的某一天。
- getYear()方法可返回表示年份的两位或四位的数字。

本实例主要代码如下：

```
<script language="javascript">
   function getMyDate(tmpDate) {                             /*获取当前日期*/
      var date1, date2;
      date1 = tmpDate.getMonth() + 1 + "";                   /*获取当前月份*/
      if (date1.length < 2) date1 = "0" + date1;
      date2 = tmpDate.getDate() + "";                        /*获取当前日期*/
      if (date2.length < 2) date2 = "0" + date2;
      return tmpDate.getYear()+ "-" + date1 + "-" + date2;/*获取当前年份*/
```

```
    }
</script>
```

网页效果如图 13.11 所示。

图 13.11　单击按钮显示当前日期

13.12　用中文显示当前日期

本实例使用 JavaScript 在网页上用中文显示当前日期。本节主要涉及的 JavaScript 语法如下。

- getMonth()方法可返回表示月份的数字。
- getDate()方法可返回月份的某一天。
- getDay()方法可返回表示星期的某一天的数字。

本实例主要代码如下：

```
<script language="javascript">
    /*输出大写数字*/
    function number(index1) {
        var numberstring = "一二三四五六七八九十";
        if (index1 == 0) {
            document.write("十")
        }
        if (index1 < 10) {
            document.write(numberstring.substring(0 + (index1 - 1), index1))
        } else if (index1 < 20) {
            document.write("十" + numberstring.substring(0 + (index1 - 11),
            (index1 - 10)))
        } else if (index1 < 30) {
            document.write("二十" + numberstring.substring(0 + (index1 - 21),
           (index1 - 20)))
        } else {
            document.write("三十" + numberstring.substring(0 + (index1 - 31),
            (index1 - 30)))
        }
    }
     var today1 = new Date();
     var month = today1.getMonth() + 1;                    /*获取当前月份*/
     var date = today1.getDate();                          /*获取当前日期*/
    var day = today1.getDay();                             /*获取当前星期*/
    document.write("<br><strong><small><center>") document.write("二零一二
    年");
```

```
   number(month);
   document.write("月");
   number(date);
   document.write("日</small><center>")
</script>
```

网页效果如图 13.12 所示。

二零一二年九月十九日

图 13.12　用中文显示当前日期

13.13　检查输入年份是否为闰年

本实例使用 JavaScript 检查输入年份是否为闰年。本节主要涉及的 JavaScript 语法是 parseFloat()函数，可解析一个字符串，并返回一个浮点数。

本实例主要代码如下：

```
<script LANGUAGE="JavaScript">
   /*检验年份*/
   function checkYear(year) {
      return (((year % 4 == 0) && (year % 100 != 0)) || (year % 400 == 0)) ?
      1 : 0;
   }
   /*主函数*/
   function Judge(form) {
      year = form.year.value;
      /*可解析一个字符串，并返回一个浮点数*/
      var Check1 = parseFloat(year);
      for (var i = 0; i < year.length; i++) {
         var sLetterCheck1 = year.substring(i, i + 1);
         if (sLetterCheck1 < "0" || sLetterCheck1 > "9") {
            alert("请输入一个有效的年份");
            form.year.focus();
            form.year.select();
            return;
         }
      }
      if (year < 1582) {
         form.result.value = "";
         alert("对不起，你输入的年份必须大于 1581.");
         form.year.focus();
         form.year.select();
         return;
      }
      /*调用检验年份函数*/
      checkYear(year);
      if (!checkYear(year)) form.result.value = "不是闰年";
      else form.result.value = "是闰年";
   }
</script>
```

网页效果如图 13.13 所示。

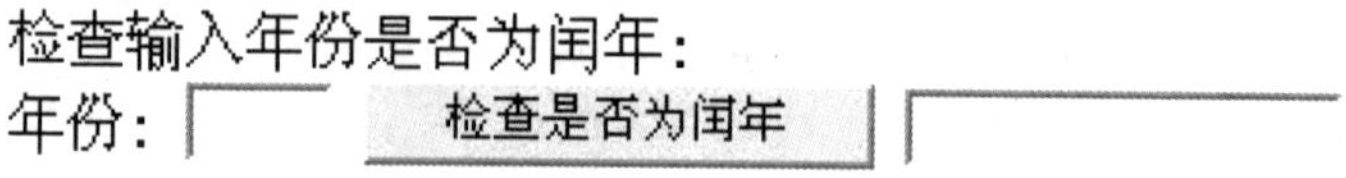

检查输入年份是否为闰年:
年份: [ ] [检查是否为闰年] [ ]

图 13.13　检查输入年份是否为闰年

13.14　显示今天星期几

本实例使用 JavaScript 在网页上显示今天星期几。本节主要涉及的 JavaScript 语法是 getDay()方法。

本实例主要代码如下：

```
<script LANGUAGE="JavaScript">
   /*返回表示星期的某一天的数字*/
   document.write("<center><font  size=+1><b>")  today  =  new  Date()
document.write("<center><small> 今 天 ")  if  (today.getDay()  ==  5)
document.write("星期五") if (today.getDay() == 6) document.write("星期六")
if (today.getDay() == 0) document.write("星期日") if (today.getDay() == 1)
document.write("星期一") if (today.getDay() == 2) document.write("星期二")
if (today.getDay() == 3) document.write("星期三") if (today.getDay() == 4)
document.write("星期四") document.write("</small></center>")
</script>
```

网页效果如图 13.14 所示。

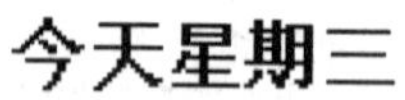

今天星期三

图 13.14　显示今天星期几

13.15　状态栏即时时间

本实例使用 JavaScript 在网页状态栏显示即时时间。本节主要涉及的 JavaScript 语法如下。

1．setTimeout

setTimeout 有两种形式这里不再复述。

2．status属性

当鼠标指向一个链接时，浏览器窗口底部的状态栏通常显示该链接的 URL。在文档载入期间，使用 Java applet 进行初始化或者其他方法，就能够让一些消息显示在这个位置上。

但最为简洁明了的还是使用 JavaScript 在状态栏显示自己的信息，有时这对用户是非常有益的，比如，可以用一个友好简单的页面描述来代替 URL 链接显示在状态栏中。任何时候都可以把其他文本赋给 window.status 属性。当光标位于链接上时，为了改变链接的状态栏文本，应该使用 link 对象的 onMouseOver 事件处理触发一个动作。设置状态栏的 onMouseOver 事件处理要求一个附加语句（return true），它必须是事件处理程序的一部分，这在 JavaScript 中非常少见，但是只有这样才能保证替换状态栏的内容。

本实例主要代码如下：

```
<script language="javascript">
   /*显示时间*/
   function viewtime() {
       /*每隔指定的时间就执行一次表达式*/
       window.setTimeout("viewtime()", 1000);
       today = new Date();
       /*网页状态栏内容*/
       self.status = today.toString();
   }
</script>
```

网页效果如图 13.15 所示。

Wed Sep 19 14:54:31 UTC+0800 2012

图 13.15　状态栏即时时间

13.16　AM、PM 时间标志

本实例使用 JavaScript 在网页中显示的时间中带有 AM、PM 时间标志。本节主要涉及的 JavaScript 语法如下。

- getMonth()方法可返回表示月份的数字。
- getDate()方法可返回月份的某一天。
- getYear()方法可返回表示年份的两位或四位的数字。
- getHours()方法可返回时间的小时字段。
- getMinutes()方法可返回时间的分钟字段。

本实例主要代码如下：

```
<script LANGUAGE="JavaScript">
   /*定义并初始化变量*/
   myDate = new Date();
   document.write('<font size="2" face="Arial"><B>' + (myDate.getMonth()
   + 1) + "/" + myDate.getDate() + "/" + myDate.getYear() +
   '</B></font><BR>');
   var Hours;
   var Mins;
   var Time;
   Hours = myDate.getHours();                    /*获取当前小时*/
   if (Hours >= 12) {
       Time = " P.M.";
```

```
    } else {
        Time = " A.M.";
    }
    if (Hours > 12) {
        Hours -= 12;
    }
    if (Hours == 0) {
        Hours = 12;
    }
    Mins = myDate.getMinutes();            /*获取当前分钟*/
    if (Mins < 10) {
        Mins = "0" + Mins;
    }
    document.write('<font size="2"
    face="Arial"><B>' + Hours + ":"
    + Mins + Time + '</B></font>');
</script>
```

9/19/2012
2:58 P.M.

图 13.16　AM、PM 时间标志

网页效果如图 13.16 所示。

13.17　个 性 时 钟

本实例使用 JavaScript 实现鼠标个性时钟。本节主要涉及的 JavaScript 语法如下。

- getSeconds()方法可返回时间的秒。
- getMinutes()方法可返回时间的分钟字段。
- document.all 是一个表示当前文档所有对象的数组，不仅包括页面上可见的实体对象，还包括一些不可见的对象，如 HTML 注释等。在 document.all 数组里，元素不分层次，是按照其在文档中出现的先后顺序，平行罗列的。所以可以用数字索引来引用到任何一个元素。但比较常用的是用对象 id 来引用一个特定的对象，如 document.all["element"]。
- document.layers 属性用于检测是否是 netscape。

本实例主要代码如下：

```
<SCRIPT language=javascript>
    /*定义和初始化变量*/
    pX = 400;
    pY = 200;
    obs = new Array(13);
    /*小时对象*/
    function ob() {
        for (i = 0; i < 13; i++) {
            if (document.all) obs[i] = new Array(eval('ob' + i).style, -100,
            -100)
            else obs[i] = new Array(eval('document.ob' + i), -100, -100)
        }
    }
    /*设定时间数字的位置函数*/
    function cl(a, b, c) {
        if (document.all) {
            if (a != 0) b += -1 eval('c' + a + '.style.pixelTop=' + (pY + (c)))
            eval('c' + a + '.style.pixelLeft=' + (pX + (b)))
        } else {
            if (a != 0) b += 10 eval('document.c' + a + '.top=' + (pY + (c)))
            eval('document.c' + a + '.left=' + (pX + (b)))
```

```
    }
    if (document.all) c0.style.pixelLeft = 26
  }
  /*时间运行*/
  function runClock() {
    for (i = 0; i < 13; i++) {
      obs[i][0].left = obs[i][1] + pX obs[i][0].top = obs[i][2] + pY
    }
  }
  var lastsec;
  /*计时器*/
  function timer() {
    time = new Date() sec = time.getSeconds() if (sec != lastsec) {
      lastsec = sec sec = Math.PI * sec / 30 min = Math.PI *
      time.getMinutes() / 30 hr = Math.PI * ((time.getHours() * 60) +
      time.getMinutes()) / 360
      for (i = 1; i < 6; i++) {
        obs[i][1] = Math.sin(sec) * (44 - (i - 1) * 11) - 16;
        if (document.layers) obs[i][1] += 10;
        obs[i][2] = -Math.cos(sec) * (44 - (i - 1) * 11) - 27;
      }
      for (i = 6; i < 10; i++) {
        obs[i][1] = Math.sin(min) * (40 - (i - 6) * 10) - 16;
        if (document.layers) obs[i][1] += 10;
        obs[i][2] = -Math.cos(min) * (40 - (i - 6) * 10) - 27;
      }
      for (i = 10; i < 13; i++) {
        obs[i][1] = Math.sin(hr) * (37 - (i - 10) * 11) - 16;
        if (document.layers) obs[i][1] += 10;
        obs[i][2] = -Math.cos(hr) * (37 - (i - 10) * 11) - 27;
      }
    }
  }
  /*设定时间数字的位置*/
  function setNum() {
    cl(0, -67, -65);
    cl(1, 10, -51);
    cl(2, 28, -33);
    cl(3, 35, -8);
    cl(4, 28, 17);
    cl(5, 10, 35);
    cl(6, -15, 42);
    cl(7, -40, 35);
    cl(8, -58, 17);
    cl(9, -65, -8);
    cl(10, -58, -33);
    cl(11, -40, -51);
    cl(12, -16, -56);
  }
</SCRIPT>
```

图 13.17　个性时钟

网页效果如图 13.17 所示。

13.18　时 间 倒 影

本实例使用 JavaScript 实现时间倒影效果。本节主要涉及的 JavaScript 语法如下。

- getHours()方法可返回时间的小时字段。
- getMinutes()方法可返回时间的分钟字段。
- getSeconds()方法可返回时间的秒。
- setInterval()方法可按照以毫秒计算的指定周期来调用函数或计算表达式。setInterval()方法会不停地调用函数，直到 clearInterval()被调用或窗口被关闭。

本实例主要代码如下：

```
<script Language="JavaScript">
    var circletimer;
    /*初始化*/
    function init() {
       if (document.all) {
          time2.style.left = time1.style.posLeft;
          time2.style.top = time1.style.posTop + time1.offsetHeight - 5;
          settimes();
       }
    }
    function settimes() {                                 /*设置时间*/
       var time = new Date();
       hours = time.getHours();                           /*获取当前小时*/
       mins = time.getMinutes();                          /*获取当前分钟*/

       secs = time.getSeconds();                          /*获取当前秒钟*/
       if (hours < 10) hours = "0" + hours;
       if (mins < 10) mins = "0" + mins;
       if (secs < 10) secs = "0" + secs;
       time1.innerHTML = hours + ":" + mins + ":" + secs;
       time2.innerHTML = hours + ":" + mins + ":" + secs;
       /* setInterval()方法可按照以毫秒计算的指定周期来调用函数或计算表达式*/
       circletimer = setInterval('settimes()', 10000);
    }
</script>
```

网页效果如图 13.18 所示。

15:06:48

图 13.18　时间倒影

13.19　查询全球时间

本实例使用 JavaScript 查询全球时间。本节主要涉及的 JavaScript 语法如下。

- clearTimeout()方法可清除由 setTimeout()方法设置的清除定时器。
- getYear()方法可返回表示年份的两位或四位的数字。
- getMonth()方法可返回表示月份的数字。
- getDate()方法可返回月份的某一天。
- getDay()方法可返回表示星期的某一天的数字。

- getHours()方法可返回时间的小时字段。
- getMinutes()方法可返回时间的分钟字段。
- getSeconds()方法可返回时间的秒。
- setTimeout 有两种形式这里不再复述。

本实例主要代码如下：

```
<script language="JavaScript">
    /*定义和初始化变量*/
    var timerRunning = false;
    var timezone = "格林尼治时间";
    var adjust = 0;
    /*获取时间*/
    function getTime(tzone, diff) {
        if (timerRunning) {
            /*清除定时器*/
            clearTimeout(updatetime);
            timerRunning = false;
        }
        gmtOffset = eval(diff + adjust);
        timezone = tzone;
        checkDateTime();
    }
    /*检验日期、时间*/
    function checkDateTime() {
        var today = new Date();
        var year = today.getYear() + 00;            /*获取年份*/
        var month = today.getMonth() + 1;           /*获取月份*/
        var date = today.getDate();                 /*获取日期*/
        var day = today.getDay();                   /*获取星期*/
        var hour = today.getHours();                /*获取小时*/
        var minute = today.getMinutes();            /*获取分钟*/
        var second = today.getSeconds();            /*获取秒钟*/
        var lastSat = date - (day + 1);
        while (lastSat < 32) lastSat += 7;
        if (lastSat > 31) lastSat += -7;
        var firstSat = date - (day + 1);
        while (firstSat > 0) firstSat += -7;
        if (firstSat < 1) firstSat += 7;
        if ((((month == 4) && (date >= firstSat)) || month > 4) && (month <
        11 || ((month == 10) && day <= lastSat))) adjust += 60;
        yourOffset = (new Date()).getTimezoneOffset();
        yourOffset = yourOffset + adjust;
        if ((((month == 4) && (date > 20)) || month > 4) && (month < 11 ||
        ((month == 10) && day < 30))) adjust -= 60;
        ourDifference = eval(gmtOffset - yourOffset);
        var half = eval(ourDifference % 60);
        ourDifference = Math.round(ourDifference / 60);
        hour = eval(hour - ourDifference);
        var m = new Array("", "1", "2", "3", "4", "5", "6", "7", "8", "9",
        "10", "11", "12");
        var leap = eval(year % 4);
        if ((half == -30) || (half == 30)) minute += 30;
        if (minute > 59) minute -= 60,
        hour++;
        if (minute < 0) minute += 60,
        hour--;
```

```
        if (hour > 23) hour -= 24,
        date += 1;
        if (((month == 4) || (month == 6) || (month == 9) || (month == 11))
        && (date == 31)) date = 1,
        month++;
        if (((month == 2) && (date > 28)) && (leap != 0)) date = 1,
        month++;
        if ((month == 2) && (date > 29)) date = 1,
        month++;
        if (hour < 0) hour += 24,
        date--;
        if ((date == 32) && (month == 12)) month = m[1],
        date = 1,
        year++;
        if (date == 32) date = 1,
        month++;
        if ((date < 1) && (month == 1)) month = m[12],
        date = 31,
        year--;
        if (date < 1) date = 31,
        month--;
        if (((month == 4) || (month == 6) || (month == 9) || (month == 11))
        && (date == 31)) date = 30;
        if ((month == 2) && (date > 28)) date = 29;
        if (((month == 2) && (date > 28)) && (leap != 0)) date = 28;
        for (i = 1; i < 13; i++) {
            if (month == i) {
                month = m[i];
                break;
            }
        }
        /*定义并初始化时间变量*/
        var dateTime = hour;
        dateTime = ((dateTime < 10) ? "0": "") + dateTime;
        dateTime = " " + dateTime;
        dateTime += ((minute < 10) ? ":0": ":") + minute;
        dateTime += ((second < 10) ? ":0": ":") + second;
        dateTime += (hour >= 12) ? "下午, ": "上午, ";
        dateTime += year + "年" + month + "月" + date + "日";
        document.clock.zonetime.value = dateTime;
        document.clock.zonename.value = timezone;
        /*每隔指定的时间就执行一次表达式*/
        updatetime = setTimeout("checkDateTime()", 1000);
        timerRunning = true;
    }
</script>
```

网页效果如图 13.19 所示。

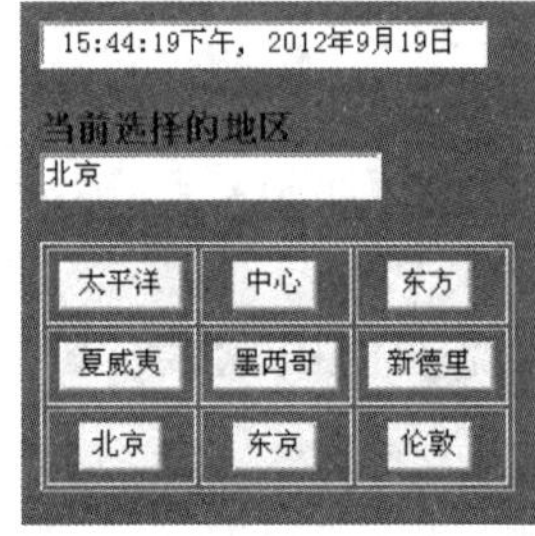

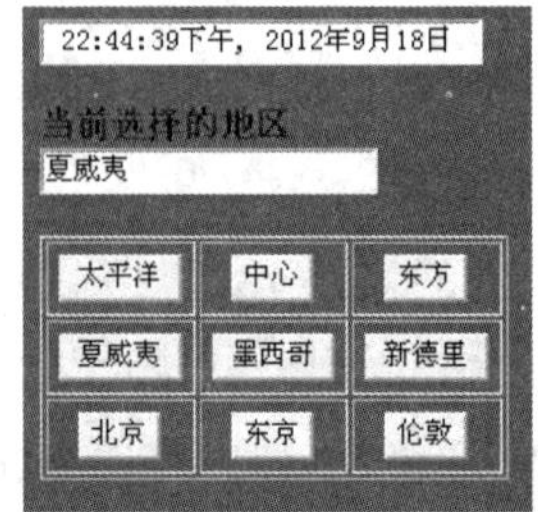

图 13.19　查询全球时间

13.20　个 性 日 历

本实例使用 JavaScript 在网页中摆放个性日历。本节主要涉及的 JavaScript 语法如下。

- getFullYear()方法可返回一个表示年份的 4 位数字。
- getMonth()方法可返回表示月份的数字。
- getDate()方法可返回月份的某一天。

本实例主要代码如下：

```
<script language="javascript">
    /*定义和初始化变量*/
    var months = new Array("一", "二", "三", "四", "五", "六", "七", "八", "
    九", "十", "十一", "十二");
    var daysInMonth = new Array(31, 28, 31, 30, 31, 30, 31, 31, 30, 31, 30,
    31);
    var days = new Array("日", "一", "二", "三", "四", "五", "六");
    var classTemp;
    var today = new getToday();
    var year = today.year;
    var month = today.month;
    var newCal;
    /*获取日期*/
    function getDays(month, year) {
        if (1 == month) return ((0 == year % 4) && (0 != (year % 100))) ||
        (0 == year % 400) ? 29 : 28;
        else return daysInMonth[month];
    }
    /*获取当前日期*/
    function getToday() {
        this.now = new Date();
        this.year = this.now.getFullYear();                /*获取四位年份*/
        this.month = this.now.getMonth();                  /*获取月份*/
        this.day = this.now.getDate();                     /*获取日期*/
    }
    /*日历函数*/
    function Calendar() {
        newCal = new Date(year, month, 1);
        today = new getToday();
        var day = -1;
        var startDay = newCal.getDay();
        var endDay = getDays(newCal.getMonth(), newCal.getFullYear());
        var daily = 0;
        if ((today.year == newCal.getFullYear()) && (today.month ==
        newCal.getMonth())) {
            day = today.day;
        }
        var caltable = document.all.caltable.tBodies.calendar;
        var intDaysInMonth = getDays(newCal.getMonth(),
        newCal.getFullYear());
        for (var intWeek = 0; intWeek < caltable.rows.length; intWeek++) for
        (var intDay = 0; intDay < caltable.rows[intWeek].cells.length;
        intDay++) {
            var cell = caltable.rows[intWeek].cells[intDay];
            var montemp = (newCal.getMonth() + 1) < 10 ? ("0" +
```

```
        (newCal.getMonth() + 1)) : (newCal.getMonth() + 1);
        if ((intDay == startDay) && (0 == daily)) {
            daily = 1;
        }
        var daytemp = daily < 10 ? ("0" + daily) : (daily);
        var d = "<" + newCal.getFullYear() + "-" + montemp + "-" + daytemp
        + ">";
        if (day == daily) cell.className = "DayNow";
        else if (intDay == 6) cell.className = "DaySat";
        else if (intDay == 0) cell.className = "DaySun";
        else cell.className = "Day";
        if ((daily > 0) && (daily <= intDaysInMonth)) {
            cell.innerText = daily;
            daily++;
        } else {
            cell.className = "CalendarTD";
            cell.innerText = "";
        }
    }
    document.all.year.value = year;
    document.all.month.value = month + 1;
}
/*子月份函数*/
function subMonth() {
    if ((month - 1) < 0) {
        month = 11;
        year = year - 1;
    } else {
        month = month - 1;
    }
    Calendar();
}
/*增加月份*/
function addMonth() {
    if ((month + 1) > 11) {
        month = 0;
        year = year + 1;
    } else {
        month = month + 1;
    }
    Calendar();
}
/*设置日期*/
function setDate() {
    if (document.all.month.value < 1 || document.all.month.value > 12){
        alert("月的有效范围在 1-12 之间!");
        return;
    }
    year = Math.ceil(document.all.year.value);
    month = Math.ceil(document.all.month.value - 1);
    Calendar();
}
/*按钮移入*/
function buttonOver() {
    var obj = window.event.srcElement;
    obj.runtimeStyle.cssText = "background-color:#FFFFFF";
}
/*按钮移出*/
function buttonOut() {
    var obj = window.event.srcElement;
```

```
        window.setTimeout(function() {
            obj.runtimeStyle.cssText = "";
        },
        300);
    }
</script>
```

网页效果如图 13.20 所示。

◂ 2012 年 9 月 ▸						
日	一	二	三	四	五	六
						1
2	3	4	5	6	7	8
9	10	11	12	13	14	15
16	17	18	**19**	20	21	22
23	24	25	26	27	28	29
30						

图 13.20　个性日历

13.21　幼儿园小朋友生日提醒工具

本实例使用 JavaScript 制作幼儿园小朋友生日提醒工具。本节主要涉及的 JavaScript 语法如下。

- getYear()方法可返回表示年份的两位或四位的数字。
- getMonth()方法可返回表示月份的数字。
- getDate()方法可返回月份的某一天。
- getTime()方法可返回距 1970 年 1 月 1 日之间的毫秒数。

本实例主要代码如下：

```
<SCRIPT LANGUAGE="JavaScript">
    /*生日函数*/
    function birthday(year, month, date, person) {
        this.year = year this.month = month this.date = date this.person =
        person
    }
    /*人员生日列表*/
    function personList() {}
pList = new personList() pList[0] = new birthday(99, 9, 30, "刘沐阳") pList[1]
= new birthday(99, 9, 27, "李嘉怡") pList[2] = new birthday(99, 12, 1, "
马一涵") pList[3] = new birthday(99, 4, 27, "鄂佳欣") pList[4] = new birthday(99,
6, 2, "刘玉瑶") pList[5] = new birthday(99, 9, 23, "吕萌萌") var now = new
Date() today = new Date(now.getYear(), now.getMonth(), now.getDate())
function daysFromToday(sdate) {
        /*返回距 1970 年 1 月 1 日之间的毫秒数*/
        return Math.round((sdate.getTime() - today.getTime()) / (24 * 60 *
        60 * 1000) - 30)
    }
    /*显示最近的生日*/
    function writeNextBirthday(list) {
```

```
        var daysToClosest = 366
        var closest
        for (var i in list) {
            thisDate = new Date(today.getYear(), list[i].month, list[i].date)
            if (daysFromToday(thisDate) < 0) thisDate.setYear(today.getYear()
            + 1) if (daysFromToday(thisDate) < daysToClosest) {
                daysToClosest = daysFromToday(thisDate) closest = i
            }
        }
        if (daysToClosest == 0) document.write("<B>今天 " +
        list[closest].person + " 已经 " + (today.getYear() -
        list[closest].year) + " 岁了! </B><P>")
        else if (daysToClosest == 1) document.write("明天 " +
        list[closest].person + " 即将 " + (today.getYear() -
        list[closest].year) + " 岁了! <P>")
        else document.write("最近一个过生日的是" + list[closest].person + ",
        距离她的生日还有" + daysToClosest + "天。<P>")
    }
</SCRIPT>
```

网页效果如图 13.21 所示。

最近一个过生日的是吕萌萌，距离她的生日还有4天。

图 13.21　幼儿园小朋友生日提醒工具

13.22　有农历的日历

本实例使用 JavaScript 制作有农历的日历。本节主要涉及的 JavaScript 语法如下。

- getUTCDate()方法可根据世界时间返回一个月（UTC）中的某一天。
- getFullYear()方法可返回一个表示年份的 4 位数字。
- getDate()方法可返回月份的某一天。
- getMonth()方法可返回表示月份的数字。
- parseInt()函数可解析一个字符串，并返回一个整数。

本实例主要代码如下：

```
<script type="text/javascript">
    < !--(function() {
        var S = navigator.userAgent.indexOf("MSIE") != -1 && !window.opera;
        /*获取元素*/
        function M(C) {
            return document.getElementById(C)
        }
        /*创建元素*/
        function R(C) {
            return document.createElement(C)
        }
…
        /*农历函数*/
        function U(Y) {
```

```
    function c(j, i) {
        var h = new Date((31556925974.7 * (j - 1900) + D[i] * 60000)
        + Date.UTC(1900, 0, 6, 2, 5));
        /*根据世界时间返回一个月（UTC）中的某一天*/
        return (h.getUTCDate())
    }
...
    function f(i, j) {
        var h = i;
        return j.replace(/dd?d?d?|MM?M?M?|yy?y?y?/g,
        function(k) {
            switch (k) {
            case "yyyy":
                /*返回一个表示年份的 4 位数字*/
                var l = "000" + h.getFullYear();
                return l.substring(l.length - 4);
            case "dd":
                /*返回月份的某一天*/
                return G(h.getDate());
            case "d":
                return h.getDate().toString();
            case "MM":
                /*返回表示月份的数字*/
                return G((h.getMonth() + 1));
            case "M":
                return h.getMonth() + 1
            }
        })
    }
...
    if (this.lunarDate == 1) {
        this.showInLunar = this.lunarMonthInChinese + "月"
    }
    this.ganzhiYear = a(X.yearCyl);
    this.ganzhiMonth = a(X.monCyl);
    this.ganzhiDate = a(X.dayCyl++);
    this.jieqi = "";
    this.restDays = 0;
    if (c(this.solarYear, (this.solarMonth - 1) * 2) == f(Y, "d"))
    {
        this.showInLunar = this.jieqi = L[(this.solarMonth - 1) * 2]}
    if (c(this.solarYear, (this.solarMonth - 1) * 2 + 1) == f(Y, "d")){
        this.showInLunar = this.jieqi = L[(this.solarMonth - 1) * 2
        + 1]
    }
    if (this.showInLunar == "清明") {
        this.showInLunar = "清明节";
        this.restDays = 1
    }
    this.solarFestival = V[f(Y, "MM") + f(Y, "dd")];
    if (typeof this.solarFestival == "undefined") {
        this.solarFestival = ""
    } else {
        if (/\*(\d)/.test(this.solarFestival)) {
            /* parseInt()函数可解析一个字符串，并返回一个整数*/
            this.restDays = parseInt(RegExp.$1);
            this.solarFestival=this.solarFestival.replace(/\*\d/,"")
        }
    }
```

```
…
</script>
```

网页效果如图 13.22 所示。

公元 2012 年 9 月 农历壬辰年 [龙年]

一	二	三	四	五	六	日
					1 十六	2 十七
3 十八	4 十九	5 二十	6 廿一	7 白露	8 廿三	9 廿四
10 中国...	11 廿六	12 廿七	13 廿八	14 廿九	15 三十	16 八月
17 初二	18 初三	19 初四	20 初五	21 初六	22 秋分	23 初八
24 初九	25 初十	26 十一	27 十二	28 十三	29 十四	30 中秋节

图 13.22　有农历的日历

第 14 章　数 字 特 效

犹如文字在网页设计中的理念一样，数字作为文字中一个特殊的群体，也拥有文字的共性，但数字给人的概念更加枯燥乏味，如何设置好网页中数字的样式来活跃网页的气氛，也是网页设计的难点、要点之一，是非常考验网页设计者的技巧的。本章我们将要通过一些数字特效的讲解，来跟大家探讨网页中这类特效的实际应用。

14.1　随机生成数字

本实例使用 JavaScript 制作一个实例来随机生成数字。本节主要涉及的 JavaScript 语法如下。

- Math.ceil：Math.ceil(x)，返回值为最接近的较大整数。
- Math.random()：该函数返回值是一个大于等于 0，且小于 1 的随机数，如 0.0105901374530933 或 0.872525005541986。
- Math.floor：Math.floor(x)传回小于或等于指定数字 x 的最大整数。

本实例主要代码如下：

```
<script language="javascript">
    /*随机数字*/
    function randomChar() {
        var x = "0123456789";
        var tmp = "";
        for (var i = 0; i < 10; i++) {
            /* Math.ceil(x)返回值为最接近的较大整数*/
            tmp += x.charAt(Math.ceil(Math.random() * 100000000) % x.length);
        }
        return tmp;
    }
     document.write(randomChar(100));
    /* Math.floor(x)传回小于或等于指定数字 x 的最大整数*/
    /* Math.random()的返回值是一个大于等于 0，且小于 1 的随机数*/
    document.write(Math.floor(Math.random() * 2000 + 1));
</script>
```

网页效果如图 14.1 所示。

31909016571167　　　　63523455591180

图 14.1　随机生成数字

14.2　打乱一组数字的显示顺序

本实例使用 JavaScript 在网页中打乱一组数字的显示顺序。本章主要涉及的 JavaScript 语法是 Math.random()函数，14.1 节已介绍过，这里不再复述。

本实例主要代码如下：

```
<script>
    /*打乱排序*/
    function superSort(A) {
        return A.sort(function() {
            return Math.random() > 0.5 ? -1 : 1;            /*随机数字*/
        });
    };
    var arr = [1, 2, 3, 4, 5, 6, 7, 8, 9];
    document.write(superSort(arr))
</script>
```

网页效果如图 14.2 所示。

2,3,4,5,1,8,7,9,6　　　　8,5,9,7,6,3,4,2,1

图 14.2　打乱一组数字的显示顺序

14.3　显示一组数字中最大的数字

本实例使用 JavaScript 在网页上显示一组数字中最大的数字。本节主要涉及的 JavaScript 语法是 Math.max。Math.max()返回最大值。

本实例主要代码如下：

```
<script>
    alert(Math.max.apply(null, [11, 3, 44,
    888]));        /*返回最大值*/
</script>
```

图 14.3　显示一组数字中最大的数字

网页效果如图 14.3 所示。

14.4　对一组数字从小到大排序

本实例使用 JavaScript 对一组数字从小到大排序。本节主要涉及的 JavaScript 语法是 sort()方法。该方法可用来排列数组中的元素。sort()方法的默认排列次序是按字母大小排列，这意味着数字的排列会不准确，要排列数字，必须建立函数来比较数字。

本实例主要代码如下：

```
<script>
   var a = [1, 6, 3, 188, 38, 48, 8];
   var i = j = t = 0;
   /*排序*/
   a.sort(function(a, b) {
      return a - b
   }) alert(a)
</script>
```

图 14.4　对一组数字从小到大排序

网页效果如图 14.4 所示。

14.5　对输入数字大小进行限制

本实例使用 JavaScript 实现对输入数字大小进行限制。本节主要涉及的 JavaScript 语法是 event.srcElement。event.srcElement 用于设置或获取触发事件的对象。引用对象，该对象有什么属性，就可以使用。

本实例主要代码如下：

```
<script language="javascript">
   /*检测输入数字*/
   function checkinput(event) {
      if (event.srcElement.name == "input") {
         /*设置或获取触发事件的对象*/
         if (event.srcElement.value > 28) {
            event.srcElement.value = "28";
            alert("请勿输入大于 28 的数字！");
            event.srcElement.select();
         }
      }
   }
</script>
```

网页效果如图 14.5 所示。

图 14.5　对输入数字大小进行限制

14.6　限定输入全角数字

本实例使用 JavaScript 实现的效果是时间输入框默认内容为当天。本节主要涉及的 JavaScript 语法如下。

- onkeyup 事件：该事件会在键盘按键被松开时发生。
- onbeforepaste()方法：onbeforepaste 的意思是在用户执行粘贴动作之前。
- clipboardData.setData()方法：clipboardData.setData 的语法是 clipboardData.setData ('text', xxx)，意思是把 xxx 的内容复制到剪贴板。

本实例主要代码如下：

```
/*键盘按键被松开时发生*/
<input onkeyup="value=value.replace(/[^\uFF00-\uFFFF]/g,'')" onbefore
paste="clipboardData.setData('text',clipboardData.getData('text').repla
ce(/[^\uFF00-\uFFFF]/g,''))">
```

网页效果如图 14.6 所示。

请在全角下输入数字：１２３

图 14.6　限定输入全角数字

14.7　数字金额转换成中文金额

本实例使用 JavaScript 将数字金额转换成中文金额。本节主要涉及的 JavaScript 语法如下。

1. Math.round()函数

Math.round()函数将舍入到最接近的整数，语法是 Math.round(x)，其中 x 是任意数。Math.round()将把它的参数 x 上舍入或下舍入到它最接近的整数。前面介绍过，这里不再复述。

2. replace()方法

replace()方法用于在字符串中用一些字符替换另一些字符，或替换一个与正则表达式匹配的子串。

本实例主要代码如下：

```
<script language="javascript">
    /*判断是否数字*/
    function piliskys() {
        var test1 = document.all.text1.value;
        if (isNaN(test1)) {
            alert("不是一个有效的数字，请重新输入！");
        } else creat();
    }
    /*创建*/
    function creat() {
        var test1 = document.all.text1.value;
        var money1 = new Number(test1);
        if (money1 > 1000000000000000000) {
```

```
        alert("您输入的数字太大，重新输入！");
        return;
    }
    /* Math.round()函数将舍入到最接近的整数*/
    var monee = Math.round(money1 * 100).toString(10) var i, j;
    j = 0;
    var leng = monee.length;
    var monval = "";
    for (i = 0; i < leng; i++) {
        monval = monval + to_upper(monee.charAt(i)) + to_mon(leng - i -1);
    }
    repace_acc(monval);
}
/*大写*/
function to_upper(a) {
    switch (a) {
    case '0':
        return '零';
        break;
...
    }
}
/*分*/
function to_mon(a) {
    if (a > 10) {
        a = a - 8;
        return (to_mon(a));
    }
    switch (a) {
    case 0:
        return '分';
        break;
...
    }
}
/*替换为大写*/
function repace_acc(Money) {
    Money = Money.replace("零分", "");
    Money = Money.replace("零角", "零");
    var yy;
    var outmoney;
    outmoney = Money;
    yy = 0;
    while (true) {
        var lett = outmoney.length;
        /*在字符串中用一些字符替换另一些字符*/
        outmoney = outmoney.replace("零元", "元");
        outmoney = outmoney.replace("零万", "万");
...
        yy = outmoney.length;
        if (yy == lett) break;
    }
    yy = outmoney.length;
    if (outmoney.charAt(yy - 1) == '零') {
        outmoney = outmoney.substring(0, yy - 1);
    }
    yy = outmoney.length;
    if (outmoney.charAt(yy - 1) == '元') {
```

```
            outmoney = outmoney + '整';
        }
        alert(outmoney);
    }
</script>
```

网页效果如图 14.7 所示。

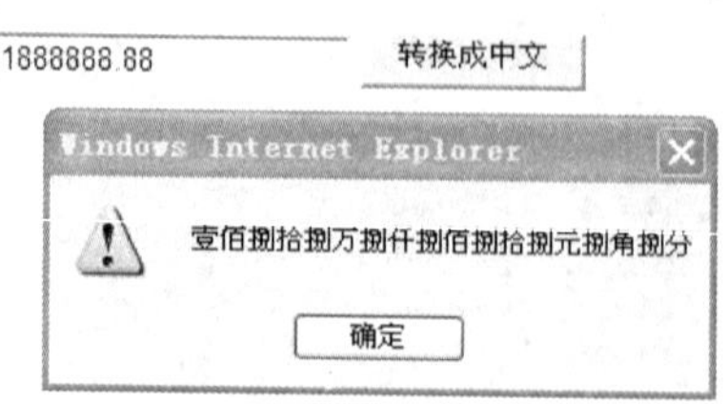

图 14.7　数字金额转换成中文金额

14.8　输入数字金额显示中文金额

本实例使用 JavaScript 实现输入数字金额显示中文金额的特效。本节主要涉及的 JavaScript 语法是 match 方法。

match()方法可在字符串内检索指定的值，或找到一个或多个正则表达式的匹配。该方法类似 indexOf()和 lastIndexOf()，但是它返回指定的值，而不是字符串的位置。

本实例主要代码如下：

```
<script language="javascript">
    /*转换*/
    function convertCurrency(currencyDigits) {
        /*定义和初始化变量*/
        var MAXIMUM_NUMBER = 99999999999.99;
        var CN_ZERO = "零";
        …
        var CN_INTEGER = "整";
        var integral;
        var decimal;
        var outputCharacters;
        var parts;
        var digits, radices, bigRadices, decimals;
        var zeroCount;
        var i, p, d;
        var quotient, modulus;
        currencyDigits = currencyDigits.toString();
        if (currencyDigits == "") {
            return "您还没有输入数字！";
        }
        if (currencyDigits.match(/[^,.\d]/) != null) {
            return "请输入有效数字!";
        }
        if((currencyDigits).match(/^((\d{1,3}(,\d{3})*(.((\d{3},)*
        \d{1,3}))?)|(\d+(.\d+)?))$/) == null) {
            return "请输入有效格式数字！";
```

```
    }
    currencyDigits = currencyDigits.replace(/,/g, "");
    currencyDigits = currencyDigits.replace(/^0+/, "");
    if (Number(currencyDigits) > MAXIMUM_NUMBER) {
        return "您输入的数字太大了!";
    }
    parts = currencyDigits.split(".");
    if (parts.length > 1) {
        integral = parts[0];
        decimal = parts[1];
        decimal = decimal.substr(0, 2);
    } else {
        integral = parts[0];
        decimal = "";
    }
    digits = new Array(CN_ZERO, CN_ONE, CN_TWO, CN_THREE, CN_FOUR,
    CN_FIVE, CN_SIX, CN_SEVEN, CN_EIGHT, CN_NINE);
    radices = new Array("", CN_TEN, CN_HUNDRED, CN_THOUSAND);
    bigRadices = new Array("", CN_TEN_THOUSAND, CN_HUNDRED_MILLION);
    decimals = new Array(CN_TEN_CENT, CN_CENT);
    outputCharacters = "";
    if (Number(integral) > 0) {
        zeroCount = 0;
        for (i = 0; i < integral.length; i++) {
            p = integral.length - i - 1;
            d = integral.substr(i, 1);
            quotient = p / 4;
            modulus = p % 4;
            if (d == "0") {
                zeroCount++;
            } else {
                if (zeroCount > 0) {
                    outputCharacters += digits[0];
                }
                zeroCount = 0;
                outputCharacters += digits[Number(d)] + radices[modulus];
            }
            if (modulus == 0 && zeroCount < 4) {
                outputCharacters += bigRadices[quotient];
            }
        }
        outputCharacters += CN_DOLLAR;
    }
    if (decimal != "") {
        for (i = 0; i < decimal.length; i++) {
            d = decimal.substr(i, 1);
            if (d != "0") {
                outputCharacters += digits[Number(d)] + decimals[i];
            }
        }
    }
    if (outputCharacters == "") {
        outputCharacters = CN_ZERO + CN_DOLLAR;
    }
    if (decimal == "") {
        outputCharacters += CN_INTEGER;
    }
    outputCharacters = CN_SYMBOL + outputCharacters;
    return outputCharacters;
  }
</script>
```

网页效果如图 14.8 所示。

1888	人民币壹仟捌佰捌拾捌元整

图 14.8　输入数字金额显示中文金额

14.9　进 制 转 换

本实例使用 JavaScript 计算进制转换。本节主要涉及的 JavaScript 语法如下。

- Math.floor：Math.floor(x)传回小于或等于指定数字 x 的最大整数。
- parseInt()函数：parseInt()函数的语法是 parseInt(number,type)，number 为要转换的字符串，type 表式进制类型，如果不指定 type，type 值以 0x 开头时，为十六进制；以 0 开头且第二位不为 x，则认为是八进制。
- isNaN()方法：isNaN()方法的语法是 isNaN(numValue)。如果传入的参数 numValue 不是数字，就返回 true；如传入的参数是数字，则返回 false。

本实例主要代码如下：

```
<SCRIPT LANGUAGE="JavaScript">
    var hex = new Array("0", "1", "2", "3", "4", "5", "6", "7",
    "8", "9", "A", "B", "C", "D", "E", "F");
   /*转换为整数*/
   function CKparseInt(n, r) {
      for (var i = 0; i < n.length; ++i) if (n.charAt(i) >= r) {
         alert("格式错误");
         return 0;
      }
      /*转换为整数*/
      if (isNaN(M = parseInt(n, r))) alert("格式错误");
      return M;
    }
    /*浮点数转换为其他*/
   function DecimaltoAnother(A, radix) {
      s = "";
      while (A >= radix) {
         s += hex[A % radix];
         /*传回小于或等于指定数字的最大整数*/
         A = Math.floor(A / radix);
      }
      return transpose(s += hex[A]);
   }
   function transpose(s) {
      N = s.length;
      for (i = 0, t = ""; i < N; i++) t += s.substring(N - i - 1, N - i);
      return t;
    }
    /*解析遍历*/
   function EvalAny(item, r) {
      M = CKparseInt(item.value, r);
      for (var i = 0,
      MyForm = document.forms[0]; i < MyForm.length; ++i)
```

```
        MyForm.elements[i].value = DecimaltoAnother(M,
        MyForm.elements[i].name.substr(1, 3));
    }
</script>
```

网页效果如图 14.9 所示。

图 14.9　进制转换

14.10　单击按钮控制文本框中数字的增减

本实例使用 JavaScript 实现单击按钮控制文本框中数字的增减。本节主要涉及的 JavaScript 语法是 onClick 事件，鼠标单击事件。

本实例主要代码如下：

```
<input type=button value="增加" onClick="javascript:this.form.
amount.value++;">          /*鼠标单击事件*/
```

网页效果如图 14.10 所示。

图 14.10　单击按钮控制文本框中数字的增减

14.11　骇客帝国数字特效

本实例使用 JavaScript 在网页上制作骇客帝国数字特效。本节主要涉及的 JavaScript 语法如下。

1．Math.round()函数

Math.round()函数将舍入到最接近的整数，语法是 Math.round(x)，其中 x 是任意数。Math.round()将把它的参数 x 上舍入或下舍入到它最接近的整数。例如，对于 0.5，它将上舍入；2.5 将被舍入为 3；–2.5 将被舍入为–2。

2．Math.random()函数

该函数返回值是一个大于等于 0，且小于 1 的随机数，如 0.0105901374530933 或 0.872525005541986。

3．Math.floor

Math.floor(x)传回小于或等于指定数字 x 的最大整数。

本实例主要代码如下：

```
<script language="JavaScript">
    if (document.all) {
        X = new Array();
        for (i = 0; i < 3; i++) {
            X[i] = Math.round(Math.random() * 1)
            /* Math.round()函数将舍入到最接近的整数*/
        }
        /*定义和初始化变量*/
        Imsg = '0' + ' ' + '1' + ' ' + '0' + ' ' + '1' + ' ' + '0' + ' ' +
        X[0] + ' ' + X[1] + ' ' + X[1] + ' ' + '0' + ' ' + '1' + ' ';
        var msg = Imsg + Imsg;
        L = msg.length;
        L2 = msg.length - 10;
        I = -10;
        S = new Array();
        T = new Array();
        mix = new Array();
        stp = new Array();
        pos = new Array();
        txt = new Array();
        O = new Array();
        RC = new Array("1", "0");
        document.write("<div id='Container'
        style='position:absolute;top:0;left:0'>") for (i = 0; i < msg.length
        / 2; i++) {
            S[i] = I += 12;
            document.write("<div id='A'
            style='position:absolute;top:0;left:" + S[i] +
            ";width:10;height:100px;" +
            "font-family:Arial,Verdana;font-size:12px;color:#00bb00'
             ></div>");
        }
        document.write("</div>");
        for (i = 0; i < msg.length / 2; i++) {
            T[i] = msg;
            pos[i] = 0;
            /*返回值是一个大于等于 0 且小于 1 的随机数*/
            stp[i] = Math.random() * 2;
            mix[i] = Math.round(Math.random() * 6);
            O[i] = 40 + Math.round(Math.random() * 60);
        }
        /*矩阵*/
        function Matrix() {
            var r = Math.floor(Math.random() * RC.length);
            var Q = "<div style='position:relative;color:#00ff00'>" + RC[r]
            + "</div>";
            Container.style.top = window.document.body.scrollTop;
```

```
        for (i = 0; i < msg.length / 2; i++) {
            pos[i] += stp[i];
            txt[i] = T[i].substring(mix[i], pos[i]) + ' ' + Q + ' ';
            A[i].innerHTML = txt[i];
            A[i].style.filter = 'alpha(opacity = ' + O[i] + ')';
            if (pos[i] > L) {
                pos[i] = 0;
                stp[i] = Math.random() * 2;
                L = 10 + Math.round(Math.random() * L2);
                mix[i] = Math.round(Math.random() * 6);
                O[i] = 40 + Math.round(Math.random() * 60)
            }
        }
        setTimeout('Matrix()', 30);
    }
    Matrix();                    /*调用矩阵函数*/
  }
</script>
```

网页效果如图 14.11 所示。

图 14.11　骇客帝国数字特效

14.12　数字转换成英文表示

本实例使用 JavaScript 将数字转换成英文表示。本节主要涉及的 JavaScript 语法是 Math.ceil。Math.ceil(x)，返回值为最接近的较大整数。

本实例主要代码如下：

```
<script>
    /*定义和初始化变量*/
    var arr1 = new Array("", " thousand", " million", " billion") var arr2
= new Array("zero", "ten", "twenty", "thirty", "forty", "fifty", "sixty",
"seventy", "eighty", "ninety") var arr3 = new Array("zero", "one", "two",
"three", "four", "five", "six", "sever", "eight", "nine");
var arr4 = new Array("ten", "eleven", "twelve", "thirteen", "fourteen",
"fifteen", "sixteen", "seventeen", "eighteen", "nineteen");
    /*转换*/
    function Translate(num) {
        var len = num.length,
        i, j = 0,
        strRet = "";
        /*返回值为最接近的较大整数*/
        var cols = Math.ceil(len / 3);
```

```
        var first = len - cols * 3
        var strRet = ""
        for (i = first; i < len; i += 3) {++j;
            if (i >= 0) num3 = num.substring(i, i + 3)
            else num3 = num.substring(0, first + 3) strEng = English(num3)
            if (strEng != "") {
                if (strRet != "") strRet += ","strRet += English(num3) +
                arr1[cols - j]
            }
        }
        return strRet
    }
    /*数字转英文*/
    function English(num) {
        strRet = ""
        if ((num.length == 3) && (num.substr(0, 3) != "000")) {
            if ((num.substr(0, 1) != "0")) {
                strRet += arr3[num.substr(0, 1)] + " hundred"
                if (num.substr(1, 2) != "00") strRet += " and "
            }
            num = num.substring(1);
        }
        if ((num.length == 2)) {
            if ((num.substr(0, 1) == "0")) {
                num = num.substring(1)
            } else if ((num.substr(0, 1) == "1")) {
                strRet += arr4[num.substr(1, 2)]
            } else {
                strRet += arr2[num.substr(0, 1)]
                if (num.substr(1, 1) != "0") strRet += "-"num =
                num.substring(1)
            }
        }
        if ((num.length == 1) && (num.substr(0, 1) != "0")) {
            strRet += arr3[num.substr(0, 1)]
        }
        return strRet;
    }
</script
>
```

网页效果如图 14.12 所示。

图 14.12　数字转换成英文表示

14.13　单击按钮对数列进行排序

本实例使用 JavaScript 在网页上实现单击按钮对数列进行排序。本节主要涉及的

JavaScript 语法是 split()方法。

split()方法用于把一个字符串分割成字符串数组，其语法是：

```
stringObject.split(separator,howmany)
```

其中，separator 为字符串或正则表达式，从该参数指定的地方分割 stringObject；howmany 为可选参数，该参数可指定返回的数组的最大长度。如果设置了该参数，返回的子串不会多于这个参数指定的数组；如果没有设置该参数，则整个字符串都会被分割，不考虑它的长度。该方法的返回值是一个字符串数组，该数组是通过在 separator 指定的边界处，将字符串 stringObject 分割成子串创建的。返回的数组中的字串不包括 separator 自身。但是，如果 separator 是包含子表达式的正则表达式，那么返回的数组中包括与这些子表达式匹配的字串。

本实例主要代码如下：

```
<SCRIPT LANGUAGE="JavaScript">
   /*排序*/
   function doSort(form) {
      nanExists = false;
      inputString = form.numbers.value;
      /*分割字符串*/
      inputNumbers = inputString.split(",");
      for (var i = 0; i < inputNumbers.length; i++) {
         inputNumbers[i] = parseInt(inputNumbers[i], 10);
         if (isNaN(inputNumbers[i])) {
            nanExists = true;
            break;
         }
      }
      inputNumbers = bubbleSort(inputNumbers, 0, inputNumbers.length - 1);
      if (nanExists) form.answers.value = "输入的数字必须用逗号隔开!";
      else form.answers.value = resultString(inputNumbers, 0);
   }
   /*结果字符串*/
   function resultString(inputArray, num) {
      if ((inputArray.length - 1) >= num) return (inputArray[num] + "," +
      resultString(inputArray, (num + 1)));
      else return "";
   }
   /*冒泡排序*/
   function bubbleSort(inputArray, start, rest) {
      for (var i = rest - 1; i >= start; i--) {
         for (var j = start; j <= i; j++) {
            if (inputArray[j + 1] < inputArray[j]) {
               var tempValue = inputArray[j];
               inputArray[j] = inputArray[j + 1];
               inputArray[j + 1] = tempValue;
            }
         }
      }
      return inputArray;
   }
</script>
```

网页效果如图 14.13 所示。

排序前的数列：	8,3,6,3,8,2,9,1,7,3,4,0,6,2,5,8
排序后的数列：	0,1,2,2,3,3,3,4,5,6,6,7,8,8,8,9,
	排序

图 14.13　单击按钮对数列进行排序

14.14　数字电子表

本实例使用 JavaScript 在网页上放置数字电子表。本节主要涉及的 JavaScript 语法是 setTimeout。setTimeout 有两种形式这里不再复述。

本实例主要代码如下：

```
<script>
   /*定义和初始化变量*/
   var dn c1 = new Image();
   c1.src = "c1.gif"c2 = new Image();
   c2.src = "c2.gif"c3 = new Image();
   c3.src = "c3.gif"c4 = new Image();
   c4.src = "c4.gif"c5 = new Image();
   c5.src = "c5.gif"c6 = new Image();
   c6.src = "c6.gif"c7 = new Image();
   c7.src = "c7.gif"c8 = new Image();
   c8.src = "c8.gif"c9 = new Image();
   c9.src = "c9.gif"c0 = new Image();
   c0.src = "c0.gif"cb = new Image();
   cb.src = "cb.gif"cam = new Image();
   cam.src = "cam.gif"cpm = new Image();
   cpm.src = "cpm.gif"
   /*主函数*/
   function extract(h, m, s, type) {
      if (!document.images) return if (h <= 9) {
         document.images.a.src = cb.src document.images.b.src = eval("c"
         + h + ".src")
      } else {
         document.images.a.src = eval("c" + Math.floor(h / 10) + ".src")
         document.images.b.src = eval("c" + (h % 10) + ".src")
      }
      if (m <= 9) {
         document.images.d.src = c0.src document.images.e.src = eval("c"
         + m + ".src")
      } else {
         document.images.d.src = eval("c" + Math.floor(m / 10) + ".src")
         document.images.e.src = eval("c" + (m % 10) + ".src")
      }
      if (s <= 9) {
         document.g.src = c0.src document.images.h.src = eval("c" + s +
         ".src")
      } else {
         document.images.g.src = eval("c" + Math.floor(s / 10) + ".src")
         document.images.h.src = eval("c" + (s % 10) + ".src")
      }
      if (dn == "AM") document.j.src = cam.src
      else document.images.j.src = cpm.src
```

```
    }
    function show3() {
        if (!document.images) return var Digital = new Date() var hours =
        Digital.getHours() var minutes = Digital.getMinutes() var seconds =
        Digital.getSeconds() dn = "AM"
        if ((hours >= 12) && (minutes >= 1) || (hours >= 13)) {
            dn = "PM"hours = hours - 12
        }
        if (hours == 0) hours = 12 extract(hours, minutes, seconds, dn)
        setTimeout("show3()", 1000)
    }
</script>
```

网页效果如图 14.14 所示。

图 14.14　数字电子表

14.15　输入数字自动增加千分符

本实例使用 JavaScript 给输入数字自动增加千分符。本节主要涉及的 JavaScript 语法是：

1．substr()方法

substr()方法可在字符串中抽取从 start 下标开始的指定数目的字符，其语法是 stringObject.substr(start,length)，其中 start 是必要参数，表示要抽取的子串的起始下标，必须是数值，假如是负数，那么该参数声明从字符串的尾部开始算起的位置，例如，-1 表示字符串中最后一个字符；length 为可选参数，表示子串中的字符数，也必须是数值，如果省略了该参数，那么返回从 stringObject 的开始位置到结尾的字串。

2．fromCharCode()方法

fromCharCode()方法可以接受一个指定的 Unicode 值，然后返回一个字符串，其语法是 String.fromCharCode(num,num,...,num)，这里 num 是必要参数，为一个或多个 Unicode 值，表示的是将要创建字符串中的字符的 Unicode 编码。

本实例主要代码如下：

```
<script>
    /*主函数*/
    function currencyFormat(fld, milSep, decSep, e) {
        /*定义和初始化变量*/
        var sep = 0;
        var key = '';
        var i = j = 0;
        var len = len2 = 0;
        var strCheck = '0123456789';
        var aux = aux2 = '';
        var whichCode = (window.Event) ? e.which: e.keyCode;
```

```
    if (whichCode == 13) return true;
    /*将 Unicode 值转换为字符串*/
    key = String.fromCharCode(whichCode);
    if (strCheck.indexOf(key) == -1) return false;
    len = fld.value.length;
    for (i = 0; i < len; i++) if ((fld.value.charAt(i) != '0') &&
    (fld.value.charAt(i) != decSep)) break;
    aux = '';
    for (; i < len; i++) if (strCheck.indexOf(fld.value.charAt(i)) != -1)
    aux += fld.value.charAt(i);
    aux += key;
    len = aux.length;
    if (len == 0) fld.value = '';
    if (len == 1) fld.value = '0' + decSep + '0' + aux;
    if (len == 2) fld.value = '0' + decSep + aux;
    if (len > 2) {
        aux2 = '';
        for (j = 0, i = len - 3; i >= 0; i--) {
            if (j == 3) {
                aux2 += milSep;
                j = 0;
            }
            aux2 += aux.charAt(i);
            j++;
        }
        fld.value = '';
        len2 = aux2.length;
        for (i = len2 - 1; i >= 0; i--) fld.value += aux2.charAt(i);
        /*在字符串中抽取指定数目的字符*/
        fld.value += decSep + aux.substr(len - 2, len);
    }
    return false;
  }
</script>
```

网页效果如图 14.15 所示。

请输入金额： 111,111.11

图 14.15 输入数字自动增加千分符

14.16 跟随鼠标的数字

本实例使用 JavaScript 在网页中显示跟随鼠标的数字。本节主要涉及的 JavaScript 语法是：

1. Math.floor

Math.floor(x)传回小于或等于指定数字 x 的最大整数。

2. parseInt()函数

parseInt()函数的语法是 parseInt(number,type)，number 为要转换的字符串，type 表式进

制类型，如果不指定 type，type 值以 0x 开头时，为十六进制；以 0 开头且第二位不为 x，则认为是八进制。

3．clearInterval()方法

window.clearInterval()方法将取消由 setInterval()方法设置的定时器。setInterval()方法会不停地调用函数，直到用 clearInterval()方法终止定时或窗口被关闭。

4．setInterval()方法

setInterval()方法可按照以毫秒计算的指定周期来调用函数或计算表达式。setInterval()方法会不停地调用函数，直到 clearInterval()方法被调用或窗口被关闭。

本实例主要代码如下：

```
<SCRIPT language=javascript>
    /*定义和初始化变量*/
    var cx = 0;
    var cy = 0;
    var val = 0;
    /*定位*/
    function locate() {
        cx = window.event.x;
        cy = window.event.y;
    }
    document.onmousemove = locate;                  /*鼠标移入*/
    /*跟随*/
    function follow(i) {
        var x;
        if (i < 4) x = cx - 50 + i * 10;
        else x = cx - 25 + i * 10;
        /*传回小于或等于指定数字的最大整数*/
        var y = cy - 20 + Math.floor(Math.random() * 40);
        w = eval("word" + i);
        with(w.style) {
            left = x.toString() + "px";
            top = y.toString() + "px";
        }
    }
    /*显示*/
    function show(i) {
        var w = eval("word" + i);
        with(w.style) {
            visibility = "visible";
            /*解析为整数*/
            s = parseInt(fontSize);
            if (s >= 200) s -= 100;
            else if (s > 90 && s <= 100) {
                s -= 85;
                /*取消由 setInterval()方法设置的定时器*/
                clearInterval(val);
                if (i < 5) val = setInterval("show(" + (i + 1) + ")", 20);
            }
            fontSize = s;
        }
    }
    /*开始*/
```

```
   function start() {
      for (i = 1; i <= 5; i++) {
         /*按照以毫秒计算的指定周期来调用函数或计算表达式*/
         val = setInterval("show(1)", 20);
         setInterval("follow(" + i + ")", 100);
      }
   }
   var word = new Array(5);
   word[1] = "6";
   word[2] = "3";
   word[3] = "7";
   word[4] = "2";
   for (i = 1; i <= 4; i++) document.write("<div id='word" + i + "'
style='width:20px;height:20px;position:absolute;font-size:1000;visibili
ty:hidden'><font face='Forte' color='#00FF00'>" + word[i] +
"</font></div>");
   start();
</SCRIPT>
```

网页效果如图 14.16 所示。

图 14.16　跟随鼠标的数字

14.17　商品折扣计算器

本实例使用 JavaScript 在网页中放置一个商品折扣计算器。本节主要涉及的 JavaScript 语法是 onkeyup()方法，表示设置该对象的键盘按键松开事件。

本实例主要代码如下：

```
/*键盘按键松开事件*/
<input type="text" name="PriceObj" onkeyup="price(this.value)">
```

网页效果如图 14.17 所示。

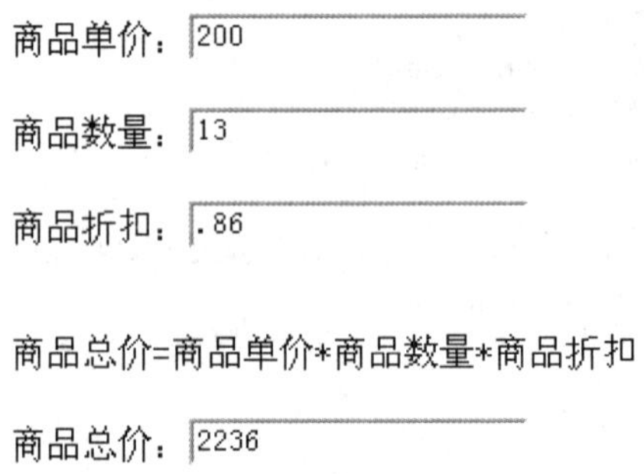

商品单价：200

商品数量：13

商品折扣：.86

商品总价=商品单价*商品数量*商品折扣

商品总价：2236

图 14.17　商品折扣计算器

14.18　数字前方补零效果

本实例使用 JavaScript 在网页上展示数字前方补零效果。本节主要涉及的 JavaScript 语法是 document.write()方法。

document.write()方法可以用在两个方面：页面载入过程中用实时脚本创建页面内容，以及用延时脚本创建本窗口或新窗口的内容。该方法需要一个字符串参数，它是写到窗口或框架中的 HTML 内容。这些字符串参数可以是变量或值为字符串的表达式，写入的内容常常包括 HTML 标记语言。

本实例主要代码如下：

```
<script language="javascript">
    /*补零*/
    function addZero(a, b, c) {
        while (a < b) {
            t = a + "";
            while (t.length < c) t = "0" + t;
            a++;
            document.write(t + "<br>");                    /*页面输出*/
        }
    }
    addZero(1, 8, 5);
</script>
```

网页效果如图 14.18 所示。

00001
00002
00003
00004
00005
00006
00007

图 14.18　数字前方补零效果

14.19　网页计算器

本实例使用 JavaScript 在网页上放置网页计算器。本节主要涉及的 JavaScript 语法如下。

1．match()方法

match()方法可在字符串内检索指定的值，或找到一个或多个正则表达式的匹配。该方法类似 indexOf()和 lastIndexOf()，但是它返回指定的值而不是字符串的位置。

2．event.srcElement

event.srcElement 用于设置或获取触发事件的对象。引用对象，该对象有什么属性，就可以使用。

本实例主要代码如下：

```
<script language="JavaScript">
    /*定义和初始化变量*/
    var results = '';
    var previouskey = '';
    var re = /(\/|\*|\+|-)/
    var re2 = /(\/|\*|\+|-){2}$/;
    var re3 = /.+(\/|\*|\+|-).+/;
    var re4 = /\d|\./;
    var re5 = /^[^\/\*\+].+\d$/;
    var re6 = /\./;
    /*计算*/
    function calculate() {
        if (event.srcElement.tagName == "TD") {
            if (event.srcElement.innerText.match(re4) && previouskey == "=")
            results = '';
            /*在字符串内检索指定的值*/
            if (result.innerText.match(re3) &&
            event.srcElement.innerText.match(re)) {
                if (!results.match(re5)) {
                    result.innerText = "输入错误!";
                    return;
                }
                results = eval(results);
                if (results.toString().length >= 12 && results.
                toString().match(re6)) results = results.toString().
                substring(0, 12);
                result.innerText = results;
            }
            /*设置或获取触发事件的对象*/
            results += event.srcElement.innerText;
            if (results.match(re2)) results = results.substring(0,
            results.length - 2) + results.charAt(results.length - 1);
            result.innerText = results;
        }
    }
    /*计算结果*/
    function calculateresult() {
        if (!results.match(re5)) {
            result.innerText = "输入错误!";
            return;
        }
        results = eval(results);
        if (results.toString().length >= 12 && results.toString().match(re6))
        results = results.toString().substring(0, 12);
        result.innerText = results;
    }
    function pn() {
        if (result.innerText.charAt(0) != '-') result.innerText = results =
        '-' + result.innerText
        else if (result.innerText.charAt(0) == '-') result.innerText =
        results = result.innerText * ( - 1)
```

```
    }
</script>
```

网页效果如图 14.19 所示。

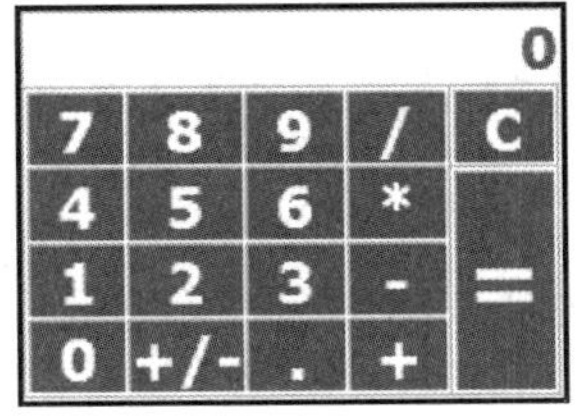

图 14.19　网页计算器

14.20　删除一组数字中的指定数字

本实例使用 JavaScript 删除一组数字中的指定数字。本节主要涉及的 JavaScript 语法如下。

1．slice()方法

slice()方法可提取字符串的某个部分，并以新的字符串返回被提取的部分，其语法是 stringObject.slice(start,end)，其中 start 是要抽取片断的起始下标，如果是负数，则该参数规定的是从字符串的尾部开始算起的位置。例如，–1 指字符串的最后一个字符；end 是紧接着要抽取片段的结尾下标，若未指定此参数，则要提取的子串包括 start 到原字符串结尾的字符串，假如该参数是负数，那么它规定的是从字符串的尾部开始算起的位置。

2．concat()方法

concat()方法用于连接两个或多个数组。该方法不会改变现有的数组，而仅仅会返回被连接数组的一个副本，其语法是 arrayObject.concat(array,array,......,array)，其中 array 是必要参数，可以是具体的值，也可以是数组对象，数量任意。

本实例主要代码如下：

```
<script type=text/javascript>
    /*数组原型删除*/
    Array.prototype.del = function(n) {
        if (n < 0) return this;
        /* slice()方法可提取字符串的某个部分*/
        /* concat()方法用于连接两个或多个数组*/
        return this.slice(0, n).concat(this.slice(n + 1, this.length));
    }
    var arr = new Array("1", "2", "3", "4", "5",
    "6");
    alert(arr.del(1))
</script>
```

网页效果如图 14.20 所示。

图 14.20　删除一组数字中指定值

14.21　鼠标移入数字变大

本实例使用 JavaScript 实现鼠标移入数字变大的效果。本节主要涉及的 JavaScript 语法如下。CSS :hover 伪类。

:hover 伪类在鼠标移到元素上时向此元素添加特殊的样式，该伪类应用处于“悬停状态”的元素。悬停定义为用户指示了一个元素但没有将其激活。前面已经在 10.21 节介绍过，不再复述。

本实例主要代码如下：

```
/*:hover 伪类在鼠标移到元素上时向此元素添加特殊的样式*/
<style type="text/css">
    ul#menu{ list-style-type: none; margin: 50px; width:200px; float: left;
    display: inline; clear: both; } ul#menu li{ float: left; display: inline;
    width:20px; height: 20px; margin: 2px; } ul#menu li a { text-decoration:
    none; display: block; width:20px; height:20px; border:1px red solid;
    background-color:
    White; line-height: 20px; font-size: 12px; text-align: center; } ul#menu
    li a:hover{ position: absolute; width:40px; height: 40px; line-height:
    40px; font-size: 32px; z-index:100; margin: -10px 0 0 -10px; } ul#menu
    li:hover + li a{ position: absolute; width:30px; height: 30px;
    line-height:
    30px; font-size: 24px; z-index:99; margin: -5px 0 0 -5px; }
</style>
```

网页效果如图 14.21 所示。

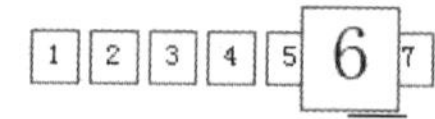

图 14.21　鼠标移入数字变大

14.22　判断奇偶数

本实例使用 JavaScript 进行奇偶数的判断。本节主要涉及的 JavaScript 语法是 onClick 事件，表示鼠标单击事件。

本实例主要代码如下：

```
<input type=button value="判断奇偶" onClick="chk(txt1.value)">
    /*鼠标单击事件*/
```

网页效果如图 14.22 所示。

图 14.22　判断奇偶数

14.23　九九乘法表

本实例使用 JavaScript 制作九九乘法表。本节主要涉及的 JavaScript 语法是 document.write()方法，已在 14.18 节介绍过，不再复述。

本实例主要代码如下：

```
<script language="JavaScript">
   var i, j;
   document.write("<tr><td></td>");
  /*页面输出*/
   for (i = 1; i <= 9; i++) document.write("<td><b>" + i + "</b></td>");
   document.write("<tr>");
   for (i = 1; i <= 9; i++) {
      document.write("<tr>");
      document.write("<td><b>" + i + "</b></td>");
      j = 1;
      while (j <= 9) {
         document.write("<td>");
         document.write(i + "*" + j + "=" + i * j);
         document.write("</td>");
         j++;
      }
      document.write("<tr>");
   }
</script>
```

网页效果如图 14.23 所示。

九九乘法表

	1	2	3	4	5	6	7	8	9
1	1*1=1	1*2=2	1*3=3	1*4=4	1*5=5	1*6=6	1*7=7	1*8=8	1*9=9
2	2*1=2	2*2=4	2*3=6	2*4=8	2*5=10	2*6=12	2*7=14	2*8=16	2*9=18
3	3*1=3	3*2=6	3*3=9	3*4=12	3*5=15	3*6=18	3*7=21	3*8=24	3*9=27
4	4*1=4	4*2=8	4*3=12	4*4=16	4*5=20	4*6=24	4*7=28	4*8=32	4*9=36
5	5*1=5	5*2=10	5*3=15	5*4=20	5*5=25	5*6=30	5*7=35	5*8=40	5*9=45
6	6*1=6	6*2=12	6*3=18	6*4=24	6*5=30	6*6=36	6*7=42	6*8=48	6*9=54
7	7*1=7	7*2=14	7*3=21	7*4=28	7*5=35	7*6=42	7*7=49	7*8=56	7*9=63
8	8*1=8	8*2=16	8*3=24	8*4=32	8*5=40	8*6=48	8*7=56	8*8=64	8*9=72
9	9*1=9	9*2=18	9*3=27	9*4=36	9*5=45	9*6=54	9*7=63	9*8=72	9*9=81

图 14.23　九九乘法表

14.24　投票滚动条

本实例使用 JavaScript 制作投票滚动条。本节主要涉及的 JavaScript 语法是 toFixed()方法。该方法可把 Number 四舍五入为指定小数位数的数字，其语法如下。

```
NumberObject.toFixed(num)
```

num 是必要参数，用以规定小数的位数，是 0～20 之间的值，包括 0 和 20，有些实现可以支持更大的数值范围，如果省略了该参数，默认值为 0。

本实例主要代码如下：

```
<script>
    /*页面加载*/
    window.onload = function() {
        /*定义和初始化变量*/
        var oDiv = document.getElementById('div1');
        var aDiv = oDiv.getElementsByTagName('div');
        var aBtn = document.getElementsByTagName('input');
        var lNum = 50;
        var rNum = 25;
        var lNums = (rNum / (lNum + rNum)) * 500;
        var rNums = 500 - lNums;
        aDiv[1].style.width = parseInt(lNums) + 'px';
        aDiv[0].style.width = 500 - parseInt(lNums) + 'px';
        aDiv[0].innerHTML = (lNum / (lNum + rNum)).toFixed(2);
        aDiv[1].innerHTML = (1 - lNum / (lNum + rNum)).toFixed(2);
        /*鼠标单击*/
        aBtn[0].onclick = function() {
            lNum = lNum + 1;
            var lNumss = parseInt(lNum / (lNum + rNum) * 500);
            aDiv[0].style.width = lNumss + 'px';
            aDiv[1].style.width = (500 - lNumss) + 'px';
            aDiv[0].innerHTML = (lNum / (lNum + rNum)).toFixed(2);
            aDiv[1].innerHTML = (1 - lNum / (lNum + rNum)).toFixed(2);
        }
        /*鼠标单击*/
        aBtn[1].onclick = function() {
            rNum = rNum + 1;
            var rNumss = parseInt(rNum / (lNum + rNum) * 500);
            aDiv[0].style.width = (500 - rNumss) + 'px';
            aDiv[1].style.width = rNumss + 'px';
            /*把 Number 四舍五入为指定小数位数的数字*/
            aDiv[0].innerHTML = (lNum / (lNum + rNum)).toFixed(2);
            aDiv[1].innerHTML = (1 - lNum / (lNum + rNum)).toFixed(2);
        }
    }
</script>
```

网页效果如图 14.24 所示。

图 14.24　投票滚动条

14.25　判断输入数字位数

本实例使用 JavaScript 判断输入数字位数。本节主要涉及的 JavaScript 语法如下。

- onkeyup 事件：该事件会在键盘按键被松开时发生。

- replace()方法：该方法用于在字符串中用一些字符替换另一些字符，或替换一个与正则表达式匹配的子串。
- onClick 事件：鼠标单击事件。

本实例主要代码如下：

```
<script type="text/javascript">
    /*页面加载*/
    window.onload = function() {
        var aInput = document.getElementsByTagName("input");
        var aSpan = document.getElementsByTagName("span")[0];
        var i = 0;
        aInput[0].onkeyup = function() {/*在键盘按键被松开时发生*/
            this.value = this.value.replace(/[^\d]/, "")
                                                /*在字符串中用一些字符替换另一些字符*/
        }
        /*鼠标单击事件*/
        aInput[1].onclick = function() { (aInput[0].value == "") ? alert("
        请输入数字! ") : alert(/^\d{2}$/.test(parseInt(aInput[0].value)) ? "
        √ 是两位数": "这是" + aInput[0].value.length + "位数");
        }
    };
</script>
```

网页效果如图 14.25 所示。

图 14.25　判断输入数字位数

14.26　内衣尺码计算器

本实例使用 JavaScript 在网页上放置一个内衣尺码计算器。本节主要涉及的 JavaScript 语法是 Math.floor。Math.floor(x)传回小于或等于指定数字 x 的最大整数。

本实例主要代码如下：

```
<script language="JavaScript">
    /*计算*/
    function jisuan() {
        if (document.form1.up.value == '') {
            alert('上胸围尺寸：');
            return false;
        }
        if (document.form1.up.value == '') {
```

```
            alert('下胸围尺寸：');
            return false;
        }
        var answer = document.form1.up.value - document.form1.under.value;
        yushu = document.form1.under.value % 10;
        if (yushu < 5) yushu = 0;
        if (yushu >= 5) yushu = 5;
        /*传回小于或等于指定数字的最大整数*/
        chima = '您的文胸尺码为：' + (Math.floor(document.form1.under.value /
        10) * 10 + yushu / 1);
        if (answer <= 10) chima = chima + 'A';
        else if (answer <= 14 && answer >= 11) chima = chima + 'B';
        else if (answer <= 19 && answer >= 14) chima = chima + 'C';
        else chima = chima + 'D';
        alert(chima);
    }
</script>
```

网页效果如图 14.26 所示。

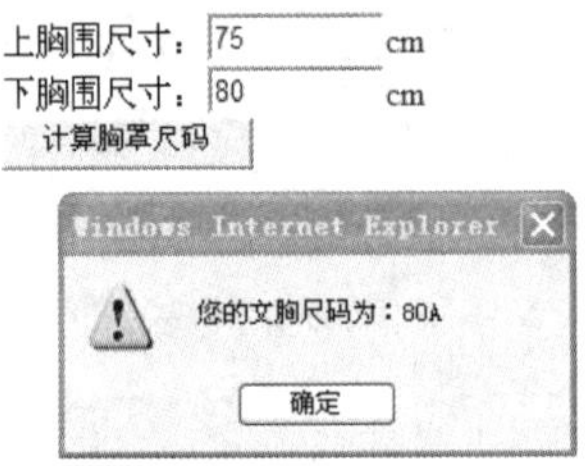

图 14.26　华丽计算器

14.27　文件下载时间计算器

本实例使用 JavaScript 进行文件下载时间的计算。本节主要涉及的 JavaScript 语法是 Math.floor。Math.floor(x)传回小于或等于指定数字 x 的最大整数。

本实例主要代码如下：

```
<script LANGUAGE="JavaScript">
    /*创建数组*/
    function MakeArray(n) {
        this.length = n;
        for (var i = 1; i <= n; i++) {
            this[i] = 0
        }
        return this
    }
    speedVar = new MakeArray(7);
    speedVar[1] = "1.1719"speedVar[2] = "1.7578"speedVar[3] =
   "3.5156"speedVar[4] = "4.1016"speedVar[5] = "6.8359"speedVar[6] =
   "7.8125"speedVar[7] = "16.6250"
   /*计算*/
    function compute(form, mult) {
        for (i = 1; i < 8; i++) {
            if (form.size.value == null || form.size.value.length == 0) {
```

```
            form.size.value = 0;
        }
        if (form[i + "hour"].value == null || form[i + "hour"].value.length
        == 0) {
            form[i + "hour"].value = 0;
        }
        if (form[i + "minute"].value == null || form[i + "minute"].
        value.length == 0) {
            form[i + "minute"].value = 0;
        }
        if (form[i + "second"].value == null || form[i + "second"].
        value.length == 0) {
            form[i + "second"].value = 0;
        }
        if (mult != 0 && form.size.value != 0) {
            with(Math) {
                /*定义和初始化变量*/
                var speed = speedVar[i];
                var TotalTime = ((form.size.value * mult) / speed);
                /*传回小于或等于指定数字的最大整数*/
                var TotalHours = floor((TotalTime / 3600));
                var TotalHoursMod = (TotalTime % 3600);
                var TotalMin = floor(TotalHoursMod / 60);
                var TotalMinMod = (TotalHoursMod % 60);
                var TotalSec = floor(TotalMinMod);
                form[i + "hour"].value = TotalHours;
                form[i + "minute"].value = TotalMin;
                form[i + "second"].value = TotalSec;
            }
        }
    }
    return;
  }
</script>
```

网页效果如图 14.27 所示。

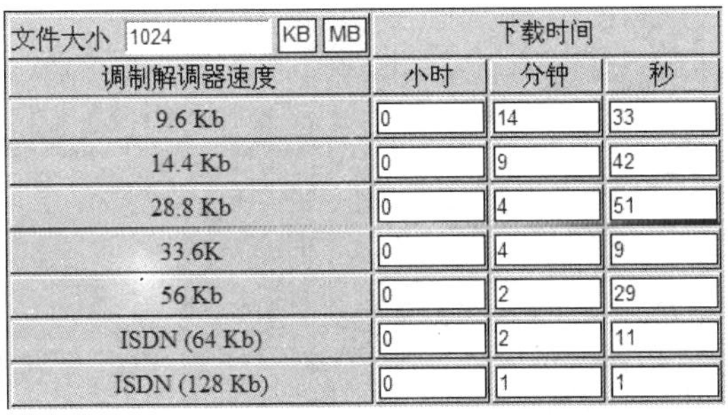

文件大小 1024 KB MB	下载时间		
调制解调器速度	小时	分钟	秒
9.6 Kb	0	14	33
14.4 Kb	0	9	42
28.8 Kb	0	4	51
33.6K	0	4	9
56 Kb	0	2	29
ISDN (64 Kb)	0	2	11
ISDN (128 Kb)	0	1	1

图 14.27　文件下载时间计算器

14.28　文件在不同计量单位下的大小转换

本实例使用 JavaScript 进行文件在不同计量单位下的大小转换。本节主要涉及的 JavaScript 语法是 eval()函数。

eval()函数可计算某个字符串，并执行其中的 JavaScript 代码，其语法是 eval(string)，参数 string 为必要参数，表示要计算的字符串，其中含有要计算的 JavaScript 代码。

本实例主要代码如下：

```
<SCRIPT LANGUAGE="JavaScript">
    /*转换*/
    function convert() {
        if (document.KBtoMB.KB.value) {
            /*计算某个字符串并执行其中的 JavaScript 代码*/
            document.KBtoMB.MB.value = eval(document.KBtoMB.KB.value /
            024);
        } else {
            if (document.KBtoMB.MB.value) {
                document.KBtoMB.KB.value = eval(document.KBtoMB.MB.value *
                1024);
            }
        }
    }
</script>
```

网页效果如图 14.28 所示。

图 14.28　文件在不同计量单位下的大小转换

14.29　对 数 计 算

本实例使用 JavaScript 进行对数计算。本节主要涉及的 JavaScript 语法是 Math.log()方法。该方法计算一个数的自然对数，其语法是 Math.log(x)，x 为任何大于 0 的数值表达式。

本实例主要代码如下：

```
<script language="JavaScript">
    /*对数*/
    function anylog(form) {
        var a = eval(form.a.value);
        var b = eval(form.b.value);
        /* Math.log()方法计算一个数的自然对数*/
        var c = (Math.log(b)) / (Math.log(a)) var d = Math.round(1000000 *
        c) / 1000000 form.z.value = d
    }
</script>
```

网页效果如图 14.29 所示。

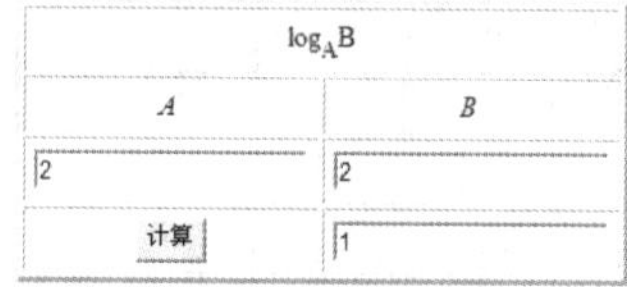

图 14.29　对数计算

14.30　计算输入文字所占比重

本实例使用 JavaScript 计算输入文字所占比重。本节主要涉及的 JavaScript 语法如下。

1．parseInt()函数

parseInt()函数的语法是 parseInt(number,type)，number 为要转换的字符串，type 表示进制类型，如果不指定 type，type 值以 0x 开头时，为十六进制；以 0 开头且第二位不为 x，则认为是八进制。

2．substring()方法

substring()方法的语法是 substring(start,end)，该方法将返回一个包含从 start 到 end 的子字符串（不包含第 end 位的字符）。

本实例主要代码如下：

```
<script type="text/JavaScript">
    /*计算字符数*/
    function textCounter(field, counter, maxlimit, linecounter) {
        /*转换成整数*/
        var fieldWidth = parseInt(field.offsetWidth);
        var charcnt = field.value.length;
        if (charcnt > maxlimit) {
            /*取子字符串*/
            field.value = field.value.substring(0, maxlimit);
        } else {
            var percentage = parseInt(100 - ((maxlimit - charcnt) * 100) /
            maxlimit);
            document.getElementById(counter).style.width =
            parseInt((fieldWidth * percentage) / 100) + "px";
            document.getElementById(counter).innerHTML = "已输: " +
            percentage + "%"setcolor(document.getElementById(counter),
            percentage, "background-color");
        }
    }
    /*设置颜色*/
    function setcolor(obj, percentage, prop) {
        obj.style[prop] = "rgb(80%," + (100 - percentage) + "%," + (100 -
        percentage) + "%)";
    }
</script>
```

网页效果如图 14.30 所示。

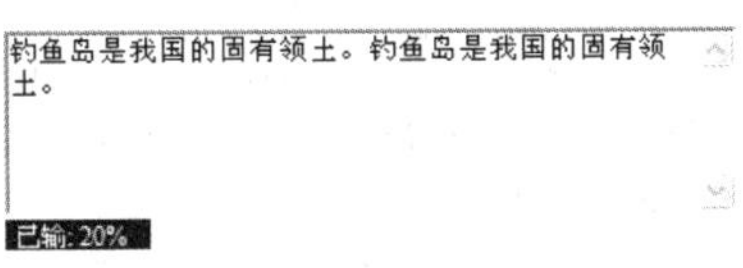

图 14.30　计算输入文字所占比重

14.31　解简单方程

本实例使用 JavaScript 解简单方程。本节主要涉及的 JavaScript 语法如下。

1．eval()函数

eval()函数可计算某个字符串，并执行其中的 JavaScript 代码，其语法是 eval(string)，参数 string 为必要参数，表示要计算的字符串，其中含有要计算的 JavaScript 代码。

2．event.returnValue

event.returnvalue=false 的涵义就是对 event 事件的 returnvalue 属性赋予 false，当然 event 还有其他属性来屏蔽键盘鼠标上的其他键来屏蔽。

3．event.cancelBubble

通过对 event.cancelBubble 赋值 true，就能取消事件冒泡。在 IE 的事件机制中，触发事件会从子元素向父元素逐级上传，一旦子元素触发了某个事件，也会引发父元素的这个事件。

本实例主要代码如下：

```
<script type="text/javascript">
    var v1, v2, v3, v4, v5, txt_result;
    function $(str) {
        return (document.getElementById(str));
    }
    /*解方程*/
    function call(val1, val2, val3, val4) {
        theArray0 = new Array(val1, val2, val3, val4);
        theArray1 = new Array('1234', '1243', '1324', '1342', '1423', '1432',
        '2134', '2143', '2314', '2341', '2413', '2431', '3124', '3142',
        '3214', '3241', '3412', '3421', '4123', '4132', '4213', '4231',
        }'4312', '4321');
        theArray2 = new Array('+', '-', '*', '/');
        a1 = parseInt(v5.value);
        for (var ii = 0; ii < 24; ii++) {
            theArray3 = theArray1[ii].split('');
            for (var mm = 0; mm < 4; mm++) {
                theArray3[mm] = parseInt(theArray3[mm]);
            }
            for (var jj = 0; jj < 4; jj++) {
                for (var kk = 0; kk < 4; kk++) {
                    for (var ll = 0; ll < 4; ll++) {
                        ss1 = theArray0[theArray3[0] - 1] + theArray2[jj] +
                        theArray0[theArray3[1] - 1] + theArray2[kk] +
                        theArray0[theArray3[2] - 1] + theArray2[ll] +
                        theArray0[theArray3[3] - 1];
                        /*计算某个字符串并执行其中的 JavaScript 代码*/
                        if (eval(ss1) == a1) {
                            return (ss1);
                        }
                        ss1 = '(' + theArray0[theArray3[0] - 1] + theArray2[jj]
```

```
                        + theArray0[theArray3[1] - 1] + ')' + theArray2[kk] +
                        theArray0[theArray3[2] - 1] + theArray2[ll] +
                        theArray0[theArray3[3] - 1];
                        if (eval(ss1) == a1) {
                           return (ss1);
                        }
                        ss1 = theArray0[theArray3[0] - 1] + theArray2[jj] + '('
                        + theArray0[theArray3[1] - 1] + theArray2[kk] +
                        theArray0[theArray3[2] - 1] + ')' + theArray2[ll] +
                        theArray0[theArray3[3] - 1];
                        if (eval(ss1) == a1) {
                           return (ss1);
                        }
                        ss1 = theArray0[theArray3[0] - 1] + theArray2[jj] +
                        theArray0[theArray3[1] - 1] + theArray2[kk] + '(' +
                        theArray0[theArray3[2] - 1] + theArray2[ll] +
                        theArray0[theArray3[3] - 1] + ')';
                        if (eval(ss1) == a1) {
                           return (ss1);
                        }
                        ss1 = '(' + theArray0[theArray3[0] - 1] + theArray2[jj]
                        + theArray0[theArray3[1] - 1] + theArray2[kk] +
                        theArray0[theArray3[2] - 1] + ')' + theArray2[ll] +
                        theArray0[theArray3[3] - 1];
                        if (eval(ss1) == a1) {
                           return (ss1);
                        }
                        ss1 = theArray0[theArray3[0] - 1] + theArray2[jj] + '('
                        + theArray0[theArray3[1] - 1] + theArray2[kk] +
                        theArray0[theArray3[2] - 1] + theArray2[ll] +
                        theArray0[theArray3[3] - 1] + ')';
                        if (eval(ss1) == a1) {
                           return (ss1);
                        }
                        ss1 = '(' + theArray0[theArray3[0] - 1] + theArray2[jj]
                        + theArray0[theArray3[1] - 1] + ')' + theArray2[kk] +
                        '(' + theArray0[theArray3[2] - 1] + theArray2[ll] +
                        theArray0[theArray3[3] - 1] + ')';
                        if (eval(ss1) == a1) {
                           return (ss1);
                        }
                     }
                  }
               }
            }
            return (false);
         }
         /*主函数*/
         function main() {
            var s1 = call(v1.value, v2.value, v3.value, v4.value);
            if (s1) {
               txt_result.innerText += '\n' + s1 + '==' + v5.value;
            } else {
               txt_result.innerText += '\n' + v1.value + ',' + v2.value + ','
               + v3.value + ',' + v4.value + '  无结果! ';
            }
            init();
            return (false);
         }
         /*检验函数 1*/
         function check1(obj1) {
```

```
        if (isNaN(obj1.value)) {
            alert('请输入一个数值！');
            obj1.focus();
            obj1.select();
            event.returnValue = false;                    /*屏蔽键盘鼠标上的其他键*/
            event.cancelBubble = true;                    /*取消冒泡事件*/
            return (false);
        }
    }
    /*清除输入*/
    function clear_input() {
        txt_result.innerText = "";
        v1.focus();
        return (true);
    }
    /*初始化*/
    function init() {
        v1 = $("v1");
        v2 = $("v2");
        v3 = $("v3");
        v4 = $("v4");
        v5 = $("v5");
        txt_result = $("txt_result");
        v1.select();
    }
</script>
```

图 14.31　解简单方程

网页效果如图 14.31 所示。

14.32　比较两数大小

本实例使用 JavaScript 比较两数大小。本节主要涉及的 JavaScript 语法如下。

- getUTCDate()方法：可根据全球标准时间返回一个月（UTC）中的某一天。
- getFullYear()方法：可返回一个表示年份的 4 位数字。
- getDate()方法：可返回月份的某一天。
- getMonth()方法：可返回表示月份的数字。
- parseInt()函数：可解析一个字符串，并返回一个整数。

本实例主要代码如下：

```
<script type="text/javascript">
    /*页面加载*/
    window.onload = function() {
        var aInput = document.getElementsByTagName("input");
        var aSpan = document.getElementsByTagName("span")[0];
        var i = 0;
        for (i = 0; i < aInput.length - 1; i++) {
            aInput[i].onkeyup = function() {
                /*替换*/
                this.value = this.value.replace(/[^\d]/, "")
            }
        }
        aInput[2].onclick = function() { (aInput[0].value == "" ||
        aInput[1].value == "") ? alert("请输入数字！") : (aSpan.innerHTML =
```

```
        Math.max(aInput[0].value, aInput[1].value));
        }
    };
</script>
```

网页效果如图 14.32 所示。

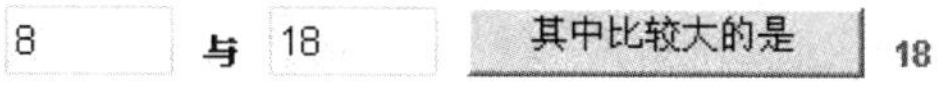

8　与　18　其中比较大的是　18

图 14.32　比较两数大小

14.33　模拟乘法口诀表

本实例使用 JavaScript 制作有农历的日历。本节主要涉及的 JavaScript 语法是 replace()方法。replace()方法用于在字符串中用一些字符替换另一些字符，或替换一个与正则表达式匹配的子串。

本实例主要代码如下：

```
<script language="javascript">
    /*循环*/
    for (i = 1; i < 10; i++) {
        var a = new String() for (j = 1; j < i + 1; j++) {
            a = a + " " + j + "*" + i + "-" + [j * i] + " "
        }
        /*页面输出*/
        document.write(a + "<br>");
    }
</script>
```

网页效果如图 14.33 所示。

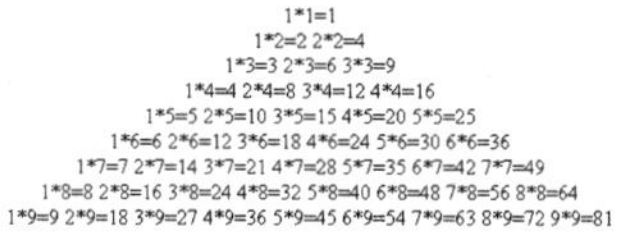

1*1=1
1*2=2 2*2=4
1*3=3 2*3=6 3*3=9
1*4=4 2*4=8 3*4=12 4*4=16
1*5=5 2*5=10 3*5=15 4*5=20 5*5=25
1*6=6 2*6=12 3*6=18 4*6=24 5*6=30 6*6=36
1*7=7 2*7=14 3*7=21 4*7=28 5*7=35 6*7=42 7*7=49
1*8=8 2*8=16 3*8=24 4*8=32 5*8=40 6*8=48 7*8=56 8*8=64
1*9=9 2*9=18 3*9=27 4*9=36 5*9=45 6*9=54 7*9=63 8*9=72 9*9=81

图 14.33　模拟乘法口诀表

14.34　装修瓷砖数量计算器

本实例使用 JavaScript 制作一个装修瓷砖数量计算器。本节主要涉及的 JavaScript 语法如下。

1．string.charAt()方法

string.charAt()方法的语法是 string.charAt(position)，charAt()方法返回字符串处于 position 位置的字符。如果 position 为负值或超出字符串长度，则返回空字符串。

2. focus()方法

focus()让该对象获得焦点。

3. Math.round()函数

Math.round()函数将舍入到最接近的整数，语法是 Math.round(x)，其中 x 是任意数。Math.round()将把它的参数 x 上舍入或下舍入到它最接近的整数。例如，对于 0.5，它将上舍入；2.5 将被舍入为 3；–2.5 将被舍入为–2。

本实例主要代码如下：

```
<script language=JavaScript>
    /*检测是否数字*/
    function IsDigit(cCheck) {
        return ((('0' <= cCheck) && (cCheck <= '9')) || cCheck == '.');
    }
    /*检测数字*/
    function CheckNum(charValue, alertValue, obj) {
        for (var iIndex = 0; iIndex < charValue.length; iIndex++) {
            var cCheck = charValue.charAt(iIndex);
            if (!IsDigit(cCheck)) {
                alert(alertValue);
                obj.focus();
                return false;
            }
        }
    }
    /*房间*/
    function floor_brick(form) {
        if (checkfloorbrickInput(form) == false) return;
        var room_long = 0,
        room_width = 0,
        floorbrick_long = 0,
        floorbrick_width = 0;
        var floorbricknum = 0;
        var rate = 1.05;
        room_long = form.room_long.value * 1000;
        room_width = form.room_width.value * 1000;
        floorbrick_long = form.floorbrick_long.value;
        floorbrick_width = form.floorbrick_width.value;
        floorbricknum = Math.round((room_long / floorbrick_long) *
        (room_width / floorbrick_width) * rate);
        form.floorbricknum.value = floorbricknum;
    }
    /*检测房间大小*/
    function checkfloorbrickInput(form) {
        if (form.room_long.value == "") {
            alert("请输入房间长度");
            form.room_long.focus();
            return false;
        }
        if (CheckNum(form.room_long.value, "房间长度只能输入数字格式！",
        form.room_long) == false) return false;
        if (form.room_width.value == "") {
            alert("请输入房间宽度");
            form.room_width.focus();
            return false;
```

```
    }
    if (CheckNum(form.room_width.value, "房间长度只能输入数字格式! ",
    form.room_width) == false) return false;
    if (form.floorbrick_long.value == "") {
        alert("请输入地砖的长度");
        form.floorbrick_long.focus();
        return false;
    }
    if (CheckNum(form.floorbrick_long.value, "地砖的长度只能输入数字格式!
    ", form.floorbrick_long) == false) return false;
    if (form.floorbrick_width.value == "") {
        alert("请输入地砖的宽度");
        form.floorbrick_width.focus();
        return false;
    }
    if (CheckNum(form.floorbrick_width.value, "地砖的宽度只能输入数字格式!
    ", form.floorbrick_width) == false) return false;
  }
  /*自动输入*/
  function autoinput(form) {
    switch (parseInt(form.bricktype.value)) {
    case 1:
  ...
    }
  }
</script>
```

网页效果如图 14.34 所示。

装修瓷砖数量计算器	
居室信息	
长度	3 米
宽度	4 米
地砖尺寸	
长度	300 毫米
宽度	300 毫米
选择地砖规格	300x300 毫米
需要的地砖数量	140 块
计算　清空	

图 14.34　装修瓷砖数量计算器

14.35　功能强大的计算器

本实例使用 JavaScript 制作功能强大的计算器。本节主要涉及的 JavaScript 语法如下。

- ❑ Math.sqrt()方法：返回指定数字的平方根。
- ❑ Math.cos()方法：返回指定角度的余弦值。
- ❑ Math.sin()方法：返回指定角度的正弦值。
- ❑ Math.tan()方法：返回指定角度的正切值。

- Math.acos()方法：返回指定角度的反余弦值。
- Math.asin()方法：返回指定角度的反正弦值。
- Math.atan()方法：返回指定角度的反正切值。

本实例主要代码如下：

```
<SCRIPT language="javascript">
   /*主函数*/
   function doit() {
       form.input.value = eval(form.input.value)
   }
   /*返回指定角度的余弦值*/
   function Cos() {
       x = form.input.value
       if (x == '') alert('Error: Input Required');
       else form.input.value = Math.cos(x);
   }
   /*返回指定角度的正弦值*/
   function Sin() {
       x = form.input.value
       if (x == '') alert('Error: Input Required');
       else form.input.value = Math.sin(x);
   }
   /*返回对数*/
   function Ln() {
       x = form.input.value
       if (x == '') alert('Error: Input Required');
       else form.input.value = Math.log(x);
   }
   /*返回平方*/
   function Root() {
       x = form.input.value
       if (x == '') alert('Error: Input Required');
       else form.input.value = Math.sqrt(x);
   }
   /*返回指定角度的正切值*/
   function Tan() {
       x = form.input.value
       if (x == '') alert('Error: Input Required');
       else form.input.value = Math.tan(x);
   }
   /*返回指定角度的反余弦值*/
   function Icos() {
       x = form.input.value
       if (x == '') alert('Error: Input Required');
       else form.input.value = Math.acos(x);
   }
   /*返回指定角度的反正弦值*/
   function Isin() {
       x = form.input.value
       if (x == '') alert('Error: Input Required');
       else form.input.value = Math.asin(x);
   }
   /*返回指定角度的反余切值*/
   function Itan() {
       x = form.input.value
       if (x == '') alert('Error: Input Required');
       else form.input.value = Math.atan(x);
   }
```

```
    /*四舍五入*/
    function Round() {
        x = form.input.value
        if (x == '') alert('Error: Input Required');
        else form.input.value = Math.round(x);
    }
    /*赋予 0 到 1 间的随机数*/
    function Ran() {
        x = form.input.value form.input.value = Math.random(x);
    }
    /*解析为浮点数*/
    function Neg() {
        x = form.input.value
        if (x == '') alert('请输入数字！');
        else x = parseFloat(x) * -1;
    }
    /*删除*/
    function del() {
        x = form.input.value x = (x.substring) - 1
    }
</script>
```

网页效果如图 14.35 所示。

图 14.35　功能强大的计算器

第 15 章 控件特效

网页控件可以加载任何的网页或者元素，控件的作用完全在于网页，网页设计和制作者可以使用控件对网页进行操作，从而写出自己需要的脚本。通过网页控件特效就能够实现自动登录网站、模拟网页游戏、扫描淘宝商店物品价格等许多功能。本章主要讲解控件特效，内容是网页中这类特效的实际应用。

15.1 日期选择框

本实例使用 JavaScript 制作一个日期选择框。本节主要涉及的 JavaScript 语法如下。

- getFullYear()方法：可返回一个表示年份的 4 位数字。
- getMonth()方法：可返回表示月份的数字。
- getDate()方法：可返回月份的某一天。
- parentNode：表示一个元素的父元素。
- nextSibling：该属性可返回某个元素之后紧跟的元素（处于同一树层级中），如果没有此节点，则属性返回 null，其语法是 nodeObject.nextSibling。
- previousSibling：previousSibling 属性可返回某节点之前紧跟的节点（处于同一树层级），如果没有此节点，那么该属性返回 null，其语法是 nodeObject.previousSibling。

本实例主要代码如下：

```
<script language=javascript>
    var DS_x, DS_y;
    function dateSelector() {                       /*数据选择*/
        var myDate = new Date();
        this.year = myDate.getFullYear();     /*返回一个表示年份的
        4 位数字*/
        this.month = myDate.getMonth() + 1; /*返回表示月份的数字*/
        /*返回月份的某一天*/
        this.date = myDate.getDate();
        this.inputName = '';
        this.display = display;
    }
    /*显示*/
    function display() {
        var week = new Array('日', '一', '二', '三','四', '五', '六');
        document.write("<style type=text/css>");
        document.write(" .ds_font td,span { font: normal 12px 宋体;
        color: #000000; }");
        document.write(" .ds_border { border: 1px solid #000000;
        cursor: hand; background-color: #DDDDDD }");
        document.write(" .ds_border2 { border: 1px solid #000000;
```

```
cursor: hand; background-color: #DDDDDD }");
document.write("</style>");
document.write("<input style='text-align:center;' id='DS_" +
this.inputName + "' name='" + this.inputName + "' value='" +
this.year + "-" + this.month + "-" + this.date + "' title=
双击可进行编辑 ondblclick='this.readOnly=false;this.focus()'
onblur='this.readOnly=true' readonly>");
document.write("<buttonstyle='width:60px;height:18px;
font-size:12px;margin:1px;border:1px solid
#A4B3C8;background-color:#DFE7EF;' type=button
 onclick=this.nextSibling.style.display='block'
 onfocus=this.blur()>选择日期</button>");
document.write("<divstyle='position:absolute;display:
none;text-align:center;width:0px;height:0px;overflow:
visible' onselectstart='return false;'>");
document.write(" <div style='position:absolute;left:-60px;
top:20px;width:142px;height:165px;background-color:
#F6F6F6;border:1px solid #245B7D;' class=ds_font>");
document.write(" <table cellpadding=0 cellspacing=1
width=140 height=20 bgcolor=#CEDAE7
onmousedown='DS_x=event.x-parentNode.style.
pixelLeft;DS_y=event.y-parentNode.style.pixelTop;
setCapture();' onmouseup='releaseCapture();'
onmousemove='dsMove(this.parentNode)'
style='cursor:move;'>");
document.write(" <tr align=center>");
document.write(" <td width=12%
onmouseover=this.className='ds_border'
onmouseout=this.className='' onclick=subYear(this) title='
减小年份'><<</td>");
document.write(" <td width=12%
onmouseover=this.className='ds_border'
 onmouseout=this.className='' onclick=subMonth(this) title=
'减小月份'><</td>");
document.write(" <td width=52%><b>" + this.year + "</b><b>
年</b><b>" + this.month + "</b><b>月</b></td>");
document.write(" <td width=12%
onmouseover=this.className='ds_border'
onmouseout=this.className='' onclick=addMonth(this) title='
增加月份'>></td>");
document.write(" <td width=12%
onmouseover=this.className='ds_border'
onmouseout=this.className='' onclick=addYear(this) title='
增加年份'>>></td>");
document.write(" </tr>");
document.write(" </table>");
document.write(" <table cellpadding=0 cellspacing=0
width=140 height=20 onmousedown='DS_x=event.x-parentNode.
style.pixelLeft;DS_y=event.y-parentNode.style.pixelTop;
setCapture();' onmouseup='releaseCapture();'
onmousemove='dsMove
 (this.parentNode)' style='cursor:move;'>");
document.write(" <tr align=center>");
for (i = 0; i < 7; i++) document.write(" <td>" + week[i] +
"</td>");
document.write(" </tr>");
document.write(" </table>");
document.write(" <table cellpadding=0 cellspacing=2
width=140 bgcolor=#EEEEEE>");
for (i = 0; i < 6; i++) {
```

```
        document.write(" <tr align=center>");
        for (j = 0; j < 7; j++) document.write(" <td width=10%
    height=16
    onmouseover=if(this.innerText!=''&&this.className!=
    'ds_border2')this.className='ds_border'
    onmouseout=if(this.className!='ds_border2')
    this.className='' onclick=getvalue(this,document.
    all('DS_" + this.inputName + "'))></td>");
        document.write(" </tr>");
    }
    document.write(" </table>");
    /*表示一个元素的父元素*/
    document.write(" <span style=cursor:hand onclick=this.
    parentNode.parentNode.style.display='none'>【关
    闭】</span>");
    document.write(" </div>");
    document.write("</div>");
    /*返回某个元素之后紧跟的元素*/
    dateShow(document.all("DS_" + this.inputName).nextSibling.
    nextSibling.childNodes[0].childNodes[2],

     this.year, this.month)
}
/*子年份*/
function subYear(obj) {
    var myObj = obj.parentNode.parentNode.
    parentNode.cells[2].childNodes;
    myObj[0].innerHTML = eval(myObj[0].innerHTML) - 1;
    dateShow(obj.parentNode.parentNode.parentNode.
    nextSibling.nextSibling, eval(myObj[0].innerHTML),
    eval(myObj[2].innerHTML))
}
/*增加年份*/
function addYear(obj) {
    var myObj = obj.parentNode.parentNode.parentNode.cells[2].
     childNodes;
    myObj[0].innerHTML = eval(myObj[0].innerHTML) + 1;
    dateShow(obj.parentNode.parentNode.parentNode.
    nextSibling.nextSibling, eval(myObj[0].innerHTML),
    eval(myObj[2].innerHTML))
}
/*子月份*/
function subMonth(obj) {
    var myObj = obj.parentNode.parentNode.parentNode.cells[2]
    childNodes;
    var month = eval(myObj[2].innerHTML) - 1;
    if (month == 0) {
        month = 12;
        subYear(obj);
    }
    myObj[2].innerHTML = month;
    dateShow(obj.parentNode.parentNode.parentNode.
    nextSibling.nextSibling, eval(myObj[0].innerHTML),
    eval(myObj[2].innerHTML))
}
/*增加月份*/
function addMonth(obj) {
    var myObj = obj.parentNode.parentNode.parentNode.cells[2].
    childNodes;
```

```
    var month = eval(myObj[2].innerHTML) + 1;
    if (month == 13) {
        month = 1;
        addYear(obj);
    }
    myObj[2].innerHTML = month;
    dateShow(obj.parentNode.parentNode.parentNode.
    nextSibling.nextSibling, eval(myObj[0].innerHTML),
    eval(myObj[2].innerHTML))
}
/*数据展示*/
function dateShow(obj, year, month) {
    var myDate = new Date(year, month - 1, 1);
    var today = new Date();
    var day = myDate.getDay();
    /*返回某节点之前紧跟的节点*/
    var selectDate = obj.parentNode.parentNode.previousSibling.
    previousSibling.
    value.split('-');
    var length;
    switch (month) {
…
    }
    for (i = 0; i < obj.cells.length; i++) {
        obj.cells[i].innerHTML = '';
        obj.cells[i].style.color = '';
        obj.cells[i].className = '';
    }
    for (i = 0; i < length; i++) {
        obj.cells[i + day].innerHTML = (i + 1);
        if (year == today.getFullYear() && (month - 1) ==
        today.getMonth() && (i + 1) == today.getDate()) obj.cells[i
        + day].style.color = 'red';
        if (year == eval(selectDate[0]) && month ==
        eval(selectDate[1]) && (i + 1) == eval(selectDate[2]))
        obj.cells[i + day].className = 'ds_border2';
    }
}
/*获取数值*/
function getvalue(obj, inputObj) {
    var myObj = inputObj.nextSibling.nextSibling.childNodes[0].
    childNodes[0].cells[2].childNodes;
    if (obj.innerHTML) inputObj.value = myObj[0].innerHTML + "-"
    + myObj[2].innerHTML + "-" + obj.innerHTML;
    inputObj.nextSibling.nextSibling.style.display = 'none';
    for (i = 0; i < obj.parentNode.parentNode.parentNode.cells.
    length; i++) obj.parentNode.parentNode.parentNode.cells[i].
    className =
    '';
    obj.className = 'ds_border2'
}
/*移动*/
function dsMove(obj) {
    if (event.button == 1) {
        var X = obj.clientLeft;
        var Y = obj.clientTop;
        obj.style.pixelLeft = X + (event.x - DS_x);
        obj.style.pixelTop = Y + (event.y - DS_y);
    }
}
```

```
</script>
<script language=javascript>
   var myDate = new dateSelector();
   myDate.year--;
   myDate.inputName = 'start_date';
   myDate.display();
</script>
```

网页效果如图 15.1 所示。

图 15.1　日期选择框

15.2　表单输入框内容关联效果

本实例使用 JavaScript 实现表单输入框内容关联效果。本章主要涉及的 JavaScript 语法是<option>标签的 selected 属性。selected 属性规定在页面加载时预先选定该选项，被预选的选项会显示在下拉列表最前面的位置。也可以在页面加载后通过 JavaScript 设置 selected 属性。

本实例主要代码如下：

```
<script language="JavaScript">
   /*主函数*/
   function textValue() {
      /* selected 属性规定在页面加载时预先选定该选项*/
      if (document.stationform.stationselect.options[0].selected) {
         document.stationform.disc.value = "外套
         "document.stationform.author.value = "春秋穿";
      } else if (document.stationform.stationselect.options[1].selected){
         document.stationform.disc.value = "上衣
         "document.stationform.author.value = "秋冬穿";
      } else if (document.stationform.stationselect.options[2].selected){
         document.stationform.disc.value = "长裤
         "document.stationform.author.value = "春秋冬穿";
      } else if (document.stationform.stationselect.options[3].selected){
         document.stationform.disc.value = "短裤
         "document.stationform.author.value = "夏天穿";
      } else if (document.stationform.stationselect.options[4].selected){
         document.stationform.disc.value = "内衣
         "document.stationform.author.value = "保暖穿";
      } else if (document.stationform.stationselect.options[5].selected){
```

```
            document.stationform.disc.value = "运动鞋
            "document.stationform.author.value = "锻炼穿";
        } else if (document.stationform.stationselect.options[6].selected) {
            document.stationform.disc.value = "皮鞋
            "document.stationform.author.value = "上班穿";
        } else if (document.stationform.stationselect.options[7].selected) {
            document.stationform.disc.value = "童鞋
            "document.stationform.author.value = "孩子穿";
        }
        return true;
    }
</script>
```

网页效果如图 15.2 所示。

图 15.2　表单输入框内容关联效果

15.3　列表框内容添加和移动

本实例使用 JavaScript 在网页上展示列表框内容添加和移动。本节主要涉及的 JavaScript 语法是 options.length。

如果把 options.length 属性设置为 0，则 Select 对象中所有选项都会被清除；如果 options.length 属性的值比当前值小，则出现在数组尾部的元素就会被丢弃。可以通过构造函数 Option()来创建一个新的 option 对象（需要设置 options.length 属性）。

本实例主要代码如下：

```
<script>
    /*移动*/
    function move(fbox, tbox) {
        var i = 0;
        if (fbox.value != "") {
            var no = new Option();
            no.value = fbox.value;
            no.text = fbox.value;
            tbox.options[tbox.options.length] = no;
            fbox.value = "";
        }
    }
    /*去除*/
    function remove(box) {
      /*options.length 属性*/
      for (var i = 0; i < box.options.length; i++) {
          if (box.options[i].selected && box.options[i] != "") {
              box.options[i].value = "";
              box.options[i].text = "";
          }
      }
```

```
        BumpUp(box);
    }
    /*弹起*/
    function BumpUp(abox) {
        for (var i = 0; i < abox.options.length; i++) {
            if (abox.options[i].value == "") {
                for (var j = i; j < abox.options.length - 1; j++) {
                    abox.options[j].value = abox.options[j + 1].value;
                    abox.options[j].text = abox.options[j + 1].text;
                }
                var ln = i;
                break;
            }
        }
        if (ln < abox.options.length) {
            abox.options.length -= 1;
            BumpUp(abox);
        }
    }
    /*上移*/
    function Moveup(dbox) {
        for (var i = 0; i < dbox.options.length; i++) {
            if (dbox.options[i].selected && dbox.options[i] != "" &&
            dbox.options[i] != dbox.options[0]) {
                var tmpval = dbox.options[i].value;
                var tmpval2 = dbox.options[i].text;
                dbox.options[i].value = dbox.options[i - 1].value;
                dbox.options[i].text = dbox.options[i - 1].text
                dbox.options[i - 1].value = tmpval;
                dbox.options[i - 1].text = tmpval2;
            }
        }
    }
    /*下移*/
    function Movedown(ebox) {
        for (var i = 0; i < ebox.options.length; i++) {
            if (ebox.options[i].selected && ebox.options[i] != "" &&
            ebox.options[i + 1] != ebox.options[ebox.options.length]) {
                var tmpval = ebox.options[i].value;
                var tmpval2 = ebox.options[i].text;
                ebox.options[i].value = ebox.options[i + 1].value;
                ebox.options[i].text = ebox.options[i + 1].text
                ebox.options[i + 1].value = tmpval;
                ebox.options[i + 1].text = tmpval2;
            }
        }
    }
</script>
```

网页效果如图 15.3 所示。

图 15.3　列表框内容添加和移动

15.4　可增删内容的下拉列表框

本实例使用 JavaScript 制作一个可增删内容的下拉列表框。本节主要涉及的 JavaScript 语法如下。

- event.keyCode：event.keycode 用于获取按下的键盘值，例如，window.event.keycode=9 表示的就是 Tab 键。
- event.returnvalue：使用 event.returnvalue=false，就取消了事件的处理，而在函数中使用 return false 是无法达到同样效果的。
- selectedIndex 属性：selectedIndex 属性可设置或返回下拉列表框中被选选项的索引号。如果允许多重选择，则仅会返回第一个被选选项的索引号。

本实例主要代码如下：

```
<script>
    function ok(obj) {                            /*键盘事件*/
        switch (event.keyCode) {                  /*获取按下的键盘值*/
        case 13:
            obj.options[obj.length] = new Option("", "", false, true);
            /*取消事件的处理*/
            event.returnValue = false;
            break;
        case 46:
            if (confirm("是否删除？")) {
                /*设置或返回下拉列表框中被选选项的索引号*/
                obj.options[obj.selectedIndex] = null;
                if (obj.options.length > 0) {
                    obj.options[0].selected = true;
                }
                event.returnValue = false;
                break;
            }
        case 8:
            obj.options[obj.selectedIndex].text =
            obj.options[obj.selectedIndex].text.substr(0,
            obj.options[obj.selectedIndex].text.length - 1);
            event.returnValue = false;
            break;
        }
    }
    /*下拉列表框*/
    function op(obj) {
        obj.options[obj.selectedIndex].text =
         obj.options[obj.selectedIndex].text +
        String.fromCharCode(event.keyCode);
       event.returnValue = false;
    }
    /*页面加载*/
     function window.onload() {
        obj = document.getElementsByTagName("SELECT");
        obj[0].focus();
    }
</script>
```

网页效果如图 15.4 所示。

直接修改列表框列表项信息
回车可输入文字 | Del可删除选项

图 15.4　可增删内容的下拉列表框

15.5　垂直展开的菜单

本实例使用 JavaScript 实现垂直展开的菜单。本节主要涉及的 JavaScript 语法如下。

1．window.ActiveXObject对象

window.ActiveXObject 的作用，用来判断浏览器是否支持 ActiveX 控件，如果支持 ActiveX 控件，我们可以利用 new ActiveXObject("Microsoft.XMLHTTP")的形式来创建 XMLHTTPRequest 对象；在较新的 IE 版本中可以利用 new ActiveXObject("Msxml2.XMLHTTP")的形式创建 XMLHttpRequest 对象；而在 IE 7 及非 IE 浏览器中可以利用 var xml=new XMLHttpRequest()创建 XMLHttpRequest 对象。因此我们在创建这个对象的时候必须考虑浏览器的兼容问题。

2．window.opera属性

opera 提供了专门的浏览器标志，就是 window.opera 属性。

3．document.execCommand()方法

document.execCommand()方法用于复制内容到剪贴板。

本实例主要代码如下：

```
<script type="text/javascript">
   /*定义和初始化变量*/
   var MENU_ID = "MenuContainer";
   var MENU_LINK_PREFIX = "";
   var SUB_ITEM_HEIGHT = 27;

   function G(A) {
       return document.getElementById(A)
   }
   var menuOnshow;
   /*初始化菜单*/
   function initMenu() {
       try {
           if (window.ActiveXObject && !window.isopera) {
             /*判断浏览器是否支持 ActiveX 控件*/
               document.execCommand("BackgroundImageCache", false, true)
               /*复制内容到剪贴板*/
           }
       } catch(F) {}
       var C = G(MENU_ID).getElementsByTagName("h4");
```

```
    for (var D = 0,
    B = C.length; D < B; D++) {
        var E = C[D];
        if (E.className != "current") {
            E.onclick = menuClickHandler
        }
        if (E.className == "expand") {
            var A = getMenuContainer(E);
            if (A.getElementsByTagName("p").length > 0) {
                menuOnshow = E;
                A.style.display = ""
            }
        }
    }
}
/*获取菜单容器*/
function getMenuContainer(B) {
    var A = B.nextSibling;
    while (A.nodeType != 1) {
        A = A.nextSibling
    }
    return A
}
/*菜单单击处理*/
function menuClickHandler(I) {
    if (isOnTweening) {
        return
    }
    var D = getMenuContainer(this);
    var C = D.getElementsByTagName("p").length;
    if (C <= 0) {
        top.location = MENU_LINK_PREFIX + this.getAttribute("nodeid");
        return
    }
    if (this != menuOnshow) {
        var B;
        var E = G(MENU_ID).getElementsByTagName("h4");
        for (var F = 0,
        A = E.length; F < A; F++) {
            var H = E[F];
            if (H.className == "expand" && getMenuContainer(H).
            getElementsByTagName("p").length > 0) {
                B = H;
                break
            }
        }
        menuOnshow = this;
        if (B) {
            Queue.add(showSubMenu, this)
        } else {
            Queue.add(showSubMenu, this)
        }
    } else {
        Queue.add(hideSubMenu, this);
        menuOnshow = null
    }
    Queue.trigRun()
}
/*显示子菜单*/
function showSubMenu(C) {
    var B = C.nextSibling;
```

```
    while (B.nodeType != 1) {
        B = B.nextSibling
    }
    if (B.style.display != "none") {
        return
    }
    var A = B.getElementsByTagName("p").length;
    var D = A * SUB_ITEM_HEIGHT;
    C.className = "expand";
    tween(B, 0, D)
}
/*隐藏子菜单*/
function hideSubMenu(B) {
    var A = B.nextSibling;
    while (A.nodeType != 1) {
        A = A.nextSibling
    }
    if (A.style.display == "none") {
        return
    }
    var C = A.offsetHeight;
    B.className = "";
    tween(A, C, 0)
}
/*排序*/
var Queue = {
    list: [],
    add: function(A, B) {
        Queue.list.push({
            fn: A,
            tar: B
        })
    },
    trigRun: function() {
        var A = Queue.list.shift();
        if (A) {
            onTweenFinished = Queue.trigRun;
            A.fn(A.tar)
        }
    }
};
var tweenCurrentStep, tweenEl, tweenBegin, tweenEnd, tweenOffset,
tweenInterval;
var tweenStep = 5,
isOnTweening = 0;
var onTweenFinished;
/*缓动函数*/
function tween(C, B, A) {
    if (isOnTweening) {
        return
    }
…
    tweenInterval = setInterval(onTweenStep, 10)
}
/*缓动步长*/
function onTweenStep() {
    tweenCurrentStep++;
    if (tweenStep <= tweenCurrentStep) {
        afterTween();
        return
```

```
        }
        var A = Math.floor(tweenOffset * easeOut(tweenCurrentStep,
        tweenStep));
        tweenEl.style.height = tweenBegin + A + "px"
    }
    /*缓动算法*/
    function afterTween() {
        tweenEl.style.height = "";
        if (tweenEnd == 0) {
            tweenEl.style.display = "none"
        }
        clearInterval(tweenInterval);
        tweenInterval = null;
        tweenEl = null;
        isOnTweening = 0;
        if (onTweenFinished) {
            var A = onTweenFinished;
            onTweenFinished = null;
            A()
        }
    }
    /*缓动*/
    function easeOut(A, B) {
        var C = A / B;
        return - C * (C - 2)
}
    initMenu();             /*调用初始化菜单函数*/
</script>
```

网页效果如图 15.5 所示。

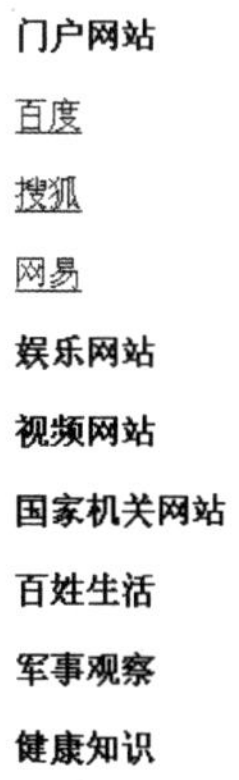

门户网站

百度

搜狐

网易

娱乐网站

视频网站

国家机关网站

百姓生活

军事观察

健康知识

图 15.5　垂直展开的菜单

15.6　特殊属性的文本框

本实例使用 JavaScript 展示特殊属性的文本框。本节主要涉及的 JavaScript 语法是控件的 form 属性。

在 HTML 4 中，表单内的从属元素必须书写在表单内部，但是在 HTML 5 中，可以把它们书写在页面上任何地方，然后给元素制定一个 form 属性，属性值为该表单单位的 id，这样就可以声明该元素从属于指定表单了。input 元素从属于表单，它被书写在表单内部，用不着再对它制定 form 属性。textarea 元素被书写在表单之外，但它从属于表单，所以表单的 id 制定给 textareea 元素的 form 属性。这样做的好处是，当需要给页面中的元素添加样式时可以更方便地添加，因为它们不是被分散在各表单之内的。

本实例主要代码如下：

```
<textarea form="testform" name="" cols="30" rows="10"/>
    /*控件的 form 属性*/
```

网页效果如图 15.6 所示。

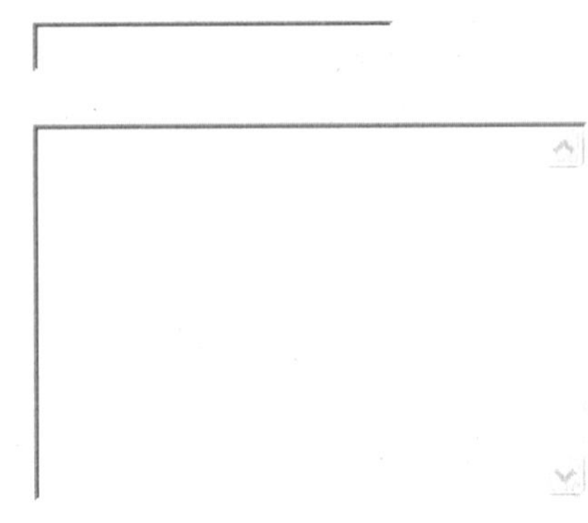

图 15.6　特殊属性的文本框

15.7　不同按钮可将同一页面提交到不同地方

本实例使用 JavaScript 实现不同按钮可将同一页面提交到不同地方。本节主要涉及的 JavaScript 语法是 formaction 属性。

在 HTML 4 中，一个表单内的所有元素都只有通过表单的 action 属性统一提交到另一个页面，而在 HTML 5 中可以给所有的提交按钮，例如<input type="submit" value=""/>、<input type="image" src="" alt=""/>、<button type="submit"/>都增加不同的 formaction 属性，使得单击不同的按钮，可以将表单提交到不同的页面。

本实例主要代码如下：

```
/*formaction 属性，使得单击不同的按钮，可以将表单提交到不同的页面*/
<input type="submit" value="按钮 1" name="b1" formaction="b1.html" />
```

网页效果如图 15.7 所示。

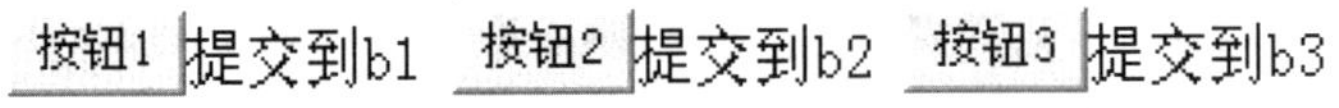

按钮1 提交到b1　按钮2 提交到b2　按钮3 提交到b3

图 15.7　不同按钮可将同一页面提交到不同地方

15.8　拥有多个提交方法的表单

本实例使用 JavaScript 使得一个表单拥有多个提交方法。本节主要涉及的 JavaScript 语法是 formmethod 属性。

在 HTML 4 中，一个表单内只有一个 action 属性来对表单内所有元素统一指定提交页面，所以每个表单也只有一个 method 属性来指统一指定提交方法。在 HTML 5 中，可以使用 formaction 属性对每个表单元素分别指定不同的提交页面，同时也可以使用 formmethod 属性对每个表单元素分别指定不同的提交方法。

本实例主要代码如下：

```
<input type="submit" value="按钮 1" name="s1" formaction="b1.html"
formtmehod="get" />     /*formmethod 属性对每个表单元素分别指定不同的提交方法*/
```

网页效果如图 15.8 所示。

按钮1 提交到b1　按钮2 提交到b2

图 15.8　拥有多个提交方法的表单

15.9　加载时自动获取焦点的文本框

本实例使用 JavaScript 制作加载时自动获取焦点的文本框。本节主要涉及的 JavaScript 语法是 autofocus 属性。

当给文本框、选择框或按钮控件加上该属性，页面加载时，该控件将会自动获取光标焦点。以前要做到这一点需要使用 JavaScript，如 control.focus()。

本实例主要代码如下：

```
/*控件拥有 autofocus 属性，页面加载时，该控件将会自动获取光标焦点*/
<input type="text" autofocus/>
      </form>
   </body>
</html>
```

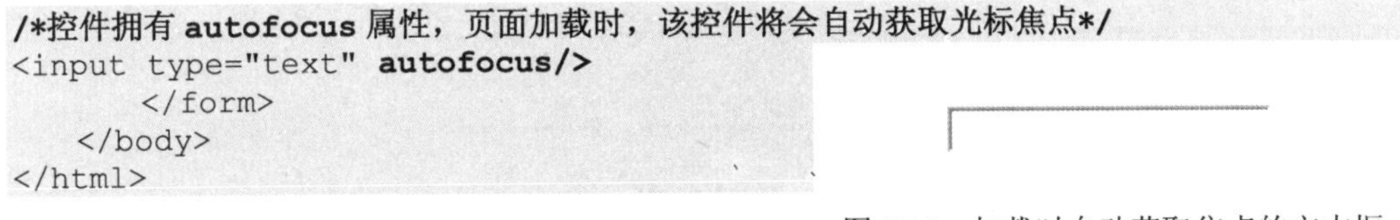

图 15.9　加载时自动获取焦点的文本框

网页效果如图 15.9 所示。

15.10　文本框与 datalist 合二为一

本实例使用 JavaScript 实现文本框与 datalist 合二为一。本节主要涉及的 JavaScript 语法是 autocomplete 属性。

该属性辅助输入所用的自动完成功能，是一个节省输入时间，同时也十分方便的功能。

在 HTML 5 之前，因为谁都可以看见输入的值，所以存在隐患，但只要使用 autocomplete 属性，安全性就可以得到很好的控制。对于 autocomplete 属性，可以制定"on"、"off"与"" 这 3 种值。把该属性设为 on 时，可以显示指定候补输入的数据列表。使用 datalist 元素与 list 属性提供候补输入的数据列表，自动完成时，可以将该 datalist 元素中的数据作为候补输入的数据在文本框中自动显示。

本实例主要代码如下：

```
/*控件拥有 autocomplete 属性，安全性就可以得到很好的控制*/
<input type="text" name="btcss" autocomplete="on" list="btcss" />
```

网页效果如图 15.10 所示。

图 15.10　文本框与 datalist 合二为一

15.11　文本框未获得焦点时淡色显示默认文字

本实例使用 JavaScript 在网页上制作文本框未获得焦点时淡色显示默认文字。本节主要涉及的 JavaScript 语法是 placeholder 属性。

placeholder 是指当文本框<input type="text">或<textarea>处于未输入状态并且未获取焦点时，模糊显示输入提示文字。实现方法非常简单，只要加上 placeholder 属性，然后指定提示文字就可以了。

本实例主要代码如下：

```
/* placeholder 是指当文本框<input type="text">或<textarea>处于未输入状态并且未获取焦点时，模糊显示输入提示文字*/
<input type="text" placeholder="吕萌萌" />
```

网页效果如图 15.11 所示。

吕萌萌

图 15.11　文本框未获得焦点时淡色显示默认文字

15.12　表格隔行换色

本实例使用 JavaScript 在网页上展示表格隔行换色。本节主要涉及的 JavaScript 语法如下。

- onMouseOver：鼠标移入事件。
- backgroundColor：该属性表示网页元素的背景色。

本实例主要代码如下：

```
<script type="text/javascript">
    /*加载事件*/
    function onloadEvent(func) {
        var one = window.onload
        if (typeof window.onload != 'function') {
            window.onload = func
        } else {
            window.onload = function() {
                one();
                func();
            }
        }
    }
    /*显示表格*/
    function showtable() {
        var tableid = 'table';
        var overcolor = '#eecc00';
        var color1 = '#FFFFFF';
        var color2 = '#F8F8F8';
        var tablename = document.getElementById(tableid) var tr =
        tablename.getElementsByTagName("tr") for (var i = 1; i < tr.length;
        i++) {
            /*鼠标移入*/
            tr[i].onmouseover = function() {
                this.style.backgroundColor = overcolor;
            }
            tr[i].onmouseout = function() {
                if (this.rowIndex % 2 == 0) {
                    this.style.backgroundColor = color1;
                } else {
                    this.style.backgroundColor = color2;
                }
            }
            if (i % 2 == 0) {
                tr[i].className = "color1";
            } else {
                tr[i].className = "color2";
            }
        }
    }
    onloadEvent(showtable);                /*调用加载事件*/
</script>
```

网页效果如图 15.12 所示。

序号	姓名	性别	年龄
1	侯瑞雪	女	30
2	吕萌萌	女	4
3	侯洪亮	男	65
4	杨秀英	女	64
5	冯荣秀	女	64
6	侯瑞廷	男	39

图 15.12　表格隔行换色

15.13　列表框内容链接目标网站

本实例使用 JavaScript 实现列表框内容链接目标网站。本节主要涉及的 JavaScript 语法是 selectedIndex 属性。selectedIndex 属性可设置或返回下拉列表框中被选选项的索引号。如果允许多重选择，则仅会返回第一个被选选项的索引号。

本实例主要代码如下：

```
<script language="JavaScript">
   function MM_o(selObj) {                  /*主函数*/
      /* selectedIndex 属性可设置或返回下拉列表框中被选选项的索引号*
      window.open(selObj.options[selObj.selectedIndex].value);
   /
   }
</script>
```

网页效果如图 15.13 所示。

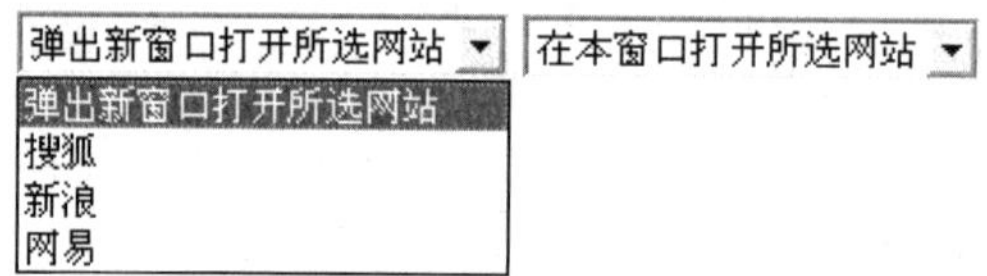

图 15.13　列表框内容链接目标网站

15.14　列表框自动生成某月日期列表

本实例使用 JavaScript 在网页上用列表框自动生成某月日期列表。本节主要涉及的 JavaScript 语法如下。

- getYear()方法：可返回表示年份的两位或四位的数字。
- getMonth()方法：可返回表示月份的数字。
- getDate()方法：可返回月份的某一天。
- <option>标签的 selected 属性：selected 属性规定在页面加载时预先选定该选项。被预选的选项会显示在下拉列表框最前面的位置。也可以在页面加载后通过 JavaScript 设置 selected 属性。

本实例主要代码如下：

```
<SCRIPT LANGUAGE="JavaScript">
   today = new Date();
   thismonth = today.getMonth() + 1;          /*返回表示月份的数字*/
   thisyear = today.getYear();                /*返回表示年份的两位或四位的数字*/
   thisday = today.getDate();                 /*返回月份的某一天*/
   maxdays = 31;
   if (thismonth == 4 || thismonth == 6 || thismonth == 9 || thismonth ==
```

```
    11) {
        maxdays = 30
    }
    if (thismonth == 2) {
        if ((thisyear / 4) != parseInt(thisyear / 4)) {
            maxdays = 28
        } else {
            maxdays = 29
        }
    }
    thismonth = "" + thismonth
    if (thismonth.length == 1) {
        thismonth = "0" + thismonth;
    }
    for (var theday = 0; theday <= maxdays; theday++) {
        if (theday == 0) {
            /* selected 属性规定在页面加载时预先选定该选项*/
            document.write("<OPTION SELECTED> " + thisday + "-" + thismonth
            + "-" + thisyear) document.write("<OPTION> ========")
        } else {
            var thed = "" + theday
            if (thed.length == 1) {
                thed = "0" + thed;
            }
            document.write("<OPTION> " + thed + "-" + thismonth + "-" +
            thisyear)
        }
    }
</SCRIPT>
```

网页效果如图 15.14 所示。

图 15.14　列表框自动生成某月日期列表

15.15　可放大并链接目标网站的表格项

本实例使用 JavaScript 在网页上放置可放大并链接目标网站的表格项。本节主要涉及的 JavaScript 语法如下。

- className 属性：该属性设置或返回元素的 class 属性。
- onMouseOver 事件：鼠标移入事件。

本实例主要代码如下：

```
<script language="javascript">
    /*页面加载事件*/
    window.onload = function() {
        var dl = document.getElementsByTagName("dl");
        if (dl.length < 1) return false;
        for (var i = 0; i < dl.length; i++) {
            /*设置或返回元素的 class 属性*/
            if (dl[i].className.indexOf("over") == -1) {
                dl[0].className = "over";
            }
            /*鼠标移入*/
            dl[i].onmouseover = function() {
                for (var j = 0; j < dl.length; j++) {
                    dl[j].className = "";
                }
                this.className = "over";
            }
        }
    }
</script>
```

网页效果如图 15.15 所示。

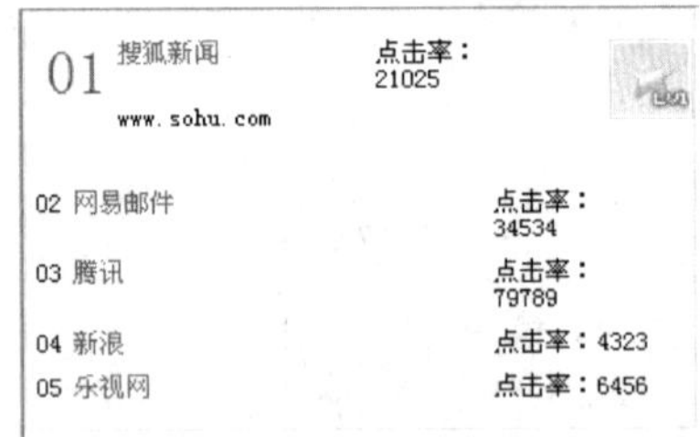

图 15.15　可放大并链接目标网站的表格项

15.16　获取表单属性

本实例使用 JavaScript 在网页中获取表单属性。本节主要涉及的 JavaScript 语法如下。

- <form>标签的 action 属性：该属性规定当提交表单时，向何处发送表单数据。
- <form>标签的 method 属性：该属性取值可以使 get 或者 post，用于规定如何发送表单数据。
- <form>标签的 name 属性：该属性规定表单的名称。

本实例主要代码如下：

```
<script language="JavaScript">
    /*设置 action 属性*/
    function setAction() {
        var objForm = document.myForm;
```

```
        objForm.action = "2.html";
        alert(objForm.action);                          /*<form>标签的 action 属性*/
    }
    /*设置 method 属性*/
    function setMethod() {
        var objForm = document.forms[0];
        objForm.method = "get";
        alert(objForm.method);                          /*<form>标签的 method 属性*/
    }
    function showName(objForm) {                        /*显示 name 属性*/
        alert(objForm.name);                            /*<form>标签的 name 属性*/
    }
</script>
```

网页效果如图 15.16 所示。

图 15.16　获取表单属性

15.17　单击按钮修改文本框内容

本实例使用 JavaScript 实现点击按钮修改文本框内容效果。本节主要涉及的 JavaScript 语法如下。

- setTimeout：setTimeout 有两种形式这里不再复述。
- clearTimeout：clearTimeout()方法可清除由 setTimeout()方法设置的清除定时器。

本实例主要代码如下：

```
<script language="JavaScript">
    /*定义和初始化变量*/
    var i = 0;
    var TextNumber = -1;
    var TextInput = new Object();
    var HelpText = "";
    var Text = "";
    var Speed = 50;
    var message = 0;
    var addPadding = "\r\n";
    TextInput[0] = "今天是你的生日！";
    TextInput[1] = "我的中国！";
    TextInput[2] = "清晨我献上一群白鸽！";
    TotalTextInput = 2;
    var Version = navigator.appVersion;
    if (Version.substring(0, 1) == 3) {
        Speed = 200;
        addPadding = "";
    }
```

```
for (var addPause = 0; addPause <= TotalTextInput; addPause++) {
   TextInput[addPause] = addPadding + TextInput[addPause];
}
var TimerId
var TimerSet = false;
/*下一条信息*/
function nextMessage() {
   if (!TimerSet) {
       TimerSet = true;
       clearTimeout(TimerId);
       if (TextNumber >= TotalTextInput) {
          alert("这里是结束!");
          TimerSet = false;
       } else {
          TextNumber += 1;
          message = TextNumber + 1;
          document.forms[0].elements[2].value = message;
          Text = TextInput[TextNumber];
          HelpText = Text;
       }
       teletype();
   }
}
/*类型*/
function teletype() {
   if (TimerSet) {
       Text = rollMessage();
       /*每隔指定的时间就执行一次表达式*/
       TimerId = setTimeout("teletype()", Speed);
       document.forms[0].elements[0].value = Text;
   }
}
/*滚动信息*/
function rollMessage() {
   i++;
   var CheckSpace = HelpText.substring(i - 1, i);
   CheckSpace = "" + CheckSpace;
   if (CheckSpace == " ") {
       i++;
   }
   if (i >= HelpText.length + 1) {
       TimerSet = false;
       Text = HelpText.substring(0, i);
       i = 0;
       return (Text);
   }
   Text = HelpText.substring(0, i);
   return (Text);
}
/*初始化类型*/
function initTeleType() {
   Text = "\r\n Manual Tele-Type Display";
   document.forms[0].elements[0].value = Text;
}
/*最后的信息*/
function lastMessage() {
   if (!TimerSet && TextNumber != -1) {
       TimerSet = true;
       /*清除由 setTimeout()方法设置的清除定时器*/
       clearTimeout(TimerId);
```

```
            if (TextNumber <= 0) {
                alert("这里是开始!");
                TimerSet = false;
            } else {
                TextNumber -= 1;
                message = TextNumber + 1;
                document.forms[0].elements[2].value = message;
                Text = TextInput[TextNumber];
                HelpText = Text;
            }
            teletype();
        }
    }
</script>
```

网页效果如图 15.17 所示。

图 15.17　单击按钮修改文本框内容

15.18　获取控件位置

本实例使用 JavaScript 获取控件位置。本节主要涉及的 JavaScript 语法如下。

- offsetLeft 属性：返回当前元素的左边界到它包含元素的左边界的偏移量，以像素为单位。
- offsetTop 属性：返回当前元素的上边界到它包含元素的上边界的偏移量，以像素为单位。
- offsetParent 属性：返回对最近的动态定位包含元素的引用，所有的偏移量都根据该元素来决定。如果元素的 style.display 设置为 none，则该属性返回 null，这是非标准的但却得到很好支持的属性。

本实例主要代码如下：

```
<script type="text/javascript">
    /*获取控件位置*/
    function get_Text() {
        m = document.getElementById("mxh") var w = 0,
        h = 0;
        while (m.offsetParent) {
            w += m.offsetLeft;      /*返回当前元素的左边界到它包含元素的左边界的偏移
            量，以像素为单位*/
            h += m.offsetTop;       /*返回当前元素的上边界到它包含元素的上边界的偏移
                                     量，以 像素为单位*/
            m = m.offsetParent;     /*返回对最近的动态定位包含元素的引用*/
        }
        alert("该图片的位置是：（" + w + "，" + h + "）")
    }
</script>
```

网页效果如图 15.18 所示。

图 15.18　获取控件位置

15.19　判断控件类型

本实例使用 JavaScript 判断控件类型。本节主要涉及的 JavaScript 语法如下。

- tagName 属性：该属性返回被选元素的标签名。
- type 属性：该属性返回被选元素的类型。

本实例主要代码如下：

```
<script LANGUAGE="JavaScript">
    function test(frmObj) {                          /*判断控件类型*/
        /*返回被选元素的标签名*/
        if (frmObj.tagName == "INPUT") alert("你目前操作的控件是：" +
        frmObj.type);
        else alert("你目前操作的控件是：" + frmObj.tagName);
    }
</script>
```

网页效果如图 15.19 所示。

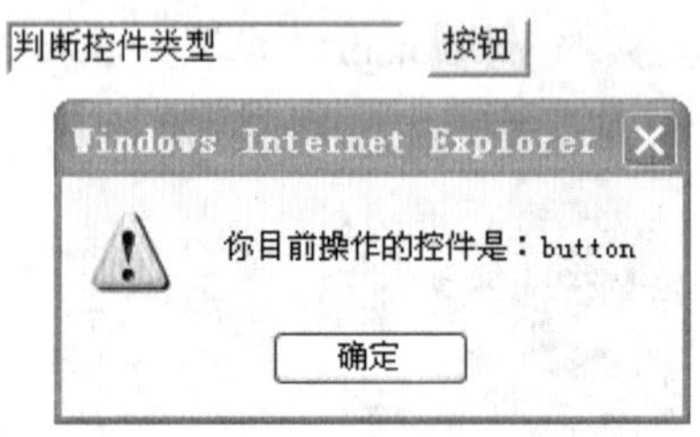

图 15.19　判断控件类型

15.20　判断表单内容是否发生变化

本实例使用 JavaScript 判断表单内容是否发生变化。本节主要涉及的 JavaScript 语法是 defaultValue 属性，该属性可设置或返回文本域的默认值。

本实例主要代码如下：

```
<script type="text/javascript">
   /*判断是否发生变化*/
   function IsModified() {
      var result = false;
      var colInput = document.getElementsByTagName("input");
      for (var i = 0; i < colInput.length; i++) {
         /*设置或返回文本域的默认值*/
         if (colInput[i].value != colInput[i].defaultValue) {
            result = true;
            colInput[i].style.backgroundColor = "#ff9000";
         }
      }
      return result;
   }
   /*鼠标单击事件*/
   document.getElementById("btnSave").onclick = function() {
      if (IsModified()) {
         return window.confirm("表单已经修改，是否继续保存？");
      }
   }
</script>
```

网页效果如图 15.20 所示。

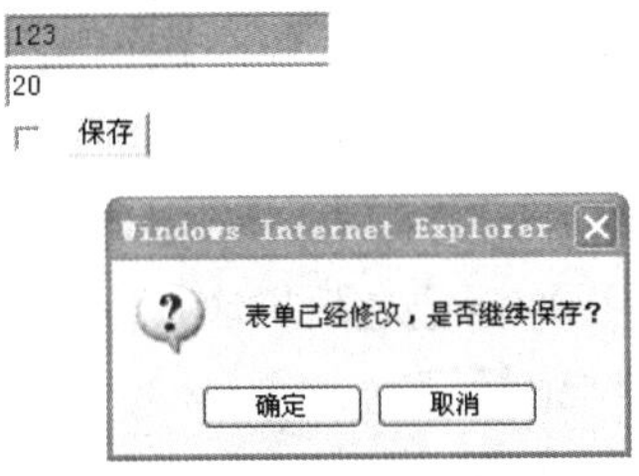

图 15.20　判断表单内容是否发生变化

15.21　文本框显示记事本文件内容

本实例使用 JavaScript 通过文本框显示记事本文件内容。本节主要涉及的 JavaScript 语法是 behavior:url。其语法是 behavior:url(url)|url(#objID)|url(#default#behaviorName)，其中参数 url(url)是使用绝对或相对地址指定 DHTML 行为组件（.htc）；url(#objID)表示用二进制实现 DHTML 行为，#objID 为 object 对象指定的 id 特性；url(#default#behaviorName)为 IE 的默认行为，由 behaviorName 指定。

本实例主要代码如下：

```
<SCRIPT>
   /*加载事件*/
   function onDownloadDone(s) {
      content.value = s;
   }
</SCRIPT>
```

网页效果如图 15.21 所示。

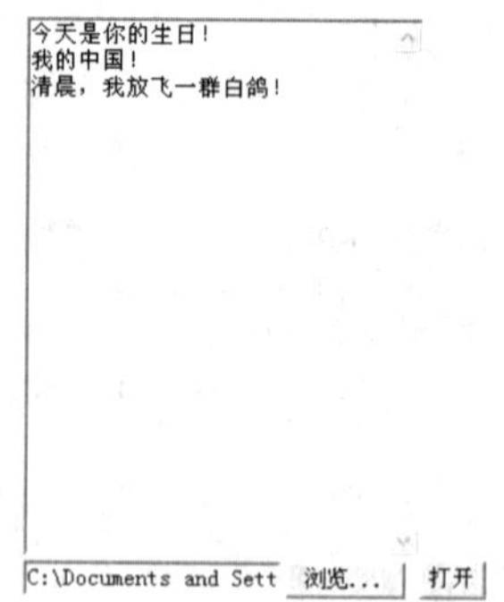

图 15.21　文本框显示记事本文件内容

15.22　单击按钮添加文本框

本实例使用 JavaScript 单击按钮添加文本框。本节主要涉及的 JavaScript 语法是 insertAdjacentHTML 方法。该方法在指定的地方插入 HTML 标签语句，语法是 insertAdajcentHTML(swhere,stext)，其中的 swhere 用以指定插入 HTML 标签语句的位置，有 4 种值可用：

- beforeBegin：插入到标签开始前；
- afterBegin：插入到标签开始标记之后；
- beforeEnd：插入到标签结束标记前；
- afterEnd：插入到标签结束标记后。

本实例主要代码如下：

```
/*在指定的地方插入 HTML 标签语句*/
<input type=buttononclick="document.body.insertAdjacentHTML
('beforeEnd','<input type=text
name='+i+' value='+i+++'> ')" value=添加按钮>
```

网页效果如图 15.22 所示。

图 15.22　单击按钮添加文本框

15.23　文本框提示

本实例使用 JavaScript 显示文本框提示。本节主要涉及的 JavaScript 语法是 innerHTML。对于 innerHTML 属性，前面已多次介绍过，不再复述。

本实例主要代码如下：

```
<script language="javascript">
    /*提示*/
    function tips(id, str) {
        var l = document.getElementById(id).offsetLeft + 120;
        var t = document.getElementById(id).offsetTop;
        /*innerHTML 属性是一个字符串,用来设置或获取位于对象起始和结束标签内的 HTML*/
        document.getElementById("tips").innerHTML = "提示: " + str;
        document.getElementById("tips").style.left = l + "px";
        document.getElementById("tips").style.top = t + "px";
        document.getElementById("tips").style.display = "";
    }
    /*显示提示*/
    function outtips() {
        document.getElementById("tips").style.display = 'none';
    }
</script>
```

网页效果如图 15.23 所示。

姓名：　　提示：姓名长度最多16个字符

密码：

图 15.23　文本框提示

15.24　限制选择数量的复选框

本实例使用 JavaScript 制作限制选择数量的复选框。本节主要涉及的 JavaScript 语法是 document. getElementsByTagName()方法。

在 window.onload 事件的使用中，常常使用 document.getElementsByTagName()方法，传回指定名称的元素集合，其用法与 document.getElementById 类似。

本实例主要代码如下：

```
<script language=javascript>
    /*选择复选框*/
    function choosepro(aa) {
        var checkCount = 3;
        var iTemp = 0;
        var len = document.getElementsByTagName("input");
        /*document.getElementsByTagName 方法传回指定名称的元素集合*/
        if (len.length) {
            for (var i = 0; i < len.length; i++) {
                if (len[i].checked) {
                    iTemp++;
                    if (checkCount < iTemp) {
                        alert("你选择的种类不能多于" + checkCount + "种! ");
                        aa.checked = false;
                        return;
                    }
                }
```

```
                }
            } else {
                if (len.checked) {
                    iTemp++;
                    if (checkCount < iTemp) {
                        alert("你选择的种类不能多于" + checkCount + "种！");
                        aa.checked = false;
                        return;
                    }
                }
            }
        }
</script>
```

网页效果如图 15.24 所示。

图 15.24　限制选择数量的复选框

15.25　Radio 控件控制复选框变换

本实例使用 JavaScript 制作 Radio 控件控制复选框变换。本节主要提及的 JavaScript 语法是 document.getElementsByName。

document.getElementsByName 方法的语法是 document.getElementsByName(string)，该方法与 getElementById()方法类似，它查询的是元素的 name 属性，而不是 id 属性。但一个页面中的 name 属性可能不唯一（如 HTML 表单中的单选按钮通常具有相同的 name 属性），所以 document.getElementsByName(string)方法返回的是元素的数组，而不是一个元素。如果一个页面中有两个以上相同 name 的标签，那么 getElementsByName()就可以取得一个包含这些元素的数组。

本实例主要代码如下：

```
<script type="text/javascript">
    function radioShow() {              /*Radio 控件控制复选框变换*/
        /*查询元素的 name 属性*/
        var myradio = document.getElementsByName("myradio");
        var div = document.getElementById("c").getElementsByTagName("div");
        for (i = 0; i < div.length; i++) {
            if (myradio[i].checked) {
                div[i].style.display = "block";
            } else {
                div[i].style.display = "none";
            }
        }
    }
```

```
</script>
```

网页效果如图 15.25 所示。

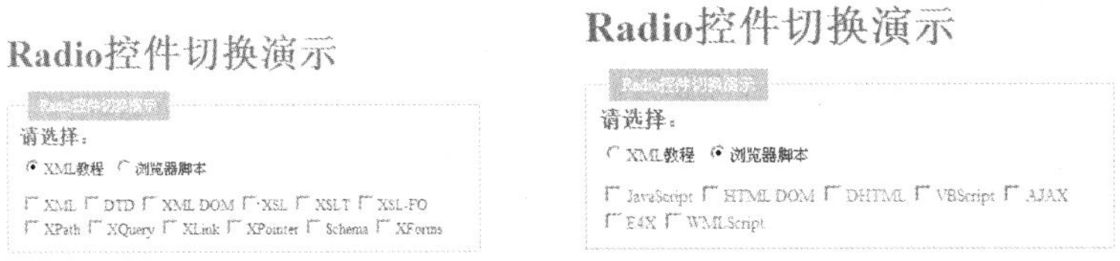

图 15.25　Radio 控件控制复选框变换

15.26　用户注册验证

本实例使用 JavaScript 进行用户注册验证。本节主要涉及的 JavaScript 语法如下。

1．getAttribute()方法

getAttribute()方法是一个函数，它只有一个参数，就是要查询的属性名称，其语法是 object.getAttribute(attribute)。要特别注意的是，getAttribute()方法不能通过 document 对象调用，只能通过一个元素节点对象调用它。

2．innerHTML

对于 innerHTML 属性，已多次介绍过，这里不再复述。

本实例主要代码如下：

```
<script language="JavaScript" type="text/javascript">
    /*form 函数*/
    var FormValid = function(frm) {
        this.frm = frm;
…
        this.required = function(inputObj) {
            if (typeof(inputObj) == "undefined" || inputObj.value.trim() ==
            "") {
                return false;
            }
            return true;
        }
        /*相等*/
        this.eqaul = function(inputObj, formElements) {
            var fstObj = inputObj;
            var sndObj = formElements[inputObj.getAttribute('eqaulName')];
            if (fstObj != null && sndObj != null) {
                if (fstObj.value != sndObj.value) {
                    return false;
                }
            }
            return true;
        }
        /*大于*/
```

```
    this.gt = function(inputObj, formElements) {
        var fstObj = inputObj;
        var sndObj = formElements[inputObj.getAttribute('eqaulName')];
        if (fstObj != null && sndObj != null && fstObj.value.trim() !=
        '' && sndObj.value.trim() != '') {
            if (fstObj.value <= sndObj.value) {
                return false;
            }
        }
        return true;
    }
    /*比较*/
    this.compare = function(inputObj, formElements) {
        var fstObj = inputObj;
        var sndObj = formElements[inputObj.getAttribute('objectName')];
        if (fstObj != null && sndObj != null && fstObj.value.trim() !=
        '' && sndObj.value.trim() != '') {
            if (!eval('fstObj.value' + inputObj.getAttribute('operate')
            + 'sndObj.value')) {
                return false;
            }
        }
        return true;
    }
    /*限定*/
    this.limit = function(inputObj) {
        var len = inputObj.value.length;
        if (len) {
…
        }
        return true;
    }
    /*范围*/
    this.range = function(inputObj) {
        var val = parseInt(inputObj.value);
        if (inputObj.value) {
…
        }
        return true;
    }
    /*需求验证*/
    this.requireChecked = function(inputObj) {
…
        for (var i = 0; i < groups.length; i++) {
            if (groups[i].checked) checked++;
        }
        return minv <= checked && checked <= maxv;
    }
    /*过滤器*/
    this.filter = function(inputObj) {
        var value = inputObj.value;
        var allow = inputObj.getAttribute('allow');
        if (value.trim()) {
            return new RegExp("^.+\.(?=EXT)(EXT)$".replace(/EXT/g,
            allow.split(/\s*,\s*/).join("|")), "gi").test(value);
        }
        return true;
    }
    this.isNo = function(inputObj) {
…
```

```
    }
    /*检验注册*/
    this.checkReg = function(inputObj, reg, msg) {
        inputObj.value = inputObj.value.trim();
        if (inputObj.value == '') {
            return;
        } else {
            if (!reg.test(inputObj.value)) {
                this.addErrorMsg(inputObj.name, msg);
            }
        }
    }
    /*通过*/
    this.passed = function() {
        if (this.errMsg.length > 0) {
            FormValid.showError(this.errMsg, this.errName);
            frt = document.getElementsByName(this.errName[0])[0];
            if (frt.type != 'radio' && frt.type != 'checkbox') {
                frt.focus();
            }
            return false;
        } else {
            return true;
        }
    }
    /*增加错误信息*/
    this.addErrorMsg = function(name, str) {
        this.errMsg.push(str);
        this.errName.push(name);
    }
    /*增加所有名称*/
    this.addAllName = function(name) {
        FormValid.allName.push(name);
    }
}
/*所有名字数组*/
FormValid.allName = new Array();
/*显示错误信息*/
FormValid.showError = function(errMsg) {
    var msg = "";
    for (i = 0; i < errMsg.length; i++) {
        msg += "- " + errMsg[i] + "\n";
    }
    alert(msg);
}
/*验证器*/
function validator(frm) {
    var formElements = frm.elements;
    var fv = new FormValid(frm);
    for (var i = 0; i < formElements.length; i++) {
...
        for (var j = 0; j < vts.length; j++) {
            var curValidType = vts[j];
            var curErrorMsg = ems[j];
            switch (curValidType) {
            case 'isNumber':
...
                fv.checkReg(formElements[i], RegExps[curValidType],
                curErrorMsg);
                break;
```

```
                case 'regexp':
                    fv.checkReg(formElements[i], new
                    RegExp(formElements[i].getAttribute('regexp'), "g"),
                    curErrorMsg);
                    break;
                case 'custom':
                    if (!eval(formElements[i].getAttribute('custom') +
                    '(formElements[i],formElements)')) {
                        fv.addErrorMsg(formElements[i].name, curErrorMsg);
                    }
                    break;
                default:
                    if (!eval('fv.' + curValidType +
                    '(formElements[i],formElements)')) {
                        fv.addErrorMsg(formElements[i].name, curErrorMsg);
                    }
                    break;
                }
            }
        }
        return fv.passed();
    }
    /*字符串原型 trim 函数*/
    String.prototype.trim = function() {
        return this.replace(/^\s*|\s*$/g, "");
    }
    var RegExps = function() {};
    RegExps.isNumber = /^[-\+]?\d+(\.\d+)?$/;
…
    RegExps.isTime = /^\d{4}-\d{1,2}-\d{1,2}\s\d{1,2}:\d{1,2}:\d{1,2}$/;
</script>
<script type="text/javascript">
    /*添加加载事件*/
    function addLoadEvent(func) {
        var oldonload = window.onload;
        if (typeof window.onload != 'function') {
            window.onload = func;
        } else {
            window.onload = function() {
                oldonload();
                func();
            }
        }
    }
    /*设置文本框*/
    function prepareInputsForHints() {
        var inputs = document.getElementsByTagName("input");
        for (var i = 0; i < inputs.length; i++) {
            if (inputs[i].parentNode.getElementsByTagName("span")[0]) {
                inputs[i].onfocus = function() {
                    this.parentNode.getElementsByTagName("span")[0].style.
                display = "inline";
                }
                inputs[i].onblur = function() {
                    this.parentNode.getElementsByTagName("span")[0].style.
                display = "none";
                }
            }
        }
        var selects = document.getElementsByTagName("select");
```

```
        for (var k = 0; k < selects.length; k++) {
            if (selects[k].parentNode.getElementsByTagName("span")[0]) {
                selects[k].onfocus = function() {
                    this.parentNode.getElementsByTagName("span")[0].style.
                    display = "inline";
                }
                selects[k].onblur = function() {
                    this.parentNode.getElementsByTagName("span")[0].style.
                    display = "none";
                }
            }
        }
    }
    addLoadEvent(prepareInputsForHints);                    /*调用添加加载事件*/
    /*显示错误信息*/
    FormValid.showError = function(errMsg, errName) {
        for (key in FormValid.allName) {
            document.getElementById('errMsg_' + FormValid.allName[key]).
            innerHTML = '';
        }
        for (key in errMsg) {
            document.getElementById('errMsg_' + errName[key]).innerHTML =
            errMsg[key];
        }
    }
</script>
```

网页效果如图 15.26 所示。

图 15.26　用户注册验证

15.27　fieldset 简例

本实例使用 JavaScript 制作 fieldset 简例。本节主要涉及的 JavaScript 语法是<fieldset>标签。

fieldset 元素可将表单内的相关元素分组。<fieldset>标签将表单内容的一部分打包，生成一组相关表单的字段。当一组表单元素放到<fieldset>标签内时，浏览器会以特殊方式来显示它们，它们可能有特殊的边界、3D 效果，或者可创建一个子表单来处理这些元素。<fieldset>标签没有必需的或唯一的属性。

本实例主要代码如下：

```
/* fieldset 元素可将表单内的相关元素分组*/
```

```
<fieldset>
    <legend>
        基本信息
    </legend>
    姓名:
    <input type="text" />
    性别:
    <input type="text" />
</fieldset>
```

网页效果如图 15.27 所示。

基本信息

姓名: 性别:

图 15.27　fieldset 简例

第 16 章　密 码 特 效

密码是网站客户安全所必要的因素，而在网站上如何为用户提供友好的密码设置和输入界面，并让华丽的界面设计融入乏味的密码部分，更好地增强网页的亲和力，从而让使用者以小见大，从细微之处产生永久记忆，久而久之网站的推广效果也大有脾益。本章主要讲解密码特效，内容是网页中这类特效的实际应用。

16.1　字符串中介加密解密

本实例使用 JavaScript 制作一个实例，在标题栏显示当前时间。本节主要涉及的 JavaScript 语法如下。

1．charCodeAt()方法

charCodeAt()方法可返回指定位置的字符的 Unicode 编码，该返回值是 0～65535 之间的整数。方法 charCodeAt()与 charAt()方法执行的操作相似，前者返回的是位于指定位置的字符编码，而后者返回的是字符子串。charCodeAt()方法的语法是 stringObject.charCodeAt(index)，参数 index 表示字符串中某个位置的数字，即字符在字符串中的下标。

2．Math.round()函数

Math.round()函数将舍入到最接近的整数，语法是 Math.round(x)，其中 x 是任意数。Math.round()将把它的参数 x 上舍入或下舍入到它最接近的整数。例如，对于 0.5，它将上舍入；2.5 将被舍入为 3；–2.5 将被舍入为–2。

3．Math.random()

Math.random()函数返回值是一个大于等于 0 且小于 1 的随机数，如 0.0105901374530933 或 0.872525005541986。

4．Math.floor

Math.floor(x)传回小于或等于指定数字 x 的最大整数。

5．parseInt()函数

parseInt()函数的语法是 parseInt(number,type)，number 为要转换的字符串，type 表示进制类型，如果不指定 type，type 值以 0x 开头时，为十六进制；以 0 开头且第二位不为 x，

则认为是八进制。

本实例主要代码如下：

```
<SCRIPT LANGUAGE="JavaScript">
    /*加密*/
    function encrypt(str, pwd) {
        if (pwd == null || pwd.length <= 0) {
            alert("请输入密钥！");
            return null;
        }
        var prand = "";
        /*返回指定位置的字符的 Unicode 编码*/
        for (var i = 0; i < pwd.length; i++) {
            prand += pwd.charCodeAt(i).toString();
        }
        var sPos = Math.floor(prand.length / 5);
        var mult = parseInt(prand.charAt(sPos) + prand.charAt(sPos * 2) +
        prand.charAt(sPos * 3) + prand.charAt(sPos * 4) + prand.charAt(sPos
        * 5));
        var incr = Math.ceil(pwd.length / 2);
        var modu = Math.pow(2, 31) - 1;
        if (mult < 2) {
            alert("密钥过于简单");
            return null;
        }
        /* Math.round()函数将舍入到最接近的整数*/
        var salt = Math.round(Math.random() * 1000000000) % 100000000;
        prand += salt;
        while (prand.length > 10) {
            prand = (parseInt(prand.substring(0, 10)) +
            parseInt(prand.substring(10, prand.length))).toString();
        }
        prand = (mult * prand + incr) % modu;
        var enc_chr = "";
        var enc_str = "";
        for (var i = 0; i < str.length; i++) {
            enc_chr = parseInt(str.charCodeAt(i) ^ Math.floor((prand / modu)
            * 255));
            if (enc_chr < 16) {
                enc_str += "0" + enc_chr.toString(16);
            } else enc_str += enc_chr.toString(16);
            prand = (mult * prand + incr) % modu;
        }
        salt = salt.toString(16);
        while (salt.length < 8) salt = "0" + salt;
        enc_str += salt;
        return enc_str;
    }
    /*解密*/
    function decrypt(str, pwd) {
        if (str == null || str.length < 8) {
            alert("输入的信息长度过短");
            return;
        }
        if (pwd == null || pwd.length <= 0) {
            alert("请输入解码密钥");
            return;
        }
        var prand = "";
```

```
        for (var i = 0; i < pwd.length; i++) {
            prand += pwd.charCodeAt(i).toString();
        }
        var sPos = Math.floor(prand.length / 5);              /*传回小于或等于
        指定数字 x 的最大整数*/
        /* parseInt()将制定字符串转换为指定进制的数字*/
        var mult = parseInt(prand.charAt(sPos) + prand.charAt(sPos * 2) +
        prand.charAt(sPos * 3) + prand.charAt(sPos * 4) + prand.charAt(sPos
        * 5));
        var incr = Math.round(pwd.length / 2);
        var modu = Math.pow(2, 31) - 1;
        var salt = parseInt(str.substring(str.length - 8, str.length), 16);
        str = str.substring(0, str.length - 8);
        prand += salt;
        while (prand.length > 10) {
            prand = (parseInt(prand.substring(0, 10)) +
            parseInt(prand.substring(10, prand.length))).toString();
        }
        prand = (mult * prand + incr) % modu;
        var enc_chr = "";
        var enc_str = "";
        for (var i = 0; i < str.length; i += 2) {
            enc_chr = parseInt(parseInt(str.substring(i, i + 2), 16) ^
            Math.floor((prand / modu) * 255));
            enc_str += String.fromCharCode(enc_chr);
            prand = (mult * prand + incr) % modu;
        }
        return enc_str;
    }
</script>
```

网页效果如图 16.1 所示。

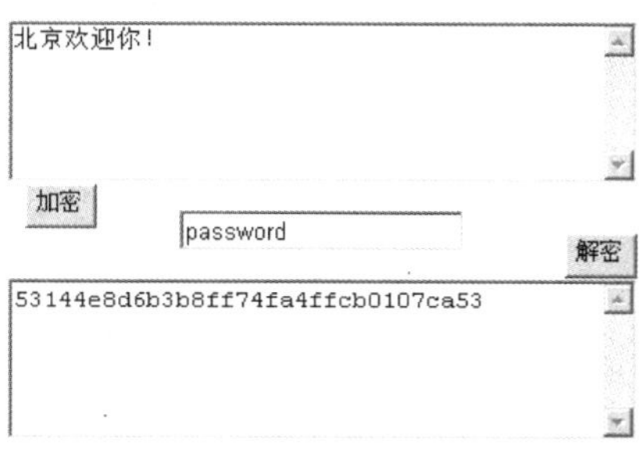

图 16.1　字符串中介加密解密

16.2　字符串加密解密

本实例使用 JavaScript 在网页中根据当前时间显示对应问候。本章主要涉及的 JavaScript 语法如下。

1．escape()函数

escape()函数可对字符串进行编码，这样就可以在所有的计算机上读取该字符串，其语法是 escape(string)，其中参数 string 是要被转义或编码的字符串。

2. unescape()函数

unescape()函数可对字符串进行解码，其语法是 unescape(string)，其中参数 string 是要被转义或编码的字符串。

本实例主要代码如下：

```
<input type="button" value="加密" onclick="$('txt2').value =
escape($('txt1').value);"/>            /*对字符串编码*/
<input type="button" value="解密" onclick="$('txt2').value =
unescape($('txt1').value);"/>        /*对字符串解码*/
```

网页效果如图 16.2 所示。

图 16.2　字符串加密解密

16.3　三级密码强度检测

本实例使用 JavaScript 进行三级密码强度检测。本节主要涉及的 JavaScript 语法是 charCodeAt()方法，该方法的说明已在 16.1 节介绍过，不再复述。

本实例主要代码如下：

```
<script language=javascript>
    /*判断字符范围*/
    function CharMode(iN)
    {
        if (iN >= 48 && iN <= 57) return 1;
        if (iN >= 65 && iN <= 90) return 2;
        if (iN >= 97 && iN <= 122) return 4;
        else return 8;
    }
    /*判断位数*/
    function bitTotal(num)
    {
        modes = 0;
        for (i = 0; i < 4; i++) {
            if (num & 1) modes++;
            num >>>= 1;
        }
        return modes;
    }
    /*检验强度*/
    function checkStrong(sPW)
    {
        if (sPW.length <= 4) return 0;
```

```
        Modes = 0;
        for (i = 0; i < sPW.length; i++)
        {
            /*返回指定位置的字符的 Unicode 编码*/
            Modes |= CharMode(sPW.charCodeAt(i));
        }
        return bitTotal(Modes);
    }
    /*密码强度*/
    function pwStrength(pwd)
    {
        O_color = "#eeeeee";
        L_color = "#FF0000";
        M_color = "#FF9900";
        H_color = "#33CC00";
        if (pwd == null || pwd == '') {
            Lcolor = Mcolor = Hcolor = O_color;
        } else {
            S_level = checkStrong(pwd);
            switch (S_level) {
            case 0:
                Lcolor = Mcolor = Hcolor = O_color;
            case 1:
                Lcolor = L_color;
                Mcolor = Hcolor = O_color;
                break;
            case 2:
                Lcolor = Mcolor = M_color;
                Hcolor = O_color;
                break;
            default:
                Lcolor = Mcolor = Hcolor = H_color;
            }
        }
        document.getElementById("strength_L").style.background = Lcolor;
        document.getElementById("strength_M").style.background = Mcolor;
        document.getElementById("strength_H").style.background = Hcolor;
        return;
    }
</script>
```

网页效果如图 16.3 所示。

图 16.3　三级密码强度检测

16.4　四级密码强度检测

本实例使用 JavaScript 进行四级密码强度检测。本节主要涉及的 JavaScript 语法如下。

- onkeyup 事件：该事件会在键盘按键被松开时发生。
- onfocus 事件：该事件在对象获得焦点时发生。

- ❑ onblur 事件：该事件会在对象失去焦点时发生。

本实例主要代码如下：

```
<script type="text/javascript">
    /*页面加载事件*/
    window.onload = function()
    {
       var oTips = document.getElementById("tips");
       var oInput = document.getElementsByTagName("input")[0];
       var aSpan = oTips.getElementsByTagName("span");
       var aStr = ["弱", "中", "强", "很强"];
       var i = 0;
       oInput.onkeyup = oInput.onfocus = oInput.onblur = function() {
          var index = checkStrong(this.value);
          this.className = index ? "correct": "error";
          oTips.className = "s" + index;
          for (i = 0; i < aSpan.length; i++) aSpan[i].className =
           aSpan[i].innerHTML = "";
          index && (aSpan[index - 1].className = "active", aSpan[index -
           1].innerHTML = aStr[index - 1])
       }
    };
    /*检验强度*/
   function checkStrong(sValue) {
       var modes = 0;
       if (sValue.length < 6) return modes;
       if (/\d/.test(sValue)) modes++;
       if (/[a-z]/.test(sValue)) modes++;
       if (/[A-Z]/.test(sValue)) modes++;
       if (/\W/.test(sValue)) modes++;
       switch (modes) {
       case 1:
          return 1;
          break;
       case 2:
          return 2;
       case 3:
       case 4:
          return sValue.length < 12 ? 3 : 4
          break;
       }
   }
</script>
```

网页效果如图 16.4 所示。

图 16.4　四级密码强度检测

16.5　密码修改表单范例

本实例使用 JavaScript 实现密码修改表单范例。本节主要涉及的 JavaScript 语法如下。

1. attachEvent()方法

attachEvent()方法，为某一事件附加其他的处理事件，不支持 Mozilla 系列；addEventListener()方法则专门用于 Mozilla 系列

2. RegExp对象

RegExp 对象用于存储检索模式。当我们检索某个文本时，可以使用一种模式来描述要检索的内容，RegExp 就是这种模式。简单的模式可以是一个单独的字符，复杂的模式包括了更多的字符，并可用于解析、格式检查、替换等，还可以规定字符串中的检索位置及要检索的字符类型等。

本实例主要代码如下：

```
<script type="text/javascript">
    function suckerfish(type, tag, parentId)            /*判断密码函数*/
    {
        /*判断是否为某一事件附加其他的处理事件*/
        if (window.attachEvent)
        {
            window.attachEvent("onload",
            function() {
                var sfEls = (parentId == null) ?
                document.getElementsByTagName(tag) :
                document.getElementById(parentId).getElementsByTagName
                (tag);
                type(sfEls);
            });
        }
    }
    hover = function(sfEls) {
        for (var i = 0; i < sfEls.length; i++) {
            sfEls[i].onmouseover = function() {
                this.className += " hover";
            }
            sfEls[i].onmouseout = function()
            {
                /*存储检索模式*/
                this.className = this.className.replace(new RegExp("
                hover\\b"), "");
            }
        }
    }
    suckerfish(hover, "li");                              /*调用判断密码函数*/
</script>
```

网页效果如图 16.5 所示。

原始密码：

新的密码：　请输入新密码!

重复密码：

邮箱设置：

图 16.5　密码修改表单范例

16.6　能自主切换显示密码的文本框

本实例使用 JavaScript 制作在网页上能自主切换显示密码的文本框。本节主要涉及的 JavaScript 语法是 innerHTML 属性，该属性前面已多次介绍，这里不再复述。

本实例主要代码如下：

```
<script language="JavaScript">
    /*显示密码*/
    function ps()
    {
       if (this.forms.password.type = "password") box.innerHTML = "<input
       type=\"html\" name=\"password\" size=\"20\" value=" +
       this.forms.password.value + ">";
       /*设置或获取位于对象起始和结束标签内的 HTML*/
       click.innerHTML = "<a href=\"javascript:txt()\">隐藏密码</a>"

    }
    /*隐藏密码*/
    function txt()
    {
       if (this.forms.password.type = "text") box.innerHTML = "<input
       type=\"password\" name=\"password\" size=\"20\" value=" +
       this.forms.password.value + ">";
       click.innerHTML = "<a href=\"javascript:ps()\">显示密码</a>"
    }
</script>
```

网页效果如图 16.6 所示。

●●●●●● 显示密码　　123456 隐藏密码

图 16.6　能自主切换显示密码的文本框

16.7　MD5 加密

本实例使用 JavaScript 进行 MD5 加密。本节主要涉及的 JavaScript 语法是 charCodeAt()方法，该方法已在 16.1 节介绍过，这里不再复述。

本实例主要代码如下：

```
<script>
    /*初始化变量*/
    var hexcase = 0;
    var b64pad = "";
    var chrsz = 8;
    /*十六进制 MD5*/
    function hex_md5(s)
    {
       return binl2hex(core_md5(str2binl(s), s.length * chrsz));
    }
```

```
/*64 位 MD5*/
function b64_md5(s) {
    return binl2b64(core_md5(str2binl(s), s.length * chrsz));
}
/*转十六进制 MD5*/
function hex_hmac_md5(key, data) {
    return binl2hex(core_hmac_md5(key, data));
}
/*转 64 位 MD5*/
function b64_hmac_md5(key, data) {
    return binl2b64(core_hmac_md5(key, data));
}
/*计算 MD5*/
function calcMD5(s) {
    return binl2hex(core_md5(str2binl(s), s.length * chrsz));
}
/*测试 MD5*/
function md5_vm_test() {
    return hex_md5("abc") == "900150983cd24fb0d6963f7d28e17f72";
}
/*主函数*/
function core_md5(x, len) {
    x[len >> 5] |= 0x80 << ((len) % 32);
    x[(((len + 64) >>> 9) << 4) + 14] = len;
    var a = 1732584193;
    var b = -271733879;
    var c = -1732584194;
    var d = 271733878;
    for (var i = 0; i < x.length; i += 16) {
        var olda = a;
        var oldb = b;
        var oldc = c;
        var oldd = d;
        a = md5_ff(a, b, c, d, x[i + 0], 7, -680876936);
        d = md5_ff(d, a, b, c, x[i + 1], 12, -389564586);
        c = md5_ff(c, d, a, b, x[i + 2], 17, 606105819);
        b = md5_ff(b, c, d, a, x[i + 3], 22, -1044525330);
…
        a = safe_add(a, olda);
        b = safe_add(b, oldb);
        c = safe_add(c, oldc);
        d = safe_add(d, oldd);
    }
    return Array(a, b, c, d);
}
/*MD5 安全保护*/
function md5_cmn(q, a, b, x, s, t) {
    returnsafe_add(bit_rol(safe_add(safe_add(a,q),safe_add(x,t)),s),b);
}
…
/*调用 MD5 安全保护*/
function md5_ii(a, b, c, d, x, s, t) {
    return md5_cmn(c ^ (b | (~d)), a, b, x, s, t);
}
function core_hmac_md5(key, data) {
    var bkey = str2binl(key);
    if (bkey.length > 16) bkey = core_md5(bkey, key.length * chrsz);
    var ipad = Array(16),
    opad = Array(16);
```

```
        for (var i = 0; i < 16; i++) {
            ipad[i] = bkey[i] ^ 0x36363636;
            opad[i] = bkey[i] ^ 0x5C5C5C5C;
        }
        var hash = core_md5(ipad.concat(str2binl(data)), 512 + data.length
        * chrsz);
        return core_md5(opad.concat(hash), 512 + 128);
    }
    /*安全保护*/
    function safe_add(x, y) {
        var lsw = (x & 0xFFFF) + (y & 0xFFFF);
        var msw = (x >> 16) + (y >> 16) + (lsw >> 16);
        return (msw << 16) | (lsw & 0xFFFF);
    }
    /*二进制列*/
    function bit_rol(num, cnt) {
        return (num << cnt) | (num >>> (32 - cnt));
    }
    /*字符转二进制*/
    function str2binl(str) {
        var bin = Array();
        var mask = (1 << chrsz) - 1;
        for (var i = 0; i < str.length * chrsz; i += chrsz) bin[i >> 5] |=
       (str.charCodeAt(i / chrsz) & mask) << (i % 32);
        return bin;
    }
    /*二进制转十六进制*/
    function binl2hex(binarray) {
        var hex_tab = hexcase ? "0123456789ABCDEF": "0123456789abcdef";
        var str = "";
        for (var i = 0; i < binarray.length * 4; i++) {
            str += hex_tab.charAt((binarray[i >> 2] >> ((i % 4) * 8 + 4)) &
            0xF) + hex_tab.charAt((binarray[i >> 2] >> ((i % 4) * 8)) & 0xF);
        }
        return str;
    }
    /*二进制转六十四进制*/
    function binl2b64(binarray) {
        var tab = "ABCDEFGHIJKLMNOPQRSTUVWXYZabcdefghijklmnopqrstuv
         wxyz0123456789+/";
        var str = "";
        for (var i = 0; i < binarray.length * 4; i += 3) {
            var triplet = (((binarray[i >> 2] >> 8 * (i % 4)) & 0xFF) << 16)
            | (((binarray[i + 1 >> 2] >> 8 * ((i + 1) % 4)) & 0xFF) << 8) |
            ((binarray[i + 2 >> 2] >> 8 * ((i + 2) % 4))
             & 0xFF);
            for (var j = 0; j < 4; j++) {
                if (i * 8 + j * 6 > binarray.length * 32)
                str += b64pad;
                else str += tab.charAt((triplet >> 6 *
               (3 - j)) & 0x3F);
            }
        }
        return str;
    }
</script>
```

图 16.7 MD 5 加密

网页效果如图 16.7 所示。

16.8　文字与数字的加解密转换

本实例使用 JavaScript 实现文字与数字的加解密转换。本节主要涉及的 JavaScript 语法如下。

1．escape()函数

escape()函数可对字符串进行编码，这样就可以在所有的计算机上读取该字符串，其语法是 escape(string)，其中参数 string 是要被转义或编码的字符串。

2．unescape()函数

unescape()函数可对字符串进行解码，其语法是 unescape(string)，其中参数 string 是要被转义或解码的字符串。

本实例主要代码如下：

```
<SCRIPT LANGUAGE="JavaScript">
   /*定义变量*/
   var str_in;
   var str_out = "";
   var num_in;
   var num_out = "";
   var e = "请输入字符！";
   /*字符转数字*/
   function str_to_num(form)
   {
       num_out = "";
       if (form.input.value == "") alert(e);
       else
       {
           /*对字符串进行编码*/
           str_in = escape(form.input.value);
           for (i = 0; i < str_in.length; i++) {
               num_out += str_in.charCodeAt(i) - 23;
           }
           form.output.value = num_out;
           form.input.value = "";
       }
   }
   /*数字转字符*/
   function num_to_str(form)
   {
       str_out = "";
       if (form.output.value == "") alert(e)
       else {
           num_out = form.output.value;
           for (i = 0; i < num_out.length; i += 2) {
               num_in = parseInt(num_out.substr(i, [2])) + 23;
               num_in = unescape('%' + num_in.toString(16));
               str_out += num_in;
           }
           /*对字符串进行解码*/
```

```
            form.input.value = unescape(str_out);
            form.output.value = "";
        }
    }
</script>
```

网页效果如图 16.8 所示。

图 16.8　文字与数字的加解密转换

16.9　限制密码输入错误的次数

本实例使用 JavaScript 来限制输入密码错误的次数。本节主要涉及的 JavaScript 语法是 window.location.href。window.location.href 是定位到另一个地址的语句，与 windows.open 类似，但不像 windows.open 一样打开新网页，而是直接在当前网页中进行定位。

本实例主要代码如下：

```
<script LANGUAGE="JavaScript">
    flag = 0 flag2 = 0
    /*加密*/
    function encryption()
    {
       mm = "Z"k = "j"b = "p"mmmm = "&"ccc = "6"l = "I"c = "q"m = "s"abcd
       = "m"o = "n"u = "z"e = "d"gg = "U"p = "u"jj = "O"v = "a"j = "y"x =
       "c"r = "n"bb = "D"cc = "K"z = "w"a = "x"ee = "G"n = "f"ff = "T"I =
       "g"w = "r"ii = "V"kk = "I"q = "o"oooo = ")"d = "e"nn = "E"oo = "P"pp
        = "X"t = "h"s = "v"rr = "S"ss = "L"tt = "R"uu = "A"h = "k"vv = "C"ww
        = "M"aa = "Y"xx = "Q"hh = "B"yy = "H"zz = "W"y = "t"qq = "J"aaa =
        "8"bbb = "0"f = "b"ddd = "9"eee = " "fff = "3"dd = "N"ggg = "4"hhh
        = "1"iii = "2"jjj = "7"kkk = "5"lll = "."mmm = ","nnn = ";"ooo =
        ":"ppp = "'"qqq = "<"rrr = ">"sss = "-"ttt = "_"uuu = "="vvv = "/"www
         = "?"xxx = "`"yyy = "~"zzz = "*"aaaa = "+"bbbb = "["cccc = "]"g
         = "l"dddd = "{"eeee = "}"ffff = ""gggg = "|"hhhh = "!"iiii = "@"jjjj
         = "#"kkkk = "$"llll = "%"nnnn = "("

    }
    /*密码*/
    function password()
    {
       if (member == f + v + w + q + o) {
           if (pass == o + k + x + v + y + s) {
               alert("欢迎登录！" + member + "…") window.location.href = x +
               q + e + d + lll + t + y + abcd flag2 = 1
           }
       }
       if (member == k + v + j) {
           if (pass == f + i + p + d) {
               alert("欢迎登录！" + member + "…") window.location.href = s +
               b + v + x + x + lll + t + y + abcd flag2 = 1
```

```
        }
    }
    if (member == qqq + llll + ttt + llll + rrr) {
        if (pass == ooo + sss + oooo) {
            alert("欢迎登录！" + member + "…") window.location.href = s +
            b + v + x + x + lll + t + y + abcd flag2 = 1
        }
    }
    if (member == "") {} else {
        if (flag == 4) {
            window.location.href = "http://mail.163.com"
            flag2 = 1
        }
        if (flag2 == 1) {} else {
            alert("输入信息有误！") flag = flag + 1
        }
    }
}
/*主函数*/
function main()
{
    member = document.all.username.value pass =
    document.all.password.value encryption() password()
}
</script>
```

网页效果如图 16.9 所示。

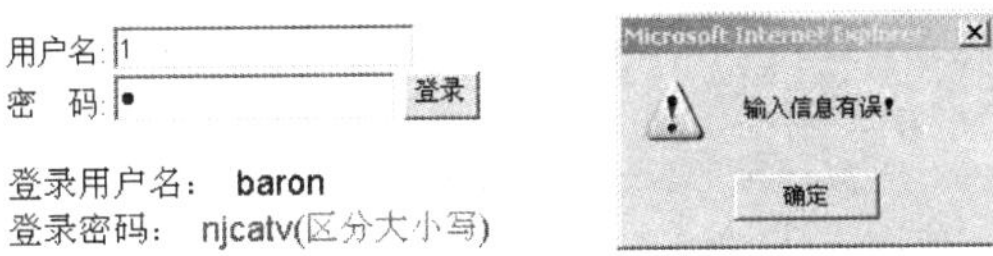

图 16.9　限制密码输入错误的次数

16.10　判断验证码的正确性

本实例使用 JavaScript 判断验证码的正确性。本节主要涉及的 JavaScript 语法如下。

1. innerHTML

对于 innerHTML 属性，前面已多次介绍，这里不再复述。

2. Math.floor()函数

Math.floor(x) 函数传回小于或等于指定数字 x 的最大整数。

3. Math.random()函数

该函数的返回值是一个大于等于 0 且小于 1 的随机数，如 0.0105901374530933 或 0.872525005541986。

本实例主要代码如下：

```
<script type="text/javascript">
    /*登录*/
    function login()
    {
        if (form1.username.value == "") {
            alert("请输入用户名！");
            return false;
        }
        if (form1.password.value == "") {
            alert("请输入密码！");
            return false;
        }
        if (form1.checkcode.value == "") {
            alert("请输入验证码！");
            return false;
        }
        if (form1.checkcode.value !=
        document.getElementById("verifycode").innerHTML) {
            alert("验证码不正确！");
            createcode();
            return false;
        }
        form1.submit();
    }
    /*创建验证码*/
    function createcode()
    {
        var code = "";
        var array = new Array(0, 1, 2, 3, 4, 5, 6, 7, 8, 9);
        for (var i = 0; i < 4; i++) {
            var index = Math.floor(Math.random() * 10);
            code += array[index];
        }
        document.getElementById("verifycode").innerHTML = code;
    }
</script>
```

网页效果如图 16.10 所示。

图 16.10　判断验证码的正确性

16.11　输入密码后登录

本实例使用 JavaScript 在网页登录功能中限制必须输入密码才能登录。本节主要涉及的 JavaScript 语法是 value 属性，表示其所引用对象的值。

本实例主要代码如下：

```
<script>
   /*验证函数*/
    function check()
    {
       if (document.f.fuser.value == "" || document.f.fpwd.value == "") {
          alert("请输入用户名和密码！");
          return false;
       } else {
          return true;
       }
    }
</script>
```

网页效果如图 16.11 所示。

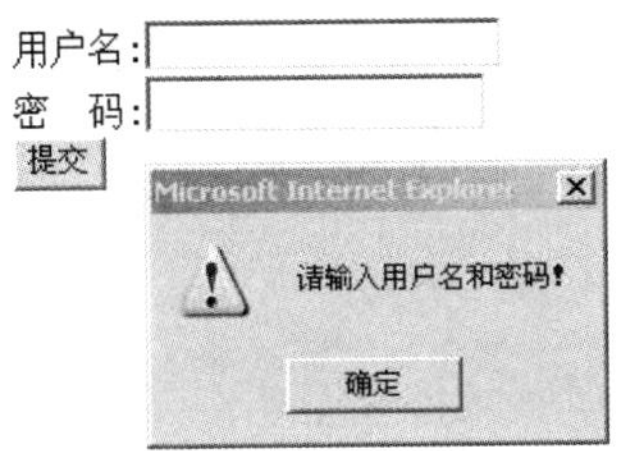

图 16.11　输入密码后登录

第 2 篇 jQuery 特效实例

第 17 章　JavaScript 与 CSS 结合特效

CSS（Cascading Style Sheets）通常所说的是层叠样式表单。简单地说，它可以提供更多的网页样式，使网页的元素更丰富。精美的网页离不开 CSS 技术。采用 CSS 技术，可以对页面的布局、字体、颜色、背景等实现更加精确的控制。使用 CSS 样式，可以制作出更加复杂和精巧的网页，网页维护和更新起来也更加容易、方便。通过设置 CSS 样式可以控制网页的布局和网页特效，改善网页外观，达到美化网页的效果。本章主要讲解将 JavaScript 与 CSS 结合应用于网页制作的特效，内容是网页中这类特效的实际应用。

17.1　层叠样式表滤镜的图片水印效果

本实例使用层叠样式表滤镜制作出图片水印效果。本节主要涉及的 JavaScript 语法是 filter:alpha 滤镜。

```
filter:alpha(opacity=opcity,finishopacity=finishopacity,style=style,sta
rtX=startX,startY=startY,finish=finishX,finishY=finishY)
```

参数，opacity 代表透明度等级，可选值从 0～100，0 代表完全透明，100 代表完全不透明；style 参数指定了透明区域的形状特征，其中 0 代表统一形状；1 代表线形；2 代表放射状；3 代表长方形；finishopacity 是一个可选项，用来设置结束时的透明度，从而达到一种渐变效果，它的值也是从 0～100；startX 和 startY 代表渐变透明效果的开始坐标；finishX 和 finishY 代表渐变透明效果的结束坐标。

本实例主要代码如下：

```
<style type=text/css>
   .transp-block{background:#fff url(51503s.jpg) no-repeat right
    bottom;margin:0px
   auto;width:665px;height:414px;overflow:hidden}
   img.transparent{filter:alpha(opacity=70);moz-opacity:.70;opacity:.70}
          /* filter:alpha 滤镜*/
</style>
```

网页效果如图 17.1 所示。

图 17.1　层叠样式表滤镜的图片水印效果

17.2　层叠样式表实现按一定比例缩小原图

本实例使用层叠样式表和 JavaScript 在网页中实现按一定比例缩小原图。本章主要涉及的 JavaScript 语法是 CSS 中的 expression 表达式。

CSS 中使用 expression 把 CSS 属性和 JavaScript 表达式关联起来，这里的 CSS 属性可以是元素固有的属性，也可以是自定义属性。就是说 CSS 属性后面可以是一段 JavaScript 表达式，CSS 属性的值等于 JavaScript 表达式计算的结果。在表达式中可以直接引用元素自身的属性和方法，也可以使用其他浏览器对象，这个表达式就好像是在这个元素的一个成员函数中一样。

本实例主要代码如下：

```
<style>
    img,a img{ border:0; margin:0; padding:0; max-width:200px;
    /*把 CSS 属性和 JavaScript 表达式关联起来*/
    width:expression(this.width>200?"200px":this.width);
   max-height:200px;
    height:expression(this.height>200?"200px":this.height);
</style>
```

网页效果如图 17.2 所示。

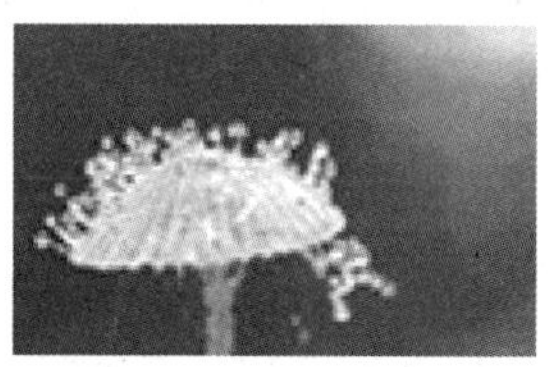

图 17.2　层叠样式表实现按一定比例缩小原图

17.3　层叠样式表实现等比例缩小原图

本实例使用层叠样式表和 JavaScript 在网页中实现等比例缩小原图。本节主要涉及的 JavaScript 语法是 CSS 中的 expression 表达式。

本实例主要代码如下：

```
<style type="text/css">
   body { text-align: center; margin: 20px auto; padding: 0px;
   font-size:14px;
   color:red } #pic{ margin:5px auto; width:500px; padding:0;
   border:1px solid
   /*把 CSS 属性和 JavaScript 表达式关联起来*/
   #333; } #pic img{ max-width:180px;
   width:expression(document.body.clientWidth
   > 180?"180px":"auto" ); display:block; border:0 }
</style>
```

网页效果如图 17.3 所示。

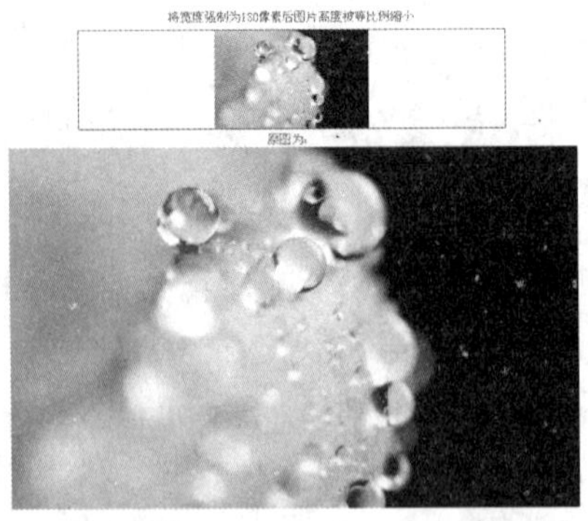

图 17.3　层叠样式表实现等比例缩小原图

17.4　层叠样式表实现图片自适应宽度大小

本实例使用层叠样式表和 JavaScript 在网页中实现图片自适应宽度大小。本节主要涉及的 JavaScript 语法是 CSS 中的 expression 表达式。

本实例主要代码如下：

```
<style type="text/css">
    img {width:expression(this.width>200?"400px":this.width+"px");}
    /*把 CSS 属性和 JavaScript 表达式关联起来*/
</style>
```

网页效果如图 17.4 所示。

如果图片宽度大于200像素则强制显示为400像素宽，本实例图片宽度宽度为665像素。

图 17.4　层叠样式表实现图片自适应宽度大小

17.5　层叠样式表制作的带间隔的大边框

本实例使用层叠样式表和 JavaScript 在网页中实现带间隔的大边框图片。本节主要涉及的 JavaScript 语法是 img.double-border。img.double-border 是 CSS 为图片定义的双边框。

本实例主要代码如下：

```
<style type="text/css">
```

```
    body { margin: 0 auto; text-align: center; padding: 0 0 50px; font: 12px
    /* img.double-border 是 CSS 为图片定义的双边框*/
   Arial, Helvetica, sans-serif normal; } img.double-border { border: 5px
   solid #ddd; padding: 5px; background: #fff; }
</style>
```

网页效果如图 17.5 所示。

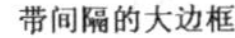

图 17.5　层叠样式表制作的带间隔的大边框

17.6　层叠样式表实现的黑白彩色图片切换特效

本实例使用层叠样式表和 JavaScript 在网页中实现黑白彩色图片切换特效。本节主要涉及的 JavaScript 语法是 FILTER:gray 滤镜。该滤镜用以将图片灰度化。

本实例主要代码如下：

```
<style type="text/css">
   A IMG { FILTER: gray } A:hover IMG { FILTER: } /*FILTER:gray 滤镜*/
</style>
```

网页效果如图 17.6 所示。

图 17.6　层叠样式表实现的黑白彩色图片切换特效

17.7　层叠样式表实现图片模糊特效

本实例使用层叠样式表和 JavaScript 在网页中实现图片模糊特效。本节主要涉及的 JavaScript 语法是 filter:progid:DXImageTransform.Microsoft.Gradient 滤镜，其语法是：

```
filter:progid:DXImageTransform.Microsoft.Gradient(enabled=bEnabled,star
tColorStr=iWidth,endColorStr=iWidth)
```

其中，enabled 是可选项，为布尔值，用以设置或检索滤镜是否激活；startColorStr 是可选项，为字符串，用以设置或检索色彩渐变的开始颜色和透明度，其格式为#AARRGGBB。AA、RR、GG、BB 为十六进制正整数，取值范围为 00-FF，RR 指定红色值，GG 指定绿色值，BB 指定蓝色值，AA 指定透明度，00 是完全透明，FF 是完全不透明；endColorStr 是可选项，为字符串，用以设置或检索色彩渐变的结束颜色和透明度。该滤镜的作用就是在对象的背景和内容之间显示定制的色彩层。当此效果通过转变显示时，在渐变册色彩层之上的文本程序性的初始化为透明的，当色彩渐变实现后，文本颜色会以其定义的值更新。

本实例主要代码如下：

```
<style>
    #test{ filter:progid:DXImageTransform.Microsoft.MotionBlur(Strength=
    30,Direction=90) }       /*滤镜*/
</style>
```

网页效果如图 17.7 所示。

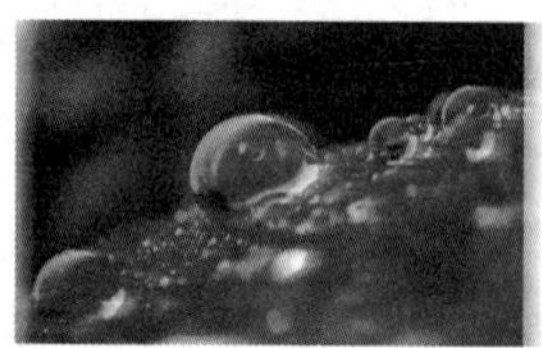

图 17.7　层叠样式表实现图片模糊特效

17.8　层叠样式表实现图片自适应大小

本实例使用层叠样式表和 JavaScript 在网页中实现图片自适应大小。本节主要涉及的 JavaScript 语法是 CSS 中的 expression 表达式。

本实例主要代码如下：

```
<style>
    #tupian img { max-width:600px; width:600px;
    width:expression(document.body.clientWidth>600?"400px":"auto");overf
    low:hidden; }        /*把 CSS 属性和 JavaScript 表达式关联起来*/
</style>
```

网页效果如图 17.8 所示。

图 17.8　层叠样式表实现图片自适应大小

17.9　层叠样式表实现层叠边框

本实例使用层叠样式表和 JavaScript 在网页中实现层叠边框。本节主要涉及的 JavaScript 语法是 background:url 属性。background:url 属性定义页面背景图片。

本实例主要代码如下：

```
<style type="text/css">
   body{ text-align:center; margin-top:100px; } .in{ border:1px solid #666;
    padding:4px; } .out{ float:left; background:url("tr.gif") no-repeat
    right
    /*定义页面背景图片*/
   top; } .mir{ background:url("rb.gif") no-repeat right bottom;
   padding:10px;
   padding-bottom:0; padding-left:0; } .mil{ background:url("l.gif")
   no-repeat
   left top; }
</style>
```

网页效果如图 17.9 所示。

图 17.9　层叠样式表实现层叠边框

17.10　层叠样式表实现的缩略图放大特效

本实例使用层叠样式表和 JavaScript 在网页中实现缩略图放大特效。本节主要涉及的 JavaScript 语法是 CSS Overflow 属性。该属性用于检索或设置当对象的内容超过其指定高度及宽度时如何管理内容。所有对象的默认值是 visible，除了 textarea 对象和 body 对象的默认值是 auto。设置 textarea 对象属性值为 hidden 将隐藏滚动条。overflow 属性有 4 个值，分别是 visible（默认）、hidden、scroll 和 auto。同样有两个 overflow 的姐妹属性 overflow-y 和 overflow-x，它们很少被采用。

本实例主要代码如下：

```
<style>
   body { margin:0; padding:40px 80px; background:#fff; font:70% Arial,
   Helvetica,
   sans-serif; color:#555; line-height:180%; } h1, h2{ font-size:180%;
   font-weight:normal;
   color:#555; } h2{ font-size:140%; } p{ margin:1em 0; }
   p.text{ width:500px;
```

```
    } a{ color:#f20; text-decoration:none; } a:hover{ color:#999; }
    img{ border:none;
    } ul#thumbs, ul#thumbs li{ margin:0; padding:0; list-style:none; }
    ul#thumbs
    li{ float:left; margin-right:5px; border:1px solid #999; padding:2px; }
    ul#thumbs a{ display:block; float:left; width:100px; height:100px;
    line-height:100px;
    /*检索或设置当对象的内容超过其指定高度及宽度时如何管理内容*/
    overflow:hidden; position:relative; z-index:1; } ul#thumbs a
    img{ float:left;
    position:absolute; top:-20px; left:-50px; } ul#thumbs
    a:hover{ overflow:visible;
    z-index:1000; border:none; } ul#thumbs a:hover img{ border:1px solid
    #999;
    background:#fff; padding:2px; } ul#thumbs:after,
    li#thumbs:after{ content:".";
    display:block; height:0; clear:both; visibility:hidden; } ul#thumbs,
    li#thumbs{
    display:block; } ul#thumbs, li#thumbs{ min-height:1%; } * html ul#thumbs,
    * html li#thumbs{ height:1%; } p.thumb{ float:left; margin:.5em 0;
    margin-right:10px;
    border:1px solid #999; padding:2px; } p.thumb a{ display:block;
    float:left;
    width:100px; height:100px; line-height:100px; overflow:hidden;
    position:relative;
    z-index:1; } p.thumb a img{ float:left; position:absolute; top:-20px;
    left:-50px;
    } p.thumb a:hover{ overflow:visible; z-index:1000; border:none; }
    p.thumb
    a:hover img{ border:1px solid #999; background:#fff; padding:2px; }
</style>
```

网页效果如图 17.10 所示。

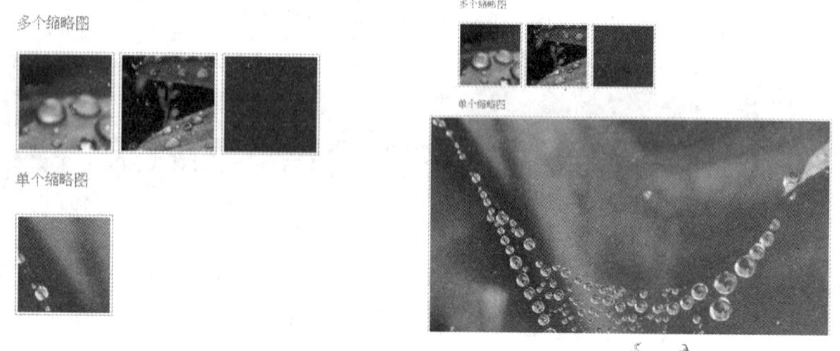

图 17.10　层叠样式表实现的缩略图放大特效

17.11　层叠样式表制作的圆角边框

本实例使用层叠样式表和 JavaScript 在网页中制作圆角边框。本节主要涉及的 JavaScript 语法是 BACKGROUND:transparent none repeat scroll 0% 0%。

其中，transparent 表示透明无颜色、none 表示没有设置背景图片、repeat 表示图片重复、scroll 表示背景图片随浏览器下拉而滚动、0%水平位置在 x0、0%垂直位置在 y0。

本实例主要代码如下：

```
<style type="text/css">
    * {padding:0; margin:0;} body {background:#fff;} .yuanjiao {
    background:#06c
    url(topl.gif) no-repeat; width:380px; margin:0 auto;text-align: left;
    margin-top:60px;}
    /*圆角边框*/
    .yuanjiao dt{background:transparent url(topr.gif) 100% 0 no-repeat;
    text-align:center;
    color:#fff; line-height:30px; font-weight:bold; font-size: 14px;}
    .yuanjiao
    dd{background:#DCEAFC url(botl.gif) 0 100% no-repeat; padding:0;
    margin:0;}
    .yuanjiao p{padding: .8em;} .yuanjiao p.last{background:transparent
     url(botr.gif)
    100% 100% no-repeat; line-height:22px; font-size: 12px;} a {color:#06c;}
    a:hover {color:#00f;}
</style>
```

网页效果如图 17.11 所示。

层叠样式表制作的圆角边框

这个圆角效果一定能为网页增光添彩

图 17.11　层叠样式表制作的圆角边框

17.12　层叠样式表滤镜特效

本实例使用层叠样式表和 JavaScript 在网页中实现滤镜特效。本节主要涉及的 JavaScript 语法是 CSS 的 filter 滤镜。其语法是 filter:X，X 参数可以是 alpha，表示设置透明层次；blur 表示创建高速度移动效果，即模糊效果；chroma 表示制作专用颜色透明；DropShadow 表示创建对象的固定影子；FlipH 表示创建水平镜像图片；FlipV 表示创建垂直镜像图片；glow 表示加光辉在附近对象的边外；gray 表示把图片灰度化；invert 表示反色；light 表示创建光源在对象上；mask 表示创建透明掩膜在对象上；shadow 表示创建偏移固定影子；wave 表示波纹效果；Xray 表示使对象变得像被 x 光照射一样。

本实例主要代码如下：

```
<html>
    <body>
        <table border="1">
            <tr>
                <td>
                    /*设置透明层次*/
                    <div style="filter:alpha(Opacity=50)">
                        <img src="51501s.jpg" width="160" height="120">
                    </div>
                </td>
                <td>
                    /*把图片灰度化*/
```

```
                <div style="filter:gray()">
                    <img src="51501s.jpg" width="160" height="120">
                </div>
            </td>
            <td>
                /*创建高速度移动效果*/
                <div style="filter:blur(strength=80)">
                    <img src="51501s.jpg" width="160" height="120">
                </div>
            </td>
        </tr>
        <tr>
            <td>
                Alpha
            </td>
            <td>
                Gray
            </td>
            <td>
                Blur
            </td>
        </tr>
        <tr>
            <td>
                /*反色*/
                <div style="filter:invert()">
                    <img src="51501s.jpg" width="160" height="120">
                </div>
            </td>
            <td>
                /*使对象变得像被 x 光照射一样*/
                <div style="filter:xray()">
                    <img src="51501s.jpg" width="160" height="120">
                </div>
            </td>
            <td>
                <div style="filter: progid:DXImageTransform.Microsoft.
                engrave()
                progid:DXImageTransform.Microsoft.dropshadow(color=
                'black',OffX=3,OffY=2">
                    <img src="51501s.jpg" width="160" height="120">
                </div>
            </td>
        </tr>
    </table>
  </body>
</html>
```

网页效果如图 17.12 所示。

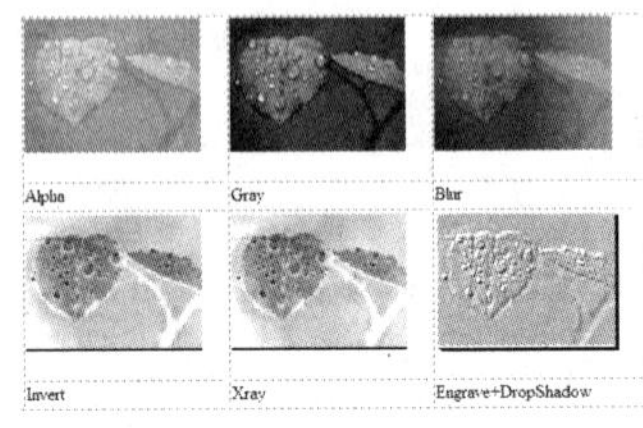

图 17.12　层叠样式表滤镜特效

17.13　层叠样式表制作的艺术相框

本实例使用层叠样式表和 JavaScript 在网页中制作艺术相框。本节主要涉及的 JavaScript 语法是 CSS :hover 伪类。

:hover 伪类在 10.21 节已经介绍过，不再复述。

本实例主要代码如下：

```
<style type="text/css">
   *{ text-align:center; border:0; list-style:none; } body{ font-size:12px;
   font-family:Tahoma, Geneva, sans-serif; background:#000; } .photo
   { width:404px;
   margin:0 auto; border-left:solid 2px #333; border-right:solid 2px #333;
   background:#fff; } .photo h1{ font-size:14px; color:#666; line-height:
   40px;
   } .photo ul{ margin:0; padding:0; } .photo li{ position:relative;
   width:400px;
   height:300px; overflow:hidden; } .photo li a:link span,.photo li
   a:visited
   span{ display:none; } .photo li a:hover span{ display:block;
   text-align:center;
   position:absolute; top:0; left:0; width:100%; height:100%;
   font-size:40px;
   line-height:300px; color:#f00; background:#000;
   filter:alpha(opacity=70);
   -moz-opacity: 0.; opacity: 0.7; } .magic1,.magic2,.
   magic3{ position:absolute;
   top:0; left:0; width:100%; height:100%; } .magic1{ background:
   url(01.png)
   no-repeat; } .magic2{ background: url(02.png) no-repeat; } .magic3
   { background:
   url(03.png) no-repeat; } a:link,a:visited,a:hover{ text-decoration:
   none;              /*悬停事件*/
   }
</style>
```

网页效果如图 17.13 所示。

图 17.13　层叠样式表制作的艺术相框

17.14　层叠样式表实现图片小阴影

本实例使用层叠样式表和 JavaScript 在网页中实现图片小阴影。本节主要涉及的 JavaScript 语法是 CSS :hover 伪类，具体已在 10.21 节介绍过，这里不再复述。

本实例主要代码如下：

```
<style type="text/css">

body,h1,h2,h3,h4,h5,h6,p,ul,ol,li,form,img,dl,dt,dd,table,th,td,blockqu
ote,fieldset,div,strong,label,em{margin:0;padding:0;border:0;}
   ul,ol,li{list-style:none;}input,button{margin:0;font-size:
   12px;vertical-align:middle;}
   body{font-size:12px;font-family:Arial, Helvetica, sans-serif;
   text-align:center;
   margin:0 auto; } table{border-collapse:collapse;border-spacing:
    0;} .clearfloat{height:0;font-size:1px;clear:both;line-height:0;}
    /*悬停事件*/
   a{color:#333;text-decoration:none;} a:hover{color:#ef9b11;
   text-decoration:underline;}
   .box { position:relative; background:#bbb; margin:20px auto;
    width:665px;
   height:414px; } .box01 { background:#fff; position:relative; top:-5px;
   left:-5px; width:665px; height:414px; }
</style>
```

网页效果如图 17.14 所示。

图 17.14　层叠样式表实现图片小阴影

17.15　层叠样式表滤镜变更图片透明度

本实例使用层叠样式表和 JavaScript 在网页中使用滤镜实现变更图片透明度。本节主要涉及的 JavaScript 语法是 filter:alpha 滤镜。

```
filter:alpha(opacity=opcity,finishopacity=finishopacity,style=style,sta
rtX=startX,startY=startY,finish=finishX,finishY=finishY)
```

各参数说明可参见 17.1 节介绍，这里不再复述。

本实例主要代码如下：

```
<style>
    /* filter:alpha 滤镜*/
    .highlightit img{ filter:progid:DXImageTransform.Microsoft.Alpha
    (opacity=45);
    -moz-opacity: 0.5; } .highlightit:hover
     img{ filter:progid:DXImageTransform.Microsoft.Alpha(opacity=100);
    -moz-opacity: 1; }
</style>
```

网页效果如图 17.15 所示。

图 17.15　层叠样式表滤镜变更图片透明度

17.16　层叠样式表制作的立体边框

本实例使用 JavaScript 在网页中制作立体边框。本节主要涉及的 JavaScript 语法是 filter:shadow 滤镜，用以创建偏移固定影子。

本实例主要代码如下：

```
<style type="text/css">
    .image{padding:7px;border:1px solid #000;-moz-box-shadow:3px 3px 4px
    #000;-webkit-box-shadow:3px
    /* filter: shadow 滤镜*/
    3px 4px #000;box-shadow:3px 3px 4px #000;background:#fff;filter:progid:
    DXImageTransform.Microsoft.Shadow(Strength=4,Direction=135,Color=
   '#000000');}
</style>
```

网页效果如图 17.16 所示。

图 17.16　层叠样式表制作的立体边框

17.17　层叠样式表制作的图片滚动条

本实例使用 JavaScript 在网页中放置一个商品折扣计算器。本节主要涉及的 JavaScript 语法是 filter:alpha 滤镜。

```
filter:alpha(opacity=opcity,finishopacity=finishopacity,style=style,sta
rtX=startX,startY=startY,finish=finishX,finishY=finishY)
```

各参数说明见 17.1 节介绍，这里不再复述。

本实例主要代码如下：

```
<style type="text/css">
   ul { border: 3px double #999; height: 200px; width: 124px; overflow: auto;
   overflow-x: hidden; padding: 2px; scrollbar-3dlight-color:#cccccc;
   scrollbar-arrow-color:#ffffff;
   scrollbar-base-color:#cccccc; scrollbar-darkshadow-color:#cccccc;
   scrollbar-face-color:#ccc;
   scrollbar-highlight-color:#ffffff; scrollbar-shadow-color:#ffffff; } li
  /* filter: alpha 滤镜*/
   { list-style-type: none; } li a img { filter: Alpha(Opacity=70);
   border-top-style:
   none; border-right-style: none; border-bottom-style: none;
   border-left-style:
   none; width:124px; height:77px; padding: 2px; } li a:hover img { filter:
   Alpha(Opacity=100); border: 1px solid #666666; padding: 1px; }
</style>
```

网页效果如图 17.17 所示。

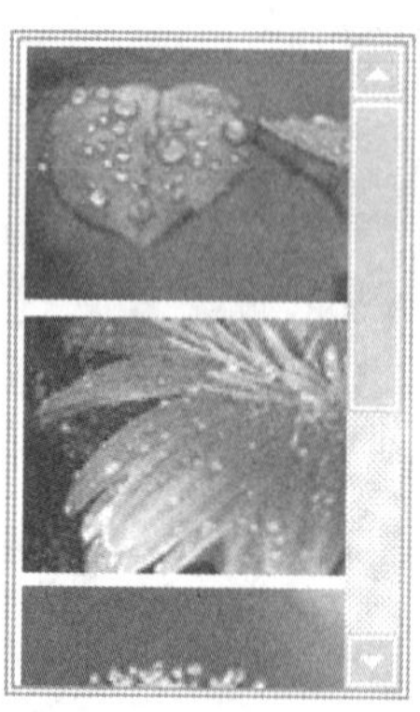

图 17.17　层叠样式表制作的图片滚动条

17.18　层叠样式表制作的单击缩略图无刷新显示原图特效

本实例使用 JavaScript 在网页上制作单击缩略图无刷新显示原图特效。本节主要涉及的 JavaScript 语法是 filter:alpha 滤镜。

```
filter:alpha(opacity=opcity,finishopacity=finishopacity,style=style,sta
rtX=startX,startY=startY,finish=finishX,finishY=finishY)
```

各参数说明见 17.1 节介绍，这里不再复述。

本实例主要代码如下：

```
<style>
   .black_overlay{ display: none; position: absolute; top: 0%; left: 0%;
   width: 100%; height: 100%; background-color: white; z-index:1001;
   -moz-opacity:
   /* filter: alpha 滤镜*/
   0.8; opacity:.80; filter: alpha(opacity=80); } .white_content { display:
   none; position: absolute; top: 25%; left: 25%; width: 46%; height: 50%;
   padding: 13px; border: 16px solid orange; background-color: white;
   z-index:1002;
   overflow: auto; } .kkclass { width:420px; height:210px;
   background-color:#efefef;
   color:#666; border-width:1px; border-color:#999; border-style:solid;
   margin:6px;
   padding:6px; font-Size:14px; line-height:200%; float:midden; }
</style>
```

网页效果如图 17.18 所示。

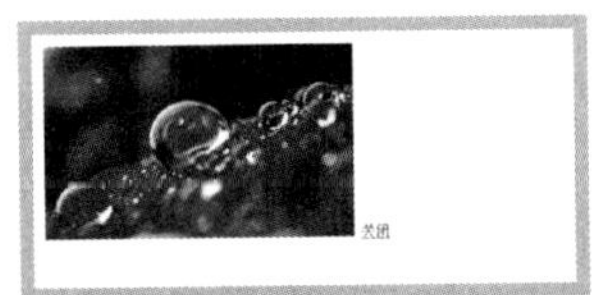

图 17.18　层叠样式表制作的点击缩略图无刷新显示原图特效

17.19　层叠样式表制作的图片平移显示注释特效

本实例使用 JavaScript 在网页上实现图片平移显示注释特效。本节主要涉及的 JavaScript 语法如下。

1. CSS :hover 伪类

:hover 伪类在 10.21 节已介绍过，这里不再复述。

2. BACKGROUND:transparent none repeat scroll 0% 0%

其中，transparent 表示透明无颜色、none 表示没有设置背景图片、repeat 表示图片重复、scroll 表示背景图片随浏览器下拉而滚动、0%水平位置在 x0、0%垂直位置在 y0。

本实例主要代码如下：

```
<style type="text/css">
   #menu { margin:40px 15px; padding:0; width:49em; height:8.5em;
  overflow:hidden;
   background:#000; } #menu li { display:inline; list-style-type:none; }
```

```
    #menu
    li a { display:block; float:left; text-decoration:none; margin:0; } #menu
    li a img { opacity:0.7; margin:0.5em; border:0; float:left; } #menu li
    /*悬停事件*/
    a span { display:none; } #menu li a:hover { background:#000; } #menu li
    a:hover img { opacity:1; } #menu li a:hover span { width:11em; color:#aaa;
    display:block; cursor:pointer; float:left; } #menu .h2 { margin:0 5px;
    padding:0; color:#fc0; font-variant:small-caps; font-size:1.25em;
    border:0;
    } #menu .h3 { margin:0 5px; padding:0; font-size:1.1em;
    color:#0aa; } .outer
         { background:transparent; font-size:0.9em; width:45em;
         margin:0 auto; }
         /*设置背景*/
</style>
```

网页效果如图 17.19 所示。

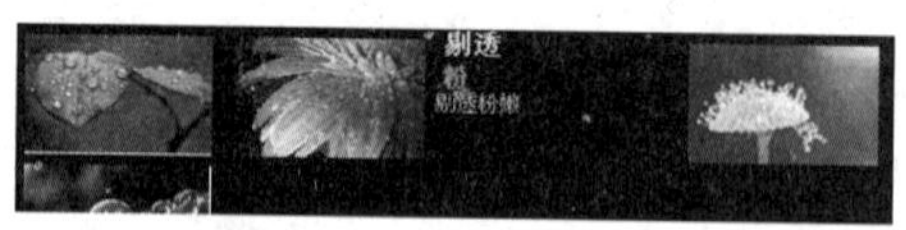

图 17.19　层叠样式表制作的图片平移显示注释特效

17.20　层叠样式表实现鼠标移入添加阴影特效

本实例使用 JavaScript 在网页上实现鼠标移入添加阴影特效。本节主要涉及的 JavaScript 语法是 CSS Overflow 属性，该属性的介绍已在 17.10 节讲过，这里不再复述。

本实例主要代码如下：

```
<style>
    *{padding:0;margin:0;} body{background:#E8EDF1;padding:20px;}
    #profileAvatar
    /* CSS Overflow 属性*/
    {overflow:hidden;zoom:1;} #profileAvatar
    i{float:left;visibility:hidden;background:url(avatar.gif)
    0 0 no-repeat;} #profileAvatar i i{background-position:100% 0; }
    #profileAvatar
    i i i{background-position:0 100%;} #profileAvatar i i i i{padding:0 5px
    6px 0;background-position:100% 100%; } #profileAvatar
    img{visibility:visible;display:block;padding:3px;border:1px
    solid #ccc;background:#fff;}
</style>
```

网页效果如图 17.20 所示。

图 17.20　层叠样式表实现鼠标移入添加阴影特效

17.21　层叠样式表图片切换特效

本实例使用 JavaScript 实现图片切换特效。本节主要涉及的 JavaScript 语法是 CSS :hover 伪类，10.21 节已介绍过，这里不再复述。

本实例主要代码如下：

```
<style>
    dl { position:absolute;width:240px;height:170px;border:10px solid
    #eee;
    } dd { margin:0;width:240px;height:170px;overflow:hidden; } img
    { border:1px
    solid black } dt { position:absolute;right:3px;top:50px; } a
    { display:block;margin:1px;width:20px;height:20px;
    text-align:center;font:700
     12px/20px "宋体",sans-serif;color:#fff;text-decoration:none;
    background:#666;border:1px
    solid #fff;filter:alpha(opacity=40);opacity:.4; } a:hover
    {background:#000}             /*悬停事件*/
</style>
```

网页效果如图 17.21 所示。

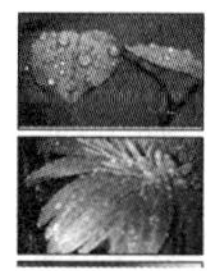

图 17.21　层叠样式表图片切换特效

17.22　层叠样式表实现嵌套边框特效

本实例使用 JavaScript 实现嵌套边框特效。本节主要涉及的 JavaScript 语法是 border:solid 3px，该语句用于定义边框属性，solid 是最普通的实心线，3px 是 3 像素宽。

本实例主要代码如下：

```
<style type="text/css">
    a{border:solid 3px #999;display:inline-block;padding:2px;}
    img{border:solid                /*定义边框属性*/
   1px #aaa;display:block;padding:5px;}
</style>
```

网页效果如图 17.22 所示。

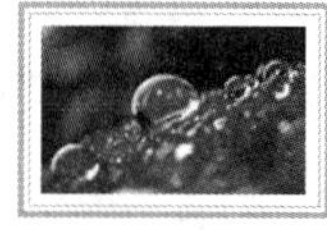

图 17.22　层叠样式表实现嵌套边框特效

17.23　层叠样式表实现鼠标滑入图片变大

本实例使用 JavaScript 实现鼠标滑入图片变大。本节主要涉及的 JavaScript 语法是 CSS Overflow 属性， 17.10 节已介绍过，这里不再复述。

本实例主要代码如下：

```
<style type="text/css">
    * {margin:0;padding:0;} img {border:0} #imgmove li {float:left;
    width:124px;
   /* CSS Overflow 属性*/
    height:77px; display:block; overflow:visible;*overflow:hidden;
    margin:0px
    5px; border:3px #333 solid; position:relative;*position:static;}
    #imgmove
    a img {position:absolute;left:0px;top:0px;clip:rect(0px 50px 40px
    0px);z-index:
    0;*position:static;} #imgmove a:hover {border:none } #imgmove a:hover
    img
    {position:relative; left:-3px; top:-3px; border:3px #f00 solid;
     z-index:2;
    clip:rect(0px 137px 137px 0px);}
</style>
```

网页效果如图 17.23 所示。

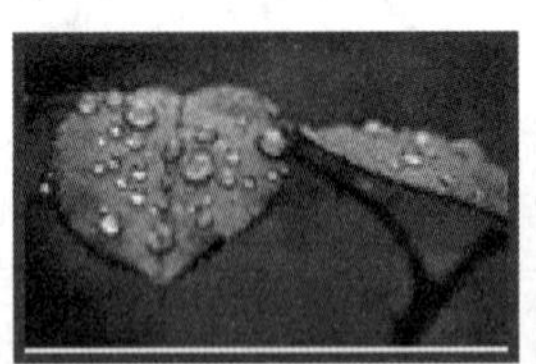

图 17.23　层叠样式表实现鼠标滑入图片变大

17.24　层叠样式表制作的不规则图片鼠标滑入效果

本实例使用 JavaScript 制作不规则图片鼠标滑入效果。本节主要涉及的 JavaScript 语法是 CSS :hover 伪类，已在 10.21 节介绍过，这里不再复述。

本实例主要代码如下：

```
<style media="screen">
    #blobs { width: 300px; height: 150px; background: url(blobs.gif); margin:
    10px auto; padding: 0; position: relative; } #blobs li {margin: 0; padding:
    0; list-style: none; display: block; position: absolute;} #blobs a
    {display:
    block;} #blob1 {left: 9px; top: 7px; width: 86px; height: 130px;} #blob2
    {left: 77px; top: 16px; width: 79px; height: 86px;} #blob3 {left: 160px;
    top: 0px; width: 112px; height: 77px;} #blob4 {left: 173px; top: 57px;
    width: 120px; height: 80px;} #blob5 {left: 110px; top: 102px; width: 98px;
```

```
    height: 45px;} #blob1 a {height: 130px;} #blob2 a {height: 86px;} #blob3
    a {height: 77px;} #blob4 a {height: 80px;} #blob5 a {height: 45px;} #blob1
    /*鼠标悬停*/
    a:hover {background: url(blobs.gif) -10px -307px no-repeat;} #blob2
    a:hover
    {background: url(blobs.gif) -77px -166px no-repeat;} #blob3 a:hover
    {background:
    url(blobs.gif) -160px -300px no-repeat;} #blob4 a:hover {background:
    url(blobs.gif)
    -173px -207px no-repeat;} #blob5 a:hover {background: url(blobs.gif)
    -110px
    -402px no-repeat;}
</style>
```

网页效果如图 17.24 所示。

图 17.24　层叠样式表制作的不规则图片鼠标滑入效果

17.25　层叠样式表实现模糊变清晰

本实例使用 JavaScript 实现图片由模糊变清晰。本节主要涉及的 JavaScript 语法是 filter:alpha 滤镜。

```
filter:alpha(opacity=opcity,finishopacity=finishopacity,style=style,sta
rtX=startX,startY=startY,finish=finishX,finishY=finishY)
```

各参数说明已在 17.1 节介绍过，不再复述。

本实例主要代码如下：

```
<style>
    /*filter:alpha 滤镜*/
    #top{position:absolute;} #top a img{-moz-opacity:0.5; filter:
    alpha(opacity=50);border:0px;}
    #top a:hover{font-size:9px;} #top a:hover img{-moz-opacity:0.5;
    filter:alpha(opacity=80);cursor:hand;}
</style>
```

网页效果如图 17.25 所示。

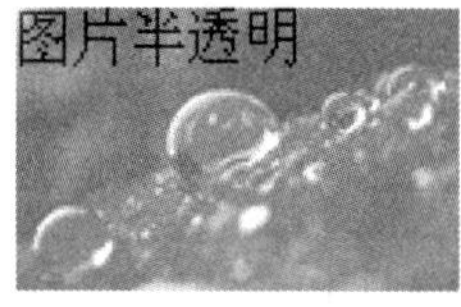

图 17.25　层叠样式表实现模糊变清晰

17.26　层叠样式表实现的“回”字边框

本实例使用 JavaScript 在网页上放置一个“回”字边框。本节主要涉及的 JavaScript 语法是 border:solid 1px，该语句用于定义边框属性，solid 是最普通的实心线，1px 是 1 像素宽。

本实例主要代码如下：

```
<style>
    *{margin:0;padding:0;list-style:none;} img{border:1px solid #ccc} .
    info
    /*边框属性*/
   li { padding:5px;width:144px;float:left} .info li .img { padding:5px;
   border:1px
   solid #CBCBCB;display:block;} .info li .img:link,.info li .img:visited
   {border:1px solid #CBCBCB;} .info li .img:hover{border:1px solid
   #CBCBCB;background:#f0f0f0;}
</style>
```

网页效果如图 17.26 所示。

图 17.26　层叠样式表实现的“回”字边框

17.27　层叠样式表制作带说明的边框

本实例使用 JavaScript 制作带说明的边框。本节主要涉及的 JavaScript 语法是 CSS :hover 伪类，已在 10.21 节介绍过，这里不再复述。

本实例主要代码如下：

```
<style type="text/css">
    .worksbox{width:130px;height:100px;position:relative;} .worksbox
     a{border:1px
     solid #ccc;background-color:#eee;padding:5px;display:
     block;} .worksbox
    /*悬停事件*/
   a:hover{border:1px solid black;background-color:black;
   text-decoration:
   none;} .worksbox a span{display:none; text-align:center;
   font-size:12px;}
   .worksbox a:hover span{color:yellow;display:block;background-color:
   black;width:132px;position:absolute;top:95px;left:0px;line-height
   20px;}
   .worksbox a img{width:120px;height:90px;}
</style>
```

网页效果如图 17.27 所示。

图 17.27　层叠样式表制作带说明的边框

17.28　层叠样式表实现绚丽切换效果

本实例使用 JavaScript 实现绚丽切换效果。本节主要涉及的 JavaScript 语法如下。

1. CSS Overflow属性

该属性已在 17.10 节介绍过，不再复述。

2. clearInterval()方法

window.clearInterval()将取消由 setInterval()方法设置的定时器。setInterval()方法会不停地调用函数，直到用 clearInterval()方法终止定时或窗口被关闭。

3. setInterval()方法

setInterval()方法可按照以毫秒计算的指定周期来调用函数或计算表达式。setInterval()方法会不停地调用函数，直到 clearInterval()被调用或窗口被关闭。

本实例主要代码如下：

```
<style type="text/css">
    *{  margin:0;  padding:0}  #wapper{  position:relative;height:280px;
    width:316px;
    /* CSS Overflow 属性*/
   overflow:hidden} #slideshow{width:316px; height:300px;
   overflow:hidden;
   position:relative;} #imglist{width:1264px; height:100%; float:left;
   padding:0;
   margin:0;position:absolute; left:0} #imglist li{ width:25%;height:
   100%;
   float:left} #nextlist{position:absolute; z-index:9} #nextlist
   li{ float:left;
   display:inline; height:30px; padding:10px 0; width:79px;} #nextlist
   li.current{background:#c00}
   #bg{ position:absolute; z-index:1;background:#ff0;filter:
   alpha(opacity=20);opacity:0.2;
   height:50px; width:316px}
</style>
```

网页效果如图 17.28 所示。

图 17.28 层叠样式表实现绚丽切换效果

17.29 层叠样式表滤镜集锦

本实例使用 JavaScript 展示滤镜集锦。本节主要涉及的 JavaScript 语法是 filter:RevealTrans 滤镜。

该滤镜的语法是 Filter:revealtrans(duration=转换的秒数，transition=转换的类型），这个滤镜能产生 23 种动态效果，还能在 23 种动态效果中随机抽用其中的一种，两个参数 Transition 和 Duration，分别是变换效果和持续时间，其中 Duration 是浮点数。此外还有两个属性 Enabled 和 Percent，分别表示是否激活滤镜及当前静态滤镜输出在转换进程中所处的点。本例中 Transition 值的含义是：

- 10：国际象棋棋盘横向转换；
- 11：国际象棋棋盘纵向转换；
- 12：随机杂点干扰转换；
- 13：左右关门效果转换；
- 14：左右开门效果转换；
- 15：上下关门效果转换。

本实例主要代码如下：

```
/* filter:RevealTrans 滤镜*/
<img  src="51504s.jpg"  border=0  id="image6"  style="visibility:hidden;
FILTER:revealTrans(Duration=4.0, Transition=22);" width="124"
height="77">
```

网页效果如图 17.29 所示。

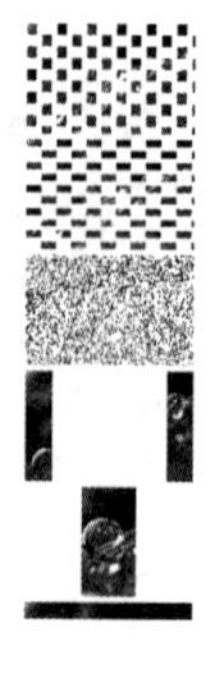

图 17.29 层叠样式表滤镜集锦

17.30　层叠样式表制作的随鼠标滑入闪动的图片

本实例使用 JavaScript 制作随鼠标滑入闪动的图片。本节主要涉及的 JavaScript 语法是 FILTER:gray 滤镜，该滤镜用以将图片灰度化。

本实例主要代码如下：

```
<style>
   #menu {position:relative; width:300px; padding:2em 0; height:8em;
   overflow:hidden;
   margin:0 auto;} .pic1, .pic2{display:block; float:left; height:50px;
   width:50px;
   /* filter:gray 滤镜*/
   margin:3px;} #menu a:visited.pic1 {FILTER: gray;text-decoration:none;}
   #menu a:visited.pic2 {FILTER: gray;text-decoration:none;} #menu a.pic1
   {background:url(puddytat.gif);text-decoration:none;} #menu a.pic2
   {background:url(boy.gif);text-decoration:none;}
</style>
```

网页效果如图 17.30 所示。

图 17.30　层叠样式表制作的随鼠标滑入闪动的图片

17.31　层叠样式表轻松实现图片阴影

本实例使用 JavaScript 轻松实现图片阴影。本节主要涉及的 JavaScript 语法是 CSS shadow 滤镜。

CSS shadow 滤镜的语法是 filter : progid:DXImageTransform.Microsoft.Shadow (enabled=bEnabled , color=sColor , direction=iOffset , strength=iDistance)，其中 enabled，设置或检索滤镜是否激活；color，设置或检索此滤镜作用的颜色值；direction，设置或检索滤镜效果的运动偏移方向；strength，设置或检索以对象为基准的在运动方向上的向外扩散距离。

本实例主要代码如下：

```
<style>
   .shadow { -moz-box-shadow: 3px 3px 4px #000; -webkit-box-shadow: 3px 3px
    4px #000; box-shadow: 3px 3px 4px #000; /* For IE 8 */ -ms-filter:
   "progid:DXImageTransform.Microsoft.Shadow(Strength=4,
   /* CSS shadow 滤镜*/
   Direction=135, Color='#000000')"; /* For IE 5.5 - 7 */ filter:
   progid:DXImageTransform.Microsoft.Shadow(Strength=4,Direction=135,
   Color='#000000'); }
</style>
```

网页效果如图 17.31 所示。

图 17.31　层叠样式表轻松实现图片阴影

17.32　层叠样式表实现的星级评定效果

本实例使用 JavaScript 实现星级评定效果。本节主要涉及的 JavaScript 语法是 CSS :hover 伪类，已在 10.21 节介绍过，这里不再复述。

本实例主要代码如下：

```
<style>
    .star-rating{ list-style:none; margin: 0px; padding:0px; height: 125px;
    width: 25px; position: relative; background: url(vert_star.gif) top left
    repeat-y; } .star-rating li{ padding:0px; margin:0px;
    float:left; } .star-rating
    li a{ display:block; height:25px; width: 25px; text-decoration: none;
    text-indent:
    -9000px; z-index: 20; position: absolute; padding: 0px; } .star-rating
     li a:hover{ background: url(vert_star.gif) right top repeat-y; z-index:
    /*悬停事件*/
    2; top: 0px; } .star-rating a.one-star{ top: 0px; } .star-rating
    a.one-star:hover{
    height:25px; } .star-rating a.two-stars{ top:25px; } .star-rating
    a.two-stars:hover{
    height: 50px; } .star-rating a.three-stars{ top: 50px; } .star-rating
    a.three-stars:hover{
    height: 75px; } .star-rating a.four-stars{ top: 75px; } .star-rating
    a.four-stars:hover{
    height: 100px; } .star-rating a.five-stars{ top: 100px; } .star-rating
    a.five-stars:hover{ height: 125px; } .star-rating
    li.current-rating{ background:
    url(vert_star.gif) center top repeat-y; position: absolute; width: 25px;
    display: block; text-indent: -9000px; z-index: 1; } a:active{ outline:
    none; }
</style>
```

网页效果如图 17.32 所示。

五星

图 17.32　层叠样式表实现的星级评定效果

17.33　层叠样式表实现的图片幻灯切换效果

本实例使用 JavaScript 实现图片幻灯切换效果。本节主要涉及的 JavaScript 语法是：

1. CSS :hover 伪类

:hover 伪类在 10.21 节已经介绍过，不再复述。

2. CSS Overflow属性

该属性已于 17.10 节介绍过，不再复述。

本实例主要代码如下：

```
<style type="text/css">
    * { margin:0; padding:0; } body { background:#FFF; color:#333;
    font:12px/1.6em
    Helvetica, Arial, sans-serif; } h1, h2, h3, h4, h5, h6 { font-size:1em;
    /*悬停事件*/
    } a { color:#0287CA; text-decoration:none; } a:hover
    { text-decoration:underline;
    } ul, li { list-style:none; } fieldset, img { border:none; } legend
    { display:none;
    } em, strong, cite, th { font-style:normal; font-weight:normal; } input,
    textarea, select, button { font:12px Helvetica, Arial, sans-serif; }
    table
    /* CSS overflow 属性*/
    { border-collapse:collapse; } html { overflow:-moz-scrollbars-vertical;
    } #ibanner { position:relative; width:650px; height:414px;
    overflow:hidden;
    margin:20px 0 20px 300px; } #ibanner_pic {} #ibanner_pic a
    { position:absolute;
    top:0; display:block; width:650px; height:414px; overflow:hidden; }
    #ibanner_btn
    { position:absolute; z-index:9999; right:5px; bottom:5px;
    font-weight:700;
    font-family:Arial; } #ibanner_btn span { display:block; float:left;
    margin-left:4px;
    padding:0 5px; background:#000; cursor:pointer; } #ibanner_btn .normal
    { height:20px; margin-top:8px; border:1px solid #999; color:#999;
    font-size:16px;
    line-height:20px; } #ibanner_btn .current { height:28px; border:1px
    solid
    #FF5300; color:#FF5300; font-size:28px; line-height:28px; }
</style>
```

网页效果如图 17.33 所示。

图 17.33　层叠样式表实现的图片幻灯切换效果

17.34　CSS 3 立体导航菜单

本实例使用 CSS 3 制作一个立体导航菜单。本节主要涉及的 JavaScript 语法是：

1．CSS :hover伪类

:hover 伪类在 10.21 节介绍过，不再复述。

2．CSS 3阴影属性box-shadow

CSS 3 阴影属性 box-shadow 可设置阴影水平和垂直偏移值，二者都可取正负值，同时还可以设置阴影模糊值和阴影的颜色。Firefox、Opera、Safari 和 Chrome 支持该属性，但 IE 不支持。对于同一个页面元素，可以使用多个阴影，例如，box-shadow:2px 2px 5px #333333,box-shadow:-2px -8px 5px #333333。在 JavaScript 中可以用语句进行设置：obj.style.webkitBoxShadow=值（字符串）；obj.style.MozBoxShadow=值（字符串）；obj.style.boxShadow=值（字符串）。

3．CSS 3渐变属性Gradient

CSS 3 渐变属性 Gradient 分为线性渐变 linear-gradient 和径向渐变 radial-gradient。Firefox、Opera、Safari 和 Chrome 支持该属性，但 IE 不支持，需要用滤镜来代替，具体的就是 filter: progid:DXImageTransform.Microsoft.gradient。

本实例主要代码如下：

```
<style type="text/css">
    body{ background: #ebebeb; } .nav{ width:420px; height: 50px;
    font:bold
    0/50px Arial; text-align:center; margin:40px auto 0;
    border-radius: 8px;
    } .nav a{display: inline-block; -webkit-transition: all 0.2s
    ease-in; -moz-transition:
    all 0.2s ease-in; -o-transition: all 0.2s ease-in; -ms-transition:
    all
    /*悬停事件*/
    0.2s ease-in; transition: all 0.2s ease-in; } .nav
    a:hover{ -webkit-transform:rotate(10deg);
    -moz-transform:rotate(10deg); -o-transform:rotate(10deg);
    -ms-transform:rotate(10deg);
    /* CSS shadow 滤镜*/
    transform:rotate(10deg); } .black{ background: #2c2c2c;
    box-shadow: 0 7px
    0 #0b0b0b; } .red{ background: #f65f57; box-shadow: 0 7px 0
    #ba4a45; }
    .blue{ background: #36b7e5; box-shadow: 0 7px 0
    #3595b8; } .green{ background:
    #9cd564; box-shadow: 0 7px 0 #86b65b; } .nav li{ position:relative;
    display:inline-block;
    padding:0 16px; font-size: 13px; text-shadow:1px 2px 4px
    rgba(0,0,0,.5);
    list-style: none outside none; } .nav li::before, .nav
```

```
li::after{ content:"";
position:absolute; top:14px; height: 25px; width: 1px; } .nav
li::after{
/ * CSS 3渐变属性 Gradient */
right: 0; background: -moz-linear-gradient(top,
rgba(255,255,255,0), rgba(255,255,255,.2)
50%, rgba(255,255,255,0)); background:
-webkit-linear-gradient(top, rgba(255,255,255,0),
rgba(255,255,255,.2) 50%, rgba(255,255,255,0)); background:
-o-linear-gradient(top,
rgba(255,255,255,0), rgba(255,255,255,.2) 50%,
rgba(255,255,255,0)); background:
-ms-linear-gradient(top, rgba(255,255,255,0),
rgba(255,255,255,.2) 50%,
rgba(255,255,255,0)); background: linear-gradient(top,
rgba(255,255,255,0),
rgba(255,255,255,.2) 50%, rgba(255,255,255,0)); } .black
li::before{ left:
0; background: -moz-linear-gradient(top, #2c2c2c, #000 50%,
#2c2c2c); background:
-webkit-linear-gradient(top, #2c2c2c, #000 50%, #2c2c2c);
 background: -o-linear-gradient(top,
#2c2c2c, #000 50%, #2c2c2c); background: -ms-linear-gradient(top,
#2c2c2c,
#000 50%, #2c2c2c); background: linear-gradient(top, #2c2c2c,
#000 50%,
#2c2c2c); } .red li::before{ left: 0; background:
-moz-linear-gradient(top,
#ff625a, #9e3e3a 50%, #ff625a); background:
-webkit-lincar-gradient(top,
#ff625a, #9e3e3a 50%, #ff625a); background:
-o-linear-gradient(top, #ff625a,
#9e3e3a 50%, #ff625a); background: -ms-linear-gradient(top,
#ff625a, #9e3e3a
50%, #ff625a); background: linear-gradient(top, #ff625a, #9e3e3a
 50%, #ff625a);
} .blue li::before{ left: 0; background: -moz-linear-gradient(top,
 #34b0dc,
#237a99 50%, #34b0dc); background: -webkit-linear-gradient(top,
#34b0dc,
#237a99 50%, #34b0dc); background: -o-linear-gradient(top,
#34b0dc, #237a99
50%, #34b0dc); background: -ms-linear-gradient(top, #34b0dc,
#237a99 50%,
#34b0dc); background: linear-gradient(top, #34b0dc, #237a99 50%,
#34b0dc);
} .green li::before{ left: 0; background:
-moz-linear-gradient(top, #9cd564,
#7aa450 50%, #9cd564); background: -webkit-linear-gradient(top,
#9cd564,
#7aa450 50%, #9cd564); background: -o-linear-gradient(top,
#9cd564, #7aa450
50%, #9cd564); background: -ms-linear-gradient(top, #9cd564,
#7aa450 50%,
#9cd564); background: linear-gradient(top, #9cd564, #7aa450 50%,
#9cd564);
} .nav li:first-child::before{ background: none; } .nav
li:last-child::after{
background: none; } .nav a, .nav a:hover{ color:#fff;
text-decoration:
none; }
```

```
</style>
```

网页效果如图 17.34 所示。

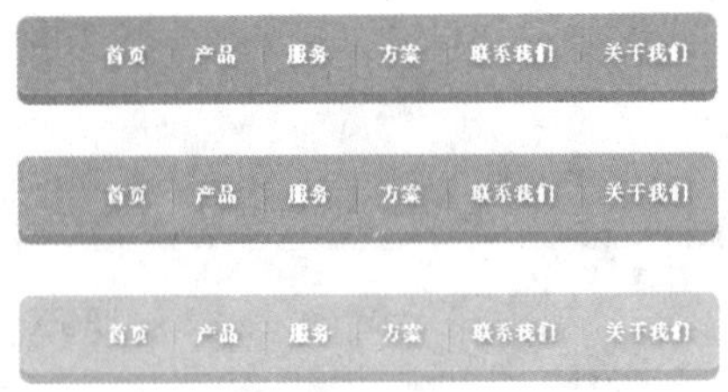

图 17.34　CSS 3 立体导航菜单

17.35　CSS 3 卷角菜单

本实例使用 CSS 3 制作卷角菜单。本节主要涉及的 JavaScript 语法是 CSS3:border-radius。border-radius 的效果很多，有圆角矩形、圆、椭圆等，border-radius 的含义是圆角。

本实例主要代码如下：

```
<style>
   ul,li{ list-style-type:none; padding:0; } .form{ width:405px;
   height:200px;
   background:#2f2f2f; position:relative; overflow:hidden;
   margin:30px auto;
   } .corner{ background: -webkit-linear-gradient(45deg, #2e2e2e
    24%, #5F5F5F
   40%,#6f6f6f 43%,#5F5F5F 46%,#2F2F2F 50%,#fff 50%,#fff);
    background: -moz-linear-gradient(45deg,
   #2e2e2e 24%, #5F5F5F 40%,#6f6f6f 43%,#5F5F5F 46%,#2F2F2F 50%,#fff
    50%,#fff);height:
   90px; background: -o-linear-gradient(45deg, #2e2e2e 24%, #5F5F5F
   40%,#6f6f6f
   43%,#5F5F5F 46%,#2F2F2F 50%,#fff 50%,#fff);height: 90px;
   background: -ms-linear-gradient(45deg,
   #2e2e2e 24%, #5F5F5F 40%,#6f6f6f 43%,#5F5F5F 46%,#2F2F2F 50%,#fff
   50%,#fff);height:
   90px; background: linear-gradient(45deg, #2e2e2e 24%, #5F5F5F
   40%,#6f6f6f
   43%,#5F5F5F 46%,#2F2F2F 50%,#fff 50%,#fff);height: 90px; width:
   90px; height:90px;
   /*边框样式*/
   border-radius: 0 0 0px 90px / 0 0 0 30px; -webkit-transform:
   rotate(-90deg);
   -moz-transform: rotate(-90deg); -o-transform: rotate(-90deg);
   -ms-transform:
   rotate(-90deg); transform: rotate(-90deg); position: absolute;
   left:-4px;
   top: -4px; box-shadow: 5px 2px 8px black; overflow:hidden;
   -webkit-transition:all
   0.3s linear 0s; -moz-transition:all 0.3s linear 0s;
   -o-transition:all 0.3s
   linear 0s; -ms-transition:all 0.3s linear 0s; transition:all 0.3s
```

```
linear
0s; } .corner:after{ height:100%; width:100%; position: absolute;
content:
""; top: -15px; left: -82px; border-radius: 90px 90px 0px 0 / 40px
40px
0 0; z-index: 1; background: #2F2F2F; -webkit-transform:
rotate(77deg);
-moz-transform: rotate(77deg); -o-transform: rotate(77deg);
-ms-transform:
rotate(77deg); transform: rotate(77deg); box-shadow: 0px 0px 8px
black
inset; } .button{ float: left; height:40px; margin:20px 20px;
border-radius:30px;
border:1px solid #151515; box-shadow:0px 2px 2px rgba(0,0,0,0.6);
overflow:hidden;
} .button li { float: left; } .button li a{ float:left;
display:block;
text-decoration:none; padding: 0 20px; height:40px;
line-height:36px; font-size:14px;
color:#eee; text-align:center; border-right:1px solid #151515;
box-shadow:-1px
0px 0px rgba(255,255,255,0.1) inset,inset 0px -1px 1px
rgba(200,200,200,0.1),inset
0px 1px 2px rgba(255,255,255,0.1); text-shadow:0px -1px 0px #000;
background:-webkit-linear-gradient(top,rgba(200,200,200,0.1)
0%,rgba(200,200,200,0.1) 50%,#222 50%,#222);
background:-moz-linear-gradient(top,rgba(200,200,200,0.1)
0%,rgba(200,200,200,0.1) 50%,#222 50%,#222);
background:-o-linear-gradient(top,rgba(200,200,200,0.1)
0%,rgba(200,200,200,0.1) 50%,#222 50%,#222);
background:-ms-linear-gradient(top,rgba(200,200,200,0.1)
0%,rgba(200,200,200,0.1) 50%,#222 50%,#222);
background:linear-gradient(top,rgba(200,200,200,0.1)
0%,rgba(200,200,200,0.1) 50%,#222 50%,#222); } .button
li:first-child a{
border-radius:30px 0 0 30px; } .button li:last-child
a{ border-radius:0px
30px 30px 0; border-right: none; } .button li
a:hover{ cursor:pointer;
background:-webkit-linear-gradient(top,rgba(50,50,50,0.4)
20%,rgba(100,100,100,0.3));
background:-moz-linear-gradient(top,rgba(50,50,50,0.4)
20%,rgba(100,100,100,0.3));
background:-o-linear-gradient(top,rgba(50,50,50,0.4)
20%,rgba(100,100,100,0.3));
background:-ms-linear-gradient(top,rgba(50,50,50,0.4)
20%,rgba(100,100,100,0.3));
background:linear-gradient(top,rgba(50,50,50,0.4)
20%,rgba(100,100,100,0.3));
box-shadow:0px 2px 4px rgba(0,0,0,0.8) inset; color:#b7def5;
text-shadow:0px
0px 8px rgba(0,162,255,0.8); } .notice{ position:relative;
0 0 25px; margin: 20px auto; width: 120px; } .arrow{ width:13px;
height:20px;
background:#FC9; position:absolute; top:0px; left:0px;
-webkit-animation:notices
linear 0.8s infinite ; -moz-animation:notices linear 0.8s
infinite ; -o-animation:notices
linear 0.8s infinite ; -ms-animation:notices linear 0.8s infinite ;
animation:notices
linear 0.8s infinite ; } .arrow:after{ width:0; height:0;
```

```
    border-width:12px;
    border-style:solid dashed dashed dashed; border-color:#FC9
    transparent
    transparent transparent; position:absolute; bottom:-22px;
    left:-5px; display:block;
    content:""; } @-webkit-keyframes notices{ 0%{top:0px;}
    50%{top:10px;} 100%{top:0px;}
    } @-moz-keyframes notices{ 0%{top:0px;} 50%{top:10px;}
    100%{top:0px;} }
    @-o-keyframes notices{ 0%{top:0px;} 50%{top:10px;}
    100%{top:0px;} } @-ms-keyframes
    notices{ 0%{top:0px;} 50%{top:10px;} 100%{top:0px;} } @keyframes
    notices{
    0%{top:0px;} 50%{top:10px;} 100%{top:0px;} }
</style>
```

网页效果如图 17.35 所示。

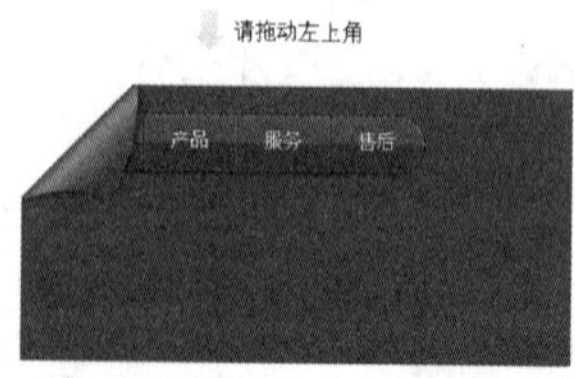

图 17.35　CSS 3 卷角菜单

17.36　CSS 3 立体文本框

本实例使用 CSS 3 制作立体文本框。本节主要涉及的 JavaScript 语法是 CSS 3 渐变属性 Gradient。CSS 3 渐变属性 Gradient 分为线性渐变 linear-gradient 和径向渐变 radial-gradient。Firefox、Opera、Safari 和 Chrome 支持该属性，但 IE 不支持，需要用滤镜来代替，具体的就是 filter: progid:DXImageTransform.Microsoft.gradient。

本实例主要代码如下：

```
<style type="text/css">
    /*渐变*/
    body{ background-color:#f7f0da; background-image:
    -webkit-linear-gradient(180deg,transparent
    90%,#eae4cf 10%); background-image:
    -moz-linear-gradient(180deg,transparent
    90%,#eae4cf 10%); background-image:
    -o-linear-gradient(180deg,transparent
    90%,#eae4cf 10%); background-image:
    -ms-linear-gradient(180deg,transparent
    90%,#eae4cf 10%); background-image:
    linear-gradient(180deg,transparent
    90%,#eae4cf 10%); background-size: 5px 50px; } .box{ margin:20px
    auto;
    width:560px; text-align:center; font-weight:bold; } .box
    div:first-child{
    font-size:60px; margin-bottom:20px; text-shadow:0 2px 0
    #c0c0c0,0 3px #979385;
```

```
} .box .input_control{ position:relative; height:100px; } .box
input{ position:relative;
font-size:18px; height:56px; width:100%; padding-left:10px;
border:12px
solid #fff; border-radius:3px; box-shadow:inset 0 0 0 1px
#c0c0c0,inset
1px 2px 0 #e6e6e6,1px 2px 0 #c0c0c0,-1px 2px 0 #c0c0c0,2px 3px
0 #c0c0c0,-2px
3px 0 #c0c0c0,2px 12px 0 #c0c0c0,-2px 12px 0 #c0c0c0,0 2px 0 3px
#979797,0
10px 0 3px #979797,-2px 15px 10px rgba(0,0,0,.6); -
webkit-box-sizing:border-box;
-moz-box-sizing:border-box; -o-box-sizing:border-box;
-ms-box-sizing:border-box;
box-sizing:border-box; -webkit-transition: all 0.1s ease-in;
-moz-transition:
all 0.1s ease-in; -ms-transition: all 0.1s ease-in; -o-transition:
all
0.1s ease-in; transition: all 0.1s ease-in; } .box
label{ position:absolute;
top:-2px; right:50px; width:74px; height: 56px; color:#f3f2f1;
text-shadow:0
3px 1px #9e2719; border:1px solid #dd684f;
background:-webkit-linear-gradient(top,#e78d7b
0,#dd684f 72px); background:-moz-linear-gradient(top,#e78d7b
0,#dd684f
72px); background:-o-linear-gradient(top,#e78d7b 0,#dd684f
72px); background:-ms-linear-gradient(top,#e78d7b
0,#dd684f 72px); background:linear-gradient(top,#e78d7b
0,#dd684f 72px);
box-shadow:0 14px 0 #9c2912,0 0 5px rgba(0,0,0,.3);
-webkit-transition:
all 0.1s ease-in; -moz-transition: all 0.1s ease-in; -o-transition:
all
0.1s ease-in; -ms-transition: all 0.1s ease-in; transition: all
} .box label:after{ position:absolute; display:block; width: 74px;
text-align:
center; font: normal normal 30px/56px 'icomoon'; speak: none;
-webkit-font-smoothing:
antialiased; -moz-font-smoothing: antialiased;
-o-font-smoothing: antialiased;
-ms-font-smoothing: antialiased; font-smoothing:
antialiased; } .input_control:nth-of-type(2)
label:after{ content:"\21"; } .input_control:nth-of-type(3)
label:after{
content:"\22"; } .input_control:nth-of-type(4)
label:after{ content:"\23";
} .box input:focus{ outline: 0 none; top:2px; box-shadow:inset
0 0 0 1px
#c0c0c0,inset 1px 2px 0 #e6e6e6,1px 2px 0 #c0c0c0,-1px 2px 0
#c0c0c0,1px
3px 0 #c0c0c0,-2px 3px 0 #c0c0c0,2px 12px 0 #c0c0c0,-2px 12px 0
#c0c0c0,0
2px 0 3px #979797,0 10px 0 3px #979797,-2px 15px 10px
rgba(0,0,0,.6); }
.box input:focus + label{ top:0; } ::-webkit-input-placeholder
{ color:#d94a2d;
font-style:italic; } .box .btn{ position:relative; width:210px;
height:60px;
color:#4c6e03; font:bold 35px "Impact"; text-indent:10px;
letter-spacing:3px;
```

```
    text-align:left; margin-bottom:20px; border:none;
    border-radius:6px; text-shadow:-1px
    2px 0 #c4e184; box-shadow:1px 2px 0 #5f8214,-1px 2px 0 #5f8214,2px
    3px
    0 #5f8214,-2px 3px 0 #5f8214,2px 12px 0 #5f8214,-2px 12px 0
    #5f8214,0 2px
    0 3px #304601,0 10px 0 3px #304601,-2px 15px 10px rgba(0,0,0,.6);
    background:-webkit-linear-gradient(top,#c5e185,#a5c65c);
    -webkit-transition: all 0.1s ease-in; -moz-transition: all 0.1s
    ease-in;
    -o-transition: all 0.1s ease-in; -ms-transition: all 0.1s ease-in;
    transition:
    all 0.1s ease-in; } .box .btn:after{ position:absolute;
    display:block;
    content:"\25"; width:36px; height:36px; border-radius:18px;
    background:#5f8214;
    top:10px; right:20px; text-indent:5px; text-align:center;
    color:#b3d36e;
    text-shadow:0 3px 0 #325207; box-shadow:inset 0 6px 0 #325207;
    font: normal
    normal 18px/40px 'icomoon'; speak: none; -webkit-font-smoothing:
    antialiased;
    -moz-font-smoothing: antialiased; -o-font-smoothing:
    antialiased; -ms-font-smoothing:
    antialiased; font-smoothing: antialiased; } .box .btn:hover{ background:
    -webkit-linear-gradient(top,#a2c452,#a5c65c);
    background:-moz-linear-gradient(top,#a2c452,#a5c65c);
    background:-ms-linear-gradient(top,#a2c452,#a5c65c);
    background:-o-linear-gradient(top,#a2c452,#a5c65c);
    background:linear-gradient(top,#a2c452,#a5c65c);
    } .box .btn:active{ top:2px; box-shadow:1px 2px 0 #a5c65c,-1px
    2px 0 #a5c65c,1px
    3px 0 #a5c65c,-2px 3px 0 #5f8214,2px 12px 0 #5f8214,-2px 12px 0
    #5f8214,0
    2px 0 3px #5f8214,0 10px 0 3px #304601,-2px 15px 10px
    rgba(0,0,0,.6); }
    .box p a{ color:#d94a2d; line-height:30px; font-size:14px; }
    @font-face
    { font-family: 'icomoon'; src:url('fonts/icomoon.eot');
    src:url('fonts/icomoon.eot?#iefix')
    format('embedded-opentype'), url('fonts/icomoon.svg#icomoon')
    format('svg'),
    url('fonts/icomoon.woff') format('woff'),
    url('fonts/icomoon.ttf') format('truetype');
    font-weight: normal; font-style: normal; }
</style>
```

网页效果如图 17.36 所示。

图 17.36　CSS 3 立体文本框

17.37　CSS 3+HTML 5 日月星辰变换特效

本实例使用 CSS 3 和 HTML 5 制作日月星辰变换特效。本节主要涉及的 JavaScript 语法是 CSS3：Animations 功能。

Animations 功能与 Transitions 功能相同，都是通过改变元素的属性值来实现动画效果，不同之处是 Transitions 功能只能通过改变指定属性的开始值与结束值，然后在这两个属性值之间进行平滑的过渡来实现动画效果。所以 Transitions 功能不能实现比较复杂的动画效果；Animations 功能可以定义多个关键帧，以及定义每个关键帧中元素的属性值来实现复杂的动画效果。animation-name 属性中指定关键帧集合的名称，animation-duration 属性中指定完成动画所用的时间，animation-timing-function 属性中指定实现动画的方法，animation-iteration-count 属性的值设定为一个整数值，那么动画播放的次数就是这个整数值。Transitions 功能可以实现多个属性值同时改变动画，Animations 功能也可以。

本实例主要代码如下：

```
<style>
    html,body,div,span, applet,object,iframe,
    h1,h2,h3,h4,h5,h6,p,blockquote,pre,
    a,abbr,acronym,address,big,cite,code,
    del,dfn,font,img,ins,kbd,q,s,samp,
    small,strike,sub,sup,tt,var, dd,dl,dt,li,ol,ul,
    fieldset,form,label,legend,
    table,caption,tbody,tfoot,thead,tr,th,td { margin: 0; padding:
    0; border:
    0; font-weight: normal; font-style: normal; font-size: 100%;
    font-family:
    inherit; text-align: left; } table { border-collapse: collapse;
    border-spacing:
    0; } ol,ul { list-style: none; } q:before,q:after,
    blockquote:before,blockquote:after
    { content: ""; } #container { width: 1080px; margin: 0 auto;
    overflow:
    hidden; padding: 50px 20px 0 20px; } h1 { font-size: 30px; padding:
    0 0
    20px 0; } h1 span { font-size: 18px; } #left { overflow: hidden;
    float:
    left; } #left p { width: 470px; padding: 20px 0 0 0; font-family:
    Arial,
    Helvetica, sans-serif; } #sky { width: 500px; height: 500px;
    position:
    /*动画*/
    relative; z-index: 1; overflow: hidden; background-color:
    #525252; } #sky.animate
    { -webkit-animation-name: sky; -webkit-animation-duration: 10s;
    -webkit-animation-timing-function:
    ease; -webkit-animation-iteration-count: 1;
    -webkit-animation-direction:
    normal; -webkit-animation-delay: 0;
    -webkit-animation-play-state: running;
    -webkit-animation-fill-mode: forwards; -moz-animation-name: sky;
    -moz-animation-duration:
    10s; -moz-animation-timing-function: ease;
```

```
    -moz-animation-iteration-count:
    1; -moz-animation-direction: normal; -moz-animation-delay: 0;
    -moz-animation-play-state:
    running; -moz-animation-fill-mode: forwards; -ms-animation-name:
    sky; -ms-animation-duration:
    10s; -ms-animation-timing-function: ease;
    -ms-animation-iteration-count:
    1; -ms-animation-direction: normal; -ms-animation-delay: 0;
    -ms-animation-play-state:
    running; -ms-animation-fill-mode: forwards; animation-name: sky;
    animation-duration:
    10s; animation-timing-function: ease; animation-iteration-count:
    1; animation-direction:
    normal; animation-delay: 0; animation-play-state: running;
    animation-fill-mode:
    forwards; } @-webkit-keyframes sky { 0% { background-color:
    #525252; }
    33% { background-color: #6293e5; } 66% { background-color:
    #6293e5; } 100%
    { background-color: #525252; } } @-moz-keyframes sky { 0%
    { background-color:
    #525252; } 33% { background-color: #6293e5; } 66%
    { background-color: #6293e5;
    { background-color:
    #525252; } 33% { background-color: #6293e5; } 66%
    { background-color: #6293e5;
    } 100% { background-color: #525252; } } @keyframes sky { 0%
    { background-color:
    #525252; } 33% { background-color: #6293e5; } 66%
    { background-color: #6293e5;
    } 100% { background-color: #525252; } }
</style>
```

网页效果如图 17.37 所示。

图 17.37　CSS 3+HTML 5 日月星辰变换特效

17.38　CSS 3 手风琴折叠效果

本实例使用 CSS 3 展示手风琴折叠效果。本节主要涉及的 JavaScript 语法是：

```
CSS 3：Transitions 功能
```

CSS 3 中的动画功能有两种，即 Transitions 和 Animations。这两种功能都可以通过改变 CSS 中的属性值来产生动画效果。Transitions 功能的语法是 transition:property duration timing-function，property 表示需要改变的属性，duration 表示在多长时间内完成动画，也就是动画执行的时间，timing-function 表示通过实现动画的方法。编写 CSS 3 代码的时候，如果是 Firefox 浏览器，需要书写成-moz-transition 的形式；如果是 Opera 浏览器，需要书写成-o-transition 的形式；如果是 Safari 或者 Chrome 浏览器，则需要写成-webkit-transition 的形式。

本实例主要代码如下：

```
<style>
   *{margin:0px;padding:0px;}
    body{background:#b1b1b1;margin:0px;padding:0px;font-size:14px;
    color:#000;}
   .bredcolor{color:#fff;} .produter {width:250px; height:35px;
    margin:0 auto
   450px auto; position:relative; z-index:100;
   -webkit-perspective:400px;
   -moz-perspective:400px; perspective:400px;
    -webkit-perspective-origin:
   50% 100%; -moz-perspective-origin: 50% 100%; perspective-origin:
   50% 100%;
   } .produter div {position:absolute; padding:10px;
   -webkit-transform-style:preserve-3d;
   -moz-transform-style:preserve-3d; transform-style:preserve-3d;
    top:100%;
   left:0; width:230px; -webkit-transform-origin: 0 0;
   -moz-transform-origin:
   0 0; transform-origin: 0 0; } .produter .odd {background:#ddd;
   -moz-transform:rotateX(-180deg);
   /*动画*/
   -webkit-transform:rotateX(-180deg); -webkit-transition: 1s;
   -moz-transition:
   1s; -o-transition: 1s; transition: 1s; } .produter .even
   {background:#eee;
   -moz-transform:rotateX(180deg);
   -webkit-transform:rotateX(180deg); -webkit-transition:
   1s; -moz-transition: 1s; -o-transition: 1s; transition:
   1s; } .produter
   .first {background:#ddd; -moz-transform:rotateX(-100deg);
   -webkit-transform:rotateX(-100deg);
   -webkit-transition: 0.6s; -moz-transition: 0.6s; -o-transition:
   0.6s; transition:
   0.6s; } .produter .last {box-shadow:0 15px 10px -10px
   rgba(0,0,0,0.3);
   border-radius: 0 0 10px 10px;} .produter:hover .sub
   { -moz-transform:rotateX(0deg);
   -webkit-transform:rotateX(0deg); } .produter .sub img
   {display:block; float:left;
   padding:0 10px 10px 0;} .produter .sub p {font: normal 12px/15px
   arial,
   sans-serif; color:#000; padding:0; margin:0;} .produter .sub p
   span {display:block;
   font: bold 14px/18px arial, sans-serif;
   color:#ea0;} .produter .sub p a
   {font: normal 12px/15px arial, sans-serif;
    color:#09c;} .produter .sub
   p a:hover {text-decoration:none;} .produter a.main
```

```
  {display:block; font:
   bold 15px/35px arial, sans-serif; text-align:center;
   text-decoration:none;
   color:#fff; background:#069; border-radius:10px 10px 0 0;
   position:relative;
   z-index:100;}
</style>
```

网页效果如图 17.38 所示。

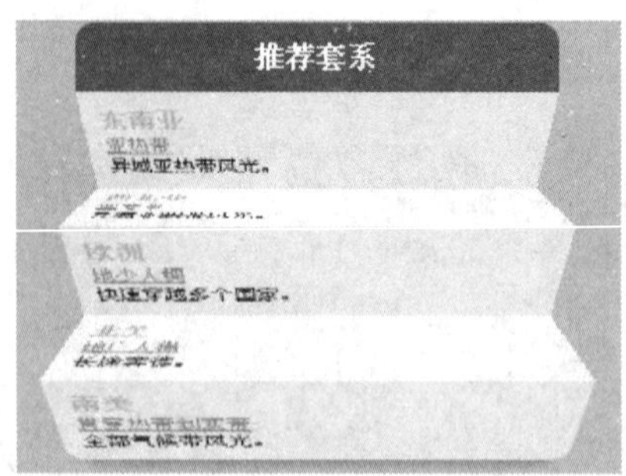

图 17.38　CSS 3 手风琴折叠效果

17.39　CSS 3 八卦阵

本实例使用 CSS 3 制作八卦阵。本节主要涉及的 JavaScript 语法是：

```
CSS 3: Transform 属性
```

Transform 属性允许旋转、缩放和转化元素，而这些仅仅需要一行代码。rotate 是多种变形属性中的一个，也就是基于度数旋转一个对象并可用于内联元素和块级元素；scale 是缩放，可用于缩小和放大一个元素，缩放功能同时采用宽和高两个值，这些值可以是正数、负数和小数；translate 是转化，它实际上是一种使用 X 和 Y 值定位元素的方法，它看起来很像其他的变形方法，只是给网站添加一个额外的层；skew 也是一个很有用的 transform 功能，它可以将一个对象围绕着 x 和 y 轴按照一定的角度倾斜，与 rotate 的旋转不一样，rotate 只是旋转，而不会让元素的形状改变，skew 会让一个元素的形状改变，skew 有两个参数，分别代表 x 和 y 轴的倾斜度数；matrix 就是矩阵，CSS 3 引入 matrix 函数，可以非常灵活地实现前述的各种效果。

本实例主要代码如下：

```
<style>
   *{margin:0px;padding:0px;}
   body{background:#b1b1b1;margin:0px;padding:0px;font-size:
   14px;color:#000;}
   .bredcolor{color:#fff;} .circle {padding:0; margin:50px auto;
    list-style:none;
   width:300px; height:300px; position:relative;
   border-radius:300px; overflow:hidden;}
   .circle li {position:absolute; left:250px; top:108px; width:50px;
    height:84px;
   /* CSS 3: Transform 属性*/
```

```
-webkit-transform-origin:-100px 42px; -moz-transform-origin:
-100px 42px;-ms-transform-origin:-100px 42px; -o-transform-origin:
-100px
42px; transform-origin:-100px
42px; } .circle li:last-child {width:220px; height:220px;
position:absolute;
left:40px; top:40px; background:#555; border-radius:200px;
background-image:
-webkit-radial-gradient(circle cover, rgba(255,255,255,1),
rgba(255,255,255,0)
100%); background-image: -moz-radial-gradient(circle cover,
 rgba(255,255,255,1),
rgba(255,255,255,0) 100%); background-image: -ms-radial-gradient
(circle
cover, rgba(255,255,255,1), rgba(255,255,255,0) 100%);
background-image:
-o-radial-gradient(circle cover, rgba(255,255,255,1),
rgba(255,255,255,0)
100%); background-image: radial-gradient(circle cover,
rgba(255,255,255,1),
rgba(255,255,255,0) 100%); -webkit-transform-origin:110px 110px;
-moz-transform-origin:110px
110px; -ms-transform-origin:110px 110px;
-o-transform-origin:110px 110px;
transform-origin:110px 110px; -webkit-transition:
-webkit-transform 0.75s;
-moz-transition: 0.75s; -ms-transition: 0.75s; -o-transition:
 0.75s; transition:
0.75s; } .circle li:last-child img {position:absolute; left:98px;
top:5px;
border:0;} .circle li:last-child b {display:none; width:20px;
height:20px;
border:1px solid #fff; border-radius:20px; font:normal 14px/20px
arial,
sans-serif; color:#fff; background:#888; text-align:center;
position:absolute;
left:99px; top:99px;} .circle li a {display:block; width:50px;
height:84px;
background:#555; position:relative; z-index:100;
-webkit-transition: 0.75s;
-moz-transition: 0.75s; -ms-transition: 0.75s; -o-transition:
0.75s; transition:
0.75s; } .circle li a img {border:0; display:block;
position:absolute;
left: 20px; top:30px;} .circle li a:before {display:block;
width:50px;
height:64px; content:""; position:absolute; left:0; top:0;
background:#555;
z-index:-1; border:1px solid #666; border-width:1px 0 0 0;
-webkit-transform-origin:0%
0%; -moz-transform-origin:0% 0%; -ms-transform-origin:0% 0%;
-o-transform-origin:0%
0%; transform-origin:0% 0%; -webkit-transform: rotate(-22.5deg);
-moz-transform:
rotate(-22.5deg); -ms-transform: rotate(-22.5deg); -o-transform:
rotate(-22.5deg);
transform: rotate(-22.5deg); -webkit-transition: 0.75s;
-moz-transition:
0.75s; -ms-transition: 0.75s; -o-transition: 0.75s; transition:
0.75s;
} .circle li a:after {display:block; width:50px; height:66px;
```

```
    content:"";
    position:absolute; left:0; bottom:0; background:#555; z-index:-1;
    border:1px
    solid #666; border-width:0 0 1px 0; -webkit-transform-origin:0%
    100%; -moz-transform-origin:0%
    100%; -ms-transform-origin:0% 100%; -o-transform-origin:0% 100%;
    transform-origin:0%
    100%; -webkit-transform: rotate(22.5deg); -moz-transform:
    rotate(22.5deg);
    -ms-transform: rotate(22.5deg); -o-transform: rotate(22.5deg);
    transform:
    rotate(22.5deg); -webkit-transition: 0.75s; -moz-transition:
    0.75s; -ms-transition:
    0.75s; -o-transition: 0.75s; transition: 0.75s; } .circle
    li:nth-child(1)
    { -webkit-transform: rotate(-90deg); -moz-transform:
    rotate(-90deg); -ms-transform:
    rotate(-90deg); -o-transform: rotate(-90deg); transform:
    rotate(-90deg);
    } .circle li:nth-child(1) img { -webkit-transform: rotate(90deg);
    -moz-transform:
    rotate(90deg); -ms-transform: rotate(90deg); -o-transform:
    rotate(90deg);
    transform: rotate(90deg); } .circle li:nth-child(1)
    a:hover, .circle li:nth-child(1)
    a:hover:before, .circle li:nth-child(1) a:hover:after
    {background:#646;}
    .circle li:hover:nth-child(1) ~ li:last-child .b1
    {display:block;}
</style>
```

网页效果如图 17.39 所示。

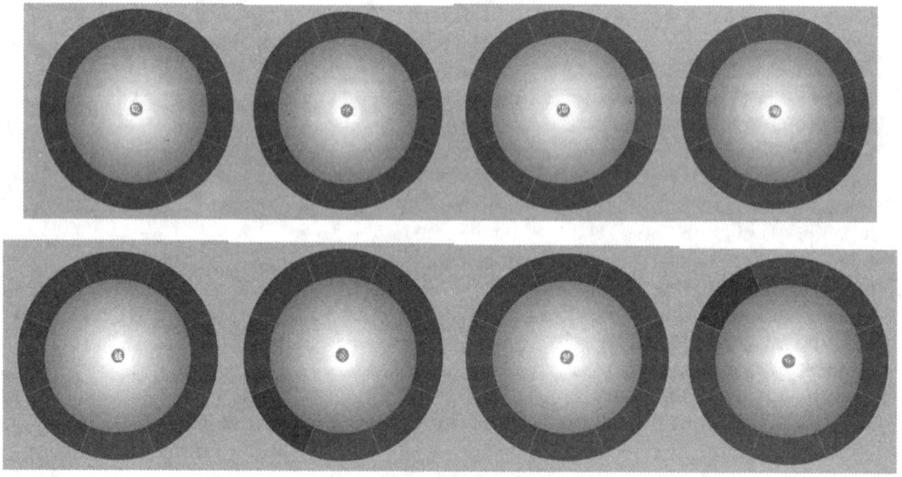

图 17.39　CSS 3 八卦阵

17.40　CSS 3 动态导航条

本实例使用 CSS 3 制作动态导航条。本节主要涉及的 JavaScript 语法如下。

1. CSS 3:border-radius

border-radius 的效果很多，有圆角矩形、圆、椭圆等，border-radius 的含义是圆角。

2. CSS 3阴影属性box-shadow

CSS 3 阴影属性 box-shadow 已在 17.34 节介绍过，不再复述。
本实例主要代码如下：

```
<style type="text/css">
   body { background-color: rgb(35, 35, 35); text-align: center;
   padding:
   30px; } .region { width: 255px; padding: 0 10px; margin: 50px auto;
   color:rgba(255,
   255, 255, 0.65); } .block { border: 1px solid rgba(255, 255, 255,
   0.15);
   /*边框属性和阴影属性*/
   border-radius: 5px; box-shadow: 0 1px 0 rgba(255, 255, 255,
   0.25),inset
   0 0 0 150px rgba(150, 155, 150, 0.06); padding: 10px; position:
   relative;
   z-index: 0; margin: 0; text-align:left; } .block::before { content:
   "";
   position: absolute; z-index: -1; border: 1px dashed rgba(255, 255,
   255,
   0.15); top: 3px; bottom: 3px; left: 3px; right: 3px; box-shadow:
   0 0 1px
   rgba(255, 255, 255, 0.25); border-radius: 3px; }
</style>
```

网页效果如图 17.40 所示。

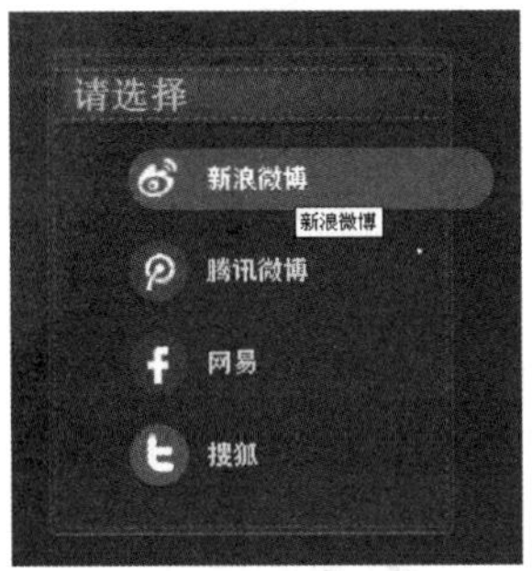

图 17.40　CSS 3 动态导航条

17.41　CSS 3 仿 iPhone 短信提示框

本实例使用 CSS 3 制作仿 iPhone 短信提示框。本节主要涉及的 JavaScript 语法是 CSS 类选择器。

同一个选择器能有不同的类，因而允许同一个元素有不同的样式，其语法是<tag class="classname1 classname2 classname3...">，同一个元素的多个类用空格分开即可。

本实例主要代码如下：

```
<style>
   .poptip{position: absolute;top: 20px;left:20px;padding: 6px 10px
   5px;*padding:
   7px 10px 4px;line-height: 16px;color: #DB7C22;font-size:
   12px;background-color:
   #FFFCEF;border: solid 1px #FFBB76;border-radius: 2px;box-shadow:
   0 0 3px
   #ddd;} .poptip-arrow{position: absolute;overflow:
   hidden;font-style: normal;font-family:
   simsun;font-size: 12px;text-shadow:0 0 2px #ccc;} .poptip-arrow
   em,.poptip-arrow
   i{position: absolute;left:0;top:0;font-style:
   normal;} .poptip-arrow em{color:
   #FFBB76;}
   .poptip-arrow i{color:
    #FFFCEF;text-shadow:none;} .poptip-arrow-top,.poptip-arrow-bottom
   {height:
   6px;width: 12px;left:12px;margin-left:-6px;} .poptip-arrow-left,.
   poptip-arrow-right{height:
   12px;width: 6px;top:
   12px;margin-top:-6px;} .poptip-arrow-top{top: -6px;}
   .poptip-arrow-top em{top: -1px;} .poptip-arrow-top i{top:
    0px;} .poptip-arrow-bottom{bottom:
   -6px;} .poptip-arrow-bottom em{top: -8px;} .poptip-arrow-bottom
   i{top:
   -9px;} .poptip-arrow-left{left:-6px;} .poptip-arrow-left
   em{left:1px;}
   .poptip-arrow-left
   i{left:2px;} .poptip-arrow-right{right:-6px;} .poptip-arrow-right
   em{left:-6px;} .poptip-arrow-right i{left:-7px;}
</style>
```

网页效果如图 17.41 所示。

图 17.41　CSS 3 仿 iPhone 短信提示框

17.42　CSS 3 异形登录界面

本实例使用 CSS 3 制作异形登录界面。本节主要涉及的 JavaScript 语法如下。

1．CSS 3:border-radius

border-radius 的效果很多，有圆角矩形、圆、椭圆等，border-radius 的含义是圆角。

2．CSS 3阴影属性box-shadow

CSS3 阴影属性 box-shadow 可设置阴影水平和垂直偏移值，二者都可取正负值，同时还可以设置阴影模糊值和阴影的颜色。Firefox、Opera、Safari 和 Chrome 支持该属性，但

IE 不支持。对于同一个页面元素，可以使用多个阴影，如 box-shadow:2px 2px 5px #333333,box-shadow:-2px -8px 5px #333333。在 JavaScript 中可以用语句进行设置：obj.style.webkitBoxShadow=值（字符串）；obj.style.MozBoxShadow=值（字符串）；obj.style.boxShadow=值（字符串）。

本实例主要代码如下：

```
<style type="text/css">
    body,ul{ margin: 0; padding: 0 } a { color: rgb(1, 124, 185);
    text-decoration:
    none; } input:focus { outline: none 0; } body{ color: #b5b5b5;
    font: 14px
    'Arial'; } body, li:first-child:after,
     li:last-child:after{ background-image:
     url(data:image/png;base64,);
    } .box{ position: relative; width: 384px; height: 140px; margin:
    50px auto;
    /*边框属性和阴影属性*/
    } .box li{ list-style-type: none; margin-bottom: 10px;
    border-radius: 5px;
    overflow: hidden; position: relative; height: 42px; } .box li
    input{ box-shadow:inset
    0 0 5px rgba(0,0,0,.5),-1px 1px 0 rgba(255,255,255,.05); border:0
     none;
    padding:8px 5px 5px; border-radius: 5px; width:300px; height: 28px;
     -webkit-box-sizing:
    content-box; -moz-box-sizing: content-box; -o-box-sizing:
    content-box;
    -ms-box-sizing: content-box; box-sizing: content-box; background:
     rgba(0,0,0,.1);
    color: #fff; } .box li:first-child:after, .box
    li:last-child:after{ position:
    absolute; width: 50px; height: 50px; content: ""; border-radius:
    25px;
    z-index: 2; right: -23px; box-shadow: 0 0 8px
    rgba(0,0,0,.5); } ::-webkit-input-placeholder
    { color:#fff; font-weight: bold; } .box li:first-child:after{ top:
    15px;
    } .box li:last-child:after{ bottom:15px; } .box label{ width: 70px;
    display:
    inline-block; text-align: right; } .box span{ display: block;
    color: #6296b4;
    padding-left: 75px; } .button{ position: absolute; top: 24px;
    right: -30px;
    width: 44px; height: 44px; border-radius: 22px; border:1px solid
    #00a1d2;
    background: -webkit-linear-gradient(top,#029ecd,#0d7796); color:
    #fff;
    text-shadow:1px 1px 0 #666; box-shadow:0 0 0 5px #2c2c2c; z-index:
    3; text-align:
    center; line-height: 46px; -webkit-transition: all 0.28s ease-in;
    -moz--transition:
    all 0.28s
    ease-in; } .button:hover{ -webkit-transform:rotate(90deg); }
    @font-face { font-family: 'FontAwesome'; src:
    url('font/fontawesome-webfont.eot');
    src: url('font/fontawesome-webfont.eot?#iefix')
    format('embedded-opentype'),
    url('font/fontawesome-webfont.woff') format('woff'),
    url('font/fontawesome-webfont.ttf')
```

```
    format('truetype'), url('font/fontawesome-webfont.svg#FontAwesome')
    format('svg');
    font-weight: normal; font-style:
    normal; } .icon-arrow-right:before { font-family:
    FontAwesome; font-weight: normal; font-size: 26px; font-style:
    normal;
    display: inline-block; text-decoration: inherit; content:
    "\f061"; }
</style>
```

网页效果如图 17.42 所示。

图 17.42　CSS 3 异形登录界面

第 18 章　jQuery 特效

当看到许多网站上很酷很炫的图片、导航菜单与广告等特效、许多滚动相册效果、3D 图片旋转显示、Flash 效果、超炫导航链接效果、超炫图片摆动效果、多媒体效果、钢琴式菜单、图片浏览效果时，很多朋友都很想知道它是怎么实现的，本章就通过讲解使用 jQuery 的特效，让大家掌握网页中这类特效的实际应用技巧。

18.1　jQuery 图片幻灯切换特效

本实例使用 jQuery 制作图片幻灯切换特效。本节主要涉及的 JavaScript 语法如下。

1．addClass()方法

addClass()方法向被选元素添加一个或多个类，该方法不会移除已存在的 class 属性，仅仅添加一个或多个 class 属性，如需添加多个类，请使用空格分隔类名。

2．removeClass()方法

removeClass()方法从被选元素移除一个或多个类，如果没有规定参数，则该方法将从被选元素中删除所有类。

本实例主要代码如下：

```
<script type="text/javascript" src="jquery-1.6.2.min.js">
</script>
<script type="text/javascript">
    /*页面加载*/
    window.onload = function() {
        $('body').addClass('js');
        initDemopageSlides();
    }
    /*初始化页面幻灯片*/
    function initDemopageSlides() {
        demo_slide_animation_speed = 800;
        demo_slide_animation_timeout = 4000;
        if ($('.demo_slide').length <= 1) return;
        $("#slide_next").click(onSlideNextClick);
        $("#slide_prev").click(onSlidePrevClick);
        var first_slide = $(".demo_slide:first");
        first_slide.addClass("current");/*向被选元素添加一个或多个类*/
        var zIndexNumber = 100;
        $('.demo_slide').each(function() {
            $(this).css('zIndex', zIndexNumber);
```

```
        zIndexNumber -= 1;
    });
    onSlideAnimationComplete();
}
/*打乱数组*/
function shuffleArray(v) {
    for (var j, x, i = v.length; i; j = parseInt(Math.random() *
    i), x = v[--i], v[i] = v[j], v[j] = x);
    return v;
};
/*幻灯片向前翻*/
function onSlideNextClick(event) {
    navigateSlides(1);
}
/*幻灯片向后翻*/
function onSlidePrevClick(event) {
    navigateSlides( - 1);
}
/*导航幻灯片*/
function navigateSlides(distance) {
    clearTimeout(time_out);
    if (animationInProgress) return;
    var slides_arr = $(".demo_slide");
    for (var s = 0; s < slides_arr.length; s++) {
        if ($(slides_arr[s]).hasClass("current")) {
            var previous_slide = $(slides_arr[s]);
            previous_slide.removeClass("current");
            /*从被选元素移出一个或多个类*/
            break;
        }
    }
    /*定义和初始化变量*/
    var next_index = s + distance;
    if (next_index < 0) next_index += slides_arr.length;
    if (next_index >= slides_arr.length) next_index = 0;
    var next_slide = $(slides_arr[next_index]);
    next_slide.addClass("current");
    var previous_zIndex = $(previous_slide).css('zIndex');
    next_slide.css('zIndex', Number(previous_zIndex) + 10);
    animationInProgress = true;
    var slide_width = parseFloat(next_slide.css("width"));
    next_slide.css(next_index % 2 ? "right": "left", (slide_width
    * distance) / 4 + "px");
    next_slide.css("display", "block");
    next_slide.css("opacity", "0");
    if (next_index % 2) {
        next_slide.animate({
            right: 0,
            opacity: 1
        },
        demo_slide_animation_speed, onSlideAnimationComplete);
    } else {
        next_slide.animate({
            left: 0,
            opacity: 1
        },
        demo_slide_animation_speed, onSlideAnimationComplete);
    }
}
/*幻灯片动画完成*/
```

```
    function onSlideAnimationComplete() {
        animationInProgress = false;
        time_out = setTimeout(onSlideNextClick,
        demo_slide_animation_timeout);
    }
</script>
```

网页效果如图 18.1 所示。

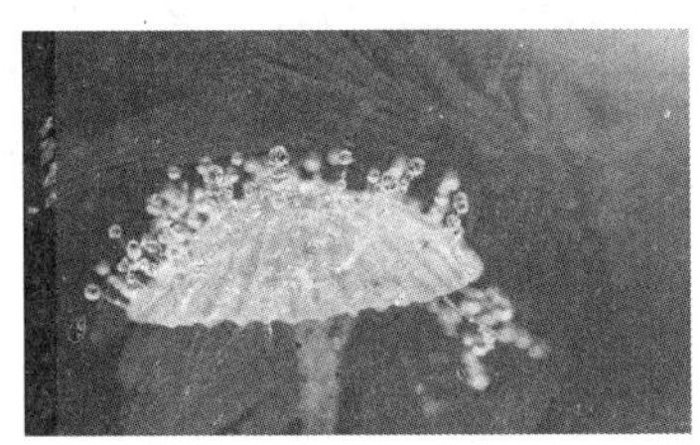

图 18.1　jQuery 图片幻灯切换特效

18.2　jQuery 计算器

本实例使用 jQuery 制作计算器。本章主要涉及的 JavaScript 语法如下。

1. jQuery val()方法

val()方法返回或设置被选元素的值，元素的值是通过 value 属性设置的。该方法大多用于 input 元素。如果该方法未设置参数，则返回被选元素的当前值。其语法是$(selector).val(value)，其中 value 可选，用于规定被选元素的新内容。

2. jQuery append()方法

append()文档操作方法在被选元素的结尾（仍然在内部）插入指定内容。append()和appendTo()方法执行的任务相同，但内容的位置和选择器有所不同。

本实例主要代码如下：

```
<scriptsrc="http://script2.pingan.com/app_js/ui30/js/jquery-
1.3.2.js"
language="javascript">
</script>
<script type="text/javascript">
    /*主函数*/
    $(function() {
        var countSize;
        $("#buttons input.num").click(function() {
            var numVal = $(this).val();
            if ($("#display #down").text() == "0") {
                if (numVal == ".") {
                    /*在被选元素的结尾插入指定内容*/
                    $("#display #down").append(numVal);
                } else {
                    $("#display #down").text(numVal);
                }
            } else if ($("#display #down").text().indexOf(".") > 0) {
```

```
            if (numVal == ".") {
        } else {
                $("#display #down").append(numVal);
            }
        } else if ($("#display #down").text() == "" && numVal ==
         ".") {
            $("#display #down").text("0").append(numVal);
        } else {
            $("#display #down").append(numVal);
        }
/*按钮单击*/
}) $("#buttons input.math").click(function() {
        var upNum = $("#display #up .upNum").text();
        var upMath = $("#display #up .countSize").text();
        var downNum = $("#display #down").text();
        if (upNum.length !== 0 && downNum.length !== 0 &&
        upMath.length !== 0) {
            countSize = $("#display #up .countSize").text();
            var upNum = $("#display #up .upNum").text();
            var downNum = $("#display #down").text();
            if (upNum == "" || downNum == "") {
                return false;
            }
            var resultNum = count[countSize](upNum, downNum);
            $("#display #up .upNum").text(resultNum);
            countSize = $(this).val();
            $("#display #up .countSize").text(countSize);
            $("#display #down").text("");
        } else {
            countSize = $(this).val();
            $("#display #up").text(downNum).wrapInner('<span
            class="upNum" /></span>').append('<span
            class="countSize">' + countSize + '</span>');
            $("#display #down").text("");
        }
}) $("#buttons input.equal").click(function() {
        var upNum = $("#display #up .upNum").text();
        var downNum = $("#display #down").text();
        if (upNum == "" || downNum == "") {
            return false;
        }
        var resultNum = count[countSize](upNum, downNum);
        $("#display #down").text(resultNum);
        $("#display #up").text("");
}) $("#buttons input.clearDisplay").click(function() {
        $("#display #up").text("");
        $("#display #down").text("0");
}) var count = {
        '+': function(a, b) {
            return accAdd(a, b);
        },
        '-': function(a, b) {
            return accSub(a, b);
        },
        '*': function(a, b) {
            return accMul(a, b);
        },
        '/': function(a, b) {
            return accDiv(a, b);
        }
}
```

```
        /*增加*/
        function accAdd(arg1, arg2) {
            var r1, r2, m;
            try {
                r1 = arg1.toString().split(".")[1].length
            } catch(e) {
                r1 = 0
            }
            try {
                r2 = arg2.toString().split(".")[1].length
            } catch(e) {
                r2 = 0
            }
            m = Math.pow(10, Math.max(r1, r2));
            return (arg1 * m + arg2 * m) / m;
        }
...
    })
</script>
```

网页效果如图 18.2 所示。

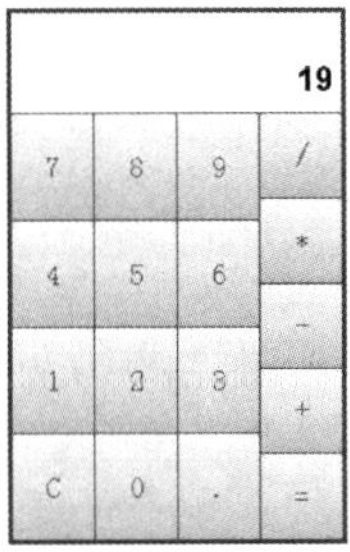

图 18.2　jQuery 计算器

18.3　jQuery 单击链接自动消失

本实例使用 jQuery 在网页上放置能在单击后自动消失的链接。本节主要涉及的 JavaScript 语法是 jQuery hide()方法。hide()方法的作用是隐藏已显示的被选元素。

本实例主要代码如下：

```
<script type="text/javascript" src="jquery1.3.2.js">
</script>
<script type="text/javascript">
    /*准备函数*/
    $(document).ready(function() {
    $("a").click(function() {
    /*隐藏已显示的被选元素*/
    $(this).hide("slow");
    return false;
    });
    });
</script>
```

网页效果如图 18.3 所示。

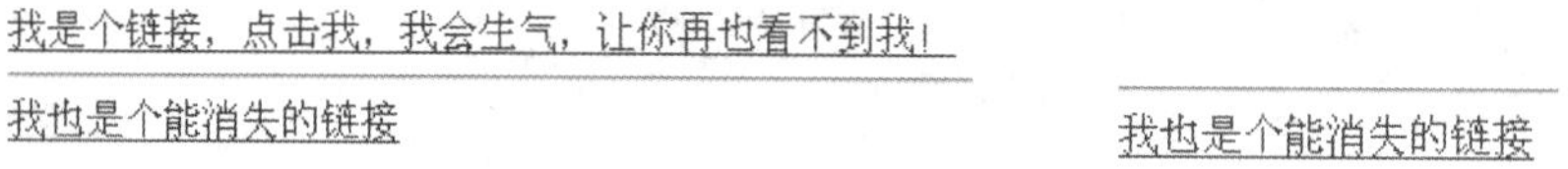

我是个链接，点击我，我会生气，让你再也看不到我！

我也是个能消失的链接　　　　我也是个能消失的链接

图 18.3　jQuery 单击链接自动消失

18.4　jQuery 简易菜单

本实例使用 jQuery 在网页上放置简易菜单。本节主要涉及的 JavaScript 语法如下。

1．jQuery removeClass事件

removeClass()方法从被选元素移除一个或多个类。

2．jQuery hover事件

hover(over,out)是一个模仿悬停事件，也就是鼠标移动到一个对象上面及移出这个对象的方法。这是一个自定义的方法，它为频繁使用的任务提供了一种“保持在其中”的状态。

3．jQuery each()函数

each()是一个工具函数，主要作用是可以遍历对象、数组中的属性值。

4．jQuery addClass()方法

addClass()方法向被选元素添加一个或多个类。该方法不会移除已存在的 class 属性，仅仅添加一个或多个 class 属性。提示：如需添加多个类，请使用空格分隔类名。

5．jQuery find()方法

find()方法获得当前元素集合中每个元素的后代，通过选择器、jQuery 对象或元素来筛选。

本实例主要代码如下：

```
<scriptsrc="http://ajax.googleapis.com/ajax/libs/jquery/1.7.2
/jquery.min.js"
type="text/javascript">
</script>
<script type="text/javascript">
    $(document).ready(function() {                /*准备函数*/
        $(".nav ul li").each(function() {     /*遍历对象数组中的属性值*/
            $(this).hover(function() {        /*模仿悬停事件*/
                $(this).addClass("hover_bg");/*向被选元素添加一个或多个类*/
                $(this).find(".Secon_Dary").show();
                                            /*获得当前元素集合中每个元素的后代*/
    },
    function() {
            $(this).removeClass("hover_bg");       /*从被选元素移除一个或多个类*/
```

```
            $(this).find(".Secon_Dary").hide();
        })
      })
    })
</script>
```

网页效果如图 18.4 所示。

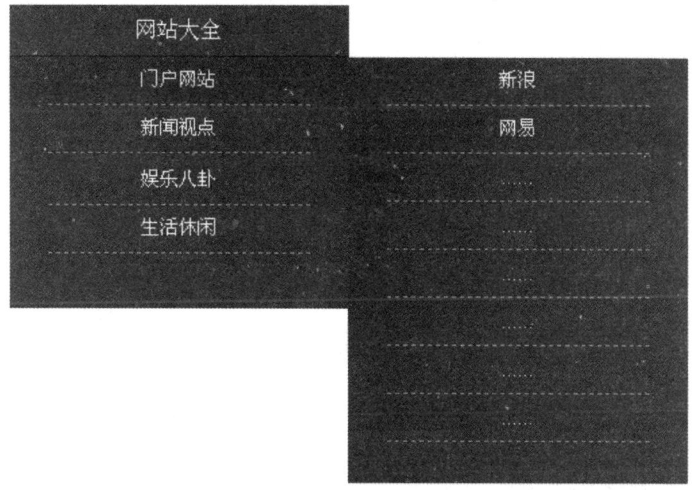

图 18.4　jQuery 简易菜单

18.5　jQuery 鼠标单击事件

本实例使用 jQuery 展现段落鼠标单击事件。本节主要涉及的 JavaScript 语法是 jQuery ready()方法。

当 DOM（文档对象模型）已经加载，并且页面（包括图像）已经完全呈现时，会发生 ready 事件。由于该事件在文档就绪后发生，因此把所有其他的 jQuery 事件和函数置于该事件中是非常好的做法。rcady() 函数规定当 ready 事件发生时执行的代码，ready()函数仅能用于当前文档，无须选择器。

本实例主要代码如下：

```
<script type="text/javascript" src="jquery1.3.2.js">
</script>
<script type="text/javascript">
    /*准备函数*/
    $(document).ready(function() {
        $("p").click(function() {
            alert("欢迎使用 jQuery! ");
        });
    });
</script>
```

网页效果如图 18.5 所示。

请单击此段落！

图 18.5　jQuery 鼠标单击事件

18.6　jQuery 鼠标滑入弹出提示

本实例使用 jQuery 实现鼠标滑入弹出提示。本节主要涉及的 JavaScript 语法是 jQuery mouseover 事件。当鼠标指针位于元素上方时，会发生 mouseover 事件。该事件大多数时候会与 mouseout 事件一起使用。

本实例主要代码如下：

```
<script src="http://code.jquery.com/jquery-1.7.min.js"
type="text/javascript">
</script>
<script type="text/javascript">
    /*准备函数*/
    $(document).ready(function() {
        $("area").each(function() {
            var $x = -70;
            var $y = -80;
            var name = $(this).attr("alt");
            /*鼠标移入*/
            $(this).mouseover(function(e) {
                var index_num = $(this).index();
                var dom = "<div class='mapDiv'><p>提示消息<span
                class='name'></span><span
                class='num'></span></p></div>";
                $("body").append(dom);
                $(".name").text(name);
                $(".num").text(index_num) $(".mapDiv").css({
                    top: (e.pageY + $y) + "px",
                    left: (e.pageX + $x) + "px"
                }).show("fast");
            /*鼠标移出*/
            }).mouseout(function() {
                $(".mapDiv").remove();
            /*鼠标移动*/
            }).mousemove(function(e) {
                $(".mapDiv").css({
                    top: (e.pageY + $y) + "px",
                    left: (e.pageX + $x) + "px"
                })
            });
        });
    })
</script>
```

网页效果如图 18.6 所示。

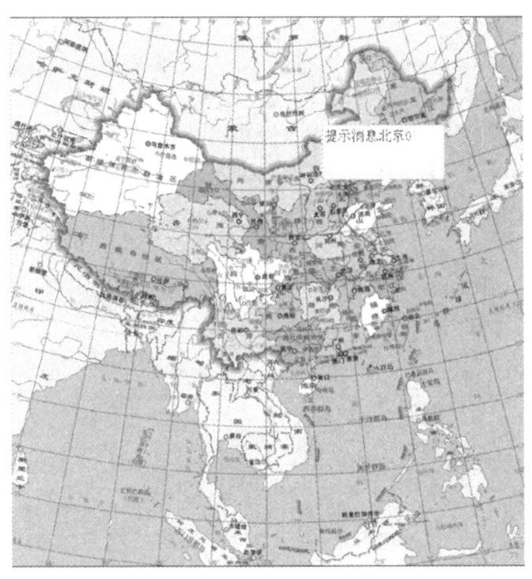

图 18.6　jQuery 鼠标滑入弹出提示

18.7　jQuery 渐变指示灯

本实例使用 jQuery 制作渐变指示灯。本节主要涉及的 JavaScript 语法如下。

1．jQuery ready()方法

当 DOM（文档对象模型）已经加载，并且页面（包括图像）已经完全呈现时，会发生 ready 事件。由于该事件在文档就绪后发生，因此把所有其他的 jQuery 事件和函数置于该事件中是非常好的做法。ready() 函数规定当 ready 事件发生时执行的代码，ready()函数仅能用于当前文档，无须选择器。

2．jQuery removeClass事件

removeClass()方法从被选元素移除一个或多个类。

3．jQuery addClass()方法

addClass()方法已在 18.4 节介绍过，不再复述。

本实例主要代码如下：

```
<scriptsrc="http://ajax.googleapis.com/ajax/libs/jquery/1.7.2/jquery.mi
n.js"
type="text/javascript">
</script>
<script type="text/javascript">
    /*准备函数*/
    $(document).ready(function() {
        var index = 0;
        setInterval(function() {
            /* removeClass() 方法从被选元素移除一个或多个类*/
```

```
        /* addClass()方法向被选元素添加一个或多个类*/
        $("li").eq(++index).addClass("hover").siblings().
         removeClass("hover");
        if (index == 13) {
            index = 0 $("li").eq(++index).addClass("hover").
            siblings().removeClass("hover");
        }
    },
    400)
})
</script>
```

网页效果如图 18.7 所示。

指示灯

图 18.7　jQuery 渐变指示灯

18.8　jQuery 拖曳特效

本实例使用 jQuery 展示拖曳特效。本节主要涉及的 JavaScript 语法如下。

1．setCapture()方法

setCapture()方法可以捕获移动到浏览器外的鼠标事件，其作用就是把鼠标事件捕获到当前文档指定的对象，setCapture()方法捕获以下鼠标事件，如 onmousedown、onmouseup、onmousemove、onclick、ondblclick、onmouseover 和 onmouseout。

2．releaseCapture()方法

releaseCapture()方法可以将捕获的鼠标事件进行释放。

本实例主要代码如下：

```
<scriptsrc="http://ajax.googleapis.com/ajax/libs/jquery/1.7.2/jquery.mi
n.js"
type="text/javascript">
</script>
<script type="text/javascript">
    /*主函数*/
    $(function() {
        var dragging = false;
        var iX, iY;
        /*鼠标按下*/
        $("#drag").mousedown(function(e) {
            dragging = true;
            iX = e.clientX - this.offsetLeft;
            iY = e.clientY - this.offsetTop;
            this.setCapture && this.setCapture();
```

```
        /*捕获移动到浏览器外的鼠标事件*/
        return false;
    });
    /*鼠标移动*/
    document.onmousemove = function(e) {
        if (dragging) {
            var e = e || window.event;
            var oX = e.clientX - iX;
            var oY = e.clientY - iY;
            $("#drag").css({
                "left": oX + "px",
                "top": oY + "px"
            });
            return false;
        }
    };
    $(document).mouseup(function(e) {                /*鼠标松开*/
        dragging = false;
        /*将捕获的鼠标事件进行释放*/
        $("#drag")[0].releaseCapture();
        e.cancelBubble = true;
    })
})
</script>
```

网页效果如图 18.8 所示。

图 18.8　jQuery 拖曳特效

18.9　jQuery 文本框文字随鼠标滑入滑出隐藏和显示

本实例使用 JavaScript 计算进制转换。本节主要涉及的 JavaScript 语法如下。

- ❑ jQuery hide()方法：hide()方法是 jQuery 的隐藏函数。
- ❑ jQuery show()方法：show()方法是 jQuery 的隐藏函数。

本实例主要代码如下：

```
<scriptsrc="http://ajax.googleapis.com/ajax/libs/jquery/1.7.2/jquery.mi
n.js"
    type="text/javascript">
    </script>
    <script type="text/javascript">
        /*准备函数*/
```

```
    $(document).ready(function() {
        $("#focus .input_txt").each(function() {
            var thisVal = $(this).val();
            if (thisVal != "") {
                $(this).siblings("span").hide();
            } else {
                $(this).siblings("span").show();
            }
            $(this).focus(function() {
                $(this).siblings("span").hide();
            }).blur(function() {
                var val = $(this).val();
                if (val != "") {
                    $(this).siblings("span").hide();
                } else {
                    $(this).siblings("span").show();
                }
            });
        /*键按下*/
        }) $("#keydown .input_txt").each(function() {
            var thisVal = $(this).val();
            if (thisVal != "") {
                $(this).siblings("span").hide();
            } else {
                $(this).siblings("span").show();
            }
            /*键抬起*/
            $(this).keyup(function() {
                var val = $(this).val();
                $(this).siblings("span").hide();
            /*聚焦*/
            }).blur(function() {
                var val = $(this).val();
                if (val != "") {
                    $(this).siblings("span").hide();
                } else {
                    $(this).siblings("span").show();
                }
            })
        })
    })
</script>
```

网页效果如图 18.9 所示。

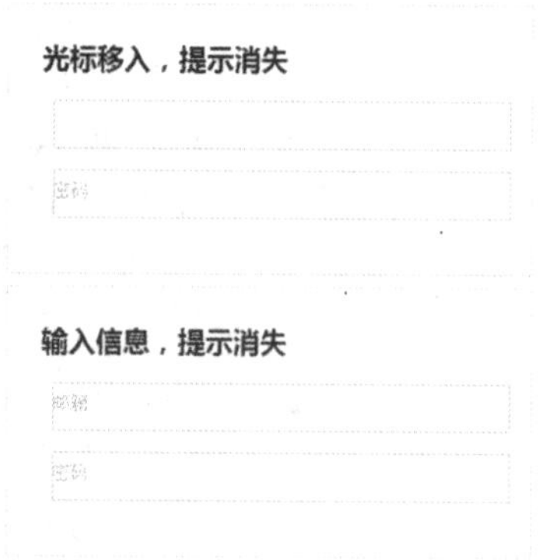

光标移入，提示消失

输入信息，提示消失

图 18.9　jQuery 文本框文字随鼠标滑入滑出隐藏和显示

18.10 jQuery 鼠标滑入高亮效果

本实例使用 jQuery 实现鼠标滑入高亮效果。本节主要涉及的 JavaScript 语法如下。

1. jQuery removeClass事件

removeClass()方法从被选元素移除一个或多个类。

2. jQuery hover事件

hover(over,out)是一个模仿悬停事件，也就是鼠标移动到一个对象上及移出这个对象的方法。这是一个自定义的方法，它为频繁使用的任务提供了一种“保持在其中”的状态。

3. jQuery ready()方法

具体介绍已在 18.7 节中介绍过，不再复述。

4. jQuery addClass方法

addClass()方法已在 18.1 节介绍过，不再复述。

本实例主要代码如下：

```
<scriptsrc="http://ajax.googleapis.com/ajax/libs/jquery/1.7.2/jquery.mi
n.js"
 type="text/javascript">
 </script>
 <script type="text/javascript">
   $(document).ready(function() {                    /*准备函数*/
       $("ul li").hover(function() {                 /*模仿悬停事件*/
           $(this).siblings().find("i").addClass("opacity_bg");
           /*向被选元素添加一个或多个类*/
       },
       function() {
           $(this).siblings().find("i").removeClass("opacity_bg");
           /*从被选元素移除一个或多个类*/
       })
   })
</script>
```

网页效果如图 18.10 所示。

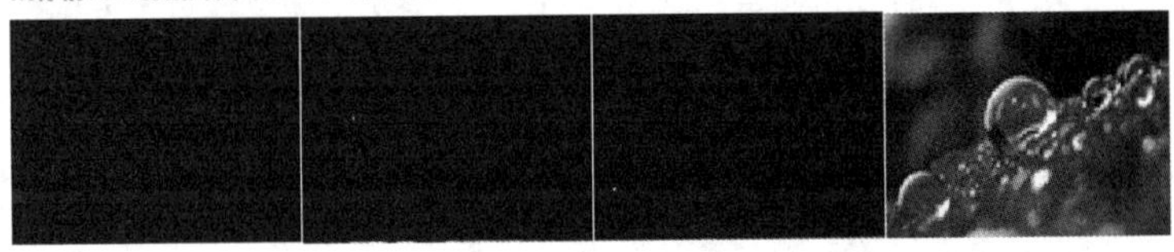

图 18.10 jQuery 鼠标滑入高亮效果

18.11　jQuery 完美分页

本实例使用 jQuery 实现完美分页。本节主要涉及的 JavaScript 语法如下。

- jQuery ready()方法：已在 18.7 节中介绍过，不再复述。
- hide()：是 jQuery 的隐藏函数。
- show()：是 jQuery 的隐藏函数。

本实例主要代码如下：

```
<scriptsrc="http://ajax.googleapis.com/ajax/libs/jquery/1.7.2/jquery.mi
n.js"
type="text/javascript">
</script>
<script type="text/javascript">
    /*准备函数*/
    $(document).ready(function() {
        $("ul li:gt(3)").hide();
        /*定义和初始化变量*/
        var total_q = $("ul li").index() + 1;
        var current_page = 4;
        var current_num = 1;
        var total_page = Math.round(total_q / current_page);
        var next = $(".next");
        var prev = $(".prev");
        $(".total").text(total_page);
        $(".current_page").text(current_num);
        /*下一个*/
        $(".next").click(function() {
            if (current_num == 7) {
                return false;
            } else {
                $(".current_page").text(++current_num);
                $.each($('ul li'),
                function(index, item) {
                    var start = current_page * (current_num - 1);
                    var end = current_page * current_num;
                    if (index >= start && index < end) {
                        $(this).show();
                    } else {
                        $(this).hide();
                    }
                });
            }
        });
        /*前一个*/
        $(".prev").click(function() {
            if (current_num == 1) {
                return false;
            } else {
                $(".current_page").text(--current_num);
                $.each($('ul li'),
                function(index, item) {
                    var start = current_page * (current_num - 1);
                    var end = current_page * current_num;
                    if (index >= start && index < end) {
```

```
                $(this).show();                    /*显示*/
            } else {
                $(this).hide();                        /*隐藏*/
            }
        });
    }
  })
})
</script>
```

网页效果如图 18.11 所示。

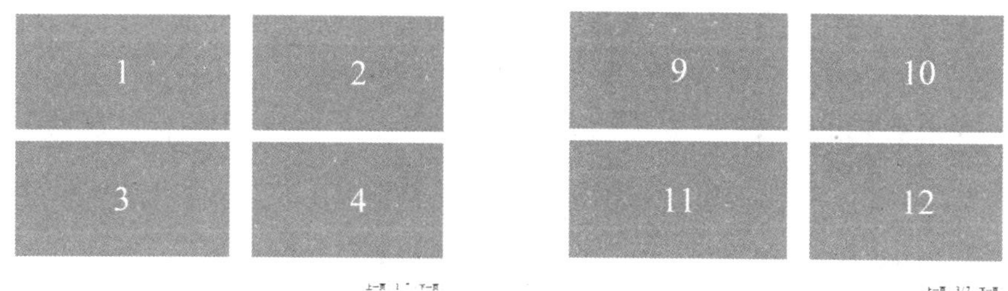

图 18.11　jQuery 完美分页

18.12　jQuery 更换背景颜色

本实例使用 jQuery 更换背景颜色。本节主要涉及的 JavaScript 语法是 jQuery attr()方法。attr()方法用于设置或返回被选元素的属性值，根据该方法不同的参数，其工作方式也有所差异，其返回值是被选元素的属性值。

本实例主要代码如下：

```
<scriptsrc="http://ajax.googleapis.com/ajax/libs/jquery/1.7.2/jquery.mi
n.js"
type="text/javascript">
</script>
<script type="text/javascript">
    /*准备函数*/
    $(document).ready(function() {
        var cookieClass = getCookie('class');
        /*用于设置或返回被选元素的属性值*/
        $("body").attr("class", cookieClass);
        $(".skin_list li").each(function() {
            /*单击事件*/
            $(this).click(function() {
                var className = $(this).attr("class");
                $("body").attr("class", className, 30);
                /*设置 cookie*/
                function SetCookie(name, value, day)
                {
                    var exp = new Date();
                    exp.setTime(exp.getTime() + day * 24 * 60 * 60 *
                    1000);
                    document.cookie = name + "=" + escape(value) + ";expires="
                    + exp.toGMTString();
```

```
            }
            SetCookie("class", className, 30);
        })
    });
});
/*获取 cookie*/
function getCookie(name)
{
    var nameEQ = name + "=";
    var ca = document.cookie.split(';');
    for (var i = 0; i < ca.length; i++) {
        var c = ca[i];
        while (c.charAt(0) == ' ') c = c.substring(1, c.length);
        if (c.indexOf(nameEQ) == 0) return
        c.substring(nameEQ.length, c.length);
    }
    return null;
}
</script>
```

网页效果如图 18.12 所示。

图 18.12　jQuery 更换背景颜色

18.13　jQuery 限定文本框字数

本实例使用 jQuery 限定文本框输入的字数。本节主要涉及的 JavaScript 语法是 jQuery keydown()方法。完整的 key press 过程分为按键被按下和按键被松开两个部分，当按钮被按下时，发生 keydown 事件。keydown()方法触发 keydown 事件，或规定当发生 keydown 事件时运行的函数。

本实例主要代码如下：

```
<script type="text/javascript" src="jquery1.3.2.js">
</script>
<script type="text/javascript">
    $(document).ready(function() {                /*准备函数*/
        /*当按钮被按下时发生*/
        $("#TextArea1").keydown(function() {
            var curLength = $("#TextArea1").val().length;
            if (curLength >= 5) {
                var num = $("#TextArea1").val().substr(0, 4);
                $("#TextArea1").val(num);
                alert("超过字数限制，多出的字将被截断！");
            } else {
                $("#textCount").text(4 -
                $("#TextArea1").val().length)
            }
        })
```

```
    })
</script>
```

网页效果如图 18.13 所示。

图 18.13　jQuery 限定文本框字数

18.14　jQuery 立体滚动文字

本实例使用 jQuery 在网页上放置立体滚动文字。本节主要涉及的 JavaScript 语法是 jQuery mouseover()方法。

当鼠标指针位于元素上方时，会发生 mouseover 事件。该事件大多数时候会与 mouseout 事件一起使用。mouseover()方法触发 mouseover 事件，或规定当发生 mouseover 事件时运行的函数。与 mouseenter 事件不同，不论鼠标指针穿过被选元素或其子元素，都会触发 mouseover 事件。只有在鼠标指针穿过被选元素时，才会触发 mouseenter 事件。

本实例主要代码如下：

```
<script type="text/javascript">
    /*准备函数*/
    $(document).ready(function() {
        /*定义和初始化变量*/
        var element = $('#list a');;
        var offset = 0;
        var stepping = 0.03;
        var list = $('#list');
        /*鼠标移到*/
        var $list = $(list) $list.mousemove(function(e) {
            var topOfList = $list.eq(0).offset().top
            var listHeight = $list.height() stepping = (e.clientY -
            topOfList) / listHeight * 0.2 - 0.1;
        });
        for (var i = element.length - 1; i >= 0; i--) {
            element[i].elemAngle = i * Math.PI * 2 / element.length;
        }
        setInterval(render, 20);
        /*滚动文字*/
        function render() {
            for (var i = element.length - 1; i >= 0; i--) {
                var angle = element[i].elemAngle + offset;
                x = 120 + Math.sin(angle) * 30;
                y = 45 + Math.cos(angle) * 40;
                size = Math.round(40 - Math.sin(angle) * 40);
                var elementCenter = $(element[i]).width() / 2;
```

```
                var leftValue = (($list.width() / 2) * x / 100 -
                elementCenter) + "px"$(element[i]).css("fontSize",
                size + "pt");
                $(element[i]).css("opacity", size / 100);
                $(element[i]).css("zIndex", size);
                $(element[i]).css("left", leftValue);
                $(element[i]).css("top", y + "%");
            }
            offset += stepping;
        }
    });
</script>
```

网页效果如图 18.14 所示。

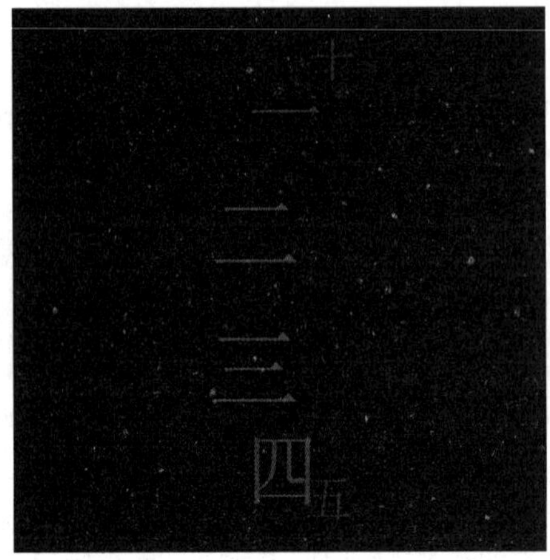

图 18.14　jQuery 立体滚动文字

18.15　jQuery 浮动提示

本实例使用 jQuery 制作漂亮的浮动提示。本节主要涉及的 JavaScript 语法如下。

1．jQuery append()方法

append()文档操作方法在被选元素的结尾（仍然在内部）插入指定内容。append()和appendTo()方法执行的任务相同，但内容的位置和选择器有所不同。

2．jQuery fadeOut()方法

fadeOut()方法使用淡出效果来隐藏被选元素，假设该元素是隐藏的。如果元素已经隐藏，则该效果不产生任何变化，除非规定了 callback()函数。

3．jQuery mouseover()方法

当鼠标指针位于元素上方时，会发生 mouseover 事件。该事件多数时候会与 mouseout 事件一起使用。

本实例主要代码如下：

```
<script type="text/javascript" src="jquery1.3.2.js">
</script>
<script type="text/javascript">
    /*图片预览*/
    this.imagePreview = function() {
        xOffset = 10;
        yOffset = 30;
        $("a.preview").hover(function(e) {
            /*在被选元素的结尾插入指定内容*/
            $("body").append("<div id='preview'>这个提示漂亮吧？
            </div>");
            $("#preview").css("top", (e.pageY - xOffset) +
           "px").css("left", (e.pageX + yOffset) + "px").
           fadeIn("slow");
        },
        function() {
            $("#preview").fadeOut("fast");/*使用淡出效果来隐藏被选元素*/
        });
        /*鼠标划过*/
        $("a.preview").mousemove(function(e) {
            $("#preview").css("top", (e.pageY - xOffset) +
            "px").css("left", (e.pageX + yOffset) + "px");
        });
    };
    /*准备函数*/
    $(document).ready(function() {
        imagePreview();
    });
</script>
```

网页效果如图 18.15 所示。

请把鼠标挪过来吧 这个提示漂亮吧？

图 18.15　jQuery 浮动提示

18.16　jQuery 浮动选项卡

本实例使用 jQuery 制作浮动选项卡。本节主要涉及的 JavaScript 语法如下。

- jQuery hide()方法：jQuery 的隐藏函数。
- jQuery mouseover()方法：当鼠标指针位于元素上方时，会发生 mouseover 事件。该事件大多数时候会与 mouseout 事件一起使用。
- jQuery show()方法：jQuery 的隐藏函数。

本实例主要代码如下：

```
<script type="text/javascript" src="http://www.codefans.net
/ajaxjs/jquery-1.2.6.pack.js">
</script>
<script>
```

```
    /*主函数*/
    $(function() {
        $("#tsMb div:not(:first)").hide();                          /*隐藏*/
        $("#titOp li").each(function(index) {
            /*鼠标移入*/
            $(this).mouseover(function() {
                $("#titOp li.current").removeClass("current");
                $(this).addClass("current");
                $("#tsMb > div:visible").hide();
                $("#tsMb div:eq(" + index + ")").show();            /*显示*/
            })
        })
    })
</script>
```

网页效果如图 18.16 所示。

图 18.16　jQuery 浮动选项卡

18.17　jQuery 经典二级导航条

本实例使用 jQuery 制作经典二级导航条。本节主要涉及的 JavaScript 语法如下。

- jQuery hide()方法：是 jQuery 的隐藏函数。
- jQuery show()方法：是 jQuery 的隐藏函数。
- jQuery attr()方法：attr()方法用于设置或返回被选元素的属性值，根据该方法不同的参数，其工作方式也有所差异，其返回值是被选元素的属性值。

本实例主要代码如下：

```
<SCRIPT type=text/javascript>
    var site_url = window.location.href.toLowerCase();
    switch (true) {
    default:
        /*设置或返回被选元素的属性值*/
        $("#nav li").attr("class", "");
        $("#nav li").eq(0).attr("class", "nav_lishw");
        $(".nav_lishw .v a").attr("class", "sele");
        $(".nav_lishw .kind_menu").show();
    }
    /*模仿悬停事件*/
    $("#nav li").hover(function() {
        clearTimeout(setTimeout("0") - 1);
        /*隐藏*/
        $("#nav .kind_menu").hide();
        $("#nav li .v .sele").attr("class", "shutAhover");
```

```
        $(this).attr("id", "nav_hover") $("#nav_hover .v
        a").attr("class", "sele");
        $("#nav_hover .kind_menu").show();           /*显示*/
    },
    /*主函数*/
    function() {
        if ($(this).attr("class") != "nav_lishw") {
            $("#nav_hover .v .sele").attr("class", "");
            $("#nav_hover .kind_menu").hide();
        }
        $(this).attr("id", "") $("#nav
        li .v .shutAhover").attr("class", "sele");
        setTimeout(function() {
            $(".nav_lishw .kind_menu").show();
            $(".nav_lishw .v a").attr("class", "sele");
        },50);
    });
</SCRIPT>
```

网页效果如图 18.17 所示。

图 18.17　jQuery 经典二级导航条

18.18　jQuery 自动切换的选项卡菜单

本实例使用 jQuery 在网页上放置自动切换的选项卡菜单。本节主要涉及的 JavaScript 语法是 jQuery trigger()方法。trigger()方法触发被选元素的指定事件类型，它规定了被选元素要触发的事件。

本实例主要代码如下：

```
<script type="text/javascript" src="jquery1.3.2.js">
</script>
<script type="text/javascript">
    /*主函数*/
    $(function() {
        var len = $(".ul1 li").length;
        var index;
        var time;
        $(".ul1 li").mousemove(function() {
            index = $(".ul1 li").index(this);
            show(index);
        }).eq(0).mousemove();
        $(".ul2").hover(function() {
            clearInterval(time);
        },
        function() {
            time = setInterval(function() {
                show(index) index++;
                if (index == len) {
                    index = 0;
```

```
            }
        },
        2000);
    }).trigger("mouseleave");                  /*触发被选元素的指定事件类型
    */
/*显示*/
}) function show(index) {
    $(".ul2 li").eq(index).show().siblings().hide();
    $(".ul1 li").css("background",
    "url(aa.gif)").eq(index).css("background", "url(bb.gif)");
}
</script>
```

网页效果如图 18.18 所示。

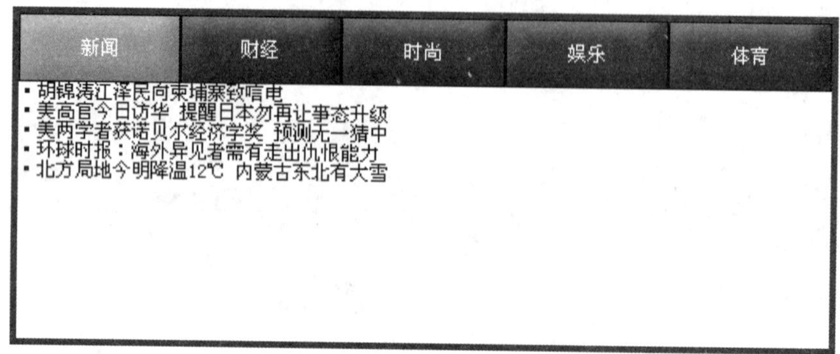

图 18.18　jQuery 自动切换的选项卡菜单

18.19　jQuery 可拖曳的区域

本实例使用 jQuery 制作可拖曳的区域。本节主要涉及的 JavaScript 语法如下。

1．jQuery mousedown()方法

当鼠标指针移动到元素上方，并按下鼠标按键时，会发生 mousedown 事件。与 click 事件不同，mousedown 事件仅需要按键被按下，而不需要松开即可发生。mousedown()方法触发 mousedown 事件，或规定当发生 mousedown 事件时运行的函数。

2．jQuery mousemove()方法

当鼠标指针在指定的元素中移动时，就会发生 mousemove 事件。mousemove()方法触发 mousemove 事件，或规定当发生 mousemove 事件时运行的函数。用户把鼠标移动一个像素，就会发生一次 mousemove 事件。处理所有 mousemove 事件会耗费系统资源。请谨慎使用该事件。

3．jQuery mouseup()方法

当在元素上放松鼠标按钮时，会发生 mouseup 事件。与 click 事件不同，mouseup 事件

仅需要放松按钮。当鼠标指针位于元素上方时，放松鼠标按钮就会触发该事件。mouseup()方法触发 mouseup 事件，或规定当发生 mouseup 事件时运行的函数。

4．jQuery fadeTo()方法

fadeTo()方法将被选元素的不透明度逐渐地改变为指定的值。

本实例主要代码如下：

```
<script type="text/javascript" language="javascript"
src="jquery1.3.2.js">
</script>
<script type="text/javascript" language="javascript">
    var _move = false;
    var _x, _y;
    /*准备函数*/
    $(document).ready(function() {
        $("#div2").click(function() {
            alert("click");
        /*鼠标按下*/
        }).mousedown(function(e) {
            _move = true;
            _x = e.pageX - parseInt($("#div2").css("left"));
            _y = e.pageY - parseInt($("#div2").css("top"));
            $("#div2").fadeTo(20, 0.25);
        });
        /*鼠标移动*/
        $(document).mousemove(function(e) {
            if (_move) {
                var x = e.pageX - _x;
                var y = e.pageY - _y;
                $("#div2").css({
                    top: y,
                    left: x
                });
            }
        }).mouseup(function() {            /*鼠标抬起*/
            _move = false;
            $("#div2").fadeTo("fast", 1);
         /*将被选元素的不透明度逐渐地改变为指定的值*/
        });
    });
</script>
```

网页效果如图 18.19 所示。

图 18.19　jQuery 可拖曳的区域

18.20　jQuery 滚动新闻栏

本实例使用 jQuery 制作滚动新闻栏。本节主要涉及的 JavaScript 语法如下。

- jQuery find()方法：已在 18.4 节介绍过，不再复述。
- jQuery animate()方法：animate()方法执行 CSS 属性集的自定义动画。该方法通过 CSS 样式将元素从一个状态改变为另一个状态。CSS 属性值是逐渐改变的，这样就可以创建动画效果。
- jQuery appendTo()方法：appendTo()方法在被选元素的结尾（仍然在内部）插入指定内容。append()和 appendTo()方法执行的任务相同，不同之处在于内容和选择器的位置，以及 append()能够使用函数来附加内容。

本实例主要代码如下：

```
<script type="text/javascript">
    function AutoScroll(obj) {                                /*自动滚动*/
        /* find()方法获得当前元素集合中每个元素的后代*/
        /* animate()方法执行 CSS 属性集的自定义动画*/
        $(obj).find("ul:first").animate({
            marginTop: "-25px"
        },
        1000,
        function() {
            $(this).css({
                marginTop: "0px"
            }).find("li:first").appendTo(this);              /*在被选元
            素的结尾插入指定内容*/
        });
    }
    /*准备函数*/
    $(document).ready(function() {
        setInterval('AutoScroll("#scrollDiv")', 3000)
    });
</script>
```

网页效果如图 18.20 所示。

图 18.20　jQuery 滚动新闻栏

18.21　jQuery 渐变色

本实例使用 jQuery 在网页上放置渐变色文字。本节主要涉及的 JavaScript 语法如下。

1. jQuery attr()方法

attr()方法用于设置或返回被选元素的属性值，根据该方法不同的参数，其工作方式也有所差异，其返回值是被选元素的属性值。

2．jQuery appendTo()方法

appendTo()方法在 18.20 节已介绍过，不再复述。

本实例主要代码如下：

```
<script src="jquery1.3.2.js" type="text/javascript">
</script>
<script type="text/javascript">
    /*初始化渐变*/
    function initGradients(s) {
        $(function() {
            $(s).each(function() {
                var el = this;
                /*设置或返回被选元素的属性值*/
                var from = $(el).attr('gradFromColor') || '#ffffff',
                to = $(el).attr('gradToColor') || '#000000';
                var fR = parseInt(from.substring(1, 3), 16),
                fG = parseInt(from.substring(3, 5), 16),
                fB = parseInt(from.substring(5, 7), 16),
                tR = parseInt(to.substring(1, 3), 16),
                tG = parseInt(to.substring(3, 5), 16),
                tB = parseInt(to.substring(5, 7), 16);
                var h = $(this).height() * 1.5;
                var html, cacheHTML = [];
                this.initHTML = html = this.initHTML || this.innerHTML;
                this.innerHTML = '';
                for (var i = 0; i < h; i++) {
                    var c = '#' + (Math.floor(fR * (h - i) / h + tR *
                    (i / h))).toString(16) + (Math.floor(fG * (h - i)
                     / h + tG * (i / h))).toString(16) + (Math.floor(fB
                     * (h - i) / h + tB * (i / h))).toString(16);
                    cacheHTML.push('<span class="rainbow rainbow-' + i
                    + '" style="color: ' + c + ';"><span style="top: '
                    + ( - i - 1) + 'px;">' + html + '</span></span>')
                cacheHTML.push('<span class="highlight">' + html +
                '</span>', '<span class="shadow">' + html + '</span>');
               $(cacheHTML.join('')).appendTo(this)          /*在被
               选元素的结尾插入指定内容*/
            })
        })
    }
    initGradients('.rainbows');
</script>
```

网页效果如图 18.21 所示。

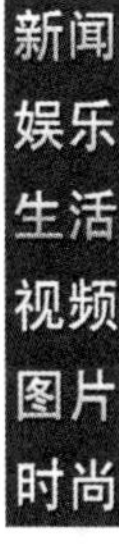

图 18.21　jQuery 渐变色

18.22　jQuery 可控文字颜色

本实例使用 jQuery 制作可控文字颜色。本节主要涉及的 JavaScript 语法如下。

1．jQuery keyup()方法

完整的 key press 过程分为两个部分即按键被按下，然后按键被松开并复位。当按钮被松开时，发生 keyup 事件，它发生在当前获得焦点的元素上。keyup()方法触发 keyup 事件，或规定当发生 keyup 事件时运行的函数。

2．addClass()方法

addClass()方法已在 18.1 节介绍过，不再复述。

3．removeClass()方法

removeClass()方法从被选元素移除一个或多个类。如果没有规定参数，则该方法将从被选元素中删除所有类。

本实例主要代码如下：

```
<script type="text/javascript" src="jquery1.3.2.js">
</script>
<script type="text/javascript">
    $(function() {
        /*按键松开*/
        $("#inputText").keyup(function() {
            $("#previewer").empty();
            $("#previewer").text($(this).attr("value"));
        });
    });
    $(function() {
        $("#colorselections a").click(function() {
            /*向被选元素添加一个或多个类*/
            /*从被选元素移除一个或多个类*/
            $(this).addClass("on").siblings().removeClass("on");
            $("#previewer").css("color",
            $(this).css("background-color"))
        });
    });
</script>
```

网页效果如图 18.22 所示。

图 18.22　jQuery 可控文字颜色

18.23　jQuery 鼠标滑入切换的选项卡

本实例使用 jQuery 在网页上放置鼠标滑入切换的选项卡。本节主要涉及的 JavaScript 语法如下。

- jQuery not()方法：not()方法从匹配元素集合中删除元素。
- jQuery bind()方法：bind()方法为被选元素添加一个或多个事件处理程序，并规定事件发生时运行的函数，规定向被选元素添加的一个或多个事件处理程序，以及当事件发生时运行的函数。
- jQuery unbind()方法：unbind()方法移除被选元素的事件处理程序。该方法能够移除所有的或被选的事件处理程序，或者当事件发生时终止指定函数的运行。ubind()适用于任何通过 jQuery 附加的事件处理程序。

本实例主要代码如下：

```
<script type="text/javascript">
    $(function() {
        $(".tab dl dt>a:first").addClass("tabActive");
        $(".tab dl dd ul").not(":first").hide();
        /*从匹配元素集合中删除元素*/
      $(".tab dl dt>a").unbind("click").bind("click",
       /*移除被选元素的事件处理程序*/
         function() {
             $(this).siblings("a").removeClass("tabActive").
            end().addClass("tabActive");
             var index = $(".tab dl dt>a").index($(this));
             $(".tab dl dd ul").eq(index).siblings(".tab dl dd
             ul").hide().end().fadeIn("slow");
         });
    });
</script>
<script type="text/javascript">
    /*准备函数*/
    $(document).ready(function() {
        $('.tab dl dt a:first').addClass('tabActive');
        $('.tab dl dd ul:first').css('display', 'block');
        autoroll();
        hookThumb();
    });
    var i = -1;
    var offset = 2500;
    var timer = null;
    /*自动滚动*/
    function autoroll() {
        n = $('.tab dl dt a').length - 1;
        i++;
        if (i > n) {
            i = 0;
        }
        slide(i);
        timer = window.setTimeout(autoroll, offset);
    }
```

```
    /*幻灯片*/
    function slide(i) {
        $('.tab dl dt a').eq(i).addClass('tabActive').siblings().
        removeClass('tabActive');
        $('.tab dl dd ul').eq(i).fadeIn("slow").siblings('.tab dl dd
        ul').hide();
    }
    /*模拟悬停事件*/
    function hookThumb() {
        $('.tab dl dt a').hover(function() {
            if (timer) {
                clearTimeout(timer);
                i = $(this).prevAll().length;
                slide(i);
            }
        },
        function() {
            timer = window.setTimeout(autoroll, offset);
            this.blur();
            return false;
        });
    }
</script>
```

网页效果如图 18.23 所示。

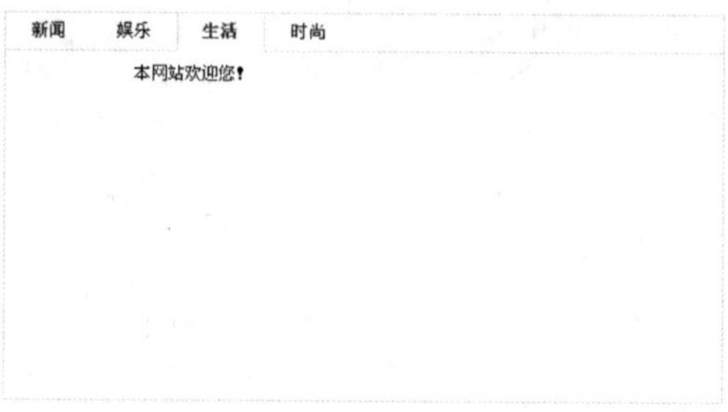

图 18.23 jQuery 鼠标滑入切换的选项卡

18.24 jQuery 注释特效

本实例使用 jQuery 制作注释特效。本节主要涉及的 JavaScript 语法是 CSS :hover 伪类。:hover 伪类在 10.21 节已介绍过，不再复述。

本实例主要代码如下：

```
<style>
    .demo{margin:20px;} .demo ul li{position:relative;
     width:102px;height:102px;}
    .demo ul li a span{display:none;position:absolute;
     bottom:0;text-align:center;line-height:17px;padding:2px
     /*:hover 伪类在鼠标移到元素上时向此元素添加特殊的样式*/
     0;background:#761AA2;width:100%;} .demo ul li:hover
     span{display:block;color:#fff;filter:alpha(opacity=70);
     opacity:0.7;}
    .demo ul li a img{border:#fff 1px solid;width:124px;height:
```

```
    77px;} .demo
    ul li a:hover img{border:#ddd 1px solid;} .demo ul li
    em{display:block;color:#f60;font-size:14px;height:20px;
    line-height:20px;}
    .demo ul li a{color:#000;}
</style>
```

网页效果如图 18.24 所示。

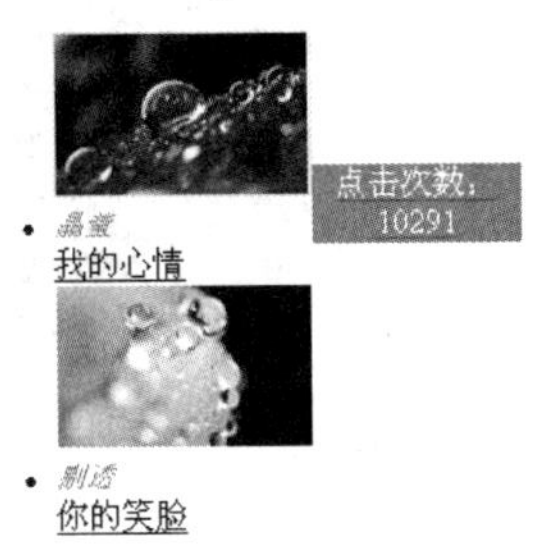

图 18.24　jQuery 注释特效

18.25　jQuery 切换特效

本实例使用 jQuery 制作切换特效。本节主要涉及的 JavaScript 语法如下。

1．jQuery is()方法

is()方法根据选择器、元素或 jQuery 对象来检测匹配元素集合，如果这些元素中至少有一个元素匹配给定的参数，则返回 true。

2．jQuery fadeIn()方法

fadeIn()方法使用淡入效果来显示被选元素，假设该元素是隐藏的。

本实例主要代码如下：

```
<script type="text/javascript" src="jquery1.3.2.js">
</script>
<script type="text/javascript">
    /*准备函数*/
    $(document).ready(function() {
        var objStr = ".change ul li";
        $(objStr + ":not(:first)").css("display", "none");
        setInterval(function() {
            /* is()根据选择器、元素或 jQuery 对象来检测匹配元素集合*/
            if ($(objStr + ":last").is(":visible")) {
                $(objStr + ":first").fadeIn("slow").addClass("in");
                $(objStr + ":last").hide()
            } else {
                $(objStr + ":visible").addClass("in");
                /*使用淡入效果来显示被选元素*/
                $(objStr + ".in").next().fadeIn("slow");
                    $(objStr + ".in").hide().removeClass("in")
```

```
            }
        },4000)
    })
</script>
```

网页效果如图 18.25 所示。

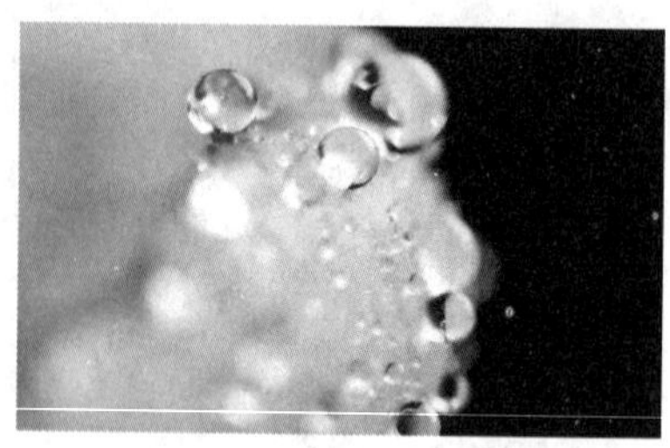

图 18.25　jQuery 切换特效

18.26　jQuery 导航条

本实例使用 jQuery 制作可展开的导航条。本节主要涉及的 JavaScript 语法是 jQuery hover 事件，已在 18.4 节介绍过，不再复述。

本实例主要代码如下：

```
<script type='text/javascript' src='jquery1.3.2.js'>
</script>
<script type="text/javascript">
    $(function() {
        /*模仿悬停事件*/
        $("#div ul li").hover(function() {
            $(this).css("background","#333333").children("ul").
            slideDown();
        },
        function() {
            $(this).css("background","#fff").children("ul").
             slideUp();
        }) $("#div ul li ul li").hover(function() {
            $(this).css("background", "#333");
        },
        function() {
            $(this).css("background", "#666");
        })
    })
</script>
```

网页效果如图 18.26 所示。

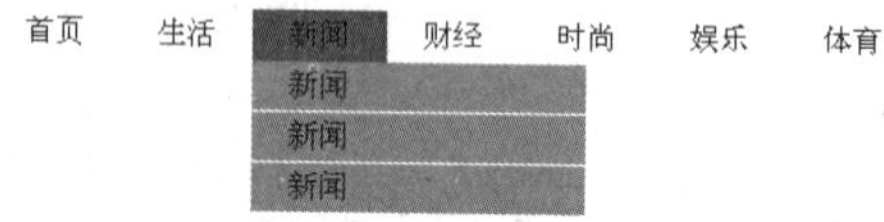

图 18.26　jQuery 导航条

18.27　jQuery 层切换特效

本实例使用jQuery制作层切换特效。本节主要涉及的JavaScript语法是jQuery animate()方法。animate()方法执行 CSS 属性集的自定义动画。该方法通过 CSS 样式将元素从一个状态改变为另一个状态。CSS 属性值是逐渐改变的，这样就可以创建动画效果。

本实例主要代码如下：

```
<script type="text/javascript">
    $(function() {
        var z = -1;
        $("div").click(function() {
            /*执行 CSS 属性集的自定义动画*/
            $(this).animate({
                left: "310px"
            },
            1000,
            function() {
                $(this).css("zIndex", z--)
            }).animate({
                left: "10px"
            },
            1000);
        })
    });
</script>
```

网页效果如图 18.27 所示。

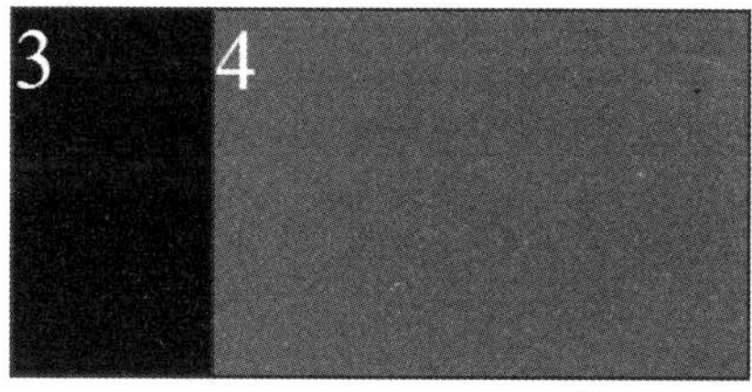

图 18.27　jQuery 层切换特效

18.28　jQuery 横向焦点位移菜单

本实例使用 jQuery 在网页上放置横向焦点位移菜单。本节主要涉及的 JavaScript 语法是 jQuery hoverIntent 插件。hoverIntent 插件用于代替 mouseover、mouseout 事件。

本实例主要代码如下：

```
<script type="text/javascript" src="jquery1.3.2.js">
</script>
/* hoverIntent 插件用于代替 mouseover、mouseout 事件*/
<script type="text/javascript" src="jquery.hoverIntent.js">
```

```
</script>
<script language="javascript">
    $(function() {
        hiConfig = {
            sensitivity: 1,
            interval: 100,
            timeout: 100,
            over: function() {
                var x = $(this).offset().left - $("#menu_bar
                ul").offset().left;
                $("#menu_bar span").animate({
                    left: x + "px",
                    top: '0px'
                },
                300);
            },
            out: function() {}
        }
        $("#menu_bar li").hoverIntent(hiConfig)
            /* hoverIntent 插件用于代替 mouseover、mouseout 事件*/
    })
</script>
```

网页效果如图 18.28 所示。

首页	新闻	财经	生活	娱乐	时尚

图 18.28　jQuery 横向焦点位移菜单

18.29　jQuery 拉伸菜单

本实例使用 jQuery 制作拉伸菜单。本节主要涉及的 JavaScript 语法如下。

1．jQuery mouseover()方法

具体介绍请参见 18.14 节，这里不再复述。

2．jQuery animate()方法

animate()方法已在 18.20 节介绍过，不再复述。

3．jQuery mouseout()方法

已在 18.20 节介绍过，不再复述。

本实例主要代码如下：

```
<script type="text/javascript" src="jquery1.3.2.js">
</script>
<script type="text/javascript">
    (function($) {
        $.fn.extend({
            tagdrop: function(options) {
                var defaults = {
```

```
                    tagPaddingTop: '90px',
                    tagDefaultPaddingTop: '30px',
                    bgColor: '#B1CCED',
                    bgMoverColor: '#7FB0F0',
                    textColor: '#e0e0e0',
                    textDefaultColor: '#fff'
                };
                var options = $.extend(defaults, options);
                return this.each(function() {
                    var obj = $(this);
                    var li_items = $("li", obj);
                    $("li", obj).css('background-color',
                    options.bgColor);
                    li_items.mouseover(function() {          /*鼠标移入*/
                        /*东湖*/
                        $(this).animate({
                            paddingTop: options.tagPaddingTop
                        },
                        300);
                        $(this).css('background-color',options.bgMover
                        Color);
                        $(this).css('color', options.textColor);
                    }).mouseout(function() {                 /*鼠标移出*/
                        $(this).animate({
                            paddingTop: options.tagDefaultPaddingTop
                        },
                        500);
                        $("li",$(this).parent()).css('background
                       -color', options.bgColor);
                        $("li", $(this).parent()).css('color', options.
                        textDefaultColor);
                    });
                });
            }
        });
    })(jQuery);
</script>
<script type="text/javascript">
    /*准备函数*/
    $(document).ready(function() {
        $('.menu').tagdrop({
            tagPaddingTop: '60px',
            bgColor: '#B1CCED',
            bgMoverColor: '#7FB0F0',
            textColor: '#e0e0e0'
        });
    });
</script>
```

网页效果如图 18.29 所示。

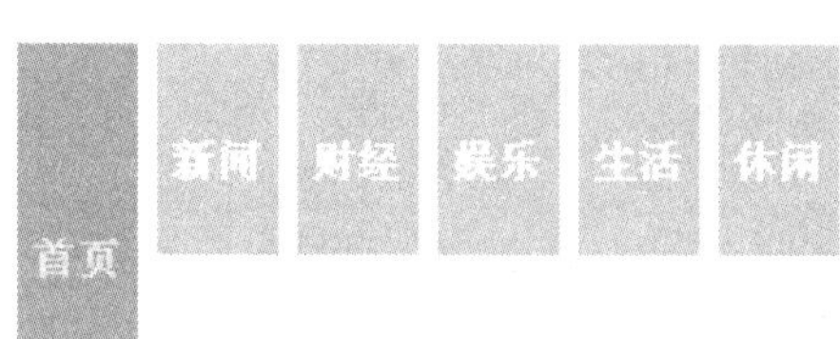

图 18.29　jQuery 拉伸菜单

18.30　jQuery 网页工具条

本实例使用 jQuery 制作网页工具条。本节主要涉及的 JavaScript 语法如下。

- jQuery find 方法：find()方法获得当前元素集合中每个元素的后代，通过选择器、jQuery 对象或元素来筛选。
- jQuery appendTo()方法：appendTo()方法在 18.20 节已介绍过，不再复述。
- jQuery mouseout()方法：当鼠标指针从元素上移开时，发生 mouseout 事件。该事件大多数时候会与 mouseover 事件一起使用。mouseout()方法触发 mouseout 事件，或规定当发生 mouseout 事件时运行的函数。

本实例主要代码如下：

```
<script type="text/javascript" src="jquery1.3.2.js">
</script>
<script type="text/javascript">
    (function($) {
        $.fn.extend({
            /*滚动*/
            Scroll: function(opt, callback) {
                if (!opt) var opt = {};
                /*获得当前元素集合中每个元素的后代*/
                var _this = this.eq(0).find("ul:first");
                var lineH = _this.find("li:first").height(),
                line = opt.line ? parseInt(opt.line, 10) :
                parseInt(this.height() / lineH, 10),
                speed = opt.speed ? parseInt(opt.speed, 10) : 7000,
                timer = opt.timer ? parseInt(opt.timer, 10) : 7000;
                if (line == 0) line = 1;
                var upHeight = 0 - line * lineH;
                scrollUp = function() {
                    _this.animate({
                        marginTop: upHeight
                    },
                    speed,
                    function() {
                        for (i = 1; i <= line; i++) {
                            /*在被选元素的结尾插入指定内容*/
                            _this.find("li:first").appendTo(_this);
                        }
                        _this.css({
                            marginTop: 0
                        });
                    });
                }
                /*模拟悬停事件*/
                _this.hover(function() {
                    clearInterval(timerID);
                },
                function() {
                    timerID = setInterval("scrollUp()", timer);
                }).mouseout();                  /*鼠标移出*/
            }
        })
```

```
    })(jQuery);
    /*准备函数*/
    $(document).ready(function() {
        $(".bulletin").Scroll({
            line: 1,
            speed: 1000,
            timer: 5000
        });
    });
</script>
```

网页效果如图 18.30 所示。

图 18.30　jQuery 网页工具条

18.31　jQuery 图书翻页特效

本实例使用 jQuery 制作图书翻页特效。本节主要涉及的 JavaScript 语法如下。

1．jQuery appendTo()方法

appendTo()方法在 18.20 节介绍过，不再复述。

2．jQuery fadeOut()方法

fadeOut()方法已在 18.15 节介绍过，不再复述。

本实例主要代码如下：

```
<script type="text/javascript" language="javascript"
src="jquery-1.4.2.min.js">
</script>
<script type="text/javascript" language="javascript">
    $(function() {
        /*右击*/
        $("#right").click(function() {
            var roll = $("<div/>", {
                css: {
                    position: "absolute",
                    border: "solid 1px #999",
                    left: "806px",
                    top: "10px",
                    height: "494px",
                    width: "1px",
                    background: "#fff url(eCX.png) repeat-y -200px 0px"
                }
            }).appendTo($("#book").parent());                    /*在被选元素的结
            尾插入指定内容*/
            /*滚动动画*/
            $(roll).animate({
                left: "10px",
                width: "398px",
```

```
            "background-position": "272px 0px"
        },
        1000,
        function() {
            $("#left").css({
                "background": "#fff"
            });
            $(roll).fadeOut(300,                       /*使用淡出效果隐藏被选元素*/
            function() {
                $(roll).remove();
            })
        });
    });
  });
</script>
```

网页效果如图 18.31 所示。

图 18.31　jQuery 图书翻页特效

18.32　jQuery 鼠标单击图片翻页

本实例使用 jQuery 实现鼠标单击图片翻页特效。本节主要涉及的 JavaScript 语法是 jQuery animate()方法。animate()方法执行 CSS 属性集的自定义动画。该方法通过 CSS 样式将元素从一个状态改变为另一个状态。CSS 属性值是逐渐改变的，这样就可以创建动画效果。

本实例主要代码如下：

```
<script type="text/javascript" src="jquery1.3.2.js">
</script>
<script type="text/javascript">
    $(function() {
        var z = -1;
        $("div").click(function() {                  /*层点击*/
            /*执行 CSS 属性集的自定义动画*/
            $(this).animate({
                left: "160px"
            },
            1000,
            function() {
               $(this).css("zIndex", z--)
           }).animate({
```

```
            left: "10px"
        },
        1000);
    })
  });
</script>
```

网页效果如图 18.32 所示。

图 18.32　jQuery 鼠标单击图片翻页

第3篇　ActiveX技术的应用

第 19 章　JavaScript 与 ActiveX 技术

本章主要讲解 JavaScript 与 ActiveX 技术。ActiveX 插件以前也叫作 OLE 控件或 OCX 控件，是微软公司剔除的一组使用 COM 可以插入 Web 或其他应用程序并可进行交互的技术集。该技术与具体的编程语言无关，用户可无须知道其具体的实现过程，只要了解它的作用和所具有的方法、属性，就可以很好地应用这些组件，使之成为自己应用程序的一部分。

19.1　ActiveX 组件基础

ActiveX 组件实际上是指一些可执行的代码或一个程序，比如一个.EXE、.DLL 或.OCX 文件，通过 ActiveX 技术，程序员就能够将这些可复用的软件组装到应用程序或者服务程序中去，嵌入到网页中，随网页传送到客户的浏览器上，并在客户端执行。通过编程，ActiveX 控件可以与 Web 浏览器交互或与客户交互。

19.1.1　ActiveX 组件的概念

在我们平常的阅读和编程学习中，我们经常可以看到诸如“ActiveX 控件”，“ActiveX 组件”等名词。那么什么是“ActiveX 控件”，什么是“ActiveX 组件”呢，它们有什么区别呢？

首先，我们应该知道，组件是建立在 ActiveX 技术上的代码的独立单元，用于通过特定的接口提供特定的一组服务。它提供客户端在运行时所请求的对象。在 Remote Data Service 中，当组件包括支持业务进程的关键字逻辑时也被称为“业务对象”。

其次，ActiveX 是使软件组件能够在网络环境中交互作用而与创建组件的语言无关的一套封装技术。实现 ActiveX 的基础是“组件对象模型”（Component Object Model（COM））。它也是提供封装 COM 组件并将其置入应用程序（如（但不限于）Web 浏览器）的一种方法。

最后，上面一段话中提到的 COM（Components Object Model）是软件组件互相通信的一种方式。它是一种二进制和网络标准，允许任意两个组件互相通信，而不管它们是在什么计算机上运行（只要计算机是相连的），不管各计算机运行的是什么操作系统（只要该操作系统支持 COM），也不管该组件是用什么语言编写的。COM 还提供了位置透明性：在编写组件时，其他组件是进程内 DLL、本地 EXE 还是位于其他计算机上的组件，都不会产生太大影响。

这样，我们可以给 ActiveX 组件（ActiveX component）一个定义，就是一个应用程序或开发工具，可以使用另一个应用程序支持的对象，或者提供自己的对象供另一个应用程序使用。以前这些程序和对象称为“OLE 自动服务程序”和“OLE 自动服务器”。

至于 ActiveX 控件，则只是 ActiveX 组件的一个分类，是一个标准的用户接口元素，是具有 OCX 文件扩展名或者可插入对象的文件，能够快速地把窗体和对话框组装起来；当使用自定义控件对话框将其增加到工程中去时，工具箱将被扩展。在以前 ActiveX 控件被称作 OLE 控件。ActiveX 控件还使 Internet 更加生动，为 World Wide Web 页增加了有趣的新功能。

19.1.2　ActiveX 的分类

ActiveX 组件可以分为以下 3 类。

- ActiveX 控件：可以从无到有被用户完全建立，它能被建立在另一个控件之上，或者它可容纳多个已经有的控件。
- ActiveX 文档：通常，在具体的编程环境如 VB、VC++中，可以用传统文档的语义学来创建完全的应用程序。它不仅有应用程序的功能，而且还有文档性能的灵活性。当用户打开一个 ActiveX 文档时，它不仅能拥有应用程序的全部功能，而且能保持和发布应用程序原有数据的备份。
- 代码成分：以前被称作 OLE 自动服务器。这些对象可以让用户在其他程序里使用其代码。

19.1.3　ActiveX 组件注册方法

ActiveX 控件与开发平台无关，在一种编程语言中开发出来的 ActiveX 控件，不作任何修改就可以在另一种编程语言中使用。但 ActiveX 控件被开发出来以后，在 Windows 中被正确使用的前提是必须将控件文件复制到硬盘中，然后在 Windows 中进行注册。未在 Windows 中注册过的 ActiveX 控件是不能被使用的。注册 ActiveX 控件的方法有如下几种。

（1）使用 Regsvr32.exe 程序对 ActiveX 控件进行注册。该程序位于 Windows 目录的 system 子目录下。使用方法是单击“开始”|“运行”命令，在出现的对话框中输入命令：<控件路径和 ActiveX 控件文件名>注册一个 ActiveX 控件。此处 regsvr32 的路径名可以省略。而且一般可将被注册的 ActiveX 控件复制到\windows\system 下，这样就不用在注册时输入控件的路径了。如果想要解除对某一个 ActiveX 控件的注册，只需要在 regsvr32 后面加一个参数“/u”，即<被注册过的 ActiveX 控件文件名>，如图 19.1 所示。

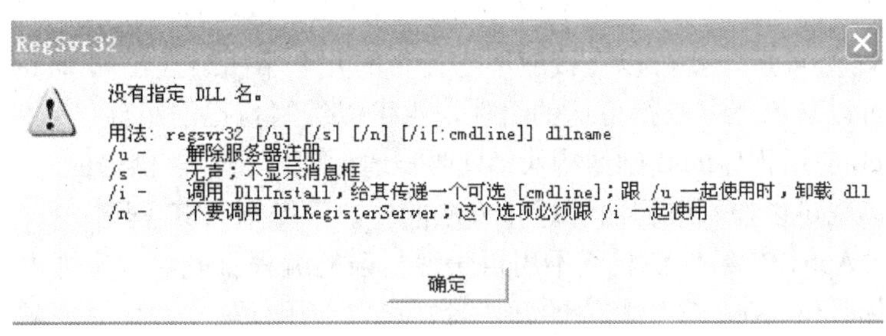

图 19.1　regsvr32 的用法

（2）利用某些编程环境中的浏览功能，如图 19.2 所示。

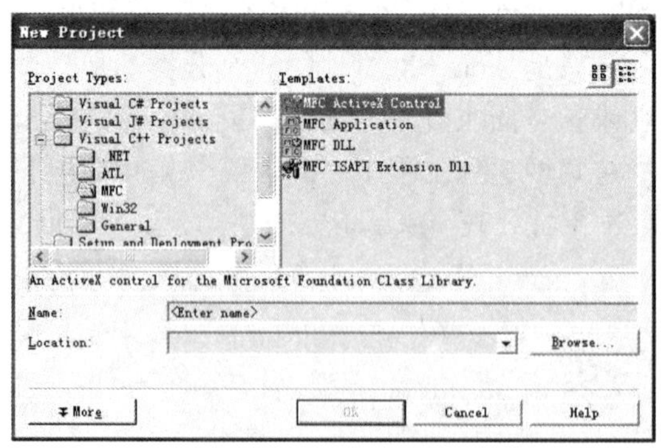

图 19.2　编程环境

（3）使用安装程序制作软件进行注册。使用 Regsvr32.exe 程序注册 ActiveX 控件，以及利用“浏览”来注册，虽然简单，但是都需要手工注册，不用的时候，还需要手工解除，所以对于一个使用了该控件的应用程序来说并不实用。一般大型的应用软件都需要一个安装程序，在安装程序中解决 ActiveX 控件注册就非常实用了。

（4）安装过程中的自注册。ActiveX 控件在安装的时候必须被注册，然后才能在应用程序中被调用。往往利用编程工具自带的安装制作工具可以达到这个目的。

（5）有些公司开发的 ActiveX 控件注册需要利用附带专门的工具软件。运行该工具，就可以将相应的 ActiveX 控件注册。这仍然属于手工注册，这些 ActiveX 控件被发布时，一般享有版权，同时会有专门的说明。

19.2　ActiveX 组件、ASP 与 JavaScript

使用 ASP 编写服务器端应用程序时，必须通过 ActiveX 组件来增强 Web 应用程序的功效。例如，需要连接数据库的时候，在线操作数据库服务器或者 Web 服务器，都需要通过调用 ASP 内建的 ActiveX 组件或自己编写所需的组件来完成。

19.2.1　ASP 与 ActiveX 组件

ActiveX 组件是一个存在于 Web 服务器上的文件，该文件包含履行某项或一组任务的代码，组件可以履行公用任务，这样就不必自己创建运行这些任务的代码了。在 Web 服务器上安装完 ASP 环境后，就可以直接应用它自带的几个常用组件，如 Database Access 组件。当然，也可以从第三方获得可选的组件，也可以编写自己的组件。可以利用组件作为脚本和基于 Web 应用程序的基础结构块，只要知道如何拜访组件供给的对象，即便你只是会写一些脚本，也可以在不懂得组件运作方法的情况下编写 ASP 程序。

总而言之，ActiveX 组件使我们不用再学习复杂的编程就能够写出强大的 Web 服务器端脚本。假如你是位 Web 应用程序的开发者，可以应用任何支撑组件对象模型（COM）的语言来编写组件，如 C、 C#、Java 或 Visual Basic。假如你熟悉 COM 编程， ActiveX

组件就是 Automation 服务器。但是要在 Web 服务器上运行，ActiveX 组件不能有图形用户接口元素，如 Visual Basic 的 MsgBox 函数。组件是可以重复应用的。在 Web 服务器上安装了组件后，就可以从 ASP 脚本、ISAPI 利用程序、服务器上的其他组件或由另一种 COM 兼容语言编写的程序中调用该组件。

我们在 ASP 中应当如何调用组件呢？正如前面提到的，组件是包含在动态链接库(.dll)或可履行文件（.exe）中的可执行代码。在使用组件供给的对象时，要先创建对象的实例并将这个新的实例分配变量名，使用 ASP 的 Server.CreateObject 方法可以创建对象的实例，然后使用脚本语言的变量分配指令为对象实例命名。创立对象实例时，必须给实例注册为 PROGID，只有使用 Server.CreateObject 方法来创立对象实例，才能让 ASP 跟踪脚本语言中对象的应用。当然，我们也可以使用 HTML 语言的<object> 标签来创建对象实例，但必须给 runat 属性赋予服务器值，同时也要为将在脚本语言中应用的变量名供给 id 属性组。使用注册名（PROGID）或注册号码（CLSID）就可以辨认该对象。

19.2.2　JavaScript 和 ASP 的关系

HTML，也就是超文本标记语言，现在能看到的大部分网站都是通过 HTML 来制作网页的，但这些网页只是静态的信息资源，缺少动态交互性，而 JavaScript 脚本语言是嵌套在 HTML 中运行的，它轻松地实现了一些动态效果，从而使得原本生硬无趣的静态网页变得可爱起来了。但简单应用了 JavaScript 做出来的网页仍然是静态的信息资源，而 JavaScript 脚本会在浏览器上运行，是一种客户端代码。那么，我们能不能在网页上进行交流或搜索之类的行为呢，我们进行这样的操作依赖于运行在服务器上的网络程序（服务器端代码）来响应我们的操作，对数据库进行查询，而后返回操作结果，这就是动态信息。这样的网络程序正是用动态网页编程技术来编写的，目前流行的动态网页编程技术就有 ASP，它是动态服务器页面，是微软推出的一种动态网页编程技术。

19.3　JavaScript 脚本调用 ActiveX 控件实例

本实例使用 JavaScript 脚本调用 ActiveX 控件。主要内容包括：在 COM 组件中调用 JavaScript 函数：从页面 JavaScript 向 COM 组件传递结构数组；枚举 IE 窗口的内容，并调用其中的脚本；在 Visual C++中执行脚本。

19.3.1　在 COM 组件中调用 JavaScript 函数

在 COM 组件中调用 JavaScript 函数的要求是很简单的，只要有 COM 组件在 IE 中运行就可以了。本实例主要代码如下：

```
/*连接点方式页面 javaScript 脚本*/
<object classid="CLSID:B568F111-DFE4-4944-B67F-0728AB2AB30F" id="testCom"
VIEWASTEXT></object>
<script language="JavaScript" for="testCom" event="staTe(s)">
```

```
        alert("State(" + s + ")");
        return 123;
</script>
<script language="JavaScript">
        testCom.FireStateEvent("Hello");
</script>
/*事件属性方式页面 javaScript 脚本*/
function onState(s)
{
    alert("onState(" + s + ")");
    return 456;
}
var o = new ActiveXObject("TestATL.TestCom");
o.onstaTe=onState;
o.FireStateEvent("Hello");
/*Com 组件 VC7.1 ATL 代码*/
__interface _ITestComEvents
{
        [id(1), helpstring("State 事件")] HRESULT State([in] BSTR str);
};
__event __interface _ITestComEvents;
/*事件属性*/
IDispatchPtr m_onState;
STDMETHOD(get_onState)(IDispatch** pVal)
{
        *pVal = m_onState;
        return S_OK;
};
STDMETHOD(put_onState)(IDispatch* newVal)
{
        m_onState = newVal;
        return S_OK;
};
STDMETHOD(FireStateEvent)(BSTR str)
{
        /*激发连接点事件*/
        __raise State(str);
        CComVariant result;
        CComVariant avarParams[1] = {str};
        DISPPARAMS dispParams = {avarParams, NULL, 1, 0};
        EXCEPINFO excepInfo;
        memset(&excepInfo, 0, sizeof excepInfo);
        UINT nArgErr = (UINT)-1;
        /*激发属性事件*/
        if (m_onState)
            HRESULT hr = m_onState->Invoke(0, IID_NULL, LOCALE_USER_DEFAULT,
                DISPATCH_METHOD, &dispParams, &result, &excepInfo,
                &nArgErr);
        return S_OK;
}
```

19.3.2　从页面 JavaScript 向 COM 组件传递结构数组

以下是从页面 JavaScript 向 COM 组件传递结构数组的代码，从 COM 组件向 JavaScript 组件传递数据也基本类似。

本实例主要代码如下：

```
/*页面脚本*/
var o = new ActiveXObject("TestATL.TestCom");
o.onstaTe=onState;
o.Put("array", {0: 123, 1: "abc"});
o.Put("array", [456, "def"]);
o.Put("array", [{name: "tom", age: 8}, {name: "jack", age: 10}]);
var a = new Array(789, "ghi"); // has "length" property
o.Put("array", a);

/*Com 组件 VC7.1 ATL 代码*/
STDMETHODIMP CTestCom::Put(BSTR key, VARIANT value)
{
WCHAR output[4096] = L"";
if(0 == wcsicmp(key, L"array") && VT_DISPATCH == value.vt)
{
    IDispatchPtr spDisp = value.pdispVal;
    DISPID dispID = 0;
    DISPPARAMS dispParams = {NULL, NULL, 0, 0};
    CComVariant result;
    EXCEPINFO excepInfo;
    memset(&excepInfo, 0, sizeof excepInfo);
    UINT nArgErr = (UINT)-1;
    /*数组长度或属性个数*/
    unsigned int length = 0;
    LPOLESTR func = L"length";
    HRESULT hr = spDisp->GetIDsOfNames(GUID_NULL, &func, 1,
    LOCALE_SYSTEM_DEFAULT, &dispID);
    /*如果有 length 属性*/
    if(S_OK == hr)
    {
     hr = spDisp->Invoke(dispID, IID_NULL, LOCALE_USER_DEFAULT,
     DISPATCH_PROPERTYGET, &dispParams, &result, &excepInfo, &nArgErr);
     if(S_OK == hr && VT_I4 == result.vt)
      /*直接读取数组长度*/
      length = result.intVal;
    }
    else
    {
     unsigned int nTypeInfo = 0;
     hr = spDisp->GetTypeInfoCount(&nTypeInfo);
     ATLASSERT(1 == nTypeInfo);
     ITypeInfoPtr spTypeInfo;
     hr = spDisp->GetTypeInfo(0, 0, &spTypeInfo);
     TYPEATTR *pTypeAttr = NULL;
     hr = spTypeInfo->GetTypeAttr(&pTypeAttr);
     ATLASSERT("{C59C6B12-F6C1-11CF-8835-00A0C911E8B2}" ==
     pTypeAttr->guid);
     /*从类型信息读取数组长度*/
     length = pTypeAttr->cVars;
     spTypeInfo->ReleaseTypeAttr(pTypeAttr);
    }
    for(unsigned int i=0; i<length; i++)
    {
     WCHAR buf[32];
     _itow(i, buf, 10);
     func = buf;
     hr = spDisp->GetIDsOfNames(GUID_NULL, &func, 1, LOCALE_SYSTEM_DEFAULT,
     &dispID);
     hr = spDisp->Invoke(dispID, IID_NULL, LOCALE_USER_DEFAULT,
```

```
    DISPATCH_PROPERTYGET, &dispParams, &result, &excepInfo, &nArgErr);
    if(S_OK != hr)
     continue;
    if(VT_DISPATCH == result.vt)
    {
     IDispatchPtr spItem = result.pdispVal;
     func = L"name";
     hr = spItem->GetIDsOfNames(GUID_NULL, &func, 1, LOCALE_SYSTEM_DEFAULT,
     &dispID);
     hr = spItem->Invoke(dispID, IID_NULL, LOCALE_USER_DEFAULT,
     DISPATCH_PROPERTYGET, &dispParams, &result, &excepInfo, &nArgErr);
     if(S_OK == hr && VT_BSTR == result.vt)
      swprintf(output + wcslen(output), L"name=%s", result.bstrVal);
     func = L"age";
     hr = spItem->GetIDsOfNames(GUID_NULL, &func, 1, LOCALE_SYSTEM_DEFAULT,
     &dispID);
     hr = spItem->Invoke(dispID, IID_NULL, LOCALE_USER_DEFAULT,
     DISPATCH_PROPERTYGET, &dispParams, &result, &excepInfo, &nArgErr);
     if(S_OK == hr && VT_I4 == result.vt)
      swprintf(output + wcslen(output), L" age=%d\n", result.intVal);
    }else if(VT_BSTR == result.vt)
     swprintf(output + wcslen(output), L"BSTR:%s\n", result.bstrVal);
    else if(VT_I4 == result.vt)
     swprintf(output + wcslen(output), L"I4:%d\n", result.intVal);
    else
     swprintf(output + wcslen(output), L"item.vt=%d\n", result.vt);
   }
}
FireStateEvent(output);
return S_OK;
}
```

19.3.3　枚举 IE 窗口的内容，并调用其中的脚本

本实例将枚举 IE 窗口的内容，并调用其中的脚本。本实例主要代码如下：

```
/*IE 5*/
#import <mshtml.tlb>
#import <shdocvw.dll>
      SHDocVw::IShellWindowsPtr spSHWinds;
      spSHWinds.CreateInstance(__uuidof(SHDocVw::ShellWindows));
      long nCount = spSHWinds->GetCount();
      IDispatchPtr spDisp;
      for (long i = 0; i < nCount; i++)
      {
       _variant_t va(i, VT_I4);
       spDisp = spSHWinds->Item(va);
       SHDocVw::IWebBrowser2Ptr spBrowser(spDisp);
       if (spBrowser != NULL)
       {
        _bstr_t location = spBrowser->GetLocationName();
        /*找指定 IE 窗口*/
        if(_bstr_t(L"Test DapCtrl") == location)
        {
         IHTMLDocument2Ptr spDoc(spBrowser->GetDocument());
         if (spDoc != NULL)
         {
          _bstr_t exp = m_onState;
```

```
        IDispatch *pdis = NULL;
        hr = spDoc->get_Script(&pdis);
        if(pdis)
        {
         DISPID tmpDispID = 0;
         /*JavaScript 函数名*/
         LPOLESTR func = L"Test";
         hr = pdis->GetIDsOfNames(GUID_NULL, &func, 1,
         LOCALE_SYSTEM_DEFAULT, &tmpDispID);
         if(S_OK == hr)
          hr = pdis->Invoke(tmpDispID, IID_NULL, LOCALE_USER_DEFAULT,
           DISPATCH_METHOD, &dispParams, &result, &excepInfo, &nArgErr);
        }
       }
      }
     }
    }
```

19.3.4　在 VC 中执行脚本

本实例将演示在 VC 中执行 JavaScript 脚本。本实例主要代码如下：

```
/*引入 msscript.ocx*/
#import <msscript.ocx>
using namespace MSScriptControl;
IScriptControlPtr pScriptControl(__uuidof(ScriptControl));
LPSAFEARRAY psa;
/*定义元素*/
SAFEARRAYBOUND rgsabound[] = { 1, 0 };
int i;
psa = SafeArrayCreate(VT_VARIANT, 1, rgsabound);
if (!psa)
{
 return E_OUTOFMEMORY;
}
VARIANT vFlavors[1];
for (i = 0; i < 1; i++)
{
 VariantInit(&vFlavors[i]);
 V_VT(&vFlavors[i]) = VT_BSTR;
}
V_BSTR(&vFlavors[0]) = SysAllocString(bstr);
long lZero = 0;
hr = SafeArrayPutElement(psa, &lZero,&vFlavors[0]);
for(i=0;i<1;i++)
{
 SysFreeString(vFlavors[i].bstrVal);
}
pScriptControl->Language = "JScript";
pScriptControl->AllowUI = TRUE;
_bstr_t exp = L"1+2+3";
_variant_t outpar = pScriptControl->Eval(exp);
//_variant_t outpar = pScriptControl->ExecuteStatement(exp);
//_variant_t outpar = pScriptControl->Run("MyStringFunction",
&psa);
_bstr_t bstrReturn = (_bstr_t)outpar;
char *pResult = (char *)bstrReturn;
SafeArrayDestroy(psa)
```

19.4　小　　结

本章主要讲解了 JavaScript 与 ActiveX 技术，通过 ActiveX 技术，程序员能够将可复用的软件组装到应用程序或者服务程序中去，嵌入到网页中，随网页传送到客户的浏览器上，并在客户端执行。通过编程，ActiveX 控件可以与 Web 浏览器交互或与客户交互，实现更加有亲和力的网页。

第 20 章　JavaScript 操作数据库

在服务器端，ASP 主要通过数据库对象（ADO）访问数据库。本章主要讲解 JavaScript 操作数据库的相关知识，包括 ADO 知识，创建数据库的方法及如何使用 ADO 连接数据库。只有掌握了 JavaScript 操作数据库，才真正掌握了动态网页制作的精髓。

20.1　JavaScript 操作数据库基础

无论是 B/S 还是 C/S 的网页开发，有时候都会用到 JavaScript 对数据库进行操作。通过对一些网站的观察发现，当需要向数据库中增加大量信息的时候，不仅可以选择使用 Java、.Net 等，使用 JavaScript 语言来完成这项工作效率也是很高的。

20.1.1　OLE DB 技术和 ODBC 技术

OLEDB（Object Linking and Embedding,Database）也称为 OLE DB 或 OLE-DB，一个基于 COM 的数据存储对象，能提供对所有类型的数据操作，甚至能在离线的情况下存取数据。OLEDB 位于 ODBC 层与应用程序之间，在 ASP 页面里，ADO 是位于 OLEDB 之上的应用程序，ADO 调用先被送到 OLEDB，然后再交由 ODBC 处理。我们可以直接连接到 OLEDB 层，这时候会看到服务器端游标（Recordset 的默认游标，也是最常用的游标）性能的提升。

OLEDB 是微软战略性的通向不同数据源的低级应用程序接口。OLEDB 不仅包括了标准数据接口开放数据库连接（ODBC）的结构化查询语言（SQL）能力，还具有面向其他非 SQL 数据类型的通路。作为微软的组件对象模型（COM）的一种设计，OLEDB 是一组读写数据的方法。OLEDB 中的对象主要包括数据源对象、阶段对象、命令对象和行组对象。使用 OLEDB 的应用程序会用到如下的请求序列：初始化 OLE、连接到数据源、发出命令、处理结果、释放数据源对象并停止初始化 OLE。

OLEDB 将传统的数据库系统划分为多个逻辑组件，这些组件之间相对独立又相互通信。这种组件模型中的各个部分被冠以不同的名称。数据提供者（Data Provider）是指提供数据存储的软件组件，小到普通的文本文件、大到主机上的复杂数据库，或者电子邮件存储，都是数据提供者的例子。有的文档把这些软件组件的开发商也称为数据提供者。当我们需要操作 Access 数据库中的数据时，必须用 ADOT 透过 OLEDB 来访问。AT 利用 OLEDB 来取得数据的原因是 OLEDB 知道怎样和许多种数据源作沟通，所以对 OLEDB 有相当程度的了解对于我们来说也非常重要。

OLEDB 最主要是由 3 个部分组合而成：

- ❑ Data Providers（数据提供者）：凡是通过 OLEDB 将数据提供出来的，就是数据提供者。例如 SQL Server 数据库中的数据表和 Access 数据库档案，都是数据提供者。
- ❑ Data Consumers（数据使用者）：凡是使用 OLEDB 提供数据的程序或组件，都是 OLEDB 的数据使用者。
- ❑ Service Components（服务组件）：数据服务组件可以执行数据提供者及数据使用者之间数据传递的工作，数据使用者要向数据提供者使用数据时，要通过 OLEDB 服务组件的查询处理器执行查询的工作，而查询到的结果则由指针引擎来管理。

开放数据库互连（Open Database Connectivity，ODBC）是微软公司开放服务结构（Windows Open Services Architecture，WOSA）中有关数据库的一个组成部分，它建立了一组规范，并提供了一组对数据库访问的标准 API（应用程序编程接口）。这些 API 利用 SQL 来完成其大部分任务。ODBC 本身也提供了对 SQL 语言的支持，用户可以直接将 SQL 语句送给 ODBC。

ODBC 是微软提出的数据库访问接口标准，它定义了访问数据库的 API 一个规范，这些 API 独立于不同厂商的 DBMS，也独立于具体的编程语言（但是 MICROSOFT 的 ODBC 文档是用 C 语言描述的，许多实际的 ODBC 驱动程序也是用 C 语言写的），ODBC 规范后来被 X/OPEN 和 ISO/IEC 采纳，作为 SQL 标准的一部分，具体内容可以参看《ISO/IEC 9075-3:1995 (E) Call-Level Interface (SQL/CLI)》等相关的标准文件。

ODBC 现在看来是一个比较古老的东西，在 1996 年左右就比较定型了，其最新的版本是 3.52，微软没有对它做什么大的更新，将更多的目光放到了 OLEDB、.NET DATA PROVIDER 身上。然而，正因为它是一个比较成熟和古老的规范，ODBC 在大多数 DBMS 上都可以使用，任何一个像样的 DBMS 都会支持 ODBC 3.0 或更高版本。我们学习基于 ODBC API 的应用开发，最好的参考资料是 MSDN；学习如何开发一个 ODBC DRIVER，最好的参考资料还是 MSDN。如果你不打算采用 ODBC API 做开发，学习和了解 ODBC 也可以增加对 DBMS 的了解，也能更好地理解其他的数据库访问接口和技术。

一个基于 ODBC 的应用程序对数据库的操作不依赖任何 DBMS，不直接与 DBMS 打交道，所有的数据库操作由对应的 DBMS 的 ODBC 驱动程序完成。也就是说，不论是 FoxPro、Access 还是 Oracle 数据库，均可用 ODBC API 进行访问。不难发现，ODBC 的最大优点是能以统一的方式处理所有的数据库。ODBC 工作起来和 Windows 一样，它用包含在 DLL 内的驱动程序完成任务。其实，ODBC 提供一套两个驱动程序，一个是数据库管理器的语言，另一个为程序设计语言提供公用接口。允许 Visual C++用标准的函数调用经公用接口访问数据库的内容，是这两个驱动程序的汇合点。

当然，还有其他和 ODBC 有关的实用程序类型的 DLL。例如，一个这样的 DLL 允许你管理 ODBC 数据源。ODBC 的实际管理接口出现在 SYSTEM 文件夹中的某个 CPL（控制面板）文件中，我们在后面要谈到这方面的问题。ODBC 的确能履行承诺，提供对数据库内容的访问，并且没有太多的问题，它没有提供数据库管理器和 C 之间尽可能最好的数据转换，这种情况是有的，但它多半能像广告所说的那样去工作。唯一影响 ODBC 前程的是，它的速度极低至少较早版本的产品是这样。ODBC 最初面世时，一些开发者曾说，因为速度问题，ODBC 永远也不会在数据库领域产生太大的影响。然而，以微软的市场影响力，ODBC 毫无疑问是成功了。今天，只要有两种 ODBC 驱动程序的一种，那么几乎每一个数据库管理器的表现都会很卓越。

使用 ADODB 对象来完成 JavaScript 和数据库的交互，使用的 ActiveX 对象主要有 2 种：用于连接的 Connection 对象，类型字符串为 ADODB.Connection；数据集 RecordSet 对象，类型字符串为 ADODB.Recordset。

20.1.2 ADO 对象

在 ASP 中是使用 ActiveX 数据对象（ActiveX Date Object，ADO）来访问数据库的。ADO 是微软的数据库连接技术，是一个用于存取数据源的 COM 组件。它提供了编程语言和统一数据访问方式 OLE DB 的一个中间层。可以使用 ADO 编写简洁和可扩展的脚本，连接到与 OLE DB 和与 ODBC 兼容的数据库，包括 SQL Server、Oracle 和 Oracle 等数据库。

20.1.3 创建数据库连接

在连接数据库和对数据库进行操作之前，首先需要创建一个数据库连接。

```
<script language="JavaScript" type="text/javascript">
  /*连接函数*/
  function conn()
  {
     /*连接字符串*/
     var strConnString = "Provider=OraOLEDB.Oracle;Data
     Source=(DESCRIPTION=(ADDRESS_LIST=(ADDRESS=(PROTOCOL=TCP)
    (HOST=DBA)(PORT=1521)))(CONNECT_DATA=(SERVER=DEDICATED)
    (SERVICE_NAME=vcs)));User ID=vcs_user;Password=vcs;PLSQLRset=1"
     var conn = null;
     try {
        conn = new ActiveXObject("ADODB.Connection");
     } catch(e) {
        alert(e.message);
     }
  }
```

20.1.4 使用 connection 对象连接数据库

创建数据 data 数据库后，需要使用 connection 对象与数据库建立连接。调用 connection 对象的相关属性和方法可以实现数据库连接，查询数据库等操作。

```
<script language="JavaScript" type="text/javascript">
  /*连接函数*/
  function conn() {
     /*连接字符串*/
     var strConnString = "Provider=OraOLEDB.Oracle;Data
     Source=(DESCRIPTION=(ADDRESS_LIST=(ADDRESS=(PROTOCOL=TCP)
    (HOST=DBA)(PORT=1521)))(CONNECT_DATA=(SERVER=DEDICATED)
    (SERVICE_NAME=vcs)));User ID=vcs_user;Password=vcs;PLSQLRset=1"
     var conn = null;
     try {
        conn = new ActiveXObject("ADODB.Connection");
     } catch(e) {
        alert(e.message);
```

```
    }
    /*打开连接*/
    conn.open(strConnString);
</script>
```

20.2　JavaScript 与 ASP 合并使用操作数据库

Recordset 对象是 ADO 组件中使用最为频繁的一个对象，通过它可以进行检索数据、检查结果、对数据进行修改、插入、删除等操作。本节详细讲解 Recordset 对象的属性和方法，使用 Recordset 对象读取数据并输出，使用 Recordset 对象通过 SQL 的 INSERT INTO 命令向数据库中的表添加记录，使用 DELETE 命令删除数据库表中的某条记录，也可以使用 AddNew()方法和 Update()方法来添加信息的内容。

20.2.1　Recordset 对象

Recordset 对象表示的是来自对数据库中的数据表查询或者使用，如插入、修改等命令所得到的记录集合。Recordset 对象变量实际上由一条或者多条数据记录构成的记录集合，记录集合是由记录（行）和字段（列）组成，并将指针指示到当前操作的记录。可使用 Recordset 属性和方法，对记录进行显示结果、添加、修改、删除等操作。在 Recordset 对象的记录集中，存在多条记录，通过相应的 RecordSet 属性和方法可以输出记录集的数据、输出字段的名称或者循环输出整个记录集的数据。

20.2.2　使用 Recordset 对象读取数据并输出

使用 Recordset 对象可以将提取记录集中的数据读取出来，并在页面上输出。也可以输出符合一定要求的数据，或者输出记录集的记录总数或每个字段名称。使用 Recordset 对象输出记录集中的数据的步骤是：

（1）读取记录集合的内容并输出。

（2）输出记录集中的字段名称。

（3）输出记录集中的特定字段名称。

20.2.3　插入记录

前面主要介绍了如何使用 Recordset 对象输出记录集中的数据，可以通过 SQL 的 INSERT INTO 命令向数据库中的表添加记录，也可以使用 Recordset 对象的 AddNew 方法和 Update 方法来添加信息的内容：

（1）使用 INSERT INTO 执行插入命令。

（2）使用 Recordset 对象的 AddNew 方法。

示例代码如下：

```
<script language="javascript">
function addUser(id, stuName)                                   /*添加用户*/
{
      var conn = new ActiveXObject("ADODB.Connection");   /*定义连接*/
      conn.Open("DBQ=F:\\abc.mdb;DRIVER={Microsoft Access Driver
          (*.mdb)};");                                          /*打开连接*/
      /*定义插入 SQL 语句*/
      var sql = "insert into Student(ID,stuName) values(" + id + ",'" +
           stuName + "')";
      try {
          conn.execute(sql);
          alert("添加成功");
      } catch(e) {
          document.write(e.description);
          alert("添加失败~~~");
      }
      conn.close();
       /*关闭连接*/
  }
</script>
```

20.2.4　删除记录

通过 SQL 的 INSERT INTO 命令向数据库中的表添加记录；通过使用 SQL 的 DELETE 命令删除数据库表中的某条记录。

示例代码如下：

```
<script language="javascript">
function delStu(id)
    /*删除用户*/
    {
      var conn = new ActiveXObject("ADODB.Connection");   /*定义连接*/
      conn.Open("DBQ=F:\\abc.mdb;DRIVER={Microsoft Access Driver
      (*.mdb)};");                                         /*打开连接*/
      var sql = "delete from Student where Id=2";
                                                           /*定义删除 SQL 语句*/
      conn.execute(sql);                                   /*执行 SQL 语句*/
      conn.close();                                        /*关闭连接*/
      conn = null;
      alert("修改成功");
    }
</script>
```

20.2.5　数据库记录的分页显示

当记录集中的数据过多，显示在一个页面上需要拖动滚动条进行查看的时候，浏览数据就显得很不方便了，这个时候需要进行分页显示。在进行分页显示时，首先需要将符合查询条件的记录一次性的都读入到 Recordset 对象变量中，然后对 Recordse 记录集进行操作。Recordset 对象所提供的几个专门支持分页处理的属性有 RecordCount（记录总数）、PageSize（页大小）、PageCount（页数目）和 AbsolutePage（绝对页）。

20.3 JavaScript 操作数据库实例

接下来举几个简单的例子来说明 JavaScript 操作数据库的方法和作用，其中不仅包含了对于重量级数据库，如 Oracle 数据库、SQL Server 数据库的操作，也包含了对于轻量级数据库 Access 数据库的操作，可以说是面面俱到。

20.3.1 JavaScript 连接 Oracle 实例

在本实例中，大家将看到使用简单方法通过 JavaScript 连接 Oracle 数据库，基于此就可以对 Oracle 数据库进行操作了。

本实例主要代码如下：

```
<script language="JavaScript" type="text/javascript">
   function conn() {                                              /*连接函数*/
      /*连接字符串*/
      var strConnString = "Provider=OraOLEDB.Oracle;Data Source
      =(DESCRIPTION=(ADDRESS_LIST=(ADDRESS=(PROTOCOL=TCP)
     (HOST=DBA)(PORT=1521)))(CONNECT_DATA=(SERVER=DEDICATED)
     (SERVICE_NAME=vcs)));User ID=vcs_user;Password=vcs;PLSQLRset=1"
      var conn = null;
      try {
         conn = new ActiveXObject("ADODB.Connection");
      } catch(e) {
         alert(e.message);
      }
      conn.open(strConnString);                                     /*打开连接*/
      /*查询语句，YourTable 是任意数据库中的表名*/
      var rs = conn.execute("SELECT * FROM YourTable");
      alert('链接成功');
      if (!rs.EOF)
      {
         /*取数据，记得赋值的时候一定要用 value 属性来取*/
         alert(rs.fields("code").value);
         rs.moveNext();
      }
      /*释放资源*/
      rs.close();
      conn.close();
      conn = null;
   }
</script>
```

20.3.2 JavaScript 连接数据库实例

在本实例中，大家将看到使用简单方法通过 JavaScript 连接数据库，本实例实现的是静态页面连接数据库，基于此大家就可以对数据库进行操作了。

本实例主要代码如下：

```
<script language="javascript">
    /*用 JavaScript 服务器端连接数据库*/
    var conn = new ActiveXObject("ADODB.Connection");
    var sqlstr = "Provider=SQLOLEDB;Data
    Source=localhost;UID=sa;PWD=;database=test";
    /*打开连接*/
    conn.Open(sqlstr);
    var rs = new ActiveXObject("ADODB.Recordset");
    var sql = "select top 10 * from staff";
    rs.open(sql, conn);
    shtml = "<table width='100%' border=1>";
    shtml += "<tr bgcolor='#f4f4f4'><td>st_id</td><td>st_name
    </td><td>password</td></tr>";
   /*遍历结果集*/
   while (!rs.EOF)
   {
       shtml += "<tr><td>" + rs("st_id") + "</td><td>" + rs("st_name") +
       "</td><td>" + rs("password") + "</td></tr>";
       rs.moveNext;
   }
    shtml += "</table>";
    document.write(shtml);              /*页面输出*/
    /*释放资源*/
    rs.close();
    rs = null;
    conn.close();
    conn = null;
</script>
```

20.3.3　JavaScript 查询 Access 数据库

在本实例中，大家将看到使用简单方法通过 JavaScript 查询 Access 数据库。本实例主要代码如下：

```
<script>
    var conn = new ActiveXObject("ADODB.Connection");          /*定义连接*/
    /*打开连接*/
    conn.Open("DBQ-f:\\abc.mdb;DRIVER={Microsoft Access Driver
   (*.mdb)};");
    var rs = new ActiveXObject("ADODB.Recordset");
    var sql = "select * from Student";                       /*定义 SQL 语句*/
    rs.open(sql, conn);
    var html = "";
   /*遍历结果集*/
    while (!rs.EOF) {
        html = html + rs.Fields("Id") + " " + rs.Fields("stuName");
        rs.moveNext();
     }
     document.write(html);                                       /*页面输出*/
     /*释放资源*/
    rs.close();
    rs = null;
    conn.close();
    conn = null;
```

```
</script>
```

20.3.4　JavaScript 从 Access 数据库中添加记录

在本实例中，大家将看到使用简单方法通过 JavaScript 向 Access 数据库添加记录。本实例主要代码如下：

```
<script language="javascript">
    function addUser(id, stuName)        /*添加用户*/
    {
        var conn = new ActiveXObject("ADODB.Connection");
         /*定义连接*/
        conn.Open("DBQ=F:\\abc.mdb;DRIVER={Microsoft Access Driver
        (*.mdb)};");        /*打开连接*/
        /*定义插入 SQL 语句*/
        var sql = "insert into Student(ID,stuName) values(" + id + ",'" +
            stuName + "')";
        try {
            conn.execute(sql);
            alert("添加成功");
        } catch(e) {
            document.write(e.description);
            alert("添加失败~~~");
        }
        conn.close();                /*关闭连接*/
    }
</script>
```

20.3.5　JavaScript 从 Access 数据库中删除记录

在本实例中，大家将看到使用简单方法通过 JavaScript 从 Access 数据库中删除记录。本实例主要代码如下：

```
<script language="javascript">
function delStu(id)                                                /*删除用户*/
    {
        var conn = new ActiveXObject("ADODB.Connection");
                                                                   /*定义连接*/
        conn.Open("DBQ=F:\\abc.mdb;DRIVER={Microsoft Access Driver
        (*.mdb)};");                                               /*打开连接*/
        var sql = "delete from Student where Id=2";
                                                    /*定义删除 SQL 语句*/
        conn.execute(sql);                          /*执行 SQL 语句*/
        conn.close();                               /*关闭连接*/
        conn = null;
        alert("修改成功");
    }
</script>
```

20.3.6　JavaScript 从 Access 数据库中修改记录

在本实例中，大家将看到使用简单方法通过 JavaScript 对 Access 数据库中的记录进行修改。本实例主要代码如下：

```
<script>
   /*修改用户*/
function updateUser(userId, userName)
{
      var conn = new ActiveXObject("ADODB.Connection");   /*定义连接*/
      conn.Open("DBQ=F:\\abc.mdb;DRIVER={Microsoft Access Driver
     (*.mdb)};");                                           /*打开连接*/
      var rs = new ActiveXObject("ADODB.Recordset");
      /*定义修改 SQL 语句*/
      var sql = "update Student set stuName='" + userName + "' where Id="
      + userId + "";
      conn.execute(sql);                    /*执行 SQL 语句*/
      conn.close();                         /*关闭连接*/
      conn = null;
      alert("修改成功");
   }
</script>
```

20.4　小　　结

本章主要介绍了 JavaScript 对数据库的操控，介绍了在使用 ADO 访问数据库操作中，重点掌握使用 Connection 对象连接数据库，以及使用 Recordset 对象读取数据库中的数据记录、删除记录、插入记录，其中分页显示数据库记录是经常用到的技巧。

附录 A　JavaScript 对象模型图

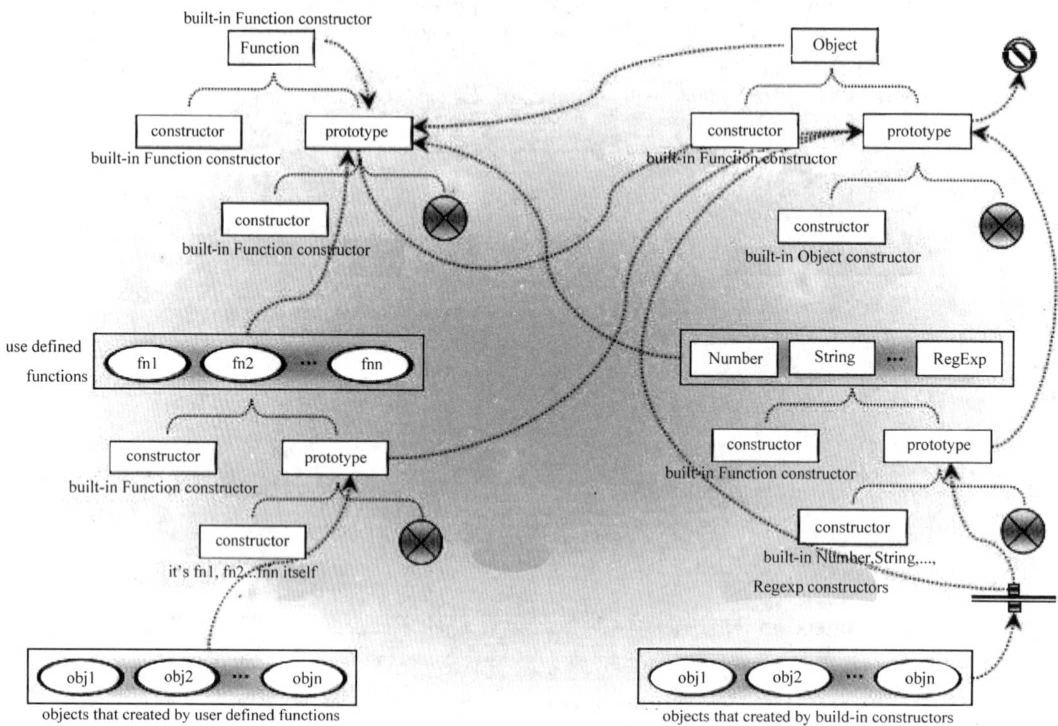

附录 B　JavaScript 事件大全

事件类型	事件名称	说　　明
一般事件	onclick	鼠标单击时触发此事件
	ondblclick	鼠标双击时触发此事件
	onmousedown	按下鼠标时触发此事件
	onmouseup	鼠标按下后松开鼠标时触发此事件
	onmouseover	当鼠标移动到某对象范围的上方时触发此事件
	onmousemove	鼠标移动时触发此事件
	onmouseout	当鼠标离开某对象范围时触发此事件
	onkeypress	当键盘上的某个键被按下并且释放时触发此事件
	onkeydown	当键盘上某个按键被按下时触发此事件
	onkeyup	当键盘上某个按键被放开时触发此事件
页面相关事件	onabort	图片在下载时被用户中断
	onbeforeunload	当前页面的内容将要被改变时触发此事件
	onerror	出现错误时触发此事件
	onload	页面内容完成时触发此事件
	onmove	浏览器的窗口被移动时触发此事件
	onresize	当浏览器的窗口大小被改变时触发此事件
	onscroll	浏览器的滚动条位置发生变化时触发此事件
	onstop	浏览器的停止按钮被按下时触发此事件，或者正在下载的文件被中断
	onunload	当前页面将被改变时触发此事件
表单相关事件	onblur	当前元素失去焦点时触发此事件
	onchange	当前元素失去焦点并且元素的内容发生改变而触发此事件
	onfocus	当某个元素获得焦点时触发此事件
	onreset	当表单中 RESET 的属性被激发时触发此事件
	onsubmit	一个表单被递交时触发此事件
滚动字幕事件	onbounce	在 Marquee 内的内容移动至 Marquee 显示范围之外时触发此事件
	onfinish	当 Marquee 元素完成需要显示的内容后触发此事件
	onstart	当 Marquee 元素开始显示内容时触发此事件
编辑事件	onbeforecopy	当页面当前的被选择内容将要复制到浏览者系统的剪贴板前触发此事件
	onbeforecut	当页面中的一部分或者全部的内容将被移离当前页面[剪贴]并移动到浏览者的系统剪贴板时触发此事件

续表

事件类型	事 件 名 称	说　　明
编辑事件	onbeforeeditfocus	当前元素将要进入编辑状态
	onbeforepaste	内容将要从浏览者的系统剪贴板传送[粘贴]到页面中时触发此事件
	onbeforeupdate	当浏览者粘贴系统剪贴板中的内容时通知目标对象
	oncontextmenu	当浏览者按下鼠标右键出现菜单时或者通过键盘的按键触发页面菜单时触发的事件
	oncopy	当页面当前的被选择内容被复制后触发此事件
	oncut	当页面当前的被选择内容被剪切时触发此事件
	ondrag	当某个对象被拖动时触发此事件 [活动事件]
	ondragdrop	一个外部对象被鼠标拖进当前窗口或者帧
	ondragend	当鼠标拖动结束时触发此事件，即鼠标的按钮被释放了
	ondragenter	当对象被鼠标拖动的对象进入其容器范围内时触发此事件
	ondragleave	当对象被鼠标拖动的对象离开其容器范围内时触发此事件
	ondragover	当某被拖动的对象在另一对象容器范围内拖动时触发此事件
	ondragstart	当某对象将被拖动时触发此事件
	ondrop	在一个拖动过程中，释放鼠标键时触发此事件
	onlosecapture	当元素失去鼠标移动所形成的选择焦点时触发此事件
	onpaste	当内容被粘贴时触发此事件
	onselect	当文本内容被选择时的事件
	onselectstart	当文本内容选择将开始发生时触发的事件
数据绑定	onafterupdate	当数据完成由数据源到对象的传送时触发此事件
	oncellchange	当数据来源发生变化时
	ondataavailable	当数据接收完成时触发事件
	ondatasetchanged	数据在数据源发生变化时触发的事件
	ondatasetcomplete	当来自数据源的全部有效数据读取完毕时触发此事件
	onerrorupdate	当使用 onBeforeUpdate 事件触发取消了数据传送时，代替 onAfterUpdate 事件
	onrowenter	当前数据源的数据发生变化并且有新的有效数据时触发的事件
	onrowexit	当前数据源的数据将要发生变化时触发的事件
	onrowsdelete	当前数据记录将被删除时触发此事件
	onrowsinserted	当前数据源将要插入新数据记录时触发此事件
外部事件	onafterprint	当文档被打印后触发此事件
	onbeforeprint	当文档即将打印时触发此事件
	onfilterchange	当某个对象的滤镜效果发生变化时触发的事件
	onhelp	当浏览者按下 F1 或者浏览器的帮助选择时触发此事件
	onpropertychange	当对象的属性之一发生变化时触发此事件
	onreadystatechange	当对象的初始化属性值发生变化时触发此事件